Manipulation der Meinungsbildung

Kritik Bd. 4

Manipulation der Meinungsbildung
Zum Problem hergestellter Öffentlichkeit
Herausgegeben von Ralf Zoll

2. Auflage

Westdeutscher Verlag Opladen 1972

2. Auflage 1972

ISBN 3-531-11162-0
© 1971 by Westdeutscher Verlag GmbH, Opladen
Gesamtherstellung: Druckerei Dr. Friedrich Middelhauve GmbH, Opladen
Umschlaggestaltung: Hanswerner Klein, Opladen
Printed in Germany

Inhalt

Einleitung *Ralf Zoll* 9

Die Abhängigkeit der Massenmedien von den Werbeeinnahmen und dem Anzeigenteil *Eike Hennig* 27

    Zur Ausgangsfragestellung 27
    Die Bedeutung der Werbung im Spätkapitalismus 28
    Werbung und Massenmedien 36
    Anzeigenabhängigkeit und Konjunkturanfälligkeit 37
    Die Verteilung der Werbeaufwendungen auf die Werbeträger 42
    Die „Wettbewerbsverzerrung" zwischen Presse und Werbefernsehen 45
    Die Verteilung des Werbeaufwandes auf die einzelnen Werbeträger 46
    Die Verteilung der Markenartikelwerbung innerhalb der Werbeträger Zeitung und Zeitschrift 50
    Markenartikelwerbung und Werbeträgerkombinationen 51
    Kostendeckungsprinzip und Werbeabhängigkeit 54
    Kostendeckungsprinzip und Werbeeinnahmen 55

Politik in Massenmedien
Zum Antagonismus von Presse- und Gewerbefreiheit *Horst Holzer* 68

    Massenmedien und die Herrschaft des Kapitals 68
    Die Klassenlage des Publikums und die Herrschaft der Massenmedien 72
    Information über Politik – Zur journalistischen Deformation der Zeitgeschichte 76
    Publikumsreaktionen – Resultate der politischen Sozialisation durch die Massenmedien 81
    Nachbemerkung 100

„Tagesschau" und „heute" – Politisierung des Unpolitischen? *Heribert Schatz* 109

    Zur Problemstellung 109
    Sechs empirische Thesen zu den Fernsehnachrichtensendungen der ARD und des ZDF 111
    Zusammenfassung 120

Probleme der Parteien- und Verbandskontrolle von Rundfunk- und Fernsehanstalten   *Jürgen Seifert* 124

    Scheinautonomie der Medien 126
    System der privilegierten Einflußchancen 132
    Formen der Einflußnahme und Mechanismen der Anpassung 137
    Strukturveränderungen 143

Kommunikationspolitik ohne Konzept   *Thomas Ellwein* 153

Papier-Seelsorge   *Heinz D. Jaenicke* 164

    „Lebenshilfe" als journalistisches Konzept 164
    „Institutionalisierung" und wirtschaftliche Zwänge 170
    Illusionen statt Information 175
    Sozialtherapeutische Anstalten 184

Zur individuellen Bedeutung und gesellschaftlichen Funktion von Werbeinhalten   *Klaus Horn* 201

    Die gesellschaftliche Rolle des Konsumenten 202
    Die Wirkung von Werbung 204
    Zur Bedeutung der Werbung für die Individuen 208
    Die gesellschaftliche Funktion von Reklame 229

Zum politischen Potential der Lokalpresse
    Horst Haenisch / Klaus Schröter 242

    Ergebnisse einer Inhaltsanalyse von Lokalteilen 242
    Dimensionen und Kategorien der quantitativen Inhaltsanalyse 254
    Die Charakteristika der Lokalteile 257
    Der absolutistische Charakter der Lokalteile 262
    Die Arbeitsbedingungen der Lokalredakteure als Vermittlung zwischen Sozialstruktur und Text 268

Nachrichten für die geistige Provinz – Zum Strukturdilemma konfessioneller (katholischer) Publizistik   *Otwin Massing* 280

    Quantitative Daten 280
    Reichweite und binnenkonfessionelle Indoktrinierung 284
    Scheindifferenzierung und Scheinpluralität 288
    Kommunikationstheoretische Vorüberlegungen 293
    Vermeidungsstrategien in hierarchisierten Sozialsystemen: Organisationslogik als Strukturprinzip 298
    Marktlogik, Öffentlichkeit und ökonomische Rationalität ... 303
    Über zivilisatorische Leitbilder der konfessionellen Subkultur 313

Gruppenzentrismus und Sozialpersönlichkeit 316
Zur Kommunikationsstruktur der konfessionellen Zeitschriftenpresse: Konsonanzpublizistik 323
Traktatliteratur als interessenspezifische Form von Gegenaufklärung 327
Die Leserstruktur der konfessionellen Zeitschriftenpresse ... 331

Sachregister 363

Personenregister 369

Verzeichnis der Autoren 372

Ralf Zoll

Einleitung

I. Die Aufmerksamkeit, die den Massenmedien von der wissenschaftlichen und politischen Öffentlichkeit zuteil wird, ist groß. Sie entspricht der Bedeutung, die den Medien in „außengeleiteten" Gesellschaften zukommt. In den letzten Jahren sind mehr als 10 000 Arbeiten zum Problem der Massenkommunikation erschienen. Organisations- und Erscheinungsform der Medien bilden einen zentralen Gegenstand politischer Auseinandersetzungen. Außergewöhnliche Publizität und der Ertrag wissenschaftlicher Bemühungen stehen jedoch in einem umgekehrten Verhältnis zueinander. Nur sehr langsam setzt sich in den Sozialwissenschaften die Ansicht durch, daß das eigene Tun nicht unwesentlich von den jeweiligen gesellschaftlichen Strukturen abhängt und sich daraus auch eine Verantwortung gegenüber der Gesellschaft ergibt. Eng damit verbunden ist das Problem des Wissenschaftsverständnisses, das den jeweiligen Untersuchungen zugrunde liegt. Die Forschungspraxis wird von einem Pragmatismus dominiert, der vor allem im Bereich der Massenkommunikation strukturelle Erkenntnisse zugunsten von Einzelfragen vor allem wirtschaftlicher Interessen verstellt. Die Abhängigkeiten vom eigenen Gesellschaftsbild, das meist unbewußt in den Forschungsprozeß mit einfließt, bleiben wie die sozialen, wirtschaftlichen und politischen Funktionen der untersuchten Phänomene in der Regel unreflektiert.

Das bislang vorliegende Material der Demokratieforschung allgemein (1) wie das der Massenkommunikationsforschung speziell ist weitgehend durch einen formalen Demokratiebegriff und einen individualistischen Ansatz geprägt. Dabei stehen die Gesellschaft oder das politische System gar nicht mehr kritisch zur Debatte, sondern der einzelne wird dahingehend untersucht, inwiefern sein Verhalten für die Gesellschaft wie für ihn selbst „gesund" ist. Ein solches Verfahren produziert notwendigerweise Apologien des Bestehenden, meist in der Form von sogenannten „Theorien mittlerer Reichweite". Wissenschaft in ihrer universitären wie populären (Demoskopie, Markt- und Motivforschung) Form dient vorwiegend – als Sozialtechnik – der Beseitigung von Systemstörungen. Das System mit seinen Widersprüchen bleibt außerhalb der Betrachtung, konkrete Utopie als emanzipatorisches Bemühen wird als „Sozialphilosophie" abgetan. (2) Sozialwissenschaft hilft der Gesellschaft, sich im gegebenen Rahmen einzurichten. Das gilt in besonderem Umfang für den

Bereich der Massenmedien, der in seiner entscheidenden Bedeutung für das Funktionieren fortgeschrittener Industriegesellschaften, die Widersprüche des Gesellschaftssystems potenziert widerspiegelt. Im vorliegenden Zusammenhang betreffen die Widersprüche den Begriff „Öffentlichkeit", der den emanzipatorischen Bemühungen des Bürgertums zugrunde lag, der, seit das Kapital selbst zur Macht gelangte, jedoch seine gegen Herrschaft gerichtete zugunsten einer herrschaftsstabilisierenden Funktion verlor. Zu Beginn der industriellen Entwicklung besaß „Öffentlichkeit" zwei Inhalte, die von den gleichen Interessen, die von der bürgerlichen Klasse vertreten wurden. Privat im Gegensatz zu öffentlich grenzte den wirtschaftlichen Bereich als eben privaten Raum aus der staatlichen (öffentlichen) Sphäre aus. Das Bürgertum wollte ungehindert seinen wirtschaftlichen Tätigkeiten nachgehen. Die kapitalistische Dynamik sollte sich frei entfalten können, da sich nach der bürgerlich-liberalen Ideologie das „Gemeinwohl" von selbst herstellte, wenn nur jeder seine individuellen Interessen konsequent verfolgte. Um die staatliche Enthaltsamkeit im Bereich der Wirtschaft kontrollieren zu können, bedeutete die Forderung nach „Öffentlichkeit", öffentlich im Gegensatz zu geheim, zugleich eine Art bürgerliche Kontrolle staatlichen Handelns insgesamt. Bereits in den Anfängen der „bürgerlichen Gesellschaft", als der Begriff „Öffentlichkeit" objektiv emanzipatorischen Charakter hatte, war er auch schon ideologisch, weil das Bürgertum nur sich als „Gesellschaft" ansah und weil die Bedingungen politischer Öffentlichkeit, Besitz und Bildung, weitgehend nur von ihm erfüllt wurden. Dementsprechend kam der späteren Ausdehnung bürgerlicher Freiheiten auf die gesamte Bevölkerung nur formale Bedeutung zu. Inhaltlich waren die Maximen bürgerlich-liberaler Demokratie schon sehr bald fragwürdig. Der theoretisch angenommenen Trennung von Staat und Gesellschaft entsprach konkret eine enge Verflechtung der Interessen. Der Staat garantierte die privatwirtschaftlichen Machtpositionen, indem er bedrohte Bereiche vor internationaler Konkurrenz schützte oder in der Binnenwirtschaft durch entsprechende Eingriffe die zyklische Gefährdung jedenfalls für die Großbetriebe minderte. Die Wirtschaft als eigentliche Machtsphäre war als privater Sektor einer demokratischen Kontrolle entzogen. Die Unterschiede zwischen arm und reich hatten sich im Laufe der Entwicklung nicht verringert, relativ gesehen sogar verstärkt. In der BRD besitzen heute 1,7 % der Bevölkerung 70 % des Produktivvermögens. „Öffentlichkeit" als Modell meinte die rationale Diskussion über die Ziele der bürgerlichen Klasse, die Vermittlung dieser Ziele an den Staat und die Kontrolle dieses Staates durch eine kritische Öffentlichkeit. Die von anbeginn enge Verbindung von wirtschaftlichen und politischen Zielen und Interessen ist auch heute gegeben, sie hat nur ihren Charakter deutlich gewandelt. Im Spätkapitalismus wird „Öffentlichkeit" von Massenmedien hergestellt, die erstens in ihrer Organisationsform mehr oder weniger stark denselben Mechanismen des Wirtschafts-

prozesses unterliegen wie der Industriebetrieb und zweitens in ihrer Funktion als Werbeträger erst den Verwertungsprozeß einer Massenproduktion im Konsumgüterbereich ermöglichen. Damit sind den kritisch auf Herrschaft bezogenen Intentionen von Öffentlichkeit enge Grenzen gesetzt. Wollen die Massenmedien den emanzipatorischen Vorstellungen einer normativen (und nicht formalen) Demokratietheorie folgen, müssen sie eine Art Bewußtseinsspaltung vornehmen. Auf der einen Seite steht der Versuch, dem einzelnen umfangreiche Informationen über die politischen, sozialen und wirtschaftlichen Lebensbedingungen zu liefern, die eine selbstbestimmte Existenz des Menschen gewährleisten könnten, zum anderen übermitteln die Medien gleichzeitig die Werbeappelle und mit diesen ein bestimmtes auf „Außenleitung" basierendes Bewußtsein. Wenn auch keine direkte und einseitige Abhängigkeit des sozialen und politischen Bereichs von der Wirtschaft angenommen werden kann, so lassen sich doch die wesentlichen Strukturen der spätkapitalistischen Gesellschaft auf ökonomische Reproduktionsverhältnisse zurückführen. Jedoch sind hierfür andere Begriffe oder eine Veränderung, d.h. eine Erweiterung ihrer Inhalte erforderlich, als die klassische marxistische Analyse sie verwendete. Die Reproduktionsprozesse nehmen zwar noch immer ihren Ausganspunkt im Produktionssektor, dieser hat aber in Relation zur Konsumsphäre an Relevanz verloren. Nicht die Herstellung von knappen Gütern bildet heute das entscheidende wirtschaftliche Problem, sondern der Absatz eines Massenangebots an Konsumwaren. Massenhafte Nachfrage muß wie das Angebot produziert werden. Wirtschaften bildet nicht mehr Mittel zum Zweck, sondern Selbstzweck. Der Mensch vermittelt zwischen Produktion und Verbrauch. Die größten Anstrengungen richten sich auf die „marktkonforme Konsumquote". Das schwächste Glied im Datenkranz der Unternehmen für längerfristige Planungen und Investitionen stellt der Mensch dar. Seine Spontanität muß auf ein Minimum beschränkt werden. Markt- und Motivforschung, Marketing und Werbung nehmen die zentrale Stelle im Apparat der Konzerne ein. Globale Verhaltenssteuerung über Massenmedien ist eine conditio sine qua non der „Gesellschaft im Überfluß".
Die Disponibilität des Verbrauchers setzt bestimmte Einstellungen und Verhaltensmuster im sozialen und politischen Bereich voraus. Die empirische Analyse der Motivstrukturen der westdeutschen Bevölkerung ermittelte eine allgemeine Entfremdung des einzelnen vom politischen und sozialen Raum, ermittelte Unsicherheit, Unselbständigkeit und Angst. (3) Diese individuellen Probleme sind Reflex objektiver Verhältnisse. Weder die Arbeits- noch die Konsumsphäre ermöglicht es, ein Selbstbewußtsein zu erlangen. Die Leistungs- und Erfolgsnormen der Gesellschaft sind per definitionem nicht erfüllbar. Das Verhalten hat sich an Kriterien zu orientieren, die für das System, aber nicht für den einzelnen Rationalität besitzen. Die Bemühungen des Menschen in Arbeit und Konsum legitimieren sich nicht individuell. Für die Wirtschaft ist das

Individuum uninteressant, sie denkt in Verbrauchergruppen. Der einzelne wird in den Werbekonzeptionen auf die Momente reduziert, die für den Absatz der Waren ausschlaggebend sind. Selbstgesetzte Verhaltensnormen stellen die „marktkonforme Konsumquote" infrage.

Im politischen Bereich haben keineswegs die komplexen und komplizierten Verhältnisse, die Verflechtung von staatlicher Verwaltung und Großunternehmen, (4) der Funktionsverlust des Parlaments und die Anonymität der Entscheidungsprozesse allein zur Entfremdung geführt. Parteien wie Regierung und Opposition lieferten sich in der Vergangenheit in ihrer Politik in einem Maße der Demoskopie aus und damit vordergründigen und kurzfristigen Meinungsbildungen, die weitgehend durch die Konsumsphäre geprägt werden, daß die unpolitische und apolitische Haltung weiter Kreise der Bevölkerung hier, wenn nicht ihren Ursprung, so doch eine Verstärkung fand.

Die Massenmedien haben die Konsumnormen und die Selbstdarstellung der politischen Akteure vermittelt. Hier ein bedeutsames Gegengewicht zu erstellen, ist ihnen nicht gelungen. Kritische Öffentlichkeit findet nur sporadisch statt. Sie geht unter in der Masse des normalen Angebots, das, gerade weil es sich nicht politisch begreift, die stärkste politische Wirksamkeit besitzt. Über das Bild von Alltag prägen die Medien das Selbstbild der Menschen und die Vorstellungen von ihren Interessen und Möglichkeiten. Die Ansicht, die Medien erfüllten eine „sozialtherapeutische" Funktion, (5) wenn sie Bilder von Harmonie, Eintracht und heiler Welt zeichneten, verkennt, daß auf diese Weise die Maßstäbe entstehen, mit denen die gesellschaftliche Realität gemessen wird. Was kurzfristig als Kompensation einer ungenügenden Wirklichkeit erscheint, macht längerfristig den Alltag erst unerträglich.

Die Massenkommunikationsforschung liefert für solche Erkenntnisse kaum empirische Belege. Das liegt daran, daß Fragestellungen, die über die tatsächlichen Wirkungen der Medien, über ihre politischen, wirtschaftlichen und sozialen Funktionen Aufschluß geben könnten, bislang nur selten in den Forschungsprozeß eingingen. Es dominieren die Interessen, die für kurzfristige Probleme wie den Zusammenhang von Werbereiz und Kaufakt und Wahlappell und Wahlverhalten Gelder zur Verfügung stellen. Wer sich heute mit empirischem Material über die Massenmedien befassen will, hat es weitgehend mit Daten zutun, die die Markt- und Meinungsforschung ermittelte. Theoretische Ansätze, die über einfache Modellkonstruktionen hinausgehen, fehlen fast völlig. Unzulängliche Datenlage und der Mangel an Theorie bedingen sich gegenseitig. Politische und wissenschaftliche Auseinandersetzungen zu den Problemen der Massenkommunikation passen sich in ihrem Niveau der allgemeinen Misere an. Das zeigt sich besonders an der Diskussion über die tatsächlichen Wirkungen der Massenmedien. In der politischen Argumentation werden z.B. die Möglichkeiten politischer Magazinsendungen weit überschätzt, die Wissenschaft neigt dazu, den Einfluß von Fernsehen, Presse oder

Illustrierten herunterzuspielen. Wenn man weiß, daß der Bundesbürger im Durchschnitt täglich drei bis vier Stunden der Mediennutzung widmet, so kann die Frage eigentlich nur noch lauten, in welcher Weise wirken Einflüsse der Massenkommunikationsmittel.
Ebenso wie das Problem der Werbewirksamkeit ist das der Medienwirkungen bislang fast nur unter falschen Voraussetzungen diskutiert und untersucht worden. Ausschlaggebend für eine allgemeine Verwirrung sind ungenaue Begriffe und fehlende theoretische Durchdringung. Daß die empirische Sozialforschung bislang wenig oder gar nichts an Wirkungsforschung aufzuweisen hat, liegt an den zur Zeit noch engen Grenzen der Instrumentarien. Da Wirkung sich auf die Bildung oder Veränderung von Einstellungen bezieht, Einstellungen sich aber nur in längerfristigen Prozessen bilden und verändern, müssen die traditionellen empirischen Verfahren besonders der Markt- und Meinungsforschung notwendigerweise keine brauchbaren Resultate liefern. Der Grund liegt in den unzureichenden methodischen Möglichkeiten und nicht darin, daß tatsächlich von den Medien keine Wirkung ausginge. Die Wirksamkeit der Medien besteht auf drei Ebenen. Einmal verstärken sie vorhandene Meinungen, Einstellungen und Verhaltensdispositionen. Da man in den meisten Fällen nicht exakt weiß, in welchem Maß die angesprochenen Bereiche für den einzelnen in seiner Motivstruktur bestimmend sind, läßt sich aus der Filterfunktion vorhandener Dispositionen nicht schließen, die Medien bestätigten nur, was sowieso schon existiert. Es ist wahrscheinlich, daß eine Vielzahl von Medienaussagen bloße Meinungen zu Einstellungsmustern verfestigt. Aber auch bei altbewährten Vorurteilen können ständige Wiederholungen zu einer Aktualisierung oder Verschärfung führen. Zum anderen ist unbestritten daß die Medien in noch unbesetzten Feldern prägende Kraft besitzen. Bei dem zunehmenden Tempo, mit dem sich die Welt heute wandelt, stehen den Medien mehr Möglichkeiten offen als allgemein angenommen wird. Drittens erfährt der heranwachsende Mensch in immer stärkerem Umfang über die Massenmedien die Einführung in die Gesellschaft und immer weniger über die traditionellen Sozialisationsfaktoren wie Familie oder Schule, die selbst von den Einflüssen der Medien geformt sind. Daß keine direkte, unmittelbar Manipulation des einzelnen existiert, braucht nicht besonders betont zu werden. Natürlich sind die verschiedensten Stufen im Kommunikationsprozeß eingeschaltet und widerlegen auch hier mechanistische Vorstellungen von sozialen Prozessen. Alle bekannten Zwischenstufen haben jedoch Verbindung mit den Medien – sind also nicht unabhängig von ihren Einflüssen – und können in der Regel nur modifizierend in den Kommunikationsprozeß eingreifen.
Da wie gesagt die vorhandenen empirischen Verfahren für eine Wirkungsforschung im engeren Sinne nur wenige Möglichkeiten öffnen, ist die Massenkommunikationsforschung auf Zwischenlösungen verwiesen, die der theoretischen Arbeit besonderen Raum lassen. Theoretischen Ansät-

zen kommt hier deshalb eine entscheidende Bedeutung zu, weil es nur ihnen gelingen kann, die mit unterschiedlichsten Verfahren gewonnenen Daten kurzfristiger Analysen zu interpretieren und letztlich zu integrieren. Wie Zoll und Hennig in einer ausführlichen Untersuchung zum derzeitigen Stand der Massenkommunikationsforschung darstellen, fehlen aber auch noch für einen Wirkungsforschungsersatz die wesentlichsten Voraussetzungen:

„(1) eine Theorie der gesellschaftlichen, wirtschaftlichen und politischen Funktionen von Massenmedien in einer fortgeschrittenen Industriegesellschaft;

(2) eine inhaltsanalytische Aufbereitung des Medienangebots;

(3) eine Detailgliederung der Reichweiten spezifischer Medieninhalte nach soziographischen und demographischen Merkmalen, wobei einige der „klassischen" Kriterien wie der Statusindex abzulösen wären, weil sie theoretisch wie empirisch kaum noch Erkenntniswert besitzen;

(4) eine Detailgliederung der Nutzung spezifischer Medieninhalte im Sinne von (3) mit besonderer Berücksichtigung der zeitlichen Dimension (Zeitbudget-Studien);

(5) eine Analyse der Wahrnehmungsdispositionen verschiedener Bevölkerungsgruppen." (6)

Dieses Ergebnis bestimmte weitgehend den Ansatz des vorliegenden Kritik-Bandes und die Auswahl der Themen. Es handelt sich um den Versuch, die eine oder andere Lücke bisheriger Bemühungen in der Diskussion um die Massenmedien zu schließen. Eine gewisse Einheitlichkeit der Arbeiten gewährleistet nicht nur die globale Übereinstimmung der Autoren in den theoretischen Grundlagen; die Lücken der Kommunikationsforschung sind wie oben erläutert ja nicht zufällig entstanden; sie lassen sich auf soziale Zusammenhänge zurückführen und besitzen selbst eine Struktur. Der Titel „Manipulation der Meinungsbildung" bezieht sich auf solche gesamtgesellschaftlichen Abhängigkeiten und sollte nicht individualistisch interpretiert werden. Für den kritischen Anspruch des Bandes gilt, was Hartfiel programmatisch für die Reihe formulierte: „Kritik hat ihrem Wesen nach... aufgehört, Kritik zu sein, wenn sie sich die Grenzen ihres Fragens von einem rahmengebenden Zustand der Objekte ihres Fragens diktieren läßt... Dort, wo Kritik reduziert wird auf das Offenlegen von systemimmanenten Ungereimtheiten, unzulänglichen Problemlösungen, Reibungsverlusten, funktionalen Diskrepanzen u.a., da dient Kritik letztlich nur zur Konsolidierung etablierter Herrschaftsverhältnisse". (7)

II. Die zentralen Funktionen, die die theoretische Analyse den Massenmedien im Reproduktionsprozeß der Gesellschaft zuerkennt, bedeutet wie oben erläutert gleichzeitig eine enge Verflechtung mit dem ökonomischen Bereich. Das Medienangebot wird weitgehend in Großbetrieben hergestellt. Nicht zufällig spricht man von der Unterhaltungs- und der

Informationsindustrie. In den USA gaben die Konsumenten 1967 mit 33 Milliarden DM mehr Geld für Massenmedien aus als für alle anderen Freizeitaktivitäten (32 Mrd. DM). „Um 1980 wird über die Hälfte der Leistungen der amerikanischen Wirtschaft aus der Herstellung, Verbreitung und Weitergabe von Wissen im weitesten Sinne bestehen." (8) Die allgemeine wirtschaftliche Entwicklung zur Konzentration der Kräfte (9) macht im Mediensektor keine Ausnahme. Die Oligopolisierung des Meinungsmaktes läßt sich allenthalben verfolgen, eine Monopolisierung wird für die Zukunkft befürchtet. Die Konsequenzen für die Meinungsbildung sind eindeutig. Mit der Reduktion einer Medienvielfalt auf einen oder einige wenige Anbieter entfällt die Konkurrenz und damit die Möglichkeit der Kontrolle innerhalb einer Gattung. Aber nicht nur im Bereich einer Mediengattung, z.B. bei den Tageszeitungen, fehlen wie bei den lokalen Pressemonopolen wenigstens die formalen Möglichkeiten des Vergleichs und der Auseinandersetzung; auch zwischen den Mediensektoren, also etwa zwischen Fernsehen und Tageszeitung bestehen nur wenig Kontrollen. Die Fernsehkritik in den Tageszeitungen ist unterentwickelt, Versuche wie das „Teleforum" in der Wochenzeitung „Das Parlament" bilden Ausnahmen. Solche Mängel sind den Personen in den Institutionen nur sehr bedingt anzulasten. Im oligopolistischen Markt ist die eigentliche Konkurrenz, der Kampf der Anbieter um den günstigsten Preis längst aufgehoben, der Markt unter wenigen verteilt. Tatsächliche Auseinandersetzungen gefährden alle beteiligten „Firmen". Gerungen wird um wenige Prozent Marktanteile, die im wesentlichen neue Verbrauchergruppen einbringen können.

Für die Ware „Information" bleibt eine solche Beschränkung nicht ohne Einfluß auf ihren „Gebrauchswert". Sie wird zum Objekt jener Kräfte, über die sie zu berichten hätte. So tritt neben die formale Abhängigkeit von den allgemeinen wirtschaftlichen Konzentrationstendenzen auch eine inhaltliche. Sie drückt sich darin am besten aus, daß die Massenmedien heute bis zu 70 und 80 Prozent ihrer Einnahmen auf die Werbung angewiesen sind. Hennig hat in seinem Beitrag diese Abhängigkeiten verfolgt. Dabei geht es neben einem allgemeinen Überblick über die Verteilung der Werbeaufwendungen auf die einzelnen Medien weniger um direkte Abhängigkeiten im Sinne handfester Einflußnahmen der „Inserenten" auf das inhaltliche Angebot, wenn man von der Kleinpresse einmal absieht, sondern um das Erfordernis, für die Werbeteile ein entsprechend „attraktives" Umfeld zu schaffen. Die Abstimmung von Werbe- und redaktionellem Teil ist in manchen Bereichen (vgl. „Bravo") bis zur Integration gediehen. Für Publikationsorgane wie die aktuellen Illustrierten, die sich bewußt auch als politisch begreifen, wirkt sich der Widerspruch zwischen versuchter Verhaltenssteuerung im Konsumbereich und dem Ansatz zu einer aufklärerisch motivierten politischen Meinungsbildung in aller Regel zuungunsten der öffentlichen Aufgabe aus.

Die enge Verknüpfung von wirtschaftlichem und politischem Interesse besaß solange emanzipatorischen Charakter, solange absolutistische Schranken die kapitalistische Dynamik noch einfingen. Seit der Dominanz des Kapitals bilden Presse- und Gewerbefreiheit jedoch Antagonismen. Ein solcher Widerstreit zwischen ökonomischen Zwängen und demokratischem Auftrag existiert nicht nur bei der privatwirtschaftlich organisierten Presse. Holzer sieht auch bei den Rundfunk- und Fernsehanstalten wirtschaftliche Einbindungen, die eine Differenzierung zwischen etwa dem Markt der Illustrierten und den öffentlich-rechtlich organisierten Medien in letzter Konsequenz nicht erlaubten. Der Rundfunk deckt seine Kosten zu ca. 30 Prozent aus Werbeeinnahmen, das ZDF fast zur Hälfte. Verflechtungen mit formal ausgegliederten Werbegesellschaften und über diese mit den großen Ateliergesellschaften, die Verbindungen zur Fernseh- und Film-Einkaufsgesellschaft Degeto, die eine fast monopolartige Stellung besitzen soll, legen Schlußfolgerungen in dieser Richtung allerdings nahe. Holzers Beitrag stellt den Versuch dar, anhand empirischen Materials nachzuweisen, in welchem Umfang die „Interessen der Machtgruppen in Wirtschaft und Politik" das Medienangebot und damit das Denken des Publikums regulieren.

Ein solches Unterfangen muß sich vor allem mit der Unzulänglichkeit der empirischen Daten herumschlagen. Ergebnisse der Markt- und Meinungsforschung lassen sich für Reichweiteanalysen und in begrenztem Umfang für Aussagen über Mediennutzung verwenden; sie sind weitgehend untauglich, sobald Einstellungen und Motive angesprochen werden. Im vorliegenden Fall wäre z.B. auf Tabelle 9 u. 10 im Beitrag von Holzer zu verweisen, wo man Meinungen, aber keinesfalls Einstellungen untersuchte. Ähnliches gilt für die Bewertungen von Sendungen mit Prädikaten wie gut, schlecht, ausgezeichnet etc. Was diese Aussagen repräsentieren, vor allem unter dem Gesichtspunkt der Wirksamkeit, ist noch nicht ausgemacht. Anhand von „Publikumsreaktionen" auf der Ebene von Meinungen auf „politische Sozialisationsprozesse" zu schließen, legitimiert sich daher vorwiegend durch inhaltsanalytische Ergebnisse und die theoretisch stringente Ableitung.

Als gesicherte Erkenntnisse gelten heute die Tendenzen der Medien gesellschaftliche, wirtschaftliche und politische Probleme zu personalisieren, öffentliche Angelegenheiten als individuelle Schwierigkeiten darzustellen wie andererseits die Privatsphäre durch die Veröffentlichung intimer Bereiche immer stärker zu „vergesellschaften". Konflikte erscheinen durch die dominierende Personalisierung in der Regel als Unzulänglichkeiten wenig charakterfester Personen. In befriedigendem Umfang erkannt sind auch die schichtenspezifischen Mechanismen der „Manipulation". Neben den Beispielen von „BILD" und „Spiegel", die Holzer anreißt, läßt sich vor allem auf die Zusammenhänge zwischen Mediennutzung und Konsumverhalten besonders bei der Regenbogen-, der kommerziellen Jugendpresse und den Frauenzeitschriften hinweisen. (10) Hier trifft zu, was Galbraith die Befriedigung von Bedürfnissen, die man

selbst erst erzeugte, genannt hat. (11) Die politischen Implikationen einer übergreifenden Konsumorientierung verfolgt Horn in diesem Band an der Werbekonzeption des „Krawatten-Muffel" recht eindrucksvoll.
Insgesamt dürfte für eine Analyse der gesellschaftlichen und politischen Funktionen der Medien die Frage nach den Inhalten entscheidend sein. Eine Diskussion darüber, ob man etwa die Reichweite von „Panorama" mit gut zehn Millionen regelmäßigen Zuschauern als quantitativ befriedigend, gut oder schlecht bewerten sollte, lenkt beim derzeitigen Angebot von im weiteren Sinne politischen Sendungen, Artikeln, Serien etc. vom zentralen Problem ab. Für eine Analyse politischer Sozialisation durch explizit politische Medienaussagen ist demgegenüber wichtig, wie die Sendungen den politischen und gesellschaftlichen Bereich strukturieren, besonders dann, wenn man davon ausgeht, daß der einzelne sich in der Politik noch stärker als im sozialen Raum aus „zweiter Hand" informieren muß. Die inhaltsanalytische Aufbereitung des Angebots der Nachrichtensendungen „Tagesschau" und „heute" von Schatz, welche die weitgehend qualitativ gestützten Thesen Holzers in den wesentlichen Punkten quantitativ bestätigt, vermag sich zugleich mit der weitverbreiteten Annahme auseinanderzusetzen, die Fernsehnachrichten ermöglichten eine Politisierung der Unpolitischen, weil nur sie die politisch Desinteressierten in größerem Umfang erreichten. Begreift man „Politisierung" als einen Prozeß, der den einzelnen instand setzt, sich kritisch mit den gesellschaftlichen und politischen Verhältnissen zu befassen, so enttäuscht die Studie von Schatz solche Hoffnungen. „Tagesschau" und „heute" reihen Meldungen aneinander, ohne für das Verständnis notwendige Zusammenhänge zu vermitteln. Helge Pross weist darauf hin, daß etwa den weiblichen Zuschauern die elementarsten Grundbegriffe wie Opposition oder Koalition fehlen, um die Nachrichten überhaupt nur vom oberflächlichen Sinn her wahrzunehmen. (12) Inhaltlich bleiben in „Tagesschau" und „heute" gesellschaftspolitische Themen und kritische Bezüge weitgehend unberücksichtigt. Die Exekutive findet gegenüber dem Parlament, die Regierung gegenüber der Opposition deutlich mehr Aufmerksamkeit. Schatz spricht von der „gouvernementalen Komponente" der Fernsehnachrichten. „Die ... vorherrschenden Kräfte des Status quo ... werden tendenziell verstärkt."
Inwieweit ein solches Ergebnis die Folge der öffentlich-rechtlichen Konstruktion der Rundfunk- und Fernsehanstalten ist, die zum Gründungszeitpunkt alle sogenannten „relevanten" gesellschaftlichen und politischen Kräfte in die Verantwortung und Kontrolle der Anstalten einbezog und damit einmal gegebene Herrschaftsverhältnisse jedenfalls formal langfristig zementierte, bildet u.a. die Fragestellung für den Beitrag von Seifert. Die Betrachtung der Probleme, die sich für die entsprechenden Medien aus der Parteien- und Verbandskontrolle ergeben, verliert von der Holzerschen These aus gesehen, daß privatwirtschaftlich und öffentlich-rechtlich organisierte Medien sich in ihren Wirkungen

letztlich nicht unterscheiden, nur scheinbar an Bedeutung. Die im Beitrag von Holzer erarbeiteten übergreifenden Strukturen etwa bezüglich personalisierender Tendenzen sollen in diesem Band keinesfalls nahelegen, ,,ZDF", ,,BILD", ,,Stern", ,,Neue Post", ,,FAZ" oder ,,Bravo" in einen Topf zu werfen. Zwischen privatwirtschaftlich und öffentlich-rechtlich organisierten Medien bestehen (noch) wichtige Unterschiede, die den Herausgeber z.B. dezidiert gegen eine ,,Privatisierung" von Rundfunk und Fernsehen eintreten lassen. Gerade weil zu vermuten ist, daß private Rundfunk- oder Fernsehstationen den Widerspruch zwischen Presse- und Gewerbefreiheit noch stärker reproduzieren werden als es etwa Illustrierten tun, dürfte die Verpflichtung auf die Staatsverträge keineswegs nur eine Verschleierung uniform vorhandener Abhängigkeiten darstellen.

Daß andere Probleme zum Aspekt der Werbeorientierung hinzutreten, ist unbestritten und schlägt sich auch in der Arbeit Seiferts nieder, der eine in der Diskussion sträflich vernachlässigte Fragestellung behandelt. Die nach Scheuch ,,steuerähnlichen Einnahmen" der Anstalten (13) legitimieren zwar die Forderung nach größerer Transparanz hinsichtlich Programmgestaltung und Finanzgebaren, keinesfalls jedoch schon den Ruf nach Privatisierung oder privatwirtschaftlicher Konkurrenz. Die sich objektiv gebärdende Polemik von Scheuch, nach der ,,in den Dritten Programmen der öffentlichen Sender über alle vertretbaren Maße ,adorniert' wird", nach der die ,,Einseitigkeiten" zunehmen und sie das Maß überschritten haben sollen, das ,,in Demokratien mit der Monopolstellung vereinbar ist", (14) wird nicht zufällig von Springer in seinen Verlagsnachrichten unter dem Motto ,,gefährdete Meinungsfreiheit" durch ,,militanten Gesinnungsjournalismus" vertrieben. (15) Weder das Profitmotiv des oligopolistischen Meinungsmarktes noch die ,,privaten" Ansichten von Scheuch über das, was erträglich, einseitig oder vertretbar ist, bilden akzeptable Alternativen zu ARD und ZDF. Soweit Inhaltsanalysen vorliegen, widersprechen sie eindeutig den Behauptungen einer ,,linken" Erziehungsdiktatur. Damit bleibt die öffentlich-rechtliche Konstruktion von Rundfunk und Fernsehen nicht außerhalb der kritischen Reflexion. Je mehr die Anstalten die Maßstäbe für ihr eigenes Tun sowie dessen Organisation in öffentlicher Diskussion und über Forschungen überprüfen und kontrollieren, umso eher entlarven sie alle jene gegen sie gerichteten Bemühungen, die im Namen der ,,Meinungsfreiheit"Geschäfte machen wollen.

Veränderungen im Bereich der Rundfunk- und Fernsehanstalten stellen politische Entscheidungen dar und sind damit abhängig von den jeweiligen Kräftekonstellationen. Hierüber vermag auch die Tatsache nicht hinwegzutäuschen, daß die Form von Rundfunk (und Fernsehen) in Weimar, im Dritten Reich wie in der BRD wesentlich unter quasi ,,objektiver" Beteiligung der Juristen zustande kam. Seifert weist nach, daß die jeweilige sogenannte ,,Überparteilichkeit", auf die man die Institutionen verpflichtete, zugleich eine relativ enge Bindung an die

„staatstragenden" Mächte bedeutete, für Weimar die Bindung an restaurative Tendenzen. Als 1945 mit dem Zusammenbruch auch des Staatsrundfunks die Neuordnung zur Debatte stand, wurde mit der „Neutralitätspflicht" ein Prinzip aus Weimar übernommen, das den Rahmen für die kontrollierenden und emanzipatorischen Möglichkeiten nicht sehr weit steckte. Immerhin waren die Redakteure im Vergleich zu Weimar nicht zur „Überparteilichkeit" in jeder Sendung verpflichtet. In den Bestimmungen fanden jetzt Begriffe Aufnahme, deren Auslegung in das Ermessen von Personen gelegt wurde, etwa ob eine Sendung „einseitig" einer Weltanschauung oder einer Partei diene. In den zuständigen Gremien, in den Rundfunk- und Verwaltungsräten sind in der Regel jene Gruppen vertreten, die bei der Gründung als relevant galten. Auf diese Weise reduziert sich der Bereich, innerhalb dessen Programmgestaltung möglich ist, wieder auf die sogenannten verantwortlichen Gruppen der Wirtschaft, Gesellschaft und Politik und damit praktisch auf den status quo. Dem entspricht eindeutig die Tendenz der Fernsehnachrichten. Dennoch dürfte das kritische Potential in den öffentlich-rechtlichen Anstalten erheblich größer sein und sich auch bei globaler Betrachtung tatsächlich kontrollierender und innovativer auswirken als bei einem rein kommerziell betriebenen System. Gerade die Tatsache, daß die Angriffe gegen die derzeitige Organisation von Rundfunk und Fernsehen überwiegend von konservativen bis reaktionären Kreisen geführt werden, sollte die Anstalten zu einer stärkeren Demokratisierung veranlassen. Hier ist vor allem an eine größere Transparenz in wirtschaftlichen und inhaltlichen Dispositionen zu denken, an die Verbindungen mit dem kommerziellen Bereich, an die hierarchischen Strukturen, an Tarifverträge mit „Maulkorbcharakter" etc.

Wer sich ernsthaft um konkrete Modifikationen im Bereich der Medien bemüht, hat in Rechnung zu stellen, daß Veränderungen, wegen der Relevanz von Massenkommunikation in fortgeschrittenen, auf „Außenleitung" basierenden Industriegesellschaften, politische und wirtschaftliche Herrschaftsverhältnisse zentral betreffen. Wo in der Vergangenheit die führenden Kräfte ihre Position wirksam angegriffen oder gefährdet sahen, haben sie, wie in der „Spiegel-Affäre" oder bei der Gründung des „Adenauer-Fernsehens", massiv Einfluß genommen. Eine solche Einflußnahme war jahrelang unnötig, weil die Medien die Politik der Regierung überwiegend unterstützten. Eine allgemeine Unzufriedenheit mit den Auswirkungen einer stets nur auf Probleme reagierenden und diese nicht antizipierenden, planungsfeindlichen Politik, sowie die den allgemeinen ökonomischen Trends parallel laufende Entwicklung im Bereich des Pressewesens problematisierte den Mediensektor zu einer Zeit, als die Auswirkungen etwa der Konzentrationsbewegungen ebenfalls bereits Tatsachen geschaffen hatten. Der Beitrag von Ellwein weist auf die Gefahren hin, die sich ergeben oder verstärken, wenn sich die Politik wie bislang im Bereich der Massenmedien durch das Fehlen jeder übergreifenden Konzeption weitgehend der ökonomischen Machtstruktur ausliefert. Eine solche Gefahr besteht in beträchtlichem Umfang, da die technische und wirtschaftliche Entwicklung im Mediensektor schon heute die vereinzelten Ansätze, auf Probleme von gestern zu reagieren, weit hinter sich gelassen hat. Die klassischen Maßstäbe und Begriffe bürgerlich-liberaler Demokratie stellen kein zureichendes Instrumentarium mehr dar, um die derzeitigen Tendenzen zu analysieren, damit man ihnen zukünftig begegnen kann.

Der Übergang von der Massen- zur räumlich universellen und inhaltlich „totalen" Kommunikation macht den Begriff „Öffentlichkeit" im Sinne von Kontrolle und kritischem Forum in mehrfacher Hinsicht fragwürdig. Das Leben aus „zweiter Hand" hebt tendenziell alle individuellen Bezugssysteme des Handelns auf. Das Konkurrenzmodell der Meinungs- und Willensbildung für den Markt der Medien, in der Form der „freien Martwirtschaft" schon lange Ideologie, verliert sich zunehmend in einer Vielzahl von Segmenten einzelner Rezipientengruppen, für die bestimmte Mediengattungen und innerhalb der Gattungen ein, bestenfalls zwei Medien zuständig sind. Die sogenannte Individualisierung des Medienangebots im Sinne einer Ausrichtung nach relativ kleinen sozialen Gruppen bedeutet in letzter Konsequenz, daß das Ideal einer übergreifenden Öffentlichkeit, vor allem einer politischen Öffentlichkeit sich in unverbundene Sektoren und damit gänzlich auflöst. Die mit entscheidende Aufgabe von Massenmedien in demokratischen Gemeinwesen, die Lawine von Daten und Fakten als Information zu strukturieren, ist nur durchführbar, wenn an die Stelle der heute schon unbefriedigenden Kontrollen andere Formen treten, die mit der Privatisierung eine Entpolitisierung verhindern. Die Vorstellung, die unbegrenzten technischen Möglichkeiten erzeugten eine Kommunikation aller mit allen, eine Information aller über alles und die Freiheit, aus einem totalen Angebot auszuwählen, vergißt den Widerspruch von Presse- und Gewerbefreiheit. Denkt man die derzeitigen Tendenzen konsequent zu Ende, so bedeuten die Versuche großer Medienkonzerne, nicht nur die Fort- und Weiterbildung der Bevölkerung zu organisieren, sondern auch einige bislang den Wissenschaften überlassenen Gebiete zu bearbeiten und zu verbreiten, eine weitere Auslieferung partiell unabhängiger Bereiche an ökonomische Interessen. Der Springer Konzern will z.B. 1971 ein visuelles Fortbildungsprogramm für Ärzte auf den Markt bringen. Von den rund 110 000 westdeutschen Ärzten seien ca. 60 Prozent bereit, „sich an einem Kassettenfernsehen zu beteiligen". (16) Die Filme von einer Stunde Spieldauer sollen 8 Minuten Werbung enthalten. Dabei sei angeblich daran gedacht, „daß man die Werbung weniger zur Deckung der Kosten als vielmehr zur zusätzlichen Produktinformation bieten wolle." (17)

Im Unterschied zur jeweiligen politischen Führung (etwa der USA oder der BRD) existieren in der Wirtschaft detaillierte Vorstellungen über den zukünftigen „Kommunikationsmarkt". Neben der im Augenblick zu stark herausgestellten Kassette muß vor allem dem Kabelfernsehen große Aufmerksamkeit geschenkt werden. Beim Kabelfernsehen erhält der Teilnehmer wie beim Telefon Anschluß an ein weitverzweigtes Netz, das bislang allerdings nur in begrenzten Räumen existiert, also eine Art lokales Fernsehen darstellt. In den USA bestanden 1969 schon 2300 Kabelfernsehsysteme mit über 3,5 Millionen Abonnenten. Das Kabelsystem besitzt gegenüber der Kassette den Vorteil, zu einem einheitlichen Kommunikationsnetz u.a. mit Anschlüssen an Datenbanken und Rechenzentren integriert werden zu können. Der lokale Bezug hat zu einem intensiven Engagement der Zeitungsverleger geführt, die mit der Möglichkeit, die Zeitung über den Fernseher zu vermitteln, ihre eigentliche Zukunft sehen, nicht zuletzt, weil das Kabelfernsehen immer mehr lokal-gerichtete Werbung bindet. Die nächste Zeit wird jedoch der Kassette gehören. Spätestens 1971 wollen die „Lesezirkel" Fernsehkassetten führen, und auch die eventuell noch nicht vorhandenen, aber notwendigen Zusatzgeräte soll man über den Lesezirkelverteiler mieten können. Kommerziell betroffen sind in erster Linie die Kinobesitzer. In den USA fordern sie seit einiger Zeit sehr bestimmt rechtliche Schritte von der politischen Führung zur Wahrung ihrer Interessen. Wie es mit den Interessen der Bevölkerung steht, in jedem Fall eine Art politische Öffentlichkeit als Mittel zur Information und Kontrolle zu erhalten, bleibt bislang nicht zuletzt wegen einer fehlenden Lobby weitgehend unerörtert. Die Dominanz der Wirtschaft erfordert von der politischen Führung, will sie einen der politischen Öffentlichkeit vergleichbaren Prozeß erhalten oder erreichen, klare Konzeptionen auf dem Mediensektor. Dabei läßt sich absehen, daß eine wirksame Politik sich nicht auf die Distributionssphäre beschränken kann, sondern ernstlich die Frage nach den Produktionsverhältnissen stellen muß.

Die Widersprüche von Presse- und Gewerbefreiheit spiegeln sich auch in den journalistischen Ideologien, die das Geschäft mit der Massenkommunikation altruistisch verbrämen. Zur Angestelltenpublizistik herabgesunken, richtet sich die Fähigkeit zu schreiben in jedem System ein, das ihre Verwertung garantiert. Nachricht und Information als Ware müssen sich verkaufen. Am besten läßt sich absetzen, was auf die Versagungen, Unsicherheiten und Ängste eingeht, die der Produktions- und Konsumtionsprozeß erzeugt. Das journalistische Konzept, das sich der unsicheren und ängstlichen Menschen annimmt, heißt „Lebenshilfe", die Medien, die sie verbreiten, werden nach Silbermann zu „sozialtherapeutischen" Anstalten. (18) Der Bauer-Verlag, u.a. Besitzer der wichtigsten Blätter der Regenbogenpresse, nennt seinen journalistischen Auftrag im Anschluß an die „Telefon-Seelsorge" der Kirchen „Papier-Seelsorge". Der Verlag gibt vor, auf die Ängste und Unsicherheiten der Bevölkerung einzugehen. Formal geschieht das in Serien, die sich seit Jahren kaum verändert haben. Königshäuser, Geheimnisvolles und Fragen der Gesundheit bilden die Schwerpunkte der Artikel. Die „Lebenshilfe" besteht darin, eine heile

Welt vorzugaukeln, ohne auch nur temporär die Ängste und Unsicherheiten zu beseitigen. „Papierseelsorge" tröstet die „Alleingelassenen" damit, daß es anderen nicht viel besser gehe. Wie der Beitrag von Jaenicke analysiert, liefert ein solches Konzept keine Orientierungshilfen, die den Leser instand setzen, über entsprechende Informationen, Hintergrunddaten und Zusammenhänge zu selbständigen Entscheidungen zu gelangen. Lebenshilfe in Form von Regenbogenpresse und BILD-Zeitung beseitigt im Gegenteil noch vorhandene Eigenständigkeit. In einer qualitativen Analyse von BILD, die im Auftrag des Springer-Verlags angefertigt wurde, heißt es: „Der Leser, der sich der Führung von Bild anvertraut, ist ohne Hilfe und Unterstützung dieser Zeitung vielleicht sogar ein wenig hilflos. Der engagierte BILD-Leser ist auf die Zeitung im echten Sinne ‚angewiesen'. Er bedarf täglich ihrer normativen Funktionen." (19)

Als engagierte BILD-Leser gelten elf Millionen Bundesbürger, die Regenbogenpresse erreicht monatlich noch mehr Personen. „Lebenshilfe" besitzt politische und wirtschaftliche Bedeutung. BILD begreift sich nicht nur als Berichter, sondern auch als „RICHTER" des Weltgeschehens. In apodiktischen „Statements" wird das Leben mit seinen Problemen und komplizierten Strukturen auf Schlagwort-Niveau gebracht. Es ist alles einfach, wenn man es mit den Augen von BILD sieht. BILD harmonisiert, verdeckt Konflikte, schafft Abhängigkeiten, verschleiert Herrschaftsverhältnisse und produziert, unpolitisches, apolitisches, letztlich totalitäres Potential. Der politischen Entmündigung, bei der Regenbogenpresse gilt „Lebenshilfe" als Versuch, den sozial Isolierten dazu zu bringen, daß er sich mit seinem Schicksal abfindet, entspricht der Verhaltenssteuerung im ökonomischen Bereich. Von BILD erhält der Mensch „Impulse", die versuchen, ihn morgens „praktisch ‚auf Touren' zu bringen", damit er seinen Beitrag zum Sozialprodukt leiste. Regenbogenpresse oder kommerzielle Jugendzeitschriften oder Werbefunk zeigen sodann, wie man das Entgelt für seine Arbeitskraft sinnvoll anlegt, z.B. in kompensatorischen Mitteln, die Angst und Unsicherheit angeblich beseitigen. Der Zusammenhang zwischen der Nutzung bestimmter Medienaussagen und dem Konsumverhalten gilt als gesichert. Das Konzept der „Lebenshilfe" bildet die adäquate Ideologie für das Ziel etwa der Illustriertenbranche, nämlich „Geschäfte zu machen".

Der Mangel an empirischem Material über die Werbewirksamkeit kann kaum als Einwand gegen Analysen verwendet werden, die, wie Horn in seinem Beitrag, mit der individuellen Bedeutung und der gesellschaftlichen Funktion der Werbeinhalte die Manipulationsmechanismen theoretisch erschließen. Konsum als Pflicht zu Erhaltung der Hochkonjunktur läßt sich mit den zur Verfügung stehenden Mitteln empirischer Verfahren nur in Andeutungen erfassen. Horn zeigt deutlich, wo hier die Grenzen liegen. Die subtilen Mechanismen der „Manipulation" von Motivlagen entziehen sich weitgehend einer Operationalisierung, die noch im streng empirischen Sinn Belege zu liefern vermag. Es handelt sich dabei um ein Problem, das nicht auf die Unzulänglichkeit der empirischen Sozialforschung zurückzuführen ist. Die vorliegende Studie der „Krawatten-Muffel-Serie" besitzt von daher mehr Aussagekraft als man normalhin einer „qualitativen" Analyse zugesteht.

Die Untersuchung ist in mehrfacher Hinsicht exemplarisch. Zum einen bildet sie ein Beispiel für die konkrete Verwertung von menschlichen „Sorgen, Verzweiflung und Einsamkeit". Zweitens demonstriert sie, wie man Problemsituationen schafft, um sie hernach in einer Aktion der „Lebenshilfe" halbwegs zu beseitigen. Drittens läßt sich der enge Zusammenhang von primär rein ökonomischen Tatbeständen mit dem politischen Bereich erläutern. Viertens stellt die Studie die übergreifende Tendenz der Entmündigung durch die Dominanz eines Wirtschaftssystems dar, das in seiner jetzigen Form nur für sich selbst, nicht aber für den einzelnen Rationalität besitzt. Langfristig bedeutet die Ideologie der Anpassung jedoch auch für das System nicht mehr Sicherheit. Ein Mensch, auf dessen vorurteilsvolle Struktur sich die Werbung überwiegend bezieht, der auf zwanghaftes Reagieren dressiert wird und zugleich flexibel sein soll, immer neue Produkte zu akzeptieren, vermag die damit verbundenen Widersprüche nur in begrenztem Umfang psychisch auszutragen. Die Versagungen schlagen sich als aggressives Potential nieder, das bei der zur Zeit noch „unvollkommenen" gesellschaftlichen Kontrolle des Verhaltens in den Lücken der Erfassung die Individuen wie die Gesellschaft bedroht.

Als Mittel gegen die Entfremdungstendenzen der „außengeleiteten" Gesellschaft wird in den letzten Jahren die stärkere Eingliederung des einzelnen in den engeren lokalen Bereich diskutiert. Als wesentlichstes Medium für eine weiterreichende Integration gilt in diesem Zusammenhang die Lokalpresse. Der schlechte Zustand der Massenkommunikationsforschung zeigt sich auch hier wieder und zwar daran, daß kaum quantitative Inhaltsanalysen von Lokalteilen existieren, obwohl diese aus mehreren Gründen einen zentralen Untersuchungsgegenstand bilden. Die Lokalpresse interessiert u.a. auch in Verbindung mit der Diskussion um Probleme der Pressekonzentration. So wird ständig mit der Vielfalt des Zeitungsangebots operiert, die es zu erhalten gelte, ohne daß ausgemacht wäre, ob die derzeitige Vielzahl auch tatsächlich Vielfalt bedeutet. Nach den hier von Haenisch und Schröter präsentierten Ergebnissen, die durch eine Reihe systematisch über die BRD zu streuenden Kontrollstudien, vor allem unter Berücksichtigung der Orts- und Zeitungsgröße, zu bestätigen wären, ist ernstlich zu fragen, ob sich für die Erhaltung der derzeitigen Struktur von Klein- und Mittelpresse noch unter dem Gesichtspunkt der Meinungsvielfalt argumentieren läßt. Die lokale Berichterstattung zeigt sich jedenfalls in einer Uniformität, die eine weitere wichtige Frage, nämlich die nach den demokratischen Funktionen (Informations-, Artikulations–, Kontrollfunktion etc.) negativ beantwortet.

Bei den analysierten Zeitungen fallen als erstes die signifikanten Unterschiede zwischen den einzelnen Lokalteilen und dem zugehörigen überregionalen Teil auf. Ein solches Ergebnis rechtfertigt es, die Lokalpresse als eine selbständige Untersuchungseinheit zu begreifen. Die quantitative Inhaltsanalyse, über die hier referiert wird, bildet den Teil einer groß angelegten Gemeindestudie. (20) Diese Integration ermöglicht den direkten Bezug auf die gesellschaftlichen, wirtschaftlichen und politischen Verhältnisse der Gemeinde.

Nach unseren Resultaten spiegelt die Lokalpresse die absolutistischen Strukturen des politischen und gesellschaftlichen Bereichs beinahe ungebrochen wider. Unabhängig von der Frage, welchen Stellenwert Kommunalpolitik im Rahmen überregionaler und nationaler Politik noch hat, läßt sich an handfesten Beispielen nachweisen, wie bestimmte Interessen zum Zuge kommen und andere nicht. Mit Ausnahme des Bürgermeisters der Gemeinde, der den ihm zur Verfügung stehenden Rahmen zum Teil feudaler Strukturen mit Methoden modernen Managments nutzt und seine politische Rolle auch klar erkennt, und mit Ausnahme von einigen wenigen, kaum einflußreichen Personen mit politischem Gespür, begreifen weder die Mitglieder des Gemeinderats noch die Bevölkerung Kommunalpolitik tatsächlich als Wahrnehmung und Durchsetzung von Interessen. Nach nahezu übereinstimmender Ansicht wird „auf dem Rathaus keine Politik gemacht". Dort gehe es um Sachentscheidungen, die letztlich gar nicht anders ausfallen könnten als die jeweiligen Gemeinderatsbeschlüsse. Die Stadträte gelten als Repräsentanten einer natürlichen Ordnung, die sie aufgrund ihrer besonderen Stellung, als Honoratioren vertreten. Position wie Entscheidungen stehen nicht ernsthaft zur Debatte.

Demgemäß betreffen nur 6,5 Prozent der lokalen Berichterstattung politische Gegenstände. Die Darstellung besitzt den Charakter öffentlicher Verlautbarungen, Informationen geschehen in der Form von „Hofberichten". Ungebrochen dominiert eine Vorstellung von Obrigkeit wie sie Habermas als „repräsentative" Öffentlichkeit beschreibt. (21) Die Lokalzeitung bildet das Forum zur Selbstdarstellung der Honoratioren. Im Rahmen dieser heilen Welt spielen die Vereine und Verbände eine wesentliche Rolle. Sie ordnen und integrieren die Bevölkerung in überschaubare Gruppen. Die Kritik in der Lokalpresse richtet sich vor allem gegen Parteien und einzelne Bürger, sobald sie soziale und politische Initiativen entwickeln. Bis in die sprachliche Form durchsetzt das „absolutistische Weltbild" die Lokalpresse. Intensiva und Superlative treten an die Stelle von begründeten Aussagen. Lobeshymnen auf eine natürliche Ordnung bedürfen keiner Begründung.

Die Verfestigung letztlich mittelalterlicher Strukturen in einer hochindustrialisierten Welt findet sich nicht nur im relativ begrenzten Raum einer Gemeinde. Wie der Beitrag von Massing entwickelt, gleicht die Funktion katholischer (konfessioneller) Publizistik in vielen Aspekten derjenigen der Lokalpresse: beide bestärken den status quo und beide agieren sie, wenn auch mit unterschiedlicher „Motivation", im Dienste „herrschender" Schichten. Den Honoratioren der Kleinstadt entsprechen die Bischöfe auf nationaler Ebene. Wie vielleicht nur noch die Vertriebenenpresse ist es der katholischen Publizistik gelungen, einen (konfessionellen) Binnenmarkt zu schaffen mit einer erstaunlichen Einheitlichkeit trotz einer Reichweite der Bistumsblätter von gut 10 Millionen Lesern. Die Inhalte der Blätter sind für eine selbstbestimmte Position des einzelnen in der Gesellschaft nahezu irrelevant. Nachrichten und Informationen beschränken sich auf eine Nabelschau klerikaler Bedürfnisse. Das Bistumsblatt bildet das Forum zur Selbstbespiegelung katholischer Hierarchie und ähnelt auch hier der untersuchten Lokalpresse. Bistumszeitungen fungieren als Organ des Bischofs, unterliegen einer Art „Vorzensur" und verhindern auf diese Weise jeden ernsthaften Dialog. Das Prinzip der Subordination unterbindet eine Rückkoppelung der Interessen und Bedürfnisse der Leser an den Kommunikator.

Die den Inhalten ausgelieferten Personen werden in Abhängigkeit gehalten, die ihre Lebenschancen vergleichsweise stark einengen. Hier ist vor allem zu berücksichtigen, daß der Leser der Bistumspresse eine intensive emotionale Bindung an das Blatt besitzt und sein Kommunikationsfeld stärker als andere auf die kirchlichen Organe begrenzt. Für die etwa 30 Prozent „Orthodoxen" unter den Katholiken repräsentiert das Bistumsblatt zudem gesellschaftliche wie politische Wahrheit, ist also glaubwürdiger als die Tageszeitungen, obwohl man annimmt, der Inhalt sei von kirchlicher Seite zumindest „geprüft". Ein auf diese Weise reduziertes, widerspruchvolles Weltbild und die sich daraus ergebenden gesellschaftlichen Konsequenzen bilden für Massing den Ansatz zu einer politischen Psychologie kirchengebundener Religiosität. Medieninhalte, die gesellschaftliche Lage der Rezipienten, seine Bezugssysteme, seine politischen Verhaltensweisen stehen in einem engen Zusammenhang. Die Unterrepräsentation von Katholiken in führenden Stellungen von Wirtschaft und Politik, ihr relativ geringer Bildungsstand, ihre materielle Unterprivilegierung finden eine Entsprechung in dem „provinziellen" Charakter katholischer Publizistik. Mögen sich heute noch die überkommenen Herrschaftsverhältnisse der katholischen Kirche mit ihren antidemokratischen Elementen mit Hilfe eines streng manipulierten Meinungsbildungsprozesses befestigen, auf die Dauer lassen sich auch die orthodoxen Katholiken, lassen sich die Leser der Bistumspresse nicht erfolgreich von der allgemeinen Entwicklung isolieren. Je stärker die Kirche versucht, die tradierten Abhängigkeiten zu bewahren, umso eher schafft sie für sich selbst revolutionäres Potential. Ganz gleich, ob man eine solche Tendenz begrüßt oder nicht, für die betroffenen Gläubigen bewirkt der derzeitige Charakter katholischer Publizistik eine Verstärkung jener Faktoren, die die Katholiken in ihren Lebenschancen beschneiden. Diese Diagnose trifft sich mit den Ergebnissen globaler

Analysen, die den Medien weitgehend stabilisierende Funktionen vorhandener wirtschaftlicher, gesellschaftlicher und politischer Verhältnisse zuschreiben.

Anmerkungen

(1) Vgl. Gisela Zimpel: Der beschäftigte Mensch. Beiträge zur sozialen und politischen Partizipation. München 1970.
(2) Vgl. die Auseinandersetzungen mit der „Frankfurter Schule der Soziologie", vor allem die verschiedenen Stellungnahmen von Scheuch.
(3) Vgl. die Reihe „Politisches Verhalten – Untersuchungen und Materialien zu den Bedingungen und Formen politischer Teilnahme", hrsgg. von Thomas Ellwein und Ralf Zoll. München ab 1969.
(4) Vgl. Joachim Hirsch: Funktionsveränderungen der Staatsverwaltung in spätkapitalistischen Industriegesellschaften, in: Blätter für deutsche und internationale Politik, 14(1969).
(5) Vgl. Alphons Silbermann: Bildschirm und Wirklichkeit. Berlin/Frankfurt/Wien 1966.
(6) Ralf Zoll und Eike Hennig: Massenmedien und Meinungsbildung. Angebot, Reichweite, Nutzung und Inhalte der Medien in der BRD. München 1970, S. '7.
(7) Günter Hartfiel (Hrsg.): Die autoritäre Gesellschaft. Band 1 der Reihe „Kritik", Köln und Opladen 1970, S. 11 f.
(8) Vgl. Ralf Zoll und Eike Hennig: A.a.O., S. 138.
(9) Vgl. Dieter Grosser (Hrsg.): Konzentration ohne Kontrolle. Band 2 der Reihe „Kritik", Köln und Opladen 1969.
(10) Vgl. die entsprechenden Kapitel in: Ralf Zoll und Eike Hennig: A.a.O.
(11) Vgl. John K. Galbraith: Die Gesellschaft im Überfluß. München/Zürich 1961.
(12) Vgl. Helge Pross: Über die Bildungschancen von Mädchen in der Bundesrepublik. Frankfurt 1969.
(13) Vgl. Erwin K. Scheuch: Fünfundzwanzig Jahre Erziehungsdiktatur sind genug! Beiträge zur Zeitgeschichte, Nr. 5 (1970), Beilage der Nachrichten" aus dem Verlagshaus Axel Springer.
(14) Ebenda.
(15) Ebenda.
(16) Vgl. FAZ vom 29. Juni 1970, Nr. 146, S. 15.
(17) Ebenda.
(18) Vgl. Alphons Silbermann: A.a.O.
(19) Axel Springer & Sohn (Hrsg.): Qualitative Analyse der BILD-Zeitung 1965. Hamburg 1966, S. 194.
(20) Vgl. die Bände 8–10 der Reihe „Politisches Verhalten". Band 8, Thomas Ellwein und Gisela Zimpel: Wertheim I – Fragen an eine Stadt. München 1969. 1971 erscheinen „Wertheim II – Bürger und Politik" und „Wertheim III – Kommunalpolitik und Machtstruktur".
(21) Jürgen Habermas: Strukturwandel der Öffentlichkeit, Neuwied/Berlin 1962.

Eike Hennig

Die Abhängigkeit der Massenmedien von den Werbeeinnahmen und dem Anzeigenteil

> *„Mag die Reklame uns gefallen oder mißfallen, sie ist ein notwendiger Bestandteil des kapitalistischen Wirtschaftssystems..." (Karl Bücher, Gesammelte Aufsätze zur Zeitungskunde, Tübingen 1926, S. 256)*

Zur Ausgangsfragestellung

Parallel zum Funktionswandel des Liberalismus im allgemeinen und des Prinzips liberaler Öffentlichkeit im besonderen, so wie beides von Carl Schmitt und insbesondere Jürgen Habermas begriffen worden ist, entwickelt sich ein für den Spätkapitalismus (1) charakteristischer „Doppelwert" der Massenkommunikationsmittel. (2) Dieser „Doppelcharakter" bezeichnet die Lösung der Medien aus ihrer ehemaligen Bindung an die Öffentlichkeit als der wesentlichen Artikluationssphäre der „zum Publikum versammelten Privatleute, die den Staat mit Bedürfnissen der Gesellschaft vermittelt" (J. Habermas). Die Medien stehen somit nicht mehr im Dienste einer öffentlichen Meinung als einer kritischen Instanz, sondern sie spalten sich auf in Informations- und Meinungsträger einerseits (die Kontroll- und Emanzipationswissen verbreiten) sowie andererseits in Werbeträger. Die Spaltung geht dabei durch jedes einzelne Medium, das solcherart in sich schizophren ist.

Hinter diesem „Doppelcharakter" steht als treibendes Motiv, daß sich die Medien als kapitalistische und das bedeutet insbesondere auch als gewinnorientierte Wirtschaftsunternehmen behaupten müssen. Die Informationsfunktion der Medien, so wie sie z.B. auch von Artikel 5 des Grundgesetzes angesprochen wird, gerät damit in ein spezifisches Abhängigkeitsverhältnis (das im folgenden zu objektivieren und darzustellen ist). Ökonomisch gesehen sind nämlich die Medien auf die Einnahmen aus dem Werbegeschäft mehr und mehr angewiesen. Der Unterschied zwischen privatwirtschaftlich und öffentlich-rechtlich strukturierten Medien und damit der Unterschied zwischen Profitmaximierung und Kostendeckungsprinzip bezeichnet dabei nur eine quantitative, nicht aber eine qualitative Differenz innerhalb der Massenmedien. So belaufen sich beispielsweise je nach Zeitungstyp die Werbeerlöse auf 60 bis 80 Prozent der Gesamterlöse. Die Abhängigkeit des redaktionellen Teils ist zwar überwiegend *indirekter,* beispielsweise antizipierender Natur, weshalb auf die Seite der Abhängigkeit von den Werbeeinnahmen nicht vorrangig eingegangen wird. Es soll aber nicht geleugnet werden, daß auch diese indirekten Beeinflussungen insbesondere im Falle der Kleinpresse noch von Bedeutung sind. Grundsätzlich gesehen besteht die Abhängigkeit jedoch darin, daß der redaktionelle Teil der Medienaussagen als Verkaufsmittel des Anzeigenraumes fungiert. (3) Informationen und Meinungen etc. interessieren so ökonomisch gesehen nur als „Umfeld" von Anzeigen, wobei diesem „Umfeld" ein entweder positiver oder negativer Werbewert zukommt. Um dem Medium möglichst viele der ökonomisch notwendigen Insertionen zukommen zu lassen, muß die Redaktion bestrebt sein, eine massenhafte Verbreitung und damit eine große Reichweite sowie mittelbar für die Werbetreibenden einen günstigen 1000er Preis (i. e. der Anzeigenpreis umgerechnet auf 1000 potentielle Rezipienten des Werbeimpulses) sicherzustellen. Die Abhängigkeit von den Werbeeinnahmen fördert so zuungunsten von Kritik Anpassungsmechanismen bzw. zur Überlagerung von Kritik und Kontrolle durch Verbreitung einer allgemeiner Konsumorientierung. Die Massenkommunikationsmittel verwandeln sich somit in Organe rezeptiver, akklamierender Öffentlichkeit.

Aufgabe der folgenden Skizze ist es, die ökonomische Seite dieses Abhängigkeitsverhältnisses zur Sprache zu bringen. Dabei wird auf die inhaltlichen Auswirkungen, d.h. auf die Rückwirkungen der Werbung auf den redaktionellen Teil wenig eingegangen; ganz verzichtet wird auf die Betrachtung der Werbeinhalte sowie der Wirkungen der Werbeimpulse, da diesem Themenkreis ein eigener Beitrag gewidmet ist. (4)

Die Bedeutung der Werbung im Spätkapitalismus

Die volle Bedeutung der Werbung: a) als „Studium der menschlichen Wünsche und Möglichkeiten" sowie daran anschließend b) als „Methode", diese Motivationsstruktur „durch die Massenkommunikationsmittel anzusprechen", (5) läßt sich grundsätzlich nur begreifen und darstellen, wenn sowohl die qualitativ-bewußtseinsmäßige als auch die quantitativ-ökonomische Dimension von Werbung, Verkaufsförderung und Marktforschung zur Sprache gebracht wird. So müssen Werbeausgaben ökonomisch als Bestandteil der „Zirkulationskosten" (K. Marx) des Kapitals zur Erzeugung von Nachfrage, ja: zur regelrechten Herstellung ganzer Produktmärkte, zum Zwecke der Realisierung von Mehrwert verstanden werden. Gleichzeitig aber müssen sie — in ihrer Eigenschaft als (Medien-) Kommuniqué und verkaufsfördernder Impuls — als einwirkender Faktor bei der Herstellung „kollektiver Infantilität" und der Bereitschaft, die identitätsstiftende Wirkung des Konsums zu akzeptieren (K. Horn), gesehen werden. Dabei kann jedoch bereits eine solche Unterscheidung der beiden miteinander korrespondierenden, sich gegenseitig vermittelnden Dimensionen dazu führen, die gesellschaftliche Bedeutung von Werbung unberücksichtigt zu lassen. Denn diese Bedeutung besteht in ihrer Totalität gerade darin, daß eine ständig größer werdende Finanzmasse ausgegeben wird, um das längst obsolete Say'sche „Gesetz der

Absatzwege" durch spezifische Bewußtseinsdeformierung und damit Marktbeeinflussung zu ersetzen. Werbung, Verkaufsförderung und Marktforschung bilden somit wesentliche Bestandteile der „Außenlenkung" (6) und als solche gewissermaßen die betriebswirtschaftliche Ergänzung antizyklischer Staatstätigkeit. Werbung realisiert auf diese Weise diejenige Verbindung psychischer Energien, die den Konsum zur „Pflicht der Massen" (E. Zahn) werden lassen, mit einer nicht in Frage gestellten ökonomischen Autorität – eine Verbindung, die Ernest Dichter anspricht, wenn er von der Gegenwart als einem „psychoökonomischen Zeitalter" redet.

Die reale Bedeutung dieses Faktors ist dabei so groß geworden, daß die Unterscheidung von „aggressiver" und „nicht-aggressiver" Werbung und der an der Chimäre der Willensfreiheit (einem im schlechten Sinne idealistischen Postulat) festhaltende Kampf gegen die sogenannte unterbewußte Werbung nachgerade anachronistisch genannt werden darf. Werbung ist eben einfach für das Funktionieren des gegenwärtigen, spätkapitalistischen Wirtschaftssystems – und d.h.: unmittelbar für die Ausschaltung von Überproduktionskrisen und mittelbar auch für die Beibehaltung der ökonomischen und ebenso politischen Verfügungsverhältnisse – unerläßlich. (7) Wenn beispielsweise in der BRD über zwei Dutzend Waschmaschinentypen mit nur rund einem halben Dutzend funktionaler Unterschiede angeboten werden, dann erscheint marktersetzende Werbung geradezu als eine Notwendigkeit; so wie andererseits diese Produkt-„Differenzierung" durch Anbringung z.B. verteuernder, klassenspezifischer Details auf Rückwirkungen der Werbung auf die Produktion selbst zurückgeht. Werbung in einer spätkapitalistischen Gesellschaft fördert ja nicht irgendeinen, abstrakten, sondern eben den schichtenspezifischen, statusbestätigenden und -verleihenden Konsum einer „Klassengesellschaft" (an sich). Dem trägt die Vielfalt der Produkte Rechnung, was dann wiederum permanente Werbekampagnen notwendig macht.

Die Breite der angebotenen Produktvielfalt soll hier nur für einen Bereich durch einen Blick auf die Anzahl der Produkt-Neueinführungen im bundesrepublikanischen Lebensmittel-Einzelhandel präzisiert werden: (8)

Tabelle 1: Produkt-Neueinführungen im Lebensmittel-Einzelhandel der BRD, 1966, 1967

Produktgruppen	1966	1967
Milch/Käse	20	29
Wurst/Fleisch	16	27
Fette/Öle	3	10
Delikatessen	16	27
Fisch	10	18
Fertiggerichte	27	57
Tiefkühlkost	14	59
Obst/Gemüse	5	11
Süßwaren/Süßspeisen	35	90
Marmeladen	7	14
Brot/Teigwaren	20	33
Grundlebensmittel	5	5
Gewürze/Aromen	14	22
Limonaden	23	19
Kaffe/Tee/Kakao	9	19
Bier	5	10
Wein	6	17
Sekt	2	13
Spirituosen	30	48
Zigaretten	10	17
Waschmittel	15	15
Haushaltsreiniger	41	39
Kosmetik/Körperpflege	15	41
sonstige Nonfoods	9	8
Babykost	3	12
Tiernahrung	3	21

1966 wurden so im Lebensmittel-Einzelhandel alles in allem — also einschließlich der importierten Erzeugnisse — 363 Produkte neu eingeführt, 1967 waren es 681. Für 1968 wird die Zahl auf knapp 1.000 geschätzt, was bedeutet, daß jeden Tag fast drei neue Produkte allein im Lebensmittel-Einzelhandel auf dem Markt erschienen. Da wüßte der Konsument ohne Werbung tatsächlich nicht, was er kaufen muß. Und es verwundert nicht, daß sich von 1961 bis 1967 die Werbeausgaben für Nahrungs- und Genußmittel von rund 483 auf rund 932 Millionen DM ungefähr verdoppelt haben und daß ihr prozentualer Anteil am Kaufpreis von rund 0,4 auf 1 Prozent angewachsen ist. (9)

Werbung ist — was dieses Beispiel veranschaulichen sollte — notwendig, um wenigstens annäherungsweise den Tatbestand der Berechenbarkeit des Konsumentenverhaltens herbeizuführen. Diese Berechenbarkeit (im Sinne einer Aufhebung autonomer Marktkräfte) begründet und ermöglicht als tendenzielle Einplanbarkeit der Bedürfnisrichtungen und -schwankungen der Konsumenten eine langfristige, nicht mehr marktabhängige Unternehmensstrategie. Eine solche — wie es heißt: „marktorientierte" — am Prinzip des *sicheren* Profits (10) ausgerichtete Strategie wird allein durch den Wert des in der Massenproduktion einer Ware gebundenen, investierten fixen Kapitals notwendig gemacht. Ursächlich geknüpft ist diese Strategie, um eine affirmative Beschreibung zu zitieren, an „eine locker gefügte Gesellschaft von Konsumenten, die Arbeit in Hülle und Fülle vorfinden, sich an einen steigenden Lebensstandard gewöhnt hat und in der Expansion des persönlichen Konsums ein entscheidendes privates Ziel sieht." (11) Auf dieser von den Medien zumindest entscheidend mitbeeinflußten und -geschaffenen Basis umfaßt eine auf Massenproduktion und -konsum abgestellte langfristige Unternehmensstrategie gleichwertig neben der Produktions- auch die Absatzplanung. In diese Absatzorientierung geht auch der oligopolitische Verzicht auf preiskonkurrierende Verkaufsfeldzüge ein. Die ruinöse Preiskonkurrenz zwischen einer kleinen Zahl „markt"beherrschender Unternehmen (mitsamt tausenden von Zulieferbetrieben), dem Oligopol, wird durch Strategien zur Abwerbung von Konsumenten oder sogar durch gemeinschaftliche Werbung sowie durch Wettbewerb der Service-Systeme verdrängt. (12) So orientieren sich die Produzenten, wie die McGraw-Hill-Wirtschaftsabteilung bemerkt hat, „mehr und mehr am Markt statt an der Produktion." Und es liegt auf der Hand, daß diese Betonung der Verkäuflichkeit der Produkte, genauer: das Produzieren von Produkten vorrangig unter dem Gesichtspunkt ihrer Verkäuflichkeit, die Unternehmensstruktur beeinflußt: „die Erfordernisse des Marketing wirken auf die Zusammensetzung und Konstruktion der Produktionsanlagen zurück." (13)

Werbung, Verkaufsförderung, Marktforschung nehmen daher eine immer zentralere Stelle innerhalb der „marktorientierten" Unternehmensstrategie ein. Dabei tritt vor allem auch der Faktor der indirekten Werbung, der Verkaufsförderung und der Marktforschung, zunehmend stärker in den Vordergrund. Er liefert diejenigen Daten, an denen sich das Unternehmen dann auch im Bereich der Produktausstattung und der Anzahl der produzierten Waren orientiert. Vor allem die Marktforschung fungiert dabei nicht zuletzt auch als eine Methode der feedback-Kontrolle langfristiger Unternehmensstrategie, indem sie — als verwissenschaftlichte Werbung — die Vermittlung zwischen Nachfragesteuerung und Konsumentenbedürfnissen herbeiführt. So haben die Markenartikelfirmen noch vor wenigen Jahren rund 80 Prozent ihrer Werbeetats für die direkte Verbraucherwerbung in den Medien ausgegeben, während dieser Betrag heute auf rund 50 Prozent gesunken ist. Die verbleibende Hälfte wird für Verkaufsförderung verwandt. (14) Marketing (= market making) wird so zum wichtigen Fundament einer am langfristigen Profit orientierten Unternehmensstrategie. Die Werbung selbst begreift sich von hier aus in „einer neuen Phase der Entwicklung"; zu ihrer traditionellen Funktion der Absatzschaffung und -steigerung tritt diejenige als „Mittel aktiver Konjunkturpolitik", als „Mittel zur Steuerung der Unternehmenspolitik". (15)

Solcherart werden die irrationalen Komponenten der unternehmerischen Tätigkeit minimiert; an die Stelle des Einfühlungsvermögens, der Phantasie, des Geschmacks und Urteils etc. treten Marktanalyse und Absatzforschung als Service-Leistung von Werbeagenturen und Marktforschungsunternehmen oder als firmeneigene Planung. Auf diese Weise wird die Unternehmensstrategie ebenfalls „verwissenschaftlicht" im Sinne einer „Planung zur Erhaltung des Spätkapitalismus" (W. Abendroth), indem sie diejenigen Daten, die sie durch Werbung schon geschaffen hat bzw. noch schaffen will, von Anfang an in Rechnung stellt:

„(Marketing) umschließt nicht nur die Aufgabe, Marktanteile in einmal gewonnenen Märkten zu halten und auszubauen, sondern systematisch an der Schaffung neuer Marktsegmente zu arbeiten... Intuition und Fingerspitzengefühl sind und bleiben sicher notwendige Voraussetzungen erfolgreicher Marktmanipulation, an denen sich die unternehmerische Qualifikation beweisen läßt; dennoch ist die Markt- und Verbrauchsforschung mit ihrem neuzeitlichen wissenschaftlichen Instrumentarium unentbehrlich geworden, um die unternehmerischen Entscheidungen auf feste Basis zu stellen." (16)

Werbung – im umfassenden Sinn verstanden – kann deshalb sehr wohl als planvoller Determinismus und damit als Versuch der Aufhebung des autonomen Marktes bewertet werden. Die immer wieder beschworene Entscheidungs- und Wahlfreiheit des Konsumenten soll in Bahnen gelenkt werden, die den Investitionstendenzen und dem output bestehender Kapazitäten nicht zuwiderlaufen, sondern sich durchaus auf eine Wahl im Rahmen des gegebenen oder planbaren Angebots beschränken. Ziel der langfristigen Unternehmensstrategie, der industriellen Planung (J. K. Galbraith), ist die Ausschaltung von Bedürfnisschwankungen vermittels der Produktstrategie, der Diversifikation, zumindest die Umwandlung dieser Schwankungen in eine dann doch wieder berechenbare Kaufdisposition. „Man muß nicht nur bestimmen", so beschreibt J. K. Galbraith diesen Vorgang, „was der Kunde will und was er dafür zu zahlen bereit ist, sondern die Herstellerfirma muß auch mit allen geeigneten Mitteln sicherstellen, daß der Verbraucher die von ihr hergestellten Produkte zu einem angemessenen Preis abnimmt." (17) Produktion und Nachfrage werden so von Anfang an aufeinander abgestimmt. Nachfragesteuerung durch konkurrierende Werbekampagnen tritt, wie u. a. sowohl J. K. Galbraith als auch P. A. Baran und P. M. Sweezy aufzeigen konnten, an die Stelle der Produktkonkurrenz. Das aber bedeutet auch, daß Verkaufs- und Produktionskosten nur noch schwer unterschieden werden können (18) und daß sich, wie V. Packard berichtet, einige Ingenieure der Produktions- und Konstruktionsbüros schon wie „Hampelmänner der Verkaufsabteilungen" vorkommen. Die Kriterien, nach denen sich Bedürfnisse schaffen und Nachfragepotentiale steuern lassen, dominieren über die der Produktion. Dabei appellieren diese „geheimen Verführer" (V. Packard) an alle gesellschaftlichen und gruppenspezifischen Irrationalitäten wie Vorurteile, Stereotypen, Statussymbole etc., letzlich um die

Struktur der Produktionsverhältnisse und damit die Realisierung des in der Industrie erzeugten Mehrwerts zu stabilisieren.

Die entstehenden sozioökonomische Reproduktionskosten nehmen dabei parallel zur Entwicklung des Kapitalismus zu. Baran und Sweezy berichten z.B., (19) daß vor dem Einsetzen der Konzentrationstendenz die Werbung in den USA relativ unbedeutend war. 1890 betrugen die Werbungskosten dann rund siebenmal soviel wie 1867, nämlich 350 Millionen Dollar. Bis 1929 hatten sich die Werbekosten gegenüber 1890 fast verzehnfacht auf 3,426 Milliarden Dollar. Mitte der 50er Jahre wuchsen die Werbeausgaben sodann jährlich um mehr als eine Milliarde Dollar, 1957 erreichten sie die Höhe von 10,3 Milliarden und 1962 von mehr als 12 Milliarden Dollar. Rechnet man noch die Dienstleistungen der Werbeagenturen hinzu, so dürften sich die Gesamtausgaben 1962 auf rund 20 Milliarden Dollar belaufen haben. — Für die BRD zeigen die entsprechenden Daten ebenfalls, daß die Ausgaben für die bewußt vorgenommene Konsumenteneinstimmung laufend ansteigen, wobei sie das Volumen aller öffentlichen Schulausgaben noch übersteigen. (20)

Tabelle 2: Werbeausgaben in Relation zu Schulausgaben und Volkseinkommen in der BRD, 1962—1968

	1962	1963	1964	1965	1966	1967	1968
1)	8,5	9,6	10,7	12,2	13,6	14,2	15,2
2)	–	12,9	11,5	14,0	11,5	4,4	9,2
3)	7,4	8,4	9,6	10,9	11,8	12,3	(13,7)
4)	–	13,5	14,3	13,5	8,3	4,3	(–)
5)	272	289	317	345	365	362	403
6)	–	6,3	9,7	8,8	5,8	– 0,8	11,3
7)	3,1	3,3	3,4	3,5	3,7	3,9	3,8
8)	114,9	114,3	111,5	111,9	115,3	115,4	(113,1)
9)	2,7	2,9	3,0	3,2	3,2	3,4	(3,4)
10)	204,0	215,1	232,9	255,7	274,9	281,4	297,3
11)	4,2	4,5	4,1	4,8	4,9	5,0	5,2

1) Gesamthöhe der Werbeaufwendungen (in Mrd. DM)
2) Steigerung von 1) in Prozent
3) Ausgaben für Unterricht von Bund, Ländern, Gemeinden (in Mrd. DM)
4) Steigerung von 3) in Prozent
5) Volkseinkommen (in Mrd. DM)
6) Veränderung von 5) in Prozent
7) Werbung 1) in Prozent des Volkseinkommens 5)
8) Werbung 1) in Prozent der Schulausgaben 3)
9) Schulausgaben 3) in Prozent des Volkseinkommens 5)
10) privater Verbrauch (in Mrd. DM)
11) Werbung 1) in Prozent des privaten Verbrauchs 10)

Das zeigt (vgl. Tab. 2.), daß die Werbeausgaben absolut und relativ steigen (wobei sie sich relativ jedoch parallel zur Konjunturentwicklung bewegen). Vor allem steigt auch der ökonomische Wert von Werbung, was die Relation zum Volkseinkommen und zu den Ausgaben des privaten Verbrauchs demonstrieren, so daß man durchaus sagen kann, die Steigerung des Absatzes werde zunehmend stärker von überproportionalen Werbeaufwendungen begleitet. Dabei dürfte dies nicht bloß eine statistische Korrelation, sondern ein Kausalzusammenhang sein. Denn die uns gegenwärtig schon erreichenden 6–12.000 insbesondere von den Medien massenwirksam verbreiteten Werbeimpulse sind ja zielgerichtet; und es ist ein Topos der immer noch in den Anfängen steckenden Wirkungsforschung, daß Werbung „verhältnismäßig wirksam" sei. (21) Das von Baran und Sweezy über die amerikanische Werbung gefällte Urteil, sie habe sich von „einem relativ unbedeutenden Merkmal des Systems... zu einem seiner entscheidenden Nervensysteme" entwickelt, kann daher immer stärker auch auf die BRD übertragen werden. Das bedeutet auch für die BRD zugleich die Realisierung langfristiger kapitalistischer Unternehmensstrategie, einen Trend zur Herausbildung oligopolistisch strukturierter Märkte ebenso wie das faktische Ende des Märchens vom Kunden als dem König. (22)

In dieser Beziehung hat die BRD im übrigen rasch Anschluß an das amerikanische Vorbild gefunden, wenn man das Wachstum der Verkaufsförderung in diesem Sinne interpretieren will. So beläuft sich die jährliche Zuwachsquote der Ausgaben für Anzeigen, Hörfunk-, Plakat- und ab 1956 auch für Fernsehwerbung im Zeitraum von 1953 bis 1957 auf durchschnittlich 22,2 Prozent. Die höchsten Zuwachsraten sind dabei mit 26 bzw. 27 Prozent 1953 bzw. 1956 zu verzeichnen. Darauf folgt eine Abschwächung der Tendenz, denn von 1958 bis 1964 wachsen die Werbeausgaben nur noch um 15,1 Prozent an. Zwischen 1962 und 1964 schwankt die Wachstumsrate nur noch geringfügig zwischen 11 und 12 Prozent. Gegenwärtig erscheint ein jährlicher Zuwachs von 10 bis 12 Prozent als realistisch, was absolut impliziert, daß die Werbeausgaben − vorausgesetzt, daß keine Rezession die Tendenz unterbricht − pro Jahr zwischen 1,5 und knapp 2 Milliarden DM zunahmen. (23) Der Effekt dieses insgesamt gesehen rapiden Ansteigens der bundesrepublikanischen Werbekosten zwischen 1953 und 1964 um durchschnittlich mehr als 16 Prozent jährlich zeigt sich darin, daß die BRD 1964 neben den USA und Großbritannien in Relation zum Bruttosozialprodukt prozentual die höchsten Werbeaufwendungen tätigt. (24)

Tabelle 3: Prozentualer Anteil der gesamten Werbeaufwendungen am Bruttosozialprodukt, 1964

USA	2,75
BRD	2,35
Großbritannien	2,13
Schweiz	1,86
Schweden	1,68
Japan	1,54
Italien	1,16
Frankreich	0,80

Diese Ausgaben zur Herstellung von „Außenlenkung" im Sinne „allgemeiner Konsumorientierung" (O. Kirchheimer) konfligieren in der BRD nur wenig mit gegenläufigen Ausgaben. Um dies wenigstens grob veranschaulichen zu können, sind in Tabelle 2. die Schulausgaben der öffentlichen Gebietskörperschaften aufgeführt worden. Schulbildung, soweit sie nicht als „Erziehung zur Anpassung" und Perpetuierung von Unmündigkeit charakterisiert werden kann (was aber eine Reihe neuerer empirischer Untersuchungen anzunehmen nahelegt), müßte ja u. a. auch und gerade gegen die konsumptive Inpflichtnahme der breiten Masse ankämpfen. Von der Finanzmasse und auch von den vorhandenen medienpädagogischen Ansätzen und den Unterrichtsmitteln her gesehen geschieht jedoch diesbezüglich sicherlich zu wenig (so weit es sich global feststellen läßt), um dem Tatbestand oder zumindest der Gefahr totaler Fremdbestimmung dadurch entgegenzuwirken, daß wir „am Tage... Arbeitskraft, am Abend Kaufkraft" sind. (25) Die Jugend, die — wie es im Informationsdienst des EMNID-Instituts heißt — „in die neue Zeit problemlos hineingewachsen ist" und somit nicht zuletzt auch skrupellos konsumiert, stellt diejenige Altersgruppe dar (mit einer Kaufkraft von rund 20 Milliarden DM jährlich), die sich der „Konsum- und Wohlstandsentwicklung" gegenüber am wenigsten kritisch verhält. (26) — Die Schulausgaben ändern so, vermutlich, wenig an der Position der Werbung; der halbherzige Kampf gegen die aggressive Werbung schließt die Niederlage von vornherein ein:

„Natürlich müssen wir uns gegen unlautere und unanständige Werbung schützen. Aber da gibt es nur selten wirkliche Ansätze. Wir können der Werbung nicht übelnehmen, daß sie unsere geheimen Wünsche aufspürt und unsere Schwächen erkennt — z.B. unsere Eitelkeiten, unser Erfolgsstreben, unser Sicherheitsbedürfnis — und die ausnutzt. Die Werbung zielt auf den Verkaufserfolg und verwendet dazu alle geeigneten Methoden, soweit sie nicht verboten sind. Die Wirtschaft steht unter anderen Gesetzen als die Pädagogik." (27)

Werbung und Massenmedien

Die Werbung, Verkaufsförderung, Marktforschung als Elemente letztlich einer „Planung zu Erhaltung des Spätkapitalismus" (W. Abendroth) entwachsen gerade in ihrer verwissenschaftlichen Form und mit ihrer Rückwirkung auf die Unternehmensführung dem Tatbestand, „daß es mit steigendem Aufwand an Zeit und Kapital immer riskanter wird, sich auf die unbeeinflußten Verbraucherwünsche zu verlassen." (28) Die entsprechende Planung der Industrie ist jedoch auf einen massenwirksamen „Transmissionsriemen" angewiesen. Es gilt, einen kontinuierlichen Kommunikationsprozeß aufrechtzuerhalten und im Rahmen dieses Prozesses den Rezipienten permanent Werbeimpulse zu vermitteln. Diese systemstabilisierende Rolle spielen die Massenmedien, vor allem Zeitung, Zeitschrift, Rundfunk und Fernsehen, und von Alphons Silbermann und Ernest Zahn wird diese Rolle den Medien noch, affirmativ, als Funktion zugesprochen. In der BRD ist der Anteil der erwähnten vier Hauptwerbeträger an den Bruttowerbeumsätzen zwischen 1962 und 1968 von 63 auf 66 Prozent der gesamten Bruttowerbeumsätze gestiegen. (29) Man kann daher feststellen:
Massenkommunikationsmittel übernehmen im Sinne der industriellen, spätkapitalistischen Planung und Nachfragesteuerung die Aufgabe der allgemeinen und produktspezifischen Konditionierung der Rezipienten zu Konsumenten (dies trifft auch für den politischen Bereich zu und charakterisiert somit allgemein die *Sozialisationswirkung der Medien). (30)*
Die Übernahme dieser kapitalistischen Dienstleistungsfunktion vollzieht sich grundsätzliche auf Grund der Gewinnorientierung der Medien – dies ein Motiv, dem auch das Kostendeckungsprinzip der öffentlich-rechtlichen Rundfunk- und Fernsehanstalten nicht standgehalten hat, wenngleich es vor allem die Realität des Zeitungs- und Zeitschriftenmarktes bestimmt. – Auf die beiden zuletzt angeführten, durchgängig kapitalistisch (mehr und mehr oligopolistisch) strukturierten Medien entfallen 1968 noch immer 57 Prozent des von der „Gesellschaft für Wirtschaftsanalyse und Marktforschung", Kapferer & Schmidt (jetzt: Schmidt & Pohlmann, „Gesellschaft für Werbestatistik"), ermittelten Bruttowerbeumsatzes; 1962 waren es sogar noch 83 Prozent (vgl. Tabelle 4a). Den Anzeigenteil bezeichnete Karl Bücher so als „Kind des kapitalistischen Zeitalters", und die volkswirtschaftliche Rolle der Zeitung sah er in der Unterstützung kapitalistischer Vermarktungstendenzen (was heute bis zur Aufhebung der autonomen Marktkräfte fortgeschritten ist): „Ist (die Zeitung) auch in dem großen Netze der Verkehrsmittel nur ein Leitorgan, so wäre doch ohne sie das Zusammenwachsen der zahllosen Einzelwirtschaften zu dem einheitlichen Gebilde der Volkswirtschaft, jene allseitige Funktions- und Arbeitsteilung, die unser Dasein so unendlich viel sicherer und reicher gemacht hat, undenkbar." (31) Wobei Bücher an anderen

Stellen durchaus ausspricht, daß dieser Reichtum mit wachsender „mentaler Verelendung" einhergeht.
Diesem Ziel widmen sich heute generell alle Massenmedien. Sie tragen insbesondere dazu bei, daß die Arbeitsteilung nicht nur als Quelle privat angezeigter, gesellschaftlich aber produzierten Reichtums, sondern auch als Quelle gegenwärtiger Fremdbestimmung und Tauschwertproduktion bestehen bleibt. Die grundsätzliche, vom Profitmotiv freigesetzte, „Neigung" der Massenmedien, als Werbeträger zu fungieren, wird insbesondere im Falle von Zeitungen und Zeitschriften durch die ständig weiter auseinanderklaffende Schere zwischen Herstellungs- und Vertriebskosten nur noch aktualisiert. In diese Lücke springen die Anzeigenerlöse ein. Das wiederum hat zur Folge, daß im Zeitalter der Massenproduktion nicht nur die Industrie, sondern auch die Massenmedien werbeorientiert sind. Für den Bereich der Zeitung spricht Günter Böddeker das deutlich aus. In seiner Eigenschaft als Referent für wirtschafts- und pressepolitische Fragen in der Geschäftsleitung des Verlagshauses Springer (ab 1. Oktober 1968 ist er stellvertretender Chefredakteur der „Bild"-Zeitung) hat Böddeker betont:
„Die Zeitung lebt... von ihren Anzeigen, und sie stirbt, wenn sie ausbleiben. Verleger widmen ihren Anzeigenabteilungen die gleiche (wenn nicht größere) Aufmerksamkeit wie den Redaktionen. Erfolgreiche Anzeigenakquisiteure werden besser bezahlt als Starjournalisten." (32)

Anzeigenabhängigkeit und Konjunkturanfälligkeit

Diese Werbeorientierung läßt sich am ehesten und prägnantesten verdeutlichen, wenn die Rückwirkungen der konjunkturanfälligen Werbeaufwendungen (vgl. die Tabellen 2, 4, 4a, 4b) auf die Medien zur Zeit einer Rezession (1966/67) verfolgt werden. Ebenfalls der gesteigerten Prägnanz wegen wird dabei vor allem das krisenanfälligste Medium, die Zeitung, betrachtet.
Die Rückwirkung dieser Krisenanfälligkeit auf die Realisierung des Massenkonsums läßt sich bislang wohl kaum an einem bundesrepublikanischen Beispiel demonstrieren. Es sei aber auf das *Beispiel des New Yorker Druckerstreits* vom 8. Dezember 1962 bis zum 1. April 1963 hingewiesen. (33) – Dieser Streik erbrachte nach Schätzungen für die Wirtschaft einschließlich allerdings auch des Zeitungsgewerbes einen Verlust von 200 bis 250 Millionen Dollar, darunter 101 Millionen für entgangene Inserate, 47 Millionen Lohneinbußen und 11 Millionen Dollar Verluste für die öffentliche Hand durch entgangene Steuern. Die 30 Rundfunkstationen und 8 Fernsehprogramme New Yorks – die wegen ihrer privatwirtschaftlichen Struktur zudem die Werbezeiten ungehindert verlängern konnten – waren kurzfristig nicht in der Lage, den Ausfall der Zeitungen zu ersetzen. Eine Befragung während des Streiks erbrachte, daß die Zeitungsleser die folgenden Zeitungsbestandteile am meisten vermißten:

News	73 v.H.
Sport News	37 v.H.
Advertising	29 v.H.
Editorial	27 v.H.
Front Page	23 v.H.
Advice Columns	21 v.H.
Comics	20 v.H.

Anzeigen werden also verhältnismäßig stark vermißt; und die Folge des Verzichts auf Zeitungswerbung sind vor allem von den großen Warenhäusern beklagt worden. Ihren Aussagen zufolge sind Hausfrauen ziellos durch die einzelnen Abteilungen geirrt, ohne daß sie etwas gekauft hätten, da sie vorher nicht durch Anzeigen über Sonderangebote informiert gewesen waren.

Durch Aufnahme von Anzeigen wird insbesondere die Zeitung konjunkturanfällig. Eine Zeitung kann schon dann hart an die Grenze ihrer wirtschaftlichen Existenzfähigkeit gelangen, wenn sie lediglich 10 Prozent ihres Anzeigenumsatzes verliert; und sie stellt ihr Erscheinen ein, wenn sie 20 Prozent und mehr an Einbußen erleidet. (34) Diese über das Anzeigengeschäft in die Ertragsstruktur der Zeitungen hineingetragene Abhängigkeit von der gesamtwirtschaftlichen Aktivität wirkt sich um so stärker aus, je weniger die betreffende Zeitung von der längerfristig kalkulierbaren Markenartikelwerbung, je mehr sie von den ganz besonders krisenanfälligen Stellenanzeigen abhängig wird. Eine solche Abhängigkeit tritt auch um so stärker in Erscheinung, je weniger die Zeitung auf Bezugspreiserhöhungen, die sich der Kostendeckung annähern, zurückgreifen kann. Die Erhöhung des Abonnementpreises ist aber ein sowieso geringwertiges Mittel, um der Werbeorientierung entgegenzuwirken. Nach einer Aussage des SPD-Bundestagsabgeordneten und Chefredakteurs Ulrich Lohmar (35) müßte eine Tageszeitung, wollte sie aus eigener Kraft und ohne Anzeigen bestehen, im Monatsabonnement durchschnittlich 20 DM kosten. Böddeker berichtet analog, daß „Die Welt" im Abonnement 7,60 DM kostet, daß sich die monatlichen Herstellungskosten aber auf rund 21 DM belaufen; (36) der Vertriebserlös deckt somit nur 31 Prozent der Kosten. (Ein Ergebnis, welches die empirische Untersuchung einer Zeitungsredaktion durch Manfred Rühl bestätigt.) Kostendeckende Abonnementspreise zwischen 15 und 20 DM fallen jedoch als Mittel, die Werbeorientierung rückgängig zu machen, aus. Preiserhöhungen führen nämlich leicht zu Abbestellungen. (37) So erhöhte z.B. das „Hamburger Abendblatt" im Februar 1958 seinen Abonnementspreis von 3,95 DM um rund 15 Prozent auf 4,55 DM. Bereits im selben Monat kündigten 15 000 Leser ihr Abonnement, und ein Jahr später bezifferte die Verlagsleitung den Verlust auf 30 000 Exemplare, auf mehr als 10 Prozent der Abonnementsauflage. (38) Wie der „Michel"–Bericht festgestellt hat, erfolgen in der Regel auf eine 10- bis 20-prozentige, durchaus übliche Preiserhöhung 5 bis 6 Prozent Abbestellungen. Das wiederum schwächt die Position der Zeitung gegenüber den Inserenten; kommt sie doch ihrer Vorleistung, nämlich möglichst viel Leser anzubieten, schlechter nach.

Die Anzeigenabhängigkeit der Zeitungen ist somit ein Datum. Mit dem Rückgang der Markenartikelanzeigen insbesondere für Waschmittel, Zigaretten und Spirituosen wurde die Zeitung immer stärker auf die kompensierenden Stellenanzeigen angewiesen, was ganz vor allem besonders für die überregionalen Tageszeitungen zutrifft. „Die Stellenanzeigen wurden zum Standbein der deutschen Tagespresse, und damit wurde das Schicksal der gesamten deutschen Tagespresse innig mit dem Lauf der Konjunktur verknüpft." (39) Die Rezession 1966/67 mit ihrem Rückgang der Anzeigenerlöse im Jahresdurchschnitt 1966 um 2,3 Prozent gegenüber 1965 offenbart diese Konjunkturabhängigkeit des Mediums Zeitung. Allerdings hat dies keine dramatischen Folgen gezeitigt, wie dies Günter Böddeker — gekoppelt mit einem Angriff gegen die öffentlich-rechtlichen Fernsehanstalten, die der Zeitung die Markenartikelwerbung abspenstig gemacht haben sollen — glauben machen will. Über die Wirkung der Rezession auf die Ertragssituation der Zeitungen urteilt die „Michel-Kommission":

„Die Existenz der Tagespresse ist durch die eingetretenen Anzeigenrückgänge nach Auffassung der Kommission nicht gefährdet. Bis 1965 sind bei den Verlagen die Erlöse und Gewinne ständig gestiegen. Es ist aber richtig, daß das Zeitungsgeschäft zunehmend anzeigen- und konjunkturabhängiger geworden ist." (40) Entgegen der zweck- und interessenpessimistischen Prognose des Springer-Mitarbeiters Böddeker bedingt diese Konjunkturabhängigkeit nämlich auch, daß die Werbeerlöse zur Zeit der Hochkonjunktur steigen. Dies trifft 1968 zu, als die Bruttowerbeumsätze gegenüber dem Vorjahr um 16,2 Prozent angestiegen sind (prozentuales Wachstum der Bruttowerbeumsätze jeweils aus dem Vorjahr: 1963 = 10,6; 1964 = 11,9; 1965 = 18,0; 1966 = 15,3; 1967 = 4,6). (Vgl. Tabellen 2 und 4b) 1968 konnte die Tageszeitung 48,3 Prozent des Mehraufwands der Werbung für sich verbuchen, so daß sich die Konjunkturabhängigkeit per Saldo bislang noch immer als Gewinn niedergeschlagen hat. Im Geschäftsbericht 1968 des „ADW-Verbandes deutscher Werbeagenturen und Werbemittler e.V." wird deshalb mit vollem Recht hervorgehoben: „Aufgrund dieses Wirtschaftsaufschwunges (1968, E.H.) war es den deutschen Zeitungs- und Zeitschriftenverlagen nicht nur möglich, die Rezessionsverluste auszugleichen, sondern auch die Ertragssituation nachhaltig zu verbessern." (41) Dennoch sollen die bislang nur andeutungsweise negativ hervorgetretenen Komponenten der Anzeigenabhängigkeit nicht vorschnell unterschätzt werden. Ein Blick auf die Auswirkungen der Rezession 1966/67, so wie sie sich im Jahresbericht des „Vereins der Rheinisch-Westfälischen Zeitungsverleger" niedergeschlagen haben, mag vor solchen Folgerungen bewahren:

„Im Berichtsjahr stieg der Anteil des Anzeigengeschäfts am Gesamtertrag der Verlage nicht mehr im bisher gewohnten Umfange, da das Anzeigengeschäft sich selbst stark rückläufig entwickelte und andererseits das Vertriebsgeschäft durch Bezugspreisangleichungen aufholen konnte.

Von 1959 ab ergeben sich folgende Prozentanteile:
1959: Anzeigenerlös gleich 56 % der Verlagseinnahme
1960: Anzeigenerlös gleich 59 % der Verlagseinnahme
1961: Anzeigenerlös gleich 60 % der Verlagseinnahme
1962: Anzeigenerlös gleich 61 % der Verlagseinnahme
1963: Anzeigenerlös gleich 65 % der Verlagseinnahme
1964: Anzeigenerlös gleich 67 % der Verlagseinnahme
1965: Anzeigenerlös gleich 69 % der Verlagseinnahme
1966: Anzeigenerlös gleich 68 % der Verlagseinnahme

„Die seit 1959 von Jahr zu Jahr festzustellende Ausweitung des Anzeigenteils blieb im Jahre 1966 erstmalig aus. Die Entwicklung der durchschnittlichen Umfänge betrug von
1959:1960 = + 11,30 % = + 209 Seiten
1960:1961 = + 9,91 % = + 204 Seiten
1961:1962 = + 2,74 % = + 62 Seiten
1962:1963 = + 3,70 % = + 86 Seiten
1963:1964 = + 8,24 % = + 216 Seiten
1965:1966 = − 1,20 % = − 34 Seiten

Dabei ist zu berücksichtigen, daß im ersten Halbjahr 1966:1965 noch ein Zuwachs von durchschnittlich 41 Seiten zu verzeichnen war. Der Rücklauf trat im zweiten Halbjahr ein; gegenüber dem Vorjahr erschienen durchschnittlich 75 Seiten weniger, allein im vierten Quartal waren es 74 Seiten.

Je Ausgabe erschienen in den Jahren
1959 = 6,12 Seiten Anzeigen
1960 = 6,75 Seiten Anzeigen = + 10,29 %
1961 = 7,49 Seiten Anzeigen = + 10,96 %
1962 = 7,70 Seiten Anzeigen = + 2,80 %
1963 = 8,01 Seiten Anzeigen = + 4,03 %
1964 = 8,65 Seiten Anzeigen = + 7,99 %
1965 = 9,33 Seiten Anzeigen = + 7,86 %
1966 = 9,25 Seiten Anzeigen = + 0,86 %

Bei Umrechnung aller Anzeigenseiten auf das Berliner Format erschienen in den Hauptausgaben der Tageszeitungen unserer Mitgliedsverlage in den Jahren 1965 und 1966:

	Anzeigenseiten		Veränderung	
	1965	1966	abs.	in %
I. Quartal	46.367	47.674	+ 1.307	+ 2,82
II. Quartal	52,739	52,841	+ 102	+ 0,19
III. Quartal	44,459	42.375	− 2.084	− 4,69
IV. Quartal	58.344	51.651	− 6.693	− 11,47
	201.909	194.541	− 7.368	− 3,65

Wie sich das Anzeigengeschäft vom Umsatz her entwickelt hat, ermittelten wir durch eine Umfrage bei 25 Verlagen mit Zeitungen aus allen Auflagengruppen. Danach betrugen gegenüber dem Vorjahr:

	Gesamtumsatz	Umsatz aus	
		Markenartikelanzeigen	Stellenanzeigen
I. Quartal	+ 7,9 %	− 7,7 %	− 3,2 %
II. Quartal	+ 3,5 %	− 1,0 %	− 10,0 %
III. Quartal	− 2,0 %	− 9,5 %	− 19,1 %
IV. Quartal	− 4,2 %	− 12,6 %	− 32,3 %

Von den befragten Verlagen konnten im vierten Quartal noch sechs eine Steigerung des Gesamtumsatzes verzeichnen; es sind dies alles Verlage, die besonders stark im lokalen Bereich sind und für die die Markenartikel- und Stellenanzeigen eine geringe Rolle spielen. Keine der Zeitungen hat eine Auflage über 15.000 Exemplare.
Beim Markenartikelgeschäft hatte nur ein Verlag aus der Auflagengruppe 50.000–100.000 einen gesteigerten Umsatz gegenüber dem gleichen Quartal 1965. Der größte Rückgang wurde hier mit 28,5 % festgestellt.
Wesentlich größer war der Rückgang bei den Stellenanzeigen. Von Quartal zu Quartal entwickelt sich das Anzeigengeschäft rückläufig. Die beiden ersten Monate des Jahres 1967 zeigen ebenfalls weiter sinkende Tendenz. Die Werbungtreibenden sind in ihrem Ausgabegebaren merklich zurückhaltender geworden, sie vergleichen den Werbeaufwand kritisch mit dem möglichen Ertrag aus dieser Werbung..."
Werbeorientierung schlägt solcherart in ökonomisch bedingte Werbeabhängigkeit um, was hier am „Modell" der Zeitung demonstriert worden ist. Derselbe Tatbestand vermittelt aber auch die Feststellung des Intendanten des „Zweiten Deutschen Fernsehens" (ZDF), Professor Holzamer, wenn er im Vorbericht des Intendanten zum Haushaltsplan der gemeinnützigen Anstalt des öffentlichen Rechts ZDF für das Rechnungsjahr 1969 feststellt: „Die Kosten werden... durch die allgemeinen Preisanhebungen und die Farbproduktion etwa im gleichen Umfang wie bisher ansteigen. Damit werden die Werbeeinnahmen künftig eine noch größere Bedeutung als bisher bekommen..." (43) Auch generalisierend kann somit behauptet werden:
Die Medien sind vom prozyklischen Gang der Werbung abhängig.
Dabei müssen die einzelnen Sparten der Werbung voneinander unterschieden werden. Die von Kapferer & Schmidt ermittelten Werbeaufwendungen für Markenartikel und überregionale Dienstleistungen liegen so im ersten Halbjahr 1967 mit 1,36 Milliarden DM um 4,1 Millionen DM unter denen des ersten Halbjahres 1966. Dieses prozyklische Verhalten darf aber nicht vorschnell verallgemeinert werden; denn die Werbeaufwendungen für Nahrungs- und Genußmittel stiegen zum Jahresbeginn 1967 sowohl absolut als auch relativ noch an. – Wenig praktische Relevanz und schon gar keine die Krisenanfälligkeit der Medien aufhebende Bedeutung dürfte jedoch dem Befund zukommen, den eine Repräsentativerhebung bei 300 Werbeleitern der Produktions- und Investitionsgüter-Industrie erbracht hat. Nach dieser Untersuchung müßte Werbung – getreu dem Motto: „Die Ware läuft dem Kunden nach" (P. Schwarzenfels)! – antizyklisch sein. 55 Prozent der Werbeleiter wollen die Werbeaufwendungen zur Zeit wirtschaftlicher Rückschläge sogar erhöhen, 39 Prozent wollen sie zumindest konstant halten. (44) Diese Absicht bewirkt aber, wie die empirischen Daten zeigen, keine praktischen Folgen.

Die Verteilung der Werbeaufwendungen auf die Werbeträger

Nachdem der qualitative und quantitative Stellenwert der Werbeausgaben, des „neuen Wirtschaftsdenkens": Marketing (H. Gross) und der „Bedarfsberatung als publizistische(r) Dienstleistung" (P. Meyer-Dohm) sowie die Abhängigkeit der Medien von Werbeeinnahmen angesprochen worden sind, soll nun — vor der Darstellung der im zweiten Teil konkreten Situation einzelner Medien — die Entwicklung der Bruttowerbeumsätze und ihre Verteilung auf die hauptsächlichen Werbeträger wenigstens skizziert werden.

Tabelle 4: Entwicklung der Bruttowerbeumsätze ausgewählter Werbemittel in den Jahren 1952 bis 1968 (in Millionen DM) (45)

Jahr	Anzeigen in Zeitungen	Anzeigen in Zeitschriften	Hörfunkwerbung	Fernsehwerbung	Anschlagwerbung	Zwischensumme Sp. 1–5	Anzeigen in Adreßbüchern	Werbung in Filmtheatern	Direktwerbung	zusammen Sp. 6–9
	1	2	3	4	5	6	7	8	9	10
1952	333,3	173,4	20,9	–	37,2	564,8	.	.	.	.
1953	432,9	212,9	23,1	–	43,4	712,3	.	.	.	.
1954	500,1	262,0	28,2	–	50,7	841,0	.	.	.	.
1955	566,2	311,9	32,1	–	59,4	969,6	.	.	.	.
1956	688,5	390,1	32,1	0,2	61,7	1 172,6	.	.	.	.
1957	898,4	487,7	39,1	3,7	68,7	1 497,6	.	78,0	.	.
1958	991,4	556,4	42,4	12,0	67,9	1 670,1	.	97,4	.	.
1959	1 074,0	644,7	52,3	56,8	74,6	1 902,4	.	105,6	.	.
1960	1 187,6	744,3	48,8	132,1	82,4	2 195,2	.	96,8	.	.
1961	1 356,2	936,7	52,6	221,8	96,2	2 663,5	.	88,8	.	.
1962	1 408,2	1 097,4	55,9	281,8	104,6	2 947,9	79,7	80,4	1 100,0	4 208,0
1963	1 510,6	1 244,7	64,4	366,0	109,4	3 295,1	81,7	77,8	1 200,0	4 654,6
1964	1 699,0	1 393,0	83,6	374,2	152,0	3 701,8	89,6	65,2	1 350,0	5 206,6
1965	1 932,6	1 507,0	91,5	470,9	182,0	4 184,0	95,6	64,2	1 800,0	6 143,8
1966	2 105,9	1 696,0	108,5	537,7	194,9	4 643,0	106,1	65,6	2 271,8	7 086,7
1967	2 190,7	1 717,9	134,5	557,6	215,8	4 816,5	111,7	64,1	2 417,9	7 410,2
1968	2 770,2	2 099,6	168,0	604,3	253,6	5 895,7	123,2	61,5	2 528,6	8 609,0

Anmerkungen und Quellen:

Spalten 1–4: Bruttoinsertions- bzw. Bruttoeinschaltkosten, d.h. Kosten ohne Abzug von Rabatten, Vermittlergebühren, Skonti, ermittelt durch Messung der Anzeigenräume und Sendezeiten und Gewichtung durch Listenpreise, von „Gesellschaft für Wirtschaftsanalyse und Marktfor-

		schung, Kapferer & Schmidt, jetzt: „Schmidt & Pohlmann, Gesellschaft für Werbestatistik, Hamburg". Spalten 1 + 2: ohne Personal-, Stellen- und Kleinanzeigen. Spalte 3: einschließlich deutschsprachige Sendungen von Radio Luxemburg.
Spalte 5:		Bruttoumsätze der Unternehmen des Plakatanschlags und der Verkehrsmittel- und Großflächenwerbung, d.h. ebenfalls nur Streukosten. Ermittelt durch Erhebungen des Fachverbandes Plakatanschlag, Verkehrsmittel- und Großflächenwerbung e.V., Düsseldorf, bei Mitglieds- und Nichtmitgliedsfirmen.
Spalte 7:		Bruttoumsätze der Fachverbandsmitglieder aus Anzeigen in Telefon- und Adreßbüchern (ohne Umsätze aus dem Buchverkauf). Erhebungen des Adreßbuchverleger-Verbandes e.V., Düsseldorf.
Spalte 8:		Bruttoeinschaltkosten für Werbefilme und -diapositive in Filmtheatern. Werte von 1957 bis 1961 Schätzungen, ab 1962 Erhebungen des Fachverbandes Film- und Diapositiv-Werbung e.V., Hamburg.
Spalte 9:		Produktionskosten und Streukosten der durch die Post verteilten Direktwerbesendungen. Ermittelt durch „Adressenverleger- und Direktwerbeunternehmer-Verband e.V. (ADV), Berlin. (Verkehrszahlen des BPFM und Verbandsstatistiken.)

Tabelle 4a: Prozentualer Anteil ausgewählter Werbemittel am Bruttowerbeumsatz, 1962 bis 1968 (Summen über 100 Prozent kommen durch Aufrundung zustande)

	Anzeigen in Zeitungen	Zeitschriften	Hörfunkwerbung	Fernsehwerbung	Anschlagwerbung	Anzeigen in Adreßbüchern	Werbung in Filmtheatern	Direktwerbung
1962	33,5	26,1	1,3	6,7	2,5	2,0	1,9	26,1
1963	32,5	26,7	,14	7,9	2,4	1,8	1,7	25,6
1964	32,3	26,5	1,6	7,1	2,9	1,7	1,2	25,6
1965	31,5	24,5	1,5	7,8	3,0	1,6	1,0	29,3
1966	29,7	23,9	1,5	7,6	2,8	1,5	0,9	31,1
1967	29,6	23,2	1,8	7,5	2,9	1,5	0,9	32,6
1968	32,2	24,4	2,0	7,0	2,9	1,4	0,7	29,4

Tabelle 4b: Veränderung der Bruttowerbeumsätze je Jahr und Werbemittel in Millionen DM und in Prozent des vorhergehenden Jahres (jeweilige Preise), (46) 1953 bis 1968

Jahr	Anzeigen in Zeitungen absolut	%	Anzeigen in Zeitschriften absolut	%	Hörfunkwerbung absolut	%	Fernsehwerbung absolut	%	Anschlagwerbung absolut	%	Anzeigen in Adreßbüchern absolut	%	Werbung in Filmtheatern absolut	%	Direktwerbung absolut	%
1953	+ 99,6	+ 29,9	+ 38,5	+ 22,2	+ 2,2	+ 10,5	—	—	+ 6,2	+ 16,7	.	.	.	.	.	.
1954	+ 67,2	+ 15,5	+ 49,1	+ 23,0	+ 5,1	+ 22,1	—	—	+ 7,3	+ 16,8	.	.	.	.	.	.
1955	+ 66,1	+ 13,2	+ 49,9	+ 19,0	+ 3,9	+ 13,8	—	—	+ 8,7	+ 17,2	.	.	.	.	.	.
1956	+ 122,3	+ 21,6	+ 78,2	+ 25,1	0,0	0,0	—	—	+ 2,3	+ 3,9	.	.	.	.	.	.
1957	+ 209,9	+ 30,5	+ 97,6	+ 25,0	+ 7,0	+ 21,8	+ 3,5	—	+ 7,0	+ 11,3	.	.	.	.	.	.
1958	+ 93,0	+ 10,4	+ 68,7	+ 14,1	+ 3,3	+ 8,4	+ 8,3	+ 224,3	− 0,8	− 1,2	.	.	—	—	.	.
1959	+ 82,6	+ 8,3	+ 88,3	+ 16,0	+ 9,9	+ 23,5	+ 44,8	+ 373,3	+ 7,0	+ 9,8	.	.	+ 19,4	+ 24,9	.	.
1960	+ 113,6	+ 10,5	+ 99,6	+ 15,4	− 3,5	− 7,1	+ 75,3	+ 132,5	+ 7,8	+ 10,4	.	.	+ 8,2	+ 8,4	.	.
1961	+ 168,6	+ 14,2	+ 192,4	+ 25,9	+ 3,8	+ 7,8	+ 94,1	+ 71,2	+ 13,8	+ 16,7	.	.	− 8,8	− 8,3	.	.
1962	+ 52,0	+ 3,8	+ 160,7	+ 17,1	+ 3,3	+ 6,2	+ 55,6	+ 24,6	+ 8,4	+ 8,7	.	.	− 8,0	− 8,3	.	.
1963	+ 102,4	+ 7,3	+ 147,3	+ 13,4	+ 8,5	+ 15,2	+ 84,2	+ 29,9	+ 4,8	+ 4,6	—	—	− 8,4	− 9,5	—	—
1964	+ 188,4	+ 12,5	+ 148,3	+ 11,9	+ 19,9	+ 29,8	+ 8,2	+ 2,2	+ 42,6	+ 38,9	+ 2,0	+ 2,5	− 2,6	− 3,2	+ 100,0	+ 9,0
1965	+ 233,6	+ 13,8	+ 114,0	+ 8,2	+ 8,0	+ 9,6	+ 96,6	+ 25,8	+ 30,0	+ 19,7	+ 7,9	+ 9,7	− 12,6	− 16,2	+ 250,0	+ 12,5
1966	+ 173,3	+ 9,0	+ 189,0	+ 12,5	+ 16,9	+ 18,4	+ 66,9	+ 14,2	+ 12,9	+ 7,1	+ 6,0	+ 6,7	− 1,0	− 1,5	+ 450,0	+ 33,3
1967	+ 84,8	+ 4,0	+ 21,9	+ 1,3	+ 26,0	+ 24,0	+ 19,9	+ 3,7	+ 20,9	+ 10,7	+ 10,5	+ 11,1	+ 1,4	+ 2,1	+ 471,8	+ 26,1
1968	+ 579,5	+ 26	+ 381,7	+ 22	+ 33,5	+ 24	+ 53,3	+ 9	+ 37,8	+ 17	+ 5,6	+ 5,3	− 1,5	− 2,3	+ 146,1	+ 6,4
											+ 11,5	+ 10	− 2,6	− 4	+ 110,7	+ 5

Alle Angaben einschl. Umsatzsteuer.

Die Veränderung der Bruttowerbeumsätze bei einigen Werbeträgern (1961 gleich 100 gesetzt) zeigt, wie unterschiedlich die Entwicklung und damit nicht zuletzt die werbemäßige Gewichtung bzw. Wertung einzelner Werbeträger verlaufen ist: (47)

	Hörfunk	Fernsehen	Anschläge	Zeitschriften	Zeitungen
1962	106	127	109	117	104
1963	122	165	114	133	111
1964	159	169	158	149	125
1965	174	212	189	161	143
1966	206	242	203	181	155
1967	256	251	224	183	162
1968	319	272	264	224	204

Von allen Medien hat der Werbefunk die größte Aufwärtsentwicklung aufzuweisen. Das hat aber nichts daran geändert, daß auf diesen Werbeträger nur eine absolut wie relativ geringe Summe entfällt (vgl. Tabelle 4 und 4a). Der Werbefunk stellt jedenfalls im Verbund von Zeitungen, Zeitschriften, Fernsehen und Rundfunk den am geringsten gewichteten Werbeträger dar. Bedeutender ist das Werbefernsehen. Wenn sich auch dessen Wachstumskurve abgeflacht hat, nachdem sein Aufbau vom November 1956 bis 1963 angedauert hatte und noch 1964 das ZDF seine Werbekapazität nicht voll verkaufen konnte und der WDR seine Werbezeit von werktäglich 20 Minuten nicht voll ausgenutzt hatte. Setzt man die Bruttowerbeumsätze des Jahres 1963 gleich 100, so ist der Werbeumsatz des Fernsehens auf 165, der des Werbefunks auf 261, derjenige der Zeitschriften auf 168 und derjenige der Zeitungen auf 180 angestiegen. Das deutet schon darauf hin, daß sich der Werbeanteil des Fernsehens nicht mehr so schnell und überproportional wie in der Frühzeit entwickelt. Nach wie vor entfällt der Hauptteil des Bruttowerbeumsatzes auf Zeitungen und Zeitschriften. Die Wachstumskurven dieser beiden dominanten Werbeträger verlaufen dabei weitgehend kontinuierlich, stetig steigend — mit Ausnahme der Rezession 1966/67 — und parallel. Wenn aber auch die Verteilung der Werbeausgaben auf Zeitungen und Zeitschriften weitgehend konstant bleibt, (48) so ändert sich doch die Struktur der Zeitungswerbung. Das Gewicht der Lokalwerbung nimmt gegenüber den überregionalen Markenartikelanzeigen besonders in den letzten Jahren zu. (49)

Die „Wettbewerbsverzerrung" zwischen Presse und Werbefernsehen

Wenn vermittels der Verteilung der Werbeausgaben auf die Medien die globalen Kombinationsmöglichkeiten der Werbeströme betrachtet werden sollen (vgl. Tabellen 8, 9), so muß vor allem auch die vom „Bundesverband Deutscher Zeitungsverleger e.V." (BDZV) behauptete „Wettbewerbsverzerrung" zwischen Presse und Werbefernsehen zuungunsten der Presse untersucht werden. (50) Diese These des BDZV führte zur Einsetzung der „Kommission zur Untersuchung der Wettbewerbsgleichheit von Presse, Funk/Fernsehen und Film" („Michel-Kommission"), die dann für 998.000 DM Steuergelder (51) die BDZV-These als objektiv unhaltbar zurückwies. Dabei fällt durchaus ein zusätzliches Schlaglicht auf diesen Vorfall, wenn man berücksichtigt, daß Axel Springer — 1963 in das BDZV-Präsidium lanciert — (52) maßgeblich zur verbandsinternen und öffentlichen Durchsetzung der „Wettbewerbsverzerrungs" — These beigetragen hat. Springer ist vor allem in der Lage gewesen, seine Therapie zur Beseitigung der „Wettbewerbsverzerrung", nämlich: die Gründung eines privaten Verleger-Fernsehens, einzubringen. Das ist nicht unwesentlich dadurch ermöglicht worden, daß Springer insbesondere über sein „politisches Alter ego" (H. D. Müller), Erik Blumenfeld auch parlamentarisch wirksam werden konnte. Dabei ist es für die Stichhaltigkeit der These von der Verdrängung der Presse durch das Fernsehen aus dem Werbegeschäft bezeichnend, daß Blumenfeld den Springer'schen Kampf nur abstrakt führen kann. So betont Blumenfeld im Rahmen eines „Spiegel"-Interviews: „Es heißt: Beweist uns doch, daß die Zeitungsverleger jetzt vor dem Bankrott stehen. Wir sind aber nicht beweispflichtig, wenn wir einen wichtigen staats- (!, E.H.) und wirtschaftspolitischen Grundsatz festlegen." (53) Den Beweis aber hätten Blumenfeld, Springer und der BDZV auch gar nicht antreten können!

Der „Verband Deutscher Zeitschriften e.V." (VDZ) betont so in seiner Stellungnahme zum „Günther-Bericht": „Es ist... zu berücksichtigen, daß eine Zeitung oder eine Zeitschrift... auch eine Ware... ist... Als Ware ist sie, wie jede andere, den Gesetzen des Marktes unterworfen und darauf angewiesen, einen den Fortbestand und den erforderlichen Ausbau des Verlagsunternehmens sichernden Überschuß abzuwerfen... Im Laufe der letzten Jahrzehnte hat die marktentscheidende Funktion des Lesers bedauerlicherweise dadurch an wirtschaftlichem Gewicht für die Zeitungen und Zeitschriften verloren, daß bis zu 75 % der Einnahmen aus Anzeigen resultieren..." (54)

Die Verteilung des Werbeaufwands auf die einzelnen Werbeträger

Die Betrachtung der Verteilung der Werbeausgaben auf die einzelnen Werbeträger läßt erkennen, daß Zeitungen, Zeitschriften, Werbefunk und -fernsehen jeweils unterschiedliche Insertionsschwerpunkte aufweisen. Das Fernsehen ist daher nicht der „große... Bruder...", der „in die Weidegründe der Zeitungen eingedrungen (ist)", (55) denn die Markenartikelwerbung — als die Sphäre der Medienkonkurrenz — macht lediglich ein Fünftel des Gesamtinsertionswertes der Tageszeitungen aus. Nur mit diesem Fünftel konkurrieren Werbefernsehen und Tageszeitung. (56)

Graphik 1: Verteilung des Werbeaufwands zwischen einzelnen Medien, 1958–1964 (57)

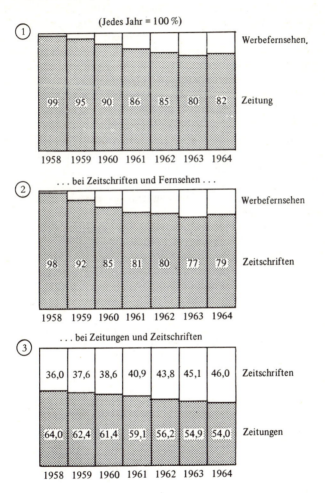

Diese Graphik läßt drei Schlüsse zu: 1. das Werbefernsehen weitet seinen Umsatz zu Lasten der Tageszeitungen oder 2. zu Lasten der Zeitschriften aus, 3. die Zeitschriften vergrößern ihren Umsatz zu Lasten der Tageszeitungen. Für welche Folgerung man sich auch immer entscheiden mag, so muß doch konstatiert werden, daß die Tageszeitungen den entschieden größten Teil der Werbeausgaben vereinnahmen, auch wenn sich dieser Prozentsatz gegenüber dem Werbefernsehen sowie vor allem jedoch gegenüber den Zeitschriften kontinuierlich verringert. Hinzukommt, daß zwischen den Werbeträgern Zeitschrift und Fernsehen auf dem Gebiet der Markenartikelwerbung eine ausgesprochene Konkurrenz besteht, während demgegenüber vor allem die regionalen und standortgebundenen (d.h.: numerisch die allermeisten) Tageszeitungen weitgehend konkurrenzlos dastehen. Der Werbeträger Zeitung hat ein Quasi-Monopol für die Einzelhandelswerbung sowie bei den Anzeigen für Veranstaltungen, Vergnügungen, Bädern und Reisen (hierauf entfallen 1952 75,4, 1964 immerhin noch 63,7 Prozent des Anzeigenumsatzes). Das alles rechtfertigt den Schluß: Insgesamt besteht *innerhalb der einzelnen Medien eine wesentlich schärfere Konkurrenzsituation um den Insertionsanteil als zwischen den Werbeträgern untereinander,* wobei dies hauptsächlich auf Zeitungen und Zeitschriften zutrifft. (Lediglich auf dem Gebiet der überregionalen Markenartikelwerbung konkurrieren alle Medien untereinander, wobei die Zeitung gegenüber der Zeitschrift aus druck- und damit zugleich auch aus werbetechnischen und -psychologischen Gründen ins Hintertreffen geraten ist.)

Konkurrenz innerhalb der Werbeträger bedeutet gleichzeitig (Auflagen-) Konzentration bei Zeitungen und Zeitschriften:

37 Verlagsunternehmen mit 46 Zeitungen haben so 1966 von insgesamt 661 Millionen DM überregionaler Markenartikelwerbung 429 Millionen DM (63,4 Prozent) vereinnahmt. Allein auf „FAZ", „Süddeutsche Zeitung", „Die Welt" und auf die „Bild"-Zeitung sind 134 Millionen DM (20,3 Prozent) entfallen. Diesen Tatbestand kommentiert der „Spiegel":
„Axel Springer, der unermüdlich den ‚Zeitungstod' beklagt... und rühmend verbreiten läßt, seine Berliner Blätter etwa betrieben das Anzeigengeschäft ‚mit der Betulichkeit einer Krankenschwester, um den Markt zu schonen', leistet Sterbehilfe. In Berlin weiteten seine Zeitungen die Marken-Insertion von 1960 bis 1964 fast um die Hälfte aus, bei den Konkurrenzblättern sank sie um 15 Prozent..." – „ ‚Bild' eröffnet Inserenten die Möglichkeit, jeweils nur in einen von fünf Teilgebieten zu werben, und beschneidet damit den regional verbreiteten Zeitungen und oft sogar den Lokalblättern das Geschäft. ‚Bild' kalkuliert den Anzeigenpreis so, daß Inserenten für die Millimeterzeile je 1000 Exemplare nur 0,78 Pfennig zahlen; bei den übrigen Tageszeitungen kostet das von 1,6 bis über 7 Pfennig..." (58)

Gegenüber diesem Tatbestand erscheint die von Springer und dem BDZV – 1966 waren übrigens 4 von 7 Präsidiumsmitgliedern des BDZV dem Springer-Konzern geschäftlich verbunden (H. Arndt)! – propagierte These einer *Wettbewerbsverzerrung zuungunsten „der" Presse als Ausdruck interessenbedingter* (=Springer-gesteuerter) *Realitätsblindheit.* (Hervorzuheben ist insbesondere auch, daß es von Seiten des BDZV keine vergleichbare Reaktion auf das Vordringen der Illustrierten ins Werbegeschäft gibt.)

Die Markenartikelwerbung und ihre Verteilung auf die Werbeträger

Die Markenartikelwerbung (58) beläuft sich gegenwärtig (1965-1968) auf gut ein Fünftel der Gesamtwerbeausgaben. Zwischen 1952 und 1964 haben sich die Aufwendungen für Markenartikelwerbung mehr als verzehnfacht und sind von kaum mehr als 200 Millionen DM auf 2,14 Milliarden DM angewachsen. 1969 belaufen sie sich auf 3,49 Milliarden DM. Eine noch stärkere Expansion dieses Teils des Werbegeschäfts wird dabei nach Darstellung der Markenartikelindustrie vor allem durch die 1962 im Staatsvertrag der Ministerpräsidenten der Bundesländer ausgesprochene Begrenzung des Werbefernsehens auf täglich 20 Minuten erschwert. Nach Darstellung des „Markenverbandes" kann sich der große Nachfragedruck u. U. eines Tages das private Fernsehen, Kabelfernsehen oder Kasettenfernsehen als „Ventil" aussuchen. (60) Demgegenüber erweist sich der Rundfunk – nicht zuletzt durch Radio Luxemburg – als elastischer.

Tabelle 5: Werbeaufwendungen für Markenartikel und überregionale Dienstleistungen 1957, 1960, 1963, 1967, 1968; (61)

		Tageszeitungen	Zeitschriften	Rundfunk+)	Fernsehen	Gesamt
1957	1)	++)261,6	351,4	34,1	3,2	650,3
	2)	40,2	54,0	5,3	0,5	100
	3)	22,2	36,1	18,0	–	29,8
1960	1)	384,6	552,8	48,6	127,5	1.113,5
	2)	34,5	49,6	4,4	11,5	100
	3)	18,2	12,1	9,7	131,4	21,3
1963	1)	568,2	947,8	64,4	365,9	1.946,3
	2)	29,2	48,7	3,3	18,8	100
	3)	7,8	13,6	15,3	29,8	14,5
1967	1)	612,7	1.313,9	134,5	557,6	2.618,7
	2)	23,4	50,2	5,1	21,3	100
	3)	43,1	1,3	24,0	3,7	1,7
1968	1)	739,5	1.507,0	152,0	546,9	2.945,4
	2)	25,1	51,2	5,1	18,6	100
	3)	20,7	14,7	13,0	2,0	12,5

+) einschließlich der deutschsprachigen Sendungen von Radio Luxemburg
++) 1) absolut, in Millionen DM, 2) Prozent-Anteil, 3) Steigerungsrate in Prozent

Die Markenartikelwerbung verteilt sich somit gegenwärtig mit abnehmender Tendenz zu rund 25 Prozent auf die Zeitung, zu rund 50 Prozent, mit relativ stabiler Tendenz, auf die Zeitschriften und tendenziell zunehmend zu 5 bzw. 20 Prozent auf Rundfunk und Fernsehen. Diesen Marktanteilen kommt deshalb eine besondere Bedeutung zu, weil die Markenartikelwerbung das wichtigste, vor allem längerfristig kalkulierbare Teilgebiet inerhalb der Wirtschaftswerbung darstellt. Von daher ist es natürlich bemerkenswert, daß die Markenartikelwerbung in den Tageszeitungen anteilmäßig um rund 15 Prozent zurückgegangen ist (1957–1968) (obwohl sie absolut – von der Rezession 1966/67 einmal abgesehen – ständig ansteigt). Ab 1961 allerdings hat sich dieser anteilmäßige Rückgang der Tageszeitung verlangsamt. Die in der letzten Zeit durchgeführten technischen Verbesserungen (z.B. die Möglichkeit, Farbanzeigen und Tiefdruckbeilagen zu drucken) werden ein übriges tun, um die Position der Zeitung wenigstens zu stabilisieren.

Die Verteilung der Markenartikelwerbung innerhalb der Werbeträger Zeitung und Zeitschrift

Diese Stabilisierung wird wesentlich von den auflagenstarken, großen Zeitungen und den Kaufzeitungen („Bild") getragen. Das Bild der Verteilung der Markenartikelwerbung auf die Zeitungen wird sich somit, längerfristig gesehen, sicherlich verändern, wobei das Gewicht der mittleren Zeitungen gegenüber den großen Zeitungen weiter abnehmen dürfte.

Tabelle 6: Markenartikelwerbung und Gesamtinsertionsvolumen in Bezug auf Zeitungsgrößenklassen, 1961 und 1964 (62)

	1961		1964	
	in Mill. DM	in Prozent	in Mill. DM	in Prozent
Kleinpresse				
Markenartikel	82,3	28,5	88,0	30,1
sonst. Anzeigen	206,4	71,5	204,7	69,9
insgesamt	288,7	100	292,7	100
Mittelpresse				
Markenartikel	147,9	27,3	186,4	24,8
sonst. Anzeigen	394,7	72,7	564,6	75,2
insgesamt	542,6	100	751,0	100
Großpresse				
Markenartikel	260,7	22,7	341,8	20,5
sonst. Anzeigen	889,8	77,3	1.329,6	79,5
insgesamt	1.150,5	100	1,671,4	100
Tageszeitungen				
Markenartikel	490,9	24,5	616,2	22,1
sonst. Anzeigen	1.490,9	75,5	2.098,9	77,9
insgesamt	1.918,8	100	2.715,1	100

Kleinpresse = Auflage bis 20.000, Mittelpresse = Auflage von 20.000 bis 100.000, Großpresse = Auflage über 100.000

Tabelle 7: Werbeumsätze für Markenartikel, aufgegliedert nach Zeitungsgrößenklassen (Zeitungen insgesamt gleich 100) 1961–1964 (63)

	1961	1962	1963	1964
Kleinpresse	17 %	15	14	14
Mittelpresse	30	31	31	30
Großpresse	53	54	55	56

Der bei den Tageszeitungen zu beobachtende Konzentrationstrend bestimmt auch, in einem noch stärkeren Ausmaß das Bild der Publikumszeitschriften.
In diesem Bereich hat eine relativ geringe Anzahl von Illustrierten, Programm-Zeitschriften, Frauen- und Modeblättern sowie Unterhaltungszeitschriften sowohl an der Gesamtauflage als auch am Gesamtinsertionswert des Werbeträgers einen Anteil von 80 bis 85 Prozent. Insbesondere der Zeitschriftenmarkt ist somit hochgradig oligopolistisch aufgebaut. Es entfällt 1964 allein auf drei Zeitschriften („Stern", „Quick", „Hör Zu") ein Markenartikel-Werbeaufkommen von 366,8 Millionen DM, dessen Höhe damit beinahe dem aller Werbefernsehanstalten entspricht. 1964 entfallen ferner auf diese drei Werbegiganten 34,8 Prozent der Gesamtwerbeaufwendungen der Markenartikel-Industrie in allen Zeitschriften sowie 17,1 Prozent der Werbeausgaben für Markenartikel überhaupt. (64)
Die Möglichkeiten der Teilbelegung (zur Vermeidung bzw. Verkleinerung von Streuverlusten) sowie die noch immer mit dem Tiefdruckverfahren — in welchem die meisten Publikumszeitschriften hergestellt werden — verbundenen werbetechnischen und auch -psychologischen Vorzüge werden die Marktposition der kapitalstärksten Publikumszeitschriften auch weiterhin behaupten helfen, wenn auch die „Bild"-Zeitung ebenfalls die Möglichkeit der Teilbelegung einräumt und wegen ihrer großen Reichweite als Konkurrent ersteht.

Markenartikelwerbung und Werbeträgerkombinationen

Um ein letztes Mal auf die These der „Wettbewerbsverzerrung" einzugehen, erweist es sich als nötig, die Werbeträgerkombinationen etwas näher zu betrachten. (65)

Tabelle 8: Werbeaufwendungen für Markenartikel und überregionale Dienstleistungen, untergliedert nach Werbeträger-Kombinationen 1963–1968 (66)

Rang-platz	Werbeträger-Kombination	Werbeaufw. insges. Mio DM	davon entfielen auf			
			Tagesztg. Mio DM	Zeitschr. Mio DM	Hörf. Mio DM	Ferns. Mio DM
1	Ztg./Zeitschr./HF[2)]/FS	813,8	195,3	352,1	73,3	193,1
2	Ztg./Zeitschr./ – / –	709,7	294,8	414,9	–	–
3	Ztg./Zeitschr./ – /FS	611,2	145,1	301,2	–	164,9
4	– /Zeitschr./ – / –	228,2	–	228,2	–	–
5	– /Zeitschr./ – /FS	148,8	–	79,5	–	69,3
6	– /Zeitschr./HF /FS	140,1	–	51,6	26,2	62,3
7	Ztg./Zeitschr./HF / –	124,4	48,9	61,2	14,3	–
8	– / – /HF /FS	38,0	–	–	13,2	24,8
9	Ztg./ – / – / –	33,2	33,2	–	–	–
10	Ztg./ – /HF /FS	30,0	10,2	–	11,4	8,4
11	– /Zeitschr./HF / –	23,7	–	18,3	5,4	–
12	– / – / – /FS	15,9	–	–	–	15,9
13	Ztg./ – / – /FS	14,0	5,8	–	–	8,2
14	Ztg./ – /HF / –	9,2	6,2	–	3,0	–
15	– / – /HF / –	5,2	–	–	5,2	–
1–15	Alle Kombinationen	2 945,4	739,5	1 507,0	152,0	546,9

Tabelle 9: Werbeaufwendungen für Markenartikel und überregionale Dienstleistungen 1968: Rangplätze der Werbeträgerkombinationen (67)

Werbeträger-kombinationen	jährliche Werbeaufwendungen	Werbeaufwendungen in Mio DM				
		1963	1964	1965	1966	1967	1968[1])
Tageszt.[2]/Zeitschr./Hörf./Ferns.		505,8	592,1	654,9	686,4	671,0	813,8
Tagesztg./Zeitschr./Hörf./ –		72,0	81,9	100,1	120,8	77,8	124,4
Tagesztg./Zeitschr./ – /Ferns.		499,2	512,9	458,5	499,0	535,9	611,2
Tagesztg./ – /Hörf./Ferns.		15,9	12,4	23,4	17,3	25,4	30,0
– /Zeitschr./Hörf./Ferns.		88,6	87,2	131,4	114,4	135,3	140,1
Tagesztg./Zeitschr./ – / –		414,0	485,0	602,5	674,3	681,3	709,7
Tagesztg./ – /Hörf./ –		5,6	4,2	2,7	6,5	5,5	9,2
Tagesztg./ – / – /Ferns.		17,2	9,3	13,3	12,7	15,2	14,0
– /Zeitschr./Hörf./ –		13,2	22,9	17,2	22,5	22,8	23,7
– /Zeitschr./ – /Ferns.		131,5	118,0	123,2	145,4	156,1	148,8
– / – /Hörf./Ferns.		9,5	12,3	20,3	35,8	34,9	38,0
Tagesztg./ – / – / –		20,2	22,5	31,8	27,9	37,3	33,2
– /Zeitschr./ – / –		143,2	168,6	196,7	224,6	286,4	228,2
– / – /Hörf./ –		1,2	2,2	2,1	3,7	3,8	5,2
– / – / – /Ferns.		9,2	10,9	16,5	15,8	18,7	15,9
Alle Kombinationen		1946,3	2142,6	2394,6	2607,1	2707,4	2945,4

1) Die ausgewiesenen Beträge sind Netto-Werte
2) 1968 einschließlich Wirtschafts-, Wochen- und Sonntags-Zeitungen

Dabei zeigt es sich, daß die Insertionen in nur einem Medium relativ wenig ins Gewicht fallen. Die wichtigste Kombination stellt die Zusammenfassung aller Medien dar, es folgen die von Tageszeitungen und Zeitschriften sowie die von Tageszeitungen, Zeitschriften und Fernsehen. Auf diese drei bevorzugten Kombinationsmöglichkeiten entfallen von 1961 bis 1964 etwa 75 Prozent der jährlichen Gesamtwerbeaufwendungen der Markenartikel-Industrie. Demgegenüber entfällt im selben Zeitraum auf das Werbefernsehen als alleiniger Werbeträger nur 0,5 Prozent der Gesamtwerbeaufwendung. Bis 1968 hat sich zwar der Anteil der drei bevorzugten Medien auf gut 70 Prozent verringert, der Anteil des Werbefernsehens ist jedoch konstant geblieben. – Auch das wieder eine Korrektur an der Springer/BDZV-These von der „Wettbewerbsverzerrung", wohingegen ein seinerzeit von Verlegerseite angestrebtes privates Verlegerfernsehen mit seiner vorrangigen Gewinn- und Werbeabhängigkeit diese Verteilung und Gewichtung der Medien aufheben dürfte (zugunsten der jeweils kapitalstärksten Einzelmedien aus dem Bereich von Zeitung und Zeitschrift).

Durch die Institutionalisierung eines auf den Verkauf von Werbezeit angewiesenen privaten Fernsehens würde die Werbeabhängigkeit der Medien insgesamt zunehmen. Das wiederum hätte, nach allem, was die Beispiele England und USA demonstrieren, nicht zuletzt fatale qualitative Konsequenzen für die Programmstruktur des derzeitigen ARD/ZDF-Programmangebots. Das Fernsehprogramm würde sich dem Bild eines *idealen Werbeträgers* annähern. Als solcher präsentieren sich momentan etwa die Frauen- und Modezeitschriften, bei denen eine qualitative Unterscheidung von readaktionellen und werblichem Teil kaum mehr möglich sein dürfte. (68)

Kostendeckungsprinzip und Werbeabhängigkeit

Die Anzeigenabhängigkeit der beiden privatwirtschaftlich organisierten, am Profitmaximierungs- und Kostenminimierungsprinzip orientierten Medien Zeitung und Zeitschrift ist im vorigen Abschnitt zur Sprache gebracht worden. Zusammenfassend sei nur noch einmal festgehalten, daß Karl Bücher gegen Anfang des Jahrhunderts bemerkt, ,,sehr annoncenreiche Blätter" hätten berechnet, sie würden nur 37 bis 40 Prozent ihrer gesamten Herstellungskosten durch das Abonnement decken, (69) während heute, je nach Zeitungstyp, 60 bis 80 Prozent der Herstellungskosten durch den Anzeigenteil gedeckt werden. (70) Das bedeutet, daß Anzeigen ,,als Voraussetzung privatwirtschaftlich organisierten Zeitungswesens" notwendig sind (dies die Folgerung K. Reumanns in seinem datenreich-,,positivistischen" Überblick). Ohne Anzeigenerlöse, die auch bei Illustrierten rund 70 Prozent der Erlöse ausmachen, ließe sich die Differenz zwischen Herstellungskosten und Bezugspreis nicht beseitigen. Der Anzeigenerlös bzw. die erwähnte Kostendifferenz stellt nun aber gerade kein Geschenk des Verlegers an die Leser dar, (71) vielmehr ist der Verkauf von Anzeigenraum an Inserenten in erster Linie und vorrangig gewinnbringend. Man könnte sogar anmerken, daß der Bezugspreis ungerechtfertigt ist, insofern sich der Leser bei Zeitungen im Verhältnis 2:1 und bei Illustrierten im Verhältnis von 1:1 einer immer schwerer trennbaren Gemengelage von redaktionellem und werblichem Inhalt aussetzt.

Seit gut zehn Jahren jedenfalls ziehen die Zeitungen den Löwenanteil ihres Erlöses aus dem Anzeigengeschäft, (72) was – wie nicht zuletzt der besonders oligopolistisch strukturierte Illustriertenmarkt aufzeigt – wesentlich zur Auflagenkonzentration beigetragen hat. Der gewinnbringende Anzeigenumsatz steigt, wenn auch nur degressiv, parallel zur Verkaufsauflage, so daß die privatwirtschaftlich organisierten Medien auf eine möglichst hohe Auflage bzw. im Lokal- und/oder Regionalbereich auf eine ausgeprägte Marktbeherrschung hinarbeiten. Damit erweist sich der kapitalkräftige, modernisierungsfähige Großbetrieb als günstige Betriebsform; (73) die Mitte der sechziger Jahre noch bestehenden Zwerg- (40 Prozent), Klein- (30 Prozent) und Mittelbetriebe (20 Prozent der Betriebe insgesamt) existieren zu einem Großteil nur noch auf Grund politischer Rücksichtnahme von Großbetrieben. (74) Ihre wesentliche Funktion ist die eines Feigenblattes beispielsweise für Axel Springer (und von Springers Gnaden).

Als *Folgen dieser ökonomischen Anzeigenabhängigkeit* lassen sich daher im Bereich der privatwirtschaftlichen Massenkommunikationsmittel folgende Punkte aufführen':

Im *ökonomischen* Bereich:
— Auflagenkonzentration bzw. die Entstehung und Verfestigung lokaler Monopole,
— die Entstehung eines oligopolistischen Illustriertenmarktes,
— das Mittel gespaltener Anzeigen- und Bezugspreise, das bis hin zum Dumping forciert wird, (75)
— die druck- und damit werbetechnische Vervollkommnung der Medien, insbesondere der kapitalstarken Zeitungen, die damit Anschluß an die Illustrierten gewinnen wollen; (76)

im *politischen* Bereich:
— Pressionen von Anzeigenkunden, (77)
— die Nichtbeachtung der Aufklärung der breiten Öffentlichkeit über sozioökonomische Strukturzusammenhänge durch sich demokratisch verstehende Medien, (78)
— interne, innerbetriebliche Pressionen von Seiten der Anzeigenabteilung und/oder des Verlegers auf die Redaktion, um den Werbewert des Mediums zu stabilisieren. (79)

Dieses Übergreifen der Anhängigkeit auf den kommunikations-) politischen Bereich läßt sich nicht ohne weiteres auf die öffentlich-rechtlich organisierten Massenmedien Rundfunk und Fernsehen übertragen. Die Folgen der Werbeabhängigkeit lassen sich dort nur im ökonomischen (und inhaltlichen) Bereich aufzeigen; politische und gesellschaftliche Beeinflussungen resultieren dagegen zumeist aus der externen Kritik von Parteien und Verbänden sowie aus der Konstruktion der Programm- und Verwaltungsbeiräte. (80) Dennoch muß aber auch die ökonomische Abhängigkeit der nach dem Kostendeckungsprinzip betrieblich handelnden Medien noch näher betrachtet werden, auch hier sind vorschnelle Übertragungen nicht möglich.

Kostendeckungsprinzip und Werbeeinnahmen (81)

Auf jeden Fall wird das Medienangebot in Wirtschaftsunternehmen hergestellt. Diese globale Aussage ist insofern haltbar, als auch die nicht-privatwirtschaftlich organisierten Anstalten des öffentlichen Rechts (also die „Arbeitsgemeinschaft der öffentlich-rechtlichen Rundfunkanstalten", ARD, und das „Zweite Deutsche Fernsehen", ZDF) einen derartigen Betriebscharakter besitzen. Allerdings zielt ihr Betriebshandeln nicht auf Gewinn, sondern auf „Kostendeckung" ab. Aber:

„Eine Fernsehanstalt ist unbeschadet ihres besonderen gesellschaftspolitischen Auftrages ein produzierender Wirtschaftskörper, in dem die eigentlich betriebsbestimmte Tätigkeit, die Produktion und Ausstrahlung von Programmen, durch Kombination produktiver Faktoren (Sachgüter und Dienstleistungen) verwirklicht und nach den Grundsätzen industrieller Produktion vollzogen wird. Der Charakter einer Fernsehanstalt wird somit durch den für ein Wirtschaftsunternehmen typischen Ablauf (Beschaffung – Produktion – Absatz/Ausstrahlung) gekennzeichnet. Dabei kommt es in diesem Zusammenhang nicht darauf an, daß die wirtschaftliche Tätigkeit (einer) öffentlich-rechtliche(n) Anstalt nur auf Kostendeckung und nicht auf Gewinnerzielung gerichtet ist." (82)

In die Kostendeckung teilen sich insbesondere das Gebührenaufkommen und die Werbeeinnahmen. (Das Gebührenaufkommen entfiel bei einer monatlichen Hörfunkgebühr von DM 2,00 zu 76,25 Prozent auf die ARD und bei einer monatlichen Fernsehgebühr von DM 5,00 zu 47,8 Prozent auf die ARD sowie zu 20,6 Prozent auf das ZDF.) Das ZDF wird dabei sogar expressis verbis auf das Insertionsgeschäft verwiesen. So lauten die ersten beiden Absätze von Paragraph 23 des „Staatsvertrages über die Errichtung der Anstalt des öffentlichen Rechts ZDF" vom 6. Juni 1961 wie folgt:

1) „Die Anstalt erhält dreißig von Hundert des im Gebiet der vertragschließenden Länder ab 1. Januar 1962 anfallenden Aufkommens an Fernsehgebühren, soweit diese darüber verfügen. Die Ministerpräsidenten der vertragschließenden Länder sind ermächtigt, die Höhe des Gebührenanteils durch Vereinbarung neu zu regeln..."
2) „Im übrigen deckt die Anstalt ihre Ausgaben durch Einnahmen aus Werbesendungen..." (83)

Die hier offen ausgesprochenen Bedeutung der Werbung läßt sich quantitativ umschreiben:

Tabelle 10: Werbung in Hörfunk und Fernsehen, Januar und Februar 1970 (84)

	Werbefernsehen[1]		Werbefunk[2]	
	Jan. 1970	Febr. 1970	Jan. 1970	Febr. 1970
Einschalt-Tage	205	192	210	196
umworbene Marken	593	732	489	586
Werbesekunden	237 990	242 865	640 747	693 217
Ø tgl. Werbez. i. Min.	19,3	21,0	50,3	58,0
Ø Spots pro Tag	44	49	87	101
Ø Spotlänge in Sek.	25	24	33	33
DM-Betrag brutto	54 336 783	54 586 980	16 356 054	17 966 743

1) ARD – Länderanstalten plus ZDF

2) ARD – Länderanstalten plus Radio Luxemburg

Tabelle 11: Preise für Werbung in Hörfunk und Fernsehen, 1968 (85)

Hörfunk (DM je Sekunde)[1]		Fernsehen (DM je Sekundeneinheit)[1]	
Werbezeit:			
morgens	22	15 Sek.	2.260
mittags	20	20 Sek.	4.150
abends	18	30 Sek.	5.806
		45 Sek.	8.048
		60 Sek.	9.900

[1] Die Angaben sind aufgerundet.

Insbesondere das ZDF gibt die Bedeutung der Werbeeinnahmen offen zu. So schreibt sein Intendant, Professor Holzamer, im Bericht zum Haushaltsplan 1969, in Erfüllung seines Programmauftrages sei das ZDF „in einem ganz erheblichen Umfang auf die Werbeeinnahmen angewiesen." Zur Illustration weist er sodann auf die Entwicklung der Relation zwischen Gebühren und Werbeeinnahmen hin:

Tabelle 12: ZDF: Entwicklung der Fernsehgebühren und der Werbeeinnahmen, 1965–1969 (86)

| | 1965 | 1966 | 1967 | 1968 | 1969 | |
		(Rechnungsjahre)				
Fernsehgebühren	58,5	51,8	49,9	53,0	50,1	(alles in Prozent)
Werbeeinnahmen	40,6	43,2	43,7	43,9	45,8	(alles in Prozent)
übrige Erträge	0,9	5,0	6,4	3,1	4,1	(alles in Prozent)

Diese Angaben werden von Holzamer folgendermaßen interpretiert: „Der Anteil der Werbeeinnahmen an den Gewinneinnahmen hat ständig zugenommen. Mit stagnierendem Gebührenaufkommen muß sich dieser Anteil weiter erhöhen und das Zweite Deutsche Fernsehen kann auf diese, den Gebührenanteil ergänzende Finanzquelle nicht verzichten." (87) *Nur mit Hilfe der Werbeeinnahmen ist das ZDF in der Lage, einen ausgeglichenen Haushalt vorzulegen.* Aber auch das gelingt nur, weil das ZDF das Werbefernsehen als einen „wirtschaftliche(n) Geschäftsbetrieb einer im übrigen gemeinnützigen Anstalt des öffentlichen Rechts" ansieht und somit seine Erträge nicht durch Ertragssteuern belastet. (88)
Demgegenüber verfahren die in der ARD zusammengeschlossenen Rundfunkanstalten anders. (89) Analog zur ARD gibt es eine „Arbeitsgemeinschaft Werbefernsehen", der die von den ARD-Anstalten ausgegliederten,

juristisch und finanziell eigenständigen Werbefernsehgesellschaften als GmbH's angehören. Diese Gesellschaften (90) sind nicht nur voll und ganz werbeabhängig, sie sind auch mit großen bundesrepublikanischen privatwirtschaftlichen, (Fernseh)Aleliergesellschaften liiert. (91) Die ARD-Werbefernsehgesellschaften sind somit dem Kostendeckungsprinzip nicht unterworfene verselbständigte Unternehmen. Folglich sind sie auch voll steuerpflichtig und von daher bestrebt, ihren Umsatz dadurch zu minimieren, daß sie hohe Produktionskosten zu ihren Gunsten vom Bruttoertrag abziehen. (92) Auf diese Art und Weise konnte die ARD zum einen auf ein ständig wachsendes Defizit z.B. von 100 Millionen DM im Jahre 1969 hinweisen und damit wirksam für eine Gebührenerhöhung plädieren, zum anderen wird dadurch die Werbeabhängigkeit der ARD heruntergespielt. Diese Argumentation verschleiert aber, daß bei der ARD das gesamte Rahmenprogramm um die Werbespots von der Werbung selbst finanziert wird. *Die Werbeabhängigkeit drückt sich hier also darin aus, daß nicht unerhebliche Programmbestandteile über die Werbung finanziert werden.*

Daneben bedeutet Werbeabhängigkeit für ARD und ZDF insbesondere aber auch *inhaltliche Einflußnahme* auf das Rahmenprogramm. Dieses Programm muß nämlich, um Werbung für den Inserenten absatzwirksam erscheinen zu lassen, als Dienst am Kunden maximale Reichweiten und Sehbeteiligungen aufweisen. Das aber bedeutet Anpassung an den „Publikumsgeschmack", der sicherlich nicht zuletzt durch diese Werberahmenprogramme in seiner „Negativität" mitbewirkt wird. Die Devise dieser Rahmenprogramme impliziert, daß die Programmgestaltung versuchen muß, „soweit wie möglich mit der Kulturtendenz (der vom Fernsehen) bedienten Konsumenten parallel zu bleiben" (so formuliert A. Silbermann dieses Postulat). Diesen Prozeß beschreibt das ZDF recht plastisch: „...Naturgemäß [sic!] ist sie (die werbetreibende Wirtschaft)... daran interessiert, daß diese (ihre Werbespots) im Zusammenhang mit attraktiven Programmen gebracht werden. Das ZDF muß [sic!] sich daher bemühen, mit seinen Sendungen zwischen den Werbeblöcken sowohl den Programmrichtlinien zu entsprechen, als auch das Interesse der Zuschauer zu wecken und zu erhalten." (93)

Davon ausgehend läßt sich zusammenfassen, was Werbeabhängigkeit im Bereich öffentlich-rechtlich organisierter Medien bedeutet: Die Werbeeinnahmen bewirken hier eine im Vergleich zu den privatwirtschaftlichen Medien weniger, wenn auch eine keineswegs unbedeutende ökonomische Abhängigkeit (lediglich das ZDF befindet sich in dieser Beziehung auch bilanzmäßig auf der Höhe privatwirtschaftlicher Medien); *Werbeabhängigkeit bedeutet vielmehr primär die inhaltliche Ausstrahlung der Werbung auf das Rahmenprogramm* (und über dieses mit seinen hohen Indexziffern und *Television-Audience-Measurement* — Angaben höchstwahrscheinlich auch auf das Gesamtprogramm). Werbeabhängigkeit steht somit synonym für eine inhaltliche Anpassung an spätkapitalistische

Interessen nach Herstellung „allgemeiner Konsumorientierung". Sie besteht darin, daß sich demokratisch gerierende Medien in weiten Teilen ihres Programms auf Kritik verzichten und stattdessen konsumorientierte „Lebenshilfe" leisten. *Werbeorientierung heißt, das Medienpublikum, die Rezipienten, zwischen den einzelnen Werbespots sowie zwischen den Werbeblöcken bei der Stange zu halten, um den Kaufappellen der Spots optimal den Boden zu bereiten.*
Insofern können privatwirtschaftlich *und* öffentlich-rechtlich organisierte Massenmedien gleichermaßen, wenn auch unterschiedlich ausgeprägt, als werbeabhängig und vor allem als werbeorientiert bezeichnet werden. (Diese unterschiedlich Ausprägung würde aller Wahrscheinlichkeit durch die Institutionalisierung privater, völlig werbeabhängiger Fernsehanstalten aufgehoben werden.)

Anmerkungen

(1) Es sei ausdrücklich darauf hingewiesen, daß der Anmerkungsapparat keinerlei Vollständigkeit anstrebt.
Wenn der Begriff „Spätkapitalismus" verwendet wird, beziehe ich mich insbesondere auf: Paul A. Baran, Paul M. Sweezy, Monopolkapital. Ein Essay über die amerikanische Wirtschafts- und Gesellschaftsordnung, Frankfurt 1967; Claus Offe, „Politische Herrschaft und Klassenstruktur", in Gisela Kress, Dieter Senghaas (Hrsg.), Politikwissenschaft, Frankfurt 1969, S. 155 ff; Joachim Bergmann, Gerhard Brandt, Klaus Körber, Ernst Theodor Mohl, Claus Offe, „Herrschaft, Klassenverhältnis und Schichtung", in Theodor W. Adorno (Hrsg.), Spätkapitalismus oder Industriegesellschaft? Verhandlungen des 16. Deutschen Soziologentages, Stuttgart 1969, S. 67 ff; Jörg Huffschmid, Die Politik des Kapitals, Frankfurt 1969.

(2) vgl. Horst Holzer, Joseph Schmid, „Massenkommunikation in der Bundesrepublik", in Friedrich Hitzer, Reinhard Opitz (Hrsg.), Alternativen der Opposition, Köln 1969, S. 261 ff; Horst Holzer, Massenkommunikation und Demokratie in der Bundesrepublik Deutschland, Opladen 1969, passim, bes. S. 5, 68 ff; ders. im vorliegenden Bd., S. 68 ff.

(3) Auf die Zeitung bezogen hat diesen Tatbestand bereits Karl Bücher gesehen – vgl. etwa: Gesammelte Aufsätze zur Zeitungskunde, Tübingen 1926, S. 405: „... Der redaktionelle Teil ist bloßes Mittel zum Zweck. Dieser besteht allein in dem Verkauf von Anzeigenraum; nur um für dieses Geschäft möglichst viele Abnehmer zu gewinnen, wendet der Verleger auch dem redaktionellen Teile seine Aufmerksamkeit zu und sucht durch Ausgaben für ihn seine Beliebtheit zu vergrößern. Denn je mehr Abonnenten, um so mehr Inserenten... ‚Öffentliche Interessen' werden in der Zeitung nur gepflegt, soweit es den Erwerbsabsichten des Verlegers nicht hinderlich ist..." – Vgl. (31). Affirmativ hierzu vgl. prototypisch Edgar Stern-Rubarth, „Der Konflikt zwischen der Zeitung als moralischer Anstalt und als Wirtschaftsunternehmen", in: Publizistik, 5 (1960), S. 241 ff; s. Alphons Silbermann, Ernest Zahn, Die Konzentration der Massenmedien und ihre Wirkungen, Düsseldorf/Wien 1970, S. 254.

(4) Vgl. den Beitrag von Klaus Horn im vorliegenden Band.

(5) so der bündige Definitionsversuch von Richard D. Shoulders, „Mehr Werbung für das gleiche Geld?", in: Formate, Farben, Druckverfahren. Kolleg für Werbespezialisten. Eine Dokumentation über die Zeitungsanzeige, Hrsg. Die Welt, (1968), S. 28 (S) – Shoulders ist „Kreativ-Direktor" der Frankfurter Werbeagentur Brose & Partner, Public Relations Gesellschaft mbH.

(6) dazu bes. David Riesman, Reuel Denny, Nathan Glazer, Die einsame Masse, Hamburg 1958; als empirische Überprüfung und Bestätigung der Befunde Riesmans vgl. die Beitr. von W. M. Kassarjin und R. Centers in: Sociometry, 25 (1962), S. 213 ff, 231 ff.

(7) Das drückt sich auch darin aus, daß die Werbung heute mit ungebrochenem Selbstbewußtsein auftritt, vgl. z.B. den informativen Bericht: „Das Geschäft mit den heimlichen Wünschen", in: Der Stern, 1970/6; dagegen für früher H. F. Kropff, „Zweifel und Kritik an der Werbung", in: Publizistik, 3 (1958), S. 131 ff.

(8) n.: Formate, Farben, Druckverfahren, a.a.O., S. 27 (W); n. der Materialsammlung: Rundfunkanstalten und Tageszeitungen 4 (s. Anm. 31), S. 142, nimmt die Zahl der Marken, für die überregional geworben wird, von 7.078 (1961) auf 9.467 (1964) zu.

(9) Jahresbericht 1968 des Zentralausschusses der Werbewirtschaft (ZAW) und Geschäftsbericht 1968 der Informationsgemeinschaft zur Feststellung der Verbreitung von Werbeträgern e.V. (IVW): Werbung 1968, B. Godesberg 1968, S. 58; vgl. auch s. o., Werbung 1967, B. Godesberg 1967, S. 50.

(10) Dazu Kurt W. Rothschild, „Preistheorie und Oligopol", in Alfred Eugen Ott (Hrsg.), Preistheorie, Köln/Berlin 1965, bes. S. 360 ff.
(11) Werner Mühlbradt (Hrsg.), Handbuch für die Öffentlichkeitsarbeit von Betrieben, Parteien, Verbänden, Behörden und Institutionen, Neuwied u. Berlin 1967 (ff), Teil I: „Öffentlichkeitsarbeit und öffentliche Meinung", S. 8.
(12) Dazu John Kenneth Galbraith, Die moderne Industriegesellschaft, München/Zürich 1970, S. 27 ff, 172 ff, 189 ff, 210 ff; Paul A. Baran, Paul M. Sweezy, Monopolkapital, a.a.O., S. 59 ff; Paul A. Baran, „Thesen zur Werbung", inders., Zur politischen Ökonomie der geplanten Wirtschaft, Frankfurt 1968, S. 125/126.
(13) Dexter M. Keezer, New Forces in American Business, N. York 1959, S. 97 – zit. n. Paul A. Baran, „Thesen zur Werbung", a.a.O., S. 125 u. 126; vgl. Paul A. Baran, Paul M. Sweezy, Monopolkapital, a.a.O., S. 114–141, bes. S. 129 ff; zahlreiche Beispiele finden sich in Vance Packard, Die große Verschwendung, Düsseldorf 1961.
(14) n. Gerd Brüggemann, „Die Verkaufsförderung wird Instrument des Marketing", in: Formate, Farben, Druckverfahren, a.a.O., S. 8 (S).
(15) Werbung 1968, a.a.O., S. 11.
(16) Günther Haedrich, „Das Stichwort für Unternehmer muß heute Marketing heißen", in: Formate, Farben, Druckverfahren, a.a.O., S. 4 (S).
(17) John K. Galbraith, Die moderne Industriegesellschaft, a.a.O., S. 29, s. auch S. 195 ff; vgl. auch Jörg Huffschmid, Die Politik des Kapitals, a.a.O., S. 104 ff.
(18) Franklin M. Fisher, Zvi Grilliches, Carl Kaysen, „The Cost of Automobile Changes since 1949", in: The Journal of Political Economy, 70 (1962) sowie als Kurzfassung in: American Economic Review, May 1962, S. 259 ff; dazu Paul A. Baran, Paul M. Sweezy, Monopolkapital, a.a.O., S. 133–138.
(19) Paul A. Baran, Paul M. Sweezy, Monopolkapital, a.a.O., S. 119–120.
(20) Quellenangaben für Tab. 2.: Die Posten (1) bis (8) sind für die Jahre 1962 bis 1966 entnommen Jörg Huffschmid, a.a.O., S. 106; dieser Quelle entstammen ebenfalls die Angaben zu (1), (2), (5) bis (7) für das Jahr 1967; die Angaben zu (10) sind entnommen: Werbung 1968, a.a.O., S. 29; Angaben (1) ist eine Fortrechnung der für 1966 von der Deutschen Werbewissenschaftlichen Gesellschaft ermittelten Gesamthöhe der Werbeaufwendungen, die von einer 10 %igen jährlichen Gesamterhöhung der Werbeaufwendungen ausgeht – n.: Werbung 1968, a.a.O., S. 34; Karl Grün, „Werbung macht Spaß", in: Publik, Nr. 23, 6.6.1969, S. 9 gibt die Gesamtwerbeausgaben 1968 mit 15 Mrd. DM an; die Angaben für (3) für 1967 und 1968 sowie für (5) für 1968 entstammen: Statistisches Jahrbuch für die Bundesrepublik Deutschland, Stuttgart u. Mainz 1969, S. 390, 496 – die Angabe für 1968 in Zeile (3) ist extrapoliert aus der Summe der Ausgaben für 1967 und derjenigen für 1969/70, die nach Aussage von Carl-Heinz Evers „knapp 15 Milliarden" DM ausmachen (Der Spiegel, 1970/12, S. 94).
Nur zum Vergleich sei angeführt, daß sich 1908 die Ausgaben für Annoncen in Deutschland auf 4–500 Millionen M belaufen haben (n. Bücher, a.a.O., S. 256).
(21) so das vorsichtige Urteil von Elisabeth Noelle-Neumann, „Pressekonzentration und Meinungsbildung", in: Publizistik, 13 (1968), hier S. 119 (jetzt auch abgedr. in: Pressefreiheit, Berlin u. Neuwied 1970, hier S. 87); vgl. auch bes. d. Einl. von Ralf Zoll, Eike Hennig, Massenkommunikation und Meinungsbildung, München 1970.
(22) zu letzterem vgl. Max Horkheimer, „Feudalherr, Kunde, Fachmann", in: Die Zeit, Nr. 47 30.11.1964, S. 32, wieder abgedr. in: Alfred Schmidt (Hrsg.), Max Horkheimer. Zur Kritik der instrumentellen Vernunft, Frankfurt 1967, S. 326 ff.
(23) die Angaben über die Entwicklungstendenz der Werbeausgaben 1953–1964

sind einer Untersuchung, durchgeführt von DIVO und INFRATEST, entnommen: „Massenkommunikation – Ergänzung oder Konkurrenz der Massenmedien?", in ARD (Hrsg.), Rundfunkanstalten und Tageszeitungen, Dokumentation 4: Meinungsumfragen und Analysen, Frankfurt 1966, S. 92/93.
- (24) ebda (23), S. 92; vgl. auch Herbert Schmitt, „Entwicklung der Werbeausgaben", ZV+ZV, 62 (1965), S. 700 ff.
- (25) so Ulrich Beer, Jugend zwischen Waren und Werten (sic!). Konsumerziehung gegen Konsumzwang, Hrsg. Deutscher Sparkassen- und Giroverband e.V., Stuttgart o. J., S. 22; von Beer vgl. auch, Geheime Miterzieher der Jugend, Düsseldorf 1962; die Position der „Konsumerziehung" wird auch vertreten von Martin Keilhacker, Erich Wasem, Jugend im Kraftfeld der Massenmedien, München 1966, bes. S. 47 ff; vgl. auch Adolf A. Steiner (Hrsg.), Massenmedien in Unterricht und Erziehung, Frankfurt 1969; vgl. dagegen den Ansatz von Helmut Lamprecht, Teenager und Manager, Bremen, 1960; Friedrich Wilhelm Dörge, Manfred Schmidt, Konsumfreiheit in der Marktwirtschaft, Opladen o. J.; Erich Cramer, Klaus Horn, Reklame und Vorurteil, Wuppertal-Barmen 1971.
- (26) EMNID-Informationen, 21 (1969), Nr. 4/5, S. 3/4 – Diese Aussage stützt sich empirisch auf eine Unters.: Freizeit und Privatleben – Veränderungen, von Lebensbedingungen, Wohnfunktionen und Bedürfnislage im Gefolge der wachsenden Freizeit, 1969; Ulla Schickling („Die reichen jungen Leute", in: Frankfurter Rundschau, Nr. 37, 13.9.1969, Wochenendteil.) teilt so als Aussage von nicht näher bezeichneten Wirtschaftsfachleuten mit, es wäre 1967 nicht zur Rezession gekommen, wenn sich die Gesamtbevölkerung so konsumfreudig wie die Jugend verhalten hätte. – Es verdient darauf hingewiesen zu werden, daß die von U. Schickling angeführten 20 Mrd. DM jugendlicher Kaufkraft den 1969er Aufwendungen für Kauf, Pflege und Ausstattung von PKW's entsprechen (n. FAZ. Nr. 97, 27.4.1970, S. 13).
- (27) Ulrich Beer, Jugend zwischen Waren und Werten, a.a.O., S. 24.
- (28) John K. Galbraith, Die moderne Industriegesellschaft, a.a.O., S. 29.
- (29) n.: Werbung 1968, a.a.O., S. 35.
- (30) dazu Horst Holzer, Massenkommunikation und Demokratie..., a.a.O., S. 68 ff; Ralf Zoll, Eike Hennig, a.a.O., passim; affirmativ vgl. Alphons Silbermann, Ernest Zahn, Die Konzentration der Massenmedien und ihre Wirkungen, a.a.O., S. 447/448, wo den Medien u. a. die Funktionen: politische Systemstabilisierung, „Gewinnerzielung" (!), ökonomische Systemstabilisierung zugesprochen werden. Zur zuletztgenannten Funktion wird ausgeführt: „Die... Funktion, *Dienst gegenüber dem ökonomischen System,* steht in intimer Verbindung mit der Funktion der Gewinnerzielung. Insbesondere seit der fortschreitenden Industrialisierung der Gesellschaften mit ihren Elementen der Massenproduktion und Massendistribution ist die Verknüpfung der Media mit der Ökonomie und ihren Aktivitäten immer enger geworden. Wenn auch in ungleichen Proportionen verbreiten die Medien Informationen aus der Geschäftswelt, bringen Käufer und Verkäufer zusammen, stimulieren sie den Konsum und die Varietät der Produkte." – Erkenntnisleitendes Interesse Silbermanns und Zahns ist die Rechtfertigung dieses Zustandes als „sachgerecht"; kein Wunder, daß ihre Publikation von Springer gefeiert wird.
- (31) Karl Bücher, Ges. Aufs. ..., a.a.O., S. 60/61 – zit. in Alphons Silbermann (Hrsg.), Reader Massenkommunikation, Bd. 1, Bielefeld 1969, S. 85; vgl. auch Bücher, s.o., S. 245 ff; Bücher leitet daraus die Def. der mod. Zeitung ab (S. 377, gleichlautend S. 21): „Also ist die Zeitung ein Erwerbsunternehmen, das Annoncenraum als Ware erzeugt, die nur durch einen redaktionellen Teil verkäuflich wird." Vgl. (3).
- (32) Günter Böddeker, 20 Millionen täglich. Wer oder was beherrscht die deutsche Presse? Oldenburg u. Hamburg 1967, S. 51; zur Position Böddekers vgl. Hans

Dieter Müller, Der Springer-Konzern, München 1968, S. 255 sowie die Bespr. v. Hermann Meyn in: Neue Politische Literatur, 13 (1968), S. 390.
(33) zum folgenden vgl. Peter Heilmann, „Der New Yorker Druckerstreik 1962/63", in: Publizistik, 9 (1964), S. 228 ff.; aus diesem Streik zieht der Bundesverband Deutscher Zeitungsverleger (BDZV) den Schluß: „Ohne Zeitung geht es nicht" (vgl. die gleichnamige Broschüre, B. Godesberg 1963).
(34) Helmut Arndt, Die Konzentration in der Presse und die Problematik des Verleger-Fernsehens, Frankfurt/Berlin 1967, S. 14/15.
(35) Neue Westfälische, 12.10.1967, hier zit. n. Karl A. Otto, „Pressekonzentration, Wirtschaftsmacht und Manipulation", in: Sozialistische Hefte, 8 (1969), S. 22/23.
(36) Günter Böddeker, a.a.O., S. 48; Kurt Reumann, „Entwicklung der Vertriebs- und Anzeigenerlöse im Zeitungsgewerbe seit dem 19. Jahrhundert", in: Publizistik, 13 (1968), S. 240/241; Hermann Meyn, Massenmedien in der Bundesrepublik, Berlin 1970, S. 42; alle unter Bezug auf Axel Springer, „Deutsche Presse zwischen Konzentration und Subvention", in: ZV+ZV, 1967/1, S. 2; G. Böddeker führt noch an (S. 49), daß sich der kostendeckende Preis für das „Hamburger Abendblatt" anstatt auf 5,30 DM auf 14 DM belaufen würde. In der 1966er Ausgabe seines a. a. Werkes bringt H. Meyn (S. 42) als weiteres Beispiel, daß die „Kölnische Rundschau" 1966 anstelle von 6,50 DM 15 DM hätte verlangen müssen, wenn sie keine Anzeigenerlöse gehabt hätte (zit. n. K. Reumann, a.a.O., S. 265-Anm. 110). – Grundlegend zur Problematik vgl. auch Ulrich Nußberger, „ Sind unsere Bezugspreise zu niedrig?", in: ZV+ZV, 1961/18–19, S. 876 ff.
(37) einschränkend vgl. aber Kapferer & Schmidt unter Mitwirkung von Clodwig Kapferer, „Die Wettbewerbslage zwischen Anzeigen-, Rundfunk- und Fernsehwerbung", in: Rundfunkanstalten und Tageszeitungen 4, a.a.O., S. 131. Dort wird nachgewiesen, daß zwischen 1956 und 1964 die Abonnementspreise der Kleinpresse (Aufl. bis 20.000) um 44, der Mittelpresse (Aufl. 20.–100.000) um 46, der Großpresse (Aufl. über 100.000) um 44 % angestiegen sind: „Immerhin... läßt sich sagen, daß die Lage der Tageszeitungen in den vergangenen Jahren, sowohl was den Verkauf von Anzeigenraum als auch die Abonnements anbetrifft, nicht kritisch gewesen sein konnte, wenn es ihnen möglich war, beides, die Anzeigenpreise und die Abonnementspreise, laufend zu erhöhen."
(38) dieses Beispiel gibt Günter Böddeker, a.a.O., S. 49; generalisierend vgl.: Kommission zur Untersuchung der Wettbewerbsgleichheit von Presse, Funk/Fernsehen und Film (im folgenden zit.: Michel-Bericht), Deutscher Bundestag, Drucksache V/2120, S. 80.
(39) Günter Böddeker, a.a.O., S. 55.
(40) Michel-Bericht, a.a.O., S. 91; vgl. auch: Schlußbericht der Kommission zur Untersuchung der Gefährdung der wirtschaftlichen Existenz von Presseunternehmen und der Folgen der Konzentration für die Meinungsfreiheit in der Bundesrepublik Deutschland, Pressekommission (im folgenden zit.: Günther-Bericht), Deutscher Bundestag, Drucksache V/3122, S. 14/15, 25/26.
(41) ADW, Geschäftsbericht 1968, Frankfurt im Mai 1969, S. 3.
(42) Jahresbericht 1966 des Vereins der Rheinisch-Westfälischen Zeitungsverleger, S. 57, 58/59, 62 – zit. n. Christa Roebke, Zur Struktur der Presse (Tageszeitungen) in Nordrhein-Westfalen, unveröff. Manuskript, i. A. des Deutschen Presserats, Bonn 1967, S. V–VIII (zu dieser Bestandaufnahme der Tagespresse vgl.: ZV+ZV, 1968/1).
(43) Karl Holzamer in: ZDF, Haushaltsplan 1969, S. 15.
(44) n. Klaus Goehrmann, „Industriewerbung muß nicht anders sein", in: Formate, Farben, Druckverfahren, a.a.O., S. 18 (S) – Goehrmann ist in einen Hamburger Marktforschungsunternehmen als Assistent der Geschäftsleitung tätig, leider

aber macht er zur erwähnten Repräsentativumfrage keine näheren Angaben.
(45) Quelle für Tab. 4.: Werbung 1968, a.a.O., S. 35. Tab. 4a. ist hiernach berechnet worden.
(46) Quelle für Tab. 4b.: Werbung 1968, a.a.O., S. 36.
(47) n. Werbung 1968, a.a.O., S. 38.
(48) Die Verteilung der Werbeausgaben auf diese Medien bleibt dabei relativ konstant, vgl.: Werbung 1968, a.a.O., S. 39.

	1961	1965	1968
Summe der Werbung in Ztg. u. Ztschr. in Mrd. DM	2,29	3,44	4,87
Zeitungen (%)	59	56	57
Zeitschriften (%)	41	44	43

(49) Vgl. Werbung 1968, a.a.O., S. 39.

Anzeigen in Zeitungen:	1961	1965	1968
lokale Werbung (%)	64	65	71
überreg. Werbung (%)	36	35	29

(50) vgl. BDZV (Hrsg.), Pressefreiheit und Fernsehmonopol. Beiträge zur Frage der Wettbewerbsverzerrung zwischen den publizistischen Medien, B. Godesberg 1963 – abgedr. in: ARD (Hrsg.), Pressefreiheit und Fernsehmonopol. Beiträge zur Frage der 1: Tatsachen und Meinungen, Frankfurt 1965; kritisch dazu: Michel-Bericht, a.a.O., S. 4. 180 ff; Kapferer & Schmidt, „Die Wettbewerbslage zwischen Anzeigen-, Rundfunk- und Fernsehwerbung", a.a.O., passim; Wolfgang Lehr, „Gemeinsame Zukunft. Rundfunk und Presse", in: ARD Jahrbuch 69, Hamburg 1969, S. 54 ff.
(51) n.: Verlagshaus Axel Springer Nachrichten, Nr. 23, Mai 1969, S. 8 – der „Günther-Bericht" kostet 67.033 DM (inklusive eines empirischen Gutachtens), der „Michel-Sonderbericht Berlin" 190.000 DM.
(52) Helmut Arndt, Die Konzentration in der Presse..., a.a.O., S. 35/36; Kurt Koszyk, „Der Markt der Presse in Deutschland", in: Zur Funktion und Struktur der Publizistik, Berlin 1968, S. 39; Hans Dieter Müller, a.a.O., S. 259 ff; Bernd Jansen, „Öffentliche Aufgabe und wirtschaftliche Interessen der privaten Presse", in Peter Brokmeier (Hrsg.), Kapitalismus und Pressefreiheit, Frankfurt 1969, S. 182 ff bes.
(53) hier zit. n. Hans Dieter Müller, a.a.O., S. 268.
(54) Stellungnahme des Verbandes Deutscher Zeitschriftenverleger e.V. zu dem Schlußbericht der Pressekommission (Bundestagsdrucksache V/3122), Frankfurt, 8. Oktober 1968, Blatt 3.
(55) so Günther Böddeker, a.a.O., S. 52; vgl. Axel Springer, „Presse, Fernsehen und unser Staat", in: Die Welt, 27.2.1963 – zit. in: Der Spiegel, 1970/4, S. 69.
(56) Kapferer & Schmidt, „Die Wettbewerbslage zwischen Anzeigen-, Rundfunk- und Fernsehwerbung", a.a.O., S. 163.
(57) ZV+ZV, 1965/14; Rundfunkanstalten und Tageszeitungen 4, a.a.O., S. 94; Horst Holzer, Massenkommunikation und Demokratie..., a.a.O., S. 78.
(58) Der Spiegel, 1967/40 – hier zit. n. Karl A. Otto, a.a.O., S. 23; vgl. dazu Peter Sörgel, „Der Springer-Konzern in Westberlin", Jörg Huffschmid, „Politische Ökonomie des Springer-Konzerns", beide in Bernd Jansen, Arno Klönne (Hrsg.), Imperium Springer, Köln 1968, S. 57 ff, 80 ff; Mitteilungen Nr. 16 des Präsidenten des Abgeordnetenhauses von Berlin, V. Wahlperiode: „Michel-Be-

richt (Berlin)", wo ein Marktanteil von 69,7 % der Berliner Springer-Zeitungen ermittelt worden ist (1967/IV), darin aber sieht der Berliner Senat keine Gefahr der Pressefreiheit und freien Meinungsbildung (FR, Nr. 95, 24.4.1969, S. 4).
(59) zum Begriff vgl. Kapferer & Schmidt, a.a.O., S. 121 ff; ebda, S. 180–185, finden sich Angaben über die Werbeaufwendungen für Markenartikel (1964), aufgegliedert nach Werbeträgern und Höhe der Werbeetats; vgl. auch die Angaben über die Entwicklung (1961–1968) der Werbeaufwendungen, untergliedert nach Güterarten, in: Werbung 1968, a.a.O., S. 58–67. Hierauf kann hier nur verwiesen werden.
(60) FR, Nr. 85, 13.4. 1970, S. 1 u. 15 („Markenindustrie fordert mehr Werbefernsehen"); Werbung 1968, a.a.O., S. 149.
(61) Kapferer & Schmidt, a.a.O., S. 167; die Angaben für 1967 und 1968 sind nach einer Mitteilung von Schmidt & Pohlmann, Hamburg, zusammengestellt.
(62) Kapferer & Schmidt, a.a.O., S. 171/172. Diese Angaben berücksichtigen 68 Zeitungen, die nicht repräsentativ für die Gesamtheit aller Zeitungen sind; sie geben so lediglich einen Trend wieder, vgl. a.a.O., S. 134/135.
(63) Helmut Arndt, a.a.O., S. 29.
(64) Kapferer & Schmidt, a.a.O., S. 132, 136 ff.
(65) vgl. ebda, S. 156/157; Horst Holzer, Massenkommunikation und Demokratie..., a.a.O., S. 78, 87 ff.; Wofgang Lehr a.a.O...
(66) Wolfgang Lehr, a.a.O., S. 58 – nach Angaben von Schmidt & Pohlmann, Hamburg.
(67) ebda, nach ders. Quelle, S. 59; vgl. auch Kapferer & Schmidt, a.a.O., S. 188/189; Horst Holzer, Massenkommunikation und Demokratie..., a.a.O., S. 80 – dort finden sich diese Angaben für die Jahre 1961–1964.
(68) Zur Beschreibung dieses idealen und totalen Werbeträgers sei hier nur verwiesen auf Ingrid Langer – El Sayed, „Frauenzeitschriften. Kleidung, Kosmetik, Komfort, Küche, Kinder", in: Frankfurter Hefte, 21 (1966), S. 470 ff; Egon Becker, „Das Bild der Frau in der Illustrierten", in: Zeugnisse. Theodor W. Adorno zum 60. Geburtstag, Frankfurt 1963, S. 427 ff; auch sei verwiesen auf Ralf Zoll, Eike Hennig, a.a.O., wo dieser Aspekt ausführlich anhand zahlreicher verlagsinterner Inhaltsanalysen etc. zur Sprache gebracht wird.
(69) Karl Bücher, Gesammelte Aufsätze zur Zeitungskunde, a.a.O., S. 27.
(70) Kurt Koszyk, „Der Markt der Presse in Deutschland", a.a.O., S. 40 – Zu dieser Entwicklung sowie zur gegenwärtigen Situation der kapitalistisch strukturierten Medien Zeitung und Zeitschrift vgl. z.B. Jörg Aufermann, Gernot Wersig, „Analyse des Anzeigenteils ausgewählter Zeitungen und Zeitschriften", Publizistik, 10 (1965), S. 78 ff; Hans Dürrmeier, „Die wirtschaftlichen Grundlagen einer Zeitung", ZV+ZV, 1965/20; Rudolf Eisenhard, Betriebsanalyse – Betriebsvergleich, Bad Godesberg: Konzentration GmbH 1965; ders., Richtwert-Studie über die deutsche Tages-Zeitungen, Bad Godesberg: Konzentration GmbH 1968; Ulrich Nußberger, Die Grundlagen der Zeitungsbetriebswirtschaft, München 1954; ders., Der Anzeigenpreis, Stuttgart 1957; ders., Dynamik der Zeitung, Stuttgart 1961; ders., „Anzeigenpreis-Regression und Konzentrationstendenz", Publizistik, 11 (1966), S. 371 ff; vgl. aber vor allem Kurt Reumann, „Entwicklung der Vertriebs- und Anzeigenerlöse im Zeitungsgewerbe seit dem 19. Jahrhundert", a.a.O., sowie die Zeitungsbetriebsvergleiche durch Hans Engelmann z.B. in: ZV+ZV, 1954/8 1957/24, 1958/9, 1960/17, 1962/36, 1963/36 1964/51–52, 1965/51–52, 1976/37, 1967/51–52; zahlreiche empirische Daten finden sich im „Michel"– und im „Günther"–Bericht, a.a.O.,
(71) so Kurt Reumann, a.a.O., S. 254.
(72) Das Einnahmeverhältnis ausgewählter Zeitungen (1938, 1950, 1953) bzw. von Auflagengruppen deutscher Regionalzeitungen (1966, 1967):

		Vertriebserlös: Anzeigenerlös in v.H.				
		1938	1950	1953	1966	1967
10.–20.000;	10.000	65:35	57:43	53:47	35:65	37:63
	15.000				36:64	37:63
20.–30.000;	25.000	66:34	57:43	54:46	36:64	37:63
30.–60.000;	50.000	64:36	56:44	51:49	34:66	36:64
60.000 u.m.;	75.000	61:39	54:46	50:50	33:67	35:65
	100.000				32:68	34:66
	150.000				31:69	33:67
	200.000					
	u. m.				31:69	34:66
⌀		64:36	56:44	52:48	33,5:66,5	34:66

Quelle: Kurt Reumann, a.a.O., S. 234/235 (n. Ang. v. Rudolf Eisenhardt und Gerhard Hauser), vgl. ebda S. 230. Bezüglich der Illustrierten vgl. zusammenfassend die Angaben in Werner Mühlbradt (Hrsg.), Handbuch für die Öffentlichkeitsarbeit, a.a.O., T. III, S. 90/91: „Das kommerzielle Rückgrat der verlegerischen Produktion von Illustrierten sind – mehr noch als bei der Tagespresse – die Großanzeigen... Ohne Anzeigen könnte die Presse nicht existieren, es sei denn, ihre Erzeugnisse würden zum zehnfachen Preis angeboten... Besonders prifitabel (für den Verlag) ist das Verhältnis von 55 % redaktionellem Teil zu 45 % Anzeigenteil..."

(73) Johann Stetter, Das Erfolgsproblem der Zeitungsunternehmung, Diss. Mannheim 1957, S. 55/56 – zit. bei Kurt Koszyk, a.a.O., S. 38; zum Zusammenhang von Anzeigenabhängigkeit und Auflagenkonzentration vgl. auch Kurt Reumann, a.a.O., S. 256/257; Ulrich Nußberger, „Anzeigenpreis-Regression und Konzentrationstendenz", a.a.O., bes. S. 382.

(74) Die Prozentangaben entstammen Kurt Koszyk, a.a.O., S. 39; vgl. die Äußerungen Axel Springers, bezogen auf Kiel und Berlin, er verfolge die Absicht, „die angestammten Zeitungen zu schonen" (z.B. in: „Deutsche Presse zwischen Konzentration und Subvention", ZV+ZV, 1967/1, S. 6). Vgl. dazu Peter Sörgel, „Der Springer-Konzern in Westberlin", in Bernd Jansen, Arno Klönne (Hrsg.), a.a.O., S. 80 ff. sowie, ebda, Jörg Huffschmid, „Politische Ökonomie des Springer-Konzerns", hier S. 54 ff, 59/60; K. Chr. Behrens, Werbung in den Berliner Tageszeitungen und im Fernsehen des Sender Freies Berlin, Berlin 1965.

(75) zur Anwendung der wettbewerbverzerrenden, parallel zur Betriebsgröße und damit zur Konzentration des Kapitals wirksamen Mittel des Dumping, d.h. unterschiedlicher Bezugspreise etc. vgl. z.B. Christa Roebke, Zur Struktur der Presse (Tageszeitungen) in Nordrhein-Westfalen, a.a.O., S. IX ff und: „Zusammenfassung der Ergebnisse der vom Deutschen Presserat durchgeführten Bestandsaufnahme zur Struktur der Tagespresse", ZV+ZV, 1968/1 (8. „Bedenklich Wettbewerbserscheinungen"); vgl. auch Deutscher Presserat, Tätigkeitsbericht 1967, S. 12/13, 40/41.

(76) vgl. z.B.: Formate, Farben, Druckverfahren, a.a.O., „Stichwort: Rotationsgerechte Zeitungsanzeigen", S. 16 (W); C. M., „Hoch – flach – tief. Welches Druckverfahren für die Zeitung von morgen?", S. 26 (S); „Elektronik bestimmt die Zeitungstechnik der Zukunft", S. 17 (W); zu den Preisen für diese Modernisierung vgl. Verlagshaus Axel Springer, Nachrichten, Nr. 13, Juli 1968, S. 9/10.

(77) Beispiele teilen mit z.B. Hermann Meyn, Massenmedien in der Bundesrepublik, a.a.O., S. 40 ff, und B. Maurer, „Der Anzeigenentzug als wirtschaftliches Druckmittel", Der Journalist 1955, H. 5, s. auch ders. in H. 7.
(78) vgl. auch Peter Glotz, Wolfgang R. Langenbucher, Der mißachtete Leser, Köln/Berlin 1969, S. 65 ff.: „Journalistische Fehlanzeige: Wirtschaftskommunikation". (Ich bin allerdings im Gegensatz zu der an Silbermann erinnernden Meinung Glotz' und Langenbuchers nicht der Ansicht, das Ideal eines funktionierenden Wirtschaftsteiles sei der „informierte Konsument.")
(79) vgl. Kurt Koszyk, a.a.O., S. 40; Manfred Rühl, Die Zeitungsredaktion als organisiertes soziales System, Bielefeld 1969, S. 132 ff; der empirische Teil in Claus-Peter Gerber, Manfred Stosberg, Die Massenmedien und die Organisation politischer Interessen, Bielefeld 1969. In der Regel dürfte sich diese Art der Einflußnahme darin ausdrücken, daß die redaktionelle Arbeit in Bezug zur Auflagenhöhe alias dem Insertionswert des Mediums gesetzt und aus dieser Perspektive taxiert wird. In Werner Mühlbradt (Hrsg.), a.a.O., T. III, S. 87/88, findet sich so z.B. der Hinweis, daß im Zusammenhang der Illustriertenverkäufe „einzelne Redakteure, die als Auflagenmacher besten Ruf haben, Aktivposten bis zur 1 Million geworden" sind.
(80) hierzu den Beitr. von Jürgen Seifert in diesem Bd.
(81) Die folgenden Hinweise lehnen an die entsprechende Darstellung in Ralf Zoll, Eike Hennig, a.a.O., an.
(82) Karl Holzamer, Vorbericht des Intendanten..., ZDF, Haushaltsplan 1969, a.a.O., S. 18.
(83) der Staatsvert. ist abgedr. in ZDF, Jahrbuch 1962/64, Mainz 1965, hier S. 26; zur Bedeutung von § 23 (2) vgl. ZDF, Jahrbuch 1965, Mainz 1966, S. 144/145 – vgl. aber auch § 22 (3) des Staatsvertrages: „„... Jeder Einfluß von Werbeveranstaltern oder -trägern auf das übrige Programm ist auszuschließen" sowie § 4 der „Richtlinien für die Werbesendungen des ZDF", abgedr. in ZDF, Jahrbuch 1967, Mainz 1968, S. 124/125.
(84) n. Schmidt & Pohlmann, Hamburg – zit. n.: Kontraste, 10 (1970), H. 2, S. 12/13.
(85) berechnet n. Werner Mühlbradt (Hrsg.), a.a.O., T. III, S. 38–44.
(86) vgl. (82), hier S. 15.
(87) ebda, S. 16; zur Entwicklung des Gebührenaufkommens vgl. die Angaben über den Stand der Fernsehgenehmigungen: ebda, S. 14; Werbung 1968, a.a.O., S. 147; ARD Jahrbuch 69, a.a.O., S. 275.
(88) Karl Holzamer, a.a.O., S. 16 ff.
(89) vgl. den knappen Überblick in Alphons Silbermann, Vorteile und Nachteile des kommerziellen Fernsehens, Düsseldorf/Wien 1968, hier S. 76 ff.
(90) Nach Anm. (85) lassen sich für Werbefunk und Werbefernsehen folgende Gesellschaften anführen: Westdeutsches Werbefernsehen GmbH, Köln; Norddeutsches Werbefernsehen GmbH, Hamburg; Norddeutsche Funkwerbung GmbH, Bremen; Rundfunkwerbung GmbH, Stuttgart; Deutsche Funkwerbung, Konstanz; Werbung im Südwestfunk GmbH – Werbefernsehen, Baden-Baden; Bayrische Werbefunk GmbH, Bayrisches Werbefernsehen GmbH, München; Werbung im Rundfunk GmbH, Frankfurt; Berliner Werbefunk - GmbH, Berlin; Werbefunk Saar, Saarbrücken.
(91) vgl. Horst Holzer, Massenkommunikation und Demokratie..., a.a.O., S. 77.
(92) vgl. ARD-Zahlenwerk, München, 28.6.1967, S. 27.
(93) ZDF, Jahrbuch 1966, Mainz 1967, S. 146.

Horst Holzer

Politik in Massenmedien –

Zum Antagonismus von Presse- und Gewerbefreiheit

Massenmedien und die Herrschaft des Kapitals

In einem Beitrag, der zweifelhafte Berühmtheit erlangt hat, wird das grundgesetzlich fixierte Verhältnis von Massenkommunikation und Demokratie folgendermaßen skizziert: „Das Grundgesetz der Bundesrepublik garantiert den freien Wettbewerb der Ideen und Meinungen, der durch das Modell ‚wirtschaftlicher Wettbewerb' verwirklicht werden kann, aber keineswegs muß. Wer den Wettbewerb der Ideen freigibt, geht dabei notwendig von der Fiktion des mündigen Bürgers aus, auch wenn er weiß, daß es sich hierbei lediglich um eine Fiktion handelt. Ein demokratisches Kommunikationssystem ist nicht zentral gelenkt, sondern bedürfnisgesteuert; mit diesem Grundsatz sind Instanzen, die über falsche oder richtige Bedürfnisse entscheiden wollen, unvereinbar." (1) Die hier naiv unterstellte Identität von Gewerbe- und Pressefreiheit, der forcierter noch die pressure groups der Zeitungs- und Zeitschriftenverlage (2) huldigen, wurde nachdrücklich durch die Etablierung des Springer-Konzerns und ähnlicher Kommunikationsfabriken, etwa des kurzfristigen Bertelsmann-Springer-Blocks, ad absurdum geführt. Denn die beherrschende Position, die sich der Springer-Konzern, aber auch die Verlagsgruppen Bauer, Gruner & Jahr, Ganske und Burda auf dem Pressemarkt der Bundesrepublik nach und nach gesichert haben, gab Anlaß zu den Fragen: Ist angesichts der zunehmenden Tendenz zu Oligopolisierung und Monopolisierung der kapitalistischen Ökonomie eine Verknüpfung von Gewerbe- und Pressefreiheit zugunsten letzterer überhaupt noch möglich? Muß die Idee des mündigen Bürgers (was immer das sein mag) nicht gerade deshalb eine Fiktion bleiben, weil informierte Demokratie und kapitalistische Produktion von Information eben nicht zusammengehen? Und schließlich: Wessen Bedürfnisse und Interessen sind es eigentlich, die das Kommunikationssystem der Bundesrepublik steuern, und wie läuft diese Steuerung konkret ab?

In diesen Fragen artikuliert sich „die Widersprüchlichkeit einer Position, welche die ökonomische Wettbewerbstheorie ... mit dem Anspruch von Demokratie und demokratischer Öffentlichkeit zusammenhalten will: Ihre demokratische Legitimation würde die tägliche Abstimmung am Kiosk nur durch eine vorhergehende herrschaftsfreie Diskussion politisch argumentierender Menschen erhalten, eine Diskussion, zu der unbeschränkte Öffentlichkeit gehörte, die aber gerade durch das am Kiosk vorgegebene und durch ökonomische Machtpositionen determinierte An-

gebot an Zeitungen und Zeitschriften beschränkt ist. Dadurch erhält die tägliche Abstimmung vielmehr den Charkter einer täglichen Akklamation des Publikums zu inhaltlich weitgehend vorgeformten Informations- und Meinungsmustern, mit denen die private Presse den Bürger versorgt". (3) Die entscheidende Problematik der privaten Presse resultiert also aus ihrer kapitalistisch verfaßten Arbeitsweise und der sich daraus ergebenden wirtschaftlichen Dynamik, die in den Rentabilitätserwägungen der Verlage zur Geltung kommt. (4) Die so als profitorientierte industrielle Produktion konstituierte private Presse steht damit vor der Schwierigkeit, ihre sogenannte öffentliche Aufgabe (oder was sie dafür hält) mit harten ökonomischen Notwendigkeiten harmonisieren zu müssen. Mit dem Fortschreiten dessen, was man Pressekonzentration nennt, hat sich diese Schwierigkeit zunehmend als Aporie entpuppt. Denn das Übergreifen der für die fortgeschrittene kapitalistische Industriegesellschaft typischen Kapitalkonzentration und -zentralisation auf den Zeitungs- und Zeitschriftenmarkt hat zu einer Monopolisierung der Informations- und Unterhaltungsproduktion geführt, die – wie es in einem Presserechts-Kommentar betulich heißt – „eine ernste Gefahr für die Pressefreiheit bildet". (5)
Die Vorteile der forcierten Kapitalkonzentration für die Interessen zumindest der wirtschaftlich starken Verlage sind jedoch derart eindeutig, daß noch so triftige Hinweise auf eine Gefährdung der inneren wie äußeren Pressefreiheit wenig ausrichten dürften. Denn diese Konzentrationsbewegung ermöglicht Verbesserungen der Gewinnsituation in zweierlei Hinsicht: einmal durch kostensenkende Rationalisierung des Herstellungs- und Verteilungsprozesses, und zum andern dadurch, daß auf diese Art wirkungsvoll Steuern gespart, Risiken verteilt und Positionen im Absatzmarkt gefestigt werden. Insbesondere letzteres – die Vermehrung der Profitmöglichkeiten durch Schaffung und Erhaltung ausgedehnter Lesermärkte – ist dabei von entscheidender Bedeutung. Diese Lesermärkte sollen nämlich wiederum zweierlei garantieren: die Steigerung des Umsatzes und damit der Vertriebserlöse sowie – und das macht den Kern der Sache aus – die Entwicklung einer starken Stellung gegenüber der Werbebranche und damit die Zunahme der Anzeigenerlöse. (6) Auf die Konsequenzen gerade dieses Tatbestandes für die Marktpolitik der Verlage, vor allem der Verlage der Massenpresse, ist nachdrücklich hingewiesen worden. „Da die Größe des Werbeauftrages und der Preis für den Annoncenplatz ... davon abhängen, wie groß die Verbreitung des Werbeträgers ist ..., sind die Medien gezwungen, so viele Bevölkerungsschichten wie nur möglich anzusprechen. Das hat Folgen für die innere Struktur der Medien, für die politischen und intellektuellen Kriterien ihrer Arbeit und die Informationsgebung". (7)
Die Tendenz, daß „das Anzeigengeschäft mit steigender Auflage sicherer und einträglicher" wird und „einen ständig wachsenden Anteil an den Erträgen" (8) hat, zeigt sich auch im Bereich der mit öffentlich-rechtli-

chem Status versehene Rundfunk- und Fernsehanstalten. Der Anteil, der Werbeeinnahmen in den Bilanzen der Landesrundfunkanstalten und insbesondere des Mainzer ZDF, hat mittlerweile ein solches Ausmaß erreicht, daß eine starke Verflechtung mit privatwirtschaftlichen Interessen auch ein Kennzeichen der öffentlich-rechtlichen Institutionen geworden ist. (9) Dieser Feststellung wird zwar widersprochen: „Gewisse Einschränkungen in der für die Erfüllung der für das demokratische System wichtigen Funktionen, die sich bei Zeitungen und Zeitschriften aus ihrer erwerbswirtschaftlichen Zielsetzung ergeben können, entfallen bei den öffentlich-rechtlichen Rundfunk- und Fernsehanstalten". (10) Aber solcher Optimismus hat nichts weiter für sich als den Tatbestand, daß die Anstalten den offenen Widerspruch zwischen dem Charakter einer Institution des Öffentlichen Rechts und dem Einbau von Reklame ins Rundfunk- und Fernsehprogramm durch eine scheinhafte juristische und finanzielle Ausgliederung der Werbung zu kaschieren versuchen: (11) so sorgen sieben – den Anstalten angeschlossene – Gesellschaften mit beschränkter Haftung im Bereich der ARD für den Sektor „Werbung" (12). Diese Gesellschaften verbinden die öffentlich-rechtlichen Institutionen nicht nur direkt mit dem privatwirtschaftlichen Markt, sondern zudem noch dadurch, daß jene Werbegesellschaften mit den großen bundesrepublikanischen Ateliergesellschaften (Bavaria, Studio Hamburg, Taunus-Film etc.) eng liiert sind. Dazu kommt noch eine weitere Liaison der ARD-Anstalten mit der Privatwirtschaft: vermittelt durch die Film- und Fernsehserien-Einkaufsgesellschaft DEGETO, an der die Rundfunk- und Fernsehunternehmen ausgiebig beteiligt sind. (13) Die intensive Abhängigkeit der öffentlich-rechtlichen Kommunikationsinstitutionen von den Erfordernissen der privatwirtschaftlichen Kapitalverwertung und ihre dadurch bedingte Fixierung auf die bestehenden Herrschafts- und damit Ausbeutungsverhältnisse werden dann zusätzlich gesichert durch die Präsenz der herrschenden Gruppen aus Politik und Ökonomie in den Rundfunk-, Programm- und Verwaltungsräten. (14)
Aus alldem wird deutlich, daß die privatwirtschaftlich organisierten wie die öffentlich-rechtlich etablierten Institutionen der Massenkommunikation mehr oder minder deutlich unter der Herrschaft des Kapitals (15) stehen und somit unter der Herrschaft derer, die über das Kapital (und dadurch in profitorientierter Weise über die vorhandenen wie gesellschaftlich möglichen Produktivkräfte) verfügen respektive diese Verfügung politisch absichern. Gewinne und damit profitversprechende Investitionsmöglichkeiten, Möglichkeiten zur Nutzung neuester technischer Entwicklungen, erlangen die Medien fast ausschließlich aus dem Insertionsgeschäft; hier können sie nur dann eine lukrative Stellung beziehen, wenn sie der Werbebranche große Publika und damit den dahinter stehenden Industrien absatzgarantierende Konsumentengruppen offerieren. Solche Offerten vermag jedoch nur zu machen, wer sich in extremer Weise den vermeintlichen, nicht zuletzt von den Massenmedien selber indoktrinier-

ten Interessen des Publikums anpaßt. Das heißt aber – konsequent marktorientiert gedacht –: Anpassung an die größte Gruppe des Publikums und deren soziopsychische Bedingungen, eine Anpassung, zu der die Medien von leichtsinnigen Kommunikationswissenschaftlern aufgefordert werden, indem man ihnen den zweifellos vorhandenen Vorteil raffinierter Motivforschung und cleveren Marketings anpreist. (16) Das Ergebnis ist ein massenmediales Angebot, das in der kritisch-liberalen amerikanischen Massenkommunikationssoziologie mit dem Etikett „low-taste content" belegt wird. Die Funktion dieses Inhalts ist klar. „At present ... the function of ... low-taste content is to maintain the financial equilibrium of a deeply institutionalized social system, which is tightly integrated with the whole of the economic institution". (17) Der kritische Punkt hierbei ist folgender: „Während die Kulturindustrie ... unleugbar auf den Bewußtseins- und Unbewußtseinsstand der Millionen spekuliert, denen sie sich zuwendet, sind die Massen nicht das Primäre, sondern ein Sekundäres, Einkalkuliertes; Anhängsel der Maschinerie. Der Kunde ist nicht, wie die Kulturindustrie glauben machen möchte, König, nicht ihr Subjekt, sondern ihr Objekt. Das Wort Massenmedien, das für die Kulturindustrie sich eingeschliffen hat, verschiebt bereits den Akzent ins Harmlose. Weder geht es um die Massen an erster Stelle noch um die Techniken der Kommunikation als solche ... Die Massen sind nicht das Maß, sondern die Ideologie der Kulturindustrie, so wenig diese auch existieren könnte, sofern sie nicht den Massen sich anpaßte ... Die Kulturwaren der Industrie richten sich ... nach dem Prinzip ihrer Verwertung". (18)

Daß die in die Gewinn- und Verlustkalkulation der Massenmedien einbezogene Rechnung mit dem Publikum glatt aufgeht, ist allgemein bekannt. Es wäre jedoch zynisch, würde man daraus ableiten, das Publikum wolle es ja so, und insofern sei das Ergebnis, eben das massenmediale Angebot, quasi demokratisch und „bedürfnisgesteuert" (19) zustandegekommen. Zu fragen ist vielmehr nach den soziopsychologisch zu benennenden Gründen für die offensichtliche Fügsamkeit der Leser, Seher und Hörer gegenüber dem Informations- und Unterhaltungsstoff der Massenmedien. Die Antwort auf diese Frage kann nicht den Aussagen des Publikums entnommen werden. Denn das, was die ‚Herrschaft des Kapitals über die Massenmedien' genannt wurde, stellt für die Mehrheit des massenmedialen Publikums kein Problem dar. Dieses mangelnde Bewußtsein der prekären Konsequenzen, die die Verfilzung von journalistischen und rentabilitätsorientierten Interessen nach sich zieht, macht jedoch das eigentlich Fatale aus – und zwar gerade weil es dem Publikum so wenig bewußt ist. (20) Hieran zeigt sich nämlich, daß die massenmedialen Institutionen – insbesondere die privatwirtschaftlich organisierten – es verstanden haben, unter dem Zwang der Gesetze oligopolkapitalistischer Produktion das gesellschaftlich vermittelte Angewiesensein der überwiegenden Bevölkerungsmehrheit auf die Medien auszunutzen und deren Inhalte dem Publikum so anzupassen, daß dieses, während es um wesentliche Hilfsmittel für die bewußte Gestaltung seiner Lebenspraxis gebracht wird, bei Befragungen beteuert, die Zeitungen, Zeitschriften, Rundfunk- und Fernsehprogramme offerierten ihm genau das, was es haben möchte. (21) Die hierauf basierende profitable, für die Massenmedien wie die in ihnen inserierende Industrie gleichermaßen einträgliche Ausbeutung der – wie sich zeigen wird – ökonomisch, politisch und kulturell unterprivilegierten Lage eines Großteils des Publikums ist die Hypothek, die alle Kommunikationsmittel belastet und ihren Anspruch, eine öffentliche Aufgabe wahrzunehmen, auf sehr hintersinnige und pervertierte Art bestätigt: Journalismus entpuppt sich hier als wirksame Prophylaxe gegen soziale Krisen, in dem das Publikum seiner Entfremdung sozusagen entfremdet wird.

Die Klassenlage des Publikums und die Herrschaft der Massenmedien

Die Erklärung für das angedeutete positive Verhältnis des Publikums zu Presse, Rundfunk und Fernsehen – ein Verhältnis, das in der Tat in ausgeprägtem Maße festzustellen ist (22) – findet sich in der sozialen Lage und psychischen Disposition der Medienkonsumenten; in deren Beziehung zu den politischen, kulturellen und insbesondere ökonomischen Institutionen, die ihre materielle und psychisch-intellektuelle Existenz prägen. Den vorliegenden Statistiken ist klar zu entnehmen, daß die quantitativ entscheidende Gruppe innerhalb des massenmedialen Publikums die der einfachen Angestellten und Beamten, selbständigen Gewerbetreibenden und angelernten wie fachlich hochqualifizierten Arbeiter darstellt –, eine Gruppe, die zumeist Volksschulbildung aufweist und monatlich ein Einkommen zwischen 600 und 1000 DM zur Verfügung hat. (23) In einer forciert die berufliche Leistung des Einzelnen ideologisierenden Gesellschaft wird vor allem die mehr oder minder präzise Interpretation, die die genannten Sozialgruppen ihrer Arbeitspraxis und ihren Einkommenschancen geben, die Situationsdeutungen und Bedürfnisdispositionen dieser Gruppen und ihrer Angehörigen bestimmen. Daß in solche Situationsdeutungen und Bedürfnisdispositionen ein sehr konkretes Unbehagen an der bundesrepublikanischen Gesellschaft eingeht, kann leicht einsichtig gemacht werden. Denn die Provokation eines derartigen Unbehagens rührt aus vier sehr augenfälligen Tatbeständen: *Erstens*: Im Betrieb, in dem man arbeitet, ist man einer unter vielen, über die mehr oder weniger autoritativ verfügt wird und die eine Beurteilung lediglich nach ihrer Verwertbarkeit im Produktions- oder Verwaltungsprozeß erfahren. Das Unbehagen der so Abhängigen resultiert hier aus der permanenten Konfrontation ihres Anspruchs auf eine, wenn auch noch so vage vorgestellte Selbstbestimmung des eigenen Tuns mit einer ständig merkbaren Fremdbestimmung durch – in ihrer

Gesamtheit anonym und intransparent bleibenden — betriebliche Strukturen und Abläufe. (24) *Zweitens*: Die Partei, die man laut Grundgesetz durch Wahl als Vertreterin seiner Interessen benutzen soll, bleibt unkontrollierbar und vom einzelnen nicht beeinflußbar, da die wichtigen Entscheidungen in nichtöffentlichen Gremien und Ausschüssen fallen; gleiches gilt auch für die parlamentarischen Institutionen der Länder und des Bundes. Das Unbehagen der so von Politik Ausgeschlossenen resultiert hier aus dem fortwährend erlebten Zwiespalt, von Politikern, Parteien, Massenmedien und sonstigen Sozialisationsagenturen zu angeblich alle betreffenden Entscheidungen aufgerufen zu sein und gleichzeitig zu erfahren, daß das eigene Engagement wenig auszurichten vermag gegen etablierte Machtzentren und sogenannte Sachzwänge in Wirtschaft und Politik. (25) *Drittens*: Vor den Bildungsinstitutionen und kulturellen Einrichtungen, die einen eventuell instandsetzen könnten, die Gründe für das Fehlen von Selbstbestimmung auf seiten der überwiegenden Mehrheit der Bevölkerung zu erkennen sowie Möglichkeiten zur Lösung dieser Probleme zu erlernen, sind immer noch bzw. schon wieder finanzielle und (sozialisationsbedingte) ideologische Barrieren errichtet, die der Masse der Lohn- und Gehaltsabhängigen den Zugang versperren. Das Unbehagen der solchermaßen zur ‚Bildungsabstinenz' Verurteilten resultiert hier aus der Konfrontation der geringen Möglichkeiten, die man aufgrund einer dann offensichtlich mangelhaften, dennoch aber kaum fortführ- oder korrigierbaren Ausbildung hat, mit dem täglich zu hörenden bildungspolitischen Arguments (und der am Arbeitsplatz hart erfahrbaren Tatsache), nur eine qualifizierte und ständig ergänzte Ausbildung in der technisch-wissenschaftlichen Welt von heute garantiere, berufliche Leistung und damit Konsumchancen eröffnendes Einkommen. (26) *Viertens*: Dazu kommt schließlich noch ein weiterer Unbehagen provozierender Sachverhalt: nämlich die immer sichtbarer werdende Diskrepanz zwischen dem Potential an materialen und immaterialen Lebenschancen, das eine moderne Industriegesellschaft für die arbeitende Bevölkerung bereitstellen könnte, und dem Anteil, den die Lohn- und Gehaltsabhängigen am — von ihnen selbst erwirtschafteten — Reichtum tatsächlich haben. Das Unbehagen der solchermaßen Unterprivilegierten resultiert hier aus dem erkennbaren Widerspruch, in dem die von der Werbung penetrant offerierte Konsumwelt zum Alltag eines durchschnittlichen Arbeiter- oder Angestelltenhaushalts steht. (27)
Es läßt sich aufgrund dieser Tatbestände und deren Niederschlag im Bewußtsein der Menschen behaupten, daß der größte Teil des massenmedialen Publikums in einem als forcierte Entfremdung benennbaren Verhältnis zu der gesellschaftlichen Produktions- und Administrationsapparatur steht. (28) Und es läßt sich ebenso begründet behaupten, daß eine solche Entfremdungssituation auf seiten der Betroffenen ein intensives Verlangen nach Möglichkeiten weckt, diesen Zustand, wenn auch nur vordergründig und kurzfristig, aufzuheben. Eine derartige vordergrün-

dige und kurzfristige Aufhebung der diagnostizierten Entfremdung des Publikums offerieren die Angebote der Massenmedien – grob gesagt – auf mehrfache Weise: durch Personalisierung gesellschaftlicher Tatbestände; Intimisierung öffentlicher Angelegenheiten; Vorspiegelung einer Traumwelt; Provokation und gleichzeitige Betäubung von Angst. (29)

Bezogen auf die Formen konkreten Unbehagens, die aufgrund der – für die bundesrepublikanische Gesellschaft charakteristischen – Unterprivilegiertheit der Bevölkerungsmehrheit das Bewußtsein des massenmedialen Publikums prägen, heißt das:

Erstens: Die massenmedialen Angebote geben ihrem Publikum generell Gelegenheit, seine gesellschaftlich vermittelten Gefühle des Unbehagens, der Frustrationen und Ängste, zu übertünchen, indem sie ihren Informationsstoff und dessen möglicherweise problemgeladene Implikationen durch nachdrückliche Unterhaltungs- und Anzeigenorientiertheit in das Licht einer heilen, ermutigenden Welt einer ‚Es wird ja alles wieder gut' – und ‚Uns geht es so gut wie nie' – Welt tauchen.

Zweitens: Die massenmedialen Angebote geben ihrem Publikum Gelegenheit, sein spezifisches Leiden an undurchschaubarer Fremdbestimmung durch angebliche Sachzwänge und vorhandene bürokratische Zusammenhänge zu beheben, indem sie durch personalisierende Information über gesellschaftliche Tatbestände Abstraktheit und Anonymität, Intransparenz und Komplexität sozialer Strukturen und Prozesse (– Erscheinungen, die in einer fortgeschrittenen kapitalistischen Industriegesellschaft ausgiebig als Herrschaftsmittel benutzt werden –) verringert.

Drittens: Sieht man die in den vorangegangenen Aussagen implizierten Tatbestände im gesamtgesellschaftlichen Kontext der Bundesrepublik, ergibt sich weiter: Die massenmedialen Angebote kommen durch Personalisierung gesellschaftlicher Tatbestände jener Tendenz entgegen, die in der Kritik am westdeutschen Parlamentarismus als einer Reduktion politischer Diskussion auf die – angeblich durch die Sachzwänge des Wohlfahrtsstaates vorgeschriebene – Auseinandersetzung um Führungsgarnituren bezeichnet wird; diese Führungsgarnituren bieten innen- und außenpolitisch keine grundsätzlich unterschiedlichen Alternativen mehr, sondern unterscheiden sich lediglich in regierungsmethodischen Details und im Zeitplan der von ihnen zur Lösung vorgeschlagenen Probleme. (30)

Viertens: Die massenmedialen Angebote geben ihrem Publikum Gelegenheit, sein Verlangen nach Selbstbestimmung des eigenen Tuns ersatzweise zu befriedigen, indem sie durch intimisierende, privatisierende Information über sogenannte öffentliche Angelegenheiten den Lesern, Hörern, Zuschauern unmittelbar persönliche Involviertheit und direkte Kontrollteilhabe bei gesellschaftlich relevanten Ereignissen suggerieren.

Fünftens: Projiziert man das in den gesamtgesellschaftlichen Kontext der Bundesrepublik, ergibt sich weiter: massenmediale Angebote kommen durch Intimisierung, Privatisierung öffentlicher Angelegenheiten jener Tendenz entgegen, die zum einen als endgültige Liquidierung des liberalistischen homo politicus durch den staatsmonopolistischen Kapitalismus, (31) zum andern als Repersonalisierung gesellschaftlicher Herrschaft in den obersten Regionen der funktionalen Eliten in Wirtschaft, Politik und Kultur zu bezeichnen ist −; eine Tendenz, die sich darin ausdrückt, daß „die Durchsetzung der herrschenden Interessen im außerparlamentarischen Raum schon vorentschieden ist" und „Namen wie Abs, Berg, Bahlke, Flick, Springer ... zu Inbegriffen der Herrschaftsordnung als ganzer (werden)". (32)

Sechstens: Die massenmedialen Angebote geben Gelegenheit, Vorstellung von sozialer Gerechtigkeit auf das gesellschaftlich (und das heißt: den herrschenden Gruppen) erträgliche Maß zu reduzieren, indem sie durch einen als immanent relativierte, problematisierte Traumwelt erscheinenden Unterhaltungsstoff dem Publikum auf ‚schonende' Weise nicht realisierbare Wünsche nach sozialem Aufstieg aus −, dafür aber die Ideologie des kleinen Glücks und der kleinen Schritte zu diesem einreden. (33)

Siebtens: Interpretiert man diese Feststellung im gesamtgesellschaftlichen Kontext der Bundesrepublik, dann zeigt sich: Die massenmediale Angebote kommen durch Vorführung einer immanent relativierten Traumwelt jener Tendenz entgegen, die sich in der − wohlfahrtsstaatlichen Demokratien zur Verschleierung des Klassenantagonismus abverlangten − institutionellen Sicherung individuellen Aufstiegs innerhalb einer festgefügten Hierarchie von Herrschaftspositionen und daran geknüpften Privilegien manifestiert. (34)

Achtens − die massenmedialen Angebote geben ihrem Publikum Gelegenheit, seine gesellschaftliche Lage durchaus akzeptabel zu finden, indem sie durch einen gleichermaßen Angst provozierenden und Angst betäubenden Informations- und Unterhaltungsstoff den Lesern, Hörern, Zuschauern die eigene Lage als punktuell verbesserungswürdig, jedes Bemühen um prinzipielle Veränderung dieser Lage aber als überflüssig, illusorisch oder gar existenzgefährdend erscheinen lassen. (35)

Neuntens: Bezogen auf den gesamtgesellschaftlichen Kontext der Bundesrepublik bedeutet das: Massenmediale Angebote kommen durch Provokation und gleichzeitige Betäubung von Angst der Tendenz entgegen, innerhalb der die Bundesrepublik kennzeichnenden ökonomischen und politischen Rahmenbedingungen einerseits die Gratifikationen für bisher materiell und immateriell unterprivilegierte Sozialgruppen sukzessive zu optimalisieren, andererseits aber jene Gratifikationen zur Entpolitisierung weiter Teile der Bevölkerung und damit zu deren Einschüchterung zu benutzen. (36)

Die auf privatwirtschaftlicher Basis betriebenen Unternehmen der Massenkommunikation wie die Rundfunk- und Fernsehanstalten, die der werbeorientierten Industrie und den Vertretern der politischen Machtgruppen ausgesetzt sind, werden zu der skizzierten Ausnutzung ihres Publikums gezwungen, wenn sie profitmaximierend, respektive im Sinne des gesellschaftlichen status quo arbeiten wollen. Im Umgang der Massenmedien mit ihrem Publikum zeigt sich so keineswegs eine von böswilligen Journalisten absichtlich vorgenommene Manipulation; die Manipulation liegt vielmehr darin, daß die Institutionen der Massenkommunikation auf das herrschende kapitalistische System verpflichtet sind: Aufgrund ihrer polit-ökonomischen Lage und der Entfremdungssituation des Publikums *müssen* die Medien jene Techniken anwenden, die das Denken der Mehrheit der Bevölkerung so regulieren, daß es den profit- und wahlstimmenorientierten Interessen der Machtgruppen in Wirtschaft und Politik entspricht. (37)

Wie das im einzelnen aussieht, soll im folgenden demonstriert werden. Es geht dabei um den Versuch, (a) anhand der Skizzierung inhaltsanalytischer Ergebnisse die Regulationstechniken der Massenmedien darzustellen; (b) anhand der Zusammenstellung zuschaueranalytischer Daten zum Bereich ‚Fernsehen' die Reaktion des Publikums auf diese Regulationstechniken und die so vermittelten politischen Informationen zu beschreiben; und (c) anhand der Diskussion der schichtenspezifischen Manipulation durch die Presse die Synchronisation von Inhalten und Mechanismen der Medien mit sozialer Lage und Bedürfnisdisposition des Publikums konkret sichtbar werden zu lassen.

Information über Politik – Zur journalistischen Deformation der Zeitgeschichte

Eine qualitative Analyse der massenmedialen Information über Politik hat von zweierlei auszugehen. *Erstens* davon, daß das informatorische Material von Presse, Rundfunk und Fernsehen im Zusammenhang mit dem ausgeprägten Unterhaltungs- und (bei der Presse) Anzeigenvolumen des Gesamtangebots zu werten ist: 40 bis 60 Prozent des Presseangebots bestehen aus Anzeigen; 40 bis 70 Prozent des redaktionellen Programms von Presse, Rundfunk und Fernsehen entfallen auf den Bereich ‚Unterhaltung'; (38) *zweitens* davon, daß die politisch informierenden Beiträge der Massenmedien (– deren Anteil am redaktionellen Sektor der Massenpresse 10 bis 15 Prozent, am Angebot der seriösen Tageszeitungen 25 bis 40 Prozent, an den Sendungen der Rundfunkanstalten 10 bis 20 Prozent und an den Programmen des 1. und 2. Deutschen Fernsehens 15 bis 18 Prozent ausmacht –) (39) vornehmlich die bundesdeutsche Gesellschaft, und hier vor allem den Bereich der Innenpolitik und dort insbesondere die Sektoren ‚Regierung', ‚Bürokratie', ‚Rechtssprechung' betreffen. (40) Weiter hat eine kritische Analyse der Qualitäten von Massenmedien zu berücksichtigen, daß in diesem wenn auch sehr schmalen Bereich politischer Information durchaus brisante Themen aus dem nationalen wie internationalen Geschehen verhandelt werden und daß es eine Reihe von Publikationen gibt, die solche Themen journalistisch äußerst qualifiziert aufbereiten. Eine genauere qualitative Analyse der Beiträge in der Rubrik ‚Politik' offenbart jedoch einige problematische Stellen, die nicht nur quantitative Lücken, sondern prinzipielle Fehler im System der Massenkommunikation erkennen lassen.

Betrachtet man die politisch informierenden Beiträge der Massenmedien eingehender, fallen zunächst die beiden zuvor schon kurz angesprochenen journalistischen Techniken der Personalisierung gesellschaftlicher Tatbestände und der betonten Vermischung von individuellen Lebensproblemen und öffentlichen Angelegenheiten auf. Was das im einzelnen heißt, haben zahlreiche inhaltsanalytische Studien offengelegt. (41) Es heißt insbesondere, daß in solchermaßen auf- und zubereiteten Informationen gesellschaftspolitische Probleme als solche von Personen und deren psychischer Verfassung erscheinen; nicht sozialstrukturelle Ursachen bestimmter Tatbestände werden diskutiert und analysiert, sondern lediglich deren – oft auch noch sehr periphere – Symptome. Die Absicht, die hinter einer derartigen Konzeption von politischer Information steht, ist klar: Weder das Publikum noch irgendeine andere für die Medien relevante Gruppe soll durch Informationen provoziert werden, die grundlegende Organisationsprinzipien der bestehenden Gesellschaft und deren Privilegienhierarchie anzurühren. Man will zwar – als sich demokratisch gebende Institution – politische Probleme aufgreifen, gleichzeitig aber niemanden ernstlich zu nahe treten – außer vielleicht denen, die einem sowieso nichts anhaben können. (42) Auch das oft vorgebrachte Argument, die betonte Personalisierung gesellschaftlicher Tatbestände und die deutliche Vermischung von Privatem und Öffentlichem dienten nur dazu, brisante Nachrichten schneller und leichter den Empfängern zu übermitteln, (43) macht diese Attitüde der Medien nicht überzeugender. Denn zumeist stellt das persönliche Moment nicht den viel beschworenen Aufhänger der Artikel und Sendungen dar; es wird vielmehr dazu benutzt, Stimmung zu erzeugen und dadurch Entscheidungen zu präjudizieren, die der Adressat erst nach einer ausführlichen Information über den betreffenden Tatbestand fällen könnte. So werden Politiker oft als volkstümlich-vertrauenerweckende Vaterfiguren aufgebaut, deren patriarchalisch-autoritativer Pose gegenüber sich der Leser, Hörer, Zuschauer zu Kritiklosigkeit angehalten sieht; gleichzeitig verleiht die eingängige, auf Persönliches abgezogene Beschreibung solcher Politiker – man braucht in diesem Zusammenhang nur die Primärerfahrung zu bemühen, die man bei der Zelebrierung von Illustrierten- oder Fernseh-Prominenz leicht sammeln kann – jenen Beiträgen einen hohen Grad von Unverbindlichkeit und anekdotischer Zufälligkeit. (44) Noch problematischer sind jedoch Politikinformationen, die den human interest mit Sentimentalität garnieren. Solche Informationen, die bilderreich und nichtssagend, simplifizierend und bagatellisierend vor allem die Massenpresse bevölkern, (45) bringen das Publikum dazu, „das politische Geschehen und die politischen Nachrichten und Verhaltensweisen als Verbrauchsgüter zu betrachten" (46) und sich von den tatsächlichen Problemen, die sich nicht in persönlichen Schicksalen erschöpfen, zu übersehen. Die Information erscheint als „Ware, Spiel, Unterhaltung, Zerstreuung"; der Leser, Hörer, Zuschauer wird als „Käufer, Spieler, Zuschauer oder müßiger Beobachter" (47) angesprochen. Eine derartige Ausstattung der massenmedialen Information über Politik mit human interest und sonstigen unterhaltenden Elementen führt zu einer Verwandlung der jeweils zugrundeliegenden gesellschaftspolitischen Thematik in individuelle Lebensproblematik oder – wie insbesondere beim Fernsehen – in recht und schlecht gespielte Prominententheatralik. (48)

Gerade die Präsentation der politischen Prominenz in den Massenmedien ist ein augenfälliger Beleg für die ideologischen Konsequenzen einer Information, die durch Personalisierung gesellschaftlicher Tatbestände und Intimisierung öffentlicher Angelegenheiten gekennzeichnet ist. Beide Verfahren tragen nämlich hier zur Etablierung eines Persönlichkeitskultes (49) und zur Vermittlung eines Geschichtsbildes bei, aus dem alle sozialstrukturell bedingten Konflikte und Klassenantagonismen zugunsten sehr persönlicher Idiosynkrasien von Politikern eliminiert sind. (50)

Daß solche Kritik nicht an alle publizierten politischen Informationen in gleicher Weise zu richten ist, braucht nicht ausführlich erörtert zu werden; Informationen, die von der skizzierten Problematik nicht betroffen sind, fallen im vorliegenden Zusammenhang kaum ins Gewicht, denn sie müssen sich in einem Rahmen zur Geltung bringen, der eindeutig von unterhaltend-verfremdenden und pseudo-politischen Beiträgen bestimmt wird.

Die vorwiegend personenorientierte und auf private Aspekte der politischen Prominenz ausgerichtete Information über gesellschaftsrelevante Probleme kann – und damit kommt man sozusagen zu dem Moment von Wahrheit in dieser massenmedialen Ideologie – als ein Reflex auf eine soziale Situation interpretiert werden, die gerade den durchschnittlichen Leser, Hörer, Zuschauer als abhängig Lebenden in organisierte, bürokratisierte Verwertungszusammenhänge ökonomischer und politischer Art zwingt und ihm die Möglichkeit nimmt, in ein Verhältnis der Mitbestimmung zu allen Institutionen zu treten, die seine Existenz entscheidend prägen. (51) Durch ihr ausgedehntes Angebot an ‚menschlich-interessanten' inside stories im Bereich politischer Information nehmen die Massenmedien ihrem Publikum die Chance, sich mit den zentralen herrschaftsstrukturellen und klassenmäßigen Bedingungen individueller Existenz rational und praktisch-kritisch auseinanderzusetzen. Daraus folgt: Der Rekurs aufs Individuell-Menschliche täuscht über die tatsächliche Konstellation von Einzelnem, Klasse (Schicht) und Gesellschaft hinweg, „indem er (die Sphäre des privaten Lebens)... mit dem Schein von Wichtigkeit und Autonomie verdeckt, daß sie nur noch als Anhängsel des

Sozialprozesses sich fortschleppt." (52) Dieser Schein ist allerdings gesellschaftlich notwendig; notwendig insofern, als er die Menschen über die Intransparenz und Anonymität der sozialen Strukturen und Prozesse, von denen die abhängen, hinwegtröstet, und notwendig auch um die so Abhängigen daran zu hindern, die nicht selten absichtlich produzierte oder behauptete Undurchschaubarkeit gesellschaftlicher Zustände und Vorgänge zu beseitigen. (53)

Dem Publikum der Massenmedien wird gerade in den Beiträgen, die das eigentlich leisten sollten, kein realitätsgerechtes Verhältnis zum eigenen Leben wie zu dem der Gesellschaft gezeigt; es wird vielmehr in eine Scheinwelt geführt, in der Probleme und Bedürfnisse der Einzelnen isoliert von ihren sozial strukturellen Bedingungen halt ‚da' sind. Doch weil diese Probleme und Bedürfnisse (und damit die Menschen selber) losgelöst von ihrer gesellschaftsmaterialen Basis erscheinen, das Vorhandensein jener Probleme und Bedürfnisse aber irgendwie erklärt werden muß, nistet sich im Informationsangebot der Medien an vielen Stellen eine Art Schicksalsideologie ein —, eine Ideologie, die insbesondere für die Massenpresse charakteristisch ist: (54) Nicht eine spezifische Organisation gesellschaftlichen Lebens produziert die diagnostizierten Individualprobleme; sie fallen sozusagen — gleichsam schicksalhaft — vom Himmel. In der Bundesrepublik hat vor allem die BILD-ZEITUNG diese Hypostasierung gesellschaftlicher Abhängigkeit zu irrational-naturwüchsiger Abhängigkeiten des Einzelnen bis zur Perfektion und damit zur höchst gefährlichen Perversion getrieben. (55) Hier wird die äußerst reale Abhängigkeit der Menschen von der sie umgebenden und prägenden sozialen Situation zur Abhängigkeit von einer ungreifbaren Macht, der sich der Einzelne hilflos ausgeliefert sieht.

Zwar gelangt auf solchem Umweg eminent Gesellschaftliches in die als scheinhaft zu entlarvende Welt der Massenmedien, jedoch in einer Form, die ein rationales, auf Einsicht in die sozialstrukturelle, herrschafts- und klassenmäßige Bestimmtheit der eigenen Existenz gegründetes Verhältnis zur Gesellschaft illusorisch macht. (56) Stellen die Massenmedien aber einmal exakt reale Abhängigkeiten des Einzelnen von gesellschaftlichen Institutionen dar — z.B. das Mißverhältnis zwischen Macht der Institutionen und Ohnmacht der von ihnen Betroffenen —, so werden auch dort wieder Mechanismen eingebaut, die eine orientierende und aufklärende, kritisierende und kontrollierende Information über gegebene gesellschaftliche Zustände sabotieren. Denn es werden zwar öffentlich-relevante Probleme in ihren Konsequenzen für das private, persönliche Schicksal veranschaulicht und zum Teil kritisiert; aber zugleich wird sehr deutlich zur Anpassung an die gegebenen, wenn auch monierten Zustände aufgerufen, indem der Einzelne meistens als Opfer jener Zustände erscheint. (57)

Ob aufgrund der bisher skizzierten Manipulationstechniken die bundesrepublikanischen Massenmedien — verglichen mit den ausländischen

Medien – tatsächlich einen „Tiefpunkt" (58) einnehmen, mag dahingestellt bleiben. (59) Auf jeden Fall zeigen die vorliegenden Studien nachdrücklich, wie selbst politisch informierende Beiträge, die mit sachlich aufbereiteten und präzis kommentierten Daten Voraussetzungen für eine kritisch-reflektierende Diskussion der gesellschaftlichen Realität schaffen könnten, beim „journalistischen Eiertanz" (60) zwischen der Absicht, solche Informationen zu liefern, und dem tatsächlichen oder vermeintlichen Zwang, diversen – insbesondere ökonomische-pressure groups nachgeben zu müssen, beschädigt werden oder völlig im „escapist material" (61) untergehen. (62) Das bedeutet jedoch, daß der größte Teil der massenmedialen Inhalte das Publikum beim Versuch, die neuralgischen Punkte wie die positiven Möglichkeiten seiner gesellschaftlichen Existenz zu erkennen und dieser Erkenntnis gemäß zu handeln, im Stich lassen – ja, die durch die tagtägliche Arbeits- und Lebenspraxis vermittelte Bereitschaft dieses Publikums, den geschilderten Verschleierungs- und Verführungstaktiken aufzusitzen, noch zusätzlich verstärken. Die Konsequenzen der Personalisierung gesellschaftlicher Tatbestände und der Intimisierung öffentlicher Angelegenheiten für die Qualität der massenmedialen Information über Politik können also nicht bagatellisiert werden; den Vorwurf, „Alkovenpublizistik" (63) zu treiben, kann insbesondere die Massenpresse kaum entkräften. „Öffentlichkeit (wandelt sich in dem Massenmedien) zur Sphäre der Veröffentlichung privater Lebensgeschichten, sei es, daß die zufälligen Schicksale des sogenannten kleinen Mannes oder die planmäßig aufgebauten Stars Publizität erlangen, sei es, daß die öffentlich relevanten Entwicklungen und Entscheidungen ins private Kostüm gekleidet und durch Personalisierung bis zur Unkenntlichkeit entstellt werden. Sentimentalität gegenüber Personen und der entsprechende Zynismus gegenüber Institutionen, die sich mit sozialpsychologischer Zwangsläufigkeit daraus ergeben, schränken dann natürlich die Fähigkeit des kritischen Räsonnements gegenüber der öffentlichen Gewalt, wo es objektiv noch möglich wäre, subjektiv ein." (64) Mit anderen Worten: die Koppelung von öffentlichen Angelegenheiten und individuellen Lebensproblemen sowie die teilweise notwendig damit verbundene, teilweise dazu ergänzende Verfremdung und Entschärfung politischer Information durch Personalisierungs- und Intimisierungstechniken transformieren die von den Produzenten der Massenmedien beanspruchte orientierende und aufklärende, kritisierende und kontrollierende Aktivität in eine Tätigkeit, die das Publikum domestizieren, in einem Zustand ökonomischer und politischer Abhängigkeit halten soll, aus dem herauszukommen das objektive Interesse dieses Publikums wäre.

Publikumsreaktionen — Resultate der politischen Sozialisation durch die Massenmedien

Zahlreiche Untersuchungen (65) haben ergeben, daß — sozusagen quer durch die Medien — die tatsächliche Nutzung der gebotenen politischen Information auf eine relativ kleine Gruppe von Lesern, Hörern und Zuschauern beschränkt bleibt, die sich zudem vorwiegend aus einem engen sozialen Bereich — nämlich dem der so klassifizierten oberen Mittelschicht (66) — rekrutiert. Dabei sind zwei Ausnahmen zu machen: einmal die offensichtlich recht intensive Aufnahme der Nachrichtensendungen in Fernsehen und Rundfunk sowie das nachdrückliche Engagement am Lokalteil der Tageszeitung; zum anderen der Umfang, in dem sich die — allerdings wiederum sehr enge — Gruppe der opinion leaders den einzelnen Medien und deren politischer Information widmet. (67) Im folgenden soll nun anhand von Material aus Analysen der westdeutschen Fernsehzuschauer (68) die Verbindung zwischen den zuvor herauspräparierten Qualitäten der politischen Information und der soziopsychischen Situation des Publikums etwas genauer hergestellt werden. Hierbei ist daran zu erinnern, daß dieses Publikum auch im Bereich des Fernsehens vornehmlich aus ungelernten und angelernten Arbeitern, Facharbeitern, einfachen Angestellten und Beamten besteht —, aus einer Gruppe, die zumeist Volksschulbildung und ein monatliches Einkommen zwischen 600 und 1000 DM aufweist.

In einer Repräsentativ-Befragung aus dem Jahre 1966, bei der das Institut INFRATEST die Publikumsreaktionen auf die Nachrichtensendungen TAGESSCHAU (ARD) und HEUTE (ZDF) analysierte, wurde zu Bekanntheit von und Sehbeteiligung an allgemein-politischen Sendereihen ermittelt: (69)

Tabelle 1: Bekanntheit und Nutzung politischer Sendereihen des 1. und 2. Fernsehprogramms: 1966
(Basis: Alle TV-Zuschauer mit Wahlmöglichkeit)

	Bekanntheit[1] %	Nutzung[2] %
Sendereihen der ARD		
Panorama	84	34
Report	78	27
Der internationale Frühschoppen	71	28
Monitor	65	19
Sendereihen des ZDF		
Journalisten fragen — Politiker antworten	57	15
Blickpunkt	39	10
Zur Person	32	8
Zur Sache	28	5

(Quelle: Infratest, Politik im Fernsehen, München 1966/S. 47

1) TV-Zuschauer, die schon eine (oder mehrere) Sendung(en) dieser Reihe gesehen haben.
2) TV-Zuschauer, die nach persönlichen Angaben im allgemeinen mindestens 5 von 10 Sendungen dieser Reihe sehen.

Tabelle 1 zeigt: Die Fernseh-Information über Politik scheint nur von einem relativ kleinen Teil der Zuschauer beansprucht zu werden; so schauen die Sendung PANORAMA – gemessen an dem Bekanntheitsgrad – lediglich 34 Prozent der Zuschauer regelmäßig an. (70) Etwas höher wird die Sehbeteiligung an solchen Politik-Programmen, die ein bestimmtes Maß unmittelbarer Aktualität haben; so stellte INFRATEST anläßlich der TV-Übertragung der Bundestagsdebatte über die Regierungserklärung des Kabinetts Erhard fest, daß ungefähr die Hälfte (ARD) respektive ein Fünftel (ZDF) einer repräsentativen Auswahl von Fernsehteilnehmern mindestens einen Teil dieser Übertragung gesehen hatte. Aufgeschlüsselt nach der Anzahl verfolgter Sendungen ergibt sich dann:

Tabelle 2: Zahl der gesehenen Übertragungen einer Bundestagsdebatte: 1966

	Alle Befragten	Alle Befragten in Fernsehhaushalten m. Wahlmöglichkeit ARD/ZDF
Basis	400	297
Im 1. Programm (ARD)		
1 Sendung	11 %	9 %
2 Sendungen	17 %	16 %
3 Sendungen	8 %	7 %
4 und mehr Sendungen	9 %	9 %
Keine Sendung gesehen bzw. weiß nicht in welchem Programm	55 %	58 %
	100	99
im 2. Programm (ZDF)		
1 Sendung	7 %	8 %
2 Sendungen	6 %	8 %
3 Sendungen	2 %	3 %
4 Sendungen und mehr	3 %	3 %
Keine Sendung gesehen bzw. weiß nicht in welchem Programm	83 %	78 %
	101	100

(Quelle: Infratest, Die Bundestagsdebatte zur Regierungserklärung, München 1966/S. 9)

Entschieden besser sieht es — was die Sehbeteiligung betrifft — bei den Zuschauern der Nachrichtensendungen TAGESSCHAU (ARD) und HEUTE (ZDF) aus.

Tabelle 3: Sehbeteiligung an TAGESSCHAU (ARD) und HEUTE (ZDF):

Basis	Es sehen von... Personen, die das ARD- und ZDF-Programm empfangen können, die Sendung...	
	Tagesschau 1334 (%)	Heute 1334 (%)
An 7 von 7 Tagen	34	8
An 6 von 7 Tagen	12	4
An 5 von 7 Tagen	14	4
An 4 von 7 Tagen	13	9
An 3 von 7 Tagen	12	16
An 2 von 7 Tagen	7	15
An 1 von 7 Tagen		
An weniger als 1 von 7 Tagen	5	31

(Quelle: Infratest, Politik im Fernsehen, a.a.O./Tabelle 6)

Nimmt man als Kriterium für regelmäßiges (oder häufiges) Zuschauen, daß mindestens viermal wöchentlich die Sendungen gesehen werden, zeigt sich: 73 Prozent der Fernsehteilnehmer zählen zum engeren Zuschauerkreis der TAGESSCHAU — bei der Sendung HEUTE sind es 25 Prozent, womit dieses Nachrichtenmagazin immerhin das gefragteste politisch-informierende Programm des ZDF ist. Diese Vorliebe der Zuschauer für die Nachrichtensendungen deutet ein Publikumsverhalten an, das auch bei Lesern von Tageszeitungen und Hörern von politischen Rundfunkprogrammen ermittelt wurde: ,,Sogenannte ,manifeste Meinungsformen', also Kommentare, wertende Analysen des politischen Geschehens u.ä., werden wesentlich seltener genutzt als die reine Information." (71) Um allerdings präziser beurteilen zu können, warum gerade solche Nachrichtensendungen als Möglichkeiten politischer Information bevorzugt werden, wäre es wichtig, genauer zu wissen, welche Qualität jene angeblich ,,reine Information" hat. Leider liegen keine abgesicherten inhaltsanalytischen Ergebnisse zu TAGESSCHAU und HEUTE vor, so daß man nur die Primärerfahrungen, die sich täglich beim Betrachten dieser Sendungen einstellen, bemühen kann. Aus solchen Erfahrungen läßt sich zumindest ableiten, daß die Nachrichtensendungen wahrscheinlich weniger wegen ihres angeblich rein informatorischen Charakters geschätzt werden als vielmehr aufgrund der dort ausgiebig praktizierten Personalisierung gesellschaftlicher Tatbestände. Denn für TAGESSCHAU und HEUTE ist kennzeichnend, was auch als ein wesentliches Merkmal der Wochenschauen herausgearbeitet worden ist: (72) politische Ereignisse werden fast ausschließlich durch Personen repräsentiert und mit diesen identifiziert.

Eine solche Interpretation der Vorliebe, die das Publikum gegenüber TAGESSCHAU und HEUTE äußert, erhält noch mehr Plausibilität, wenn man bedenkt, daß auch die Sendung PANORAMA aus dem gleichen Grund anderen Politmagazinen vorgezogen werden dürfte: die Reduktion sozialstrukturell bedingter Verhältnisse und Ereignisse auf ihre (in der privaten Existenz Einzelner sichtbar werdende) Symptome wird hier – verglichen mit REPORT, MONITOR, BLICKPUNKT, ZUR PERSON, ZUR SACHE (73) – stark forciert. Allerdings wird gerade bei PANORAMA diese journalistische Methode oft dazu benutzt, den Zuschauer zu einem unmittelbar Betroffenen zu machen und zu kritischer Reflexion anzuregen. Auch diese Argumente können sich wieder nur auf Primärerfahrungen stützen – abgesicherte Resultate liegen dazu nicht vor. Untersuchungen zu dem Punkt sind jedoch unbedingt vonnöten; denn hier könnte eine Antwort auf die Frage gefunden werden, ob eine Personalisierung gesellschaftlicher Tatbestände prinzipiell von Übel ist oder ob unter bestimmten Voraussetzungen (zum Beispiel in einer hochgradigen Entfremdungssituation des Publikums) dieses Verfahren in einem anderen massenkommunikativen Rahmen auch politische Informationen vermitteln kann, die eine kritisch reflektierende Realitätseinschätzung ermöglichen und für die Empfänger dann gerade wegen der – mit jener Personalisierung – gegebenen Chance der Identifikation handlungsrelevant werden.

Die Beteiligung der Zuschauer an politischen Programmen hängt jedoch nicht nur von solchen inhaltlichen Momenten ab, sondern auch von recht äußerlichen Faktoren. Einen wesentlichen Faktor stellt dabei die Sendezeit dar – insbesondere, ob sie vor oder nach 21 Uhr liegt. In einer 1967 publizierten Studie ‚Das Fernsehspiel im Urteil der Zuschauer' hat INFRATEST gefunden, daß die Sehbeteiligung nach 21 Uhr rapide abnimmt.

Tabelle 4: Sehbeteiligung vor und nach 21 Uhr: 1965/66
(Durchschnittswerte aus zwei Jahren)

	ARD		ZDF	
	20–21 Uhr %	nach 21 Uhr %	20–21 Uhr %	nach 21 Uhr %
Politische Sendungen	35	15	14	6
Kultur- und Dokumentarsendungen	33	10	18	12

(Quelle: Infratest, Das Fernsehspiel im Urteil der Zuschauer, München 1967/S. 4 + 8)

Auch bei diesem Ergebnis ist wieder zu monieren, daß es nicht nach einzelnen politischen Sendungen und wichtigen sozialen Merkmalen der Zuschauer aufgeschlüsselt vorliegt. Man darf vermuten, daß bei bestimmten politischen Programmen der Zuschauerschwund besonders groß ist und — was noch wesentlicher erscheint — daß unter den geräteabschaltenden Zuschauern spezifische Gruppen überrepräsentiert sind: nämlich jene, die einen schweren Arbeitstag in Fabrik und Büro hinter sich, und jene, die einen frühen Arbeitsbeginn vor sich haben. In diesem Detail, das zunächst nur ein technisches zu sein scheint, wird der — wenn man so will — Klassencharakter des Fernsehens sehr deutlich: es läßt sich nachweisen, daß gesellschaftspolitisch hoch brisante Sendungen zumeist nicht nur nach 21, sondern oft nach 22 Uhr gesendet werden. Die Bereitschaft weiter Teile der Bevölkerung, als wesentlichen Informanten die BILD-ZEITUNG zu benutzen, findet hier eine, wenn auch nicht die entscheidende Erklärung: Das Fernsehen schließt diese Bevölkerungsgruppen durch zeittechnische Tricks aus: die sich selbst seriös nennenden überregionalen und regionalen Tageszeitungen errichten gegenüber diesen Gruppen unüberwindliche Sprachbarrieren. Übrig bleibt die BILD-ZEITUNG (und die sonstige Massenpresse).

Um aber wieder zu dem Zusammenhang zwischen spezifischen Qualitäten politischer Sendungen und der Sehbeteiligung zurückzukehren, sei ein weiterer Hinweis für die Plausibilität der Annahme erwähnt, daß personalisierende und intimisierende Informationen besonders geschätzt werden. Im Rahmen der bereits zitierten INFRATEST-Studie über die Nachrichtensendungen des bundesdeutschen Fernsehens antworteten die Zuschauer auf die Frage, wie ihnen die politisch-informierenden Sendereihen gefielen, folgendermaßen:

Tabelle 5: Beurteilung politisch-informierender Sendereihen: 1966

	Frühschoppen	Panorama	Report	Monitor	Blickpunkt	Zur Person	Zur Sache	Journalisten, Politiker
Basis	948	1122	1044	863	517	440	374	769
	(%)	(%)	(%)	(%)	(%)	(%)	(%)	(%)
Ausgezeichnet	22	13	10	8	5	9	6	16
Gut	47	49	51	44	41	33	33	44
Zufriedenstellend	19	25	29	34	39	36	38	26
Mäßig	8	10	8	10	10	15	17	10
Sehr schlecht	2	2	1	1	1	3	1	2
Keine Angabe	2	2	1	2	4	3	5	2
	100	101	100	99	100	99	100	100

(Quelle: Infratest, Politik im Fernsehen, a.a.O./Tabelle 11d)

Es zeigt sich also, daß — nimmt man die Prädikate „ausgezeichnet" und „gut" als die entscheidenden positiven Beurteilungen der Programme — die Sendungen FRÜHSCHOPPEN, PANORAMA, REPORT und JOURNALISTEN/POLITIKER am besten gefallen. Das bedeutet: es werden Programme besonders geschätzt, die dem Zuschauer persönliches Engagement erlauben sei es aufgrund einer — oft aufklärerisch motivierten — Personalisierung gesellschaftlicher Tatbestände, sei es aufgrund ihrer rein formalen Gegebenheiten. Ersteres gilt vor allem für PANORAMA und — in etwas geringerem Maße — für REPORT; letzteres trifft insbesondere auf die Diskussionsrunden FRÜHSCHOPPEN und JOURNALISTEN/POLITIKER zu, die beide schon von ihrer Form her eine Identität von behandelten Problemen und debattierenden Partnern suggerieren und aufgrund ihrer Aura als Expertengespräche Kulisseninformationen und inside stories versprechen. Die besondere Wertschätzung gerade solcher Programme läßt sich auch an dem folgenden Beispiel illustrieren, das der INFRATEST-Studie über die TV-Übertragung der Bundestagsdebatte zur Grundsatzerklärung der Regierung Erhard entnommen wurde.

Tabelle 6: Beurteilung der Übertragung einer Bundestagsdebatte: 1966

	Alle Befragten, die mindestens eine Sendung im 1. Programm gesehen haben	Alle Befragten in Fernsehhaushalten mit Wahlmöglichkeit ARD/ZDF, die mindestens 1 Sendung im 2. Programm gesehen haben
Basis	187	64
Ausgezeichnet	9 %	16 %
Gut	61 %	63 %
Zufriedenstellend	17 %	14 %
mäßig	5 %	3 %
Keine Beurteilung	6 %	4 %
Sehr schlecht	2 %	–
%	100	100

(Quelle: Infratest, Die Bundestagsdebatte..., a.a.O./S. 19)

Die relativ hohe Einschätzung dieser Sendungen dürfte ebenfalls darauf zurückzuführen sein, daß hier dem Zuschauer einmal die Konfrontation mit Problemen durch debattierende Personen vermittelt und zum andern die Vorstellung suggeriert wird, er wäre bei wesentlichen, alle angehenden Entscheidungsprozessen unmittelbarer Zeuge. (74) Interessant ist an Tabelle 6 noch die deutlich bessere Beurteilung der ZDF-Programme. Das liegt wahrscheinlich daran, daß zwischen diese Programme zwei spezielle Sendungen zu jener Bundestagsdebatte eingefügt wurden: Sendungen, die als Zusammenfassungen verschiedener Originalübertragungen mit anschließender Journalistendiskussion eingerichtet waren – also als Mischungen aus tagesschau-ähnlicher Komprimierung der Ereignisse und diesem ‚Nachrichten'-Programm nachgeschaltete Expertendiskussion per- und rezipiert werden konnten.

Abgesehen von den leichten Vorteilen solcher Sendungen werden eigentlich alle hier angeführten politisch-informierenden Programme relativ günstig beurteilt. Das provoziert die Frage, wie diese Programme eingeschätzt werden, wenn die befragten Zuschauer sie mit anderen – insbesondere unterhaltenden – Sendungen vergleichen. Tabelle 7 gibt darauf eine deutliche Antwort.

Tabelle 7: Beurteilung von verschiedenen Fernsehprogrammen: 1966

	2. Programm (ZDF)					
	Ausgezeichnet	Gut	Zufriedenstellend	Mäßig	Sehr schlecht	Keine Angabe, sehe diese Sendung nicht
Basis 1288	(%)	(%)	(%)	(%)	(%)	(%)
Politische Sendungen	5	32	30	17	6	10
Filme/Fernsehspiele	14	56	21	6	1	2
Unterhaltungssendungen	16	51	20	10	1	1
Sportsendungen	24	37	16	11	3	8
Kriminalstücke	26	44	15	8	2	3
Basis 1313	1. Programm (ARD)					
Politische Sendungen	6	30	31	20	6	7
Filme/Fernsehspiele	10	48	27	13	1	1
Unterhaltungssendungen	19	48	20	9	2	1
Sportsendungen	17	41	18	12	4	6
Kriminalstücke	22	45	17	10	2	3

(Quelle: Infratest, Politik im Fernsehen, a.a.O./Tabelle 5)

In der Konfrontation mit Unterhaltungsprogrammen schneiden die politischen Sendungen sichtbar schlecht ab insbesondere gegenüber den Sportberichten und Kriminalstücken. Letztere finden rund 60 bis 70 Prozent der Befragten gut und ausgezeichnet politische Sendungen nur zirka ein Drittel der Fernsehteilnehmer. Dieses Ergebnis als Indikater für besonders kritisches Verhalten des Publikums hinsichtlich politischer Sendungen interpretieren zu wollen, dürfte angesichts der oft festgestellten Apathie weiter Kreise der Bevölkerung gegenüber Politik — einer Apathie, die durch die Lebens- und Arbeitspraxis dieser Bevölkerungsgruppen bedingt ist — nicht sehr realistisch sein. (75) Plausibler ist zweifellos, dieses Ergebnis als Hinweis auf die Unterhaltungsorientiertheit der Zuschauer zu nehmen, eine Orientiertheit, deren Legitimität nicht bestritten werden kann (und soll), deren Ausnutzung durch die Massenmedien aber deshalb keineswegs bagatellisiert werden darf. Ein illustratives Resultat für diese Unterhaltungsorientiertheit liegt in Form einer Untersuchung der Sendereihe ‚Das Dritte Reich' (ARD — 1960/61) vor. Dort wurde ermittelt, daß die Sehbeteiligung an den einzelnen Sendungen der Reihe je nach der Attraktivität der Nachbarprogramme schwankte; nachfolgende Unterhaltungsstücke (in diesem Fall Kriminalfilme und Sportberichte) förderten, nachfolgende Kulturprogramme (in diesem Fall über ägyptische Kunst und Ballet) senkten die Sehbeteiligung.

Tabelle 8: Abhängigkeit der Sehbeteiligung an Sendungen von deren Nachbarprogrammen: 1960/61

Sendetermin	Sendetitel (I)	Nachfolgendes Programm (II)	Sehbeteiligung I (%)	II (%)
21.10.1960	Die Machtergreifung	Es ist soweit (I) (Kriminalfilm)	69	50
4.11.1960	Die Gleichschaltung	Es ist soweit (V) (Kriminalfilm)	64	62
27. 1.1961	Die Blitzkriege	Eiskunstlauf	64	66
16.12.1960	Die Generalproben	Ballettimpression	48	25
19. 5.1961	Das Ende	5000 Jahre ägyptische Kunst	42	10

(Quelle: Infratest, Die Sendereihe „Das Dritte Reich", München 1961/S. 1—2)

Die Unterhaltungsorientiertheit des Fernseh-Publikums, die sich in den zitierten Ergebnissen zeigt, wird von den Sendeanstalten und uen in ihrem Auftrag arbeitenden Forschungsinstitutionen allerdings nur in günstiger Perspektive gesehen. „Der hohe Anteil an Unterhaltendem im Gesamtangebot des Fernsehens beeinflußt die Bewertung und Nutzung des politischen Teils nicht negativ, sondern eher positiv. Das Fernsehen wird von gleichen Teilnehmergruppen in gleichem Maße als Informations- und Unterhaltungsmedium genutzt. An Unterhaltung Desinteressierte sind auch weniger an Information interessiert." (76) Abgesehen davon, daß diese Behauptung nirgends bestätigt wurde, (77) bleiben die hinter der zitierten Feststellung stehenden Fragen völlig undiskutiert: die Fragen nämlich, ob das Interesse an Unterhaltung, das ja ein Interesse an einer *spezifischen* Unterhaltung ist, und die sozusagen beiläufige Mitnahme politischer Information auf dem Weg zum Amüsement des Publikum tendenziell unfähig macht, sich mit Politik sachlich und konzentriert zu beschäftigen und ob das Fernsehen als zumindest quasi-ökonomisches Unternehmen nicht gezwungen ist, sich dieser, teilweise von ihm selbst produzierten, Unfähigkeit anzupassen und Information als Konsumgut aufzubereiten. (78) Die Frage, ob auf unterhaltende Weise politische Informationen vermittelt werden kann, soll damit allerdings auch nicht vorschnell negativ entschieden werden; denn es gibt durchaus Beispiele, in denen sich zumindest die Möglichkeit, „eine Unterhaltungssendung als Instrument gesellschaftspolitischer Bewußtseinsbildung" (79) interpretieren zu können, andeutet. So kam eine Untersuchung der Zuschauerreaktionen auf das Fernsehspiel „Ein Tag – Bericht aus einem deutschen Konzentrationslager", das immerhin eine – auf die Gesamtzahl der Teilnehmer am ARD-Programm bezogene – Sehbeteiligung von 46 Prozent aufwies und von 45 Prozent des zuschauenden Publikums positiv beurteilt wurde, (80) zur Frage: ‚Finden Sie es gut, daß ein solches Thema im Fernsehen behandelt wird?' – zu folgendem Ergebnis:

Tabelle 9: Einstellungen zu dem Fernsehspiel ‚Ein Tag': 1965

Basis	Gesamt	Aufgliederung nach Geschlecht		Aufgliederung nach Altersgruppen		
		Männer	Frauen	14–29 Jahre	30–49 Jahre	50 J. und älter
	425	224	201	116	155	154
ja	60 %	65 %	56 %	74 %	57 %	54 %
nein	39 %	35 %	42 %	26 %	42 %	45 %
Keine Angabe/ weiß nicht	1 %	–	1 %	–	1 %	1 %
	100	100	99	100	100	100

(Quelle: Infratest, Die Zuschauerreaktion auf die Fernsehsendung vom 6. Mai 1965 „Ein Tag – Bericht aus einem deutschen Konzentrationslager", München 1965/S. 24)

Begründungen, die die Zuschauer für ihre positive Beurteilung der Sendung gaben, lassen deutlich erkennen, daß der informierende und aufklärende Charakter solcher Fernsehspiele eine nicht zu unterschätzende Variable für die Reaktion auf diese Spiele darstellt.

Tabelle 10: Gründe für die Einstellungen zu dem Fernsehspiel ‚Ein Tag': 1965

	Gesamt	Aufgliederung nach Geschlecht		Aufgliederung nach Altersgruppen		
		Männer	Frauen	14–29 Jahre	30–49 Jahre	50 J und älter
Basis	425	224	201	116	155	154
Eine interessante und gute Aufklärung, das wußte man noch nicht	36 %	34 %	39 %	49 %	29 %	34 %
Hat realistisch und objektiv gezeigt, wie es damals war, wie grausam	17 %	18 %	15 %	14 %	19 %	16 %
Schauspielerisch gut	9 %	11 %	7 %	6 %	12 %	8 %
Sendung war gut gemacht	6 %	6 %	6 %	9 %	7 %	3 %
Wichtig für die jüngere Generation	3 %	3 %	3 %	4 %	1 %	5 %
Eine Warnung, das darf sich nicht wiederholen	3 %	3 %	3 %	3 %	3 %	4 %
Sonstige positive Äußerungen	1 %	2 %	1 %	1 %	1 %	2 %
Damit soll man aufhören, davon wird zu viel gebracht	14 %	13 %	14 %	6 %	12 %	21 %
Es wirkte nicht überzeugend, war übertrieben	8 %	9 %	6 %	2 %	12 %	8 %
Zu grauenvoll	6 %	4 %	9 %	7 %	9 %	3 %
Beschmutzung des eigenen Nestes, auch Verbrechen der anderen	2 %	2 %	1 %	–	2 %	3 %
Nicht näher begründetes Desinteresse, Ablehnung	4 %	4 %	4 %	6 %	4 %	8 %
Sonstige negative Äußerungen	0	1 %	0	–	1 %	1 %
Keine Angabe	1 %	1 %	1 %	1 %	1 %	1 %

(Quelle: Infratest, Die Zuschauerreaktion auf die Fernsehsendung ...„Ein Tag...", a.a.O./S. 6)

Zusammenfassend lassen sich zum Kapitel „Publikumsreaktionen" folgende Punkte festhalten: *Erstens*: Lediglich eine begrenzte Gruppe des Fernseh-Publikums, die vorwiegend aus der oberen Mittelschicht stammen dürfte (Ausnahme: Zuschauer der Nachrichtensendungen), scheint effektiv die angebotenen politischen Informationen zu nutzen. *Zweitens*:

Bevorzugt werden offensichtlich solche politischen Informationen, die gesellschaftliche Tatbestände personalisieren und öffentliche Angelegenheiten intimisieren, wobei die wegen des fehlenden Materials hier nicht beantwortbare Frage, inwieweit dieses Verhalten des Publikums medienspezifisch oder grundsätzlicher Art ist, noch geklärt werden muß.
Drittens: Die Beschäftigung mit Politik im Fernsehen wird anscheinend in erheblichem Maße motiviert durch das Publikumsinteresse an den unterhaltenden Elementen des informatorischen Angebots und dessen Amüsement versprechender Umgebung.

Damit ist der Kreis geschlossen; es hat sich gezeigt, daß die Synchronisation von massenmedialem Angebot und Publikumsdispositionen gelungen, das Publikum selbst eindeutig zum Objekt der Medien geworden ist. Im nächsten Abschnitt soll dieser Sachverhalt noch um einen Akzent bereichert werden, nämlich anhand eines Exkurses über BILD-ZEITUNG und SPIEGEL — um die Darstellung dessen, was schichtenspezifische Manipulation genannt wird.

Das Problem der schichtenspezifischen Manipulation durch die Massenmedien — Zum Beispiel: Der Zusammenhang von BILD-ZEITUNG und SPIEGEL

15 Millionen Menschen lasen 1967 regelmäßig (oder zumindest häufig) die BILD-ZEITUNG — das waren rund 36 Prozent der bundesrepublikanischen Bevölkerung zwischen 14 und 70 Jahren. Etwas aufgeschlüsselt bedeutet das: 43 Prozent aller westdeutschen Männer, 41 Prozent aller 21- bis 29Jährigen, 45 Prozent der Fach- und 41 Prozent der sonstigen Arbeiter lasen wenigstens viermal wöchentlich diese Zeitung. (81) (Die Zahlen dürften sich bis heute kaum verändert haben.) Diesen Erfolg — das wurde in einer Studie über den Springer-Konzern klar herausgearbeitet — verdankt die Zeitung der konsequenten Entwicklung dessen, was man als Anpassungs- oder Verkaufsjournalismus bezeichnet hat. (82) Die perfekte Praktizierung dieser journalistischen Technik hat dazu geführt, daß der Verlag Axel Springer vor allem auf dem Markt der Tages- und Sonntagszeitungen eine dominierende Position einnimmt.

Graphik 1: Anteile des Springer-Konzerns am Zeitungsmarkt der Bundesrepublik: 1966

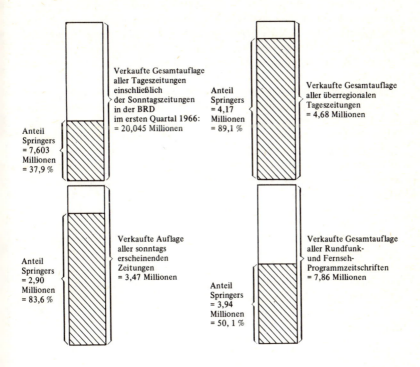

Jener Anpassungsjournalismus, der die marktbeherrschende Stellung des Springer-Konzerns ermöglicht, entspringt nun keineswegs der Rückgratlosigkeit eines einzelnen, sondern — wie gezeigt wurde — purer ökonomischer Notwendigkeit. In einem kapitalistisch organisierten Gesellschaftssystem, in dem tendenziell alle Ergebnisse menschlicher Aktivitäten und diese selber den Gesetzen profitmaximierender Kapitalverwertung unterliegen, kann der erfolgreiche Aufstieg des Springer-Unternehmens nur als Resultat einer konsequenten Übertragung jener Gesetze auf die Herstellung sogenannter geistiger Gebilde gesehen werden. (83) Daher dürfte auch das vieldiskutierte Verfahren, durch Auflagenbeschränkungen die Vormachtstellung des Konzerns abzubauen, hier nichts nützen: denn es würde sich lediglich gegen ein Symptom, nicht aber gegen dessen Ursachen richten. Die Ursachen für den Erfolg der BILD-ZEITUNG liegen in den Organisationsprinzipien der bundesrepublikanischen Gesellschaft, und zwar in doppelter Hinsicht: *einmal insofern,* als die profitorientierte industrielle Produktion von Massenmedien nicht der Kapitalkonzentration und -zentralisation, also den Monopolisierungstendenzen innerhalb der kapitalistischen Wirtschaftsordnung, entgehen kann; *zum andern insofern,* als die überwiegende Mehrheit der Bevölkerung von den Bedingungen der westdeutschen Gesellschaft psychisch so zugerichtet wird, daß sie einem Journal wie der BILD-ZEITUNG nur zu bereitwillig erliegt. (Die wichtigsten Bedingungen sind: die ökonomische Abhängigkeit der Mehrheit von den gewinnfixierten Investitions- und Management-Entscheidungen Weniger; die Absicherung dieser Verfügungsgewalt durch ein politisches System, das als „Transmissionsriemen der Entscheidungen politischer Oligarchien" (84) und eng mit ihnen verflochtener wirtschaftlicher Machtgruppen wirkt.) Nach welchen Mechanismen, mit welchem journalistischem Instrumentarium die Zeitung arbeitet, haben einige inhaltsanalytische Versuche deutlich gemacht. (85) Formal wie inhaltlich erscheint die Zeitung ihren Lesern, die zu 80 Prozent aus einfachen Beamten und Angestellten, Fach- und sonstigen Arbeitern bestehen und von denen 87 Prozent Volksschulbildung aufweisen, (86) als Instanz, die Orientierung in einer komplizierten, unverständlichen Welt und Vertretung der Unterprivilegierten gegenüber den Mächtigen verspricht. (87) Ein raffiniert abwechslungsreich gestalteter, die Totalität gesellschaftlichen Lebens vorgaukelnder Umbruch, die extrem vorgenommene Personalisierung sozialer Tatbestände und Intimisierung öffentlicher Angelegenheiten sowie die perfekte Verflechtung von provozierter und durch Amüsement, Sensation, Kumpelhumor gleich wieder betäubter Angst sorgen dafür, daß die Mehrzahl der BILD-Leser glauben, die Zeitung würde ihre Interessen wahrnehmen, ihre Bedürfnisse nach Information und Unterhaltung in optimaler Weise stillen. Wie das BILD-Publikum – insbesondere der engere Leserkreis – die Zeitung beurteilt, demonstriert die folgende einer Repräsentativ-Befragung entnommene Tafel.

Tabelle 11: Ansichten über die BILD-ZEITUNG: 1965

	Leserkreis insges.	Engerer Leserkreis	Weiterer Leserkreis	Nur bekannt
Die BILD-Zeitung...	(%)	(%)	(%)	(%)
- scheut sich nicht, auch heiße Eisen anzupacken	89	94	85	64
- informiert den Leser kurz und bündig über alles, was passiert	88	91	85	62
Für das, was sie kostet, bietet sie wirklich viel	84	90	80	49
In vielen Fällen, wo das Schicksal hart zugeschlagen hat, bringt die BILD-Zeitung Hilfe	76	87	67	37
- wird von allen gelesen, vom Arbeiter bis zum General-Direktor	79	86	74	45
- setzt sich vor allem für die Belange der kleinen Leute ein	66	70	58	38
- berichtet sehr objektiv über das allgemeine Geschehen	61	73	52	25
- weckt die Leute aus ihrer Gleichgültigkeit und fordert sie auf, das Gute zu tun	56	68	47	23
Die Berichte in der BILD-Zeitung sind sehr oberflächlich und bruchstückhaft	43	33	51	62
- übertreibt alles und gibt die Dinge verzerrt wieder	42	33	50	57
- besteht nur aus Überschriften, und darunter steht dann meist nichts mehr	40	31	48	62
- ist die Zeitung für Leute, die zu faul sind, selbst zu denken	39	30	47	57
- beeinflußt die Massen und hetzt die Leute auf	27	21	33	43
- setzt sich auch nur für die Interessen der Geschäftsleute und Unternehmer ein	16	17	16	18
- macht um wirklich wichtige und explosive Themen einen Bogen	18	16	20	23

(Quelle: A. Springer, Qualitative Analyse der BILD-ZEITUNG, Hamburg 1965, S. 108)

Nimmt man die Ergebnisse der qualitativen Analysen von BILD-Lesern noch hinzu, (88) so zeigt sich: der Mehrzahl der Leser bedeutet die Zeitung den Fixpunkt in einer Welt, der man sich wehrlos ausgesetzt fühlt und die man nicht durchschaut. In diese Welt bringt BILD – als veräußerlichtes Über-Ich der Leser (89) – Ordnung, und zwar auf dreierlei Weise: einmal durch Informationen über jene Welt, die angeblich die Dinge beim richtigen Namen nennen; zum andern durch das Anbieten der Nachrichten und Kommentare in einer Form, die ein Gefühl von Geordnetheit der Fakten und Übersichtlichkeit der Verhältnisse suggeriert; und drittens schließlich durch das Bereitstellen von Möglichkeiten, einer direkten Konfrontation mit gesellschaftsrelevanten Problemen zu entgehen und diesen nur gut verpackt in human interest und verfremdende Unterhaltung zu begegnen. Daß dabei der durchs formale Prinzip der Zeitung die raffinierte Mosaik- und Schachteltechnik des Umbruchs hergestellte Kontext, in dem die einzelnen, zudem oft fragwürdigen Informationen stehen, den realgesellschaftlichen Zusammenhängen nicht entspricht, wird den Lesern nicht bewußt, kann ihnen aufgrund ihrer soziopsychischen Situation gar nicht bewußt werden. Und genauso wenig ist den Lesern durchschaubar, daß der BILD-Inhalt kein Vehikel für Volksaufklärung ist, (90) sondern eine Mixtur darstellt, deren „Gesamteffekt ... der einer Anti-Aufklärung (ist)" (91) –, daß hier das Bedürfnis der Leser nach Aufklärung vielmehr zur Inszenierung eines großangelegten Massenbetrugs herhalten muß. „So wird die Maschine (die BILD-ZEITUNG – H.H.), die gesellschaftliche Wahrheit verbreiten soll, zu einer Maschine, die mit der gesellschaftlichen Wahrheit ständig in Widerspruch gerät, weil sie nicht mehr Medium, sondern Subjekt dieser Gesellschaft ist, ein Subjekt, das Maß und Grenze am Ende nur in den Gesetzen der Massenproduktion von Stereotypen, dem Spiel von Angebot und Nachfrage am Markt und der Subjektivität ihres einen Eigentümers findet." (92)

Es hilft allerdings wenig, wenn man die BILD-ZEITUNG und ähnliche Produkte zu „gesellschaftlichen Monstren" (93) stilisiert und darüber vergißt, daß tendenziell auch andere Massenmedien vergleichbare journalistische Qualitäten besitzen (94) und aus ökonomisch ähnlich gut situierten Unternehmen kommen. Ein sehr diffiziles Beispiel dafür ist das Nachrichtenmagazin DER SPIEGEL, das auf den ersten Blick kaum mit der BILD-ZEITUNG vergleichbar zu sein scheint. Dieses Magazin wurde 1966 regelmäßig von vier Millionen Menschen (Lesern pro Nummer) gelesen, von denen zwei Drittel Männer, ein Drittel Frauen waren; 16 Prozent das Abitur abgelegt hatten (Gesamtbevölkerung: 4,6 Prozent); 15 Prozent ein abgeschlossenes Hochschulstudium aufwiesen (Gesamtbevölkerung: 2 Prozent); 18 Prozent über mehr als 2000 DM Netto-Haushaltseinkommen verfügen konnten (Gesamtbevölkerung: 2 Prozent); und 16 Prozent zur Oberschicht respektive oberen Mittelschicht gehörten. (95) Dazu kommen zwei weitere Daten: nach einer

Untersuchung aus dem Jahre 1965 lasen damals 73 Prozent der „Führungskräfte der deutschen Wirtschaft" den SPIEGEL (96) und laut einer Studie des Instituts für Demoskopie Allensbach aus dem Jahre 1958 informierten sich zu dieser Zeit 64 Prozent der Bundestagsabgeordneten in dem Magazin. (97) Ob die SPIEGEL-Leser deshalb tatsächlich „in jeder Hinsicht, in Bezug auf Einkommen, Besitz, Beruf, Bildungsgrad und soziale Sicherheit zu den Privilegierten der Gesellschaft" (98) gehören, mag dahingestellt bleiben. Auf jeden Fall bildet diese Leserschaft – gemessen beispielsweise am BILD-Publikum – ein „exklusives Forum" (99) und damit auch – wichtig für die werbungtreibende Industrie – eine ebenso exklusive Konsumgemeinschaft, die zweifellos durch eine andere soziopsychische Problematik charakterisiert wird, als sie für die Leserschaft der Massenpresse anzunehmen ist. Denn es läßt sich wohl ohne Übertreibung unterstellen, daß zumindest die quantitativ und qualitativ ausschlaggebende Gruppe in der SPIEGEL-Leserschaft primär an zweierlei Interesse hat: einmal an Absicherung und Verbesserung ihres sozialen Status sowie der daran geknüpften Gratifiktionen; zum andern an Stabilisierung und soliderer Fundierung ihres Selbstverständnisses als Teil der gesellschaftssteuernden Eliten aus Wirtschaft, Politik und Kultur. Diese Interessenkombination muß der SPIEGEL berücksichtigen, wenn er als privatwirtschaftlich arbeitendes, auf gewinnsteigernde (und damit Investitionen ermöglichende) Anzeigenerlöse angewiesenes Unternehmen reüssieren will. Daß das Magazin im Umgang mit seinen Lesern und deren Bedürfnissen sehr erfolgreich war und ist, zeigen die Auflagenzahlen. (100) Wie die inserierende Industrie solchen Erfolg (101) honoriert hat und noch honoriert, demonstriert die Entwicklung des Anzeigenvolumens.

Tabelle 12: Zunahme des Anzeigenteils im Nachrichten-Magazin DER SPIEGEL: 1947 – 1966

Jahr	Anzeigenseiten pro Ausgabe	Anteil am Gesamtumfang
1947	4,0	14,8 %
1950	5,2	11,8 %
1953	6,6	17,7 %
1956	20,6	36,7 %
1959	32,3	43,0 %
1962	47,0	48,1 %
1966	74,6	52,2 %

(Quelle: D. Just, a.a.O./S. 31).

„Durch die Zunahme des Anzeigenteils auf nunmehr über 50 Prozent des Gesamtinhalts wurde das Anzeigengeschäft zur bedeutendsten Einnahmequelle des Verlages. Hatte sich 1952 der Jahresumsatz aus rund 3,3 Millionen Mark Verkaufserlösen und nur 0,8 Millionen Mark Anzeigeneinnahmen zusammengesetzt, so kamen 1965 auf einen Verkaufserlös von 21,3 Millionen Mark Anzeigeneinnahmen von 41,7 Millionen Mark." (102) Beiden Bedingungen — der Bedürfnisdisposition der Leser und der Anzeigenabhängigkeit — genügen und gleichzeitig noch eine enragiert demokratische Instanz sein zu wollen, muß notwendigerweise ein zumindest sehr ambivalentes, zwischen Systemkritik und Systemkonformität angesiedeltes redaktionelles Angebot zeitigen. Eine detaillierten Analyse des SPIEGEL-Inhalts bestätigte diese These. Als wesentlicher Zug des Magazins konnte ermittelt werden: „die Verquickung seiner vorwiegend politischen Thematik mit einer auf Faszination der Leser abgestellten Darstellungsweise", (103) eine Darstellungsweise, die einen „bilderreichen, Pointen setzenden Stil" mit einer „erzählend-interpretativen Form der Berichterstattung" (104) kombiniert. Mit diesem Verfahren ist es dem SPIEGEL gelungen, sein Angebot in eine „kulinarische Form" (105) zu bringen, die die Härte der von dem Magazin immer wieder aufgegriffenen politisch brisanten, auch tabuisierten Themen wegnimmt und weder den Lesern eine mögliche Gefährdung ihrer gesellschaftlichen Situation suggeriert, noch den kommerziellen Interessen des Verlags Schaden zufügt. Denn „was ... das Magazin allwöchentlich verkauft, (ist) nicht die objektive, sondern die Vogel-Perspektive auf eine Welt, in der — bei so viel Distanz — die Herrschenden und die Unterdrückten als äquivalent ... erscheinen." (106) Das heißt: „Das arbeitsteilige und internationale System kapitalistischer Herrschaft bleibt dem SPIEGEL-Leser undurchschaubar. Ihm stellt es sich dar als diffuser Haufen von politischen Akten, Übereinkünften, Verträgen, Verhandlungen, Kampagnen, Krisen, Affären usw." (107) Auf solche Weise ist der SPIEGEL allerdings imstande, sowohl dem Selbstverständnis seiner Leser als Problemen aufgeschlossenen und reflektiert gegenübertretenden Intellektuellen zu entsprechen als auch dem Bedürfnis dieser Leser nach Stützung ihres sozialen Status und der unausgesprochen bleibenden Forderung der inserierenden Industrie wie der — in SPIEGEL-Gesprächen permanent präsentierten — politischen Machtgruppen nach prinzipieller Anerkennung der bundesrepublikanischen Gesellschaftsordnung entgegenzukommen. (108) Die Konsequenzen, die die Ersetzung der „Welt-Perspektive durch die SPIEGEL Perspektive" (109) mit sich bringt, sind folgendermaßen beschrieben worden: „Indem der SPIEGEL zwischen seinen Lesern und der Welt eine Distanz setzt, die alle, positive und negative, libidinöse und aggressive Identifizierung unmöglich macht, verbleiben dessen soziale Energien in ihm selbst ..., wird der SPIEGEL-Leser selbst zum Objekt seiner sozialen Energien ... Diese narzistische und masochistische Isolierung von der Welt verkauft ihm das Magazin als kritische Distanz zur Welt, dieses Syndrom psychischer Regressionen als Aufgeklärtheit, diese Verinnerlichung und Verkümmerung von Affekt als Objektivität." (110) Es kann zwar nicht bestritten werden, daß der SPIEGEL durchaus Verdienste als demokratisierende Instanz hat und als informierende wie kontrollierende zu den positiven Erscheinungen der westdeutschen Demokratie gehört; daß er aber — gebunden an die faktischen Bedingungen dieser politischen Ordnung und des sie fundierenden Wirtschaftssystems — insgesamt eine Institution darstellt, die auf einem erhöhten journalistischen Niveau und bezogen auf eine spezifische Bevölkerungsgruppe die nämlichen Funktionen hat, wie sie beispielsweise der Massenpresse angelastet werden: Fixierung einer sozialen Gruppe — hier im wesentlichen die obere Mittelschicht (inklusive der zugehörigen Aufsteigergruppen) — auf den politökonomischen status quo der Bundesrepublik; Disziplinierung dieser Gruppe durch Vermittlung von Realitätsdeutungen, die das falsche Bewußtsein der Leser von ihrer Situation stärken; Verschleierung des Klassenantagonismus, von dem sich die SPIEGEL-Leserschaft intellektuell zwar noch so weit distanzieren kann, in dem sie aber dennoch steht. Die Techniken, mit denen der SPIEGEL diese Funktionen erfüllt, sind: Aktivierung von Schlüssellochneugier, Schadenfreude und Streben nach moralischer Entlastung auf Seiten der Leser und deren Gewöhnung an Informationen, die durch effekthaschende Clichés, tendenziöse Kommentierung und oft fast parodierende Pointierung kulinarisiert sind. Damit „überspielt der SPIEGEL ... gerade jenes kritische Bewußtsein, das er andererseits fördert." (111) Die SPIEGEL-Leser honorieren das jedoch deutlich. So ergab eine 1962 (vor der bekannten SPIEGEL-Affäre) unternommene Image-Analyse folgendes Publikumsurteil.

Tabelle 13: Image des Nachrichten-Magazins DER SPIEGEL: 1962

Von je 100 Befragten meinten: DER SPIEGEL...	
... ist mutig	94
... hat Witz	83
... möchte gern, daß es in der Politik sauber zugeht	80
... ist außerordentlich gründlich und gewissenhaft	64
... liebt es, Skandale zu entfesseln	45
... hat keine Ehrfurcht	43
... ist ein Idealist	41
... hat viel Nationalgefühl	38
... übertreibt gern	36
... liebt den Klatsch	33

(Quelle: D. Just, a.a.O./S. 171)

Hans Dieter Jaene, ehemaliger stellvertretender Chefredakteur des SPIEGEL, beschreibt die Gründe für diese positive Beurteilung des Magazins und damit dessen Erfolg als schichtenspezifisches Disziplinierungs- und Verschleierungsinstrument treffend so: „Der Mann, der Traktate gegen das Böse verkaufen will, die zur Einkehr auffordern, war einmal sehr gefragt, hat indes hier und heute wenig Chancen und wird allein davon nicht leben können. Wer aber Neues erzählt und den Leuten interessante Dinge zeigt, die sie sonst nicht sehen, kann mit Zulauf rechnen. Und für einen Weißen Riesen in der Politik, der überall, bei Schwarz und Rot, den Schmutz wegschafft und immerfort für Sauberkeit sorgt, hegt jedermann Bewunderung." (112)

Dieser kurze Exkurs zum Verhältnis von BILD-ZEITUNG und SPIEGEL macht eines sichtbar: „Der Einwand, daß es doch ein ganzes Kaleidoskop an Zeitungen und an „Nachrichtenverpackungen" gibt, bringt nicht mehr ein als den Hinweis, daß es ein ganzes Kaleidoskop falscher Bedürfnisse gibt. Die Bedürfnisse der Leserschicht, die den SPIEGEL liest, liegen anders als die der BILD-Leser. Beide Produkte antworten seismographisch auf diese Verschiedenheit. Hier ist für jeden gesorgt." (113)
BILD-ZEITUNG und SPIEGEL, deren auf dem Markt zu realisierender Tauschwert, deren profitschaffende Qualität von der Synchronisation ihres Angebots mit den Dispositionen eines Publikums abhängt, das im Verwertungs- und Verwaltungszusammenhang einer fortgeschritten kapitalistischen Gesellschaft sich selbst verlustig gegangen ist —, BILD-ZEITUNG und SPIEGEL stellen so wesentliche Instrumente eines journalistischen crisis management dar, das vermittelt durch den Mechanismus der Massenkommunikation mit Hilfe von Konfliktvermeidungs- und Entschädigungstrategien dem bestehenden System ökonomischer und politischer Herrschaft die Loyalität der abhängigen Massen und der sich unabhängig dünkenden Intellektuellen-Subkultur sichert. (114)

Nachbemerkung

Das diskutierte Verhältnis von BILD-ZEITUNG und SPIEGEL zu ihren Leserschaften dürfte noch einmal deutlich gezeigt haben: Der Charkter der massenmedialen Institutionen als direkt oder indirekt gewinnorientierter Warenproduzenten und die Bereitschaft großer Gruppen der Bevölkerung, sich deren Informations- und Unterhaltungsangeboten anzuvertrauen, ist in Zusammenhang zu sehen mit der Organisation der bundesrepublikanischen Gesellschaft, in der das Interesse kleiner Kontrollgruppen in Wirtschaft und Politik (Großaktionäre und Management der Industriekonzerne; Großbankensektor; Parteioligarchien) dominiert, individuelle wie kollektive Bedürfnisse nur hinsichtlich ihrer profit- und wahlstimmenschaffenden Verwertbarkeit beurteilt werden und effektive

Mitbestimmung der Lohn- und Gehaltsabhängigen in Politik und Ökonomie fehlt. (115) Die problematische Situation der Massenmedien und die prekäre Lage des Publikums können daher konsequent nur verändert werden, wenn diese Organisation sich in eine verwandeln läßt, deren „politische in wirtschaftlicher Demokratie wurzelt und von ihr ausgeht." (116) Daß der Prozeß einer solchen Transformation der bundesrepublikanischen in eine realdemokratische Gesellschaft nicht von heute auf morgen vonstatten gehen kann, bedarf keiner weiteren Diskussion. Ebenso selbstverständlich sollte sein, daß aus der vorliegenden kritischen Beurteilung der Massenmedien nicht deren Liquidation abzuleiten ist, denn die quantitativen und qualitativen Bedingungen industrieller Massengesellschaften verlangen ‚Massen'-Medien als Kommunikations- und Informationsforen. Auch der angedeutete ‚lange Marsch' zu einer realdemokratischen Gesellschaft dürfte nicht ohne Unterstützung von massenmedialen Institutionen durchzustehen sein, — von massenmedialen Institutionen allerdings, deren materielle und intellektuelle Existenz auf den Fortschritt zu solch realdemokratischer Gesellschaft ausgerichtet sein müßte. Wie eine derartige Umpolung von Presse, Rundfunk und Fernsehen konkret aussehen und ablaufen könnte, ist in provisorischer Weise verschiedentlich formuliert worden. Insbesondere wurden dabei zur Umstrukturierung des massenkommunikativen Bereiches empfohlen: Herstellung einer politisierten Öffentlichkeit durch Aktivierung inner- und überbetrieblicher Mitbestimmung; Abbau der unmittelbaren Abhängigkeit der Medien von der werbungtreibenden Industrie durch Einrichtung von Anzeigengenossenschaften, Installierung einer innerbetrieblichen Mitbestimmung von Journalisten durch Fixierung von Redaktionsstatuten und Etablierung von Redaktionsräten. (117) Solche und ähnliche Vorschläge können im Rahmen der hier referierten Argumente nicht mehr erörtert werden; an diesen Vorschlägen muß jedoch theoretisch und praktisch konsequent weitergearbeitet werden, wenn die mittlerweile zahlreich vorhandenen kritischen Analysen der Massenkommunikation in der Bundesrepublik gesellschaftspolitische Folgen haben sollen.

Anmerkungen

(1) P. Glotz – W.R. Langenbucher, Monopol und Kommunikation, in: Publizistik 2, 3, 4 1968/S. 170; vgl. dazu P. Glotz – W.R. Langenbucher, Manipulation-Kommunikation-Demokratie, in: Aus Politik und Zeitgeschichte B 25 1969/S. 3 ff.

(2) vgl. dazu Bundesverband Deutscher Zeitungsverleger e.V. (ed.) Pressefreiheit und Fernsehmonopol, Bad Godesberg 1963/S. 26 und H.A. Kluthe (Präsident des Verbandes Deutscher Zeitschriftenverleger), Bedrohte Pressefreiheit, in: ZV & ZV 25 1965/S. 1040.

(3) J. Huffschmid, Ökonomische Macht und Pressefreiheit, in: H. Großmann – O. Negt (eds), Die Auferstehung der Gewalt – Springerblockade und politische Reaktion in der Bundesrepublik, Fankfurt 1969/S. 32.

(4) vgl. dazu J. Huffschmid, Politische Ökonomie des Springer-Konzerns, in: B. Jansen – A. Klönne (eds), Imperium Springer, Köln 1968/S. 53; vgl. dazu weiter T.W. Adorno, A Social Critique of Radio Music, in: B. Berelson – M. Janowitz (eds), Reader in Public Opinion and Communication, Glencoe 1953/S. 310–311.

(5) M. Löffler, Die Pressekonzentration bedroht die Pressefreiheit in: Zeitschrift für Rechtspolitik 1 1968/S. 17.

(6) vgl. dazu M. Hintze, Massenbildpresse und Fernsehen, Gütersloh 1966/S. 142–150 und H. Meyn, Massenmedien in der Bundesrepublik, Berlin 1966/S. 56.

(7) P.A. Baran, Thesen zur Werbung, in: P.A. Baran, Zur politischen Ökonomie der geplanten Wirtschaft, Frankfurt 1968/S. 131.

(8) L. Hinz, Meinungsmarkt und Publikationsorgane, in: G. Schäfer – C. Nedelmann (eds), Der CDU-Staat, München 1967/S. 157–158.

(9) vgl. dazu Bundesministerium des Innern, Bericht der Kommission zur Untersuchung der Wettbewerbsgleichheit von Presse, Rundfunk und Film (Bundesdrucksache V/2120), Bonn 1967/S. 81; Zweites Deutsches Fernsehen, Jahrbuch 1966, Mainz 1967/S. 164; Zentralausschuß der Werbewirtschaft e.V., Werbung 1968, Bad Godesberg 1968/S. 39 ff.

(10) C.-P.Gerber – M. Stosberg, Die Massenmedien und die Organisation politischer Interessen, Bielefeld 1969/S. 41.

(11) vgl. dazu A. Silbermann, Vorteile und Nachteile des kommerziellen Fernsehens, Düsseldorf–Wien 1968/S. 79 und G. Maletzke, Grundbegriffe der Massenkommunikation, München 1964/S. 57.

(12) Diese Gesellschaften sind: Bayerisches Werbefernsehen GMBH (BWF); Berliner Werbefunk GmbH (Bl. WF); Norddeutsches Werbefernsehen GmbH (NWF); Rundfunkwerbung GmbH (RFW); Werbung im Südwestfunk GmbH (WISWF); Werbefunk Saar GmbH (WS); Werbung im Rundfunk GmbH (WIR); Westdeutsches Werbefernsehen GmbH (WWF).

(13) vgl. dazu Bundesministerium des Innern, Bericht der Kommission zur Untersuchung der Wettbewerbsgleichheit..., a.a.O./S. 23.

(14) vgl. dazu J. Fest, Schwierigkeiten mit der Kritik. Die demokratische Funktion der Fernsehmagazine, in: C. Longolius (ed.), Fernsehen in Deutschland, Mainz 1967/S. 105 ff.

(15) vgl. dazu J. Huffschmid, Die Politik des Kapitals, Frankfurt 1969.

(16) vgl. dazu P. Glotz – W.R. Langenbucher, Der mißachtete Leser, Köln–Berlin 1969/S. 143 ff.; vgl. dazu – kritisch – S. Plogstedt, Sozialforschung im Dienste der Gegenaufkärung, in: P. Brokmeier (ed.), Kapitalismus und Pressefreiheit, Frankfurt 1968/S. 82 ff.

(17) M.L. De Fleur, Theories of Mass Communication, New York 1966/S. 157.

(18) T.W. Adorno, Résumé über Kulturindustrie, in: T.W. Adorno, Parva aesthetica – Ohne Leitbild, Frankfurt 1967/S. 60 f.; vgl. dazu die fast gleichlautende Argumentation bei J.K. Galbraith, Die moderne Industriegesellschaft, Düsseldorf 1968/S. 357.

(19) P. Glotz – W.R. Langenbucher, Monopol und Kommunikation, a.a.O./S. 170.

(20) Auf ein besonderes Problem in diesem Zusammenhang weisen Glotz – Langenbucher hin, wenn sie an die 102 von 577 kreisfreien Städten und Landkreisen der Bundesrepublik erinnern, in denen *eine* Zeitung die regionale und lokale Berichterstattung tatsächlich im strengen Sinne monopolisiert hat – vgl. dazu P. Glotz – W.R. Langenbucher, Monopol und Kommunikation, a.a.O./S. 168–171. Der Fehler von Glotz – Langenbucher liegt allerdings darin, daß sie ob dieser Provinzmonopole die gesamtgesellschaftlich relevanten Großkonzerne der Massenkommunikation weit unterschätzen.

(21) vgl. dazu T.W. Adorno, Résumé über Kulturindustrie, a.a.O./S. 68 f.

(22) vgl. dazu: Arbeitsgemeinschaft der öffentlich-rechtlichen Rundfunkanstalten der Bundesrepublik Deutschland (ed.), Rundfunkanstalten und Tageszeitungen. Dokumentation 4 – Meinungsumfragen und Analysen, Frankfurt 1966/S. 63; E. Noelle – E.P. Neumann, Jahrbuch der öffentlichen Meinung 1965–1967, Allensbach Bonn 1967/S. 11; A. Silbermann, Bildschirm und Wirklichkeit, Berlin 1966/S. 120 ff.; Infratest, Qualität 67, München 1967/Tabelle 23; Emnid-Institute, Imageanalyse von 24 Zeitschriften, Bielefeld 1966/S. 6 ff.–44 ff.; Divo-Institut, Die WELT-Konsumgewohnheiten und Konsumstil der Oberschicht, Hamburg 1967/S. 18; A. Springer, Qualitative Analyse der BILD-ZEITUNG, Hamburg 1965/S. 152.

(23) Daten hierzu finden sich in: Arbeitsgemeinschaft Leseranalyse e.V., Der Zeitschriftenleser 1967, Essen–Haidhausen 1967; Bund deutscher Zeitungsverleger e.V., Der Zeitungsleser 1966, Bad Godesberg 1966; Institut für Demoskopie, Werbefernsehen, Werbefunk, Film, Allensbach 1967.

(24) vgl. dazu zusammenfassend N. Altmann – G. Bechtle, Betriebliche Herrschaftsstruktur und industrielle Gesellschaft, München 1969/S. 28 ff.; vgl. ‚Zur sozialen Topik', in: H. Popitz et al., Gesellschaftsbild des Arbeiters, Tübingen 1957/S. 81 ff. und R. Dahrendorf, Dichotomie und Hierarchie, in: R. Dahrendorf, Gesellschaft und Freiheit, München 1961/S. 163 ff.

(25) vgl. dazu das zusammengestellte Material in: H. Holzer, Massenkommunikation und Demokratie – unter besonderer Berücksichtigung der Verhältnisse in der Bundesrepublik Deutschland. Versuch einer kritisch-soziologischen Argumentation, München 1970 (unveröffentlichte Habilitationsschrift)/S. 230 ff.; vgl. dazu weiter das Kapitel ‚Bemerkungen zum politischen Denken der Arbeiter', in: H. Popitz et al., a.a.O./S. 163 ff.

(26) vgl. dazu zusammenfassend O. Negt, Soziologische Phantasie und exemplarisches Lernen. Zur Theorie der Arbeiterbildung, Frankfurt 1968 (2.ed.)/S. 42 ff.; vgl. dazu weiter U. Oevermann, Schichtenspezifische Formen des Sprachverhaltens und ihr Einfluß auf die kognitiven Prozesse, in: H. Roth (ed.), Begabung und Lernen, Stuttgart 1967/S. 297 ff.

(27) vgl. dazu das zusammengestellte Material in: H. Holzer, a.a.O./S. 222 ff.

(28) vgl. dazu W. Abendroth, Antagonistische Gesellschaft und politische Demokratie, Neuwied Berlin 1967/S. 25 ff.

(29) vgl. dazu H. Holzer, a.a.O./S. 411 ff.

(30) vgl. dazu J. Habermas, Technik und Wissenschaft als ‚Ideologie', in: J. Habermas, Technik und Wissenschaft als ‚Ideologie', Frankfurt 1968/S. 80 ff.; C. Offe, Politische Herrschaft und Klassenstrukturen, in: G. Kress – D. Senghaas (eds), Politikwissenschaft, Frankfurt 1969/S. 155 ff.; O. Kirchheimer, Deutschland oder Der Verfall der Opposition, in: O. Kirchheimer, Politische Herrschaft, Frankfurt 1968/S. 61 ff.; W. Euchner, Zur Lage des Parlamentarismus, in: G. Schäfer – C. Nedelmann (eds), Der CDU-Staat, München

1967/S. 71 ff.; J. Agnoli, Die Transformation der Demokratie, in: J. Agnoli −
P. Brückner, Transformation der Demokratie, Frankfurt 1968/S. 38.
(31) vgl. dazu M. Schmidt, Der westdeutsche Parlamentarismus heute, in: Einheit-Zeitschrift für Theorie und Praxis des wissenschaftlichen Sozialismus 3 1966.
(32) W. Hofmann, Über die Notwendigkeit einer Demokratisierung des Parlaments, in: Sozialistische Politik 2 1969/S. 50.
(33) vgl. H. Holzer, Massenkommunikation und Demokratie in der Bundesrepublik Deutschland, Opladen 1969/S. 52 ff.
(34) vgl. dazu K. Horn, Zur Formierung der Innerlichkeit, in: G. Schäfer − C. Nedelmann (eds), Der CDU-Staat, München 1967/S. 196 ff.; vgl. dazu weiter J. Habermas, a.a.O./S. 76 ff.
(35) vgl. dazu H. Holzer, a.a.O./S. 59 ff.
(36) vgl. dazu W. Haug, Warenästhetik und Angst, in: Das Argument 1 1964; vgl. dazu weiter R. Reiche, Sexualität und Klassenkampf, Frankfurt 1968.
(37) vgl. dazu H. Holzer − J. Schmid, Massenkommunikation in der Bundesrepublik − Analysen und Alternativen, in: F. Hitzer − R. Opitz (eds), Alternativen der Opposition, Köln 1969/S. 262; vgl. dazu weiter F. Knipping, Monopole und Massenmedien, Berlin 1969/S. 33 ff.
(38) vgl. dazu M. Kuhlmann, Der Weg der Wirtschaftsnachrichten und ihre Stellung im Wirtschaftsteil der Tageszeitung, Quakenbrück 1957/S. 89; J. Rink, Zeitung und Gemeinde, Düsseldorf 1963/S. 98; G. Kunz, Untersuchung über Funktionen und Wirkungen von Zeitungen in deren Leserkreis, Köln Opladen 1967/S. 33 ff.; H. Holzer, Illustrierte und Gesellschaft, Freiburg 1967/S. 298; Contest-Institut für angewandte Psychologie und Soziologie −, Zur Situation der Frauenzeitschriften in der Bundesrepublik, Frankfurt 1963/S. 57 ff. und Contest-Institut für angewandte Psychologie und Soziologie −, Inhaltsanalytische Studie der Zeitschrift FILM & FRAU, Frankfurt 1965/S. 42; Statistisches Bundesamt, Statistisches Jahrbuch der Bundesrepublik 1968, Wiesbaden 1969/S. 107 f.; A. Silbermann, Bildschirm und Wirklichkeit, a.a.O./S. 37; D. Just, Der SPIEGEL, Hannover 1967/S. 62.
(39) vgl. dazu Arbeitsgemeinschaft der öffentlich-rechtlichen Rundfunkanstalten der Bundesrepublik Deutschland (ed.), Rundfunkanstalten und Tageszeitungen, a.a.O./S. 68; A. Silbermann, Vorteile und Nachteile des kommerziellen Fernsehens, a.a.O./S. 122; A. Silbermann, Bildschirm und Wirklichkeit, a.a.O./S. 52; H. Holzer, Illustrierte und Gesellschaft, a.a.O./S. 130.
(40) vgl. dazu P. Glotz − W.R. Langenbucher, Der mißachtete Leser, a.a.O./S. 47 ff.; Arbeitsgemeinschaft der öffentlich-rechtlichen Rundfunkanstalten der Bundesrepublik Deutschland (ed.), Rundfunkanstalten und Tageszeitungen, a.a.O./S. 76 f.; H. Holzer, Illustrierte und Gesellschaft, a.a.O./S. 191 ff.; D. Just, Der SPIEGEL, a.a.O./S. 80 ff.
(41) vgl. dazu H.M. Enzensberger, Journalismus als Eiertanz; Die Sprache des SPIEGEL; Scherbenwelt, in: H.M. Enzensberger, Einzelheiten I, Pfullingen 1967/S. 75 ff.; H. Holzer, Illustrierte und Gesellschaft, a.a.O./S. 94 ff.; H. Holzer − R. Kreckel, Jugend und Massenmedien, in: Soziale Welt 3 1967; W. Thomsen, Zum Problem der Scheinöffentlichkeit-Inhaltsanalytisch dargestellt an der BILD-ZEITUNG (unveröffentlichte Diplomarbeit), Frankfurt 1960; J. Ritsert, Das Berliner Modell im Urteil der Massenmedien, in: L.V. Friedeburg et al., Freie Universität und politisches Potential der Studenten, Neuwied Berlin 1969/S. 483 ff.; D. Just, Der SPIEGEL, a.a.O./S. 123 ff.; M. Steffens, Das Geschäft mit der Nachricht, Hamburg 1969/S. 59 ff. (siehe dazu auch die folgenden Anmerkungen)
(42) Daß es sehr wohl Ausnahmen von dieser Tendenz der Massenmedien gibt, hat zuletzt (August 1969) die Auseinandersetzung um das Fernsehmagazin ‚Panorama' wegen eines kritischen Berichts über Ex-Kanzler Kiesinger und den ehemaligen Finanzminister Strauß gezeigt.

(43) vgl. dazu H.M. Hughes, Human Interest Stories and Democracy, in: B. Berelson – M. Janowitz (eds), Reader in Public Opinion and Communication, a.a.O./S. 325; vgl. dazu auch die spezifische Problematik, die dieses Verfahren bei einer politisch so ambitionierten Zeitschrift wie dem SPIEGEL zeitigt, in: D. Just, der SPIEGEL, a.a.O./S. 138 f.
(44) vgl. dazu H. Holzer, Illustrierte und Gesellschaft, a.a.O./S. 199 ff. und W. Albig, Modern Public Opinion, New York Toronto London 1956/S. 482.
(45) vgl. dazu H. Holzer, a.a.O./S. 102 ff. + 156 ff.; W. Thomsen, a.a.O./S. 30; H.H. Holz, Utopie und Anarchie. Zur Kritik der kritischen Theorie Herbert Marcuses, Köln 1968/S. 27 f.
(46) D. Riesman, Die einsame Masse, Hamburg 1958/S. 202; vgl. dazu A. Görlitz, Demokratie im Wandel, Köln Opladen 1969/S. 52
(47) D. Riesman, a.a.O./S. 202; vgl. dazu A. Gehlen, Anthropologische Forschung, Hamburg 1961/S. 127; H. Schelsky, Gedanken zur Rolle der Publizistik in der modernen Gesellschaft, in: H. Schelsky, Auf der Suche nach Wirklichkeit, Köln Düsseldorf 1965/S. 315.
(48) vgl. dazu G. Anders, The Phantom World of TV, in: B. Rosenberg – D. Manning White (eds), Mass Culture, Glencoe 1957/S. 365; J. Trenaman – D. McQuail, Television and the Political Image, London 1961/S. 227 ff.
(49) vgl. dazu H.M. Enzensberger, Die Sprache des SPIEGEL, a.a.O./S. 74 ff.; H. Holzer, Illustrierte und Gesellschaft, a.a.O./S. 185 ff.; H.A. Walter, Schizoidität als journalistisches Prinzip, in: Frankfurter Hefte 3–4 1965/S. 162.
(50) vgl. dazu H. Holzer, a.a.O./S. 168. Ein illustratives Beispiel für die Konsequenzen dieses Verfahrens gibt Reinhard Kühnl, wenn er schreibt: ‚Das das ‚Volk' der QUICK-Leser den Prinzen Louis Ferdinand mit großem Vorsprung zum Bundespräsidenten gewählt wissen will und die BILD-ZEITUNG gar eine absolute Mehrheit bei den Hohenzollern ermittelte, ist das logische Resultat dieses Verdummungsprozesses' (R. Kühnl et al., Die NPD. Struktur, Programm und Ideologie einer neofaschistischen Partei, Frankfurt 1969/S. 277 – vgl. dazu weiter R. Kühnl, Das dritte Reich in der Presse der Bundesrepublik, Frankfurt 1966).
(51) vgl. dazu H. Schelsky, Der Mensch in der Zivilisation, Köln Opladen 1961/S. 41 und U. Sonnemann, Das Land der unbegrenzten Zumutbarkeiten, Hamburg 1962/S. 19
(52) T. W. Adorno, Kulturkritik und Gesellschaft, in: T.W. Adorno, Prismen, Frankfurt 1963/S. 21.
(53) vgl. dazu E. Becker, Das Bild der Frau in den Illustrierten, in: M. Horkheimer (ed.), Zeugnisse, Frankfurt 1963/S. 434; H. Plessner, Das Problem der Scheinöffentlichkeit und die Idee der Entfremdung, Göttingen 1960/S. 12 f.
(54) vgl. dazu W. Thomsen, a.a.O.; H. Holzer, Illustrierte und Gesellschaft, a.a.O./S. 148 f.; H.-D. Müller, Der Springer-Konzern, München 1968/S. 309 f.
(55) vgl. dazu das von Heinz Großmann und Oskar Negt herausgegebene Buch ‚Die Auferstehung der Gewalt-Springerblockade und politische Reaktion in der Bundesrepublik', Frankfurt 1969, aus dessen einzelnen Partien deutlich hervorgeht, wie wenig sich ein der oben vorgebrachten Kritik ähnliches Argument mit einzelnen BILD-ZEITUNGsartikeln belegen läßt – wie sehr ein solches Argument vielmehr nur aus dem Gesamtzusammenhang der Zeitung ableitbar ist; siehe dazu vor allem den in dem angegebenen Buch abgedruckten Aufsatz von Heiner Schäfer: Die BILD-ZEITUNG – eine Ordnungsmacht mit Spätkapitalismus, a.a.O./S. 19 ff.
(56) vgl. dazu G. Anders, The Phantom World of TV, a.a.O./S. 363 ff.
(57) vgl. dazu H. Holzer, a.a.O./S. 206 ff.
(58) S. Pausewang, Öffentliche Meinung und Massenmedien, in: W. Abendroth – K.,Lenk (eds), Einführung in die politische Wissenschaft, München 1968/S. 316.

(59) vgl. dazu U. Jaeggi – R. Steiner – W. Wyninger, Der Vietnam-Krieg und die Presse, Zürich 1966 und G. Amendt, China. Der deutschen Presse Märchenland, Frankfurt 1968.
(60) H.M. Enzensberger, Journalismus als Eiertanz, a.a.O./S. 18.
(61) J.T. Klapper, The Effects of Mass Communication, Glencoe 1960/S. 208.
(62) vgl. dazu R. Lenz, DIE WELT als Wille und Vorstellung, in: B. Jansen – A. Klönne (eds), Imperium Springer, a.a.O./S. 114 ff.; H. Holzer, a.a.O./ S. 144 ff. + 287 ff.; H.A. Walter, a.a.O./S. 160 ff.
(63) H. Pross, Eigentümlichkeiten der bundesdeutschen Meinungsbildung, in: H. Pross, Vor und nach Hitler, Olten-Freiburg 1962/34.
(64) J. Habermas, Strukturwandel der Öffentlichkeit, Neuwied Berlin 1962/S. 189–190.
(65) vgl. dazu das zusammengestellte Material in: H. Holzer, Massenkommunikation und Demokratie – unter besonderer Berücksichtigung der Verhältnisse in der Bundesrepublik. Versuch einer kritisch-soziologischen Argumentation, a.a.O./S. 312 ff.
(66) vgl. dazu J.O. Glick – S.J. Levy, Living with Television, Chicago 1962/S. 112 und G.H. Stempel, Selectivity in Readership of Political News, in: Public Opinion Quarterly 3 1961/S. 400 ff.
(67) vgl. dazu Arbeitsgemeinschaft der öffentlich-rechtlichen Rundfunkanstalten der Bundesrepublik Deutschland (ed.), Rundfunkanstalten und Tageszeitungen, a.a.O./S. 33–34.
(68) Der Bereich ‚Fernsehen' wird deshalb gewählt, weil für ihn die meisten Ergebnisse vorliegen. Vgl. dazu J. Kob, Zur Soziologie des Fernsehens, in: H.-D. Ortlieb – B. Molitor (eds), Hamburger Jahrbuch für Wirtschafts- und Gesellschaftspolitik 1964, Tübingen 1964/S. 100 ff.
(69) Bei der sich anschließenden Vorführung empirischer Ergebnisse ist zweierlei zu bedenken: erstens kann, da anderes Material nicht vorliegt, das Verhalten des Publikums gegenüber den Fernsehprogrammen nur an der Sehbeteiligung und der Präferenz für Sendungen politischen Inhalts abgelesen werden; zweitens kann, da Material hierfür lediglich in kleinerem Umfang vorliegt eine Differenzierung der einzelnen Ergebnisse nach sozialstatistischen Merkmalen des Publikums nur hin und wieder erfolgen.
(70) Es gibt allerdings auch andere Werte, ebenfalls von Infratest, die eine größere Sehbeteiligung zeigen: für PANORAMA – 42 % (Jahresdurchschnitt 1966), REPORT – 36 % (Jahresdurchschnitt 1966), MONITOR – 27 % (Jahresdurchschnitt 1966) – vgl. dazu Infratest, Die Sendereihen Panorama, Report und Monitor, München 1966/S. 7 ff. Der Unterschied läßt sich folgendermaßen erklären: Die in Tabelle 1 genannten Werte wurden bei Befragungen ermittelt, wo die Interviewten sozusagen ihr intektuelles Beteiligtsein angaben, also nachweisen mußten, die Sendung tatsächlich angeschaut zu haben; die in Anmerkung (70) angeführten Daten wurden dagegen auf rein mechanischem Weg festgehalten – nämlich durch ein am TV-Apparat montierbares Gerät, das Ein- und Abschalten registriert. Solche Geräte hat Infratest in 625 repräsentativ ausgewählten Haushalten der Bundesrepublik aufgestellt; diese Geräte werden regelmäßig abgelesen und liefern damit die Werte der Sehbeteiligung des Fernsehpublikums. Diese Werte sagen also nichts darüber aus, ob eine Sendung tatsächlich angeschaut wird, sie geben nur an, ob ein TV-Apparat zu einer bestimmten Zeit ein- oder ausgeschaltet ist (Tammeter–Methode).
(71) Arbeitsgemeinschaft der öffentlich-rechtlichen Rundfunkanstalten der Bundesrepublik Deutschland (ed.), Rundfunkanstalten und Tageszeitungen, a.a.O./S. 52.
(72) vgl. dazu H.M. Enzensberger, Scherbenwelt, a.a.O./S. 106 ff.
(73) Dabei ist zu beachten, daß PANORAMA und REPORT fast zum gleichen

Zeitpunkt (1961/62) ihre Sendelaufbahn begannen. Das heißt: die Konkurrenz zwischen den beiden Programmen ist nicht dadurch verzerrt worden, daß die eine Sendung vor der anderen einen zeitlichen Vorsprung hatte –, ein Tatbestand, der vor allem die Bevorzugung der ARD- gegenüber den ZDF-Programmen nicht unwesentlich bestimmen dürfte (hinzu kommt hier noch, daß nicht alle ARD-Zuschauer auch die ZDF-Sendungen empfangen können).

(74) vgl. dazu A.H. Eagley – M. Manis, Evaluation of Message and Communication as a Function of Involvement, in: Journal of Personal and Social Psychology 4 1966/S. 483 ff.
(75) vgl. dazu das zusammengestellte Material in: H. Holzer, a.a.O./S. 240 ff.
(76) Arbeitsgemeinschaft der öffentlich-rechtlichen Rundfunkanstalten der Bundesrepublik Deutschland (ed.), Rundfunkanstalten und Tageszeitungen, a.a.O./S. 53.
(77) vgl. dazu – sozusagen als verpaßte Gelegenheit – H.K. Platte, Soziologie der Massenkommunikation, München 1965/S. 147 ff.
(78) vgl. dazu F. Knipping, Monopole und Massenmedien, a.a.O./S. 146 ff.
(79) T. Brocher, Die Unterhaltungssendung als Instrument gesellschafspolitischer Bewußtseinsbildung, in: C. Longolius (ed.), a.a.O./S. 283 und ff.
(80) vgl. dazu Infratest, Die Zuschauerreaktionen auf die Fernsehsendung vom 6. Mai 1965 ‚Ein Tag-Bericht aus einem deutschen Konzentrationslager', München 1965/S. 4.
(81) vgl. dazu E. Noelle – E.P. Neumann, Jahrbuch der öffentlichen Meinung, a.a.O./S. 107.
(82) vgl. dazu H.D. Müller, Der Springer-Konzern, a.a.O./S. 310.
(83) vgl. dazu A. Meier, Die Kommerzialisierung der Kultur, Zürich 1965.
(84) J. Agnoli, Die Transformation der Demokratie, a.a.O./S. 68.
(85) vgl. dazu W. Thomsen, a.a.O.; W. Berghahn, Die Bild-Zeitung, Frankfurt 1962 (Rundfunk-Manuskript); J. Holtkamp, Die BILD-Familie, in: B. Jansen – A. Klönne (eds), Imperium Springer, a.a.O./S. 102 ff.; H. Schäfer, Die BILD-Zeitung – eine Ordnungsmacht im Spätkapitalismus, a.a.O./S. 19 ff.; H. Schäfer, Schichten- und gruppenspezifische Manipulation in der Massenpresse, in: P. Brokmeier (ed.), Kapitalismus und Pressefreiheit, a.a.O./S. 61 ff.
(86) vgl. dazu A. Springer, Qualitative Analyse der BILD-ZEITUNG, a.a.O./S. 34; Infratest-Divo, Bild-Zeitung: Leseranalyse 1966/67, München Frankfurt 1967.
(87) vgl. dazu A. Freud, Das Ich und die Abwehrmechanismen, München 1964/S. 85.
(88) vgl. dazu Contest-Institut für angewandte Psychologie und Soziologie –, Qualitative Analyse der Bildzeitungs-Leser, Frankfurt 1965 und A. Springer, Qualitative Analyse der BILD-ZEITUNG, a.a.O./S. 175 ff.
(89) vgl. dazu S. Freud, Massenpsychologie und Ich-Analyse, in: S. Freud, Das Unbewußte, Frankfurt 1960/S. 259.
(90) vgl. dazu H. Adam, Der BILD-Leser, in: Das Argument 4–5 1968/S. 328 ff.
(91) T.W. Adorno, Résumé über Kulturindustrie, a.a.O./S. 69.
(92) H.D. Müller, a.a.O./S. 308.
(93) H.D. Müller a.a.O./S. 308.
(94) vgl. dazu beispielsweise die Kurz-Analyse der Tageszeitung DIE WELT, in: H. Schäfer, Schichten- und gruppenspezifische Manipulation in der Massenpresse, a.a.O./S. 73 ff.
(95) vgl.dazu D. Just, Der SPIEGEL, a.a.O./S. 168.
(96) vgl. dazu SPIEGEL-Verlag (ed.), Führungskräfte – eine Spiegel-Dokumentation, Hamburg 1965.
(97) vgl. dazu Institut für Demoskopie, Probleme der Finanzpolitik-Ergebnisse einer Umfrage unter Mitgliedern des Deutschen Bundestages, Allensbach 1958.

(98) M. Schneider, Der SPIEGEL oder Die Nachricht als Ware, in: M. Schneider – E. Siepmann, Der SPIEGEL oder Die Nachricht als Ware, Berlin Frankfurt 1968/S. 6.
(99) M. Schneider, a.a.O./S. 7.
(100) vgl. dazu E. Kuby, Facsimile-Querschnitt durch den SPIEGEL, München 1967/S. 21.
(101) Dieser Erfolg wiegt umso schwerer, als es in der Bundesrepublik kein anderes Presseerzeugnis gibt, das Teile der gesellschaftlichen Spitzengruppe in solchem Umfang erreicht.
(102) D. Just, a.a.O./S. 31.
(103) D. Just, a.a.O./S. 191.
(104) D. Just, a.a.O./S. 187.
(105) M. Schneider, a.a.O./S. 8.
(106) M. Schneider, a.a.O./S. 10.
(107) M. Schneider, a.a.O./S. 10.
(108) Nach der SPIEGEL-Affäre von 1962 wurde – wie Dieter Just nachgewiesen hat – dieses ambivalente Verfahren wesentlich verfeinert und perfektioniert – vgl. dazu D. Just, a.a.O./S. 179 ff.
(109) E. Kuby, a.a.O./S. 18.
(110) M. Schneider, a.a.O./S. 16–17.
(111) D. Just, a.a.O./S. 192.
(112) H.D. Jaene, DER SPIEGEL – Ein deutsches Nachrichten-Magazin, Frankfurt 1968/S. 127.
(113) E. Siepmann, Der SPIEGEL oder Die Nachricht als Ware, a.a.O./S. 28.
(114) vgl. dazu J. Habermas, Technik und Wissenschaft als Ideologie', a.a.O./S. 80 ff. und C. Offe, Politische Herrschaft und Klassenstrukturen, a.a.O./S. 155 ff.
(115) vgl. dazu K.H. Stanzick, Der ökonomische Konzentrationsprozeß, in: G. Schäfer – C. Nedelmann (eds), Der CDU-Staat, München 1967/S. 45–46.
(116) E. Siepmann, a.a.O./S. 19.
(117) vgl. dazu H. Holzer – J. Schmid, Massenkommunikation in der Bundesrepublik – Analysen und Alternativen, a.a.O./S. 268 ff.; B. Jansen, Möglichkeiten einer Demokratisierung der Presse, in: B. Jansen – A. Klönne (eds), Imperium Springer, a.a.O./S. 250 ff. und – mit einer anders orientierten Argumentation – P. Glotz – W.R. Langenbucher, Der mißachtete Leser, a.a.O./S. 160 ff. + 185 ff.

Heribert Schatz

"Tagesschau" und "heute" — Politisierung des Unpolitischen?

Zur Problemstellung

Politisierung des einzelnen, Politisierung sozialer Interaktionen und damit Politisierung der Gesellschaft, — das sind Forderungen, die in zunehmendem Maße in der kritischen Öffentlichkeit diskutiert werden. Hinter diesen auf den ersten Blick recht vagen Begriffen verbirgt sich ein breites Spektrum von Vorstellungen über die optimale Organisation der Gesellschaft zur Bewältigung ihrer Verteilungs-, Anpassungs- und Entwicklungsprobleme. Neben rein normativen Positionen, die in der Politisierung des einzelnen den Weg zur Selbstverwirklichung oder gar zur herrschaftsfreien Gesellschaft sehen, finden sich eine ganze Reihe mehr instrumental ausgerichteter, gleichwohl normativer Überlegungen, die sich auf die wachsende Diskrepanz zwischen dem Steuerungsbedarf moderner hochkomplexer Gesellschaften und der herkömmlichen Rollenverteilung in politischen Systemen beziehen.(1) Aus der einen Sicht bedeutet Politisierung der Gesellschaft verstärkte Partizipation am politischen Willensbildungsprozeß, d.h. Erhöhung der Mitwirkungschancen des einzelnen bei der Bestimmung seiner existenziellen Situation. Aus der anderen Perspektive heißt Politisierung Verminderung des non-decision-Bereiches, d.h. Verbesserung vorhandener Artikulationsmöglichkeiten gesellschaftlicher Gruppierungen, deren Bedürfnisse bisher mehr oder weniger übersehen wurden und die damit latente Krisenherde für das politische System bilden. Daneben soll Politisierung Konflikt- und Konsensbildungsprozesse in Bezug auf langfristige Zukunftsprobleme der Gesellschaft intensivieren, die in Parteien und Parlamenten wegen des ihnen immanenten kurzen Zeithorizontes zu wenig berücksichtigt werden.

So unterschiedliche Funktionen der Politisierung der Gesellschaft zugeordnet werden, so einig ist man sich darüber, daß sie in jeder Variante die Erhöhung des Kenntnisstandes, die Schärfung des Problembewußtseins und die Erhöhung der Kritikfähigkeit des einzelnen in Bezug auf Gegenstände und Rollenträger im politischen Prozeß voraussetzt. Umstritten ist allenfalls das Maß, in dem diese "zweite Aufklärung" machbar, bzw. für die Gesellschaft funktional ist. Die Wege, sie zu erreichen, sind in jedem Falle vielfältig. Neben Erziehung und Bildung in Elternhaus, Schule und Beruf bieten vor allem die Massenkommunikationsmittel große Möglichkeiten.(2) Unter ihnen nimmt das Fernsehen eine Sonderstellung ein. Bei diesem Medium liegt das Hauptgewicht der vermittelten Informationen auf "schaubaren" Gegenständen, Ereignissen und Personen. Abstrakte Sachzusammenhänge und Themenstellungen treten demgegenüber zurück. Durch die Betonung des persönlichen Elements wird der Eindruck einer persönlichen Kommunikation erweckt. Neben dieser Illusion der Intimität und des Dabeiseins vermittelt das Fernsehen auch die Illusion der Realität. Sie beruht vornehmlich auf der von der bildlichen Darstellung ausgehenden Überzeugungskraft und Glaubwürdigkeit. Hinzu kommt, daß sich das Prestige dieses Mediums auf die im Programm auftretenden oder genannten Personen und Institutionen überträgt. Schließlich erreicht das Fernsehen wie kaum ein anderes Medium ein großes und heterogenes Publikum (3) und dabei infolge seiner Anziehungskraft und der bewußten Einbettung der politischen Berichterstattung in das übrige Programm vor allem auch den politisch Desinteressierten, der sonst kaum mit Politik in Berührung käme.

Diese Eigenschaften machen das Fernsehen besonders geeignet, politische Ereignisse einem breiten Publikum zu repräsentieren. Damit trägt dieses Medium in spezifischer Art und Weise zur Formung des Bildes bei, das sich der einzelne von den politischen Realitäten, den politischen Rollenträgern und letztlich auch von seiner eigenen Rolle im politischen System macht. Das Fernsehen nimmt insofern im politischen System eine Problematisierungs- und Konfliktfunktion, aber auch eine Legitimations- und Konsensbildungsfunktion in Bezug auf die politische Führung und ihre Maßnahmen wahr.

Da das Massenkommunikationssystem der Bundesrepublik bislang noch wenig erforscht ist, stößt der Versuch festzustellen, in welchem Maße das Fernsehen bei uns derartige Funktionen erfüllt, auf große theoretische und empirische Schwierigkeiten. So wäre beispielsweise eine Reihe breit angelegter Untersuchungen notwendig, um den Produktionsprozeß und die Art und Weise der Selektion von Nachrichten aus der Fülle der Tagesereignisse beurteilen zu können. Ferner wären über einen längeren Zeitraum Untersuchungen des gesamten Fernsehprogramms hinsichtlich der Kommunikationsinhalte und der Art der Präsentation notwendig, die durch Analysen des Streubereichs sowie durch Untersuchungen der Informationsaufnahme und ihrer Wirkung bei den Zuschauern zu ergänzen wären. Ferner setzt die Beantwortung der Frage, in welchen Mengen und Qualitäten die Fernsehberichterstattung am ehesten zur Politisierung der Gesellschaft in dem hier verwendeten Sinne beitragen könnte, eine Analyse des gesamten Massenkommunikationssystems der BRD voraus. Schließlich könnte die Frage, wo die optimale Kombination der einzelnen vom Fernsehen zu erfüllenden Funktionen liegt, nur anhand einer empirisch hinreichend fundierten politischen Theorie beantwortet werden. Da diese jedoch bisher nur in Ansätzen vorhanden ist und Untersuchungsergebnisse auf den oben genannten Gebieten nur zu Teilaspekten vorliegen, müssen sich die folgenden Ausführungen im wesentlichen auf die Darstellung der Hauptergebnisse einer Inhaltsanalyse der Nachrichtensendungen des "Deutschen Fernsehens" und des "Zweiten Deutschen Fernsehens" und ihre Gegenüberstellung mit Befunden aus der Analyse einiger Tageszeitungen beschränken.(4) Wegen dieser relativ begrenzten empirischen Basis ist es nicht möglich, generelle Schlüsse auf den Beitrag des Fernsehens zur Politisierung der Gesellschaft der Bundesrepublik zu ziehen. Immerhin lassen sich anhand des Materials aber eine Reihe von Hypothesen über mögliche Wirkungen und Zusammenhänge von Massenkommunikation und politischem System formulieren, die neben den Möglichkeiten des Mediums Fernsehen auch seine Grenzen als Mittel zur Politisierung des Unpolitischen aufzeigen.

Sechs empirische Thesen zu den Fernsehnachrichtensendungen der ARD und des ZDF

1. These: "Tagesschau" und "heute" vermitteln überwiegend Fakten und lassen nur schwer komplexere Problemzusammenhänge erkennen.

Die Inhaltsanalyse der Fernsehnachrichtensendungen ergibt, daß im Untersuchungszeitraum die Hauptausgabe der "Tagesschau" im Durchschnitt 22 und die Spätausgabe 16 Meldungen (5) enthält. Hinzu kommt der "Tagesschau"-Kommentar, der sich jeweils auf ein besonders aktuelles Thema bezieht. Die Sendung "heute" bringt demgegenüber in der Haupt- wie in der Spätausgabe durchschnittlich 16 Meldungen sowie vier "Themen des Tages". Von diesen Meldungen beziehen sich rund zwei Drittel auf politische Ereignisse. Fast immer ist der "Aufmacher", die erste Meldung, eine politische Nachricht. Ebenso sind fast alle "Tagesschau"-Kommentare politischen Themen gewidmet.
Überleitungen und Stellungnahmen des Studioredakteurs in den "Themen des Tages" sowie die Stellungnahmen von Kommentatoren oder Berichterstattern in den übrigen Sendungen sind relativ selten; sie betreffen lediglich 6 Prozent der Meldungen. Daher bestehen "Tagesschau" und "heute" überwiegend aus einer Aneinanderreihung von Fakten ohne erkennbar gemachten Bezug zu komplexeren Problemzusammenhängen. Hinzu kommt die mit Ausnahme der Filmnachrichten und -berichte wenig anschauliche Art der Darbietung. Immerhin sind 40 Prozent der Meldungen reine Wortnachrichten, bei weiteren 25 Prozent wird der Nachrichtentext nur durch Standfotos oder Graphiken ergänzt. Schließlich sind die meisten Nachrichten auf 10 bis 40 Sekunden Dauer begrenzt.
All diese Charakteristika machen die "Tagesschau" und "heute" zu Sendungen, die bei der Mehrzahl der angesprochenen Themen relativ hohe Anforderungen an die Fähigkeiten ihrer Zuschauer stellen, "the truth behind the facts" zu erkennen. Trotz des relativ hohen Anteils politischer Meldungen sind die Nachrichtensendungen der beiden Programme

deshalb wenig geeignet, das Problembewußtsein und die Kritikfähigkeit eines breiteren Publikums über das bereits vorhandene Maß hinaus zu erhöhen.(6) Dieses erste Ergebnis gewinnt durch die qualitative Differenzierung in den folgenden Thesen noch an Gewicht.

2. *These*: Der Versuch, Nachrichten mediumgerecht zu präsentieren, führt zur Bevorzugung "schaubarer" Informationen.

Wie schon den Ausführungen zur ersten These zu entnehmen ist, senden "Tagesschau" und "heute" nur etwa ein Drittel ihrer Meldungen in Form von Filmberichten und -nachrichten. Darin zeigen sich die trotz Nachrichtensatelliten, Filmagenturen und Eurovisions-Filmaustausch immer noch bestehenden Schwierigkeiten, über die abstrakten und vielschichtigen Tatbestände und Zusammenhänge der Politik mediumgerecht zu berichten.

Der Versuch, trotz dieser Schwierigkeiten so viel Meldungen wie möglich zu "bebildern", führt nicht selten zu einer inhaltlichen Divergenz zwischen dem Anlaß der Mitteilung und der Art ihrer Darbietung. So erhalten oft Ereignisse am Rande des Geschehens eine unerwartete Aufmerksamkeit, nur weil sie filmbar sind. Auch die Häufigkeit, mit der politische Akteure in Filmnachrichten ohne "On-Ton" auftreten, deutet an, wie oft Filmberichte nur als Kulisse dienen.

Bedeutender sind jedoch die Auswirkungen dieser Versuche einer mediumgerechten Präsentation auf die Auswahl der Ereignisse, über die überhaupt berichtet wird. Hier läßt sich eine deutliche Tendenz erkennen, Ereignisse mit hohem Show-Wert zu bevorzugen. Daher spielen Berichte über Konferenzen und Tagungen, offizielle Besuche und Empfänge sowie militärische, paramilitärische oder polizeiliche Aktionen eine vergleichsweise große Rolle. Politik bekommt durch diese Häufung des Deklamatorischen, des Festlichen und Dekorativen, des Extrovertierten und Geschäftigen einen ganz spezifischen Anstrich.

Schließlich läßt sich als Folge des Versuchs einer mediumgerechten Informationsvermittlung bei vielen Meldungen eine Personalisierung politischer Tatbestände feststellen. So wird beispielsweise sehr viel häufiger über Personengruppen und einzelne Politiker als über Institutionen wie Bundestag, Parteien oder Ministerien berichtet. Die Wirkung dieser Tatsache wird dadurch verstärkt, daß politische Akteure relativ häufiger in Filmberichten oder bebilderten Nachrichten auftreten, während Institutionen häufiger in den Wortnachrichten behandelt werden. Diese in den Nachrichtensendungen der ARD und des ZDF gleichermaßen verfolgte Strategie ist geeignet, einer möglichen politisierenden Wirkung von "Tagesschau" und "heute" von vornherein eine relativ starke irrationale Komponente zu geben. Das Abwägen von politischen Alternativen, die Andeutung von sachlichen Schwierigkeiten oder der Hinweis auf Neben- und Fernwirkungen politischer Entscheidungen, all diese Problembewußtsein schaffenden Differenzierungen des politischen Geschehens treten nur wenig in Erscheinung. Allerdings muß darauf hingewiesen werden, daß diese Simplifizierung von Politik nicht zuletzt deswegen so zu Buche schlägt, weil viele Politiker die Art der Fernsehberichterstattung in ihrem Verhalten antizipieren, – man denke nur an die oft nichtssagenden Flugplatzreden anläßlich von Auslandsreisen oder an die inhaltsarmen, aber telegenen Aktivitäten in Wahlkampfzeiten.

3. These: Die Fernsehnachrichten enthalten nur wenig gesellschaftspolitische Inforamtionen.

Eine weitere Möglichkeit des Fernsehens, politisierend zu wirken, könnte darin bestehen, daß häufiger über sozial- und gesellschaftspolitische Themen berichtet wird, weil diese eher einen Bezug zu den persönlichen Problemen des einzelnen haben als etwa die Außenpolitik und damit eher seine Anteilnahme am politischen Geschehen stimulieren könnten.
Wie jedoch der Auswertung der Fernsehnachrichten aus dem Sachgebiet Politik nach Themenbereichen (7) in der folgenden Tabelle 1 zu entnehmen ist, entfällt ein bemerkenswert hoher Anteil der Meldungen auf allgemeine außen- und sicherheitspolitische Fragen sowie innenpolitische Ereignisse anderer Länder. Unter den auf die Bundesrepublik bezogenen Themen werden außen- und sicherheitspolitische sowie wirtschafts- und finanzpolitische Fragen besonders häufig behandelt. Dagegen umfaßt der gesamte Themenbereich "Innen- und Sozialpolitik" nur etwas über 4 Prozent der insgesamt 5 513 genannten Themen. Unter den 14 Einzelthemen dieses Themenbereiches, darunter Alterssicherung, Vermögensbildung, Bildungswesen, Gesundheitswesen und Städtebau taucht nur das Thema Alterssicherung in der Liste der 20 häufigsten Einzelthemen auf. Damit spiegelt sich in den Fernsehnachrichtensendungen gleichermaßen die starke außenpolitische Verflochtenheit der Bundesrepublik wie der hohe Stellenwert des Subsystems Wirtschaft im politischen Entscheidungsprozeß wider. Aspekte sozialer Innovationen, die eine verstärkte politische Partizipation des einzelnen auslösen könnten, treten demgegenüber in den Hintergrund, wobei allerdings ohne weitere Untersuchungen nicht zu unterscheiden ist, ob dies das Ergebnis der Nachrichtenselektion der Fernsehanstalten oder die Folge des ihnen angebotenen Nachrichtenmaterials ist.

4. These: "Tagesschau" und "heute" enthalten wenig Kritik.

Informationssendungen wie "Tagesschau" und "heute" bieten verschiedene Möglichkeiten, Kritik zu politischen Tatbeständen und Ereignissen zu vermitteln. Einmal können Moderatoren und Kommentatoren bei ihren *Überleitungen* oder *Kommentaren* eigene Wertungen oder Stellungnahmen zu Wertungen politischer Akteure abgeben. Zum

Tabelle 1: Häufigkeit einzelner Themenbereiche in den Fernsehnachrichten

Themenbereich	„Tagesschau" in Prozent	„heute" in Prozent	Sendungen insgesamt in Prozent
1. Politisches System allgem.	1.9	2.0	2.0
2. Verfassung u. Recht	2.2	2.0	2.0
3. Regierung u. Verwaltung	3.2	4.6	4.2
4. Bundestag	0.8	0.6	0.7
5. Bundesrat, Länder	1.6	1.8	1.7
6. Parteien	9.6	7.5	8.5
7. Organisierte Gesellschaft	1.0	0.9	1.0
8. Innen- und Sozialpol.	4.0	4.3	4.1
9. Wirtschafts- und Finanzpol.	15.1	12.9	14.0
10. Deutschlandpolitik	7.8	9.0	8.3
11. Außen- und Sicherheitspol. d. BRD	18.1	19.4	18.7
12. Innenpolitik and. Länder, Außen- und Sicherheitspol. allgemein	33.9	35.1	34.3
Summe	100	100	100
n=	2769	2744	5513

anderen kann Kritik in der Weise vermittelt werden, daß in den *Nachrichten* über kritische Äußerungen politischer Akteure berichtet wird oder daß Politiker selber mit kritischen Äußerungen zu Wort kommen. Durch die Selektion derartiger Nachrichten kann das Fernsehen Kritik übermitteln, ohne dabei gegen die geltende Norm der Sachlichkeit bei der Nachrichtenberichterstattung zu verstoßen.

In der ersten These wurde schon erwähnt, daß kommentierende Überleitungen und Kommentare nur 6 Prozent der Themen betreffen. Bei täglich rund 50 politischen Meldungen in den Haupt- und Spätausgaben der beiden Sendungen könnte aber selbst von diesem geringen Anteil eine zusätzliche politisierende Wirkung in dem hier gemeinten Sinne aus-

gehen, wenn diese Stellungnahmen besonders daraufhin konzipiert würden.
Die Analyse der Nachrichtensendungen zeigt jedoch, daß das nicht der Fall ist.(8) Der stark überwiegende Teil der Überleitungen und Kommentare ist neutral und in sich ausgewogen, kritische Äußerungen werden durch affirmative oft wieder aufgehoben. Einseitig ablehnende Wertungen gibt es so gut wie nie. Daß "Tagesschau" und "heute" dennoch nicht gänzlich kritikarm wirken, ist auf die zweite der eingangs genannten Möglichkeiten, Wertungen zu übermitteln, zurückzuführen. Rund 60 Prozent der Meldungen enthalten Wertungen politischer Akteure zu den jeweils angesprochenen Themen. Allerdings sind darunter doppelt so viel zustimmende wie ablehnende Stellungnahmen zu finden. Bemerkenswert ist ferner, daß sich negative Werturteile häufiger auf außenpolitische als auf innenpolitische Themen beziehen.
In Bezug auf die Häufigkeit von Stellungnahmen zu den politischen Akteuren selber ergibt sich ein ähnliches Bild. 97 Prozent der Meldungen vermitteln einen neutralen Eindruck. Nicht mehr als 1,1 Prozent der Meldungen sind als ausgesprochen günstig und 1,8 Prozent als ungünstig für die jeweils genannte oder auftretende Person oder Institution zu bewerten. Nur bei der DDR, der Volksrepublik China, der NPD, dem im Untersuchungszeitraum abgewählten Kanzler Erhard und der nachfolgenden Großen Koalition ergibt sich eine stärkere Pointierung in der Bewertung. Hier wird nur bei 85 – 90 Prozent der Meldungen ein neutrales Image erzeugt. Während sich bei Erhard und der Großen Koalition die ausgesprochen positiven und negativen Eindrücke jedoch wiederum die Waage halten, überwiegt bei den drei erstgenannten Institutionen das negative Image.
Sieht man Themen- und Personenbewertungen im Zusammenhang, so ergibt sich eine gewisse, durch das Fehlen exponierter Bewertungen bedingte Farblosigkeit der Fernsehnachrichtensendungen. Der Eigenbeitrag des Fernsehens im Massenkommunikationsprozeß liegt bei "Tagesschau" und "heute" insofern weniger bei der Interpretation des politischen Geschehens und dem Herstellen von Problembezügen als bei der Auswahl der zu übermittelnden Informationen. Unter Einbeziehung der ersten drei Thesen läßt sich somit sagen, daß die Fernsehnachrichtensendungen nur in geringem Maße eine Problematisierungs- und Konfliktfunktion wahrnehmen. In den folgenden beiden Thesen ist daher schwerpunktmäßig die Frage zu behandeln, ob und in welcher Art und Weise diese Sendungen durch die Wahrnehmung einer Konsensbildungs- und Legitimationsfunktion zur Politisierung der Gesellschaft beitragen.

5. *These* Die Fernsehnachrichtensendungen haben eine starke "gouvernementale" Komponente.

Die Auswertung der Fernsehnachrichtensendungen macht deutlich, daß

über Aktivitäten der Exekutive im Vergleich zu anderen politischen Rollenträgern sehr viel häufiger berichtet wird. Auf die Bundesregierung, die Ressorts und einzelne Minister entfallen insgesamt fast ein Viertel der rund 12 000 ausgezählten Nennungen von Institutionen und Personen.(9) Demgegenüber wird der Deutsche Bundestag als Institution nur in 2 Prozent und der Bundesrat in 0,5 Prozent der Fälle erwähnt; hinzu kommen wenige Prozente für die Bundestagsfraktion und einzelne Abgeordnete. Bei der Beurteilung dieses Faktums ist allerdings zu berücksichtigen, daß 13 von 15 Monaten des Untersuchungszeitraumes in die Zeit der Großen Koalition fallen. Damit verlagerte sich der politische Aktionsschwerpunkt zwangsläufig stärker vom Parlament in Richtung auf die Bundesregierung, als das bei einer starken Opposition der Fall gewesen wäre.
Persönlichkeiten oder Gruppierungen aus dem Bereich der organisierten Interessen treten noch seltener in Erscheinung als die gesetzgebenden Körperschaften. Hier erreichen die Gewerkschaften mit 2,0 Prozent und die Mittelstandsorganisationen und Unternehmerverbände mit 1,9 Prozent die höchsten Anteile. Mit großem Abstand folgen Publizisten und Massenmedien sowie Repräsentanten der Landwirtschaft. Nichtorganisierte treten praktisch kaum in Erscheinung.(10)
Die Dominanz dieser stark durch die Aktivitäten der Bundesregierung geprägten "Kommunikation von oben" macht die Nachrichtensendungen des Fernsehens mehr oder weniger ungeeignet zur Artikulation gesellschaftlicher Bedürfnisse. Auch wird die Funktion sozialer Konflikte zur Aufdeckung gesellschaftlicher Problemsituationen und der Sinn ihrer Politisierung als Garantie gegen eine technokratische, bürgerferne Politik durch diese Art der Berichterstattung wenig einsichtig gemacht. Umso stärker ist dagegen die Konsensbildungs- und Legitimationsfunktion dieser Sendungen, was in der folgenden These noch zu verdeutlichen ist.

6. These: Die Fernsehnachrichten begünstigen die jeweilige Regierung gegenüber der Opposition.

Die vorhergehende These läßt bereits vermuten, daß die Häufung von Berichten über die Aktivitäten der Exekutive auch mit einer schwachen Präsentation der Opposition in den Fernsehnachrichten korrespondiert. Diese Erscheinung ist neben der mediumspezifischen Nachrichtenauswahl sicherlich z.T. auch durch das Nachrichtenangebot bedingt: der Regierung steht ein beträchtlich größerer Apparat zur Verfügung, der ständig Aktivitäten entwickelt und damit nachrichtenrelevante Fakten erzeugt. Wenn zudem, wie zur Zeit der Großen Koalition, die beiden größten Fraktionen des Parlaments zum Regierungslager zu rechnen sind, verschlechtert sich die Ausgangslage der Opposition in dieser Hinsicht noch mehr. Zahlenmäßig bietet sich dann folgendes Bild: auf die FDP und ihre Exponenten entfallen knapp 5 Prozent der genannten oder in der Sendung auftretenden Personen und Institutionen, auf die Regierung

aber über 30 Prozent. Darin sind neben den Anteilen für Bundesregierung, Ressorts und Minister noch jeweils rund 5 Prozent für Partei und Fraktion der CDU/CSU und der SPD enthalten.
Vergleicht man die Publizitätschancen der Regierung in den Fernsehnachrichten mit der Berichterstattung der Tagespresse, so ergeben sich erstaunliche Übereinstimmungen.

Tabelle 2: Rangfolge der 6 häufigst genannten Regierungsmitglieder nach der Häufigkeit ihrer Nennung (11)

Politiker	Fernseh-Nachrichten-sendungen		politische Berichterstattung der Tageszeitungen (12)	
	Rang	Publ.-Index	Rang	Publ.-Index
Kiesinger	1.	100	1.	100
Brandt	2.	61	2.	65
Strauß	3.	25	3.	45
Schiller	4.	24	4.	40
Wehner	5.	16	5.	20
Schröder	6.	15	6.	20

Wie der Tabelle zu entnehmen ist, finden sich dieselben sechs Regierungsmitglieder sowohl in den Fernsehnachrichten als auch in der Berichterstattung der Zeitungen auf den ersten Plätzen. Kiesinger führt in beiden Medienarten mit fast gleich hohem Abstand vor Brandt. Stärkere Unterschiede zwischen Fernsehen und Tageszeitungen zeigen sich lediglich, wenn man die beiden Führer der alten CDU/FDP-Koalition, Erhard und Mende, mit in den Vergleich einbezieht. Erhard erreicht dabei, obwohl der Untersuchungszeitraum nur die letzten zwei Monate seiner Amtszeit umfaßt, in den Zeitungen noch einen Häufigkeitsindex von 42 Punkten, Mende dagegen nur einen Indexwert von 18 Punkten. In den Fernsehnachrichten liegen die Indexwerte enger beieinander: 27 Punkte für Erhard und 23 für Mende. Beide Indexwerte sinken nach dem Regierungswechsel ab, als einziger Exponent der Opposition bleibt Mende aber doch bis zum Ende der Legislaturperiode, anders als Erhard, einer der zehn in der Tagespresse und den Fernsehnachrichten am häufigsten genannten Politiker der Bundesrepublik.
Die Frage, welche Auswirkungen die im Vergleich zur Opposition häufigere Erwähnung der Regierung in den Massenmedien auf ihren Bekanntheitsgrad in der Bevölkerung und deren Einstellungen haben, ist von großem wissenschaftlichem wie politischem Interesse. Leider besteht selten die Gelegenheit, eine Inhaltsanalyse von Massenmedien gleichzeitig mit einer Bevölkerungsumfrage zu verbinden, die Aufschluß über Wirkungen der Massenkommunikation geben könnte. Hinzu kommt die Komplexität der Wirkungsabläufe. Schon die Konsumintensität in Bezug

auf die einzelnen Medien wie Fernsehen, Hörfunk, Tageszeitungen, Zeitschriften usw. läßt sich nur schwer hinreichend exakt messen. Andererseits besteht beim Leser, Hörer bzw. Zuschauer meist schon eine aus eigenen Werthaltungen und früheren Erfahrungen herrührende Prädisposition gegenüber einzelnen Personen oder Persönlichkeitstypen. Der Veränderungseffekt der Massenkommunikation läßt sich deshalb in der Regel nur schwer nachweisen, doch deuten vorliegende Untersuchungen darauf hin, daß durch neue Informationen vorhandene Einstellungen häufiger verstärkt als verändert werden.(13) Günstiger ist die Situation für den Forscher, wenn Personen erstmals auf der politischen Bühne auftreten. Der Empfänger von Massenkommunikation hat in solchen Fällen vorher im allgemeinen beträchtlich weniger verhaltensrelevante Kenntnisse oder Meinungen, sein Perzeptionsfilter wirkt daher in Bezug auf die vermittelten Informationen und Werturteile noch wenig selektiv. Im vorliegenden Falle war es möglich, zum Ende des Untersuchungszeitraums der hier vorgestellten Inhaltsanalyse eine repräsentative Bevölkerungsumfrage durchzuführen, die eine Reihe bemerkenswerter Aufschlüsse brachte. Eines der Ergebnisse ist die Bestätigung eines engen Zusammenhanges zwischen der Häufigkeit, mit der einzelne Politiker in den untersuchten Massenmedien genannt werden und ihrem Bekanntheitsgrad in der Bevölkerung.

Tabelle 3: Publizität und Bekanntheitsgrad von Regierungsmitgliedern (14)

Politiker	Nennung in den Fernsehnachrichten		Spontaner Bekanntheitsgrad in der Bevölkerung		richtige Parteizuordnung (15)
	Rang	Publ.-Index	Rang	Bek.-Index (16)	
Kiesinger	1.	100	1.	100	–
Brandt	2.	61	2.	96	96
Strauß	3.	25	3.	65	91
Schiller	4.	24	4.	34	57
Wehner	5.	16	5.	30	73
Schröder	6.	15	6.	23	80

Die Tabelle deutet auf einen engen, wenn auch nicht linearen Zusammenhang zwischen Publizitätschance und Bekanntheitsgrad hin. Bei den seit längerer Zeit auf der Bonner Bühne agierenden Politikern, vor allem bei Brandt und Strauß, liegt der Index des Bekanntheitsgrades vergleichsweise höher über dem Publizitätsindex als bei den beiden "Neulingen" Kiesinger und Schiller, die zum Zeitpunkt der Umfrage gerade ein Jahr im Amt waren. Die Richtigkeit der Parteizuordnung nimmt tendenziell mit dem Publizitätsindex ab; Schiller wird am seltensten richtig seiner Partei zugeordnet.

Einen Hinweis darauf, daß hohe Publizität von Politikern trotz überwiegend neutraler Behandlung in den Massenmedien im allgemeinen gleichzeitig eine positive Einstellung der Bevölkerung zur Folge hat, liefert die folgende Tabelle.

Tabelle 4: Publizität und Beliebtheit (17) von Regierungsmitgliedern

Politiker	Nennung in den Fernseh-Nachrichten		Beliebtheit Sympathie-Index	
	Rang	Publ.-Index	Rang	positiv	negativ
Kiesinger	1.	100	1.	100	− 1
Brandt	2.	61	2.	59	− 16
Strauß	3.	25	3.	57	− 26
Schiller	4.	24	4.	52	− 5
Wehner	5.	16	5.	44	− 16
Schröder	6.	15	6.	34	− 22

Wiederum ist die Rangfolge der Politiker in beiden Spalten identisch. Bei Kiesinger und Brandt zeigt der Publizitätsindex fast genau dieselbe Differenz wie der Sympathie-Index. Die "Neulinge" Kiesinger und Schiller erhielten weniger Minus-Werte als die übrigen Politiker. In bezug auf die relativ hohen negativen Einstufungen bei Strauß und Schröder scheint weniger die Fernsehberichterstattung im Untersuchungszeitraum als die Berichterstattung der Zeitungen von Bedeutung gewesen zu sein. Jedenfalls erhielten Strauß und Schröder im Durchschnitt der vier analysierten Tageszeitungen mit Abstand am häufigsten ein negatives Image. Möglicherweise zeigen sich hier aber auch die Nachwirkungen der Berichterstattung aus dem vor den hier zitierten Untersuchungen liegenden Zeitraum.

Untersucht man die Einschätzung der Fähigkeiten der amtierenden Regierung durch die Bevölkerung (18), so deuten sich hinsichtlich der Berichterstattung der Massenmedien ähnliche Wirkungen an wie in bezug auf den Bekanntheitsgrad von Politikern aus Regierung und Opposition. So wurde beispielsweise Kiesingers Politik vier Monate nach seiner Amtsübernahme bereits von 60 Prozent der Bevölkerung positiv beurteilt; dagegen wurde er noch einen Monat vor seiner Rückkehr nach Bonn von weniger als 1 Prozent der Bevölkerung auf eine offene Frage hin als wünschbarer Bundeskanzler bezeichnet. Im Dezember 1967, ein Jahr nach Bildung der Großen Koalition empfanden 42 Prozent der Bevölkerung diese Koalition "grundsätzlich als die beste Lösung für Deutschland". Vor wie nach der Amtsperiode der Großen Koalitio lagen die Anteile beträchtlich niedriger, im März 1970 z.B. nur noch bei 13 Prozent. Dagegen wurde die neue SPD/FDP-Regierung zu diesem Zeitpunkt von 48 Prozent der Bevölkerung als die beste aller möglichen Koalitionen eingestuft, im Dezember 1967, damals als eine von mehreren Möglichkeiten präsentiert, aber nur von 3 Prozent. Diesen Zahlen zufolge führt der mit der Amtsübernahme verbundene sprunghafte Anstieg der Publizitätschancen in den Massenmedien offensichtlich zu einer fast ebenso sprunghaften Verbreitung der Legitimationsbasis und damit der Konsensbildungskapazität der neuen Regierung auf Kosten der in die Opposition gehenden Partei. (19)

Zusammenfassung

Wie schon eingangs erwähnt, machen das Fehlen einer empirisch fundierten politischen Theorie, die bislang dürftige Erforschung des Massenkommunikationssystems der Bundesrepublik und die politischen Besonderheiten des Untersuchungszeitraumes eine generelle Aussage über die politisierende Wirkung des Fernsehens unmöglich. Trotz dieser Schwierigkeiten lassen sich zu den wichtigsten Aspekten der aufgeworfenen Probleme einige Aussagen formulieren.
Zunächst einmal ist an der politisierenden Wirkung der Fernsehnachrichten nach den auf den letzten Seiten vorgelegten Ergebnissen nicht mehr zu zweifeln. Diese Wirkung dürfte sowohl auf dem relativ hohen Anteil politischer Meldungen an der Gesamtheit der vermittelten Informationen als auch auf dem Stellenwert des Fernsehens als Informationsquelle sowie auf der großen Verbreitung dieses Mediums beruhen. Die qualitativen Merkmale von "Tagesschau" und "heute" geben dieser politisierenden Wirkung aber eine ganz bestimmte Ausprägung. Der weitgehende Verzicht der Fernsehredakteure auf interpretierende Kommentierung und kritische Bewertung der Sachinformationen läßt den Trend zur Personalisierung und damit die erwähnte aktivistische und dekorative Komponente der Berichterstattung umso stärker hervortreten. Im Zusammenhang mit der vorrangigen Behandlung der Regierung und ihrer führenden Mitglieder kommt dadurch ein Element in die Berichterstattung, das einer möglichen Aufklärung der Zuschauer über komplexe Problemzusammenhänge und die sozialen und politischen Funktionen von Problematisierungs- und Konfliktprozessen entgegenwirkt. Auch läßt die daraus entstehende scheinbare Harmonisierung des Geschehens nur wenig Raum für Impulse in Richtung auf eine verstärkte politische Partizipation des einzelnen. Andererseits wird durch dieselben Faktoren die Legitimations- und Konsensbildungsfunktion der Fernsehnachrichtensendungen intensiviert, was nach den letzten Regierungswechseln offensichtlich mit dazu beigetragen hat, daß die neue Regierung jeweils relativ schnell einen breiten, pauschalen Konsens der Bevölkerung für ihr Programm und damit die notwendige Handlungsfähigkeit gewinnen konnte.
Unter dem Vorbehalt, daß sich das übrige politische Fernsehprogramm

nicht wesentlich von den untersuchten Fernsehnachrichtensendungen unterscheidet (was noch zu untersuchen wäre) läßt sich abschließend sagen, daß der weitgehende Verzicht der Nachrichtenredakteure auf einen über die ausgewogene Präsentation von Informationen hinausgehenden Eigenbeitrag zur Folge hat, daß die politisierende Wirkung des Mediums Fernsehen überwiegend vom Zustand des politischen Systems der Bundesrepublik selber abhängt. Die hier vorherrschenden Kräfte des gesellschaftlichen Status quo werden folglich durch das Fernsehen tendenziell verstärkt. Kommt es andererseits im politischen System zu Verschiebungen der Kräftekonstellationen, so erhalten diese Veränderungen ebenso einen Publizitätsbonus. Das Beispiel der studentischen Protestdemonstrationen von 1968 macht diesen Wirkungszusammenhang recht deutlich — ohne die starke Berücksichtigung im Fernsehen wären von diesen Unruhen sicherlich bei weitem weniger innovative Impulse ausgegangen.

Anmerkungen

(1) Vgl. dazu als Beispiel die Beiträge von Wolf-Dieter Narr, Walter Euchner, Claus Offe, Joachim Hirsch in: Gisela Kress und Dieter Senghaas (Hrsg.), Politikwissenschaft, eine Einführung in ihre Probleme, Frankfurt, 1969 sowie Wolf-Dieter Narr, Theoriebegriffe und Systemtheorie, Frieder Naschold, Systemsteuerung, beide Stuttgart, 1969, Fritz W. Scharpf, Demokratiebegriff zwischen Utopie und Anpassung, Veröffentlichung in Vorbereitung, und Johannes Agnoli, Peter Brückner, Die Transformation der Demokratie, Frankfurt, 1968.

(2) Vgl. zum folgenden Gerhard Maletzke, Psychologie der Massenkommunikation, Hamburg, 1963; Horst Holzer, Massenkommunikation und Demokratie in der Bundesrepublik Deutschland, Opladen, 1969; Hermann Meyn, Massenmedien in der Bundesrepublik Deutschland, Berlin 1966 und Martin Löffler (Hrsg.), Die Rolle der Massenmedien in der Demokratie, München und Berlin, 1966; Wilbur Schramm (Hrsg.), Grundfragen der Kommunikationsforschung, München, 1968 mit weiteren Literaturangaben sowie Lewis A. Dexter und David N. White (Hrsg.), People, Society and Mass Communications, New York, 1964.

(3) Im Dezember 1967, also zum Ende des Untersuchungszeitraumes, gab es 13,8 Mio. Fernsehgenehmigungen. Bei durchschnittlich 3 Zuschauern pro Gerät ergibt das ein Fernsehpublikum von über 40 Mio. Von den vorhandenen Geräten wurden durchschnittlich zwischen 50 und 60 Prozent zum Empfang der "Tagesschau" und 10 – 15 Prozent zum Empfang von "heute" eingeschaltet (Zahlen für 1965 in: Was sie sahen – wie sie urteilten, 1963 - 1967, Bad Homburg, 1967); nach Alphons Silbermann, Bildschirm und Wirklichkeit, Berlin, Frankfurt, Wien, 1966, S. 126 sehen durchschnittlich 42 Prozent der Bevölkerung mindestens jeden 2. Tag die Nachrichten der "Tagesschau" bzw. der Sendung "heute".

(4) Die im folgenden verwendeten Daten entstammen einer von Marianne Schatz-Bergfeld durchgeführten Inhaltsanalyse der Fernsehnachrichtensendungen "Tagesschau" und "heute" von 73 repräsentativ ausgewählten Sendetagen aus dem Zeitraum Oktober 1966 bis Dezember 1967. Vergleichsdaten

wurden einer vom Verfasser durchgeführten Inhaltsanalyse von 57 ebenfalls als Zufallsstichprobe ausgewählten Ausgaben von 4 überregionalen Tageszeitungen ("FAZ", "Die Welt", "Süddeutsche Zeitung", "Bild-Zeitung") aus dem selben Zeitraum entnommen. Insgesamt wurden jeweils über 5000 einzelne Fernsehmeldungen bzw. Zeitungsartikel analysiert, was den Daten eine hohe statistische Aussagekraft gibt.

(5) Als Einheit der Analyse galt jede einzelne Meldung, jeder Bericht und Kommentar und jeder "Nachrichtenspot", d.h. jedes einzelne Element der Nachrichtensendung, das sich in Bild und Ton mit einem in sich geschlossenen Zusammenhang, Gegenstand, Ereignis oder Faktum befaßte.

(6) Zum 1.1.1969 wurden Sendebeginn und Struktur der Sendung "heute" verändert. Diese beginnt jetzt um 19.45 Uhr. Die Trennung von Nachrichten und "Themen des Tages" wurde aufgehoben, nunmehr wird die gesamte Sendung moderiert. Nachrichten und kommentierte Berichte wechseln dabei einander ab.

(7) Zur Analyse wurde ein Katalog von 217 Einzelthemen aus 12 Themenbereichen benutzt. Im Durchschnitt entfielen auf jede Erhebungseinheit 1,5 Einzelthemen.

(8) Der Codeplan enthält für die Bewertung von Themen die Kategorien "pro, positiv, zustimmend"; "contra, negativ, ablehnend"; "kritisch-neutral, ausgewogen"; und "nicht entscheidbar". Für die Bewertung von Personen waren die Kategorien "ausgesprochen positiv", "ausgesprochen negativ" und "neutral, nicht entscheidbar" vorgesehen.

(9) Auf Regierung und einzelne Politiker ausländischer Staaten entfallen zusätzlich rund 35 Prozent der Nennungen.

(10) Hier ist allerdings die vergleichsweise höhere Publizitätschance solcher Gruppierungen in den Magazinsendungen zu berücksichtigen.

(11) Um die Vergleichbarkeit der Zahlen trotz unterschiedlicher Gesamtheiten herzustellen, wurden Indexwerte verwendet, bei denen die Häufigkeit, mit der Kiesinger genannt wurde, (3,8 Prozent aller Nennungen bzw. 8,2 Prozent der Nennungen von Politikern und Institutionen der Bundesrepublik) den Wert 100 erhielt.

(12) "FAZ", "Die Welt", „Süddeutsche Zeitung', "Bild-Zeitung"; vgl. auch Anmerkung (4).

(13) Vgl. dazu die Hypothesen zur selektiven Perzeption von L. Festinger in seiner Theorie der kognitiven Dissonanz in: Wilbur Schramm (Hrsg.), Grundfragen der Kommunikationsforschung, München, 1968.

(14) Diese wurde unter Mitwirkung des Lehrstuhls für Politische Wissenschaft der Universität Mannheim (Prof. Dr. Rudolf Wildenmann) von INFRATEST, München, durchgeführt; Zahl der Befragten: 2 004 Personen an 291 Sample-Points.

(15) Die Zahlen entsprechen den Prozentanteilen der Befragten, die den betreffenden Politiker seiner Partei richtig zuordneten. Nach Kiesinger wurde bei dieser Frage nicht gefragt.

(16) Der Indexwert 100 entspricht einem Anteil von 79 Prozent der Befragten, die auf die Frage, "Wenn Sie jetzt einmal an unsere Politiker in Bonn denken, welche Namen fallen Ihnen da in erster Linie ein?" den Namen Kiesinger nannten.

(17) Die Beliebtheit wurde mit Hilfe einer von + 5 bis − 5 reichenden Sympathieskala gemessen. Die Spalte "positiver Sympathie-Index" enthält die auf den Wert für Kiesinger (100 Punkte = 77 Prozent der Befragten) bezogenen Anteile der Befragten, die Wertungen zwischen + 3 und + 5 abgaben. Der negative Sympathie-Index umfaßt alle Einstufungen zwischen − 1 und − 5.

(18) Materialbasis der folgenden Ausführungen sind diverse Umfragen von INFRATEST, EMNID und des Instituts für Demoskopie, Allensbach.

(19) Über die günstigen Auswirkungen von Fernsehsendungen für "new-comer" gibt es eine Reihe von Studien, die sich auf die Fernsehdebatten zwischen den beiden Kandidaten für das Amt des amerikanischen Präsidenten (Kennedy und Nixon) von 1960 beziehen; siehe dazu Sidney Kraus (Hrsg.), The Great Debates: Background-Perspective-Effects, Indiana, 1962.

Jürgen Seifert

Probleme der Parteien- und Verbandskontrolle von Rundfunk- und Fernsehanstalten

Wo aus Bedingungen der materiellen Produktion Gegensätze und aus Privatinteressen Konflikte zu dem Bereich, der als Aufgabe der Allgemeinheit angesehen wird, entstehen, da wird es als nötig erachtet, daß es einen von der materiellen Produktion abgehobenen Sektor gibt, in dem solche Gegensätze und Konflikte auf diese oder auf jene Weise verarbeitet werden. Das kann auf zweierlei Weise geschehen: entweder durch Erklärung und Verklärung der Gegensätze oder durch den Versuch, sie aufzudecken und — sofern möglich — aufzuheben. Früher wurde eine solche Verarbeitung zu einem wesentlichen Teil im individuell-handwerklichen Rahmen und — wie Karl Marx anmerkt — innerhalb der "ideologischen Stände" geleistet. (1) Heute erfolgt sie zu einem beträchtlichen Teil in Organisationen (in politischen ebenso wie in den scheinbar unpolitischen); oder sie erfolgt industriell in einem Bereich, den man Kultur- und Bewußtseinsindustrie genannt hat. Rundfunk und Fernsehen sind — so verschieden ihr rechtlicher Status auch aussehen mag — ein Zweig dieser 'verarbeitenden' Industrie.
Tätig ist in diesem Sektor eine Schicht, die ungemein bedeutsam geworden ist, weil sie Kommunikation organisiert, Meinungen beeinflußt und Verhalten prägt. In der entwickelten kapitalistischen Gesellschaft hat diese Schicht — obschon sie mehr und mehr lohnabhängig wird — ein eigenes Gewicht, nicht zuletzt weil sie an einigen Knotenpunkten massiert auftritt; in bestimmten Situationen hat sie bei wichtigen Entwicklungen den Ausschlag gegeben. (2) Das fällt in die Waagschale, obgleich die Funktion dieser Schicht nur abgeleitet und durch gesellschaftliche Widersprüche bedingt ist. Es kennzeichnet die Bedeutung jenes Produktionsbereiches und der in ihm Tätigen, daß die antiautoritäre Bewegung der letzten Jahre nicht die Eigentumsverhältnisse in der Sphäre der materiellen Produktion zum Gegenstand ihres Angriffs gemacht, sondern mit der Forderung "Enteignet Springer" die Machtpositionen in der Kultur- und Bewußtseinsindustrie angeprangert hat.
Auf einer höheren Stufe der technischen und gesellschaftlichen Entwicklung scheinen die Inhaber der politischen Gewalt und die in den Massenmedien tätigen Personen zur selben sozialen Schicht zu gehören. Zwischen beiden Gruppen gibt es Überschneidungen, vielfältige Querverbindungen und häufigen Austausch von Personen. In der Lebens- und Arbeitsweise dieser Gruppen zeigen sich trotz Unterschieden in politisch-weltanschaulichen Fragen in der Regel mehr Gemeinsamkeiten

als zwischen der Lebens- und Arbeitsweise etwa der politischen Funktionsträger und der ihrer Wähler. Deswegen können die jeweiligen Inhaber der politischen Macht auf die in den Massenmedien tätigen Personen einen oft nicht unbeträchtlichen Einfluß ausüben.
Eine solche Einflußnahme gab es allerdings auch schon zu der Zeit, da sich in diesem ideologischen Sektor eine weitgehend einheitliche gesellschaftliche Schicht noch nicht herausgebildet hatte. Beispiele aus jener Periode sind der postulierte Gleichklang von Thron und Altar und der "Reptilienfonds", mit dem sich Bismarck Presseorgane gefügig machte. Konstitutionelle Freiheitsrechte und institutionelle Garantien markieren die Gegenposition und zugleich die immer wieder unternommenen Versuche, einer solchen Indienstnahme der "Meinungsbildner" durch die politisch Mächtigen mit Hilfe von Rechtsbestimmungen einen Riegel vorzuschieben.
In Deutschland, einem Lande, in dem der Rechtsstaat für das Bürgertum lange Zeit Ersatz war für die demokratische Macht, die ihm auf politischem Gebiet fehlte, mußten solche rechtlichen Notbehelfe eine besondere Bedeutung erlangen. So wurden auch die Strukturen der Rundfunk- und Fernsehanstalten, als sie ins Leben traten, nicht durch öffentlich geführte politische Auseinandersetzungen bestimmt, sondern primär durch juristische Konstruktionen und Ableitungen. In hohem Maße hat diese Form der Auseinandersetzung dazu beigetragen, alles zu verschleiern, worum es bei diesem Konflikt eigentlich ging: einerseits können Rundfunk und Fernsehen das Bestehende erklären und verklären und damit den Nutznießern des *Status quo* dienen, andererseits stehen diesen Institutionen gewichtige Mittel zur Verfügung, mit denen sie Widersprüche und Gegensätze aufdecken und dazu beitragen könnten, die zentralen Konflikte der bestehenden Gesellschaft durchsichtig zu machen. (3)
Als es um die Organisation des Fernsehens in der Bundesrepublik ging, kam Juristen ein entscheidender Anteil an der Auseinandersetzung auch deshalb zu, weil sich die damalige politische Opposition als unfähig erwies, Adenauers Pläne für eine von der Bundesregierung abhängige Fernsehanstalt auf der politischen Ebene — im Bundestag oder im Bundesrat — zu vereiteln, und genötigt war, ihnen mit der Anrufung des Bundesverfassungsgerichts auf dem Wege der juristischen Argumentation entgegenzutreten. Doch nicht erst seit dieser Auseinandersetzung, sondern schon seit der Errichtung der ersten Rundfunkgesellschaften spielt in Deutschland die aus dem Arsenal der Juristen stammende Forderung, der Rundfunk (später eben auch das Fernsehen) solle neutral sein, eine überragende Rolle.

Scheinautonomie der Medien

Bei der Abgrenzung gegen die im NS-System betriebene staatliche Rundfunkpropaganda wurde nach 1945 auf Kategorien zurückgegriffen, die für den Rundfunk seit seinen Anfängen in der Zeit der Weimarer Republik entwickelt worden waren. Daher bleibt der Aufbau der Rundfunkorganisation in der Weimarer Epoche für den heutigen Betrachter noch immer von erheblicher Bedeutung. Die damalige Entwicklung läßt, in ihren politischen Zusammenhängen analysiert, erkennen, daß der in frühen Richtlinien von Anfang an festgelegten "Überparteilichkeit" des Rundfunks eine wesentliche Bedeutung beigemessen und auch eingeräumt wurde. Damals ging die Auseinandersetzung um die Formeln: hie "republikanischer Staatsgedanke" und "Politisierung des Rundfunks", hie "Überparteilichkeit" und "Staatspolitik" mit der dem Rundfunk zugewiesenen Aufgabe, "die Deutschen zum Staatsvolk zu bilden und das staatliche Denken und Wollen der Hörer zu formen und zu stärken". Dieser Kampf war Bestandteil einer Entwicklung, die in der Geschichte des Rundfunks (4) in drei Phasen eingeteilt wird: 1. Schaffung von Rundfunk- bzw. Nachrichtenorganisationen in Gestalt von Aktiengesellschaften in den Jahren 1923 und 1924; 2. Gründung der Reichsrundfunkgesellschaft m.b.H. (an der das Reich, vertreten durch das Reichspostministerium, mit 51 Prozent der Anteile beteiligt war) im Jahre 1926; und 3. "Verstaatlichung" des Rundfunks unter der Kanzlerschaft Franz von Papens 1932, wobei alle noch in privater Hand befindlichen Aktien oder Anteile auf Reich und Länder übergingen.

Für Hans Bredow, der 1919 ins Reichspostministerium ging, dort Staatssekretär und in dieser Position am 1. April 1926 als "Reichsrundfunkkommissar" Vorsitzender des Verwaltungsrates der Reichsrundfunkgesellschaft wurde, waren die Vorstellungen von der Überparteilichkeit und Neutralität des Rundfunks zuvörderst Argumente gegen die Kräfte, die den "Rundfunk zum Integrationsinstrument der Republik" zu machen suchten. (5) Diesen Bestrebungen diente vor allem die "Drahtloser Dienst AG für Buch und Presse" (DRADAG), 1923 zur "Vertiefung des Reichs- und republikanischen Staatsgedankens" ins Leben gerufen. (6) Ihren Aufsichtsrat bildeten Vertreter der SPD, des Zentrums, der Deutschen Volkspartei und der Deutschen Demokratischen Partei (je einer), dazu der linksliberale Ministerialrat Kurt Haentzschel (als Vertreter des Reichsinnenministeriums) und je ein Beauftragter der Pressestellen der Reichsregierung und der preußischen Staatsregierung. Die Geschäftsführung lag bei Ernst Heilmann, dem Vorsitzenden der sozialdemokratischen Fraktion im preußischen Landtag. Gegen dieses republikanische Organ richteten sich die massiven Vorstöße Hans Bredows, von dem ein Historiker des Rundfunk-Werdens sagt, er habe sich "gerade noch als Diener des Staates" gesehen, aber "kaum als Diener des Volkes", und man möge bezweifeln, "ob er sich jemals als Diener der ersten Republik gefühlt hat". (7) Mit geschickten Schachzügen gelang es Bredow, die

DRADAG mit ihrer politisch-republikanischen Konzeption zur Strecke zu bringen. Für den Rundfunk – und für sich selbst – schuf er auf dem Verwaltungswege eine Position die gegen Kontrollgelüste der Regierung, des Parlaments und der Parteien recht sicher abgeschirmt war.
Der Aufbau des Rundfunks ging so verschwiegen vor sich, daß das Parlament erst drei Jahre nach der Einführung eines regelmäßigen Sendeprogramms erfuhr, wie die Organe der Verwaltung – Reichspostministerium, Reichsinnenministerium und Länderbehörden – den Rundfunkapparat unter der Leitung Hans Bredows organisiert hatten. Der Rundfunk war in privatrechtlicher Form als GmbH konstruiert worden und wurde im Prinzip im selben Geiste betrieben wie staatliche Wirtschaftsunternehmen im Obrigkeitsstaat. (8) Nachdem das nun einmal so war, machte der Reichstag auch keinen Gebrauch mehr von dem ihm zustehenden Gesetzgebungsrecht, um etwa eine öffentlich-rechtliche Rundfunk-Organisation durchzusetzen. Dabei mögen die 1926 erlassenen "Richtlinien über die Regelung des Rundfunks" eine Rolle gespielt haben, auf die der Reichstag nahezu ein Jahr warten mußte. (9) Dort heißt es an entscheidender Stelle: „Der Rundfunk dient keiner Partei. Sein gesamter Nachrichten- und Vortragsdienst ist daher streng überparteilich zu gestalten."
Als man nach 1945 bemüht war, mit der Hinterlassenschaft des Hitler-Systems fertig zu werden, kam diese "überparteiliche" Rundfunkkonzeption wieder zu Ehren. Übersehen wurde dabei von den meisten, daß die Weimarer Konstruktion, die das Parlament ausschaltete und gegen die der Republik ergebenen politischen Parteien gerichtet war, aus vorparlamentarischen und republikfeindlichen Haltungen stammte; in Wirklichkeit hatte sich in ihr niedergeschlagen, was Winfried B. Lerg Bredows "stille Sehnsucht nach der Restauration" genannt hat. (10) Die scheinbare Unabhängigkeit des Rundfunks – das hatte auch schon Bredow erkannt – wurde erkauft mit Blässe und Farblosigkeit: "Er (der Rundfunk) soll Weltanschauungsfragen, sozialpolitische und wirtschaftspolitische Betrachtungen zur Schonung von Empfindlichkeiten mit großer Vorsicht anfassen. Ja, er muß sie manchmal sogar farblos gestalten und parteipolitische Fragen natürlich ängstlich vermeiden." (11)
Die politische Achillesferse dieser Auffassung hat Kurt Haentzschel, Bredows Widerpart im Reichsinnenministerium zu nutzen gewußt. Bredow, der Reichsrundfunkkommissar, dessen Funktion sich in der Theorie auf wirtschaftliche Aufgaben beschränkte, hatte 1932 Bedenken gegen die Rundfunkübertragung von Reden erhoben, die Reichspräsident Paul von Hindenburg und Reichskanzler Heinrich Brüning im Wahlkampf zur Präsidentschaftswahl im Berliner Sportpalast halten sollten. Dagegen machte Haentzschel geltend, daß der Reichspräsident das Recht haben müsse, am Ende seiner Amtsperiode ohne formelle Auflagen im Rundfunk zu sprechen. Zur Rede Brünings verfaßte er eine schriftliche Erklärung, um Bredows Protest gegen eine gewissermaßen parteiische, da vom Hindenburg-Ausschuß organisierte Veranstaltung, als "staatspoli-

tisch" abzusichern. Er schrieb: "Die Rede, die der Herr Reichskanzler am Freitagabend im Sportpalast halten wird, ist, wie die mit der Vorbereitung beauftragte Presseabteilung der Reichsregierung mir amtlich (!) mitgeteilt hat, keine Wahlrede, vielmehr spricht der Herr Reichskanzler in seiner Eigenschaft als verantwortlicher Staatsmann." (12) Diese Argumentation hatte Erfolg: in der überparteilichen Eigenschaft des "Staatsmanns" durfte Brüning im Rundfunk gehört werden. Als Führer der Zentrumspartei und Anhänger der Wiederwahl Hindenburgs (gegen den Kandidaten Hitler) wäre er nach der damals geltenden Auffassung kein "verantwortlicher Staatsmann" gewesen und hätte keinen Anspruch auf Rundfunkpublizität gehabt!

Allerdings hatte Bredow die scheinbare "Unabhängigkeit" des Rundfunks nur durchsetzen können, weil eine solche Lösung von den politischen Kräften zunächst akzeptiert und besonders von den republikanischen Parteien hingenommen werden mußte. Sie erschien ihnen als das "kleinere Übel" in einer Situation, in der sie sich politisch schwach vorkamen und es wohl auch waren. In einer Betrachtung über die Stellung des Rundfunks im politischen Kräftespiel der damaligen Zeit schreibt Hans Bausch: "Sobald die innenpolitische Konstellation es erlaubte, begannen sie (die 'Demokraten') sich von dieser Notwehrmaßnahme zu distanzieren, jedoch nur in dem Maße, daß die Antidemokraten für sich nicht das Recht beanspruchen konnten, mit Hilfe des Rezepts der Parität, den Rundfunk gleichfalls als Propagandamittel zu benützen. Die demokratischen Kräfte blieben auf ihrem Gang von der Neutralität zur Politisierung des Rundfunkprogramms auf halbem Wege stehen, weil die Abkehr von der Neutralitätsthese und das Bekenntnis zur Politisierung auch den Gegnern schwarzweißroter Couleur den Zugang zum Rundfunk geöffnet hätte." Diese Konstellation habe mit sich gebracht, daß namentlich die "Kräfte der politischen Rechten stets auf die Neutralität des Rundfunkprogramms" hätten pochen können. (13)

So wurde auch die von Ministerialrat Erich Scholz vom Reichsinnenministerium, einem Deutschnationalen, in die Wege geleitete Rundfunkreform von 1931 unter kräftiger Betonung der Überparteilichkeit durchgeführt: "Nicht die Interessen dieser oder jener Partei, sondern das der Staatspolitik gibt in allen Fällen den Ausschlag." (14) In der Ära der Reichskanzler, die sich nur noch auf den Reichspräsidenten statt auf das Parlament stützten, erhielten freilich die Absage an die Parteien und das Wort Staatspolitik einen neuen Akzent.

Die im November 1932 erlassenen neuen Richtlinien für den Rundfunk kehrten sich gegen die Vorstellungen der linken Parteien. Nachträglich lesen sie sich wie ein überparteilich-parteiisches Programm der politischen Rechten: "Die Pflege des Reichsgedankens ist Pflicht des Rundfunks. Der Rundfunk nimmt an der großen Aufgabe teil, die Deutschen zu einem Staatsvolk zu bilden und das staatliche Denken und Wollen der Hörer zu formen und zu stärken. Die verehrungswürdigen, aus der Vergangenheit des deutschen Volkes und des Deutschen Reiches überlieferten Kräfte und Güter sind in der Arbeit des Rundfunks zu achten und zu mehren. (...) Aufgabe aller Sender ist es, das Gemeinsame und Ganze der Lebensgemeinschaft des deutschen Volkes zu pflegen. (...) Der Rundfunk (soll) die Hörer über das Werden des deutschen Volkes und des Deutschen Reiches unterrichten und das Gefühl für die deutsche Ehre stärken. (...) In außenpolitischen Fragen ist der deutsche Standpunkt würdig zu vertreten." (15) Auf diese "Überparteilichkeit" mochten sich Hitlers Nationalsozialisten mit Hugenbergs Deutschnationalen einigen, und sie entsprach wohl auch der Mentalität eines großen Teils der "unparteiischen" Beamtenschaft.

Zusammen mit der Übernahme der Aktien und Anteile der Rundfunkgesellschaften durch Reich und Länder schufen die Richtlinien vom November 1932 die Voraussetzung dafür, daß die Machthaber des Dritten Reiches den Rundfunk ohne merklichen Einschnitt als Staatsrundfunk übernehmen konnten. Mit dieser verpflichtenden weltanschaulichen Grundlage ließ er sich als Werkzeug der nationalsozialistischen Politik gebrauchen. (16)

Carl Schmitt, zu diesem Zeitpunkt als Staatsrechtler noch Parteigänger des Reichskanzlers Schleicher, hat die Indienstnahme des Rundfunks durch die politische Rechte als Einflußnahme "des Staates" interpretiert und in ihr eine unvermeidliche Notwendigkeit gesehen: "Jede politische Macht ist gezwungen, die neuen Waffen in die Hand zu nehmen. (...) Kein Staat kann es sich leisten, diese neuen technischen Mittel der Nachrichtenübermittlung, Massenbeeinflussung, Massensuggestion und Bildung einer 'öffentlichen', genauer: kollektiven Meinung einem andern zu überlassen."(17) Mit solcher Verallgemeinerung rechtfertigte Schmitt in dieser und in späteren Äußerungen faktisch die dann sehr bald durchgeführte restlose nationalsozialistische Gleichschaltung des Rundfunks.(18) Da verloren sich alle Unterscheidungen. Ob ein Gewaltregime einen Propagandarundfunk ausschließlich zur Sicherung seiner Machterhaltung betrieb, ob private Interessen eine privatwirtschaftliche und in ihren Auswirkungen auch nicht unpolitische Radioorganisation mit kapitalistischem Vorzeichen ins Leben riefen oder ob ein Gruppenrundfunk als öffentliche Körperschaft oder Anstalt organisiert wurde, an dem auch opponierende politische Kräfte einen Anteil haben konnten, erschien danach als eine gleich zu bewertende "Massensuggestion".

Einen auf den ersten Blick vom Weimarer Konzept etwas verschiedenen Anstrich erhielt der Grundsatz der Überparteilichkeit in den nach 1945 aufgebauten Rundfunk- und Fernsehanstalten. Unter seinem schützenden Dach sollten die miteinander konkurrierenden und einander feindlichen politischen und sozialen Kräfte versuchen, eine anteilsmäßige Berücksichtigung ihrer Vorstellungen in der Programmgestaltung zu erzielen.

Auf den Grundsatz der Überparteilichkeit in diesem Sinne berief sich die SPD, als sie, in den beteiligten Ländern politisch relativ schwach, sich bei

der Auflösung des Nordwestdeutschen Rundfunks 1954/55 darum bemühte, ihre Mitbeteiligung in den neuen Anstalten sicherzustellen. Unter diesem Aspekt schrieb Willi Eichler, der damals als Mitglied des geschäftsführenden SPD-Parteivorstandes auf die sozialdemokratische Rundfunkpolitik maßgeblichen Einfluß hatte: "Überparteilichkeit kann (...) nur heißen, daß die Rundfunkanstalten ein Forum darstellen, auf dem jeder entsprechend seiner Bedeutung — Bedeutung selbstverständlich nicht quantitativ verstanden — die gleichen Chancen der Mitwirkung hat." (19)
In dem Rechtsstreit vor dem Bundesverfassungsgericht über die 1960 von Bundeskanzler Adenauer und Bundesfinanzminister Schäffer gegründete "Deutschland-Fernseh-GmbH" wurden ähnliche Argumente vorgebracht. (20) Das Bundesverfassungsgericht schloß sich dieser Ansicht an, indem es feststellte, die Rundfunkanstalten müßten so organisiert sein, "daß alle in Betracht kommenden Kräfte (...) im Gesamtprogramm zu Wort kommen können und daß für den Inhalt des Programms Leitgrundsätze verbindlich sind, die ein Mindestmaß von inhaltlicher Ausgewogenheit, Sachlichkeit und gegenseitiger Achtung gewährleisten".(21)
Die CDU/CSU und ihre Vertreter in den Regierungen von Bund und Ländern haben immer wieder das Gebot der Überparteilichkeit und Neutralität beschworen, wenn sie sich durch Sendungen des Rundfunks oder des Fernsehens angegriffen fühlten. Besonders galt ihr Protest der vom Norddeutschen Rundfunk gestalteten und von den anderen Sendern der ARD übernommenen Magazin-Sendung *Panorama*, die auf dem Gebiet der politischen Analysen und Stellungnahmen lange Zeit fast ein Monopol hatte. In diesem Fall half die "Neutralitätspflicht" (22) zwei Fliegen mit einer Klappe schlagen: kritische Sendungen, die der CDU/CSU weniger genehm waren, wurden entschärft, zugleich wurden Fernsehredakteure ausgewechselt und andere politische Magazin-Sendungen eingerichtet, von denen sich die Unionsparteien eine ihren politischen Vorstellungen eher entsprechende Wirkung versprachen.
Gegensätzliche Auffassungen in der verfassungsrechtlichen Diskussion stützen sich ebenfalls auf verschiedene Auslegungen des Begriffs "Neutralität". Noch nach der erwähnten Entscheidung des Bundesverfassungsgerichts begründete der konservative Staatsrechtler Karl August Bettermann die Forderung nach einer "Verstaatlichung" des Rundfunks mit der apodiktischen Behauptung: "Derjenige, der (die Neutralität) immer noch am ehesten realisieren kann, ist der Staat." (23) Allerdings weiß Bettermann, der für die Rundfunk- und Fernsehanstalten "Unabhängigkeit von Parlament und Regierung (...), aber nicht vom Staat schlechthin" möglich hält, nicht anzugeben (24), wie Neutralität verwirklicht werden und auf welche konkreten politisch-gesellschaftlichen Kräfte sich "der Staat", das mystische Wesen, stützen sollte. Eine entgegengesetzte Position vertrat 1958 Helmut Ridder. In der Möglichkeit, in Rundfunk und Fernsehen "die Gesamtheit der freien Meinungen" zu Worte

kommen zu lassen, stellte sich ihm ein "Gegengewicht" zu mystischen Autoritäten dar. Mit der für alle garantierten Kommunikationsgelegenheit könnten "Freiheitlichkeit des Staatswesens (z.B. Oppositionsbildung) und Lebendigkeit der demokratischen Staatsform" gesichert werden; damit lasse sich auch der Gefahr entgegentreten, daß die "Autorität des Staates in ein volksentfremdetes Regiment des Regierungsapparates" entarte. (25)

In der Praxis der Rundfunk- und Fernsehanstalten haben die so unterschiedlich auslegbaren Begriffe Überparteilichkeit und Neutralität eine andere Funktion und eine andere Bedeutung. Die in den Richtlinien der Weimarer Zeit enthaltene Formel "Der Rundfunk dient keiner Partei" hat längst eine wesentliche Veränderung erfahren in dem Leitsatz, der für den Westdeutschen und den Norddeutschen Rundfunk gilt: "Er darf nicht einseitig einer politischen Partei oder Gruppe, einer Interessengemeinschaft, einem Bekenntnis oder einer Weltanschauung dienen." (26) Ähnlich heißt es in den Richtlinien für das Zweite Deutsche Fernsehen: "Die Ausgewogenheit des Gesamtprogramms bedingt (...) nicht Überparteilichkeit in jeder Einzelsendung. Sendungen, in denen bei strittigen Fragen ein Standpunkt allein oder überwiegend zur Geltung kommt, bedürfen eines entsprechenden Ausgleichs." (27) Ob eine Sendung "einseitig" einer Partei oder Weltanschauung dient, ob bei einer Sendung "ein Standpunkt allein oder überwiegend zur Geltung kommt" oder nicht, bleibt freilich immer eine Frage des Ermessens. Eben darum sind nicht die dehnbaren und auslegungsfähigen Richtlinien entscheidend, sondern die Personen und Gremien, die über die Auslegung der Leitsätze zu befinden haben: Redakteure, Chefredakteure, Programmdirektoren, Intendanten, Programmbeiräte und ebenso die für die Personalpolitik wichtigen Organe. Zu unverbindlichen Postulaten können sich auch präzise und auf formale Inhalte beschränkte Grundsätze verflüchtigen — wie etwa die im "Gesetz über den Hessischen Rundfunk" enthaltenen Formeln: "Nachrichten und Stellungnahmen dazu sind deutlich voneinander zu trennen. (...) Kommentare zu den Nachrichten müssen unter Nennung des Namens des dafür verantwortlichen Verfassers als solche gekennzeichnet werden." (28) Niemand wird glauben, daß bereits aus der Befolgung solcher Vorschriften die "allgemeine, unabhängige und objektive" Nachricht (29) erwächst. Aber selbst das in diesen Vorschriften formulierte Minimum wird nicht eingehalten. Das hat Otto Köhler überzeugend nachgewiesen. (30) Analysen dieser Art werden indes nur punktuell an wenigen Stellen durchgeführt; sie werden einzelnen überlassen und kaum wissenschaftlich vertieft; bis jetzt ist nicht bekanntgeworden, daß eine solche Kritik von Rundfunk- und Fernsehbeiräten aufgegriffen worden wäre.

Die zumindest für den politisch interessierten Zuschauer erkennbaren Akzentunterschiede zwischen den politischen Sendungen *Panorama, Report, Monitor* und *Deutschland-Magazin* deuten an, daß es nicht unmöglich ist, dem Hörer oder Zuschauer bewußt zu machen, wie sehr jeder Bericht und jede Sendung in ihrer umstrittenen "Objektivität" (die es gar nicht geben kann) vom politischen und sozialen Standort der Urheber abhängt. Beobachtungen zeigen, daß größere Auswahlmöglichkeit nicht nur die politische Bedeutung der einzelnen Sendung verändert, sondern dazu auch noch das Urteil der politisch-gesellschaftlichen Kräfte über die Sendung und das Verhalten des Zuschauers zu ihr beeinflussen kann.

System der privilegierten Einflußchancen

In schrpffer Abwehrhaltung gegen die scheinbar autonome und überparteiliche, freilich vorparlamentarische Struktur des Rundfunks der Weimarer Zeit und ebenso gegen den Staatsrundfunk, wie ihn das NS-Regime als politisches Machtinstrument benutzt hatte, wurden nach 1945 die Rundfunkanstalten für einzelne Besatzungszonen oder einzelne Länder so aufgebaut, daß — jedenfalls der Konzeption nach — nicht die wechselnden Inhaber der staatlichen Vollzugsgewalt als maßgebende Kraft fungieren sollten, sondern die Gesamtheit der organisierten politischen und gesellschaftlichen Interessen. (31) Nicht nur der unmittelbaren Einwirkung der Regierungen der Länder (und des Bundes) sollte der Rundfunk entzogen sein, sondern auch den nicht kontrollierbaren politischen Einflüssen, die sich bei einer kommerziell betriebenen privaten Rundfunkorganisation jederzeit einstellen können. Als Organisationsmodell empfahl sich die Form von Anstalten des öffentlichen Rechts. (32)

In den Rundfunkanstalten, die in der Konstituierungsphase der Bundesrepublik entstanden sind, liegen die wichtigsten Entscheidungsbefugnisse beim Rundfunkrat, vor allem wenn er selbst den Intendanten zu wählen hat. (33) Im Rundfunkrat sind regelmäßig politische Parteien, Gewerkschaften, Arbeitgeberorganisationen, Kirchen, Kulturverbände und öffentliche Institutionen vertreten. Die von den Parteien direkt entsandten Personen sind dabei in der Minderheit. In den Rundfunkrat des Hessischen Rundfunks, der sich aus mindestens 16, höchstens 19 Vertretern zusammensetzt, sind lt. Gesetz die Landesregierung durch einen und die politischen Parteien durch ingesamt fünf Mitglieder vertreten; diese Parteivertreter sind Landtagsabgeordnete, deren Benennung nach den Grundsätzen der Verhältniswahl erfolgt. (34) Die eigentlichen Parteiorganisationen gehen leer aus.

Tatsächlich ist der Einfluß der politischen Parteien in solchen Gremien, die auch pluralistische Rundfunkräte genannt worden sind (35), erheblich größer. In Konfliktsituationen lassen sich die von den öffentlichen Organisationen und Institutionen entsandten Vertreter häufig doch durch die Auffassung der Partei bestimmen, der sie angehören oder mit der sie sympathisieren. Damit ist jedoch die Tatsache nicht aus der Welt geschafft, daß z.B. im Hessischen Rundfunk die Vertreter der Kirchen, der Universitäten, der Staatlichen Hochschule für Musik und des Freien Deutschen Hochstifts ein Klima schaffen können und wohl auch sehr häufig schaffen, in dem nicht alle Fragen entsprechend den parteipolitischen Positionen entschieden werden. Wesentlich ist, daß bei diesem Modell, das heute nur noch beim Hessischen Rundfunk und bei Radio Bremen völlig unverändert besteht, die Regierungsparteien ihren Einfluß nur auf indirektem Weg zur Geltung bringen können. Indes muß man im Auge behalten, daß gerade in Hessen und Bremen die Sozialdemokraten von der frühesten Zeit an so gut wie unangefochten Regierungspartei geblieben sind. Sie konnten eine kontinuierliche Regierungspolitik betreiben und auf diese Weise einen zwar nur indirekten, im Resultat aber nicht wirkungslosen Einfluß auf die Organisationen und Institutionen nehmen, die Vertreter in den Rundfunkrat entsenden. (36)

Beim Süddeutschen Rundfunk und beim Bayerischen Rundfunk ist dasselbe Modell beibehalten worden, jedoch mit einer wichtigen Variante: der Einfluß der politischen Parteien wurde verstärkt. In Bayern ist 1959 die Zahl der vom Landtag gewählten Parteivertreter, in Stuttgart die Zahl der vom Landtag in den Verwaltungsrat entsandten Mitglieder verdoppelt worden. (37)

Einen Kontrast zu diesem "pluralistischen" Modell bildet der Rundfunkrat, der in seiner Zusammensetzung das Kräfteverhältnis der politischen Parteien in den wahlberechtigten parlamentarischen Körperschaften widerspiegelt. (38) Rundfunkräte dieser Art wurden nach der Auflösung des Nordwestdeutschen Rundfunks beim Westdeutschen Rundfunk (1954) und beim Norddeutschen Rundfunk (1955) geschaffen. Die Rundfunkräte dieser beiden Anstalten, die auch die Mitglieder des Verwaltungsbeirats und des Programmbeirats wählen, reproduzieren genau die politische Kräftekonstellation: der WDR-Rat wird vom Landtag von Nordrhein-Westfalen, der NDR-Rat von der Hamburger Bürgerschaft und den Landtagen Niedersachsens und Schleswig-Holsteins nach den Grundsätzen der Verhältniswahl gewählt. Daran ändert sich auch dadurch nichts, daß auf Parlamentarier nur ein festgesetzter Höchstanteil unter den Mitgliedern der Rundfunkräte entfallen darf und daß Mitglieder der Rundfunkräte generell an Weisungen nicht gebunden, dafür aber verpflichtet sind, "die Interessen der Allgemeinheit zu vertreten". (39)

Diese Regelungen haben dazu geführt, daß in den Verwaltungsräten des WDR in Köln (sieben Mitglieder) und des NDR in Hamburg (acht Mitglieder: vier aus Niedersachsen und je zwei aus Hamburg und Schleswig-Holstein) nur Vertreter der CDU und der SPD einander gegenüberstehen. Diese Polarisierung ist von den einen als Abbau der "Verbandsstaatlichkeit" oder überholter Ständevorstellungen gefeiert (40), von den anderen als allgemeine Gleichschaltung im Zwangskorsett einer "Diktatur der Parteien" gescholten worden. (41)

In solchen Regelungen kann man leicht, wenn man sich die politischen

Vorgänge im einzelnen ins Gedächtnis zurückruft, den Niederschlag von Kämpfen erkennen, die um die Massenbeeinflussung durch das heraufziehende Fernsehen geführt wurden: die entscheidenden Machtpositionen sollten erobert oder durch Sicherung von Anteilen in einem "Proporz"-System neutralisiert werden. Daß der Westdeutsche Rundfunk durch die unter Führung der CDU stehende Landesregierung von Nordrhein-Westfalen aus dem Nordwestdeutschen Rundfunk herausgelöst wurde, war nur ein Vorspiel zu dem, was Adenauer sechs Jahre später mit der Gründung der "Deutschland-Fernseh-GmbH" unternahm. Es war der Griff der regierenden Partei nach einem wichtigen Massenmedium.

Anders als bei der Deutschland-Fernseh-GmbH hatte die SPD in Nordrhein-Westfalen den Reorganisationsvorstoß hingenommen, weil ihr die neue Regelung entscheidende Mitwirkung sicherte und die Hoffnung ließ, bei einem Wahlsieg die Einflußchancen zu erobern, die zunächst der CDU zugefallen waren.

In einem Staatsvertrag der Länder Niedersachsen, Hamburg und Schleswig-Holstein wurde 1955 für den Norddeutschen Rundfunk eine Organisation geschaffen. Sie entspricht in ihren Grundzügen den Bestimmungen des nordrhein-westfälischen Gesetzes. Aber im Unterschied zum WDR gibt es beim NDR weder im Rundfunkrat (24 Mitglieder) noch im Verwaltungsrat (8 Mitglieder) eine garantierte Abstimmungsmehrheit. Nimmt man noch die Verteilung der Sitze auf die drei beteiligten Länder hinzu, so wird der Sinn des Organisationsmodells offenkundig: CDU und SPD hatten sich darauf geeinigt, daß sie in der Ausgangssituation − auf Kosten der kleineren Parteien − einander gleiche Einflußchancen garantierten. Eine neue Einrichtung: der Posten des stellvertretenden Intendanten, den es bei Rundfunkanstalten vorher nicht gegeben hatte, vervollständigte den Proporz auf allen Ebenen. (43)

In den folgenden Jahren versuchte die CDU/CSU als Bonner Regierungspartei, auf das Massenmedium Fernsehen unmittelbar Einfluß zu nehmen. Zunächst bemühte sich die Bundesregierung 1959 um die Errichtung einer öffentlich-rechtlichen Anstalt mit dem Namen "Deutschland-Fernsehen". Der zu diesem Zweck vorgelegte Gesetzentwurf (44), mit dessen Hilfe der Bund und damit die Unionsparteien eine gewichtige Machtposition hätten erlangen sollen, scheiterte am Widerstand der Länder. Darauf folgte 1960 die "Deutschland-Fernseh-GmbH", zu treuen Händen Bundeskanzler Adenauer und Bundesminister Schäffer zugedacht. Schäffer sollte dabei "die Interessen der Länder bis zu ihrem Eintritt in die Gesellschaft" wahrnehmen. Die Rechtsform der GmbH, die sich − wie dargelegt − schon in der Weimarer Republik als Mittel bewährt hatte, wenn parlamentarische Instanzen überspielt werden sollten, gab der Bundesregierung, wie sie meinte, das nötige Instrumentarium an die Hand. Theodor Eschenburg hat dies Vorhaben mit dem Wort "Staatsstreich" charakterisiert. (45)

Der kühne Plan der Adenauer-Regierung wurde vom Bundesverfassungsgericht am 28. Februar 1961 als verfassungswidrig verurteilt. (46) Aus der "Sondersituation im Bereich des Rundfunkwesens" und der in Art. 5 GG gewährleisteten Freiheit des Rundfunks leitete das Bundesverfassungsgericht die Konzeption eines pluralistisch aufgebauten Rundfunk- und Fernsehwesens ab, wonach dessen kollegiale Organe "in angemessenem Verhältnis aus Repräsentanten aller bedeutsamen politischen, weltanschaulichen und gesellschaftlichen Gruppen zusammengesetzt" sein sollten. Damit sollte die Möglichkeit verbürgt sein, "die für die Programmgestaltung maßgeblichen oder mitentscheidenden Kräfte darauf zu kontrollieren und dahin zu korrigieren, daß den im Gesetz genannten Grundsätzen für eine angemessene anteilige Heranziehung aller am Rundfunk Interessierter Genüge getan wird". Die Verfassung, fügte das Gericht hinzu, fordere nicht, "daß die Veranstalter von Rundfunksendungen nur Anstalten des öffentlichen Rechts sein können"; auch rechtsfähige Gesellschaften des privaten Rechts könnten als Träger in Frage kommen, aber dann müßten solche Gesellschaften in ihrer Organisationform hinreichend Gewähr dafür bieten, daß "alle gesellschaftlich relevanten Kräfte zu Wort kommen und die Freiheit der Berichterstattung unangetastet bleibt". (47)

Das Resultat war die Schaffung des "Zweiten Deutschen Fernsehens" in einem Staatsvertrag, am 6. Juni 1961 von den zehn Ländern der Bundesrepublik und dem Lande West-Berlin unterzeichnet. Die hier entworfene Organisationsform haben an Typologie interessierte Wissenschaftler eine "Mischform" genannt. (48) Das "Zweite Deutsche Fernsehen" hat einen Fernsehrat aus 66 Mitgliedern. Vertreten sind diverse gesellschaftliche Organisationen; die elf Länder entsenden je einen, die Bundesregierung drei und die im Bundestag vertretenen Parteien zusammen zwölf Vertreter; die Vertreter der Parteien werden von ihren Vorständen bestimmt.(49) Der Verwaltungsrat besteht aus neun Mitgliedern: davon werden drei von den Ministerpräsidenten der Länder und einer von der Bundesregierung berufen, fünf vom Fernsehrat gewählt. An der Wahl des CDU-Mitgliedes Karl Holzamer zum Intendanten und an der Zusammensetzung der vom Fernsehrat gewählten Mitglieder des Verwaltungsrates läßt sich ablesen, daß die CDU/CSU zusammen mit den mit ihr sympathisierenden Organisationsvertretern bis heute in beiden Gremien über eine Vormachtstellung verfügt. (50)

Im Rahmen des sogenannten ersten Fernsehprogramms, das von der Arbeitsgemeinschaft der öffentlich-rechtlichen Rundfunkanstalten der Bundesrepublik Deutschland (ARD) ausgestrahlt wird, ist ein für die inhaltliche Gestaltung des Programms relevanter zusätzlicher Faktor sichtbar geworden: die Drohung einzelner Anstalten, kritische Sendungen, die der Position der CDU/CSU nicht gerecht werden, zu boykottieren, d.h. solche Sendungen nicht zu übernehmen und in ihrem Sendebereich nicht auszustrahlen. (51) Solche Boykottdrohungen dienen in erster Linie der Einschüchterung. Fernsehjournalisten, die als freie

Mitarbeiter auf die Abnahme einer bestimmten Zahl von Sendungen angewiesen sind, werden durch Druck dieser Art in vielen Fällen veranlaßt, sich den politischen Anforderungen eher anzupassen und möglicher Kritik schon im vorhinein aus dem Wege zu gehen. Zugleich stärken solche Drohungen in der Anstalt, die eine Sendung produziert, die Position derer, die auf allen Ebenen – nicht nur im Rundfunkrat oder im Verwaltungsrat – darauf aus sind, bestimmte Sendungen zu "entschärfen" oder bestimmte Mitarbeiter zur Mäßigung zu bringen. Zuweilen bewirkt auch beharrlich von anderen Anstalten vorgebrachte Kritik, daß Sendungen abgesetzt oder in Aufbau oder Tendenz verändert werden.

Einflüsse dieser Art haben z.B. die Monopolstellung der Magazin-Sendung *Panorama* gebrochen. Die von anderen Anstalten mit anderer politischer Färbung getragenen Sendungen *Report* und *Monitor* setzten ihre Akzente anders und wurden auch im Vergleich zu *Panorama*, das als zu kritisch galt, als Ausgleichsfaktor gewertet. Unterschätzt wurde dabei etwas sehr Wichtiges: Sendungen dieses Genres finden Resonanz nur, wenn sie interessant sind, also Streitstoff hervorbringen; sie werden uninteressant, wenn sie sich in Lobpreisungen erschöpfen. (52)

Gert von Paczensky, der als *Panorama*-Redakteur solchen Druck kennengelernt hatte und der selbst Opfer einer politischen Boykottdrohung im Verwaltungsrat des Norddeutschen Rundfunks geworden war, hat 1964 geklagt, daß die SPD in der Auseinandersetzung mit den Unionsparteien in der Frage des Fernsehens nicht den Weg eines Kontrastprogramms "im politischen Sinn" gegangen sei. Die SPD habe es versäumt, sich durch eine Kooperation der von ihr bestimmten Anstalten eine "solide Fernseh-Hausmacht" zu schaffen. Die Bäume hätten dabei, so meint Paczensky, "weder für ein 'rotes' noch für ein 'schwarzes' Programm in den Himmel wachsen können", da "in keinem Sendebereich eine Partei mit so riesiger Mehrheit" überwiege, "daß sie nicht doch gewisse Rücksichten nehmen müßte". Nach seiner Darstellung soll ein solcher Plan "in SPD-Kreisen" diskutiert worden sein. (53)

Es ist leicht zu erraten, warum ein Projekt dieser Art, falls es wirklich erwogen wurde, damals verworfen werden mußte: eine SPD, die Zusammengehen oder Zusammenregieren mit den Unionsparteien nicht grundsätzlich ausschloß, mußte einen Kollisionskurs vermeiden. Auch konnte sie es sich nicht leisten, die Sendeanstalt in Nordrhein-Westfalen, dem bevölkerungsreichsten Land der Bundesrepublik, dem CDU-Einfluß zu überlassen, ohne irgendeine Garantie zu haben, daß "ihr Programm" auch in diesem Gebiet und in den süddeutschen Ländern ausgestrahlt werden könnte. Von einem mehr oder weniger paritätisch ausgehandelten "Proporz"-Programm (54) konnte sie sich – erst recht in Sendebereichen, wo sie in der Minderheit war – immer noch größeren Einfluß versprechen als von einem eigenen Gegenprogramm. Das Gegenprogramm hätte dann als "rotes", "parteiisches" einem Programm gegenübergestanden, das man nach guter alter deutscher Tradition als "objektiv" und "überparteilich" hätte präsentieren können, weil es von Vorstellungen der Regierung, von Auffassungen "verantwortlicher Staatsmänner" getragen gewesen wäre.

Das Interesse der SPD an einem paritätisch ausgehandelten Gemeinschaftsprogramm und ihr Verzicht auf öffentliche Propagierung politischer Alternativen, hatte schon vor der Großen Koalition zur Folge, daß der Kampf um Machtpositionen zwischen CDU/CSU und SPD in den Massenmedien Rundfunk und Fernsehen bald nicht mehr wahrgenommen wurde. Für Verfechter einer "Autonomie" des Rundfunks war es fast schon einerlei, ob sich die Unionsparteien der Massenmedien bemächtigten oder ob die SPD, um dem zu begegnen, die Neutralisierung der Medien erstrebte. Beides nannte man abstrakt "Vormarsch der politischen Parteien im Rundfunk" oder "Diktatur der Parteien". (55) Das entsprach dem noch aus vorparlamentarischen Zeiten stammenden abstrakten Verdammungsurteil über "die" Parteien, das in der Bundesrepublik namentlich der Staatsrechtler Werner Weber zu neuem Leben erweckt hatte.

In einzelnen Fragen gab es trotz allem ein gemeinsames Interesse der Unionsparteien und der SPD, Bestrebungen abzuwehren, die das in Frage stellten, was die beiden Parteien auch zu einer Zeit verband, als sie eine Regierungskoalition auf Bundesebene noch nicht eingegangen waren. Diese Gemeinsamkeiten fanden und finden ihren Widerhall im Vorwurf der Manipulation, der von links wie rechts immer wieder gegen die großen Parteien erhoben wird. Doch auch die FDP und die Gewerkschaften bekamen — beispielsweise beim Thema Wahlrechtsreform oder in der Frage der Notstandsgesetzgebung (besonders beim Zweiten Deutschen Fernsehen) — zu spüren, hinter wie hohen Barrieren sich die Parteien der Großen Koalition verschanzen konnten. (56)

In manchen Fällen war es gar nicht nötig, daß die Unionsparteien und die SPD am selben Strang zogen. Übte die CDU/CSU starken Druck aus, so brachten häufig schon das Desinteressement und die Stimmenthaltung der SPD-Vertreter ein Ergebnis zustande, das dieselben Auswirkungen hatte wie sie ein gemeinsames Vorgehen gehabt hätte. Das wird auch weiterhin eine Rolle spielen, nachdem sich die Fronten verschoben haben und seit Herbst 1969 SPD und FDP als Regierungsparteien der CDU/CSU-Opposition gegenüberstehen.

Formen der Einflußnahme und Mechanismen der Anpassung

Die von den Sendeanstalten veröffentlichten Informationen machen es möglich, die jeweilige Kräfteverteilung in den einzelnen Rundfunk-, Fernseh- und Verwaltungsräten abzuschätzen. Auch die von den Intendanten "im Einvernehmen" mit solchen Organen betriebene Personalpolitik läßt sich an Hand der von den Anstalten veröffentlichten Infor-

mationen beobachten, zum mindesten in bezug auf die führenden Positionen. Bis heute fehlen allerdings systematische Auswertungen auch der zugänglichen Informationen. (57) Ihnen wäre eine gewisse Aussagekraft nicht abzusprechen, wenn Parteizugehörigkeiten und politische Sympathien aufgeschlüsselt wären.
Noch weniger wissen wir über die internen Vorgänge in den Rundfunk-, Fernseh- und Verwaltungsräten. Die Sitzungen solcher Räte sind nicht öffentlich. Protokolle sind nicht zugänglich. Es gibt Stimmen, die meinen, der aus einer ganz anderen Welt stammende Begriff der Amtsverschwiegenheit müsse hier Anwendung finden. (58) Den Mitgliedern wird von einigen Anstalten nicht einmal gestattet, die Organisationen zu unterrichten, deren Vertreter sie sind. So hat sich der Sender Freies Berlin im Streit mit dem Verleger Hans Sonnenfeld darauf berufen, er, Sonnenfeld, habe die Verpflichtung zur Vertraulichkeit nicht eingehalten und sich geweigert, vertrauliche Informationen für sich zu behalten. Das Oberverwaltungsgericht Berlin hat dem SFB recht gegeben. Nach Auffassung des Gerichts wird man mit der Berufung als Mitglied des Rundfunkrates und des Verwaltungsrates zum "Repräsentanten" der Öffentlichkeit für die Interessen der Rundfunkhörer, also der Sache nach zum Überwachungsorgan in Vertretung der Allgemeinheit. Voraussetzung dafür, sagt das Gericht, sei die Gewähr einer "unparteiischen Amtsführung", so daß sich der als Organisationsvertreter Berufene auch für seine Organisation nicht einsetzen darf. (59) Mit dieser Entscheidung zeigt das Gericht anschaulich, daß die Option des Gesetzgebers für eine wie immer geartete pluralistische Rundfunkkonzeption immer noch nicht viel wert ist: sie kann mit Hilfe einer Rechtsinterpretation, die dem vorparlamentarischen Staat entstammt und vielleicht für dessen Beamte passen mochte, ausgehöhlt und auf kaltem Wege verändert werden. Die Berliner Gerichtsentscheidung setzt sich nicht nur über Interessengegensätze in den pluralistisch zusammengesetzten Gremien hinweg, sondern auch die vom Bundesverfassungsgericht getroffene Feststellung, daß jedes Rundfunkprogramm "eine gewisse Tendenz" habe und daß deshalb alle gesellschaftlich relevanten "Kräfte in den Organen Einfluß haben und im Gesamtprogramm zu Wort kommen" sollen. (60)
Noch auf andere Weise haben sich die Sendeanstalten dagegen abgesichert, daß Vorgänge aus dem internen Betrieb an die Öffentlichkeit dringen. Die Bediensteten werden ausdrücklich verpflichtet, Stillschweigen zu bewahren über alle ihnen im Rahmen ihrer "Tätigkeit zur Kenntnis gelangenden Angelegenheiten und Vorgänge, die ihrer Natur nach oder auf Grund besonderer Anordnung vertraulich zu behandeln sind"; diese Schweigepflicht gilt auch "über die Zeit des Arbeitsverhältnisses hinaus"! Überdies darf jeder Bedienstete nur mit schriftlicher Genehmigung "dienstliche Schriftstücke, Drucksachen, Zeichnungen, Ton- und Bildträger usw. zu außerdienstlichen Zwecken an sich nehmen (!!!!), verwenden oder Dritten zugänglich machen". (61)

Zur Not wäre es denkbar, daß solche Bestimmungen unter den Konkurrenzbedingungen der Privatwirtschaft oder im Bereich der von Spionage bedrohten Staatsverwaltung einen Sinn haben könnten. Im Bereich der öffentlich-rechtlich organisierten Rundfunk- und Fernsehanstalten, die der öffentlichen Kontrolle unterstehen, werden die Schutzmauern gegen diese Kontrolle, also zu Vorkehrungen gegen die demokratische Ordnung. Sie können nur einen Zweck haben: zu verhindern, daß politische Eingriffe, rechtswidriger Druck, Maßregelungen, Willkürakte der Personalpolitik publik werden.

Das wird nicht dadurch entkräftet, daß über Kündigungen oder Nichtverlängerung von Verträgen oft genug öffentlich berichtet worden ist. Solche Dinge lassen sich ohnehin nicht geheimhalten. Aber wenn solche Exempel mit Vorbedacht an die große Glocke gehängt werden, so kann das auch noch der Einschüchterung derer dienen, die nicht unmittelbar betroffen sind; das ist eine Parallele zur disziplinierenden Funktion, die in politischen Parteien und in Verbänden der Organisationsjustiz zukommt. Die systematische Aufarbeitung solcher Fälle steht noch aus. Mehr als einmal sind kritische Stimmen zum Schweigen gebracht worden. Auch wenn diese Fälle kaum auf einen Nenner zu bringen sind, so sei doch an Walter Maria Guggenheimer, Gerhard Szczesny, Rüdiger Proske, Gert von Paczensky, Joachim Fest und Hanspeter Krüger erinnert.

Wie im einzelnen die Einflußnahme aussieht, die nicht ganz so massiv, oft aber dafür nicht weniger wirkungsvoll ist, läßt sich nicht exakt belegen. Soweit einzelne Vorgänge an die Öffentlichkeit gedrungen und auch in Zeitungen oder Zeitschriften *(Der Spiegel, Die Zeit)* behandelt worden sind, stammten die Darstellungen meistens von den Betroffenen selbst. Die Sendeanstalten hüllen sich — wenn solche Berichte durchsickern — in Schweigen oder beschränken sich auf Zuschriften, in denen sie ihre Maßnahmen rechtfertigen, aber die Vorgänge nicht schildern. Ein Schritt vorwärts wäre schon eine systematische Aufarbeitung der bisher veröffentlichten Informationen, die an dieser Stelle nicht möglich ist. (62) Einige Schlüsse auf den Umfang solcher Vorkommnisse sind auch aus allgemeinen Angaben der Betroffenen zu ziehen. Auf einer Personal- und Betriebsrätekonferenz der Rundfunk-Fernseh-Film-Union im Deutschen Gewerkschaftsbund (RFFU) hat Werner Bader, Vorsitzender der RFFU-Mitbestimmungskommission, 1968 ausgerufen: "Es gibt in unserem Lande kaum andere Einrichtungen, in denen der Chef so souverän regieren kann, wie dies dem Intendanten in den Rundfunk- und Fernsehanstalten möglich ist." (63) In einem vom RFFU, Verband Zweites Deutsches Fernsehen, vorgelegten *Reformprogramm* wird im Rahmen einer Redaktionsordnung die "Garantie von Anhörungs- und Beteiligungsrechten der Betroffenen" und die "Beteiligung der Redakteure an der Entscheidung über den Inhalt ihrer Sendungen" gefordert. Welchem Druck sind Redakteure ausgesetzt, die solche Forderungen erst stellen müssen? Es ist aufschlußreich, daß Redakteure die Fixierung der folgenden Bestimmung verlangen: "Auf keinen Fall darf ein Redakteur gezwungen werden, einen Beitrag gegen seine Überzeugung anzufertigen oder Eingriffe hinzunehmen, die seine beabsichtigte Aussage verfälschen. Aus seiner Weigerung darf ihm kein Nachteil entstehen." (64) Leben wir in einer totalitären Gesellschaft, die gerade ihr erstes Tauwetter durchmacht?

Kritik am Arbeitsregime wird nicht nur von Redakteuren erhoben. Clemens Münster, Fernsehdirektor des Bayerischen Fernsehens, spricht von "Pressionsversuchen von seiten der Regierung und Parteien" und beklagt die "Furchtsamkeit und den Opportunismus mancher Intendanten und Programmdirektoren". (65) Der Appell ist gut gemeint. Aber käme es nicht darauf an, statt auf Tugend zu hoffen, das System so zu gestalten, daß es auch dann funktioniert, wenn Zivilcourage rar ist? Wem will man es heute verdenken, wenn mögliche Kritik von oben oder von außen vorweggenommen wird und man Information, Bildungsgehalt und Wahrhaftigkeit einer Sendung so dosiert, daß dem Autor, Redakteur, Regisseur keine Schwierigkeiten entstehen?

Die Struktur der Anstalten wird weitgehend bestimmt durch den Proporz. In der bereits erwähnten Reformschrift für das Zweite Deutsche Fernsehen heißt es: "Der Parteienproporz dominiert — eingestanden oder uneingestanden - die wichtigsten personellen und programmpolitischen Entscheidungen". (66) Die politischen Akzente mögen in den einzelnen Anstalten so oder anders gesetzt werden. Doch im Prinzip gilt: neben dem CDU-nahen Programmdirektor steht der sozialdemokratische Chefredakteur; der linksliberale Redakteur X muß mit dem konservativen Redakteur Y zusammenarbeiten. Wer keiner Partei angehört oder wer nicht wenigstens einflußreiche Parteimitglieder kennt, die für ihn sprechen, hat schon bei der Einstellung geringe Chancen (außer wenn ihn beide Seiten versehentlich für den ihrigen halten).

Proporz im Programm bedeutet: die "einseitige" Sendung ist auszugleichen. Einseitig aber ist nur das, was als einseitig bezeichnet wird. Einseitig ist zunächst alles, was die Wahlchancen der in den Aufsichtsgremien vertretenen politischen Parteien berührt. Hier wachen die Beteiligten darüber, daß jede einseitige Bevorzugung oder Benachteiligung durch Ausgleichssendungen aufgewogen wird. Dabei kommt es nicht nur auf die Ausgleichssendung überhaupt an, sondern auch auf Wochentag und Zeit. Für Sendungen, die soziale Konfliktstoffe, Arbeitgeberorganisationen und Gewerkschaften betreffen, gilt mehr oder minder dasselbe. Es kann dann passieren, daß aus Gründen der Ausgewogenheit die Grenzen zwischen dem Nachrichtenteil und dem sonstigen Programm verwischt werden. Solches ist vorgekommen: in einer "Magazin"-Sendung wurde die eine Seite in sozialen Konflikten besonders ausgiebig berücksichtigt; darauf mußte als "Gegengewicht" ein Sprecher der Gegenseite mit einer Stellungnahme im Nachrichtenteil zu Wort kommen.

Als „einseitig" gilt auch das, was die gemeinsamen Interessen der in den

Aufsichtsorganen vertretenen Parteien verletzt. Hier verlangen sie gemeinsam die Ausgleichsendung. Sendungen, die dagegen gemeinsame Interessen solcher Parteien vertreten, gelten — unabhängig vom Inhalt — nicht als einseitig, solange darüber in den Aufsichtsgremien nicht Beschwerde geführt wird. Auch das ist vorgekommen: in der Frage der Ost- und Wiedervereinigungspolitik wurden jahrelang die Darstellungen nicht nur bestimmter politischer Positionen, sondern auch bestimmter Ideologien als ausgewogene Sendungen angesehen; die kleine, nicht in den Rundfunk- und Fernsehräten vertretene Opposition konnte dagegen nichts ausrichten.

Wer aber bestimmt, was einseitig ist bei den Informationssendungen, wie sie dem sogenannten Bildungsauftrag entsprechen, zu dem fast alle Anstalten durch ihre Richtlinien verpflichtet sind? Man kann Bildung als Glasperlenspiel betreiben; wirkliche Bildung jedoch wird vermittelt, wenn die Sendungen Abhängigkeiten aufdecken, verborgene und verdeckte Zusammenhänge deutlich machen, Irrationalitäten abtragen, kurz: dazu beitragen, daß alle mündig werden und Befreiung von Zwängen anstreben können. Was heißt bei solchen Sendungen Ausgewogenheit? Bildung als Selbstzweck gilt nicht als einseitig, auch dann nicht, wenn sie schlechtes Bestehende verklärt. Wenn aber der Gegenstand der Sendung Kritik verdient, wenn das geschilderte Bestehende nicht nur unvollkommen, sondern überfällig und verfault ist, muß dann nicht die Sendung bei aller Sachlichkeit notwendigerweise einseitig sein? In diesem Sinn gesellschaftskritische Sendungen erregen Anstoß. Das ist unvermeidlich. Die Sendeanstalten tendieren indes wie jeder andere Betrieb dazu, Reibungen nach Möglichkeit aus dem Weg zu gehen. Darum trachten sie — hier weniger, dort mehr — danach, jede Störung auf ein Minimum zu reduzieren, auch wenn die politischen Aufsichtsgremien ihrerseits nicht eingreifen. Beschwerdebriefe einflußreicher Organisationen oder Personen an die Intendanten oder auch Zuschriftenberge können so mitunter verhängnisvoll wirken. Völlig ungewiß ist, ob und in welchem Umfang dabei nachgeprüft wird, inwieweit solchen Interventionen nicht vorhersehbare Rechtfertigungsversuche von Interessenten zugrunde liegen. Vorsichtigerweise gestalten daher viele Redakteure die Sendungen so, daß jedes negative Aufsehen vermieden wird. Das trägt, ohne daß solche Vorgänge in Aufsichtsgremien zur Sprache kommen, unmerklich dazu bei, daß Konformismus gefördert wird.

In diesem Zusammenhang gebührt der Stellung der freien Mitarbeiter und der zunehmenden Auslagerung der Produktion in den Bereich privater Produktionsgesellschaften einige Beachtung. Freie Mitarbeiter verdienen in bestimmten Sparten mehr als angestellte Redakteure. Mancher Festangestellte hat sich dadurch verlocken lassen, seine Angestelltenposition aufzugeben. Als freier Mitarbeiter muß er sehen, daß ihm seine Sendungen abgenommen werden. Solche freien Lieferanten merken oft nicht mehr, wie sehr sie sich den Gegebenheiten anpassen. Manchmal entwickeln sie eine ungewöhnliche Fähigkeit, jede mögliche Kritik im voraus zu erraten, sich ihr zu beugen, bevor sie laut geworden ist.

Immer häufiger ist in den letzten Jahren die Produktion in die Hand privater Herstellungsfirmen gelegt worden. Systematische und verläßliche Untersuchungen über das Ausmaß dieser stillen Kommerzialisierung des Fernsehens — die nicht allein an Hand der dafür ausgegebenen Gelder gemessen werden kann — liegen nicht vor. Je mehr die von den Anstalten und von freien Mitarbeitern hergestellten Sendungen mit der Produktion dieser Privatfirmen konkurrieren müssen, um so mehr wächst die Gefahr, daß die eigene Produktion der Anstalten durch diese Konkurrenz beeinflußt wird. Die von solchen Firmen produzierten Filme vermeiden das Risiko noch mehr als die in den Anstalten hergestellten. Angesichts der sich anbahnenden Entwicklung zum Kassetten- oder Schallplattenfernsehen können private Hersteller eine ökonomische Machtposition erlangen, die noch nicht abzuschätzen ist. Dann werden sich aber die heutigen Privathersteller von Fernsehfilmen nach diesen Großunternehmungen richten müssen. Wie sehr das alles auf die eigene Produktion der Sendeanstalten abfärben wird, ist schon heute eine aktuelle Frage.

Einflußnahme auf die Programmgestaltung wird häufig mit den für die Rundfunk- und Fernsehanstalten aufgestellten Grundsätzen oder Richtlinien begründet. Wenn die Protokolle der Rundfunk- und Fernseheräte eines Tages der Forschung zugänglich sein werden, wird zu prüfen sein, welche von diesen Bestimmungen bei Auseinandersetzungen oder Maßregelungen ins Gewicht gefallen sind. Einen Hinweis gibt die bereits erwähnte Reformschrift für das Zweite Deutsche Fernsehen. Da wird warnend erklärt, es sei nicht Sinn der Programmrichtlinien, "einen einseitigen Aufgabenkatalog zur Fesselung der Redaktionen aufzustellen".(67) Die Gefahr, daß die sowieso sehr allgemein gehaltenen und dehnbaren Bestimmungen im Sinne der Erhaltung alles Bestehenden ausgelegt werden, ist deswegen akut, weil Rundfunk- und Fernseheräte, Programmbeiräte und Intendanten in die Programmgestaltung meistens erst im nachhinein eingreifen können, mit einer Kritik, die sich gerade auf die Grundsätze oder Richtlinien stützt. Eine "präventive Lenkung des Programms" durch die Rundfunk- und Fernseheräte (die etwa auf die Befolgung des für das Zweite Deutsche Fernsehen geltenden Grundsatzes Wert legte, wonach das Programm "zu kritischem Denken ermutigen, zu Gespräch und Eigentätigkeit anregen" soll) (68) gibt es in der Praxis nicht, und sie ist auch nicht zu erwarten. (69)

Bei allen Maßregelungen, die sich gegen Personal oder Mitarbeiter richten, sollen die Grundsätze oder Richtlinien als Legitimation dienen; dabei bleibt unbeachtet, daß sich die Kritisierten oder Gemaßregelten in der Regel ihrerseits auf andere Grundsätze berufen können: anführen kann man solche Grundsätze aber entweder überhaupt nicht oder nur in der Replik. Und den Maßregelnden steht ja das Recht zu, über die Auslegung von Grundsätzen zu entscheiden. (70) Neuerdings wird von Redakteuren der Zweiten Deutschen Fernsehen der Versuch unternommen, die Richtlinien eindeutiger zu bestimmten. Mit Hilfe eines gewählten Redakteurausschusses hofft man die Richtlinien brauchbar zu machen, um die besser "zu schützen, die das Programm liefern". (71)

Strukturveränderungen

Auch in den Jahren der Großen Koalition und allen Mechanismen, die den Konformismus förderten, zum Trotz waren Rundfunk und Fernsehen nicht völlig verfestigt und unkritisch. Trotz allem schneiden die westdeutschen Rundfunk- und Fernsehprogramme beim Vergleich sowohl mit der Presse als auch mit den Massenmedien anderer Länder nicht ungünstig ab. Gewiß war die von der außerparlamentarischen Protestbewegung angewandte provokative Formverletzung auch darauf ausgerichtet, die ihr in den Rundfunk- und Fernsehprogrammen entgegengesetzten "Puplizitätsbarrieren zu beseitigen". (72) Aber die Anstalten und auch die Repräsentanten der im Bundestag vertretenen politischen Parteien haben das Manko anerkannt: sie zeigten sich gewillt, die Wortführer der Protestbewegung wenigstens in Diskussionen zu Wort kommen zu lassen. Im Prinzip wurde von vielen erkannt, daß das pluralistische Repräsentationsprinzip der Sendeanstalten nicht immer den "fortschreitenden Zustand der Gesellschaft adäquat" widerspiegelt und daß auch der "pluralistischen Konstruktion ein konservatives, relativierendes Moment" innewohnt. (73) Mit der Praxis der begrenzten Regelverletzungen gelang es der in den Aufsichtsorganen nicht vertretenen Bewegung, die Massenmedien zur Diskussion und zur Behandlung von Fragen zu zwingen, die vorher mit einem Tabu belegt waren.

Diese inhaltliche Veränderung des Programms macht, wenn sie sich auch nur auf einen Teilbereich erstreckt, deutlich, daß Rundfunk und Fernsehen auch in der entwickelten kapitalistischen Gesellschaft nicht notwendigerweise und unter allen Umständen dem gesellschaftlichen *Status quo* verhaftet sein müssen. Ob Rundfunk und Fernsehen eine verschleiernde Funktion (die so oft unzutreffend mit dem Wort "Manipulation" bezeichnet wird) erfüllen oder nicht, ist nicht primär eine Frage der Rechtsstruktur der Anstalten oder der Sicherung von Kontrollrechten. Solche institutionellen Regelungen können die Möglichkeiten für Kritik im Rundfunk und im Fernsehen begünstigen oder hemmen; aber nur dann werden Rundfunk und Fernsehen in der Lage sein, dauerhaft und im Detail die Überfälligkeit gesellschaftlicher und politischer Strukturen aufzudecken und neue Möglichkeiten konkret aufzuzeigen, wenn die Kritik in den Medien von realen politisch-sozialen Kräften getragen wird oder wenigstens ihre Unterstützung findet. Massenmedien wie Rundfunk und Fernsehen stehen nicht über der Gesellschaft, sondern sind in die politischen und sozialen Auseinandersetzungen der Gesellschaft einbezogen.

Nichts anderes als ein Ausdruck politisch-gesellschaftlicher Konflikte ist schließlich die als "innere Pressefreiheit" (74) besonders von Redakteuren diskutierte Forderung nach besserer Sicherung der Rechte der einzelnen "Programm-Mitarbeiter" am Arbeitsplatz, also innerhalb der Sendeanstalten, nach Verwirklichung eines Mehr an Demokratie auch in den Massenmedien. Natürlich ist es nicht ausgeschlossen, daß sich hinter solchen Bestrebungen auch alte ständische Vorstellungen verbergen und daß so mancher "Meinungsbildner" auch heute noch von Privilegien träumt. Wenn die in den Sendeanstalten beschäftigten Lohn- und Gehaltsempfänger nicht mehr ohne weiteres gewillt sind, Hierarchie und autoritäre Strukturen hinzunehmen, auf der anderen Seite ihre unmittelbaren Arbeitgeber die Forderung nach Mitwirkung mit der Begründung ablehnen, daß Redakteure kein Anrecht auf die Verbreitung der "eigenen Meinung" haben dürften, (75) ist das nur ein Teil der politisch-sozialen Auseinandersetzung, die sich durch die ganze Gesellschaft zieht. Rundfunk- und Fernsehanstalten sind keine pädagogischen Provinzen, die von den Kämpfen der Zeit verschont bleiben.

Ein Vorreiter der Forderung nach größerer Mitbestimmung der Programm-Mitarbeiter an ihren Arbeitsplätzen ist die im Deutschen Gewerkschaftsbund organisierte Rundfunk-Fernseh-Film-Union. Auf dem Weg über eine "Tarifvereinbarung über eine Redakteursordnung" will sie durchsetzen, daß die Sendeanstalten besondere Vertretungen der Redakteure anerkennen. (76) Bei verschiedenen Anstalten sind unabhängig von der Anerkennung durch eine Tarifvereinbarung bereits Redakteurversammlungen abgehalten und Redakteurausschüsse gewählt worden. (77) Gefordert wird Beteiligung des "Redakteurausschusses" an Programm-Entscheidungen, insbesondere an "Anberaumung, Verhinderung, Änderung oder Absetzung von Sendungen", an der "allgemeinen Programmplanung und der Gestaltung der Programm-Struktur"; der Ausschuß soll auch das Recht haben, "jeder Beschwerde und jedem Hinweis über eine Beeinträchtigung der Grundsätze dieser Ordnung nachzugehen, Ermittlungen anzustellen und einen Beschluß zu fassen". Kernsatz dieser Ordnung ist die Bestimmung: "Keiner dieser Programm-Mitarbeiter darf gezwungen werden, gegen seine Überzeugung eine Meinung zu äußern oder einen Beitrag anzufertigen. Er braucht auch keine Eingriffe in seine Beiträge hinzunehmen, die seine Aussage verfälschen. Aus seiner Weigerung darf ihm kein Nachteil entstehen". (78) In der bereits erwähnten Reformschrift für das ZDF wird zusätzlich die Forderung vertreten, die Zahl der Vertreter der Parteien und Interessengruppen im Fernsehrat des ZDF einzuschränken und dafür "18 vom Personal der Anstalt entsandte Vertreter" in den Fernsehrat und entsprechend 5 Personalvertreter in den Verwaltungsrat aufzunehmen. (79)

Die institutionelle Sicherung der Rechte von Programm-Mitarbeitern ist auch angesichts der bestehenden gesellschaftlichen Widersprüche nicht ausgeschlossen. Allerdings kann eine solche Regelung unter den gegenwärtigen politischen und gesellschaftlichen Bedingungen auch nicht verhindern, daß sich politische und gesellschaftliche Kräfte des Rundfunks und des Fernsehens zu bedienen suchen. Mitbestimmungskonzeptionen für Programm-Mitarbeiter, die diese Selbstverständlichkeit außer acht lassen, bleiben utopisch und unrealistisch oder bringen verselbständigte Eliten mit ständischen Privilegien hervor.

Die Mitbestimmung der Programm-Mitarbeiter ist aber nicht nur im Hinblick auf die besseren Arbeitsbedingungen der in den Anstalten beschäftigten Arbeitnehmer und eine damit vielleicht mögliche Qualitätsverbesserung des Programms politisch bedeutsam. Mitbestimmungsrechte der Programm-Mitarbeiter könnten auch ein Mittel sein, durchsichtig zu machen, auf welche Weise und mit welchen Praktiken die politischen und gesellschaftlichen Kräfte die Massenmedien Rundfunk und Fernsehen in den Dienst ihrer Auseinandersetzungen zu stellen trachten.

Eine solche allgemeine Aufgabe könnte die Mitbestimmung der Programm-Mitarbeiter an ihrem Arbeitsplatz indes nur erfüllen, wenn die oben erörterten Geheimhaltungsbestimmungen sowohl für die Bediensteten der Anstalten als auch für die Mitglieder der Rundfunk- und Fernsehräte und der Programm-Beiräte abgeschafft würden. Die Öffentlichkeit aller politisch relevanten Vorgänge in den Sendeanstalten und die kritische Beobachtung dieser Vorgänge durch die politischen und gesellschaftlichen Kräfte gehören untrennbar zu einer demokratischen Organisation von Rundfunk und Fernsehen. Statt einem Überparteilichkeits- und Neutralitätsideal nachzujagen, das noch aus der Zeit der Monarchie stammt und nicht verwirklicht werden kann, sollte man die "objektive" politische und soziale Abhängigkeit der Nachricht oder der Sendung deutlich, also dem Hörer oder Zuschauer bewußt machen.

Noch ist nicht abzusehen, ob die weitere Entwicklung der Sendeanstalten in dieser Richtung gehen oder ob die Struktur vor allem des Fernsehens durch die Errichtung neuer Anstalten verändert werden wird. Technisch sind die Voraussetzungen für eine erhebliche Vervielfältigung der heutigen Sendemöglichkeiten des Fernsehens gegeben. Auch in der Bundesrepublik kann in absehbarer Zeit die Möglichkeit geschaffen werden, nicht nur drei Fernsehprogramme, sondern eine weitaus größere Zahl zu empfangen, wie das heute schon in Berlin (durch das Fernsehen der DDR) und in den Vereinigten Staaten möglich ist. (80)

Auf die mögliche Vermehrung der Fernsehprogramme stützen sich die, denen auch in der Bundesrepublik am Aufbau eines kommerziellen Fernsehens liegt, also an Fernsehgesellschaften, die nicht mehr in der Hand öffentlicher Organe liegen. Schützenhilfe erhalten diese Interessenten von dem Grundgesetz-Kommentator Roman Herzog, der meint, mit der "nahezu (. . .) *beliebigen Vervielfachung* der in der Bundesrepublik zur Verfügung stehenden Wellenbereiche und folglich auch Sendemöglichkeiten" sei die Voraussetzung der Entscheidung hinfällig geworden, die das Bundesverfassungsgericht zugunsten einer "Oligopolisierung von

Rundfunk und Fernsehen bei der öffentlichen Hand" gefaßt habe. (81) Auf privatwirtschaftlicher Basis ist allerdings — das muß immer wieder unterstrichen werden — der Betrieb von Fernsehgesellschaften nach der Auffassung des Bundesverfassungsgerichts nur dann zulässig, wenn alle "bedeutsamen politischen, weltanschaulichen und gesellschaftlichen Gruppen" in den Organen der Gesellschaften "Einfluß haben und im Gesamtprogramm zu Wort kommen können", (82) wenn also die Kapitalgeber entmachtet werden.

Angesichts der möglichen Ausweitung der Sendemöglichkeiten muß man fragen, welche Lösungen sachlich und politisch vernünftig und deshalb anzustreben sind. Wenn die "Reserviertheit, Ponderierung und Neutralisierung im politischen Programmteil" — wie Helmut Ridder meint — nur eine "Lösung 'faute de mieux'" ist (83), wäre es dann bei der Einrichtung zusätzlicher Fernsehprogramme nicht angebracht, dies Übel zu verringern, statt es zu vermehren? Sollten nicht die zusätzlich eingerichteten Programme in politischen und sozialen Fragen stärker akzentuiert sein und damit die erwähnte Entwicklung der politischen Magazin-Sendungen fortsetzen? Ist es nicht sinnvoller, gleichzeitig mehrere neue Programme zu schaffen und sie "politischen, weltanschaulichen und gesellschaftlichen Gruppen" in die Hand zu geben, die zu einer gemeinsamen Gestaltung divergierender Programme bereit sind? Dann könnte sich der Zuschauer wenigstens auf einem Kanal "sein" Programm so suchen, wie sich der politisch interessierte Zeitungsleser für "seine" Zeitung oder "seine" Wochenzeitung entscheidet. (84) Die Rechtsprechung des Bundesverfassungsgerichts stände dem nicht entgegen, sofern eine anteilsmäßige Beteiligung aller gesellschaftlich relevanten Kräfte gesichert wäre.

Es geht dabei in erster Linie um die Bewahrung unterschiedlicher Auffassungen in politischen und sozialen Fragen. Die primär durch die Zielsetzung der politischen Parteien bestimmten unterschiedlichen Akzente spiegeln nicht unbedingt die ganze Fülle der realen gesellschaftlichen Probleme und Widersprüche wider. So bedeutet auch der Aufbau neuer politisch akzentuierter Fernsehanstalten nicht automatisch, daß damit im Fernsehen auch tatsächlich Baufälliges als baufällig hingestellt und ein neuer Horizont eröffnet wird. Möglich aber wäre ein Zurückdrängen der konservativen und retardierenden Faktoren, die heute bestimmend sind. Damit hätten Programme, die der Kritik den Weg bahnen, bessere Aussichten.

Möglich ist allerdings auch, daß sich auch in der Bundesrepublik private Interessenten durchsetzen, die nicht nur wegen der Hoffnung auf große Gewinne, sondern vor allem wegen der großen Einflußmöglichkeiten des Fernsehens in dieses Geschäft drängen. Die Gefahr ist groß, daß dann die konservativen und retardierenden Faktoren verstärkt würden. Die apologetische Funktion des Fernsehens müßte zunehmen.

Ob sich die mit der Entwicklung der Fernsehtechnik verbundenen Probleme auf die Dauer noch im nationalstaatlichen Rahmen lösen lassen, ist fraglich. In spätestens zehn Jahren wird die Verwendung von Fernseh-Satelliten erwartet, "die es den Fernsehteilnehmern erlauben werden, das von den Satelliten übertragene Programm direkt zu erhalten". Drei Satelliten heißt es, könnten 90 % der Erdbewohner bedienen. (85) Das kann unabsehbare Umwälzungen nach sich ziehen.

Im Gefolge einer solchen Entwicklung könnte es sehr schnell passieren, daß wir auf den scheinbar unpolitischen Rundfunk der Weimarer Zeit und auf den als politisches Machtinstrument gehandhabten Staatsrundfunk des Dritten Reiches ebenso zurückschauen würden wie wir heute auf das von den Inhabern der politischen Staatsgewalt zu Goethes Zeiten geschurigelte Zeitungswesen zurückblicken. Wie werden uns dann die am Proporz und Fußball erstickenden Massenmedien unserer Tage vorkommen?

Anmerkungen

Karl Marx, Friedrich Engels, Werke [MEW],Bd. 26, 1,[Ost-] Berlin, 1965, S. 259 u. 145 (Theorien über den Mehrwert).

S. dazu A. R. L. Gurland,"Zur Theorie der sozial-ökonomischen Entwicklung der gegenwärtigen Gesellschaft", in: Theodor W. Adorno, hrsgg. im Auftrag der Deutschen Gesellschaft für Soziologie, Spätkapitalismus oder Industriegesellschaft (Verhandlungen des 16. Deutschen Soziologentages vom 8. bis 11. April 1968 in Frankfurt/M.), Stuttgart, 1969, S. 56 f u. 60.

(3) Zu dieser kritischen Funktion s. Jürgen Habermas, Strukturwandel der Öffentlichkeit. Untersuchung zu einer Kategorie der bürgerlichen Gesellschaft, Neuwied, 1962.

(4) Zur umfangreichen Literatur über das Rundfunk- und Fernsehwesen, auch über die Geschichte des Rundfunks in der Weimarer Zeit s. die Zusammenstellung in: Hans-Bredow-Institut für Rundfunk und Fernsehen an der Universität Hamburg, Hrsg., Internationales Handbuch für Rundfunk und Fernsehen. 1969/70, Hamburg, 1969, Abschnitt C, S. 1 - 7.

(5) So Hans Bausch, Der Rundfunk im politischen Kräftespiel der Weimarer Republik. 1923 - 1933 (Tübinger Studien zur Geschichte und Politik, Bd. 6), Tübingen, 1956, S. 114 f; zur Geschichte der DRADAG S. 24 ff.

(6) Reichspostministerium, Hrsg., Denkschrift über den Rundfunk (Manuskript, 1925), zitiert nach Heinz Pohle, Der Rundfunk als Instrument der Politik. Zur Geschichte des deutschen Rundfunks von 1923/38, Hamburg, 1955, S. 36.

(7) Winfried B. Lerg, Die Entstehung des Rundfunks in Deutschland. Herkunft und Entwicklung eines publizistischen Mittels, Frankfurt/Main, o.J.[Cop. 1965], S. 303.

(8) S. dazu Lerg, ebd. S. 304 f; Bausch, a.a.O. (Anm. 5), S. 188 spricht von "der 'illegallen' Gründungsepoche".

(9) Reichstags-Drucksache, 3. Wahlperiode, Nr. 2776 vom 2. Dezember 1926, Anlage 1 Ziff. 1; abgedruckt bei Lerg, ebd., S. 368 ff.

(10) Lerg, ebd., S. 311.

(11) Hans Bredow am 26. Februar 1928 auf einem Vortragsabend der Reichsrundfunkgesellschaft, zitiert nach Pohle, a. a. O. (Anm. 6), S. 61.

(12) Zitiert nach Bausch, a. a. O. (Anm. 5), S. 173.
(13) Bausch, ebd., S. 115.
(14) Erich Scholz, Rundfunkansprache am 28. Juli 1932, teilweise abgedruckt bei Bausch, ebd., S. 214.
(15) Richtlinien für den Rundfunk vom 18. November 1932, abgedruckt bei Bausch, ebd., S. 212 - 214, Ziff. 4, 5, 6, 7 und "Zielsetzungen" Ziff. 6.
(16) S. dazu Pohle, a. a. O. (Anm. 6), S. 154 ff; Einzelheiten über den Rücktritt von Hans Bredow am 15. Februar 1933, S. 170 u. den "Reichsrundfunkprozeß" gegen Bredow und andere, S. 180 f. (dort auch Angaben über die Anweisung von Goebbels im Jahre 1939 den Namen Bredow aus jeder weiteren Kritik fernzuhalten); s. dazu auch Joseph Wulf, Presse und Funk im Dritten Reich. Eine Dokumentation, Gütersloh, o. J. [Cop. 1964], S. 265 ff.
(17) Carl Schmitt, "Weiterentwicklung des totalen Staats in Deutschland", in: Verfassungsrechtliche Aufsätze aus den Jahren 1924-1954. Materialien zu einer Verfassungslehre, Berlin, o. J. [Cop. 1958], S. 360.
(18) Carl Schmitt, "Machtpositionen des modernen Staates", in: Verfassungsrechtliche Aufsätze . . . ebd., S. 368 [erschienen im März 1933].
(19) Willi Eichler, "Das Parlament als Repräsentant der Öffentlichkeit", in: Rundfunk und Fernsehen, Jg. 3, H. 4, 1955, S. 381.
(20) S. dazu Günter Zehner, Hrsg., Der Fernsehstreit vor dem Bundesverfassungsgericht. Eine Dokumentation des Prozeßmaterials, Bd. 1 u. 2, Karlsruhe, 1964 u. 1965.
(21) Entscheidungen des Bundesverfassungsgerichts, Bd. 12, Tübingen, 1962, S. 262 f. (Entscheidung vom 28. 2. 61).
(22) Zu diesem Begriff s. mit der für Begriffsjuristen typischen Dogmatik Günter B. Krause-Ablaß, "Die Neutralitätspflicht der Rundfunkanstalten", in: Rundfunk und Fernsehen, Jg. 10, H. 2, 1962, S. 113-121; ähnlich Heinrich Kleinschmidt, Die Freiheit der Berichterstattung durch Rundfunk und Fernsehen (Art. 5 Abs. 1 Satz 2 GG), Diss. Göttingen, 1957 (Manuskript) über Berichterstattung: "Eine Stellungnahme des Berichtenden ist darin nicht enthalten." Zu solchem Denken s. Carl Schmitt, Der Hüter der Verfassung, Berlin, o.J. [Cop. 1931] S. 111-115, mit einer Übersicht über verschiedene Bedeutungen von Neutralität.
(23) Karl August Bettermann, "Rundfunkfreiheit und Rundfunkorganisation", in: Deutsches Verwaltungsblatt, Jg. 78, H. 2, 1963, S. 43.
(24) Ebd.; zur Kritik daran s. Helmut Lenz, "Rundfunkorganisation und öffentliche Meinungsbildungsfreiheit", Juristenzeitung, Jg. 18, H. 11/12, 1963, S. 338-350.
(25) Helmut Ridder, Kirche – Staat – Rundfunk. Grundsatz – Fragen ihrer Rechtsbeziehungen in der Bundesrepublik Deutschland, Frankfurt am Main, 1958, S. 46 f.; vgl. in diesem Zusammenhang auch Helmut Ridder, "Meinungsfreiheit", in: Franz L. Neumann, Hans Carl Nipperdey, Ulrich Scheuner, Hrsg., Die Grundrechte, Bd. II, Berlin, 1954, S. 272.
(26) Gesetz über den "Westdeutschen Rundfunk Köln", § 4 Abs. 2 Satz 2; Staatsvertrag über den Norddeutschen Rundfunk (NRD) § 4 Abs. 2 Satz 2; die Rundfunkgesetze und Staatsverträge sind abgedruckt bei Günter Herrmann, Rundfunkgesetze. Textsammlung, Köln, Berlin, Bonn, München, 1966.
(27) Richtlinien für die Sendungen des Zweiten Deutschen Fernsehens, III. Ziff. 5; die Richtlinien sind abgedruckt in: Zweites Deutsches Fernsehen, Hrsg., Jahrbuch 1962/64, Mainz o.J. [Cop. 1965], S. 40 f.; diese in der Folgezeit jährlich hrsgg. Jahrbücher enthalten u.a. Angaben über die Zusammensetzung des Fernsehrates, des Verwaltungsrates, über die Finanzen und Ergebnisse der Zuschauerforschung.
(28) Gesetz über den Hessischen Rundfunk, § 3 Ziff. 4.
(29) Gesetz über den Westdeutschen Rundfunk Köln und Staatsvertrag über den

Norddeutschen Rundfunk § 4 Abs. 1 Satz 5.
(30) Otto Köhler, "Kommentare in Rundfunknachrichten einzuschmuggeln", in: Die Zeit, Jg. 20, Nr. 9 (26. 2. 1965), S. 17 f.
(31) Werner Weber, "Zur Rechtslage des Rundfunks", in: Der Rundfunk im politischen und geistigen Raum des Volkes. Denkschrift der Rundfunkschule des NWDR, o.J., S. 71 f., spricht von einem "Mandat, aber in Parität und sozusagen zur gesamten Hand" und von einem "gesamthänderischen Teileinfluß".
(32) Zum folgenden s. Hans Brack, Günter Herrmann, Hans-Peter Hillig, Organisation des Rundfunks in der Bundesrepublik Deutschland 1948 - 1962, Hamburg o. J. [Cop. 1962] und Klaus Peter Jank, Die Rundfunkanstalten der Länder und des Bundes. Eine systematische Darstellung ihrer organisatorischen Grundlagen, Berlin, 1967; diese Abhandlungen beschränken sich auf die Darstellung der geltenden Bestimmungen, klammern jedoch die politische Entstehungsgeschichte und die Funktion der Regelungen im politischen und sozialen Kräftespiel weitgehend aus. Einzelheiten dazu findet man bei Hans Ulrich Reichert, Der Kampf um die Autonomie des deutschen Rundfunks, Heidelberg, Stuttgart, 1965, dessen Darstellung allerdings von der Vorstellung einer Autonomie des Rundfunks gegenüber "den" Parteien bestimmt ist; knapp, doch informativ ist die Darstellung von Hermann Meyn, Massenmedien in der Bundesrepublik Deutschland, ergänzte Neuaufl., Berlin, 1968.
(33) S. dazu Jank, ebd., 23 f.; vgl. auch Herbert Krüger, "Der Rundfunk und die politisch-sozialen Gruppen", in: Rundfunk und Fernsehen, Jg. 3, H. 4, 1955, S. 365 - 374.
(34) Gesetz über den Hessischen Rundfunk § 5; interessant ist, daß zur Zeit zwei weitere sozialdemokratische Landtagsabgeordnete dem Rundfunkrat des Hessischen Rundfunks angehören: Philipp Pless (Arbeitnehmervereinigungen) u. Rudi Rohlmann (Landesverband für Erwachsenenbildung); zu den Rundfunkräten anderer Anstalten s. Günter Herrmann, "Zur Entwicklung der Rundfunkorganisationen in der Bundesrepublik Deutschland", in: Brack, Herrmann, Hillig, Hrsg., a. a. O. (Anm. 32), S. 62 ff.
(35) Jank, ebd.
(36) So sind gegenwärtig von den 18 Mitgliedern des Rundfunkrates des Hessischen Rundfunks 10 SPD-Mitglieder; eine systematische Auswertung der jeweiligen Kräfteverhältnisse in den einzelnen Anstalten liegt nicht vor.
(37) S. dazu Herrmann, a. a. O. (Anm. 34), S. 66 u. 77.
(38) S. dazu Jank, a.a.O. (Anm. 32), S. 32 ff.
(39) Gesetz über den Westdeutschen Rundfunk Köln und Staatsvertrag über den Norddeutschen Rundfunk § 8 Ziff. 5 (bzw.) Ziff. 4.
(40) Werner Weber, "Die Sozialpartner in der Verfassungsordnung", in: Ernst Forsthoff, Hrsg., Rechtsstaatlichkeit und Sozialstaatlichkeit. Aufsätze und Essays, Darmstadt, 1968, S. 547 (zuerst in: Göttinger Festschrift für das Oberlandesgericht Celle, Göttingen, 1961, S. 254); Willi Eichler, a. a. O. (Anm. 19), S. 383.
(41) Hans Ulrich Reichert, a. a. O. (Anm. 32), S. 222 ff.
(42) S. Willi Eichler, a. a. O. (Anm. 19), S. 383.
(43) Solche wohl nicht unwichtigen Einzelheiten werden sowohl von Brack, a. a. O. (Anm. 32) als Jank, a. a. O. (Anm. 32) nicht behandelt.
(44) Bundestags-Drucksache, 3. Wahlperiode, Nr. 1434 vom 26. 1. 1960.
(45) Theodor Eschenburg, Die Affäre. Eine Analyse, Hamburg, o. J. [Cop. 1962], S. 10.
(46) A. a. O. (Anm. 21), S. 205 ff.
(47) Ebd., S. 261 ff.
(48) Jank, a. a. O. (Anm. 32), S. 39.

(49) Staatsvertrag über die Errichtung der Anstalt des öffentlichen Rechts "Zweites Deutsches Fernsehen", § 14 zum Verwaltungsrat s. § 17.
(50) Karl Holzamer wurde am 12. März 1962 mit 44 bei 9 Gegenstimmen und vier Enthaltungen vom Fernsehrat gewählt; die Wahl läßt allerdings nur bedingt Rückschlüsse auf die Kräfteverhältnisse im Fernsehrat zu, da von den im Fernsehrat vertretenen Parteien auf Bundesebene nur die FDP der Wahl bis zum letzten Augenblick Widerstand entgegengesetzt hatte; die Neuwahl am 16. Dezember 1966 erfolgte bereits während der großen Koalition. – Bei den fünf vom Fernsehrat gewählten Mitgliedern das Verhältnis sowohl bei den von 1962 bis 1967 wie bei den für die Zeit von 1967 bis 1972 gewählten Vertretern zwei zu drei zu Ungunsten der SPD. Das sicherte für die Unionsparteien bisher eine feste Mehrheit; denn von den vier von den Ländern und vom Bund berufenen Mitgliedern des Fernsehrates stellten die Unionsparteien bisher stets zwei. – Von 1967 bis 1969 war die FDP im Verwaltungsrat nicht vertreten. Von 1962 bis 1967 hatten die Länder Wolfgang Haußmann aus Baden-Württemberg entsandt; seit der Bonner SPD-FDP-Koalition ist die FDP durch Hans-Dieter Genscher vertreten, der als Vertreter der Bundesregierung im Verwaltungsrat sitzt.
(51) Nach einer Meldung des Spiegel, Jg. 24, Nr. 10 (2. März 1970), S. 197 (Personalien) forderte der Fernseh-Ausschuß des Rundfunkrats des Bayerischen Rundfunks vom NDR künftig Sendungen von Gerhard Bott vor der Ausstrahlung Vertretern des Bayerischen Rundfunkrats vorzuführen. Der Bayerische Rundfunk erwäge Filme von Bott, der positiv über antiautoritäre Kindergärten berichtet hatte, in Bayern abzuschalten. Erinnert sei in diesem Zusammenhang auch an die Drohung des niedersächsischen CDU-Ministers Langeheine den Staatsvertrag über den NDR aufzukündigen; s. dazu "Die RFFU zum 'Panorama'-Streit", in: hörfunk-film-fernsehen, Jg. 19, H. 4 (Aug./Sept. 1969), S. 19; der Text der von Langeheine beanstandeten Panorama-Sendung "Taktik um die NPD" vom 11. August 1969, für die ebenfalls Gerhard Bott verantwortlich zeichnete, und der Wortlaut der am 27. August 1969 über diese Sendung geführten Diskussion sind abgedruckt in: Christian Longolius, Red., Fernsehen in Deutschland [II]. Die Bundestagswahl 1969 als journalistische Aufgabe, Mainz, o.J. [Cop.1970] S.305-329.
(52) S. dazu die Darstellung des ehemaligen Panorama-Redakteurs Joachim Fest, "Schwierigkeiten mit der Kritik. Die demokratische Funktion der Fernsehmagazine" in: Christian Longolius, Red., Fernsehen in Deutschland. [I], Gesellschaftspolitische Aufgaben und Wirkungen eines Mediums, Mainz, o. J. [Cop. 1967], S. 105 ff.
(53) Gert von Paczensky, "Die Folgen der Ära Adenauer im Fernsehen", in: Paul Hübner, Information óder Herrschen die Souffleure? 17 Untersuchungen (rororo-aktuell Nr. 682), Reinbek, 1964. S. 113.
(54) Krause-Ablaß, a. a. O. (Anm. 22), S. 114, spricht von "Interessenintegration", der er die sogenannte "Interessenkoordination" gegenüberstellt; die Begriffe tauchen auch auf in: Internationales Handbuch . . ., (Anm. 4), Abschnitt C, S. 8.
(55) S. Hermann Meyn, "Der Vormarsch der Parteien im Rundfunk. Der Bayerische Rundfunk als Beispiel" in: Rundfunk und Fernsehen, Jg. 17, H. 3, 1969, S. 230 - 239; von einer "Diktatur der Parteien" spricht Reichert, a. a. O. (Anm. 32), S. 222 ff.
(56) S. dazu Johannes Agnoli in: Johannes Agnoli, Peter Brückner, Die Transformation der Demokratie, Berlin, 1967, S. 40: "Volksparteien des modernen Verfassungsstaat [. . .] bilden die plurale Fassung einer Einheitspartei – plural in der Methode des Herrschens, einheitlich als Träger der staatlichen Herrschaft gegenüber der Bevölkerung". Dazu, daß diese Formel die Gefahr in sich birgt, die Unterschiede zu verwischen, die zwischen dem Begriff der

Diktatur im Sinne von Aufrechterhaltung von Klassenherrschaft und Diktatur im Sinne der verfassungsrechtlichen oder terroristischen Außerkraftsetzung demokratischer Rechte bestehen, s. Jürgen Seifert, "Verfassungsregeln im politischen Konflikt", in: Vorgänge, 1969, H. 9, S. 308.

(57) Heinrich G. Merkel, "Die Gewaltenteilung und das Monopol", in: Publizistik, Jg. 8, H. 4, 1963, S. 536, Anm. 5, stellt lediglich die Zahl der Parlamentarier zusammen, die den "Aufsichtsgremien" der Rundfunkanstalten angehören; für die Verwaltungsräte der Anstalten faßt er Beamte und Parlamentarier sogar in einer Rubrik zusammen, ebd., S. 537, Anm. 9. Solche Statistiken verdecken die wirklichen Fronten in diesen Gremien; der Zusammenstellung fehlt nahezu jede Aussagekraft!

(58) So Jank, a. a. O. (Anm. 32), S. 53 f.

(59) S. Oberverwaltungsgericht Berlin, Entscheidung vom 25. 1. 1969, in: Deutsches Verwaltungsblatt, Jg. 84, H. 21 (1. November 1969), S. 881 - 883, mit einer rechtfertigenden Anmerkung von Klaus Peter Jank, S. 883 f.

(60) A. a. O. (Anm. 20), S. 230 u. 262 f.

(61) So § 5 Ziff. 1 u. Ziff. 2 der beim Hessischen Rundfunk üblichen gedruckten Dienstverträge.

(62) Einige Angaben haben Ralf Zoll u. Eike Hennig, Massenmedien und Meinungsbildung. Angebot, Reichweite, Nutzung und Inhalt der Medien in der BRD, München, 1970, zusammengestellt.

(63) Werner Bader, "Gedanken zur Mitbestimmung in Rundfunk und Fernsehen", in: Informationsdienst Gewerkschaftspresse, Jg. 15, Nr. 188 (25. 9. 1969), S. 2.

(64) Rundfunk-Fernseh-Film-Union (RFFU), Verband ZDF, Hrsg., Reformmodell für das Zweite Deutsche Fernsehen, Mainz, o. J. [1969], vervielfältigtes Manuskript, S. 35 (Redaktionsordnung, Teil A Ziff. 1); das Alternativmodell ist von einer Arbeitsgruppe Mitbestimmung unter Vorsitz von Otto Wilfert erarbeitet worden.

(65) Clemens Münster, "Die gesellschaftspolitische Aufgabe der Kritik", in: Dieter Stolte, Hrsg., Fernseh-Kritik im Streit der Meinungen von Produzenten, Konsumenten und Rezensenten, Mainz, o.J. [Cop. 1969], S. 40.

(66) Reformmodell . . ., a. a. O. (Anm. 60), S. 24.

(67) Ebd., S. 34.

(68) Richtlinien . . ., a. a. O. (Anm. 27), S. 40 (II, 2.).

(69) So auch Roman Herzog, Randbemerkung 228 zu Art. 5, in: Theodor Maunz, Günter Dürig, Roman Herzog, Grundgesetz. Kommentar, München, 9. Erg. Lieferung, 1968.

(70) So hat der Intendant des Senders Freies Berlin, Franz Barsig, im Fall Hanspeter Krüger die Feststellung getroffen, das von Krüger gestaltete III. Programm sei einseitig.

(71) Reformmodell . . , a. a. O. (Anm. 64), S. 34.

(72) Jürgen Habermas, Protestbewegung und Hochschulreform, Frankfurt am Main, 1969, S. 192.

(73) Kurt Sontheimer, "Politische Berichterstattung im Fernsehen und gesellschaftliche Kontrolle" in: Publizistik, J. 14, H. 2, 1969, S. 154 - 161, insb. S. 156 (zuvor in: Die Zeit, Jg. 23, Nr. 45 (8. 11. 1968), S. 21.

(74) Zu diesem Themenkomplex s. insb. Helmut Ridder, "Probleme der inneren Pressefreiheit. Festvortrag auf dem Deutschen Journalistentag 1962" in: Der Journalist, Jg. 12, H. 5, 1962 (Beilage).

(75) So Friedrich-Wilhelm Frhr. von Sell, "Programmverantwortung und redaktionelle Mitbestimmung", in: Rundfunk und Fernsehen, Jg. 18, H. 1, 1970, S. 18.

(76) S. dazu den Entwurf eines Tarifvertrages für ein Redaktionsstatut, Fassung vom 11. Februar 1970, "RFFU-Mitbestimmungs-Kommission berät Redak-

teursstatut", in: hörfunk-fernsehen-film, Jg. 20, H. 1 (Jan./Febr. 1970), S. 9 f.; vgl. in diesem Zusammenhang Otto Wilfert, Es geht nicht nur um Springer. Material und Meinungen zur inneren Pressefreiheit, Mainz, o. J. [Cop. 1968] insbesondere Otto Wilfert, "Innere Pressefreiheit in den Anstalten des öffentlichen Rechts", S. 50-58.

(77) Vgl. die Berichte in der von der Rundfunk-Fernseh-Film-Union hrsgg. Zeitschrift hörfunk-fernsehen-film über Redakteurversammlungen und die Wahl von Redakteurausschüssen, Jg. 19, H. 3 (Juni/Juli 1969), S. 5 u. H. 4 (Aug./Sept. 1969), S. 38.
(78) Redaktionsstatut . . ., a. a. O. (Anm. 77), S. 9 f.
(79) Reformmodell . . ., a. a. O. (Anm. 64), S. 13 (zu § 14) und S. 16 (zu § 17).
(80) S. dazu den Beitrag von Thomas Ellwein in diesem Band.
(81) Roman Herzog, a. a. O. (Anm. 69) Randbemerkung 222 zu Art. 5.
(82) A. a. O. (Anm. 21), S. 262 f.
(83) Helmut Ridder, Kirche-Staat-Rundfunk . . ., a. a. O. (Anm. 25), S. 46.
(84) Erinnert sei in diesem Zusammenhang an die sogenannte "Versäulung" des niederländischen Rundfunkwesens; s. dazu Gert Schukies, "Rundfunk und Fernsehen in den Niederlanden", in: Otto Wilfert, a. a. O. (Anm. 71), S. 59 - 62; ferner Carl Haensel, Rundfunkfreiheit und Fernsehmonopol, Düsseldorf, Wien, 1969, S. 234 f.
(85) SRG, "Probleme bei der Nutzung der Fernseh-Satelliten", in: hörfunk-fernsehen-film, Jg. 19, H. 4 (Aug./Sept. 1969), S. 20 f.

Thomas Ellwein

Kommunikationspolitik ohne Konzept

I. Von welchem Zeitpunkt an und in welchem Maße die politische Führung in der Bundesrepublik nach 1949 die Möglichkeit hatte, ein kommunikationspolitisches Konzept zu entwerfen und durchzusetzen, läßt sich deshalb schwer ermitteln, weil ernstliche Bemühungen um ein soches Konzept gar nicht festzustellen sind. Der regierende Teil der politischen Führung befand sich in den 50er Jahren so weithin in Übereinstimmung mit den eigentlichen Führungsmächten, daß ein derartiges Konzept überflüssig erschien. Formal war die Freiheit der Meinungsäußerung und der Information gewährleistet; inhaltlich unterstützte der größte Teil der Presse jedenfalls die Wirtschaftspolitik der Regierung und damit dann auch mehr oder weniger deren gesamte Politik. Eine gewisse Lücke ergab sich lediglich im Rundfunkbereich, konnte dort aber hingenommen werden. Erst als das Fernsehen immer größeren Einfluß erhielt – wobei nach den von ihm ausgehenden Wirkungen kaum gefragt werden konnte – und als damit auch die Fernsehwerbung an Bedeutung gewann, änderte sich die Grundsituation der 50er Jahre etwas. Konrad Adenauer reagierte darauf, wie es seiner Art entsprach, aber nicht prinzipiell, sondern durch die später am Bundesverfassungsgericht scheiternde Gründung seines oder des regierungseigenen Fernsehens und durch den ständigen Versuch, zwischen Wählermehrheit und Intellektuellen eine möglichst tiefe Kluft aufzureißen, welche einen Einfluß letzterer auf die erstere verhindern sollte.

So stabil damit die Grundentscheidungen der unmittelbaren Nachkriegszeit – die Errichtung öffentlich-rechtlicher Rundfunkanstalten auf Länderebene, die Lizenzierung regionaler Tageszeitungen und später die Neugründung eines erheblichen Teiles der früheren Heimat- und Regionalzeitungen – erschienen, so wenig waren sie es tatsächlich. In den 60er Jahren kam es zu einer zunehmend prinzipiellen Diskussion der Pressefreiheit, in der auch von ihrer ökonomischen Basis die Rede war; gleichzeitig kam es zu Konflikten in den öffentlichen Anstalten, deren Gründungsgesetze zwar den Einfluß der Politik und einiger relevanter Gruppen gesichert, aber naturgemäß keine eindeutige Antwort darauf gegeben hatten, welche Art von Freiheit die Mitarbeiter eigentlich haben sollten. In dem Maße, in dem auch die Zusammenarbeit zwischen politischer Führung und wirtschaftlicher Macht nicht mehr ganz reibungslos funktionierte, in dem Maße, in dem in der Presse, abgesehen etwa von der WELT oder der FAZ und vielen Heimatzeitungen, gelegentlich Kritik an der Regierung geübt und die Opposition nicht mehr ausschließlich im Sinne Adenauers behandelt wurde (nützlich, aber nicht regierungsfähig), mußte die Lage immer ungeklärter erscheinen. Etwa gleichzeitig mußte deutlich werden, daß man ohne Konzept auch dem sich verstärkenden Zeitungssterben, dem Prozeß der Pressekonzentration und den ökonomischen Problemen der öffentlichen Anstalten einigermaßen hilflos gegenüberstand.

Was in den 60er Jahren mit der Richtung auf eine Kommunikationspolitik, also auf politische Maßnahmen ernsthaft diskutiert wurde, blieb damit allerdings im herkömmlichen Rahmen: Die Massenmedien sollten primär dem wirtschaftlichen Bereich zugehören und sich durch Verkauf und Anzeigeneinnahmen erhalten; die öffentlich-rechtliche Konstruktion sollte zwar beibehalten, aber als Sonderfall für die vorhandenen Funk- und Fernsehanstalten betrachtet werden, so daß, um der Normalisierung willen, neben ihnen private Sender anzustreben waren. Technisch wurde das mehr und mehr möglich; politisch konnte man es rechtfertigen, indem man die Prinzipien des Bundesverfassungsgerichtsurteils gegen das Adenauer-Fernsehen akzeptierte und allen relevanten Gruppen – angeblich – die Beteiligungschance einräumte. In der Hauptsache aber zog man den altliberalen Schluß von der Unabhängigkeit vom Staat auf die Zugehörigkeit zur Wirtschaft; die dieser zugesprochene Freiheit sollte auch die der Massenmedien gewährleisten. Das führte zu einem Bündnis zwischen CDU-Politikern, an ihrer Spitze der Hamburger Blumenfeld, Wirtschaftskreisen und zahlreichen Zeitungsverlegern, als deren Repräsentant bald Springer immer mehr in den Mittelpunkt des Interesses geriet. Es bleibt müßig zu fragen, wohin dies alles geführt hätte, wenn es nicht im Gefolge der wirtschaftlichen Rezession zum Ende der Alleinherrschaft der CDU/CSU gekommen wäre und wenn nicht andere Ursachen die Studentenunruhen bewirkt hätten, die sich ihrerseits primär auch gegen die Pressekonzentration wendeten und damit diese mehr als bis dahin in der Öffentlichkeit problematisierten. Damit erhielten die Arbeiten der Kommissionen mehr Bedeutung, welche sich unter vorwiegend ökonomischen Fragestellungen dem Wettbewerb zwischen den Massenmedien gewidmet hatten; die Bundesregierung mußte 1969 einen entsprechenden Bericht vorlegen; der Bundestag debattierte; in den Parteien wurden Pressegesetzentwürfe besprochen; ein Professorenarbeitskreis machte Vorschläge und revidiert sie zur Zeit; die in erster Linie für die Pressegesetzgebung zuständigen Landesinnenminister setzten auch dieses Thema auf die Tagesordnung – kurz und gut: 1968 und 1969 erhielt die kommunikationspolitische Diskussion Auftrieb, ohne sich allerdings in ihrem Kern zu verändern. Die fast schon traditionellen Fragestellungen erwiesen sich als zählebig, die Wettbewerbslage zwischen Fernsehanstalten und Presse, die Pressekonzentration oder die innere Pressefreiheit blieben im Vordergrund des Interesses. Einige eher zukunftsorientierte

Themen drängten sich zwar in die Diskussion ein; zu Lösungsvorschlägen oder gar zu neuen Konzeptionen kam es aber nicht. Die in der Hauptsache angesprochene Bundesregierung verhielt und verhält sich vorsichtig zurückhaltend. Sie vermag zwar die Tatsache der Pressekonzentration nicht mehr zu leugnen und erwägt auch die eine oder andere wirtschaftliche Maßnahme, stellt im übrigen aber fest, Gefahr sei nicht im Verzuge, die Presse- und die Informationsfreiheit seien nicht bedroht und durchgreifende Maßnahmen würden deshalb auch (noch) nicht erforderlich. Daß man sich dabei etwas absonderlicher Maßstäbe bediente, fiel kaum auf. Praktisch trat man so auch in die 70er Jahre ohne kommunikationspolitisches Konzept, obgleich man doch inzwischen viel mehr von den tatsächlichen organisatorischen, ökonomischen, technischen und inhaltlichen Schwierigkeiten und den Gefahren der zukünftigen Entwicklungen weiß als je zuvor.

II. Eine solche Unsicherheit der politischen Führung verwundert allerdings nur den, der den Charakter der gegenwärtigen Gesellschaft und damit der Politik verkennt oder der fälschlich behauptet, andere hätten ein Konzept und es sei nur Unentschlossenheit der Regierung, wenn sie es nicht aufgreife. In Wahrheit haben sich auch aus der jüngsten Vergangenheit kaum Maßstäbe ergeben, mit denen man den neuen Entwicklungen gegenübertreten kann. Deshalb wenden sich auch die pluralen Interessen ungehindert, aber höchst unterschiedlich den neuen Möglichkeiten zu. Die Fülle der tradierten Leerformeln und die oft einseitige Sicht vieler Probleme befördern das, indem sie es verschleiern. Daß es z.B. das Problem der Pressekonzentration nicht nur in Zusammenhang mit Springer, sondern auch und gerade örtlich und regional gibt, wurde erst allmählich erkannt, und daß örtliche Pressevielfalt noch lange nicht Meinungsvielfalt bedeutet, beginnt sich erst herumzusprechen. In welchem Umfange eine dergestalt oft verkürzte Problemsicht mit dem Mangel an empirischer Forschung, mit der fehlenden Wirkungsforschung und mit teils höchst problematischen theoretischen Ansätzen innerhalb der Publizistik als Wissenschaft zusammenhängen, wird an anderer Stelle dieses Bandes dargelegt.

Dessen ungeachtet kann man mithilfe eines groben Rasters die kommenden Entwicklungen zu Beginn der 70er Jahre etwa so zusammenfassen:
1) Viele solcher Entwicklungen gehören vordergründig in den *technischen Bereich*. Sie berühren jedes der traditionellen Medien und werden für jedes, sofern es sich isoliert, versteht zum eigenen Problem. Die *Zeitungen* und *Periodica* sind so in erster Linie mit der drucktechnischen Entwicklung konfrontiert. Die heute schon klassischen Methoden des Satzes und des Umbruches veralten rasch. Die elektronisch über die Schreibmaschine in der Redaktion gesteuerte Setzmaschine bezeichnet nur ein Übergangsstadium, an dem allerdings die meisten Zeitungsdruckereien noch gar nicht partizipieren. In näherer Zukunft können Satz und Umbruch ohne zeitraubende Maschinenarbeit erledigt werden und die Drucktechnik

erlaubt nicht nur die Mehrfarbigkeit, sondern in absehbarer Zeit wohl auch den Verzicht auf das Blei-Gußverfahren zugunsten von chemotechnischen Prozessen. Der erforderliche Maschinenpark würde dann in seinen Dimensionen mehr und mehr durch die Menge des zu bewältigenden Papiers, nicht durch den Druckvorgang bestimmt sein. Auch die Papierverarbeitung ist aber in der heutigen Form bereits infragegestellt, weil die Übermittlung von zeitungsähnlichen Gebilden mithilfe der Funktechnik zumindest möglich erscheint. Dies und anderes – z.B. neue Formen der Nachrichtenübermittlung – mehr zwingen die Zeitungen zu laufenden Investitionen und zur Teilnahme an der technischen Innovation, was personelle und ökonomische Konsequenzen hat.

Vergleichbar eingreifend sind diejenigen technischen Entwicklungen, welche in der Hauptsache *Funk und Fernsehen* betreffen. Hier steht im Vordergrund das aus der Erschließung des Giga-Hertz-Bereiches resultierende Angebot einer technisch unbegrenzten Zahl von lokalen und regionalen Sendern, was ergänzt wird durch die Möglichkeit, Programme über Drahtfunk zu empfangen und mithilfe von Laser neue Sendedimensionen zu erschließen. Auch wenn man heute in diesem Zusammenhang eher von ökonomischen und politischen Problemen spricht, so müssen doch die bestehenden Sender sich mit dieser technischen Entwicklung auseinandersetzen. Die Folgen für die Programmgestaltung liegen auf der Hand. Zu einer zunächst nicht zu behindernden Konkurrenz wird sodann das Satellitenfernsehen, das es in der Vorform der Nachrichten- und Bildübermittlung über Satelliten schon gibt, hinsichtlich dessen endgültiger Form aber sowohl nationale als auch privatwirtschaftliche Propaganda- und Werbeprogramme, die praktisch ungehindert zu empfangen sind, in den Bereich des technisch machbaren rücken. Schneller noch als erwartet verläuft die Entwicklung im Bereich der individuellen Programmgestaltung mithilfe des Kassettenfernsehens, das dem Fernsehen eine ganz andere Konkurrenz bringen wird als es dereinst die Schallplatte für den Rundfunk gebracht hat. Hier ist der entscheidende Durchbruch gelungen: In überschaubaren Kostengrößenordnungen werden Zusatzgeräte zum Fernsehapparat angeboten und das Programmangebot läßt nicht auf sich warten. Der partielle Zusammenschluß von Bertelsmann und Springer in der Bundesrepublik deutet an, welche neuen Bedürfnisse auf diesem Wege geweckt und nach dem Gusto wirtschaftlich potenter Kräfte befriedigt werden können.

2) Die technische bedingt die *ökonomische* Entwicklung so wie sie umgekehrt ihrerseits ökonomisch bedingt ist: Der Versuch des Bertelsmann/Springer Bündnisses war eine Antwort auf das Scheitern der Versuche, sich ein eigenes Privatfernsehen zu schaffen. Ökonomisch setzt sich zunächst der Prozeß fort, innerhalb dessen die meisten periodischen Druckerzeugnisse zur Funktion ihrer eigenen Anzeigeneinnahmen wurden. Bei den größeren Tageszeitungen wie bei den Illustrierten ist schon heute der Verkaufspreis letztlich fiktiv, weil sich die Verkaufs- zu den

Anzeigeneinnahmen etwa wie 10:90 verhalten; der Verkauf entscheidet über die Höhe der die Anzeigeneinnahmen bestimmenden Auflage. Dabei verlagert sich das Gewicht mehr und mehr von der individuellen Kleinanzeige und vom lokalen Anzeigenmarkt auf das Angebot der Großwerbung, die mehr oder weniger zentral gesteuert wird. Noch bietet die regionale Wirtschaft vielen Zeitungen eine gewisse Existenzbasis; es läßt sich aber absehen, daß und wie diese teils durch das mögliche regionale Privat-, also Werbefernsehen und teils durch ihre für die notwendigen Investitionen unzureichende Kapazität bedroht ist. Für den Verleger bleibt es gleichgültig, ob er im Vergleich zu heute aus der regionalen Wirtschaft und vor allem aus dem individuellen Handel nicht mehr einen genügend großen Anteil abschöpfen kann oder ob das hier gegebene Angebot nicht mehr ausreicht, um die finanziellen Verlagsbedürfnisse zu befriedigen, oder ob die eigene Zeitung mangels entsprechender Ausstattung und Aufmachung nicht mehr mit anderen Medien konkurrieren kann. Immer geht die Zeitung ein und mit dieser Gefahr vor den Augen bemühen sich viele Verleger, sich im engeren Berufsbereich auf ein anderes Bein zu stellen.

Ökonomisch stellen sich aber auch für die öffentlichen Anstalten gewaltige und zunehmend unlösbare Probleme, denen man nur durch Gebührenerhöhung oder Programmreduktion begegnen kann. Unsere Anstalten sind meist aufwendig organisiert; dennoch bleibt es ein Ammenmärchen, daß man durch Zusammenlegung und Einsparungen die bedrohliche Finanzentwicklung neutralisieren könne. Immerhin ist in Sicht, daß beliebte Publikumsstars von zentralen Firmen des Medienverbundes unter ausschließlichen Vertrag genommen werden und dann z.B. Bertelsmann über Schallplatten und Kassettenfernsehen nationale oder gemeinsam mit anderen Firmen internationale Stars kreiern und in vielfältiger Weise nutzt. Um ins Geschäft zu kommen, wird man dazu auch mit den vorhandenen Anstalten zusammenarbeiten; die eigene Position wird dabei aber ungleich stärker sein als bisher; mit dem Preisdiktat kann sich ein Programmdiktat verbinden.

3) Das führt zur *Programmentwicklung,* zum inhaltlichen Angebot der Medien. Hier ist die Tendenz uneinheitlich. Während des Fernsehen immer mehr auf Unterhaltung und Bildung festgelegt zu werden scheint, hier jedenfalls sein Schwergewicht findet und entsprechend mit anderen konkurriert, könnte für den Rundfunk von einer größeren Programmindividualisierung ausgegangen werden und läßt sich für die Zeitungen feststellen, daß sie ungleich mehr unter dem Gesichtspunkt des Bändigens der Informationsflut als unter dem der Informationsvielfalt zu sehen sind. Natürlich handelt es sich nur um tendenzielle Unterschiede zwischen den Medien und oft auch nur um Unterschiede, die sich aus dem bisherigen Selbstverständnis ergeben. Dennoch lassen sich etwa folgende neue „Fronten", d.h. Konkurrenzbeziehungen und Marktschwerpunkte formulieren:

Das *Fernsehen* konkurriert in Zukunft stärker mit dem gespeicherten Angebot. Da dieses noch ausschließlicher am vermeintlichen Publikumsgeschmack orientiert sein kann als das heutige Fernsehprogramm und da es sich zeitlich individuell nützen läßt, wäre denkbar, daß sich das Fernsehen selbst auf die aktuellen Sendungen konzentriert und auf die ökonomisch uninteressanten Programme für kleinere Gruppen. Im ersteren Falle könnte aber die Konkurrenz des nationalen oder ökonomischen Satelliten-Fernsehens eintreten, im letzteren Falle ist immerhin zu denken, daß die Kassettenentwicklung mehr und mehr auch die preisgünstige Herstellung von Gruppenprogrammen erlaubt. Dennoch ist dabei das Fernsehen nicht letztlich bedroht, weil das Kassetten-Fernsehen, um zu funktionieren, das Fernsehen voraussetzt. Erst die immer wieder neu gewonnene Aversion gegen allgemeine Programme wird eine verläßliche Basis für das Abonnement scheinbar individueller Programme abgeben.

Damit ist auch der Weg für den *Rundfunk* aufgezeigt. Er muß sich auf den Vorzug der Eindimensionalität konzentrieren und mehr noch als bisher zum Träger von Begleitprogrammen werden. Auf sie greift man während der Arbeit, während des Spiels, beim Lesen, im Bett usw. zurück. Soweit die allgemeine Entwicklung absehbar ist, dürfte demnach das künftige Rundfunkprogramm vorwiegend auf Musik- und kürzere Informationssendungen konzentriert sein; auch Hörspiele oder „gespielte" Bildungssendungen können eine Rolle behalten. Dagegen müssen die Gruppensendungen an Gewicht verlieren und wirklich anspruchsvolle Programmteile müssen mehr und mehr unter dem Gesichtspunkt betrachtet werden, daß es den konzentrierten Zuhörer nur noch im Ausnahmefalle geben kann und wird.

Für die *Zeitungen* muß zuerst die Kernfrage beantwortet sein, ob sie ihr regionales und lokales Nachrichtenmonopol behalten oder ob es durch den Giga-Hertz-Bereich angetastet und später aufgelöst wird. Vom Fernsehen an sich sind sie dagegen nicht bedroht; auch die Satellitenentwicklung ist nicht ihre Primärsorge. Sollte ihre Existenz zu sichern sein — was weithin eine politisch zu entscheidende Frage ist —, dann geht es inhaltlich mehr und mehr um die Aufgabe, einen sinnvollen und berechenbaren Beitrag zur Auswahl aus der Informationsfülle zu leisten.

Hier könnte der lokale und regionale Bezug eine neue, bisher nur wenig durchdachte Funktion erhalten. Als sicher darf dabei nur gelten, daß sich neue Formen der Zusammenarbeit zwischen Verleger und Redaktion geradezu aufzwingen, daß für die Journalisten schärfere Ausbildungsbedingungen entstehen, daß ihr Geschäft der Informationsauswertung, der Auswahl und des Hineinstellens in jeweilige Zusammenhänge, kurz: daß ihre didaktische Aufgabe mehr als heute für andere nachvollziehbar werden muß. Die Zeitung wird sich inhaltlich nur rechtfertigen können, wenn ihr Angebot für den Konsumenten kalkulierbarer wird — eine stärkere Aufklärung des Konsumenten einmal vorausgesetzt.

Was für die Zeitungen gilt, erhält aber allgemeine Gültigkeit. Selbst wenn sich Schwerpunkte der angedeuteten Art herausbilden sollten, entstehen im Informationsbereich anspruchsvollere Aufgaben. Zwar kann man in der Bundesrepublik mit bestem Willen keine Ansätze zu einer Bildungsrevolution entdecken. Dennoch wächst auch hier das Bedürfnis nach Fort- und Weiterbildung und nimmt die Zahl derer zu, die wenigstens in einem begrenzten Gebiet über Kriterien verfügen, welche sie an das Medienangebot anlegen können. Wenn schon heute die Fernsehnutzung umgekehrt proportional mit der Schulbildung abnimmt, lassen sich daraus für die Zukunft wenigstens einige Schlüsse ziehen. Am begründetsten erscheint die Vermutung, daß die Kluft zwischen dem Angebot mit Breitenwirkung und gruppenspezifischen Beiträgen zur Meinungsbildung noch stärker und damit der Graben zwischen den Informierten und den Uninformierten noch größer wird. Von der Unterhaltungsfunktion einmal abgesehen: Die Programminhalte der Medien, gleichgültig in welcher Form sie den Rezipienten erreichen, werden immer mehr Vorarbeiten, Kenntnisse und Mühen in den Redaktionen erfordern und zwischen ihnen und dem Publikum könnte es wenigstens partiell zu einem kritischeren Dialog kommen – wenn ein kommunikationspolitisches Programm jene Möglichkeiten nutzt und sie nicht einseitig zugunsten ökonomischer Machtausübung verspielt.

III. Man braucht in diesem Zusammenhang die ökonomische Machtausübung keinesfalls lediglich unter dem Aspekt der Kapitalismus-Kritik zu sehen. An der Verflochtenheit zwischen technischer und ökonomischer Entwicklung im Medienbereich wird zunächst ja nur deutlich, welche Konsequenzen es hat, wenn man die organisierte Kommunikation dem ökonomischen Sektor zuordnet und dann dessen Gesetzlichkeiten obwalten. Auch ohne jede kritische Bewertung steht man dabei einem Gesamtprozeß gegenüber, innerhalb dessen technische Möglichkeiten nur von einer kleinen Gruppe erkannt und nur von einer noch kleineren Gruppe frühzeitig genutzt werden, ohne daß überhaupt die prinzipielle Frage auftaucht, welche Tendenz man denn der Entwicklung geben will. Genau diese Frage zu beantworten, zwingt uns aber die technische Entwicklung. Sie verheißt mit dem, was eben angedeutet worden ist, nicht nur eine denkbare Möglichkeit zunehmender Vielfalt der Massenkommunikation, sondern auch ganz neue Formen der Gruppenkommunikation. So wie das mit dem Bildschirm gekoppelte Telephon oder eine vergleichbar geschaltete Mikrophonanlage beliebige kleine und große Gruppen zur Konferenz, zum Vortrag von Unterlagen aller Art usw. zusammenführen kann, ohne daß die Beteiligten räumlich zusammenkommen müssen, oder so wie der bisherige telephonische individuelle Gedankenaustausch durch das Fernsehtelephon einen neuen Akzent erhalten kann und so wie damit auch neue Kontroll- und Überwachungsmöglichkeiten entstehen, welche zum Teil schon genutzt werden, so besteht eben auch die Möglichkeit einer zunehmend differenzierten

Programmgestaltung. Technisch ist für die Zukunft von einer nahezu unbegrenzten Zahl von Sende- und Empfangsmöglichkeiten auszugehen, weil sich mit der Verbesserung der Empfangsgeräte mehr Wellen nutzen, weil sich neue Wellenbereiche erschließen, weil sich daneben Drahtfunk und vor allem auch Laser ins Spiel bringen lassen und weil die Speichermöglichkeiten von der individuellen Aufzeichnung, über das ins Haus gelieferte Kassettenprogramm bis zum Abruf von Programmen reichen werden, die an anderer Stelle gespeichert sind. Hinzu kommt die Chance, mehr und mehr den technischen Empfänger gleichzeitig als Sender zu installieren und so die bisherige Einseitigkeit der Massenkommunikation, also den Mangel an unmittelbarer Reaktionsmöglichkeit des Rezipienten (außer dem Ausschalten) zu überwinden.
Im Gegensatz zu allen bisherigen Vorstellungen von (auch) technisch organisierter Kommunikation könnten wir es mithin zukünftig mit höchst unterschiedlichen Formen der Beteiligung an dieser Kommunikation zu tun haben: Individuell läßt sich sowohl die passive Teilnahme an einem zu festen Zeiten ausgestrahlten oder gedruckten Programm für allgemeine oder besondere Gruppen denken wie auch die den eigenen Bedürfnissen entsprechende Nutzung der verschiedenen gespeicherten Programme, die nur visuell oder auch audio-visuell angeboten werden; zugleich rückt aber auch die aktive Teilnahme an der Kommunikation in den Bereich des Möglichen, gleichgültig ob „nur" die individuelle Bewertung von Programmteilen oder Meinungsäußerungen durch Auslösen von entsprechend registrierbaren Strom- oder Sendeimpulsen erfolgt oder ob der Rezipient sein Gerät auch als Sender betätigen und sich ins Gespräch usw. einschalten kann.
Die technische Entwicklung folgt indessen nicht eigenen Gesetzlichkeiten; sie wird ökonomisch gesteuert und sie entspricht ökonomischen Bedürfnissen. Bevor wir diese auch als Herrschaftsbedürfnisse werten, können wir deshalb empirisch feststellen, daß zur Zeit eindeutig vor allem diejenigen technischen Möglichkeiten entwickelt werden, welche dem Angebot weiterer Programme dienen, nicht dagegen die, welche die Chance aktiver Kommunikation erweitern. Das versteht sich allerdings von selbst; nur mit dem ersteren bieten sich Erträge und Gewinne in berechenbarer Form an; nur mit dem ersteren kann Einfluß ausgeübt werden, zumal gespeicherte Programme sich noch mehr der kritischen Öffentlichkeit entziehen als die bisherigen. Daraus wird aber schon deutlich, daß die heute verbreitete These von der zunehmenden Individualisierung des Kommunikationsbereiches nur die differenzierte Nutzung, nur die Erweiterung des Angebotes, nur das bessere Eingehen auf tatsächliche und vermeintliche Wünsche und Erwartungen meint, nicht dagegen die Chance individuellen gestaltenden oder doch wenigstens korrigierenden Einflusses. Anders ausgedrückt: An den ökonomischen Strukturen ändert sich durch all das nichts und auch der Charakter der Massenkommunikation bleibt unberührt, weil für ihn weniger die

Zahl des jeweiligen Publikums ausschlaggebend ist als dessen Anonymität und Passivität – die spezifischen Möglichkeiten der Gruppenbildung und -integration werden damit natürlich nicht geleugnet.

IV. Dies also ist das Eigentümliche der heutigen Situation: Obgleich höchst unterschiedliche Entwicklungen in den und für die Medien denkbar sind, verzichtet man auf eine wirklich öffentliche Diskussion darüber, verzichtet damit auf ein kommunikationspolitisches Konzept und auf die Entscheidung über die Entwicklung, welche man für erstrebenswert hält, und läßt dergestalt die ökonomischen Gegebenheiten der Gegenwart als einziges Regulativ wirken. Vielfach werden sogar Einflußmöglichkeiten bestritten. Dies ist allerdings völlig unbegründet.

Die politische Führung kann z.B. den Giga-Hertz-Bereich dem wirtschaftsgebundenen Fernsehen verschließen und ihn den öffentlichen Anstalten zuweisen, die dann ein zeitlich begrenztes lokales Programm neben ihrem allgemeinen Programm ausstrahlen. Gleichzeitig kann die politische Führung die regionale Verteilung der öffentlichen Anstalten verändern und damit einige der heutigen Finanzprobleme lösen. Weiter bieten sich manche Maßnahmen an, durch die existenzbedrohte kleinere und mittlere Zeitungen relevant unterstützt werden, während die zukünftige technische Entwicklung mit staatlicher Hilfe kooperativ durch Forschung beeinflußt und frühzeitiger berechenbar gemacht werden kann, so daß sich später auch eine gemeinsame Nutzung ergibt. Noch die dem unmittelbaren nationalen Einfluß entzogenen Satellitensender bringen keine unlösbaren Probleme. Einem deutschsprachigen Coca-Cola-Sender könnte innerhalb des Gebietes der Bundesrepublik die wirtschaftliche Basis entzogen werden, indem man solchen Firmen, welche ihre eigene unkontrollierte Werbung im Weltraum betreiben, den Zugang zu allen übrigen Werbeträgern verbietet. Dafür wären neue gesetzliche Vorschriften, vor allem aber internationale Vereinbarungen erforderlich, weil hier isoliertes Vorgehen wenig nützt; innerhalb der EWG könnte es aber zu derartigem kommen.

Anders ausgedrückt: Hätte man ein Konzept, ließen sich auch die Maßnahmen finden, die erforderlich wären, um das Konzept wenigstens äußerlich und organisatorisch durchzusetzen. Statt selbst restriktiven Bedingungen zu unterliegen, müßte in diesem Falle allerdings die politische Führung restriktive Bedingungen überall dort schaffen, wo die Freiheit durch Machtzusammenballung und unkontrollierte Einflüsse bedroht ist. Genau hier aber liegen nach wie vor die eigentlichen Probleme: Was bedeutet unter den heutigen Gegebenheiten die Freiheit, sich eine Meinung zu bilden und sie zu äußern, was bedeutet heute Information, was bedeutet Vielfalt? Die meisten der gängigen Begriffe in der Kommunikationsdiskussion sind ja längst zu Leerformeln herabgesunken, weil man im Kern über die grundlegende Alternative nicht hinausgekommen ist: Auslieferung der Medien an die ökonomische oder an die politische Machtstruktur? Eine Alternative, die dadurch nicht

faßlicher wird, daß man in der Regel zwischen dem einen und dem anderen kaum zu unterscheiden vermag.
Was dies bedeutet, würde sich rasch belegen lassen, wenn man kurz die derzeitige Diskussion analysiert. In ihr rufen bekanntlich nicht alle nach einem kommunikationspolitischen Konzept. Starke Gruppen denunzieren diesen Ruf sogar von vorneherein, indem sie ihm das Streben unterstellen, die heutige Freiheit durch Heranführen der Medien an die Politik aufzuheben. Vergleichbar gibt es Gruppen, die alles Heil in einer möglichst großen Unabhängigkeit der Redakteure sehen, so als ob damit die ökonomischen Probleme gelöst wären und sich sichern ließe, daß jemand zu Anzeigen und zu einem ausreichenden finanziellen Fundament kommt, wenn er nicht auf den vermeintlichen Publikumsgeschmack Rücksicht nimmt. Auch Redaktionsstatute an öffentlichen Anstalten verhindern nicht, daß die Auswahl des Leitungspersonals in Händen der Parteien und der ihnen zuzuordnenden Verbandsvertreter liegt und daß damit etwa beim Bayerischen Rundfunk von einer Art Gottesgnadentum ausgegangen wird, das der CSU zu Erbpositionen verhilft. Realistisch kann mithin die Diskussion gar nicht sein, solange sie den Medienbereich isoliert und solange von der politischen Führung etwas verlangt, was mit der übrigen gesellschaftlichen Machtstruktur nicht intensiv verbunden ist.
Jede kommunikationspolitische „Lösung" setzt, das haben wir mithin zu erkennen, eine Änderung der Gesellschaft voraus, gleichgültig ob die einen an ein zutiefst aufgeklärtes Publikum oder die anderen an eine weitgehende Reduktion gesellschaftlicher Verfügungsmacht oder die dritten an eine Wirtschaftsstruktur denken, innerhalb derer nur die Bedürfnisse den Ausschlag geben und deshalb Werbung und Manipulation überflüssig werden. Infolgedessen kann es unter den derzeitigen Bedingungen keine wirkliche Kommunikationspolitik geben. Die politische Führung könnte sich bestenfalls – das allerdings könnte sie auch wirklich – dazu aufraffen, wenigstens die relativen Vorteile der gegenwärtigen Situation aufrechtzuerhalten, also das Zeitungssterben einzudämmen, das Nebeneinander zwischen privatwirtschaftlich orientierter Presse und öffentlichen Anstalten zu sichern und stärker zu einer Funktionsaufteilung zu bringen und Konzentrationsprozesse im Medienverbund zu verhindern. Die politische Führung könnte weiter zur sozialen und beruflichen Sicherung der Journalisten beitragen und immer wieder ihr eigenes Verhältnis zu den Medien überprüfen. Das würde insgesamt eher restriktiv als konstruktiv wirken. Die politische Führung würde sich so darauf beschränken, allenfalls die Möglichkeiten eines Raumes der Freiheit offenzuhalten anstatt ihn wirklich zu schaffen. Sie könnte damit immerhin aber Erhebliches verhindern. Selbst eine eher negative oder gar konservierende Politik wäre besser als gar keine, weil sie zumindest erreichen könnte, daß man in späteren Zeiten nicht Bedingungen vorfindet, welche sich noch viel schwerer ändern lassen als die heutigen.

Der Verzicht auf Politik bedeutet umgekehrt ein Ausliefern der Massenkommunikation an die ökonomische Machtstruktur.

Im Ergebnis stellt sich die Situation so dar: Konzeptionelle Politik, die unmittelbar gestaltend den Kommunikationsbereich erfaßt — mittelbar könnte das über die Bildungspolitik erfolgen —, läßt sich kaum erwarten, weil für sie alle Voraussetzungen fehlen. Die realistische Alternative führt entweder zu einer eher restriktiven Politik, welche verhindert, daß zukünftige „demokratische" Entwicklungen verbaut werden, oder zu einem Verzicht auf jegliche Kommunikationspolitik, was dann den ökonomischen Kräften alle Freiheit gibt. Nach Lage der Dinge ist in der Bundesrepublik das Letztere zu erwarten, also der Verzicht auf Politik, der immer dann erfolgt, wenn man über Veränderungen in der Distributionssphäre hinausgehen und in die Produktionssphäre eingreifen müßte. Das schließt andersorientierte Hoffnungen nicht aus; zu Skepsis besteht indessen nach den Erfahrungen der 60er Jahre aller Anlaß.

Heinz D. Jaenicke

Papier-Seelsorge

„Lebenshilfe" als journalistisches Konzept

Von einer Gesellschaft, die ihre materielle Reproduktion nicht anders als durch die Garantie privater Unternehmerrechte, also partikularer Gewinnmaximierung, gesichert glaubt, ist schwerlich heftiges Engagement für kritische Aufklärung in beliebiger Gestalt zu erwarten. Innenpolitisch in der Durchsetzung zahlreicher Gruppeninteressen, außenpolitisch im Ausgleich von Machtansprüchen nach dem Modell kaufmännischer Verträge den Ausdruck höchster Vernunft betrachtend, findet sie jeden Hinweis auf den Anspruch übergreifender Rationalität verdächtig.

So erscheint es einigermaßen konsequent, wenn Pressefreiheit im Sinne ihrer einmal historisch entwickelten Bedeutung als Ausdruck kritischen Geistes tendenziell zunehmende Einschränkung erfährt. Wo sie nicht bereits institutionell auf kontrollierbare Bereiche festgelegt wurde, tun demokratische Eilfertigkeit und Bekenntnisse zu mancherlei Katalogen eines journalistischen „Berufs-Ethos" das Ihre. Anpassung an bestehende gesellschaftliche Strukturen wird zum bestimmenden Prinzip journalistischer Arbeit. „Demokratie" erscheint dann als Anpassung an selbst produzierte Erwartungen der Menschen: „Immer wieder fragen wir die Menschen. Und merken uns ihre Antworten. Der Computer hilft uns dabei. So wird das Unübersichtliche klar und überschaubar," verkündet die Verlagsgruppe Bauer (1) und nennt, was sie liefert, „Papier-Seelsorge". (2)

Massenmedien bedienen sich festgestellter Wünsche und Ängste zum Zweck wirtschaftlichen Erfolgs; Stabilisierung und Reproduktion bestehender Vorurteile sind das Ergebnis – Vernebelung statt Erhellung des Bewußtseins.

Der freie Meinungsaustausch

Über das Gewicht der Massenmedien bei der Bildung öffentlicher Meinung liegen höchst unterschiedliche Urteile vor. Verleger und Journalisten pflegen verständlicherweise das liberalistische Bild von der entscheidenden Bedeutung der Medien für das Zustandekommen politischer Entscheidungen. So weisen sie immer wieder mit Stolz auf politische oder juristische Manifestationen ihrer Unentbehrlichkeit hin. Etwa darauf, daß John Milton 1644 die Pressefreiheit als „Grundlage aller politischen und religiösen Freiheit" bezeichnete oder auf den

Artikel 11 der französischen Erklärung der Menschen- und Bürgerrechte, in dem 1789 „der freie Austausch der Gedanken und der Meinungen" (3) als eines der wichtigsten Menschenrechte gewertet wurde. Auch die amerikanische „Bill of Rights" des Jahres 1791 wird zum Zeugen aufgerufen, oder die mit Argumenten jener Erklärungen operierenden juristischen Aussagen in der Bundesrepublik.

So hat sich etwa das Bundesverfassungsgericht im „Lüth-Urteil" (4) vom 15.1.1958 ausdrücklich auf die französische Erklärung berufen und der dort vorgenommenen Wertung angeschlossen: „Das Grundrecht auf freie Meinungsbildung ist als unmittelbarster Ausdruck der menschlichen Persönlichkeit in der Gesellschaft eines der vornehmsten Menschenrechte überhaupt... Für eine freiheitlich-demokratische Staatsordnung ist es schlechthin konstituierend, denn es ermöglicht erst die ständige geistige Auseinandersetzung, den Kampf der Meinungen, der ihr Lebenselement ist. Es ist in gewissem Sinn die Grundlage jeder Freiheit überhaupt..."

Häufig wird auch hervorgehoben, daß im „Fernseh-Urteil" (5) des Bundesverfassungsgerichts vom 28.2.1961 der Artikel 5 des Grundgesetzes als Garantie auch der als „institutionell" verstandenen Pressefreiheit interpretiert worden ist: „Durch Art. 5 Abs. 1 Satz 2 GG ist insbesondere auch die institutionelle Eigenständigkeit der Presse von der Beschaffung der Information bis zur Verbreitung der Nachricht und der Meinung gewährleistet..."

Daraus wurde geschlossen, die Pressefreiheit sei damit sogar aus der „allgemeinen Meinungsfreiheit herausgehoben" worden, und dies sicher mit Recht. (6) Schließlich hat das Verfassungsgericht dem Rundfunk im gleichen Urteil sogar den Charakter eines „eminenten *Faktors* der öffentlichen Meinungsbildung" zugebilligt.

Hinweise auf derartige Definitionen kehren immer wieder und genügen Verlegern wie Journalisten weitgehend zur Kennzeichnung ihres soziologischen Ortes. So stellten die Journalisten auf ihrem 3. Deutschen Journalistentag 1964 fest, „die Kontrollfunktion der Journalisten" sei begründet in der freiheitlich-demokratischen Gesellschaft selbst. Sie liege im Interesse der Bürger und sei gesichert im Grundgesetz als Institution der Pressefreiheit. Der „Deutsche Presserat" formulierte: „Das durch Art. 5 des Grundgesetzes garantierte Recht der freien Meinungsäußerung hat konstitutive Bedeutung für eine freiheitliche Demokratie. Denn diese lebt von dem freien Austausch der Meinungen, als deren Träger die Presse eine unentbehrliche Funktion ausübt." (7)

Kontrollen im Kommunikationsprozeß

So bedeutsam der Hinweis auf derartige Formal-Definitionen in der politischen Auseinandersetzung mit Kräften sein mag, die auf aktuelle Einschränkung der Pressefreiheit sich richten, so wenig zureichend ist damit die wirkliche Funktion der Medien beschrieben. Doch kritische

Reflexion ist die Sache der Aktiven selten, man überläßt sie außerparlamentarischen Oppositionellen und akademischen Soziologen. Diese geben sich denn auch weniger optimistisch. „Bürgerliche Journalisten können... den Kampf der Studenten nur mit zynischen und denunziatorischen Mitteln beschreiben, weil sie nicht in der Lage sind, diesen Kampf in ihren eigenen Redaktionen und Verlagshäusern zu führen", stellte ein Berliner SDS-Autoren-Kollektiv fest (8) und Max Horkheimer nannte, „was erscheint", einmal das „Ergebnis zahlreicher Kontrollen". Amerikanische Forschungen, vorwiegend von Lazarsfeld, Katz und Klapper, führten aufgrund empirischer Studien zu einer starken Relativierung der früheren Annahmen über die Wirksamkeit der Massenmedien. Allerdings sind aus diesen Forschungen häufig verallgemeinernde Schlüsse gezogen worden, die kaum berechtigt erscheinen. Die Ergebnisse können nur im Rahmen der amerikanischen Verhältnisse verstanden werden und gingen jeweils aus konkreten Einzelstudien über bestimmte Rundfunkprogramme hervor.

In Forschungen über den Vermittlungsprozeß von Medieninhalten ergab sich zum Beispiel, daß die Vorstellung von einer einfachen Beziehung zwischen Medium und Empfänger möglicherweise einer grundsätzlichen Revision bedurfte. Bei Elihu Katz (9) heißt es zusammenfassend, das frühe Modell der Massenkommunikation habe eine Art Reiz-Reaktions-Vorgang unterstellt, als ob Menschen auf einen Beeinflussungsversuch unmittelbar reagierten. Bei näheren Untersuchungen sei jedoch deutlich geworden, daß „ein Einfluß oder eine Neuerung sich in einer Gesellschaft schrittweise und über verschiedene Verbindungen von Massenmedien und zwischenmenschlichen Wechselbeziehungen ausbreiten."

Insbesondere ist in diesem Zusammenhang darauf hingewiesen worden, daß es unter Umständen eine sehr lange Zeit dauern kann, bis konkrete Inhalte von Massenmedien über mehrere Zwischenstufen schließlich ein breiteres Publikum erreichen. Die unter Publizisten beliebte Vorstellung von ihrer Arbeit als Vermittlung gesellschaftlicher Diskussionsbeiträge, die eine oder die andere Reaktion unmittelbar hervorrufen, muß unter dem Eindruck dieser Ergebnisse mit Fragezeichen versehen werden.

Die wichtigste Entdeckung bei den amerikanischen Forschungen betraf jenen Personenkreis, der fortan den Namen „opinion leaders" erhielt. Beliebige Einzelinhalte der Medien erreichten zunächst jeweils nur relativ wenige Personen, von denen aus sich die Informationen in stark veränderter Form später weiter verbreiteten. Lazarsfeld faßte die Ergebnisse einer Untersuchung über die amerikanischen Präsidentschaftswahlen des Jahres 1940 mit dem Hinweis zusammen, daß sich zur größten Überraschung der Forscher der Eindruck ergab, die Menschen würden in ihren politischen Entscheidungen mehr durch Kontakte von Mensch zu Mensch beeinflußt, als unmittelbar durch die Massenmedien. (10) Das inzwischen entwickelte Modell vom Zwei-Stufen-Prozeß der Meinungsvermittlung müsse man, so meint Lazarsfeld an der gleichen

Stelle, wahrscheinlich zu dem eines mehrstufigen Vermittlungsprozesses erweitern — „von den Massenmedien über mehrere Zwischenglieder von Meinungsbildnern, die miteinander im Austausch stehen, bis hin zu den schließlichen Mitläufern."

Wiesen Katz und Lazarsfeld darauf hin, daß bei der Erforschung der Wirkungen von Massenmedien stärker auf sozialpsychologische Erkenntnisse einzugehen sei, so betonte J. T. Klapper die soziologischen Konsequenzen. Massenmedien seien, so meint er, kaum dazu geeignet, einen *Wandel* in den Ansichten von Menschen herbeizuführen. Vielmehr tendierten sie dazu, bestehende Meinungen zu unterstützen und auf diese Weise zur Erhaltung der jeweils bestehenden gesellschaftlichen Verhältnisse beizutragen. (11)

Vor allem zwei Faktoren macht Klapper für dieses Phänomen verantwortlich: die Zugehörigkeit der Menschen zu jeweils bestimmten sozialen Gruppen und die Tendenz, Kommunikationsinhalte nicht allein entsprechend den eigenen Prädispositionen *auszuwählen,* sondern darüber hinaus auch noch die konkreten Inhalte selektiv aufzunehmen und zu interpretieren.

Bei entsprechender Prädisposition kann sogar das Gegenteil eines intendierten Kommunikationsinhalts wahrgenommen werden. In einer Untersuchung des „Columbia University's Bureau of Applied Social Research" wurden Reaktionen auf eine Bilderserie (cartoons) geprägt, deren Inhalt sich gegen Rassenvorurteile richtete. Die Bilder wurden 160 Versuchspersonen vorgelegt, und ausführliche Interviews ermittelten anschließend das Verständnis und die Reaktion der Versuchspersonen. Dabei zeigte sich, daß eine Reihe der Befragten den Inhalt der Serie ins Gegenteil verkehrte. Sie glaubten, die Serie hätte Rassenkonflikte darstellen sollen und interpretierten sie im Sinne einer Bestätigung von ihnen gehegter Vorurteile. (12)

Stabilisierungsfunktion der Massenmedien

Deutlich geht aus solchen Ergebnissen hervor, daß der Einfluß aller am Sozialisationsprozeß des einzelnen beteiligten Instanzen bei der Beurteilung des Entstehens individueller Meinungen berücksichtigt werden muß. Frühkindliche Erziehung, Familienstruktur, Bildungssystem und Gruppenprozesse präformieren das Bewußtsein so stark, daß der Anteil der Massenmedien bei der Meinungsbildung vergleichsweise gering erscheint. Am stärksten ist er offenbar dann, wenn er etwa in die gleiche Richtung wirkt, wie die Einflüsse in den verschiedenen „reference groups".

So meint denn auch Klapper, wolle man einen Wandel im allgemeinen Bewußtsein hervorbringen, so könne dies nur im Zusammenwirken aller Sozialisations-Instanzen erreicht werden: „Massenmedien verstärken die Neigungen, die ihr Publikum bereits besitzt. Ihre sozialen Wirkungen dürften daher in erster Linie davon abhängen, wie die Gesellschaft

insgesamt – und besonders solche Institutionen wie Familie, Schule, Kirchen – die Mitglieder des Publikums formt, denen die Massenmedien dienen." (13)
Klapper trifft sich hier mit Einsichten Adornos, der einmal forderte, so etwas wie Fernsehclubs zu gründen, die ein „rationales Durchdringen" des im Fernsehen Gebotenen erlaubten. Vielleicht, so die Hoffnung Adornos, seien die Fernsehteilnehmer durch Diskussion dazu zu bringen, der „Vorführung kalkulierter Idiotie" Widerstand entgegenzusetzen. (14)
Die Ergebnisse des Communications Research bedürfen freilich einiger Einschränkungen. So eindrucksvoll sie alte Vorstellungen vom unmittelbar interdependenten Verhältnis zwischen Produzenten der Inhalte von Medien und den Empfängern widerlegen, ist dennoch davor zu warnen, daraus den Schluß auf allgemeine Unwirksamkeit der Massenmedien zu ziehen. Wie bereits vorn erwähnt, hatten alle genannten Forschungen begrenzte Untersuchungsziele und gingen von der Beobachtung einzelner Beiträge, bzw. bestimmter Serien aus. An Einzelbeispielen entwickelten sie die Modelle eines Wirkungsprozesses der Medien und verfolgten erkennbare sozialpsychologische Tendenzen bei kleinen Gruppen in den Vereinigten Staaten.
Die Wirkungen auf breite Gruppen und vor allem in langen Zeiträumen sind dagegen kaum erforscht. Untersucht werden müßten hier Einstellungsänderungen im Zeitablauf, die nur in breit angelegten langfristigen Studien zu ermitteln wären. Es ist damit zu rechnen, daß die Wirkungen von Massenmedien auf dieser Ebene denen der Werbung weitgehend entsprechen, daß also ständige Wiederholung und ständige Anwesenheit bestimmter statements diese ins allgemeine Bewußtsein eingehen lassen. Das gilt insbesondere dann, wenn nicht kritische Reflexion Maßstab der Medieninhalte ist, sondern soziale Anpassung. Auch die zitierten Forschungsergebnisse machen klar, daß die Potenz der Massenmedien kaum zu überschätzen ist, wenn diese mehr oder weniger irrationaler Anpassung an allgemein akzeptierte soziale Normen dienen. Wo sie bereits entstandene Prädispositionen unterstützen, wirken Massenmedien in entscheidendem Maß affirmativ. Und wo gesellschaftliche wie wirtschaftliche Entwicklungen abnehmende Innensteuerung, aber wachsende Außen-Orientierung des Verhaltens der einzelnen mit sich bringen, werden Massenmedien zu zentralen gesellschaftlichen Steuerungsinstrumenten.
Längst haben sie sich zu konkurrierenden Sozialisationsinstanzen gegenüber Familie, Kindergarten, Schule entwickelt. Dabei prägen bestimmte, im Prinzip immer gleich bleibende Inhalte wie etwa das Werbefernsehen in besonders starkem Maß gerade das Bewußtsein im Bildungsprozeß Unterprivilegierter. Denn allein bereits fest strukturierte Interessen und Aktivitäten könnten ein Gegengewicht gegen die ständige Verführung durch den Bildschirm bilden. Wo er Ersatz für andere Interessenbindungen sein muß, ist auch das Maß kritischer Beurteilung des Dargebotenen durch die Empfänger gering.

Es bedürfte eines hohen Maßes gesellschaftstheoretischer Einsicht aller in den Medien der Massenkommunikation Tätigen, wenn sie auf der Stufe vollständiger Institutionalisierung dem Anspruch, öffentliche Meinung zu bilden, also doch rationale Aufklärung zu treiben, genügen wollten. Wo gesellschaftliche Macht Wirtschaftsmacht ist, hieße es konkret, die Voraussetzungen solcher Macht kritisch in Frage zu stellen, der Reduktion des Bewußtseins der einzelnen auf totale Bereitschaft, einmal produzierter Güter sich zu bedienen, Widerstand entgegenzusetzen.

Gesteuerte Integration

Leider spricht wenig dafür, daß derartige Einsicht allgemein wäre. Wichtiges Indiz, das dem entgegensteht, ist die Beobachtung, daß gerade in Wirtschaftsredaktionen Kritik am wenigsten ihren Ort hat. Verhindert schon die formale Ressort – Teilung in Zeitungen und Funkhäusern entsprechende Maßstäbe der allgemeinen Redaktionspolitik, so wird hier ganz klar, wie eng eigene wirtschaftliche Interessen der Besitzer von Massenmedien mit den behaupteten einer demokratischen Kontrollfunktion in Konflikt geraten sind. Am kritischsten gibt man sich dort, wo es das geringste Risiko mit sich bringt – im Feuilleton. In der traditionell bedeutsamsten Sparte von Presse und Funk, der Politik, heißt Kontrolle im wesentlichen Reproduktion parlamentarischer Regierungs-Beobachtung, wobei die kritische Funktion des Parlaments durch eine Reihe von Entwicklungen längst in Frage gestellt wurde. Die journalistische Arbeit hält sich im übrigen – kodifiziert und in Erklärungen stets feierlich hervorgehoben – im Rahmen selbstgesteckter Grenzen der Verteidigung dessen, was formelhaft „freiheitlich-demokratische Grundordnung" genannt wird.
So gerät der Beitrag der Massenmedien in der öffentlichen Meinungsbildung zu einer vielfältig variierten und verstärkten Wiederholung der Ansichten organisierter Gruppen – mit dem für die „kritischsten" Teile der Medien charakteristischen äußersten Vorposten eines nachdrücklichen Eintretens für die Erhaltung liberaler Momente gegenüber konservativen und reaktionären Entwicklungen. Typisch für diese Situation und äußerster konsequenter Ausdruck für solches Selbstverständnis ist der jüngste Versuch einer verbindlichen Verpflichtung aller journalistischen Mitarbeiter des größten Zeitungskonzerns der Bundesrepublik auf die „Bejahung der sozialen Marktwirtschaft". (15)
Massenmedien, das ist zu befürchten, sind weitgehend wirklich zu Trägern dessen geworden, was Habermas als Ausdruck „öffentlich manifestierter" Meinungen beschrieben hat, das sind jene, die sich aus dem Versuch der Träger von „quasi-öffentlichen" Meinungen ergeben, „durch... demonstrativ oder manipulativ entfaltete Publizität... beim mediatisierten Publikum... plebiszitäre Folgebereitschaft" hervorzurufen. Als „Träger der quasi-öffentlichen Meinungen" nennt Habermas die „am

169

politischen Machtvollzug und Machtausgleich beteiligten Gruppen." (16) Formeller und informeller Kommunikationsbereich seien auf diese Weise weitgehend voneinander getrennt, ohne die Vermittlung des Bereichs der kritischen Publizität könne sich eine im strengen Sinn öffentliche Meinung nicht herstellen. Allein von einer zunehmenden Teilnahme der Privatleute „an einem über die organisationsinternen Öffentlichkeiten geleiteten Prozeß der formellen Kommunikation" ließe sich, so hofft Habermas, eine Vermittlung der getrennten Kommunikationsbereiche in einer soziologisch relevanten Größenordnung wiederherstellen. (17)

Man mag diese Hoffnung teilen, die — romantisch anmutend — so etwas wie die Salons früherer Jahrhunderte als politisch wirksame Instrumente des XX. sich erträumt, oder die Wahrscheinlichkeit einer Entwicklung in diese Richtung bezweifeln; für die Institutionen der Massenkommunikation ist das Urteil vernichtend. Es ist erstaunlich, daß eine Auseinandersetzung mit dieser Analyse von seiten der Betroffenen bisher praktisch nicht erfolgte. Stattdessen haben sich die Zeitungsverleger in ihrer Streitschrift „Pressefreiheit und Fernsehmonopol" (18) mehrfach auf Habermas berufen und dessen Ergebnisse so behandelt, als beträfen sie allein Fernsehen und Rundfunk. Die Presse dagegen sei als „Institution besonderer Art" — „angesiedelt zwischen Staat und Gesellschaft" — „in der Lage, (diese) kritisch zu betrachten und zur Interpretation beider ‚Gegebenheiten' beizutragen". (19)

Diese stark interessengebundene Interpretation zeigt, in welch geringem Maß diejenigen bereit sind, über gesellschaftliche Entwicklungen nachzudenken, die gerade behaupten, diese kritisch zu betrachten.

„Institutionalisierung" und wirtschaftliche Zwänge

Über die sozio-ökonomische Position der Journalisten

Der Verlust kritischen Potentials hat sich nicht von einem Tag auf den anderen ergeben. Wo aufklärerisch-journalistische Absichten und die Möglichkeiten zu ihrer Verwirklichung auseinanderfielen, zeigt die Geschichte der Presse in Deutschland und anderswo deutlich. Es war nicht vorwiegend in jenen Perioden der Fall, in denen massiver politischer Druck ausgeübt wurde. Denn in diesen Zeiten waren sich die Hersteller der Presse — also Verleger und Journalisten — meist einig in der Abwehr solcher Tendenzen. Auf derartige Traditionen gründet sich denn auch die heutige Presseideologie weitgehend.

Im Verlauf des ganzen 19. Jahrhunderts und darüber hinaus ist aber ein Prozeß zunehmender Institutionalisierung der Presse und damit einhergehende steigende Abhängigkeit der Journalisten von wirtschaftlichen Interessen der Verleger zu beobachten. Der heutige oligopolistische Charakter der Presse wie der Wirtschaft überhaupt hängt direkt mit der technischen Entwicklung und damit sich ergebendem steigenden Kapitalbedarf der Produzenten zusammen.

Das liberale Modell

Glanzzeit und historischer Orientierungspunkt des Journalismus bis heute ist die Periode der Aufklärung sowie der französischen und der späteren deutschen Revolutionsepochen. Denkmäler journalistischer Tradition wie Görres, Börne und Heine schrieben damals, es folgten Marx, Lasalle und Sonnemann. Journalistische Arbeit errang sich hohes Ansehen, nachdem es nicht lange zuvor über sie noch so vergnügliche Ansichten gab wie diese: „Der Narren gibt es überall, wer sonst nichts kann, schreibt ein Journal." Journalisten, so hatte bereits Grimmelshausen in gleichem Sinn festgehalten, seien „des Teufels Nastücher, mit denen er seine Hinterseite schneuzt." Erst allmählich hatte sich die Erkenntnis durchgesetzt, daß Zeitungen denn doch eine gewisse Berechtigung haben könnten. Über „Zeitungs Lust und Nutz" hieß es 1695 sehr vorsichtig: „Wir ehrliche Leute, die wir jetzt in der Welt leben, müssen auch die jetzige Welt erkennen. Und hülft uns weder Alexander, Caesar noch Mahomet nichts, wenn wir klug seyn wollen. Will aber wer klug seyn und werden, wo er anders in der Staats- Handels und Bürgerlichen Gesellschaft leben will, so muß er die Zeitungen wissen." (20)

In der Mitte des 19. Jahrhunderts beschrieb dann Alexis de Tocqueville die Presse überschwenglich als Garanten individueller Freiheit in der auf die aristokratische folgenden demokratischen Gesellschaft. (21) Um die persönliche Unabhängigkeit der in einer Demokratie lebenden Menschen zu gewährleisten, sagt er, könne man sich weder auf die großen politischen Versammlungen, noch auf die parlamentarischen Vorrechte, noch auf die Verkündung der Volkssouveränität allein verlassen. Denn alles das vertrage sich bis zu einem gewissen Punkt mit der „individuellen Knechtschaft". Die Knechtschaft könne aber nicht vollständig sein, wenn die Presse frei bleibe: „Die Presse ist recht eigentlich das demokratische Werkzeug der Freiheit."

Tocqueville weist weiter auf die Gefahren einer zentralistischen Entwicklung in einer demokratischen Gesellschaft hin und meint, die individuelle Unabhängigkeit und die lokalen Freiheiten könnten immer nur das Ergebnis „künstlicher Bestrebungen" sein. Denn: „In Zeiten der Aristokratie ist jeder immer mit einigen seiner Mitbürger sehr eng verbunden, so daß man ihn nicht angreifen kann, ohne daß diese ihm zu Hilfe kommen. In Zeiten der Gleichheit ist jeder einzelne von Natur isoliert. Er hat keine angeborenen Freunde, deren Hilfe er fordern könnte, keine Klasse, deren Zuneigung ihm sicher wäre. Man übergeht ihn leicht und tritt ihn ungestraft mit Füßen. Heutzutage hat ein Bürger, den man unterdrückt, daher nur ein Verteidigungsmittel: er muß an die gesamte Nation appellieren und, wenn die ihn nicht hört, an die Menschheit. Dazu gibt es

nur ein Mittel, die Presse... Sie stellt jedem (einzelnen Menschen) eine sehr wirksame Waffe zur Seite, deren sich auch der Schwächste und Isolierteste bedienen kann... Die Buchdruckerkunst hat die Fortschritte der Gleichheit beschleunigt und ist zugleich eines ihrer besten Gegenmittel." (22)
Bündig hat Tocqueville hier das Selbstverständnis der Presse zusammengefaßt, wie es bis heute das Denken von Verlegern und Journalisten bestimmt. Ganz klar macht dieses Zitat, auf welchen Voraussetzungen solche Wertung beruht. Einmal unterstellt sie autonomes Bewußtsein der — wie immer auch isolierten — einzelnen. Deren Verhalten kann, wenn sie nur durch die Presse über kritikwürdige Verhältnisse informiert werden, Veränderung bewirken. Zum anderen, und diese Voraussetzung war schon zu der Zeit, als Tocqueville das formulierte, keineswegs mehr gegeben, ist das Instrument Presse nach diesem Modell ohne jede Einschränkung für jeden einzelnen verfügbar — sofern nur die Pressefreiheit gewährleistet bleibt.
Es ist, faßt man das zusammen, ein konsequent liberales Modell, zugeschnitten auf eine Gesellschaft, deren konstitutives Moment die Garantie eines maximalen Freiheitsspielraums für jeden einzelnen bildet. Würde die von Tocqueville angedeutete Gefahr der „Zentralisation", also der Machtkonzentration in den Händen weniger, auch für das Instrument Presse entstehen, müßte die Basis des Modells als verloren gelten.

Verlust der ökonomischen Bedingungen

Eben dies aber ereignete sich bald. Markanter Anfangspunkt der Entwicklung ist die im November 1814 von der Londoner „Times" begeistert gefeierte Einführung der von Friedrich König erfundenen Schnellpresse, die die Zeit zwischen dem Einlaufen einer Nachricht und ihrer Verbreitung in einem großen Gebiet erheblich verkürzte. „Unsere heutige Zeitung" — so die Times am ersten Tag ihrer Verwendung — „führt dem Publikum das praktische Resultat der größten Verbesserung vor, welche die Buchdruckerkunst seit ihrer Entstehung erfahren hat. Der Leser dieses Satzes hält jetzt einen der vielen tausend Abdrücke der Times in der Hand, die in der verflossenen Nacht vermittels eines mechanischen Apparates hergestellt werden konnten. Ein Maschinensystem, von dem man fast glauben könnte, es besitze eigene innere Lebenskraft, ist erfunden und ausgeführt worden, das nicht bloß die Menschen von der schweren Arbeit des Druckens befreit, sondern auch noch alle menschlichen Fähigkeiten hinsichtlich einer raschen und zuverlässigen Arbeitsweise übertrifft. (23)
Was die Zeitung ihren Lesern nicht mitteilte, war die Tatsache, daß eine so eindrucksvolle Maschine nicht ohne beträchtliche finanzielle Aufwendungen zu benutzen war, und daß die Kosten durch den Erlös aus dem Verkauf allein kaum zu decken sein konnten.

Die folgenden Erfindungen der Setz- und Rotationsmaschine, die Einführung der Telegrafie und späterer technischer Einrichtungen zur Nachrichtenübermittlung verstärkten diese Tendenz beträchtlich. So kann es nicht verwundern, daß Heinrich Heine bereits 1840 aus Paris berichtete, nur Personen, die imstande seien, „die größten Summen aufs Spiel zu setzen," könnten es wagen, ein Journal zu gründen. (24) Es seien daher gewöhnlich „Kapitalisten oder sonstige Industrielle", die das Geld zur Gründung eines Journals hergäben. Die Journalisten gerieten auf diese Weise in „eine beschränkende Abhängigkeit", die „Charte, die jedem Franzosen die Veröffentlichung seiner Gedanken durch den Druck erlaubt", werde so zu einer „bitteren Verhöhnung für geniale Denker und Weltbürger", und – so faßt Heine zusammen – „faktisch existiert für diese durchaus keine Preßfreiheit." (25)

Die entsprechende Entwicklung in Deutschland ließ nicht lange auf sich warten. Reaktion und preußischer Anti-Liberalismus trafen mit zunehmender wirtschaftlicher Konzentration zusammen; so konnte man bereits 1866 konstatieren, die Zeitungen seien „den Händen der Schriftsteller entwunden." (26) Unzählige Schriftsteller würden zu bloßen Dienern, Handlangern und Markthelfern herabgedrückt, das Zeitungswesen verfalle zusehends der Abhängigkeit. Eine neue Tyrannei sei im Werden, und zwar von seiten „der Geldmacht und der Staatsgewalt", die sich das Zeitungswesen teilten.

Hatten also schon zu jener Zeit Verleger das Übergewicht gegenüber den Journalisten gewonnen, waren Journalisten zu bloßen „Schreibern" dessen geworden, was ihre jeweiligen Herren für tunlich hielten, so erscheinen die zahlreich überlieferten Diffamierungen dieser Berufsgruppe in anderem Licht als bloß dem ignoranten Unverständnisses. Der Zustand der Presse selbst mag Gustav Freytag zur Beschreibung seines Schmock veranlaßt oder Bismarks Feststellung, Zeitungsschreiber sei jemand, der seinen Beruf verfehlte, mit hervorgebracht haben. So mag Nietzsche zu seinem Urteil gekommen sein, daß die Deutschen ihre achtunggebietende Erfindung des Pulvers mit der Erfindung der Presse wieder wettgemacht hätten, und der soziale Status der Journalisten war vielleicht gar nicht so weit von der Beschreibung entfernt, sie bewegten sich „außerhalb des sozialen Organismus wie ehedem Schäfer, Kesselflicker, Zahnärzte, Zigeuner und Schauspieler."

Angestellten-Publizistik oder: Die Päpste der kapitalistischen Ära

In dieser Zeit zeigte sich zum ersten Mal in reiner Form jene Form von Journalismus, die als Angestellten-Publizistik eingestuft werden könnte, eine Verselbständigung journalistischer Fähigkeit zum Schreiben – egal, worüber. Georg Lukács hat dazu später geschrieben: „Der spezialistische ‚Virtuose', der Verkäufer seiner objektivierten und versachlichten Fähigkeiten wird... nicht nur Zuschauer dem gesellschaftlichen Geschehen gegenüber, sondern gerät auch in eine kontemplative Attitüde zu dem Funktionieren seiner eigenen, objektivierten und versachlichten Fähigkeiten. Am groteskesten zeigt sich diese Struktur im Journalismus, wo gerade die Subjektivität selbst, das Wissen, das Temperament, die Ausdrucksfähigkeit zu einem abstrakten, sowohl von der Persönlichkeit des ‚Besitzers' wie von dem materiell-konkreten Wesen der behandelten Gegenstände unabhängigen und eigengesetzlich in Gang gesetzten Mechanismus wird. Die ‚Gesinnungslosigkeit' der Journalisten, die Prostitution ihrer Erlebnisse und Überzeugungen ist nur als Gipfelpunkt der kapitalistischen Verdinglichung begreifbar." (27)

Lukács schrieb dies zu einer Zeit, in der die Probleme, die sich aus der Institutionalisierung der Presse ergaben, ins Bewußtsein drangen, ohne daß man daraus zunächst andere Konsequenzen zog, als den neu entstehenden Rundfunk auf die Wiedergabe „kultureller" Inhalte zu beschränken.

Sehr drastisch hat zum Beispiel Friedrich Naumann wenig vorher die Situation geschildert. „Aus einzelnen Zeitungen werden Verbände" — so Naumann —, „kombinierte Unternehmungen, Herstellungsgemeinschaften, deren kapitalistische Kraft und kaufmännische Wucht die Betriebe der früheren Stufe zu erdrücken suchen... Das Warenhaus der menschlichen Meinung beginnt sich zu etablieren. Und diejenigen, die im Mittelpunkt dieses Warenhauses sitzen, sie seien Besitzer oder Direktoren, wissen recht gut, was sie zu werden im Begriffe sind: die Päpste der kapitalistischen Ära. Von ihnen hängt es ab, was das Volk glauben soll." (28)

Max Weber entwickelte damals einen Plan zu empirischen Erhebungen über die „Soziologie des Zeitungswesens", den die Deutsche Gesellschaft für Soziologie 1910 auf ihr Programm setzte. Ausgeführt worden ist er nicht. Aber Weber machte nachdrücklich auf die Probleme aufmerksam, die sich aus dem Prozeß der Institutionalisierung im Rahmen einer privatkapitalistischen Ordnung ergaben. (29)

Journalismus als Verkaufshilfe

Die Konzentrationsbewegungen bei Scherl, Mosse, Ullstein, die Gründung der Maternverlage und damit des Presseimperiums Hugenberg gingen also keineswegs unbemerkt vor sich. Sie korrespondierten mit den Konzentrationstendenzen in der Wirtschaft überhaupt, sie ließen sich auf historische Linien zurückverfolgen. Zu erkennen war dabei die zunehmende Tendenz, wirtschaftliche Träger der Medien gegenüber den journalistischen zu begünstigen; Geschäftsinteressen erhielten den Vorrang vor publizistischen, wobei sich auf *einer* gemeinsamen Linie die geringste Konflikt-Wahrscheinlichkeit ergab: es mußte für eine möglichst große Übereinstimmung zwischen den Erwartungen der Abonnenten, den wirtschaftlichen Interessen der Verleger und der Schreibweise der Journalisten gesorgt werden. Für die Presse hieß das fortan der „Dualismus der Ziele". Von Dualismus kann dabei zwangsläufig nur in einem sehr formalistischen Sinn die Rede sein — wirtschaftliche Aktivität der Verleger und publizistische der Journalisten sind natürlich zwei unterschiedliche Tätigkeitsbereiche. Doch es ist klar, daß im Zweifelsfall das wirtschaftliche Interesse den Ausschlag geben wird. Eine Deckung entsteht nur insofern, als Journalisten und Anzeigenkunden in gleicher Weise an einer Steigerung der verkauften Auflage interessiert sein müssen.

So ist es richtig, daß Werbung an einer Steigerung dessen Interesse zeigt, was „Qualität" einer Zeitung genannt wird. Für Inserenten wie Verleger stellt journalistische Arbeit Verkaufshilfe dar, aber dies natürlich eben nur dann, wenn der Journalist nicht etwa auf die Idee kommt, die Basis selbst in Frage zu stellen, auf der das Verlagsunternehmen ruht. Tendenziell erzwingt das verlegerische Interesse eine Brechung kritischer Unbotmäßigkeit der Journalisten, gleichzeitig aber die Honorierung journalistischer Verteidigung des je Bestehenden, des Rahmens, innerhalb dessen wirtschaftliche Betätigung dem Verlag Gewinne verheißt. „Qualität" heißt in diesem Sinn vor allem „Leistung", und Leistung, so hat die Frankfurter Allgemeine Zeitung noch vor einiger Zeit mahnend wieder betont, ist für den am wirtschaftlichen Erfolg Orientierten ausschließlich das, was „der Markt honoriert." (30) Journalisten, die solche Leistung erbringen, sind erwünscht; in diversen Ausbildungsrichtlinien findet sich denn auch eine sehr starke Betonung „handwerklicher" Geschicklichkeit. Die „Deutsche Journalistenschule" in München, die von Verbandsfunktionären gelegentlich als vorbildlich hingestellt wird, empfiehlt sich beispielsweise mit dem Hinweis darauf, daß ihre Absolventen „mit dem Handwerk überdurchschnittlich vertraut, also einsatzfähig" seien, und sich als „vielseitig verwendbar" erwiesen hätten. (31) Im Gegensatz etwa zu den Zielen einer Journalisten-Ausbildung in Holland findet sich in dem entsprechenden Bericht kein Hinweis auf die Notwendigkeit gesellschaftstheoretischer Kenntnisse. (32) Verwendbarkeit geht über Einsicht.

Illusionen statt Information

Lebenshilfe als Vehikel des Konsum-Appells

Es kann nach all dem nicht überraschen, daß die Presse zunehmend ein Selbstverständnis entwickelt, das dem kirchlicher Sorge ums Seelenheil entspricht. Nicht zufällig wurde es mit dem entsprechenden Terminus „Lebenshilfe" belegt. Da Unbehaglichkeit des Lesers, wie jene des Empfängers von Unglücksnachrichten in griechischen Tragödien den Boten, häufig genug die Zeitung trifft, sollen Konflikte möglichst vermieden sein. Ähnlich bestimmten Richtungen der Psychotherapie geht man davon aus, daß entspannte Leser zufriedene Leser sind. Scheinbar demokratisch, gibt man dem Leser, was er wünscht, den Redakteuren sind seine Erwartungen Befehl. Eingelullt wird, wer ein Recht darauf hätte, Aufklärung über jene Mächte zu erfahren, die ihn im Zustand der Unmündigkeit halten.

Zu solcher Art psychologischer Lebenshilfe hat Adorno bemerkt: „Die Undurchsichtigkeit der entfremdeten Objektivität wirft die Subjekte auf ihr beschränktes Selbst zurück und spiegelt ihnen dessen abgespaltenes Für-sich-sein, das monadologische Subjekt und dessen Psychologie als das Wesentliche vor. Der Kultus der Psychologie, die man der Menschheit aufschwatzt, und der unterdessen in Amerika aus Freud ein fades Volksnahrungsmittel bereitet hat, ist das Komplement der Entmenschlichung, die Illusion der Ohnmächtigen, ihr Schicksal hinge von ihrer Beschaffenheit ab." (33)

Die Tatsache, daß noch immer nicht mehr als rund 10 Prozent der Bevölkerung in der Bundesrepublik das Abitur als Schulabschluß haben, und daß diese wenigen auch noch daran gehindert sind, ihren Wünschen entsprechende Berufe zu ergreifen, muß zum Vorwand für anspruchslose Verpackung und Personalisierung sachlicher und gruppenorientierter politischer Vorgänge dienen. Was als Bewußtsein der Leser empirisch sich ermitteln läßt, wird zur Richtschnur dessen, was man produziert; verdoppelt wird so noch einmal, was von kritischer Publizität gerade aufzulösen wäre.

Dies gilt nicht nur, wenn auch vor allem, für die eigentliche Massenpresse. Personalismus bestimmt auch die Präsentation von Informationen in Nachrichtenmagazinen. Erinnert sei an eine charakteristische Hausmitteilung des Spiegel vor der Bundestagswahl 1965. Dort hieß es in schöner Offenheit und nicht ohne Andeutung eigener Skrupel, der Spiegel werde „der allgemeinen Blickrichtung auf *Personen* dadurch Rechnung tragen, daß er der Titelgeschichte dieses Heftes bis zu den Wahlen auch Titel über Ludwig Erhard und Willy Brandt folgen läßt." (34) Das Fragwürdige solcher Blickrichtung war anscheinend erkannt – entgegenzuwirken beabsichtigte man dem jedoch durchaus nicht.

Der Vorrang der Präsentation von Personen gegenüber Sachen wäre zwar auch ohne die ausdrückliche Erklärung erkennbar. Bis zu einem gewissen Grad ergibt er sich aus dem Magazin-Charakter des Blattes. Ob die publizistische Form allerdings zwangsläufig zur Folge haben muß, daß „die Nachricht hinter die gefällige Story zurücktritt", wie in der „Welt" über die neue Gestaltung der „Welt am Sonntag" zu lesen war, erscheint höchst zweifelhaft. (35)

Wider die Welt-Veränderer

In die Diskussion gebracht wurde das Konzept der „Lebenshilfe" durch den jetzigen Bonner Regierungssprecher Ahlers. Als er „Kampfpresse" noch weniger im Hause Springer, denn bei Spiegel, Zeit und Frankfurter Rundschau entdeckt hatte, explizierte er es im „Stern". (36) Die Bedeutung journalistischer Arbeit fand er weniger darin, politische Meinung zu bilden oder öffentliche Kritik zu üben, als darin, „praktische Lebenshilfe" zu leisten. Den Menschen solle bei der „Bewältigung des Lebens" geholfen, aber nicht die Welt verändert werden. Da für ihn zwischen den beiden Aufgaben der praktischen Lebenshilfe und der öffentlichen Kritik demnach ein Gegensatz zu bestehen scheint, kann „praktische Lebenshilfe" also jedenfalls nicht politische Aufklärung bedeuten. Praktische Lebenshilfe in solchem Sinn, diese Auffassung dürfte in Public-Relations-Kreisen gängig sein, wird allemal am ehesten mit Ratschlägen zur Orientierung in der Konsum-Sphäre geleistet. Wer sein Geld rechtzeitig dem Kreislauf wieder zuführt, entgeht der schleichenden Inflation, erspart sich Probleme der Vermögensanlage, hilft der Wirtschaft zu neuer Konjunktur. Freilich, man muß sich auskennen, muß wissen, welches Waschmittel am weißesten wäscht, welche Seife die Schönheit der Jugend wiederschenkt.

Natürlich, so meinte es Ahlers nicht, eher wollte er wohl sagen, es sei wichtig, die amtlichen Mitteilungen über Terminverschiebungen der Müllabfuhr, Impfdurchgänge und Steuerfristen sorgfältig zu übermitteln. Auch Berichte über Fußballspiele, sportliche Weltmeisterschaften und den Fleiß Bonner Politiker fänden zweifellos seine Billigung. Was aber unter praktischer Lebenshilfe darüber hinaus zu verstehen wäre, wenn sie eben nicht das Ziel hätte, politische Meinung zu bilden, ist nicht ersichtlich.

Gefühle und Projektionen

Was so verstandener Journalismus für den Rezipienten zuwege bringt, kann nichts anderes sein als ein fatales Gefühl des Bescheidwissens, eine Scheininformiertheit, aus der die wichtigen Dinge ausgeklammert wurden Ohne des Zynismus innezuwerden, der vom Standpunkt einer engagierten Publizistik in den folgenden Sätzen erkennbar ist, berufen sich die Verleger zum Beweis ihrer Unentbehrlichkeit beispielsweise auf eine Beobachtung der Zeitschrift „Die Anzeige": „Hätten die Mitglieder der örtlichen Gemeinschaft keine Zeitung, so würden sich die meisten von ihnen schon nach kurzer Zeit isoliert und abgeschnitten vorkommen. Gefühlsmäßig würden sie sich aus der örtlichen Gemeinschaft ausgeschlossen oder doch nur als Zaungäste fühlen. Hier hilft die Zeitung ihren Lesern. Die Berichte über lokale Begebenheiten und örtliche Berühmtheiten vermitteln ihnen das Gefühl der Zugehörigkeit, des An-den-Din-

gen-Teilnehmens. Die Leser haben das Gefühl, aktiv am Leben der Gemeinschaft beteiligt zu sein. Die Zeitung bringt dem Leser Personen der Gemeinschaft nahe, zu denen ein persönlicher Kontakt selten oder gar nicht möglich ist..." (37)
Aus diesen zahlreichen Gefühlen, die die Zeitung ihren Lesern eingibt, schließen die Verleger, das Medium Presse sei zu einem „bedeutenden gemeinschaftserhaltenden und auch gemeinschaftsbildenden Integrationsfaktor" geworden. (38) Das ist sicher dann nicht zu bestreiten, wenn Integration lediglich das „Gefühl" des Dabeiseins bedeuten, wenn „Gemeinschaft" das Ergebnis eines redaktionell gesteuerten Integrationsprozesses sein soll. „Ihre" Zeitung suggeriert den Lesern, sie sagte, „wie es ist", wenn sie reproduziert, was aus Umfragen zuvor sich ergab. Das Ergebnis der „Abstimmung am Kiosk" ist manipuliert, indem den Lesern geschrieben wird, was sie wünschen – es mag richtig sein oder auch nicht. Ist so erst einmal das geschaffen, was in der Sprache der Anzeigen-Industrie „Leser-Blatt-Bindung" heißt, läßt manches sich unterschieben, von dem man in den Entscheidungsgremien des Blattes möchte, daß es untergeschoben werde.
Hat man die „Leser-Blatt-Bindung" einmal erreicht, vertraut der Empfänger auf das, was der Absender schreibt, dann ist jene Stufe erklommen, die in einer „Qualitativen Analyse der Bild-Zeitung" so beschrieben wird: „Zweifellos bedeutet die Übertragung entscheidender individueller Funktionen, wie es sich für den BILD-Leser ergibt, einen gewissen Verlust an Eigenständigkeit. Der Leser, der sich der Führung von BILD anvertraut, ist ohne Hilfe und Unterstützung dieser Zeitung vielleicht sogar ein wenig hilflos. Der engagierte BILD-Leser ist auf die Zeitung im echten Sinne ‚angewiesen'. Er bedarf täglich ihrer normativen Funktionen..." (39)
Die Analyse, zum Zweck der Empfehlung an Inserenten erstellt, beschreibt, was als Bedürfnis der Leser ermittelt wurde: „das Verlangen der Leser nach der Möglichkeit, die notwendigerweise immer abstrakter werdende Gesellschaft, in der sie leben, durch eine Rückführung auf den einzelnen Menschen und sein Schicksal nähergebracht zu bekommen", sowie der „Wunsch, Objekte zur Identifikation und Projektion zu erhalten, an denen die eigenen Sorgen und Probleme abreagiert werden können." (40)
Klar, daß der Wunsch von 11 Millionen Lesern den Produzenten Befehl ist: „BILD trägt nicht nur dem Verlangen der Leser nach Ordnung und Transparenz in politischen oder wirtschaftlichen Fragen Rechnung, sondern fängt die durch diese Objektivität provozierten Ängste, Aggressionen und Unsicherheiten auf." (41)

Die Elternrolle von „Bild"

Man ist sich, das ergibt sich aus der Veröffentlichung, in den Redaktionen demnach im klaren über die Struktur des Bewußtseins, dem man entgegenkommt: „Die Zeitung übernimmt... in gewissen Bereichen eine Elternrolle: man beugt sich nicht nur einer festen Autorität, sondern findet eine verständnisvolle Instanz, der man sich unbesorgt anvertrauen kann." Und weiter: „in diesem Zusammenhang ist auch der Mechanismus von provozierter und zugleich aufgefangener Angst einzuordnen: Zwangsläufig wird durch die Berichterstattung über aktuelle Ereignisse Angst vor der undurchschaubaren gesellschaftlichen Situation provoziert. Aber gleichzeitig werden auch die Entlastungsmechanismen geliefert, die das Ausmaß der auftretenden Spannungen reduzieren." (42)

Die Analyse beugt an dieser Stelle etwa auftauchenden Befürchtungen kritischer Leser vor, indem sie darauf hinweist, die Kritik übersehe leicht, daß es sich um einen „partiellen Wirkungsmechanismus" handele, der „nur im Gesamtrahmen ihrer (d.i.: der Zeitung) Funktionen richtig gewertet" werden könne. Denn: „Indem die Zeitung den egoistischen, dem ES-Bereich zugehörigen Trieben Möglichkeit zur Befriedigung bietet, trägt sie nur konsequenterweise der psychologischen Situation ihrer Leser Rechnung. Sie sorgt zugleich aber auch für eine Kanalisierung und Verarbeitung der freiwerdenden Energien, indem sie als Instanz Wege und Ziele vorgibt, diese Energien einzusetzen und zu binden. BILD schafft damit durch das Wechselspiel und die Regulierung der Ansprüche von Ich und Es-Bereichen eine Anpassung und Konditionierung ihrer Leser an die sie umgebende Realität und leistet so eine wichtige seelische und praktische Hilfe." (43)

Demokratische Verbrämung

Lebenshilfe wird hier eindeutig als demokratischer Dienst an denen hingestellt, die es nicht besser wollen. Kritische Distanz ist die Sache der Bild-Hersteller nicht, der psychologische Nutzen für die Leser, wie schlecht er auch sei, wird zur demokratischen Maxime erhoben. Manipulation erscheint als demokratischer Auftrag. „Für die Leser" erhält diese Zeitung ein „unverwechselbares Profil", denn sie ist „eine Zeitung, welche die Belange des Volkes wahrnimmt, welche die nationalen Interessen hochhält, eine Zeitung, die weiß, was sie will und das auch mit der notwendigen Härte und Aggressivität durchsetzt. Eine Zeitung, von der vor allem auch die Leser wissen, was sie will und kann. Eine Zeitung, die keinen im Stich läßt und einem sagt, woran man ist. Kurz: eine Zeitung, die volles Vertrauen und rückhaltlose Unterstützung verdient." (44)

Oder noch kürzer: Rücksichtslos beutet man die erzeugte Bereitschaft der Leser zur Identifikation mit dem Angreifer aus, die Illusion der treuen Gemeinde, Partner dessen zu sein, der „sagt, wie es ist", wird zum Gestaltungsprinzip der redaktionellen Arbeit. So wird Bild zur „unersetzlichen" Zeitung, (45) die „versucht, das Gute zu zeigen und zu tun; (46) zur „erfolgreichen Zeitung,... die Tag für Tag vier Millionen Käufer

anzieht, (47) zur „Zeitung für den ganzen Tag", (48) zum „Faszinativum" (49)
Doch die elf Millionen regelmäßigen Bild-Leser sind nicht die einzigen, die in den Genuß derartiger Lebenshilfe kommen. Demokratisch bedient werden auch die Kunden der Wochenendpresse. 5,4 Millionen Exemplare davon wurden im III. Quartal 1968 verkauft, mithin kann man etwa 17 Millionen Leser unterstellen. In knapp drei Jahren – seit 1965 – hatten sechs Zeitungen („Neue Post", „Wochenend", „7 Tage", „Neue Welt am Sonnabend", „Das Neue Blatt", „Heim und Welt") ihre Auflage um 73 Prozent erhöht. Kein Wunder, daß Werbefachleute diesen Markt entdeckten und Analysen erarbeiteten. Sie stellten fest, diese Blätter seien auf die Lesebedürfnisse eines sehr großen Anteils der Bevölkerung genau zugeschnitten: „Auf dem Kothurn der eigenen Bildung stehend, betrachten wir geringschätzig die ‚Soraya-Presse', die ‚Regenbogen'-Blätter, die ‚Yellow-Press'. Und wir vergessen, daß 75 Prozent unserer Bevölkerung nur Volksschulbildung besitzen. Für sie sind diese Blätter bestimmt. Ihrem Bedürfnis nach Lesestoff entsprechen die sechs Titel." (50)

Journalismus für die Hausfrau

Von diesem Kothurn muß man als rechter Demokrat natürlich herunter – verdammt sei, was über die erzwungene Dummheit der armen Menschen sich erhebt. Lebenshilfe brauchen sie und nicht weltfremde Meditation. „Der Hauptnutzen", so der Media-Experte, „den sie aus der Lektüre ziehen und der sie wiederum veranlaßt, zu diesen Blättern zu greifen, (ist) Lebenshilfe. Für den sozial Isolierten bedeutet das: Hilfe bei dem Versuch, sich mit seinem Schicksal abzufinden; für den sozialen Aufsteiger bedeutet es: Hilfe bei dem Versuch, sich in der Umwelt zurechtzufinden." (51)
Die Wochenendpresse gewährt denn auch „Lebenshilfe in einem Maße wie es kein anderes Medium... vermag." Und dies vor allem – wie könnte es anders sein – für diejenige Bevölkerungsgruppe, die von allen den zweifelhaftesten sozialen Status hat, die Hausfrauen. „Die Hausfrau als Schlüsselfigur zur Verbraucherschaft der Wochenendpresse! Ihr Gewicht in der Leserschaft ist eindeutig erkennbar, sowohl an dem Prozentsatz innerhalb der Gesamtleserschaft, als auch in der Relation zur weiblichen Leserschaft. Und ihr Gewicht ist es, das der Leserschaft den Verbrauchs-Akzent gibt." (52) Von dieser Leserschaft mit Verbrauchs-Akzent werden „2,75 Millionen (netto) erreicht", jede siebte Hausfrau in der Bundesrepublik.
Der Autor erkennt weiter, daß „im redaktionellen Angebot" der „Besorgtheit um die Gesundheit" weitgehend Rechnung getragen werde, und daß es ein „besonderes Vertrauensverhältnis" der Leser zu diesen Blättern gebe. „Es liegt im Wesen und in der Funktion dieser Blätter, daß

die Leser zu ihnen eine stärkere Bindung als zu anderen Medien eingehen." (53)
Das Ergebnis dieser Studie wie der Analyse der Bild-Zeitung muß erschrecken lassen. Selbst wenn man eine weitgehende Überschneidung der Lesergruppen annimmt, kommt man mühelos auf mehr als 20 Millionen Leser, denen skrupellose oder einfältige Journalisten und Verleger bieten, was sie nach deren Ansicht nicht besser verdienen: Lebenshilfe als Illusion vom beschaulichen Leben. Man erschleicht sich blindes Vertrauen, indem man vorgibt, die Bedürfnisse dieser Leser besser zu verstehen als jene, die sie unbedingt „aufklären" wollen. Der Lohn ohnmächtiger Angst der Benachteiligten ist die Perpetuierung ihrer Dummheit. Demokratisch kocht man ihnen journalistischen Eintopf, weil sie die höheren Genüsse abstrakten Denkens ja doch nicht zu schätzen wissen.

Den Gewinn aus solcherart hergestelltem blinden Vertrauensverhältnis haben nicht allein die Verleger, ihn hat auch die Konsumgüter-Werbung. Den potentiellen Kunden auf diesem Gebiet wird die entsprechende Leistung so offeriert: „Die Presse – gleichgültig ob Tageszeitung, ob Illustrierte – bereitet den Leser durch den redaktionellen Teil auf die Anzeigen vor, sie ist stets bemüht, gerade die Anzeigen in das ‚rechte Licht zu rücken', denn sie weiß, was von den Anzeigen für den redaktionellen Teil abhängt." (54)

Wie genau sie das weiß, wird auch gleich verraten. „Quick dient der Wirtschaft", heißt es in einer Anzeige dieser Illustrierten, und „in welchem Ausmaß diese Hilfe geleistet", das „Verständnis für die Wirtschaft und der Appetit auf die angenehmen Dinge dieses Lebens gefördert" werden, das soll eine Aufzählung von elf Sammeltiteln eines Jahres nach dem Muster „Hurra, wir bauen uns ein Haus" zeigen. Diese Reportage habe, so heißt es, „einen Querschnitt durch den Baumarkt samt zuliefernder Industrie (quasi vom Löffel bis zur Waschmaschine)" gegeben. Die Brücke „vom Leser zur Wirtschaft" sei also sehr stark. (55)

Diesen empfehlenden Bemerkungen ist kaum mehr etwas hinzuzufügen, außer der Hoffnung, die Karl Marx in ähnlichem Zusammenhang einmal ironisch so formulierte: „Wir erinnern... an das Axiom, daß alles Menschliche unvollkommen ist. Wird daher nicht auch die schlechte Presse unvollkommen schlecht, also gut, und die gute Presse unvollkommen gut, also schlecht, sein?" (56)

Geist für Zwölfjährige

Das Leben, zu dem hier geholfen wird, ist das des braven Konsumenten Meier. Und wenn man ein paar Jahre zurückblättert, so findet sich, mit welchen Mitteln Lebenshilfe noch geleistet werden kann. „In vielen Zeitungsredaktionen", so das offizielle Organ des Journalistenverbandes 1962", ist man offensichtlich noch nicht dahintergekommen, wie sehr man durch gedankenloses Übernehmen von SED-Vokabeln in die täglichen Nachrichten der Propaganda des Sowjetzonenregimes Vorschub leistet. Immer noch liest man in den Zeitungen von der ‚Volkspolizei', von der ‚Volksarmee', von ‚volkseigenen Betrieben', von ‚Volksrepubliken'. Natürlich weiß jeder politisch Unterrichtete, was von solchen Worterfindungen zu halten ist. Aber Schüler, die anfangen, die Zeitung zu lesen und weder von ihren Eltern noch in der Schule unterwiesen worden sind, nehmen die Wörter unbefangen auf und empfinden: Volkspolizei, das kann nichts Ungerechtes sein, denn irgendwie kommt das ja von Volk und irgendwie ist es sicher auch zum Wohl und zum Schutze des Volkes da... Man sollte endlich anfangen, die Dinge bei ihrem Namen zu nennen. Also: Polizei der Sowjetzone (im weiteren Verlauf der Meldung genügt ‚Zonenpolizei'), ‚Streitkräfte der Sowjetzone' etc... (57)

Eindeutig beschreibt der Verfasser dieses Beitrages, auf welchem Niveau die Lebenshilfe sich einzupendeln habe: auf dem des ,,weder von den Eltern noch in der Schule unterwiesenen" Schülers, der anfängt, die Zeitung zu lesen — auf dem Niveau des Zehn- bis Zwölfjährigen. Ist dies Lebenshilfe nach Art des Westens, so kreidet man es doch den anderen als ,,Sprachregelung" an. Die Zeitschrift der DDR-Journalisten-Organisation empfehle für die Zitierung von Zeitungsstimmen der Bundesrepublik, ,,die in solchen Zitaten vorkommenden Worte wie etwa ‚deutsche Regierung', ‚Berlin', ‚Europa' nicht — wie zu finden sei — mit einem in Klammern davorgesetzten (West-) wiederzugeben," sondern bei der Zitierung so zu verfahren: ,,Wenn die Westler sich als Deutschland hochfälschen, zitieren wir gelassen und einfach ‚Westdeutschland'; wenn sie sich als Europa aufplustern, zitieren wir ganz normal und richtig ‚Westeuropa'; und wenn das aufgepäppelte Frontdorf zitiert wird, schreiben wir ohne Aufhebens ‚Westberlin'. Das wird die Sprachstrategen der NATO schmerzen und der Wahrheit ein bißchen nützen." (58)

Sprachartistik, deren Ziel das gleiche ist: Anpassung an regierungsamtliche Sprachschablonen, Verkauf der entsprechenden politischen Auffassung. Meinungsbildung will man erreichen durch geregelte Sprache. Kritische Beiträge zur Bildung einer öffentlichen Meinung werden auf der Basis solcher Einheitssprache unmöglich. Orientierung findet allein in dem Sinne statt, daß der Empfänger zurechtgestutzter Informationen erfährt, was allgemein erwünscht und was mißbilligt ist. West-östliche Lebenshilfe, deren Ziel und wahrscheinlich deren Ergebnis es ist, daß Menschen statt Aufklärung Verdummung erfahren. Es erscheint demgegenüber wenig bedeutsam, wenn die Verleger auf ihre Verbundenheit mit dem ,,Geist" hinweisen: ,,Das, was ein Verlagsunternehmen verlangt, was in ihm geschieht, ist rein betriebswirtschaftlich nicht zu erfassen, immer sind die geistigen Momente in jedem Verlag wirksam... Gewiß, ohne wirtschaftliche Grundlage und Beziehungen kann kein Periodikum bestehen und gedeihen, aber so lebensnotwendig sie sind, auch dem Verlag gegenüber gehört das letzte Wort dem Geist." (59)

Wo mehr als die Hälfte der Einnahmen aus Anzeigenerlösen und nur der Rest aus denen des Verkaufs bestehen, muß der Geist einen schweren Stand haben — zumal dann, wenn er ein kritischer sein sollte. Der formale Charakter des Hinweises auf „den" Geist belegt im übrigen erneut, wie gering das Problembewußtsein gegenüber journalistischer Arbeit ist. Als Institution müßte sich Presse um eine Revision ihres Selbstverständnisses im Rahmen demokratischer Meinungsbildung unter den Bedingungen der Allgegenwart wirtschaftlicher Interessen bemühen. Der kritische Akzent hätte dabei gegen jene Kräfte sich zu richten, die Manipulation im Sinne unkontrollierter Konsumbereitschaft und gleichzeitig ungebrochener Arbeitsmoral zu betreiben wünschen.

Über die Kontrolle der Herrschaftsschicht

Im unmittelbar politischen Bereich hat sich ferner das Problem ergeben, daß wichtige Entscheidungen aus den formell öffentlich kontrollierten Gremien zunehmend in private oder der Öffentlichkeit sonst entzogene Zirkel verlagert werden. Erinnert sei in diesem Zusammenhang an die Bedeutung der Bundestagsausschüsse im Verhältnis zum Plenum, an neu gebildete und im Institutionensystem ursprünglich nicht vorgesehene Beschlußgremien wie etwa die Kultusministerkonferenz, die permanent tagenden Koordinationsgremien der ARD-Rundfunkanstalten etc. Hier werden häufig Vereinbarungen getroffen, die sich öffentlich gar nicht manifestieren und beispielsweise die Folge haben können, daß eine Rundfunkanstalt, die Beschäftigte einer anderen einzustellen wünscht, sich vorher vergewissern muß, ob dies nicht von der anderen als „unfreundlicher Akt" angesehen wird. (Wie im Fall des vom NDR zum SWF wechselnden Tagesschau-Chefredakteurs Reiche — einer Meldung des Evangelischen Pressedienstes zufolge). (60)
Wie hier öffentliche Kontrolle erreicht werden kann, ohne daß „Schlüsselloch-Journalismus" herauskommt, das ist bisher kaum als Problem erkannt, geschweige denn befriedigend gelöst. Der Fall der Industrie-Reportagen von Günter Wallraff hat deutlich gezeigt, wo die Schwierigkeiten liegen: in der Grenze, die privates Recht gegenüber öffentlicher Kontrolle aufgerichtet hat.
Presse, die ihrer Kraft als Institution innegeworden wäre, müßte sich engagieren, wo etablierte öffentliche Kontrollinstrumente nicht wirksam werden und wo der Initiative einzelner enge Grenzen gesetzt sind. Das ist nicht einfach. Es bedarf kritischer Würdigung eines dialektischen Verhältnisses zu den Lesern. Ist es notwendig, ihnen gegenüber kritisch-aufklärerisch sich zu verhalten, darf gleichzeitig nicht subjektive Dummheit unterstellt und ausgenutzt werden. Die Einsicht, daß politische Initiative einzelner kaum unmittelbar noch Wirkungen hervorbringen kann, darf von den Medien der Massenkommunikation nicht im Sinne bereitwilliger oder resignierender Anpassungsbereitschaft und -hilfe verstanden werden,

sie muß vielmehr ihren Widerstand hervorrufen. Daraus ergäbe sich notwendig ein kritisches Verhältnis zu den etablierten wirtschaftlichen und politischen Kräften. Die stereotyp immer wiederholte Versicherung, die Presse diene der „demokratischen Grundordnung" sollte nicht als freiwillige Selbstzensur verstanden werden können.
Zur Revision des Selbstverständnisses könnte auch gehören, daß Meinungsdissens innerhalb der Redaktionen und im Verhältnis zu außenstehenden Gruppen sich artikulierte, daß Diskussion nicht allein durch die „Vielfalt der Presse", durch Konkurrenz innerhalb oligopolistisch organisierter Märkte einer jeweiligen Zeitungsgattung, zustande käme. Sie sollte auch zwischen den verschiedenartigen Mediengattungen wie innerhalb eines Hauses geführt werden und zum Ausdruck kommen. Nur so ließe Denken als Prozeß sich vermitteln, das Entstehen politischer Meinung sich sichtbar machen.
Die demokratische Funktion der Massenmedien kann eben nicht darin bestehen, den Empfängern ihrer Inhalte das Leben zu erleichtern, ihnen Anleitung dafür zu bieten, wie man das, was sowieso getan werden muß, freiwillig und bequem tut. Lebenshilfe á la Kolle und sogenannten Aufklärungsfilmen kann nicht das Ziel sein. Um darüber aber hinauszukommen, bedürfte es zu allererst der Erkenntnis dessen, was individueller Mündigkeit und Entscheidungsfreiheit im Sinne des alten und des neuen Liberalismus strukturell entgegensteht. Wer dies nicht ausspricht, verschleiert.

Sozialtherapeutische Anstalten

Augenweide und Lebenshilfe

Für den Rundfunk stellen sich die Probleme etwas anders als für die Presse. Gesetze verpflichten Hörfunk und Fernsehen, Programme für die Allgemeinheit auszustrahlen, wobei die Erwartungen zahlreicher Bevölkerungsgruppen nicht vernachlässigt werden dürfen. So gehen täglich viele Stunden lang Programme über die Sender, die sich in Anspruchsniveau und Inhalt stark voneinander unterscheiden und in Konflikt miteinander geraten können. Zu den Verpflichtungen gehört etwa das Angebot von Unterhaltungssendungen, und da solche Programme Entlastungs-Funktion haben, tragen sie leicht zur Stabilisierung von Vorurteilen bei. Auszuschließen ist auf dieser Ebene kaum mehr als die Stützung ausgesprochen aggressiver Bewußtseinsstrukturen.
Gegen die These allerdings, auch massierte Darbietung von Unterhaltungssendungen, in denen beliebige Ziele mit brutaler Gewalt durchgesetzt werden, sei zu rechtfertigen, da sie harmloser Aggressionsabfuhr dienten, sollten ernsthafte Bedenken angemeldet werden. Zwar sind diese Probleme in der Psychologie bisher nicht eindeutig geklärt, aber in aller Kürze mag doch auf gewisse Konsequenzen der Kanalisierungs-These

verwiesen sein; Aggressionsabfuhr findet danach ja auch bei großen sportlichen Ereignissen statt, ja der Mechanismus des wirtschaftlichen Wettbewerbs in den kapitalistischen Ländern ist damit gerechtfertigt worden. Folgt man dem, so lassen sich kaum die Grenzen der Geltung angeben. Aggressionsabfuhr erfolgt ja auch dann, wenn beispielsweise innenpolitische Schwierigkeiten nach außen projiziert und sozusagen Entlastungskriege geführt werden. Auf welcher Stufe hier die Harmlosigkeit endet, dürfte einigermaßen schwer festzulegen sein.

In diesem Zusammenhang ist auch Distanz gegenüber der in die entgegengesetzte Richtung zielenden Vorstellung geboten, gerade Unterhaltungssendungen ermöglichten bei entsprechender Gestaltung politische Bewußtseinsbildung in hohem Maß. Seit den Studien über vorurteilsvolles Verhalten und autoritätsgebundene Charakterstrukturen von Brunswick, Adorno und anderen ist klar, daß der Abbau von Vorurteilen — und gerade der gefährlichsten — wenn nicht überhaupt unmöglich, so doch äußerst schwierig ist. Nimmt man die Erkenntnisse über selektives Aufnehmen und Behalten aus der Massenkommunikations-Forschung hinzu, so erscheint es nahezu ausgeschlossen, hier Erfolge zu erzielen. Unterhaltungssendungen, denen die Empfänger in der gleichen entspannten Konsumhaltung gegenüberstehen wie jenen des Werbefunks, sind als Vehikel aufklärerischer Absichten sicher am wenigsten geeignet.

Um so größeres Gewicht muß man in den Funkhäusern auf jene Sendungen legen, die Probleme direkt ansprechen, die explizit politische Inhalte haben, die kulturelle Dinge betreffen oder der Bildung und Erziehung vorbehalten sind. Hörfunk und Fernsehen haben hier Möglichkeiten, die privatwirtschaftlich organisierten Zeitungen verschlossen sind. Zwar macht auch bei den Rundfunkanstalten der Einnahmenanteil des Werbefunks mittlerweile rund ein Drittel der Gesamteinnahmen aus, (61) aber sie sind als öffentlich-rechtliche Anstalten doch auf Anpassung an die Wünsche des Publikums nicht aus wirtschaftlicher Interessenlage angewiesen.

So wären die Anstalten in der Lage, einen wichtigen Beitrag zur unabhängigen Bewußtseinsbildung zu leisten, und sie bemühen sich, diesen Anspruch zu erfüllen.

Personalismus und Scheinobjektivität

Einschränkungen ergeben sich allerdings aus formalen und aus institutionellen Gründen. Die zeitliche Zerdehnung des Informationsangebots zusammen mit der Forderung nach Aktualität und komprimierter Darstellung, die Konzentration auf bildhafte Darbietung und die in den Rundfunkgesetzen niedergelegten Kontrollen führen zu Tendenzen, die den bei der Presse beschriebenen nicht unähnlich sind.

Grundlage der politischen Informationen in Funk und Fernsehen bilden die Nachrichtensendungen. Radikaler als in Zeitungen verzichten sie auf vorweggenommene Wertung durch Placierung und Überschrift. Ihre Reichweite ist groß: Rund 90 Prozent der erwachsenen Hörer in der Bundesrepublik geben bei Umfragen an, sie hörten Nachrichten regelmäßig oder gelegentlich. Aber formale programmgestalterische Notwendigkeiten bringen mit sich, daß sie Zusammenhänge kaum andeuten können. Und die aus den Rundfunkgesetzen vermeintlich hervorgehende Verpflichtung zu dem, was „Objektivität" genannt wird, führt zum Entstehen einer bedenklichen Praxis. Politische Vorgänge werden der Kürze zuliebe in verdinglichende Substantivierung gepreßt, es läßt sich eine Konzentration aufs Faktische und auf Zitate politisch Prominenter feststellen. Objektivität schränkt sich ein auf die möglichst präzise Übermittlung zahlenmäßig angebbarer Dimensionen und konkret erscheinender Ereignisse. Was darüber hinausgeht, wird nur in Form referierender Wiedergabe der Äußerungen in einem sehr eng begrenzten Kreis von Öffentlichkeit geboten.

Sind nähere Erläuterungen zum Verständnis unumgänglich, greift man zu versachlichenden Hilfskonstruktionen wie „diplomatischen Beobachtern", „Wissenschaftlern", „militärischen Experten" oder gar den ominösen „informierten Kreisen". Solche in Wirklichkeit subjektivierenden Formeln sollen helfen, Informationen mit wertendem Charakter zu objektivieren; Scheinobjektivität ist das Ergebnis.

Objektivität läßt sich auch gar nicht erreichen, denn jeder gesellschaftliche Vorgang kann zunächst nur äußerlich beobachtet und referiert werden. Ausdruck welcher objektiven Verhältnisse er darstellt, welche Gruppen mit welchen Interessen dahinterstehen, welche objektive Tendenz sich manifestiert, könnte nicht anders als durch tiefer reichende und auch schon wieder wertende Analyse ermittelt werden. Die Funktion der Abstinenz von wie auch immer begründeten wertenden Darstellungen in Nachrichten ist also tatsächlich nicht die, im Dienste objektiver Gesellschaftserkenntnis zu handeln, sondern einfach jene, die Nachrichten-Übermittler von Verantwortung zu entlasten. Diese beschränkt sich darauf, inhaltlich richtig Erkenntnisse und Meinungsäußerungen anderer wiederzugeben.

Was herauskommt, sind Personalismus und Konkretismus, sich manifestierend in immer wiederholten und darum als bekannt zu unterstellenden Begriffsreihungen: „Außenminister – Bonn - Amtskollege – Gespräche – gegenseitige Beziehungen – die Situation in – Kontakte vertiefen." Oder: „Bundeskanzler – Parlament – Fraktionssprecher – Ausschuß – Weiterleitung – Bundesrat – Verabschiedung." Die Empfänger solcher Informationen werden im günstigsten Fall angeregt, über ein Thema sich eingehender zu orientieren, im wahrscheinlicheren aber, das Gehörte als ewig wiederkehrendes Bekanntes ähnlich wie Werbesprüche anzuhören und zu vergessen – dabei das Gefühl gewinnend, über alles „informiert" zu sein.

Tatsächlich hat eine Untersuchung über die Wirkung der Nachrichten im Fernsehen erbracht, daß sich der einzelne im Durchschnitt kurze Zeit, nachdem eine Nachrichtensendung gesehen wurde, nur noch an weniger als 20 Prozent der gesendeten Berichte erinnert. (62)
Befragt wurden zwei Gruppen von Fernsehteilnehmern, die sich eine Nachrichtensendung angesehen hatten. Als Ergebnis zeigte sich für die Nachrichten des I. und des II. Programms etwa das gleiche Bild. (Vgl. Tabelle 1)

Tabelle 1: Einprägsamkeit zweier Nachrichtensendungen		
Von den Befragten erinnerten sich	HEUTE[1]	TAGESSCHAU[2]
an nichts mehr	13 %	10 %
an 1 bis 9 % der gesendeten Berichte	15 %	20 %
an 10 bis 19 % der gesendeten Berichte	34 %	22 %
an 20 bis 29 % der gesendeten Berichte	26 %	27 %
an 30 bis 39 % der gesendeten Berichte	9 %	15 %
an 40 % und mehr der gesendeten Berichte	3 %	6 %
	100 %	100 %

(1) 125 Befragte
(2) 127 Befragte

Frage: „Im allgemeinen vergißt man ziemlich schnell, was man in einer solchen Sendung alles gesehen hat, aber einiges behält man doch. An was erinnern Sie sich zufällig noch – ich meine was fällt Ihnen von der Nachrichtensendung von heute abend vielleicht noch ein?"

Quelle: Inst. f. Demoskopie, Allensbach, in: Chr. Longolius, „Fernsehen in Deutschland", Mainz 1967, S. 328.

Durchschnittlich erinnerte sich jeder Befragte demnach an 17,1 Prozent der Berichte bei „Heute", an 18,4 Prozent bei der „Tagesschau". Anders gerechnet konnten sich mehr als 70 Prozent, also fast drei Viertel der Befragten, an weniger als ein Drittel des Gesendeten erinnern. Und weniger als 10 Prozent von ihnen hatten etwa die Hälfte im Gedächtnis. Eine weitere – an anderer Stelle in diesem Band enthaltene – Untersuchung beleuchtet die medienspezifische Präformation des Inhalts. (63)
An 73 Sendetagen zwischen Oktober 1966 und Dezember 1967 erfaßte Einzelmeldungen von „Heute" und der „Tagesschau" betrafen immerhin zu 60 bis 70 Prozent politische Themen im formalen Sinn. Aber diese Meldungen zeigten stark personalistische Tendenzen: pro Meldung fanden im Durchschnitt wenigstens 2 Personen Erwähnung oder erschienen

als Handelnde auf dem Bildschirm. Der Kreis der erwähnten Personen war klein, die Nennungen konzentrierten sich auf wenige Repräsentanten.
Auf solche Weise entsteht der Eindruck, daß einige wenige Politiker über das Schicksal der Bevölkerung, die wirtschaftliche Lage und den Zustand der Gesellschaft entscheiden. Gesellschaftliche und wirtschaftliche Bedingungen von Politik, Interessenkonflikte und Herrschaftsverteilung erscheinen so gut wie gar nicht.

Konkretismus statt Abstraktion

Was schon auf den ersten Stufen der Nachrichtenauswahl — bei Reportern, Korrespondenten und Agenturen — beginnt und die Form der Nachrichten-Präsentation in Presse und Hörfunk beeinflußt, findet bei der Darstellung mit den Mitteln des Films seinen konsequentesten Ausdruck: der Vorrang konkret präsentierbarer Situationen und Aktionen gegenüber nicht anschaulichem Hintergrund.
Dieser unter dem Gesichtspunkt gesellschaftlicher und politischer Information offensichtliche Mangel wird nicht etwa kritisch berücksichtigt, sondern findet noch bereitwillige Apologeten. Unter der Devise, den spezifischen Möglichkeiten dieses Mediums sich anzupassen, formuliert man das zum Beispiel so: „Gewiß, Sachfragen haben es schwer, via Fernsehen popularisiert zu werden... Für die Abstraktion der Idee und die Dimension des Denkens ist das Fernsehen ohnehin nicht das prädestinierte Organ. Aber als Instrument zur Darstellung von Menschen (Politiker sind auch Menschen!) ist es unübertroffen." (64)
Die bereits erwähnte Analyse der Fernsehnachrichten kommt zu dem Schluß, die Sendungen stellten weniger politische Konflikte dar als harmonische Beziehungen. Sie stellt schließlich in Frage, „inwieweit eine solche Berichterstattung tatsächlich zu einer Strukturierung und Interpretation des aktuellen politischen Geschehens beiträgt, die dem Zuschauer eine diesbezügliche Orientierung und damit Stellungnahme zur Tätigkeit der politischen Führung ermöglicht" und meint weiter, die „den Massenmedien zugerechnete Kritikfunktion" komme in den analysierten Sendungen nicht zur Auswirkung. (65)
Ganz ähnlich wie Klapper in seiner vorn erwähnten These, Massenmedien tendierten eher dazu, stabilisierend als im Sinne des Wandels zu wirken, stellt sie schließlich fest, die „weitgehend kritikfreie Widerspiegelung der bestehenden politischen Verhältnisse" bedeute „eine Begünstigung der etablierten Kräfte" und sei „insofern tendenziell ein Element des status quo." (66)
Die Nachrichtensendungen des Fernsehens kommen in ihrer Struktur demnach offenbar weitgehend dem entgegen, was die Zuschauer von ihm erwarten: Unterhaltung und „human touch". K. Wagenführ hat infratest-Zahlen genannt, die das belegen. Bei 87 Prozent der Zuschauer war

danach die „Tagesschau" die interessanteste Sendung des Fernsehens – dicht gefolgt von den „Tierfilmen" mit 82 Prozent, den „Bunten Abenden" mit 81 Prozent, „Quiz-Sendungen" mit 79 Prozent und „Varieté-Programmen" mit 78 Prozent. (67) Als Voraussetzung für erfolgreiche aktuelle und politische Berichte nennt der Autor, daß das Thema „wesentlich" sein und „den Menschen direkt betreffen" müsse, wobei „die Sendung, in deren Mittelpunkt die Prominenz steht, eine bemerkenswerte Rolle" spiele. (68)

Der Konsument angenehmer Unterhaltung ist also ein Maßstab, den Produzenten von Sendungen, die hohe Index-Ziffern erreichen wollen, vor Augen haben. Die Ambition politischer Unterrichtung gerät in die große Gefahr, ihr Heil nur in unterhaltender Verpackung zu suchen; „Da im Massenmedium Fernsehen nur das Populäre einen breiten Erfolg von Dauerwirkung garantiert, muß Politik, zumindest in dem vom Fernsehen bevorzugten Aggregatzustand, populär sein." (69)

Erwartungen des Publikums und Inhalte des Mediums Fernsehen geraten so in eine wechselseitige Abhängigkeit voneinander, daß am Ende alle zufrieden sind und niemand mehr merkt, wie politische Mündigkeit und die journalistische Aufgabe eines „Beitrags zur öffentlichen Meinungsbildung" gleichzeitig ausverkauft wurden.

Paßt man sich dem Bedürfnis, die Welt im Heim bequem im Sessel zu genießen, erst einmal so konsequent an, darf niemand sich wundern, wenn politisches Interesse und Engagement auf das Niveau einer Kochkunst geraten, die am Studium der Speisekarten Prominenter ihre höchste Befriedigung finden.

Ständische und politische Kontrollen

In Kommentaren, Berichten, Magazinen und analysierenden Beiträgen im Rahmen von Programmen, die bewußt an interessierte Minderheiten sich wenden, kann den angedeuteten Tendenzen im Prinzip besseres entgegengesetzt werden. Doch unterliegen diese Sendeformen in verstärktem Maß institutionellen Kontrollen.

Kommentare und aktuelle Berichte, die ausgesprochene Meinungsbeiträge sind, entstehen selten in den Funkhäusern selbst. Sie werden von Korrespondenten verfaßt, die am Ort des jeweils kommentierten Ereignisses sich aufhalten. Sie vermitteln dadurch wichtige und interessante Eindrücke, halten sich aber um der Anschaulichkeit willen im wesentlichen auch wieder an konkret beobachtbare und in der Sache häufig schon bekannte Fakten. Schon aus Aktualitätsgründen können sie tiefer reichende Analysen kaum bieten, kritische Darstellung findet ihre Grenze aber auch darin, daß kein Korrespondent es sich leisten kann, primäre Informationsquellen zu verstopfen. Die wichtigsten Informanten werden geschont, und man kann die Funktion der Korrespondenten im allgemeinen als die von Beobachtern diplomatischer, parlamentarischer und Regierungs-Aktivität beschreiben. Im übrigen gilt für Meinungsbeiträge generell, daß die Rundfunkanstalten auf große Distanz zu ihnen achten. Die Verantwortung für den Inhalt soll den Anstalten nicht angelastet werden können. Gesetze schreiben ausdrücklich auch vor, daß der Rundfunk „Sache der Allgemeinheit" sei und „in voller Unabhängigkeit überparteilich betrieben" werden müsse. Auch verpflichten sie die Anstalten teilweise, Kommentare „unter Nennung des Namens des dafür verantwortlichen Verfassers als solche" zu kennzeichnen.

Die Gesetze – beispielsweise das des Hessischen Rundfunks – setzen überdies auch inhaltlich deutliche Grenzen, wenn es heißt, die „Darbietungen dürfen nicht gegen die Verfassung und die Gesetze verstoßen oder das sittliche und religiöse Gefühl verletzen. Sendungen, die Vorurteile oder Herabsetzungen wegen der Nationalität, Rasse, Farbe, Religion oder Weltanschauung eines Einzelnen oder einer Gruppe enthalten, sind nicht gestattet." (70)

Zweifellos erfüllen solche Vorschriften mit der Verpflichtung auf demokratische Formen eine sehr nützliche Funktion. Sie zeigen jedoch zugleich, daß institutionelles Engagement im Sinne einer gesellschaftlichen Veränderung praktisch nicht möglich ist. Denn es ist kaum vorstellbar, wie derartiges ohne Verletzung „sittlicher" Gefühle geschehen sollte. Die für die Einhaltung der Gesetze verantwortlichen Gremien innerhalb der Anstalten werden im allgemeinen dazu neigen, den Spielraum hier möglichst eng zu interpretieren, um Konflikte mit beliebigen gesellschaftlichen Gruppen gar nicht erst entstehen zu lassen. Entsprechende Eingriffe sind naturgemäß bei längerfristig vorbereiteten Sendungen am ehesten zu realisieren, also gerade bei jenen, die kritische Analyse von der Form her allein erlauben.

Diese einschränkende Tendenz ist geringer in jenen Häusern, deren Gesetze ein breites Spektrum als gesellschaftlich bedeutsam einmal definierter Gruppen zur Kontrolle vorsehen, also praktisch ein Ständeparlament, sie ist verhältnismäßig groß, wo die Aufsichtsgremien ausschließlich aus delegierten Vertretern der Landesparlamente oder -Regierungen bestehen.

Es gibt ja hier bedeutsame Unterschiede, wie die Tabellen 2 und 3 zeigen.

Tabelle 2: Besetzung der Rundfunkräte

Anzahl	Zahl der Rundfunkrats-Mitglieder			
	insgesamt	Von Landes-Parlament gewählt	Von Landes-Parlament entsandt	Von Landes-Parlament entsandt
Bayrischer Rfk.	43	–	14	1
Hessischer Rfk.	17	5	–	1
Norddt. Rfk.	24	24	–	–
Radio Bremen	19	–	1	1
Sender Freies Berlin	21	7	–	–
Saarländischer Rfk.	25	18	4	1
Süddeutscher Rfk.	33	5	–	–
Südwestfunk	49	–	8	3
Westdeutscher Rfk.	21	21	–	–
Summe	252	80	27	7

Quelle: Rundfunkgesetz und Satzungen der Anstalten
Drucksache V/2120 des Bundestages („Michel-Bericht"),
Bonn, 1967, S. 21.

Tabelle 3: Der Rundfunkrat des Hessischen Rundfunks

Zahl der Mitglieder	Delegierende Gruppe
1	Hessische Landesregierung
1	Universitäten des Landes
1	Evangelische Kirchen des Landes
1	Für das Land zuständige katholische Bischöfe
1	Vorstände der jüdischen Kultusgemeinde d. Landes
1	Lehrervereinigungen
1	Arbeitnehmervereinigungen (Gewerkschaften)
1	Vereinigung der Arbeitgeber i. Gewerbe/Handel/Landw.
1	Hess. Landesverband für Erwachsenenbildung
1	Staatl. Hochschule für Musik
1	Freies Deutsches Hochstift
5	Hessischer Landtag (Abgeordnete)
1 (bis 3)	Hinzugewählte Frauen, wenn nicht bereits 3 durch die berechtigten Gruppen delegiert sind
16 (bis 19)	Summe

Quelle: Gesetz über den Hessischen Rundfunk vom 2.10.1948
(GVBl. Hessen 1948, Nr. 24, S. 123) § 5, Abs. 2–5.

In Rundfunkräten wie dem des Hessischen oder des Bayrischen Rundfunks ist eine Vermeidung einseitiger Beschränkungen sicherlich besser gewährleistet als in solchen Gremien, die tendenziell von den Mehrheitsverhältnissen im jeweiligen Landtag abhängig sind.
Andererseits können sich gruppengebundene Sonderinteressen leichter dort zur Geltung bringen, wo Delegierte ausdrücklich im Rundfunkrat mitbestimmen. Und umgekehrt sind neu entstehende gesellschaftliche Gruppierungen und Kräfte weitgehend von der direkten Artikulation ausgeschlossen.
Gemeinsam bleibt allen Anstalten, daß ihnen als Institution unabhängige eigene politische Meinungsartikulation äußerst erschwert ist. Sie sind an Pflichtenkataloge gebunden, die eine Neigung zu gänzlich unpolitischen Programmen leicht fördern könnten. Immerhin ist von politischer Meinungsbildung im Gesetz nicht die Rede. Vielmehr heißt es unter ,,Aufgaben" lediglich: ,,Aufgabe des Hessischen Rundfunks ist die Verbreitung von Nachrichten und Darbietungen bildender, unterrichtender und unterhaltender Art." Nicht mehr. (71)
Vor diesem Hintergrund wird man das Maß politischer Information und Meinungs-Vermittlung, das die Anstalten tatsächlich in der Bundesrepublik bieten, eher bewundern müssen. Kontrolle wirtschaftlich und politisch mächtiger Gruppen ist jedoch auf solcher Basis schwer zu leisten. Denn es sind ja im wesentlichen gerade jene Gruppen, die ihrerseits in den Aufsichtsorganen Kontrolle gegenüber den Anstalten ausüben.
Manifestationen der beschriebenen Tendenzen gibt es genug. Allgemein bekannt sind die verschiedenen Affären um Moderatoren politischer Fernsehmagazine. Ausdrücklich wurde in der letzten von ihnen den Fernsehanstalten das Recht zur Meinungsäußerung bestritten. Bei der Debatte über den Panorama-Beitrag, der sich mit der Gefahr eines ,,Rechts-Überholens" der NPD durch die CDU beschäftigt hatte, erklärte der Geschäftsführer der CDU-Bundestagsfraktion, Kraske, man könne eine bestimmte Meinung ,,in jeder Zeitung ungeschminkt vertreten, aber eben nicht im Deutschen Fernsehen." (72)
Die Abberufung einer Reihe von Moderatoren und der teilweise Verzicht auf kommentierende Bemerkungen in den Magazinsendungen überhaupt zeigt, daß man in den zuständigen Häusern schon vorher sehr auf Zurückhaltung geachtet hat.
Ein veröffentlichtes Beispiel aus dem Bereich der kulturellen Sendungen demonstriert, wie massive Konflikte entstehen können. Aus dem Bayrischen Rundfunk berichtet die Süddeutsche Zeitung am 12.1.1962: ,,Der Rundfunkrat... mißbilligte... mit 25 gegen 8 Stimmen die Sendung des Sonderprogramms ‚War ich kein Zeuge?', weil sie religiöse und sittliche Gefühle verletzt habe." Weiter heißt es dann, der für die Sendung zuständige Abteilungsleiter Szczesny habe bestritten, ,,daß das Rundfunkgesetz Sendungen untersagen könne, die das religiöse Gefühl verletzen. Er berief sich auf die bayrische Verfassung, das Grundgesetz und die persönlichen

Grundrechte, die dem Bayrischen Rundfunkgesetz übergeordnet seien. Szczesny wurde daraufhin das Wort entzogen." (73)

Harmonielehre

Doch massives Einschreiten des Rundfunkrates ist vergleichsweise selten. Bei langfristig vorbereiteten Sendungen lassen sich Konflikte in den meisten Fällen voraussehen. Die interne Hierarchie einer Anstalt versucht nach Möglichkeit, vorbeugend zu harmonisieren. Überdies findet bei den zuständigen Redakteuren ein Lernprozeß statt, der sie Grenzen des jeweils Möglichen erkennen läßt. Nur in wenigen Fällen riskiert man dann überhaupt, Auseinandersetzungen hervorzurufen.
Beispiele gibt es hier wenige, weil der Prozeß nicht öffentlich vonstatten geht. Manche finden sich jedoch, wie die Streichung einiger Teile der Kabarettserie „Hallo Nachbarn" 1964, weil „ein Seitenhieb gegen Axel Springer das zur Fernsehaufnahme geladene Publikum zu ,demonstrativem' Beifall hingerissen" habe und deshalb den 20 Millionen Zuschauern nicht zuzumuten gewesen sei; (74) oder den Verzicht des ZDF auf das Ausstrahlen eines gesellschaftskritischen Fernsehspiels von Günter Wallraff, wofür nach Angaben der „Blätter für deutsche und internationale Politik" 20 000 Mark Abstandhonorar gezahlt werden mußten. (75)
Einiges davon wird auch bei der Beobachtung einer Abendstudio-Reihe über zehn Jahre hinweg deutlich. Einem anfangs recht hohen Anteil von Themen mit literarischen, philosophischen oder philologischen Inhalten steht in der letzten Zeit ein stärkeres Gewicht politischer und soziologischer Thematik gegenüber. Manche Sendungen dieser Gruppe sind durchaus kritische Analysen und haben Widerstand ausgelöst. Heftigste Reaktion rief eine Studie über die Behandlung der Gastarbeiter durch namentlich genannte Firmen hervor. Die Betroffenen drohten mit Schadenersatzforderungen, und es entwickelten sich lange rechtliche Auseinandersetzungen. Der Rundfunkrat befaßte sich damit, mißbilligte die Sendung schließlich jedoch nicht. Andere Beiträge richteten scharfe Kritik gegen die herrschende Praxis der Fürsorgeerziehung, untersuchten die Bedingungen des Wohnen mit Kindern oder Probleme der Mitbestimmung.
Es läßt sich jedoch eine Entwicklung erkennen, die man als assimilativ (76) kennzeichnen könnte. Im Gegensatz zu einer Periode in der ersten Hälfte der sechziger Jahre, als die gesellschaftsbezogene Thematik in dieser Sendereihe zunehmendes Gewicht gewann, bleibt Kritik nun weitgehend im Rahmen der gegebenen gesellschaftlichen Bedingungen, plädiert für konkrete Teilreformen. Kritische Erörterungen dieser Bedingungen selbst, Fragen nach gesamtgesellschaftlichen Zielen werden kaum mehr gestellt.
Demgegenüber ist etwa 1964 Zweifel daran ausgedrückt worden, daß wir in einer „klassenlosen" Gesellschaft lebten, das Problem der Managerherrschaft wurde untersucht, „Motive und Funktionen gegenwärtigen konser-

vativen Denkens" fanden sich dargestellt, und die soziologischen Theoreme zum Verhältnis von Masse und Elite wurden erörtert. „Die Gesellschaft im Umbruch der Zeit" hieß eine Sendung von Wolfgang Abendroth, und dies war in jenen Jahren offenbar ein Problem, das man sehr wichtig nahm.

Ob die abnehmende Distanz zu zentralen gesellschaftlichen Problemen in dieser Reihe von Sendungen explizit auf Interventionen von Kontrollorganen zurückgeht oder nicht — es manifestiert sich darin ein Prozeß stärkerer gesellschaftlicher Anpassung. Motiviert wird er unter anderem damit, daß es wirksamer sei, konkreten Mißständen zu begegnen als theoretische Erörterungen über Herrschaftsstruktur und gesellschaftliche Zusammenhänge anzustellen. Auch verweist man darauf, daß ein gewisses Maß an „Allgemeinverständlichkeit" gegeben bleiben müsse — und dies bei Sendungen, die ihrer eigentlichen Intention nach ausgesprochene „Minderheiten"-Programme wären, sich an ein spezifisch interessiertes Publikum wendend, das komplizierterer Thematik und Sprache zu folgen vermöchte.

Doch auch im Rahmen derart allgemeinverständlich konkreter Kritik ergeben sich noch Grenzen des Tolerierbaren. „Wirtschaft" und „Industrie" wurden von den Verantwortlichen als die empfindlichsten Gruppen genannt, denen gegenüber Vorsicht am Platze sei. Anders gesagt: der Bereich für kritische Beiträge ist dort am breitesten, wo sie gegen gesellschaftlich weniger bedeutsame Gruppen sich richten. Wo es aber der Kritik am ehesten bedürfte, im Zentrum gesellschaftlicher Machtzusammenballung, hat sie sich die stärksten Einschränkungen aufzuerlegen. Namen zu nennen beispielsweise gilt hier als äußerst riskant und wird, wenn irgend möglich vermieden.

Eine enge Auslegung der Rundfunkgesetze legt solche Beschränkungen allerdings auch nahe. Immerhin gibt es privilegierte Gruppen, auf die besondere Rücksicht zu nehmen die Rundfunkanstalten durch Gesetz verpflichtet sind. Im Gesetz für den Hessichen Rundfunk ist dieser Kreis genau angegeben. Es sind die „politischen Parteien, die in allen Wahlkreisen Wahlvorschläge eingereicht haben", „die über das ganze Land verbreiteten Arbeitnehmer- und Arbeitgeberorganisationen, sowie die Kirchen-, Religions- und Weltanschauungsgemeinschaften des Landes." Diesen Gruppen ist ausdrücklich ein Anspruch auf Beteiligung an Aussprachen über sie berührende Themen zugestanden worden. (77)

Und es gibt politische Kräfte sowie juristische Interpreten, die Rundfunk und Fernsehen auf den Status der Presse etwa um 1750 festlegen wollen. Als wesentlicher Fortschritt gegenüber jenem Status wurde seither die Einführung des „Räsonnements", also der Meinungsbeiträge, statt des bloßen Referats gewertet. Otto Groth beschreibt die Situation so: „Das siebzehnte Jahrhundert, ein Zeitalter der Aktualität, hielt in Praxis und Literatur starr an dem Referat fest. Das blieb auch für die Politik im achtzehnten Jahrhundert so. Jedoch lockerte sich hier, der Universalität wegen, diese Fessel: in den nichtpolitischen Teilen der aufklärerischen Bildungspresse breitete sich das Räsonnement aus. Als sich dann in der großen Französichen Revolution die Zeitung auch des politischen Urteils bemächtigte und man dessen eminenten Einfluß auf die öffentliche Meinung sah, da wurde es — allerdings nur den revolutionären Geistern — der Prüfstein für die Güte einer Zeitung; und vollends im Kampf um Volksrechte und Volksfreiheiten galt es der Demokratie als die würdigste, ja die allein würdige Aufgabe der Zeitung. Das Räsonnement erhielt die unbestritten erste Stelle, der reinen Nachrichtenzeitung begegnete der Freiheitsfreund mit ausgesprochener Geringschätzung." (78)

Für Hörfunk und Fernsehen soll entsprechendes nach den Vorstellungen zum Beispiel des Verfassungs- und Staatsrechtlers Roellecke nicht gelten. Er meint, es könne nicht die Rede davon sein, „daß die Journalisten die Aufgabe hätten, zu bilden, aufzuklären oder zu belehren. Um es grob zu sagen: als Staatsbürger haben die Journalisten selbstverständlich Meinungsfreiheit, aber als Journalisten sollen sie nicht Meinung machen, sondern wiedergeben. Das ist zwar eine Aufgabe, die alle angeht, und insofern eine ‚öffentliche' Aufgabe, aber es ist die Aufgabe eines Dieners, nicht eines Herren der Meinung aller." (79)

Bezogen auf Rundfunk und Fernsehen heißt das nach Ansicht Roelleckes, nicht die Redakteure, sondern die „gesellschaftlichen Kräfte" sollten für das Programm maßgebend sein. „Die Fernseh- und Rundfunkredakteure haben nur das auszuführen, was die ‚gesellschaftlichen Kräfte' bestimmen... Die Rundfunkredakteure sind nichts als Angestellte der Meinung aller. Sie haben nur ein Recht auf anständige Bezahlung und auf soziale Fürsorge, aber auch die Pflicht, ihre Anstellungsverträge anständig zu erfüllen. Ihre subjektiv-private Meinung mögen sie in der Kantine, in der Lokalpresse, meinetwegen auch in der Weltpresse äußern." (80)

Ein Journalist, der seine Aufgabe so verstünde, wäre offensichtlich das Musterexemplar dessen, was Lukács als „spezialistischen ‚Virtuosen'," Gustav Freytag als Schmock beschrieben haben. Er müßte die Fähigkeit zum Schreiben besitzen, und dies rechts wie links, je nach Kräftekonstellation in den Gremien, die nach dieser Maxime nicht allein Kontrolle auszuüben, sondern praktisch unmittelbar auch die Programme zu gestalten hätten.

Der Deutsche Journalisten-Verband hat der zitierten Interpretation zwar sogleich nachdrücklich widersprochen. (81) Aber es ist nicht zu übersehen, daß starke Kräfte in eine entsprechende Richtung drängen. Kaum überraschend ist es daher, daß auf prononcierte Kritik in den Funkhäusern eher verzichtet wird.

Soziale Psychotherapie

Die institutionellen Kontrollen fördern bis zu einem gewissen Grad eine Tendenz zur Entpolitisierung. Weit über diesen Grad hinaus weist aber das ausdrückliche Bekenntnis eines Intendanten zur Maxime der Lebenshilfe. „Augenweide" und „Lebenshilfe" nämlich soll Fernsehen nach Ansicht des ZDF-Intendanten Holzamer sein. (82) Lebenshilfe beziehe sich dabei „vor allem auf den Bereich des Politisch-Aktuellen". (83) Im übrigen bestätigt Holzamer die von Roellecke eingenommene Position, wenn er hervorhebt, das Fernsehen müsse „vermeiden, dem Zuschauer irgendeine Meinung zu vermitteln oder bei kontroversen Themen eine Position zu beziehen." Das Fernsehen solle „Meinungen ermöglichen, aber keine Meinungen vertreten." (84)

Durch solche Definition gerät journalistische Arbeit auch in den Funkhäusern in die fatale Nähe zu jenem Konzept, das für große Teile der Presse beschrieben worden ist. Silbermann nennt als eine dem Fernsehen zuzuschreibende Funktion für die Gesellschaft in einer Studie denn auch „soziale Psychotherapie". (85) Auch hier tendiert man dazu, Konflikte sich selbst und dem Bewußtsein der Empfänger zu ersparen.

Zum Ausdruck kommt das inhaltlich, wenn bei „Bildungsprogrammen" ängstlich darauf Bedacht genommen wird, bestehende Vorurteile und allgemeines Fehlverhalten nicht allzu schroff zurückzuweisen. So bei einer Serie, die Aufklärung der Kinder im sexuellen Bereich behandelt. Da wird zwar aggressives Verhalten gegenüber Kindern getadelt, wenn auch nicht als Reflex repressiver Zwänge dargestellt, denen die Eltern selbst unterliegen. An die Eltern ergeht der Appell, physische Gewalt (bei der Reinlichkeitserziehung) zu vermeiden und den Kindern Liebe zu zeigen. Geborgen in dieser Liebe, so fängt man mit einem allgemein akzeptierten Gemeinplatz Ängste über eigenes Fehlverhalten jedoch sofort wieder ab, ertrügen die Kinder „fast alle Fehler", die man bei der Erziehung machen könne.

Oder bei einer Darstellung der Vorzüge nicht-autoritärer Kindergärten verschiebt sich das Problem einer wider alle Einsicht festgehaltenen Orientierung der Familienpolitik an Normen der kirchlichen Sozialehren und der daraus sich ergebenden schlechten Organisation allgemeiner Kindergärten auf die psychologisch-pädagogische Seite der Angelegenheit. Naiv beschuldigt man die Kindergärtnerinnen verhärteter Bewußtseinsstrukturen, denen die Praxis repressionsfreier Kindergärten als Vorbild gegenübergestellt ist. Fazit: die Kindergärtnerinnen sind schuld, daß finanzielle Mittel fehlen, daß Plätze fehlen, daß die Ausbildung zu wünschen übrig läßt.

Gerade Sendungen dieser Art machen deutlich, wie nah personalistische Darbietung politischer Vorgänge und die allgemeine Reduktion gesellschaftlicher Konflikte auf die Psyche der einzelnen beieinander sind. Liberaler Appell an Humanität in allen Lebensbereichen wird zum Therapeutikum der Gesellschaft, „Seid nett zueinander" zur magischen Formel für die Lösung von Struktur-Problemen und Disproportionalitäten.

Erwartungen bestimmter Hörergruppen werden auf diesem Hintergrund für die Programmgestalter nicht zum Gegenstand kritischer Analyse – wenn sie dieser bedürften –, sie haben vielmehr Steuerungsfunktion. Eine Empfehlung des Allensbacher Meinungsforschungs-Instituts lautet folglich so: da, wie man wisse, das Interesse vor allem der Frauen sich weniger auf politische Sachverhalte als auf prominente Personen als Träger von gesellschaftlichem Ansehen richte, da Frauen also gern „Privates über Prominente" erfahren möchten, solle man entsprechende „Konsequenzen für die Gestaltung der Frühnachrichten" ziehen. Hier sei „ein Weg vorgezeichnet, wie man Frauen an Politik interessieren" könne. Denn sobald es „ins politische Detail" gehe, seien die Frauen weniger interessiert. Die allgemeinen politischen Nachrichten aber fänden „sie aufgeschlossen vor, und vor allem wiederum die personengebundenen Nachrichten, darüber etwa, was der Bundeskanzler oder ein Minister gesagt hat." (86)

Produzierte und ständig reproduzierte Vorurteile wie Abhängigkeiten sollen nicht durch andersartige Angebote abgebaut, regressives Bewußtsein – manipulativ geschaffen und von der Werbung hemmungslos auszunutzen – soll zum demokratischen Alibi für die Anpassung an die Verfahren der Boulevardzeitungen werden.

Programmgestaltung, die von solchen Empfehlungen und Indexziffern ausschließlich sich leiten ließe, gäbe zentrale Motivationen demokratischer Meinungsbildung preis. Widerstand dagegen ist geboten. Journalismus, wenn er über die je bestehenden Verhältnisse hinausgelangen will, kann sich nicht begnügen mit der ewig wiederholten Reproduktion präformierter Ansichten. Er sollte sonst zugunsten der Meinungsforschung abdanken. Sozialtherapie mit Hilfe der Massenmedien bedeutet Verzicht auf kritische Analyse; ohne aufklärerische Motivation bringt Journalismus Konsumliteratur hervor, die systemimmanent bleibt – welchem System auch immer.

Anmerkungen

(1) Anzeige im Spiegel Nr. 30, 1969, S. 91.
(2) Anzeige im Spiegel Nr. 27, 1969, S. 135.
(3) „la libre communication des pensées et des opinions".
(4) BVGer.-Entsch. Bd. 7, S. 198 ff.,zit. n. Helmut Bauer, „Die Presse und die Öffentliche Meinung", S. 156 f. Mit diesem Urteil wurde ein Streit um das Wiederauftreten Veit Harlans und eine Stellungnahme des Hamburger Senatsdirektors Erich Lüth dazu beendet. In einem Landgerichtsurteil war die Ansicht vertreten worden, Lüth habe in einer Erklärung zum „sittenwidrigen Boykott" eines neuen Harlan-Filmes aufgerufen. Das BVerf.-Gericht vertrat dagegen nach einer Verfassungsbeschwerde Lüths die Auffassung, Lüths Äußerungen seien durch Art. 5,1,1, GG gedeckt.
(5) BVGer.–Entsch. Bd. 12, S. 205 ff. In diesem Urteil nahm das Verfassungsgericht zu der Frage Stellung, ob die Bundesregierung durch die Gründung der Deutschland-Fernsehen-GmbH am 25. Juli 1960 und „durch sonstige Maßnahmen auf dem Gebiete des Fernsehens" gegen Artikel 5 und Artikel 30 in Verbindung mit Art. 87 Abs. 3 GG, sowie gegen die Pflicht zu freundlichem Verhalten gegenüber den Ländern verstoßen habe. Die Bundesländer Hamburg und Hessen hatten die verfassungsrechtliche Prüfung veranlaßt.
(6) „Pressefreiheit und Fernseh-Monopol", Bad Godesberg (BdZV), o. J.
(7) Tätigkeitsbericht des Deutschen Presserates, Bad Godesberg, 1962, S. 3.
(8) Der Spiegel, Nr. 7, 1969, S. 32.
(9) Elihu Katz, Die Verbreitung neuer Ideen und Praktiken, in: Grundfragen der Kommunikationsforschung, München 1964, S. 103.
(10) Paul F. Lazarsfeld/Herbert Menzel, Massenmedien und Personaler Einfluß, München 1964, S. 121.
(11) J. T. Klapper, The Social Effects of Mass Communication, in: W. Schramm, The Science of Human Communication, N. Y. 1963, S. 68 f.: „clearly mass communications is not very likely to change (people's) views. It ist far, far more likely to support and reinforce their existing views..."
(12) C. R. Wright, Mass Communication – A Sociological Perspective, New York, 1959, S. 104 f.
(13) J. T. Klapper, a.a.O., S. 68 f.: „Mass communications will reinforce the tendencies which its audience possesses. Its social effects will therefore depend primarily on how the society as a whole – and in particular such institutions as the family, schools and churches – fashions the audience members whom the mass communications serves."
(14) Th. W. Adorno, Kann das Publikum wollen? , in: Vierzehn Mutmaßungen über das Fernsehen, München 1963, S. 59.
(15) Der Spiegel, Nr. 4/1970, S. 68.
(16) J. Habermas, Strukturwandel der Öffentlichkeit, Neuwied, 1962, S. 268 (zit. n. 3. Aufl. 1968).
(17) a.a.O., S. 269.
(18) „Pressefreiheit und Fernsehmonopol", a.a.O., S. 14.
(19) a.a.O., S. 15.
(20) Otto Groth, Die Geschichte der deutschen Zeitungswissenschaft, München 1948, S. 19.
(21) A. de Tocqueville, La démocratie en Amérique, zit. n. dt.: Die Demokratie in Amerika, Frankfurt 1956, S. 213.
(22) ebd.
(23) The Times, London, Nov. 1814; zit. n.: Karl d'Ester, Die papierne Macht, München, 1950, S. 63 f.

(24) Heinrich Heine, „Lutetia", 3. Brief v. 3. Juni 1840; zit. n. „Heinrich Heine, Prosa", Droemersche Verlagsanstalt, München/Zürich, 1961, S. 667 ff.
(25) ebd.
(26) J. K. H. W. Wuttke, Die deutschen Zeitschriften und die Entstehung der öffentlichen Meinung, Hamburg 1866; zit. n. Otto Groth, a.a.O., S. 212.
(27) Georg Lukács, Geschichte und Klassenbewußtsein, Berlin 1923; zit. n. Sammelausgabe Luchterhand-Verlag, Neuwied/Berlin, 1968, S. 275.
(28) zit. n. Karl d'Ester, Die papierne Macht, München 1950, S. 68 f.
(29) Verhandlungen des Ersten Deutschen Soziologentages, in: Schriften der Deutschen Gesellschaft für Soziologie, 1. Serie, 1. Band, Tübingen 1911, S. 42 ff.
(30) Frankfurter Allgemeine Zeitung v. 4.2.1970, „Gerechte Erlöse".
(31) F. H. Mößlang, Referat über Fragen der Ausbildung von Journalisten, nachgedruckt in: „Der Journalist", Heft 12/1968 und „Praktischer Journalismus", Nr. 103/1968, herausgeg. v.d. Deutschen Journalistenschule München.
(32) M. Rooy, „Die Journalistenausbildung in Holland", a.a.O. (Anm. 31). Dort heißt es unter „Ziele der Ausbildung": „Jede journalistische Fachausbildung muß zwei Ziele anstreben: (a) die Vermittlung der Einsicht in die Bedeutung der Funktion der Gesellschaft und ihrer wichtigsten Aspekte: in ihre Struktur, ihr Funktionieren und ihre besonderen Probleme; (b) eine gute Schulung in der berufstechnischen und journalistischen Praxis".
(33) Th. W. Adorno, Zum Verhältnis von Soziologie und Psychologie, in: Sociologica, Bd. 1, Frankfurt 1955, S. 20.
(34) Der Spiegel, Nr. 29/1965, S. 3.
(35) F. Hufen, Proporz, Pressionen und Pressefreiheit, in: Die Welt v. 3.2.1970.
(36) Der Stern, Nr. 31/1968, S. 61.
(37) Feddersen, Der Leser und seine Zeitung, in: „Die Anzeige", Nr. 17/1962; zit. n. „Pressefreiheit und Fernseh-Monopol", a.a.O., S. 15.
(38) ebd.
(39) „Qualitative Analyse 1965" der Bild-Zeitung, Hamburg, 1966, S. 194.
(40) a.a.O., S. 188.
(41) a.a.O., S. 189.
(42) a.a.O., S. 191.
(43) a.a.O., S. 193.
(44) a.a.O., S. 182.
(45) a.a.O., S. 136.
(46) a.a.O., S. 113.
(47) a.a.O., S. 99.
(48) a.a.O., S. 44.
(49) a.a.O., S. 29.
(50) W. Hinz, Die Leserschaft der Wochenendpresse, in „Zeitungs-Verlag und Zeitschriften-Verlag," Bad Godesberg, Nr. 47/48, 1968, S. 2226 ff.
(51) a.a.O., S. 2227.
(52) a.a.O., S. 2229.
(53) a.a.O., S. 2232.
(54) „ZV und ZV", Zeitschrift des Bundesverbandes der Zeitungsverleger, Bad Godesberg, Nr. 7/1963, S. 249.
(55) „ZV und ZV" Nr. 1/1963, S. 18/19.
(56) Karl Marx, Rheinische Zeitung Nr. 135/1842; zit. n. „Frühe Schriften", Stuttgart, 1962, S. 152.
(57) „Der Journalist" Nr. 7/1962, Neuwied, S. 21.
(58) „ZV und ZV" Nr. 29/1963, S. 1753.
(59) Otto Groth, Die unerkannte Kulturmacht, zit. in: „Pressefreiheit und Fernseh-Monopol", a.a.O., S. 27.
(60) EPD (Evangelischer Pressedienst), Nr. 36 v. 18.2.1970.

(61) Vgl. Bundestags-Drucksache V/2120 („Michel-Bericht"), S. 41.
(62) E. Noelle-Neumann, Heimtest und Experiment als Methoden der Fernsehwirkungskontrolle, in: Chr. Longolius (Red.), „Fernsehen in Deutschland", Mainz 1967, S. 328; Vgl. auch R. Zoll und E. Hennig, Massenmedien und Meinungsbildung, München 1970.
(63) M. Schatz-Bergfeld, Inhaltsanalyse der Nachrichtensendungen der beiden deutschen Fernsehprogramme. Vgl. an anderer Stelle in ds. Bd.
(64) W. Höfer, Die Popularisierung der Politik, in: Chr. Longolius (Red.), Fernsehen in Deutschland, Mainz 1967, S. 125 ff.; zit. n. Zoll/Hennig, Massenmedien und Meinungsbildung, a.a.O.
(65) M. Schatz-Bergfeld, a.a.O.
(66) a.a.O.
(67) K. Wagenführ, Phänomenologie der Fernseh-Erfolge, in: „Vierzehn Mutmaßungen über das Fernsehen", München 1963, S. 63.
(68) a.a.O., S. 65.
(69) W. Höfer, Die Popularisierung der Politik, a.a.O., S. 124.
(70) Gesetz über den Hessischen Rundfunk vom 2.10.1948, GVBl. Hessen 1948, Nr. 24, S. 123; II, § 3,2.
(71) a.a.O., II, § 2.
(72) zit. n. „Der Journalist" Nr. 9/1969, S. 4.
(73) zit. n. Th. Ellwein, Das Regierungssystem der Bundesrepublik Deutschland, Köln u. Oplanden, 1965, S. 76 f.
(74) Der Spiegel, Nr. 30/1964, S. 69 ff.; zit. n. Zoll/Hennig, Massenmedien und Meinungsbildung, a.a.O.
(75) „Blätter für deutsche und internationale Politik", Nr. 14/1969, S. 1110 ff; zit. n. Zoll/Hennig, Massenmedien und Meinungsbildung, a.a.O.
(76) im Sinne von Alexander Mitscherlich, der damit eine starke Anpassung an äußere Bedingungen kennzeichnet und sie von „integrativem" Verhalten als distanzierterem, jedoch nicht antisozialem unterscheidet. Vgl. A. Mitscherlich, Auf dem Weg zur vaterlosen Gesellschaft, S. 18.
(77) Gesetz über den Hessischen Rundfunk, a.a.O., § 3, 6/7.
(78) Otto Groth, Die Geschichte der deutschen Zeitungswissenschaft, a.a.O., S. 341.
(79) Gerd Roellecke, „Demokratisierung" in Rundfunk und Fernsehen?, in: EPD (Ev. Pressedienst, „Kirche und Fernsehen", Nr. 6/1970, S. 1 ff.)
(80) a.a.O., S. 2.
(81) EPD, „Kirche und Fernsehen", Nr. 7/1970, S. 15 ff.
(82) Der Spiegel, Nr. 8/1963, S. 60 ff.; zit. n. Zoll/Hennig, Massenmedien und Meinungsbildung, a.a.O.
(83) a.a.O., S. 69.
(84) zit. n. „Pressefreiheit und Fernseh-Monopol", a.a.O., S. 83; dort Bezug auf: Geschäftsführerkonferenz der Bundesvereinigung Deutscher Arbeitgeberverbände am 17.5.1963 in Baden-Baden.
(85) A. Silbermann, Bildschirm und Wirklichkeit, Berlin/Frankfurt/Wien 1966, S. 65. Vgl. auch: Zoll/Hennig, Massenmedien... a.a.O.
(86) Institut für Demoskopie, Allensbach, „Die Südwestfunkhörer 1964", Bd. II, S. 32; zit. n. Zoll/Hennig, Massenmedien... a.a.O.

Klaus Horn

Zur individuellen Bedeutung und gesellschaftlichen Funktion von Werbeinhalten*

Um die individuelle Bedeutung und die gesellschaftliche Funktion von Reklame erschließen zu können, sind mehrere Schritte vonnöten. Wenn es stimmt, daß jede „Erklärung des Zusammenhangs, in dem Werbung steht und den sie ausdrückt, ...notwendig auf die Struktur der macht- und profitbestimmten ökonomischen Ordnung" (1) führt, dann müssen wir uns zunächst der politökonomischen Funktion der Werbung versichern, ehe wir deren individuelle Bedeutung und gesellschaftliche Funktion begreifen können. Das ist in der Arbeit von Eike Hennig geschehen. (2) In einem oligopolistisch strukturierten Markt haben — neben mitgelieferten Dienstleistungen und spezifischen Qualitätsmerkmalen der Ware, die nicht aus optimaler Ausnutzung der Produktionskräfte zugunsten der Konsumenten hervorgehen — Markt- und Absatzstrategien die Preiskonkurrenz tendenziell ersetzt; das Material, mit dem letzten Endes gearbeitet wird, sind „menschliche Bedürfnisse": „In der Hauptsache galt das Interesse der Nationalökonomen und der Verkaufspraktiker solchen Abstraktionen wie Preis, Umsatz, Marktanteil und dergleichen mehr. Nun liegt es zwar auf der Hand, daß solche Dinge wichtig sind, sie stehen aber nicht am Anfang, sondern am Ende des Weges," heißt es in einer großen Studie über Motivforschung. Und der nächste Satz fährt fort: „Am Anfang stehen die menschlichen Bedürfnisse, aus denen sie hervorgehen." (3)

Was hier als „Anfang" gekennzeichnet wird, wollen wir sozialpsychologisch besonders ins Auge fassen; dieser Anfang wird sich als eine vermittelte Größe erweisen, soviel auch ideologisch die Rede davon ist, daß der Mensch das A und O der Wirtschaft sei.

Ein kleiner Ausschnitt nur, eine Detailanalyse aus dem Bereich der Motivationsforschung soll zeigen, welche individuelle Bedeutung und welche gesellschaftliche Funktion die gezielte Ausnutzung vorurteilsvollen Denkens für die Reklame hat, eines Denkens mittels stereotyper Symbole, was auf eine lebensgeschichtliche Beschädigung des Bewußtseins schließen läßt. Die durch den polit-ökonomischen Stellenwert vermittelte individuelle Bedeutung: welches bereits gesellschaftlich vermittelte Bedürfnis in den Subjekten von Reklame aufgegriffen und wie es strukturiert wird, führt uns auf die Spur ihrer gesellschaftlichen Funktion. Im Wirkungszusammenhang der kapitalistischen Gesellschaft schließt Reklame die von ihren Konkretionen eingefangenen privatistischen Hoffnungen, Wünsche und vor allem Ängste der Menschen kurz. Diese werden an Waren geknüpft, entpolitisiert, zum integralen Bestandteil des *objektivierten Sinnsystems* ökonomisch zweckrationalen Handelns: des Kreislaufes von Produktion und Konsum, ohne daß sich die Triebschicksale der Subjekte gegenüber jenem Sinnsystem als eigenständige konstituieren könnten, die von ihren eigenen Interessen her Welt organisieren. Nur als solche könnten sie politisierend, und das heißt verändernd, auf die verselbständigte Basis ihrer eigenen gesellschaftlichen Reproduktion zurückwirken: Sie müßten ihr Unbehagen auf den Begriff gebracht haben. Stattdessen verdunkelt sich Gesellschaft zum blinden Naturzusammenhang, dem gegenüber die gleiche moralische, will sagen: politische Apathie an den Tag gelegt wird wie gegenüber tatsächlichen Naturvorgängen, einem Gewitter etwa. Reklame erweist sich so als wichtiges Medium des Verblendungszusammenhangs, den die Bewußtseinsindustrie (4) produziert. Sofern sie vom „Unbehagen in der Kultur" zehrt und es von Ware zu Ware, von Kaufakt zu Kaufakt zu beschwichtigen sucht, ohne seinen wahren Grund erkennen zu lassen; sofern sie hilft, die Individuen in die Lücken des Reproduktionssystems zu stopfen, damit diese dessen hinter ihrem Rücken sich abspielenden Antagonismen ausbügeln helfen, damit das System weiterfunktioniert; sofern sie den Menschen eine Identität anbietet, die die ihrer verselbständigten Produkte ist, welche sie nicht mehr als solche zu identifizieren vermögen; (5) sofern Reklame als ein Disziplinierungsmittel des organisierten Kapitalismus gelten muß, ist ihre gesellschaftliche Funktion eindeutig gegen zentrale, allen demokratischen Verfassungen zugrundeliegenden moralischen und politischen Wertvorstellungen gerichtet.

Die gesellschaftliche Rolle des Konsumenten

Die Beziehung zwischen Reklame und Vorurteil ist vermittelt durch die Funktion der Reklame in der modernen Wirtschaft. Das Verständnis dieser Funktion ist Voraussetzung für das Verständnis der Zwangsläufigkeit, mit der die Reklame heute an vorurteilsgebundene Strukturen in den Menschen anzuknüpfen sucht. Der Zwangscharakter, der aller vorurteilsvollen Mentalität anhaftet, wird zum Instrument in einer Wirtschaft, die selbst auf das zwanghafte Reagieren der Konsumenten angewiesen ist, so sehr sie den Kunden als König feiert. Ausgehend von der Erfahrung, daß der Konsument im kapitalistischen System offenbar zu den schwachen, zu den – unter Beibehaltung der vorhandenen politökonomischen Struktur – am ehesten veränderbaren Faktoren gehört, wird dieser als das noch am wenigsten bearbeitete Material dem Verwertungsprozeß des Kapitals dienstbar gemacht. In diesem Sinne werden die Probleme der kapitalistischen Wirtschaft als Probleme des Konsums dargestellt: „Das Problem der Wirtschaft – die Feststellung ist schon ein Gemeinplatz – besteht nicht mehr in der Überwindung des Mangels, sondern im Loswerden des Überflusses. Mehr noch als um die Schaffung des Angebots ist man um die Schaffung und Aufrechterhaltung der Nachfrage bemüht." (6) „Die soziale Frage liegt heute in der sozialen Nachfrage." (7)

Der Schein, daß es sich um Probleme des Konsums handele, ist übermächtig. Alle einzelnen Erfahrungen des Arbeitnehmers fügen sich ihm ein. Er macht tatsächlich die Erfahrung, daß Auftragsrückgang bei seiner Firma seine Entlassung bedeuten kann. So muß ihm der mangelnde Konsum der von seiner Firma produzierten Güter als die eigentliche Ursache von Absatzkrisen erscheinen. Eine Analyse der 1958er Rezession in der amerikanischen Wirtschaft z.B. läuft auf die Beschuldigung der Konsumenten hinaus, sie hätten ihre Pflicht versäumt, sie hätten die Marktwirtschaft im Stich gelassen:

„Der analysierende Rückblick auf die letzte amerikanische Rezession war denn auch überaus aufschlußreich. Diese war in ihrem Wesen eine Investitionskrise, die als psychologischer Prozeß, als Vertrauenskrise (deterioration of attitudes) schon im Sommer 1957 einsetzte. Als die marktwirtschaftlichen Auswirkungen folgten, blieb die effektive Kaufkraft der Massen zunächst weiterhin hoch, und zwar die ganze Hälfte des Jahres 1958 hindurch; der Rückgang des Volkseinkommens war unbedeutend – es gab sogar noch Lohnerhöhungen! – und die Ausgaben für die täglichen Notwendigkeiten, insbesondere für die Nahrung, ließen keineswegs nach. Noch Ende 1957 konnten gute ökonomische Gründe dafür angegeben werden, daß 1958 ein sehr gutes Automobiljahr werden würde. Trotzdem sank dann auf einmal der Index der Industrieproduktion beachtlich, womit zugleich die Arbeitslosigkeit auf 5,2 Mio. anstieg. Es waren die Investitionen – diejenigen der Produzenten sowohl als die der Konsumenten (Gebrauchsgüteranschaffungen) –, in deren Nachlassen sich die Wirtschaftskrise konstituierte. Allgemein hatte die Meinung Platz gegriffen, daß man jetzt besser nichts Neues kaufe, *womit der Konsum – die nun versäumte Pflicht der Massen – die Marktwirtschaft und ihre Stabilität im Stich ließ.*" (8)

Das Argument, das demgegenüber auf die Seite der Produktion, auf die Organisation der gesellschaftlichen Arbeit verweist, erscheint leicht als abstrus, als weltfremd gegenüber der gesellschaftlichen Realität. Und doch liegt *auch* auf dieser Seite und nicht allein auf der des Konsums der Schlüssel für die Krisenanfälligkeit der kapitalistischen Wirtschaft. Die Kritik am mangelnden Pflichteifer der Konsumenten geht implizit von der Selbständigkeit und vom Vorrang des Produktionsapparats aus, der weit weniger flexibel ist als die zur Anpassung verpflichteten Subjekte. Der durchschnittliche Bürger, der Arbeitnehmer und Konsument zugleich ist, wird bei seiner Angst gepackt, den Arbeitsplatz zu verlieren, der seine gesellschaftliche Existenz bedeutet; die Krisenangst bringt ihm seine Konsumentenpflicht nahe. Jene menschlichen Bedürfnisse, die, gleichsam in ideologischer Erinnerung an die revolutionären Parolen der bürgerlichen Revolution, am Anfang nationalökonomischen Denkens stehen sollen, (9) sind keine natürlichen, sind außerhalb gesellschaftlicher Sinnzusammenhänge gar nicht bestimmbar. Sie sind, auch und gerade als individuelle, gesellschaftlich vermittelt. Vor allem das Bedürfnis nach Sicherheit, das nach Freiheit von Angst, ist offenbar ein besonders gut auszubeutendes. (10) Die unausgesprochene Utopie der „Soziologie der Prosperität" ist die reibungslose Verwertung des Konsumenten im Sinne der reibungslosen Zirkulation und Vermehrung des Kapitals. König Kunde selber wird zur Ware.

Anpassung der Menschen an dieses System erzwingt theoretisch und praktisch eine Beschränkung rationalen Denkens, die dem Bestand von Demokratie entgegenarbeitet. Manche Theoretiker versuchen den Widerspruch zwischen der Idee des vernünftig wählenden Käufers, dessen Maßstab das eigene rationale Interesse ist, und dem Konsumpflichtigen, der das System vor Krisen bewahren soll, zu glätten. Sie postulieren die alten bürgerlichen Ideale von Freiheit und Autonomie, vom aufgeklärten Menschen und versichern doch im gleichen Atemzug, es sei gleichgültig, ob die solchen Kunden angebotenen Dienste wirkliche oder nur scheinbare seien: „Es geht immer nur um die innere Freiheit des Individuums im ‚totalen Angebot', um seine geistige Autonomie, die sich, wenn sie zur Aktivität wird, im konkreten Marktverhalten äußert und auf die Angebotsstruktur zurückzuwirken vermag. Es ist nicht einzusehen, weshalb die freie Entwicklung der Marktwirtschaft mit der Förderung eines aufgeklärten Konsumentenbewußtseins unvereinbar sein sollte. So wäre die Idee einer Kulturpolitik als Konsumpolitik keine illusorische und spekulative, sondern eine von Fall zu Fall realisierbar Idee, die den gereiften Anstrengungen der Produzenten Richtung und den Werbeprogrammen Inhalt geben kann. Immerhin können wir auf dem heutigen Markt die vielsagende Tatsache registrieren, daß die subtileren Absatzaufgaben bei immer mehr Erzeugnissen in der Mitlieferung von allerlei sozialen und kulturellen Diensten liegen, angefangen schon bei den alltäglichen Haushaltswaren. *Von sekundärer Bedeutung ist, inwieweit das Ergebnis überall wirkliche Dienste sind.*" (11)

Wir werden zu untersuchen haben, welche Dienste mit der Ware mitgeliefert werden und in welchem Sinne sie für wen wirkliche Dienste oder eben nur Schein sind.

Die Wirkung von Werbung

Geht man von den streng wissenschaftlichen Maßstäben der empirischen Sozialforschung aus, läßt sich darüber, wie die gezielte Werbekampagne für ein bestimmtes Produkt oder die ungezielte Gemeinschaftswerbung, die Public-Relations-Arbeit eines Dachverbandes wirkt, wenig genau

aussagen. Die Werbeforschung teilt dieses Manko mit der Wirkungsforschung überhaupt. (12) Im Grunde läßt sich nur in einer sehr unbefriedigenden Weise, vom steigenden Umsatz oder vom guten Anfangserfolg eines neuen Produktes her, auf die Wirksamkeit der respektiven Kampagne schließen. „Wir stehen vor der merkwürdigen Tatsache, daß wir wissen, daß Reklame wirksam ist, aber wir sind außerstande, viel darüber zusagen warum," schreibt der Vizepräsident einer großen amerikanischen Marktforschungsgesellschaft. (13)
Natürlich haben sich aus den Bemühungen der Wirkungsforschung einige Aussagen ergeben. (14) Prinzipiell gelten jedoch zwei Einschränkungen. Zunächst ist wichtig, welche theoretischen Voraussetzungen, welchen Interpretationsrahmen man wählt. Geht man z.B. zentral von der auch von der Psychoanalyse geteilten Vorstellung aus, daß in der frühkindlichen Entwicklung entscheidende (vor allem unbewußte) Bedürfnisstrukturen angelegt werden, so wird man zu der Annahme gelangen müssen, daß die Wirkung von Reklame sich nur innerhalb dieses jeweils lebensgeschichtlichen Sinnsystems abspielen kann; was nicht in den jeweiligen Motivationszusammenhang paßt, wird von der selektiv arbeitenden Wahrnehmung und dem Gedächtnis aussortiert. Reklame könnte – von dieser Basis her interpretiert – also nur, wie die Kommuniqués der Massenmedien überhaupt, tendenziell verstärkend auf bestehende Einstellungen, aber nicht verändernd auf diese einwirken. Höchstens auf Gebieten, wo keine fest strukturierten Interessen vorliegen, scheinen direkte Beeinflussungen möglich. Von der Theorie der kognitiven Dissonanz (15) her wird für diesen Spielraum der Manipulation angenommen, daß einmal eingegangene Engagements, z.B. zunächst relativ gleichgültig vollzogene Kaufakte, letzten Endes auch zu einer Haltungsänderung führen. (16) Denn man setzt in diesem Interpretationsrahmen voraus, daß einmal vollzogene Handlungen im Nachhinein gerechtfertigt und in das subjektive Bezugssystem eingebaut werden. Wählt man hingegen den lerntheoretischen Bezugsrahmen, wird es darauf ankommen, die entsprechende Botschaft, die eine Haltungsänderung herbeiführen soll, möglichst oft zu wiederholen und sie vor allem im Zusammenhang mit gesellschaftlich positiv bewerteten Sachverhalten darzustellen, damit die Angesprochenen das Vorgeschlagene nachahmen. Diese eher psychologisch formulierten Bezugsrahmen werden noch ergänzt durch soziologische Überlegungen: nicht eigentlich Individuen, sondern Gruppen, die, nach sozialen Kriterien zu urteilen, aufgrund ihrer relativ einheitlichen Lebensverhältnisse relativ ähnliche Einstellungen entwickeln, werden in der Regel als Zielgruppen für eine auf Haltungsänderung zielende Kommunikation angesprochen. Insgesamt läßt sich zunächst einmal formulieren: Die Vorstellung von der unendlichen Manipulierbarkeit der Subjekte im Sinne ihrer Funktion als Konsumenten ist sicher falsch; es gibt eine Reihe intervenierender Variablen, die beachtet werden müssen.

Eine weitere Einschränkung der Ergebnisse der Wirkungsforschung geht von dem soziologischen Interpretationsrahmen aus. Baran und Sweezy formulieren: „Es ist falsch, den Einfluß der Werbung auf die Konsumenten an ihrer Reaktion auf eine *spezifische* Werbekampagne zu messen. Er kann nur adäquat bestimmt werden, wenn man die *Gesamtheit* der biotischen Impulse und sozialen Kräfte mit einbezieht, die für die Herausbildung menschlicher Wünsche in jeder beliebigen Situation und Umgebung verantwortlich sind. Indem die Gesellschaft Wertungsmaßstäbe setzt, Erfolgskriterien aufstellt und die Ängste und Hoffnungen der Leute formt, schafft sie gleichsam das Material, aus dem die Werbung ihre Lebenskraft zieht." (17) Für die Wirkungsforschung in unserem Ansatz, der Gesellschaft als in sich widersprüchlichen Wirkungszusammenhang begreift, ergeben sich, da wir uns der von Baran und Sweezy ausgesprochenen Forderung anschließen, einige Schwierigkeiten. Da Menschen nicht in jenen künstlichen Versuchssituationen leben, in welchen nach den Regeln empirischen Vorgehens relevante, meßbare Ergebnisse gewonnen werden können; da sich die vielfältigen einander überlagernden kommunikativen Einflüsse der Alltagssituation in ihrer Gewichtigung für eine Haltungsänderung oder -bestätigung überhaupt nicht kalkulieren lassen, sind Forschungsergebnisse nur mit äußerster Zurückhaltung verwendbar.

Diese schwierige Situation öffnet natürlich Spekulationen Tür und Tor; auch die hier vorgetragene Argumentation kann auf das spekulative Moment insofern nicht verzichten; sie will es in einer spezifischen Weise auch gar nicht. Mit den Mitteln der psychoanalytischen Sozialpsychologie werden wir versuchen, insbesondere eine Werbekampagne für Krawatten auf die eingeplanten psychologischen Mechanismen abzuklopfen; die psychoanalytische Theorie als eine systematisierte hermeneutische (18) bietet dafür den Ausgangspunkt. Ob diese eingeplanten Mechanismen tatsächlich in der dargestellten Form wirken, muß offen bleiben. Wir können nur den Symbolwert des Kommuniqués zu entziffern versuchen und dieses Ergebnis in den Rahmen stellen, der der Reklame von der Wirtschaftstheorie selber zugewiesen wird. Außerdem können wir Annahmen über Reaktionsweisen der Subjekte in unserer Gesellschaft einführen und sie mit den Ergebnissen der sozialpsychologischen Interpretation verknüpfen. Wenn dann der unterstellte Kommunikationswert, die Art und Weise des zugemuteten Denkstils, auf seine gesellschaftliche Funktion untersucht wird, ist darin, jedenfalls vom sogenannten wertfreien Vorgehen des kritischen Rationalismus her gesehen, ein spekulatives Moment enthalten: Wir bringen die allen formaldemokratischen Verfassungen zugrundeliegenden Wertvorstellungen in die Argumentation ein, insofern also durchaus keine Maßstäbe an die Sache heran, die dieser fremd, äußerlich wären. Wir gehen also, immanenter Kritik entsprechend, davon aus, daß die Individuen dort als freie und rationale angesprochen sind, die über ihre gemeinsamen Angelegenheiten in entsprechend geregelten Verfahren befinden. Die politökonomische Funktion von Reklame und die aus der einen untersuchten Werbekampagne abstrahierten, den Subjekten angedienten Vorstellungen werden mit jenem von der Gesellschaft selber gelieferten Maßstab konfrontiert. Wenn dieser Maßstab einen Sinn haben soll, muß er wenigstens als Zielvorstellung, als Maßstab für die Verfassungsrealität akzeptiert werden.

Dieser zugegebenermaßen hohe Anspruch wird die hier vorgetragene Beurteilung von Reklame negativ beeinflussen. Unser Urteil über Reklame setzt also nicht erst bei der Analyse von deren individueller Bedeutung ein, sondern erhält seinen Akzent bereits vom politökonomischen Rahmen her. Dieser vermittelt, wie wir sahen, die psychologische Strategie in der darzulegenden Weise. Wir können deshalb nicht akzeptieren, daß die Angst vor den hidden persuaders selber als irrational hingestellt wird, (19) solange die Bürger von der Ökonomie her als funktionale Größen eingeplant werden. Was wir in einem sehr weiten Sinn Verführung oder Verplanung nennen möchten, wird bereits in einem Maße als normales Rollenverhalten angesehen, so wenn man z.B. argumentiert, daß „verkaufen" nicht etwa heißt, Leute hinter ihrem Rücken zu manipulieren; es (das psychologische Verkaufen, K.H.) gibt ihnen rationale Motive für ihr Handeln, das in ihrem eigenen Interesse als Individuen und dem der Gesellschaft als ganzer liegt." (20) Dem zitierten Autor sind die Begriffe „Individuum" und „rational" unter der Hand bereits so geraten, daß er nicht mehr annimmt, daß die Individuen selber subjektiv zweckrationale Intentionen überhaupt entwickeln könnten; zumindest hält er solche für irrelevant und sicher für dysfunktional hinsichtlich des homo consumans. Ein Subjekt als prinzipiell eigenständiges Organisationszentrum eines lebensgeschichtlich entstandenen Interesses, eines Interesses zu betrachten, das in sich widersprüchlich und sicher nicht unmittelbar und vollständig soziofunktional ist, d.h. in der ihm abverlangten objektiv zweckrationalen Handlungsweise aufgeht — diese Betrachtung des Individuums ist wenigstens tendenziell verlassen. Als „rational" wird angesehen, was den Menschen an rationalisierenden Erklärungen im Sinn des Heranführens an ihre Konsumaufgaben angeboten wird. Manipulation ist hier so selbstverständlich, daß sie nicht mehr als solche erscheint. Auch bei Haseloff, — ohne Rekurs auf die gesellschaftliche Genese dessen, was Riesman den außengeleiteten Typ der industriellen Großgesellschaft genannt hat —, müssen es diese Außengeleiteten *selber* sein, die sich „angemessen" verhalten wollen; die Frage der gesellschaftlichen Vermittlung entfällt: „Sich im konsumtiven und im politischen Bereich möglichst ‚angemessen' zu verhalten, ist eine ihrer (der Außengeleiteten) wichtigsten Strategien zur Stabilisierung ihres Selbstwertgefühls. Kommuniqués, die Wertungen und Zielsetzungen aussprechen oder voraussetzen, die als unverträglich mit den Gruppenstandards angesehen werden, werden daher mit Zurückweisung beantwortet." (21)

Zunächst gilt es also festzuhalten, daß jeder Begriff von dem hier anvisierten Sachverhalt zu kurz faßt, der sein Augenmerk allein auf Psychologie, auf die Individuen und ihr Verhalten richtet. Deshalb verschleiern auch wohlmeinende Versuche, die Individuen moralisch aufzurüsten oder vermittels besserer Bildung gegen Verführungsstrategien zu immunisieren, das Problem nur und helfen nicht weiter. (22) Solange der Konsument im kapitalistischen System der monopolistischen Angebotsmacht ausgeliefert ist, kann das Denken des homo consumans in der Tat nur so rational sein, wie das System es ihm erlaubt. Allein schon der kontinuierliche Kampf gegen das Sparen und für den Konsum zeigt die Grenzen der Rationalität als zuerst die des oligopolistischen Marktes, an dem investiertes Kapital sich rentieren muß. Konsum, so hatten wir erfahren, ist die Pflicht der Massen; weiter: sich entsprechend zu verhalten, sei rational. Wir wollen nun sehen, welche Interessen der Subjekte vom Tauschwert der Waren befriedigt werden; warum die Menschen, jenseits des rationalen Gebrauchswertes vieler Güter, mehr einzukaufen trachten; warum darauf, und − an einer spezifischen Strategie demonstriert − wie damit im wahrsten Sinne des Wortes gerechnet werden kann. Natürlich wird niemand von ungefähr zu einer Funktion des Produktionsapparates, den er ja auch von der Seite der Produktion her in Gang hält.

Zur Bedeutung der Werbung für die Individuen

Zur Geschichte der Krawatten-Muffel-Serie

Wir wollen die mit der Figur des Krawatten-Muffels geführte Werbekampagne sozialpsychologisch analysieren. Dazu einige ökonomische Daten. In den Jahren 1964−1966 warben, mit jährlich 1,4 Millionen DM ausgestattet, Krawattenweber, Konfektionäre, auch Garnproduzenten wie Glanzstoff und Hoechst, für einen höheren Krawattenverbrauch. Die Kampagne erhielt 1967 die Texport-Trommler-Medaille, nach der Frankfurter Allgemeinen Zeitung vom 24. 10. 1969 „der deutsche Oskar für die Textilwerbung". Diese Auszeichnung gibt unserer sozialpsychologischen Analyse ein größeres Gewicht. „So sollte es gemacht werden", wird damit schließlich von Leuten zum Ausdruck gebracht, die von erfolgreicher Werbung etwas verstehen.

Im Jahre 1966 wurde der Krawatten-Muffel vorübergehend zurückgenommen, denn die Marplan-Marktforschungsgesellschaft stellte in einer Muffel-Studie fest, daß die Gefahr bestünde, die von dem Fiesling angesprochenen negativen Gefühle könnten sich womöglich gegen seine Erfinder wenden. „Die außerordentliche psychologische Kraft der Muffel-Figur enthält die Gefahr, daß die Figur über die Krawatte hinauswachsen und zum allgemeinen Spiegel menschlicher Befürchtungen über die eigene Unzulänglichkeit werden kann." (23) In dramatischen Szenen wurde der Krawatten-Muffel verjagt. Jedoch: Obgleich die Krawattenindustrie sich nach der Konjunkturflaute schnell wieder erholt hatte und der Umsatz von 30,5 Millionen Stück im Wert von 108 Millionen DM im Jahre 1967 ein Jahr später auf 32,1 Millionen im Wert von 113 Millionen DM stieg, hatte die einschlägige Branche 1969 die Idee der Wiedererweckung ihres Umsatzteufels; mitten in dessen erster Kampagne, im Jahre 1965 waren 35 Millionen Krawatten im Wert von 124 Millionen DM verkauft worden. (24) Das machte der Düsseldorfer Werbeagentur Special Team, die Erfinder des Krawatten-Muffel war, offenbar Übermut: sie stellte, für Unterwäsche werbend, eine deutsche Familie als Schweinefamilie dar. (25) Die Empörung darüber war groß, doch blieb sie moralisch und insofern ideologisch und sinnlos; wir wollen versuchen, den politischen Gehalt der Krawatten-Muffel-Serie darzulegen.

Die Frage nach dem Verhältnis von Reklame und Vorurteil (26) provoziert Reklame selbst: durch ihre Inhalte fällt sie in das Gebiet von Vorurteilsforschung. Die Wahl von Anzeigen aus einer Serie des „Deutschen Krawatten-Instituts" ist relativ zufällig; sie war bestimmt durch die Prägnanz, mit der in diesen Anzeigen bestimmte Strukturen vorurteilsvollen Denkens hervortreten, die in der Reklame für andere Waren keineswegs fehlen. Die Anzeigen wurden gesammelt, wenn sie bei der Lektüre einiger deutscher Tages- und Wochenzeitungen begegneten. So ging die Krawatten-Muffel-Serie wahrscheinlich nicht vollständig in die Untersuchung ein. Auch die Fernsehwerbung, die der Zeitungswerbung parallel lief, wurde in die Analyse nicht einbezogen. Aber vielleicht ist Vollständigkeit hier für eine qualitative Inhaltsanalyse nicht so entscheidend. Die Erfahrung der Einförmigkeit der kommunizierten Inhalte, die der Reklame-Konsument macht, dürfte auf der tatsächlichen Gleichförmigkeit ihrer Inhalte beruhen. Dem widerspricht auf den ersten Blick die Vielfalt der Themen in der KM-Serie. Daß trotzdem jede einzelne Anzeige nur eine geringfügige Variation des Grundthemas darstellt, wird hier zunächst nur behauptet und kann sich erst in der Analyse der Serie erweisen.

Angst und Abweichung – Die Verfolgung des Krawattenmuffels

Es ist sinnvoll, sich der Binsenweisheit zu erinnern, daß Reklame zum Kauf einer Ware bewegen soll, sich gleichsam in eine naive Vorstellung von Reklame zu begeben, denn allein auf dem Hintergrund einer solchen naiven Vorstellung springt die Intention dieser Serie klar ins Auge. Eine solche naive Vorstellung wäre: der sicherste Weg, Menschen zum Kauf zu bewegen, bestehe darin, ihnen eine Ware genau zu beschreiben, ihre Qualität zu kennzeichnen, ihren Preis zu nennen, ihre Preiswürdigkeit anderen Waren gegenüber hervorzuheben und an das vernünftige Interesse des Käufers zu appellieren. Die Rückversetzung in einen solchen „naiven"

Vorstellunghorizont ist dem Einwand der Weltfremdheit ausgesetzt. Man sollte dabei jedoch nicht vergessen, daß jeder Tauschakt, aud der Kauf einer Ware ist ein socher Akt, zwangsläufig die Forderung der Rationalität enthält, so wenig der einzelne sich dessen auch bewußt ist. Denn indem der Kunde Geld ausgibt, gibt er den Gegenwert seiner eigenen Arbeit, seiner eigenen Anstrengung aus und erwartet bewußt oder unbewußt, daß er für diese Anstrengung einen entsprechenden Gegenwert erhält. Wie irrational oder verrückt die Bedürfnisse, die der einzelne hat, auch immer eingeschätzt werden mögen, er erwartet eine Befriedigung dieser Bedürfnisse, allgemeiner, er erwartet von jedem Kauf eine Befriedigung von Bedürfnissen. Die „naive" Vorstellung von Reklame ist, daß sie die Beziehung der Ware auf die Bedürfnisse des einzelnen herstellt.

Die Krawatten-Muffel-Serie empfiehlt keine Ware. Sie versucht nicht, potentielle Käufer mit einsichtigen, auf die Bedürfnisse bezogenen Argumenten zum Kauf zu ermuntern. Sie appelliert nicht an rationale Interessen und Wünsche. Es gibt Güter, deren Beziehung auf Lebensnotwendigkeiten, Selbsterhaltung, rationales Interesse so wenig durchsichtig ist, daß es ohnehin sinnlos wäre, eine, rationale Begründung und Beziehung auf die Lebensinteressen der Menschen zu versuchen. Krawatten stellen einen traditionellen Bestandteil der Kleidung dar; der Heranwachsende übernimmt in der Regel diese Tradition. Allenfalls in Randbewegungen der Gesellschaft werden solche Traditionen gelegentlich in Frage gestellt: man versucht, Kleidung durchsichtig zu beziehen auf die Zwecke des Schutzes des menschlichen Körpers. Aber in der Regel werden Kleidungsgewohnheiten als Elemente einer eng mit Herrschaft verfilzten Tradition diskussionslos übernommen. Werbung für Waren dieser Art kann sich daher auch nicht auf einsichtige Gründe beziehen, da solche Gründe in der Gesellschaft gar nicht vorhanden sind, außer denen bloßer Konvention: es gehöre sich, eine Krawatte zu tragen. Reklame für Krawatten kann daher nicht sinnvoll versuchen, die Menschen auf vorwiegend oder gar ausschließlich mit rationalen Argumenten zum Kauf zu bewegen.

Die Krawatte gehört zu den Waren, zu denen der Besitzer leicht ein Gewöhnungsverhältnis entwickelt. Er mag sie schön gefunden haben, als er sie aussuchte, und dieses Urteil mag eine gewisse Festigkeit haben gegenüber dem Geschmacksdiktat neuer Moden. Bei ihrem Bemühen, den Absatz neuer Krawatten zu fördern, stieß die Marktforschung der Krawatten-Industrie offenbar nicht nur auf solche Gewöhnungen, sondern auch auf bestimmte festeingewurzelte Vorstellungen von der Anzahl der Krawatten, die ein Mann haben sollte. Sie dürfte gestoßen sein auf Vorstellungen des Selbstverständlichen, in diesem Falle auf K o n s u m – N o r m e n . Solche Normen sind in der Regel gar nicht oder nur halb bewußt, aber sie leiten das Kaufverhalten. Nur wenn einer sich solchen Elementen der Konvention recht mühsam anbequemt, wird er an den

erstaunten Ausrufen („Warum trägst Du keine Krawatte?" — „Du hast ja schon wieder die gleiche Krawatte an!"), an spöttischem Lächeln oder an wohlmeinend-zwangvollen Bekehrungsversuchen erfahren, was in der Gruppe, der er angehört, als Gruppennorm gilt. Mit anderen Worten: Für einen bestimmten Sektor des Verhaltens (hier: der Kleidung) existieren bestimmte Normen, die der einzelne in einem kaum bewußten Anpassungsprozeß lernt und an denen er sein Verhalten orientiert. Wenn er das nicht tut, reagiert die Gesellschaft, repräsentiert vor allem durch den Kreis der Verwandten, Bekannten, Nachbarn und Kollegen, zu dem er gehört, auf dieses abweichende Verhalten mit sozialen Sanktionen. (27) Bei ihrem Bemühen, den Konsum von Krawatten zu steigern, stößt die Industrie auf solche geronnenen Normalvorstellungen. Sie begegnet etablierten Normen des Verhaltens, die die Menschen für selbstverständlich halten und die sie darum auch nicht ändern zu müssen glauben. Diese festgefügten, geronnenen Vorstellungen der Menschen von dem, was richtig und falsch, normal und nicht normal ist, hat der französische Soziologe Durkheim „soziale Tatsachen" (faits sociaux) genannt. Er hob ihre Härte hervor, den Widerstand, den sie demjenigen entgegensetzen, der sie zu ändern sich vornimmt. Was diese sozialen Tatsachen, diese geronnenen Schemata des gesellschaftlichen Lebens der Menschen sind, kann man am besten erfahren, wenn man dagegen verstößt. Dann offenbart sich ihre Macht, und der einzelne erfährt an den Sanktionen, die ihn treffen, die Gewalt der Gesellschaft und die Ohnmacht dessen, der sich ihr widersetzt.
Die Krawattenindustrie hat die unter Männern geltenden Verhaltensnormen in bezug auf den Krawattenbesitz ermittelt. (28) Offenbar stimmten sie mit ihren Interessen nicht überein. Die Männer hielten wohl „zu wenig" für normal. Um den Absatz zu steigern, mußte die Krwatten-Industrie die sedimentierten Verhaltensnormen ändern; sie mußte an die Stelle einer sozialen Norm eine andere setzen. Sie mußte das, was „man" für selbstverständlich hielt, zum Nicht-Selbstverständlichen machen. Das ist nicht leicht. Gesellschaftliche Tatsachen sind widerstandsfähig, und wer sie brechen will, muß außergewöhnliche Mittel anwenden. Die Analyse eines wesentlichen dieser Mittel ist Gegenstand der vorliegenden Untersuchung. Auf Fachterminologie wird verzichtet. Die ausführliche umgangssprachliche Interpretation soll den einfühlenden Nachvollzug erleichtern. Um die alte Verhaltensnorm zu zerstören und die neue als geltend durchzusetzen, stellt das Krawatten-Institut der Verfolgungslust der Menschen einen Schimpfnamen zur Verfügung: wer an seinem traditionellen Verhalten festhält, soll nach dem Vorschlag des Krawatten-Instituts ein „Krawatten-Muffel" genannt werden. Die Erfindung eines Außenseiters, eines Schreckbildes zur Bekämpfung eines bestimmten Verhaltens hat Tradition. Im vergangenen Krieg erfand man den „Kohlenklau", eine Figur, die ebenso wie der Krawatten-Muffel graphisch dargestellt wurde und als negatives Schreckbild (Image)

gestaltet war. Kohlenklau sollte derjenige heißen, der z.B. elektrischen Strom nicht sparsam verbrauchte.

Muffel ist der Name einer in Europa wenig verbreiteten Schafsart; zugleich ist das Wort zur Kennzeichnung eines mürrischen, dümmlichen Menschen geläufig. Daß zur Diffamierung der Name eines Tieres gewählt wurde, ist kein Zufall. Die Wahl von Tiernamen zur Beschimpfung hat Tradition. Tiere gelten als Symbol von Regungen, die der zivilisierte Mensch unterdrücken muß, wenn er in der Gesellschaft akzeptiert sein will. In der Rede vom „inneren Schweinehund", den man besiegen müsse, drückt sich das aus. Der „innere Schweinehund" ist das Symbol, der Inbegriff der Regungen, die den einzelnen, wenn sein Leben in Gefahr ist, zu überkommen pflegen: Feigheit; die Neigung, sich einer Gefahr durch Flucht zu entziehen; Angst vor physischer Verletzung; die Tendenz, andere, Freunde, Kameraden um der Erhaltung des eigenen Lebens willen im Stich zu lassen; es sind elementare, gleichsam naturhafte Reaktionsweisen, die die Erziehung, insbesondere die militärische, auszutreiben oder auszurotten bestrebt ist. Den inneren Schweinehund besiegen, das bedeutet, in einem umfassenden Sinn, sich selbst beherrschen, die Fähigkeit zur Kontrolle dieser und anderer Triebregungen, wie Hunger und Liebe, der Faulheit, dem Sich-gehen-lassen.

Schwein nennt die zivilisierte Menschheit denjenigen, der zum Beispiel sein Essen unkontrolliert und geräuschvoll verzehrt, der „schmatzt" und damit seinen Hunger in einer Weise befriedigt, die ausdrückt, daß er ungebrochene Lust an der Befriedigung dieses Bedürfnisses hat. Mit Tiernamen wird belegt, wer durch sein Verhalten zeigt, daß er in der Triebbeherrschung und Affektkontrolle nicht weit genug fortgeschritten ist. Mädchen, die hemmungslos schwätzen, werden durch den Namen Gänse diffamiert; den Eitlen, der ein Übermaß an Liebe und Verehrung seiner eigenen Person zuwendet, nennt man einen Affen.

Herrschaft über sich selbst gilt als Voraussetzung der Zugehörigkeit zur menschlichen Gesellschaft; die Diffamierung eines Menschen als Tier bedeutet daher virtuell Ausschluß aus der menschlichen Gesellschaft. Bei Menschen, die innerlich schwach sind, deren Erziehung zur Triebbeherrschung mißlungen ist, findet man häufig eine ausgesprochene Empfindlichkeit gegenüber solchen Diffamierungen. Niemand wird gerne Hund oder Schwein oder mit dem Namen eines anderen Tieres genannt. Denn in gewissem — magischen — Sinne bedeutet, ja ist die Bennenung eines Menschen seine Verwandlung in das, als was er bezeichnet wird; nicht jeder ist in der Lage, seiner Benennung als Tier mit den aufgeklärten Worten zu widersprechen, das sei ja nur ein Name. Der Beschimpfte wird an die Mühe erinnert, die er aufbringen mußte, das Unkultivierte zu kultivieren; er fühlt sich womöglich bei unkultivierten Phantasien ertappt; er bekommt Angst und Wut. Doch die Bezeichnung mit einem Tiernamen kann ernster werden: Wenn die anderen den Beschimpften so behandeln, wie sie ihn einschätzen, dann wird der Name zur Realität,

insofern die anderen den als dieses oder jenes Tier bezeichneten in die Rolle drängen, in der sie ihn sehen. Der Schimpfname ist ein erprobtes und wirkungsvolles gesellschaftliches Mittel, den Abweichenden zu diskreditieren und ihn zur Anpassung an die herrschenden Normen zu zwingen. Er gehört zu den Sanktionen, deren die Gesellschaft sich bedient, um dem einzelnen Furcht vor Normabweichung einzujagen. Man findet ihn überall dort, wo Individuen dazu neigen, gegen Gruppennormen zu verstoßen. Als „Pinscher" oder „Uhu" wird der Schriftsteller beschimpft, der offenbar anders denkt und handelt, als es den jeweils herrschenden Gruppen lieb ist. Die Neigung, einzelne Abweichende oder eine von der herrschenden Norm abweichende Gruppe durch diffamierende Namen lächerlich oder verächtlich zu machen, setzte sich auch durch, als die Juden Familiennamen annehmen mußten. Der Antisemit Fritsch, dem das traurige Verdienst zukommt, das „Handbuch der Judenfrage" zusammengestellt zu haben, berichtet wohlwollend von der Diffamierungspraxis der österreichischen Militärkommissionen, in deren Zuständigkeit die Namenserteilung für die Juden lag. (29)
Von dem durch den Schimpfnamen (Krawatten-Muffel) diffamierten Abweichenden entwirft die Anzeigen-Serie ein Bild, ein Stereotyp. Dessen Leistung besteht darin, eine zunächst nur durch *ein* Merkmal gekennzeichnete unbestimmte, zerstreute Zahl von Menschen, die nur in dem ganz äußerlichen Sinne eine Einheit bilden, insofern sie ein Merkmal gemeinsam haben, in eine sozialpsychologische Minorität zu verwandeln – und damit in ein potentielles Objekt von Verfolgung. Das Stereotyp ist ein Bild des Angehörigen einer Gruppe, das mit ganz bestimmten, fixen, unveränderlichen Eigenschaften ausgestattet ist. Die meisten Menschen tragen, ohne es zu wissen, solche Bilder in ihren Köpfen, in denen Neger, Flüchtlinge, Juden, Italiener, Blinde, Deutsche, Kinderreiche als Gruppe mit ganz bestimmten Eigenschaften fixiert sind. Begegnen solche Menschen einem Neger, Flüchtling usw., dann geschieht es leicht, daß sie nicht diese einzelne Person sehen, sondern das Bild, das sie in ihrem Bewußtsein haben; es schiebt sich vor die Realität und bestimmt, was sie wahrnehmen. Die Angehörigen der Gruppen, die solchen fixierten Vorstellungskomplexen begegnen, leiden darunter: „ ‚Sehen Sie', meinte er (der afrikanische Student in Deutschland), ‚wenn man vom Ausland kommt, dann wird man fast immer für dumm gehalten. Die Leute scheinen nicht zu wissen, daß nur ganz qualifizierte Köpfe ausgewählt werden, um hier zu studieren. Äthiopien ist nicht so reich, daß es alle seine Studenten nach Deutschland schicken könnte. Es ist dann sehr bitter und hart, wenn man im Gastland als dummer Schwarzer angesehen und behandelt wird, wie es mir sehr oft geschehen ist, glauben Sie mir.' " (30)
Das Bild des Krawatten-Muffels, wie es in den Anzeigen dargeboten wird, ist mit allen für das Ziel der Verhaltensänderung wünschenswerten, negativen Zügen ausgestattet. Ein charakteristischer Zug seines Bildes ist

Abwehr. Beteuernd legt er die Hand aufs Herz, als wolle er dem Betrachter und zugleich dem Ankläger: der Gesellschaft, versichern, wie sehr er sich im Recht glaube. Zugleich weisen seine dümmlichen, beschränkt selbstzufriedenen Züge darauf hin, daß er unmöglich im Recht sein kann. Er hat eine niedrige Stirn, eng zusammenliegende Augen und entspricht darin der populären Vorstellung von Schwachköpfen und Verbrechern. Sein Lächeln hat etwas Blödes. Wo er in der Serie in Massen dargestellt ist, wirkt er ängstlich, hilflos abwehrend, wie auf der Flucht, als sei er dabei, seine Unschuld zu beteuern, und sich mit seiner Naivität zu rechtfertigen, ohne daß ihm dies noch etwas nütze. Als Millionär erscheint er etwas weniger blöde, dagegen mit leicht energischen Zügen, eine Konzession wohl an herrschende Vorstellungen; als Vater ist er charakterisiert durch eine ernste, beschränkte Würde; als Ehemann wirkt er einfältig. Auf dem Bild, auf dem er in der Stellung eines sich ergebenden Feindes gezeichnet ist, treten die Züge der Dummheit und Beschränktheit scharf hervor. Er erinnert auf diesem Bild an die ausgesuchten Propaganda-Fotos „bolschewistischer Untermenschen", mit denen man im letzten Weltkrieg das Feindgefühl stimulierte. Insofern er seiner Einstellung zur neuen Krawatten-Ordnung durch ängstlich abwehrendes Gestikulieren (Hand aufs Herz, hochgezogene Schultern, abwehrend vorgestreckte Hände, Neigung des Kopfes) Ausdruck gibt, erinnert er vage an die Stereotype von Südländern, Orientalen, Juden; es sind diese Züge seiner Erscheinung, Zeichen von Hilflosigkeit und Ohnmacht, die leicht Gewalttätigkeit und Verfolgungszwang provozieren.

Die Funktion eines solchen Stereotyps ist, in den Konsumenten Furcht davor zu erzeugen, mit diesem Bild, d.h. mit dieser sozialpsychologischen Minorität aus Dummheit, Angst, Ohnmacht und Schwäche identifiziert zu werden. Die Furcht, dieser Minorität zugerechnet zu werden, soll den einzelnen zur Anpassung an die Normen der eigenen Gruppe zwingen. Nach diesem Schema verfährt die Krawatten-Muffel-Serie. Wer sich dem Konsum-Standard nicht fügt, soll von allen Angepaßten zu der eben in ihren Zügen gekennzeichneten Minorität der Krawatten-Muffel gerechnet werden. Die Serie trainiert die Menschen darauf, Probleme des Verhaltens nach dem Schema „Wir und die anderen" zu sehen, einem Grundschema vorurteilsvoller Mentalität. Die unausgesprochene Botschaft der Anzeigen-Serie des Krawatten-Instituts heißt: Wage es, dich nicht nach den Normen zu verhalten, die wir setzen, und die alle Welt schon akzeptiert hat – und du wirst zu einer dummen, ohnmächtigen, hilflosen Minorität gehören; du wirst verachtet und einsam sein. Mit der Aufrichtung des Stereotyps vom Krawatten-Muffel wird die Männerwelt in Schafe (=Gute, Angepaßte) und Böcke (=Böse, Abweichende) aufgeteilt. Der Böse ist der Krawatten-Muffel: er „trägt immer nur die gleichen Krawatten". Er kommt seinen Konsumpflichten nicht nach. Ihm wird der Gute gegenübergestellt: der „Mann, der auf sich hält, besitzt zu jedem Anzug drei, vier passende Krawatten. Er wechselt sie regelmäßig – und das fällt angenehm auf." Der brave Konsument soll sich mit den „Guten" identifizieren, die „Bösen" dagegen verabscheuen. Das Kollektiv der Angepaßten soll seine Wir-Gruppe sein, die Abweichenden, die Fremdgruppe, von der er sich distanzieren soll. Jeder Mann gehört nach dieser Schematisierung entweder zur einen oder zur anderen Kategorie: konformer Mensch oder Muffel-Tier. Einteilungen dieses Typs gehören zur Grundstruktur der vorurteilsvollen Mentalität, zu deren Festigung, im Interesse wirtschaftlicher Zwecke, Reklame das ihre beiträgt. In der Gleichsetzung des bösen Abweichlers mit einem Tier und in der starren Unterscheidung von Schafen und Böcken, Angepaßten und Unangepaßten, Freund und Feind greift die Serie hier auf eine Bewußtseinsstruktur zurück, die im kollektiven Denken eine lange Tradition und in der Politik eine verhängnisvolle Rolle gespielt hat. In dieser Mentalität wurde auch im SS-Hauptamt gedacht. (31)

Reklame packt die Menschen bei ihrer Angst aufzufallen, letztlich bei der Furcht vor sozialer Isolierung, vor dem Ausgestoßenwerden, vor dem gesellschaftlichen Tod. Sie rührt in vielfältiger Weise an die Gefühle von Angst, Ohnmacht und Schwäche, die sich aus den politischen Erfahrungen der Vergangenheit im kollektiven Unbewußten sedimentiert haben und durch die faktische Ohnmacht der Menschen in der gegenwärtigen Gesellschaft unablässig reproduziert werden. Zugleich liefert Reklame Verhaltensschemata zur Bewältigung dieser Affekte.

„Paapaa — die sagen, Du bist ein Krawatten-Muffel!"

Diese Schlagzeile einer der Anzeigen beschwört das Bild einer häuslichen Szene, einer Szene, die geschehen sein könnte — auch beim Leser. Der Satz ist einem Kind in den Mund gelegt, einem Sohn. Der Mann, der ihn liest, wird in seiner Rolle als Vater angesprochen: sein Kind kommt ins Haus gelaufen; die Spielkameraden haben den Vater diffamiert.

Es bleibt dem Leser überlassen, sich die Szene auszumalen. Der Satz bietet, ebenso wie der Text, der folgt, Rahmen und Ansatzpunkt für die Phantasie, die Szene als ganze aus der eigenen Vorstellungswelt zu vervollständigen. Die Szene, welche das angebotene Fragment ergänzend vorgestellt, wird eine Funktion seiner inneren Stimmung, seiner Erfahrung sein. Jede Anzeige appelliert an kollektive Stimmungen, Regungen, Erfahrungen, an die durchschnittliche sozialpsychologische Lage derer, an die sie sich wendet. Die Phantasie der Konsumenten von Kommunikationen einer Anzeige vervollständigt deren fragmentarische Andeutungen — das Bild, die Schlagzeile, den kurzen Text — auf der Basis der jeweiligen affektiven Struktur. Ihre Bedeutung empfängt sie aus dem Bewußtsein und Unbewußten des Konsumenten. Die Vervollständigung, die hier entworfen wird, ist konstruiert aus den Elementen der Anzeige und aus mutmaßlichen Erfahrungszusammenhängen und affektiven Strukturen von Menschen heute. Sie berücksichtigt die zeitgeschichtliche Erfahrung der totalitären Systeme und die umfassende Abhängigkeit des einzelnen heute in seiner Stellung als Arbeitnehmer.

Der Vater wird sich vorstellen können, aus seiner eigenen Erfahrung als Kind, was dieser Satz im Munde eines Kindes bedeuten kann. Vielleicht will das Kind damit sagen: ich habe Angst, daß die anderen nicht mehr mit mir spielen wollen, weil ich einen Vater habe, der a n d e r s als die Väter meiner Spielkameraden ist. Sie geben ihm einen Schimpfnamen, den ich nicht recht verstehe; ich wünschte, sie nennten ihn nicht so. Ich fühle mich ausgestoßen, scheint es zu sagen, weil man in mir das Kind eines Außenseiters erkannt hat. Warum bist du nicht so wie die anderen, die Väter meiner Spielkameraden? Würdest du dich anpassen, dann wäre ich wieder aufgenommen in der Gesellschaft der Gleichaltrigen. Willst du nicht aufhören, ein Krawatten-Muffel zu sein, aus Liebe zu mir, zu deinem Kind?

Die Anzeige packt den einzelnen bei seinen privatesten Regungen, bei der Liebe zu seinen Kindern, um ihn zur Anpassung zu zwingen. Sie suggeriert ihm, er könne in dieser Zwangssituation sein. Sie benutzt Beziehungen der Privatsphäre, verwendet sie als Mittel zur Herstellung von Konformität. Im Mann soll das Gefühl erzeugt werden, er hafte durch seine Konsumgewohnheiten für den Status und die Beliebtheit seines Kindes in der Spielgruppe. Das Kind übermittelt die latente Drohung der Gesellschaft an den Abweichenden, die Drohung des unsichtbaren und doch allgegenwärtigen Kollektivs. Die Angst des ohnmächtigen einzelnen vor diesem vagen Kollektiv von Vorgesetzten, Kollegen, Freunden, Nachbarn, Bekannten – letztlich: in einem gesellschaftlichen und politischen System „unerwünscht" zu sein – wird von der Serie manipuliert. Sie setzt Angst als Potential, das jederzeit aktiviert werden kann, beim einzelnen voraus. Sie verstärkt sie, indem sie das Bewußtsein sozialer Kontrolle wachhält.

Die Annahme der weiten Verbreitung solcher Angst in der Gesellschaft ohnmächtiger Arbeitnehmer kann als realistisch gelten. Befunde aus der Marktforschung deuten daraufhin. (32) Die folgenden Antworten aus einer Befragung dürften dem durchschnittlichen Reaktionstypus auf die gegenwärtige sozioökonomische Lage entsprechen:

„(Was meinen Sie, was bewegt den Menschen heute innerlich am meisten?) ‚Als erstes die Angst. Aber nicht nur die Angst, sondern es ist eine große Unsicherheit. Und dann das Materielle, daß es heute darauf ankommt, daß der Mensch sich heute mehr von äußerlichen Dingen berühren läßt und nicht mehr den ruhenden Pol in sich selber und in der Gemeinschaft Gleichgesinnter sucht.' (Was würde ihn am glücklichsten machen?) ‚Wahrscheinlich die Tatsache, daß es sich ohne Atombomben besser leben ließe und ohne die tiefe Kluft zwischen Ost und West. Am meisten Freude macht dem Menschen von heute das Geld und eine ruhige, gesicherte Zukunft. Weniger krasse Unterschiede zwischen den einzelnen Schichten. Vielleicht wieder zum Alten zurückfinden, ohne die typische Treibjagd der heutigen Zeit weiter mitzumachen.' (Was fürchtet der Mensch von heute am meisten?) ‚Einen Krieg und den wirtschaft-

lichen Ruin. Wie er am besten seine fälligen Wechsel bezahlen kann, um sich dann noch mehr auf Abzahlung zu kaufen. Und daß der Nachbar eventuell etwas mehr Geld verdient, könnte ihn auch verdrießen.' " (33) Diese Antworten eines 40jährigen Autoverkäufers enthält die zentralen Motive des Reaktionssyndroms, wie es sich auch, nach der Darstellung von Kleining, aus der gesamten Untersuchung ergibt. Kleining unterscheidet zwischen dem Gefühl der Angst, (34) dem Bewußtsein der Unsicherheit der wirtschaftlichen Existenz (35) und dem Gefühl der Ohnmacht gegenüber dem herrschenden System. (36)
Die sozialpsychologischen Strukturen, die sich in diesen Befragungsergebnissen zeigen, stimmen in vielem überein mit der Charakterisierung der affektiven Lage der Menschen in der gegenwärtigen Gesellschaft, wie sie Erich Fromm in seinem Buch „Die Furcht von der Freiheit (Frankfurt/Main 1966) in den zwanziger und dreißiger Jahren an anderem psychoanalytischen und ideologischen Material erarbeitet hat. Wäre die Angst als dominierende affektive Grundstimmung nicht vorhanden, so wäre kaum verständlich, warum sich auch die politische Reklame in Wahlkämpfen so sehr auf das Versprechen von Sicherheit beschränken kann. Daß es sich bei der Annahme extremer Sicherheitsbedürfnisse in der Bevölkerung nur um die Wahnvorstellungen einer Minorität von Wahlmanagern und ihrer Berater handeln soll, ist angesichts der Durchrationalisierung der Wahlkämpfe zu bezweifeln.
Die Inhaltsanalyse der Krawatten-Muffel-Serie geht von der Annahme aus, daß sich in ihren Inhalten die durchschnittlichen psychologischen Neigungen der Menschen widerspiegeln. Sie folgt darin der sogenannten Reflexionshypothese, die, Untersuchungsbefunden zufolge, noch die sinnvollste Hypothese über die Beziehung zwischen Reklame und Publikum ist. (37) An die Angst vor einer Krise, vor Entlassung, vor ökonomischer und sozialer Isolation schließt sich unmittelbar die Angst vor dem Auffallen an, denn Auffallen heißt, im Krisenfall entlassen werden können. Das ist die Angst, deren die Serie sich bedient.
Nur auf der Basis der dargestellten sozialpsychologischen Situation wird die dem Vater zugeschriebene Reaktion auf die angstvolle Feststellung des Kindes verständlich. Die Anzeige erteilt dem Vater den Rat, das Kind davon zu überzeugen, daß der vom Kind übermittelte Verdacht ungerechtfertigt ist; sie zeigt, wie man einen derartigen Verdacht vor sich abwendet:
„Bleiben Sie ruhig. Lächeln Sie. Führen Sie den Sohn zum Kleiderschrank, zeigen Sie ihm, daß Sie zu jedem Anzug zwei, drei passende Krawatten haben. Sagen Sie ihm, daß ein rechter Mann nie die von gestern umbindet – ab jetzt kann ja Ihr Sohn mit darauf aufpassen. Versprechen Sie ihm zum Geburtstag selber eine, und dann schicken Sie ihn wieder spielen. Halt – zeigen Sie ihm vorher, wie man jemand in den ‚Schwitzkasten' nimmt."
Nur wenn der Mann Angst hat, ist eine solche Reaktion schlüssig. Es wäre

ja auch möglich gewesen, das Kind mit der Bemerkung, die Kleidungsgewohnheiten des Vaters ginge die Spielkameraden nichts an, zu diesen zurückzuschicken. So aber stellt sich der Vater als ein Mensch dar, der sowohl aus der Angst um die Anerkennung seines Kindes in der Spielgruppe, als auch aus der eigenen Angst vor der Gesellschaft diese Art von Kontrolle über sich ergehen läßt. Er verteidigt seine Privatsphäre nicht gegen den Anspruch des Kollektivs, das Verhalten in dieser Sphäre zu regulieren. Er gibt klein bei. Er läßt die Einmischung über sich ergehen. Löst man dieses (von der Anzeige vorgeschlagene) Reaktionsmodell vom Einzelfall ab und formuliert es allgemein, so heißt es: wenn irgendwelche Kollektive durch das Medium von Personen, die dir nahe stehen, dein Verhalten kritisieren, so demonstriere entweder, daß die Kritik unberechtigt ist oder passe dich an das vorgeschriebene Verhalten an. Es ist eine wesentliche infantile Reaktionsweise, die dem Vater hier zugedacht ist. Er z e i g t seinem Sohn den Kleiderschrank. Er beschränkt sich nicht darauf, dem Sohn zu sagen, daß er genügend Krawatten besitzt. Der Sohn ist sowohl von seinem eigenen Kollektiv abhängig, also ohnmächtig, als auch Agent der sozialen Kontrolle, eine Doppelrolle, wie sie für den einzelnen in totalitären Systemen charakteristisch ist. (38) Ob die Leser die analysierte Anzeige *tatsächlich* in dem umrissenen Sinne vervollständigen, läßt sich durch die Inhaltsanalyse nicht ermitteln. Sie kann nur die mutmaßliche Gesamtstruktur herstellen, auf der der Werbetext basiert.

Daß sich die kommunikative Bedeutung einer derartigen Anzeige allein auf dem Hintergrund eines weiten und diffusen Erfahrungszusammenhangs, wie er skizziert wurde, entfaltet, läßt sich durch ein Gedankenexperiment demonstrieren. Man denke sich diesen Erfahrungshintergrund und die beschriebenen Gefühle weg und vergegenwärtige sich den bloßen Inhalt der Anzeige. Allein die fingierte Wirklichkeit, ein Kind könne von seinen Spielkameraden auf die Krawatten-Gewohnheiten seines Vaters aufmerksam gemacht werden, die Kinder benutzen den vorgeschlagenen Schimpfnamen und der Angegriffene laufe zu seinem Vater, ist einigermaßen weltfremd. Die Glaubwürdigkeit der Szene wird erzeugt durch die ängstliche Erwartung von Kritik seitens der Gesellschaft. Symptom dafür ist, daß dem Vater unterstellt werden kann, er reagiere auf die leisesten Signale solcher Kritik mit Rechtfertigung. Daher erscheint es als möglich und realitätsgerecht, daß der Vater unverzüglich seinem Sohn demonstriert, daß die Kritik unberechtigt war.

Die Methode, affektive Beziehungen zwischen Menschen, die sich nahestehen, zur Erpressung im weitesten Sinne zu benutzen, ist aus den totalitären Systemen bekannt. Die Hoffnung von Eltern, daß ihre Kinder einen Platz in der Gesellschaft finden werden, wird hier zum Objekt von Manipulation. Eltern wissen, daß der Erfolg ihrer Kinder in der Gesellschaft nicht nur von ihnen abhängt, sondern daß darüber die Urteile unbestimmt vieler anderer entscheiden. Es muß ihnen – unter den gegenwärtigen Bedingungen, in denen auch Verfügung über Privateigentum eine unabhängige Existenz nicht mehr in dem Maße wie früher garantiert – daran gelegen sein, daß die Kinder in der Gesellschaft Anerkennung finden, zunächst in den Spielgruppen, den ersten Repräsentanten dieser Gesellschaft.

In seinen Untersuchungen über die neueren sozialpsychologischen Tendenzen in der amerikanischen Gesellschaft ist Riesman auf die Angst der Eltern vor mangelnder Normalität, also mangelnder Anpassung an kollektive Normen bei ihren Kindern gestoßen: „Bei einem vierzehnjährigen Jungen bestand anscheinend ein echtes musikalisches Interesse, er spielte Klassiker auf dem Klavier. Seine Mutter erklärte dem Interviewer, daß sie ihm nicht erlaube, zuviel zu üben, damit er nicht gegenüber den anderen Jungen auf- oder abfiele, sie wollte, daß er sich im Sport hervortat. ‚Ich hoffe, er bleibt ein normaler Junge', sagte sie." (39) Die Spielgruppe ist das erste Kollektiv, das den Spielkameraden, in aller Regel aber wohl kaum dessen Eltern, an gesellschaftlichen Normen mißt. Nur wenn man annimmt, wie es in der Anzeige geschieht, daß die Kinder selbst schon Angst haben, mit Außenseitern identifiziert zu werden, ist es einsichtig, daß sie auch den Eltern des Spielkameraden den Paß sozialer Konformität abverlangten.

Für den Typus solcher sozialer Angst bei Kindern gibt Riesman, dessen Befunde auch für die Entwicklungstendenzen in unserer eigenen Gesellschaft bedeutsam sind, ein Beispiel. Auf die Frage, welcher Comic-Held ihm am besten gefällt, antwortet ein 12jähriges Mädchen: „*Antwort:* Ich mag Superman lieber als die anderen, weil sie nicht alles das können, was Superman kann. Batman kann nicht fliegen, und das ist sehr wichtig. *Frage:* Möchtest Du denn fliegen können? *Antwort:* Ich möchte wohl fliegen können, wenn die anderen (Kinder) es auch können, aber so wäre es verdächtig." (40)

Die Spielgruppe, so wird in der Anzeige fingiert, übt tatsächlich Kritik am Konsumverhalten und den Gewohnheiten der Eltern und zieht daraus Konsequenzen in Bezug auf die Mitgliedschaft des Kindes in der Gruppe. Die Schlagzeile suggeriert, daß das Kind gerade nach Hause gelaufen ist und dem Vater schnell und aufgeregt berichtet (dies wird vor allem im Druck hervorgehoben), wes die Spielkameraden ihn beschuldigt haben. Die Idee einer solchen Szene ist symptomatisch für das Ausmaß sozialer Angst, das in der gegenwärtigen Gesellschaft herrscht. Die Erwachsenen projizieren ihre eigene Angst auf die Kinder: schon diese wollen nichts zu tun haben mit Gleichaltrigen, die aus nichtangepaßten Familien kommen. Die Spielgruppe ist hier nur ein Modellfall für die übrigen peer-groups. Nicht nur die Krawatten-Muffel-Serie bedient sich dieses Mechanismus. Vor einigen Jahren setzte auch die KABA-Reklame in der Radio-Werbung (Hessischer Rundfunk) die Angst vor dem Ausschluß als Mittel zur Anpassung an Konsum-Normen ein. Eine Szene stellte spielende Kinder dar, ein weiteres Kind kam hinzu: „Kann ich bei Euch mitmachen? " –

„Ja, aber erst eine Frage. Ich trinke Kaba. Was trinkst Du?" Die Zugehörigkeit zur Spielgruppe wird unausdrücklich geknüpft an die Bedingung der Konformität mit einer Konsum-Norm, deren Erfüllung in der Regel nicht vom Kind, sondern von den Eltern abhängt. Das Kind soll das Konsumverhalten der Eltern beeinflussen. Auch hier wird die Sorge der Eltern um die gesellschaftliche Anerkennung des Kindes, die Liebe zum Kind für ökonomische Zwecke instrumentiert.
Totalitäre Systeme der Gegenwart haben die Gruppen der Gleichaltrigen, die staatlich anbefohlenen Kameradschaften und Freizeitkollektive, auch die Schulklassen, zur sozialen Kontrolle in der Privatsphäre eingesetzt. Kinder und Jugendliche eignen sich deswegen für solche Kontrolle gut, weil sie die offiziell diktierte Weltanschauung nicht kennen und daher auch nicht zwischen den angepaßten und abweichenden Meinungen der Eltern unterscheiden können. Dieser Umstand wird in den Kinder- und Jugendgruppen mehr oder weniger systematisch ausgenützt. Kinder und Jugendliche, die im Umgang mit der Macht noch nicht trainiert sind, kann man leicht zum Plaudern bringen. Ihre Naivität, ihre mangelnde Unterscheidungsfähigkeit zwischen dem Privaten und dem Öffentlichen, macht sie zum unschuldigen Spitzel. Der Jugendkult der totalitären Systeme hat seine kalkulierte Stelle im System der Herrschaft. Er bedient sich der stets vorhandenen rebellischen Tendenzen der Jugendlichen, ihres Willens, sich der elterlichen Kontrolle zu entziehen, des Willens, selbst Macht zu haben, und zugleich der sozialen Angst der Kinder und Jugendlichen vor den eigenen Kollektiven. Die Gewalt von Sätzen wie „Paapaa – die sagen Du bist ein Krawatten-Muffel" ist vermittelt durch die dunkle Erinnerung an den totalitären Schrecken, der im kollektiven Bewußtsein noch gegenwärtig ist. (41)
Die kalkulierte Manipulation privater Beziehungen wird auch an einer anderen Anzeige der Serie deutlich. Hier ist es die Liebe zwischen Mann und Frau, die im Interesse der Konsumkontrolle eingesetzt wird. „Hilf ihm, Luise," lautet die Schlagzeile. „Er vergißt's doch immer. Immer wieder trägt er die von gestern." Die Anzeige appelliert an die Angst der Frau, der Mann könne draußen – vor allem ist dabei wohl an die Berufsphäre gedacht – zum Außenseiter werden, damit potentiell zum Entlassenen. „Willst Du, daß sie ‚Krawatten-Muffel' zu ihm sagen?" fragt die Macht in scheinheiligem Zynismus. Sie hat den Schinpfnamen in ihrem Interesse gefunden und beruft sich darauf, als sei er der Volksseele entsprungen. Die Anzeige appelliert an die Eitelkeit der Frau; nein, sie will nicht, daß man Krawatten-Muffel sagt: „Zu ihm, der Tiere liebt und stets sein Auto pflegt und nichts auf die Familie kommen läßt." Die Serie versichert der zur Kontrolle ausersehenen Frau, daß der Mann doch sonst so angepaßt ist, ein guter Mensch, da er doch Tiere liebt – als wäre Hitler, der die umfassendsten Mordbefehle gegeben hat, nicht ein Hundenarr gewesen –, ein guter Mensch, da er doch nicht die geforderte Loyalität und Traute der Frau gegenüber vermissen läßt; sie soll, im

Bewußtsein seiner allgemeinen Konformität, noch die letzten ungebändigten Gewohnheiten austreiben helfen. Hier wird nicht auf die Liebe, sondern auch auf die durchschnittliche Schwäche der Frau spekuliert. Sie ist in ihrem gesellschaftlichen Statuus von dem ökonomischen Status des Mannes abhängig und daher an seiner Beliebtheit in der Berufssphäre auf eine abhängige Weise interessiert. Auch sie muß ängstlich besorgt sein, daß man den Ernährer in der Firma leiden kann, und an dieser ängstlichen Sorge kann der Hebel ansetzen. Die Serie führt eine Art Sippenhaftung ein. Der Mann soll von Frau und Kindern unter Druck gesetzt werden. Er soll an ihr Interesse denken, an ihre Liebe zu ihm und sich der Macht der Gesellschaft beugen.

Auch in der Rolle des Liebhabers, des Werbenden in der erotischen Konkurrenz soll der Mann das Fürchten vor der Gesellschaft lernen. Eine Anzeige ermuntert die Mädchen, Agenten der Konsumkontrolle der Krawatten-Industrie zu sein: sie sollen das Konsum-Verhalten ihrer Bewerber überprüfen und sie zur Anpassung bewegen: ,,Mädchen, macht den Drei-Tage-Test! Trefft den Mann, der Euch gefällt, drei Tage hintereinander – und merkt Euch beim ersten Mal seine Krawatte. Wenn er sie am zweiten Abend wieder trägt – das kann noch Zufall sein. Aber am dritten Abend noch einmal: Dann ist es klar, daß vor Euch ein Krawatten-Muffel steht. Nun kommt es darauf an. Entweder ihr mögt ihn sowieso nicht. Oder aber ihr wollt längere Zeit mit ihm Staat machen. Dann muß er, – früher oder später – schonend darauf hingewiesen werden, daß ein Mann wie er doch wirklich öfter die Krawatte wechseln sollte. (Aber bitte: Ganz behutsam. Eigentlich weiß er es nämlich selber. Er vergißt's nur immer.)" Hier ist es unmittelbar die Angst vor dem Liebesentzug, die zum Mittel der Anpassung wird.

Die Serie regt den einzelnen an zur Jagd auf sich selbst, zur freiwilligen Selbstkontrolle. Sie gibt Rezepte aus, ,,wie man einen Krawatten-Muffel erwischt." Nämlich: ,,Ganz einfach: Man sortiert die Krawatten, die im Kleiderschrank hängen. Links die nutzlosen, die nie ans Tageslicht kommen; rechts die ,aktiven', die wirklich getragen werden. Nun kommt's drauf an: Wenn rechts nur drei hängen – Muffel im Haus! Wenn es fünf sind – immer noch große Muffel-Gefahr. Erst wer für jeden Anzug mehrere Krawatten hat – der ist ein Mann, der etwas auf sich hält. Den kann keiner mehr erwischen."

So wird der einzelne zur ,,Identifikation mit dem Angreifer" (42) ermuntert. Er soll sich selbst zum Verfolger der eigenen Abweichung machen. Er darf dem Krawatten-Institut noch dankbar sein, wenn es ihm Ratschläge erteilt, wie er sich vor der Rolle des Verfolgten retten kann. Immer wieder ist es die Angst, an die appelliert wird, die Angst vor einem unsichtbaren, allgegenwärtigen, vage drohenden Kollektiv, das einen erwischen kann. Die Serie mimt den Gestus des Wohlmeinenden, der dem Freund zur Vernunft rät, da gegen die stärkeren Bataillone doch nichts ausgerichtet werden könne. Der untergründige Tenor ist: wage nur,

ohnmächtiger, kleiner Wicht, gegen die Normen der allmächtigen Gesellschaft zu verstoßen. Dann wirst du schon sehen, wo du endest; du wirst isoliert sein von allen, niemand wird dich mögen, keiner wird dich anstellen; wirst du überhaupt dein Leben erhalten können? Was nützt denn der Widerstand? Du gehörst ja jetzt schon zu einer Minderheit, du fällst ja immer mehr auf, mach mit, dann wirst du die Angst verlieren, du wirst dich wohlfühlen, und alle werden dich lieben.
„Gib doch auf, Krawatten-Muffel!" heißt es in einer Anzeige. „Schau, die Krawatten-Muffel werden immer weniger. Nur in entlegenen Gegenden gibt es noch vereinzelte Bestände. Und je weniger die Krawatten-Muffel werden, desto mehr fallen sie auf. Sicher, man ändert seine Gewohnheiten ungern über Nacht. Andererseits sind wir uns doch einig: Täglich Krawatte wechseln gibt tatsächlich Sicherheit. Zwei, drei passende Krawatten zu jedem Anzug ist tatsächlich ein gutes Gefühl. Man sollte sich das alles nicht entgehen lassen, guter Freund. Es ist nur eine Sache des Entschlusses."
Widerstand gegen die Anpassung an die neue Kleiderordnung in Gestalt traditionellen Konsumverhaltens, wird aus der Sicht der Umsatzsteigerung zur menschlichen Schwäche, die zu überwinden ist. Die Schlagzeile „Der Krawatten-Muffel steckt in uns allen" bekundet scheinbar verständnisvolle Hinnahme solcher Schwäche. Wohlwollend ausgelegt meint das: gewiß, es fällt uns allen schwer, den Anforderungen der Gesellschaft zu genügen; es ist ja verständlich, daß man vielleicht einmal ein bißchen nachlässig ist. Es klingt wie ein Zugeständnis an die Unvollkommenheit des Menschen. Aber auch der mahnende, leise drohende Unterton ist unüberhörbar: der Einzelne soll zwar wissen, daß die Gesellschaft mit seiner Schwäche rechnet, mit seiner Unlust, sich ihren Normen zu beugen, aber Konzessionen sind immer nur bedingt: solchen Schwächen darf eigentlich nicht nachgegeben werden; solche Nachlässigkeit, Vergeßlichkeit, Gedankenlosigkeit darf man erst gar nicht aufkommen lassen. Die verständnisinnige Erinnerung an menschliche Schwäche ist gekoppelt mit dem Appell, nicht in eine gleichsam vorkapitalistische Zufriedenheit zurückzufallen: „Wenn wir Männer eine Krawatte haben, die wirklich gut zum Anzug paßt, sind wir stolz und zufrieden. Meistens vergessen wir darüber, daß zu diesem Anzug bestimmt noch mehr Krawatten passen – und daß es uns eigentlich zukommt, ein bißchen vielseitig zu sein. Deshalb: wer kein Muffel sein will, sollte zu jedem Anzug zwei, drei passende Krawatten haben — regelmäßig wechseln!"
Zur Überwindung solcher Anpassungsschwäche wird der einzelne zu wacher Konzentration aufgerufen. Schon zu Beginn des Tages soll er an seine sozialen Pflichten denken. Der halbwache Zustand vor dem Frühstück gilt als gefährlich, weil man in diesem Zustand allzu leicht in das gewohnte Verhalten zurückfällt: „Der Krawatten-Muffel entsteht vor dem Frühstück. Wenn Sie beim Anziehen nicht daran denken, sind Sie den ganzen Tag ein Krawatten-Muffel. Am Frühstückstisch ist schon alles

entschieden. Entweder Sie haben eine andere um als gestern — dann ist alles in Ordnung. Oder Sie haben die genommen, die man noch vom Tag vorher kennt — dann wird es leider ein Muffel-Tag. Das ganze Kunststück ist, im rechten Augenblick daran zu denken: Am Morgen, vor dem Frühstück, wenn Sie den Kragenknopf zumachen."
Die Serie propagiert den Außengeleiteten, (43) den von Riesman geschilderten Sozialcharakter der Industriegesellschaft, als gesellschaftliches Ideal, einen Typ, der offenbar in der westlichen Gesellschaft im Vordringen ist. Es ist ein Mensch, der, wie es in der Anzeige heißt, weiß, was er sich selbst und anderen schuldig ist. Riesman hat die Psychologie des außengeleiteten Typus, der hier vorausgesetzt und gezüchtet wird, mit einem Radargerät verglichen. Die Wachheit, die von diesem Typ verlangt wird, ist die Fähigkeit des empfindsamen und schnellen Reagierens auf Signale von außen. Das Zuchtziel der Serie ist der wache, wendige Anpasser, der Erfolg hat und alles von ihm Geforderte leistet.
Keiner soll, so lautet die manifeste Botschaft einer Aussage auf den ersten Blick, vom Zwang der dekretierten Normen der Mode ausgenommen sein. Die Serie zielt auf totale Erfassung der Konsumenten. Darum sollen auch diejenigen sich anpassen, die sich eine Abweichung vielleicht noch leisten können. „Vom Millionär, der ein ‚Krawatten-Muffel' ist" erzählt die Reklame-Story: „Es geht ihm genau wie den anderen Gedankenlosen — er vergißt einfach, seine Krawatte zu wechseln. Oft trägt er eine ganze Woche lang dieselbe. Da sieht man: Reichtum schützt vor Muffel nicht. Andere Männer, die keine Millionäre sind, haben längst zu jedem Anzug zwei, drei passende Krawatten. Sie wissen eben, was ein Mann sich schuldig ist. Uns seiner Frau. Und auch den anderen Leuten. Traut sich denn keiner, das dem Millionär zu sagen?" Selbst der Millionär, der durch das Maß seiner Verfügung über Reichtum in der glücklichen Lage ist (oder sein könnte), sich weniger um das Urteil der Gesellschaft zu kümmern, soll sich dem Standard fügen. Es soll keine Ausnahmen geben: das Ideal ist die Einheit der Konsumenten, die Einförmigkeit des Konsums, die Uniformität. Auch darin ist die Serie dem Totalitären nahe.
„Traut sich denn keiner, das dem Millionär zu sagen?" Die Reklameerzeuger kennen die gesellschaftliche Praxis: Abhängige sind leichter zur Anpassung zu zwingen als Unabhängige. Wer den Verfügungsgewaltigen etwas sagt, riskiert seine Stellung. Die Frage, ob sich denn niemand traue, den Millionär auf seine Abweichung aufmerksam zu machen, rührt an das Ressentiment von Abhängigen, die in der Regel Kritik unterdrücken und aus Angst schweigen. In den Stories über Privilegierte, die in den Illustrierten ausgebreitet werden, erfährt der kleine Mann gelegentlich, daß diese den gesellschaftlichen Normen weniger scharf unterworfen sind als er selbst, weil sie sich Abweichungen, etwa Scheidungen, ökonomisch leisten können. Sie mögen auch den informellen Kleiderordnungen der Gesellschaft nicht so scharf unterworfen sein wie er. Die kleine Freiheit

erregt den Neid und das Ressentiment, dessen man sich hier bedient. Man stimuliert den Willen des Heeres der Angepaßten, auch den letzten Störrischen noch auf das Normalmaß zu bringen.
Die politische Propaganda ist solchen Wünschen schon immer mit Scheinbefriedigung entgegengekommen. „Eintopf auch beim Reichskanzler" heißt die Unterschrift zu einem Propagandafoto, (44) auf dem Hitler und andere Führer in der gerade spartanischen Atmosphäre der Reichskanzlei das Spargericht der Gefolgschaft zu sich nehmen. Schließlich ist es doch die Gefolgschaft, für die solche Konsumordnung wirklich gilt, und die Kritik, zu der hier aufgerufen wird, richtet sich in der Regel gegen die, die man gefahrlos kritisieren kann: gegen Untergebene und Abhängige.
Die Wahl des Millionärs als eines Objektes von Kritik knüpft an bestimmte Züge im Konsumverhalten von Oberschichten an, die insbesondere Veblen (45) analysiert hat. Obwohl im Durchschnitt gesellschaftlicher Status heute durch Konsum demonstriert wird, kann für bestimmte Sektoren des Konsumverhaltens, auch Konsumabstinenz ein Ausweis gesellschaftlicher Stellung sein. Das bezieht sich namentlich auf Kleidung. Der ökonomisch Unabhängige kann diese Unabhängigkeit, sein Privileg, damit demonstrieren, daß er sich als frei gegenüber gesellschaftlichen Normen ausgibt. So ist die Erscheinung zu erklären, daß in den höheren Statusgruppen gelegentlich alte Kleidungsstücke lange getragen werden, selbst wenn sie schon, nach durchschnittlicher Anschauung, abgetragen sind. Der Kenner von Kleidung vermag in der Regel doch noch deren Qualität zu erkennen oder aber dieses Statuszeichen spielt für die soziale Ehre des Betreffenden gar keine Rolle, da er aufgrund seiner ökonomischen Stellung und aufgrund seiner sonstigen Ehrenpositionen ohnehin genug Prestige besitzt.
Konsumabstinenz auf bestimmten Sektoren, die auf negative Weise gesellschaftlichen Status demonstrieren, stößt dann gelegentlich bei denjenigen, die den Sinn solchen sozialen Verhaltens verkennen, auf Kritik. Für den Kritisierten bedeutet solche Kritik je nachdem, ob er sich der wirklichen Funktion seines eigenen Verhaltens bewußt ist, einen wirklichen Angriff oder eine Bestätigung seiner sozialen Stellung. Der SPIEGEL (46) veröffentlichte den Brief eines Angestellten an das Krawatten-Institut, aus dem zu entnehmen ist, wie in einem Fall modische Abstinenz die Aggression des Kollektivs auf den einzelnen lenkt. Der Brief klingt fast wie erfunden, aber selbst wenn er es sein sollte, ist er gut erfunden und bezeichnet eine mögliche sozialpsychologische Konstellation. Die Erfahrung, von der in diesem Brief berichtet wird, zeigt, daß der Stereotyp vom Krawatten-Muffel tatsächlich gut geeignet ist, ein gewisses Maß von aggressiver Triebbefriedigung zuzulassen, selbst gegen Menschen, die in der Statushierarchie höherstehen. Die Kritik an Kleidungsgewohnheiten wie die Kritik an Konsumgewohnheiten von anderen Menschen ist wohl überhaupt ein relativ ungefährliches

Feld. Die Popularität, die das Muffel-Stereotyp, auch für andere Sektoren des Verhaltens, gewonnen hatte, ist ein Index dafür, daß es als Medium der Abfuhr von Aggressivität geeignet ist.

Konsumkritik, darauf hat Canetti (47) hingewiesen, ist überaus verbreitet. Canetti nennt dieses Phänomen die Urteilskrankheit. Die „Freude am Aburteilen" sei allen vertraut. (48) Der Aburteilende gebe sich den Anschein, als habe er etwas Sachliches zu sagen. Dieser Schein wird dadurch gestützt, daß der herrschende Geschmack immer als der „richtige" Geschmack erscheint. Er gewinnt, kaum daß er sich allgemein durchgesetzt hat, die Qualität einer objektiven Norm. Erst wenn die neue Mode herauskommt, zerfällt dieser Schein; dann erscheinen die alten Modelle häßlich. Es ist die gesellschaftliche Macht, das „thirty-million-Americans-can't-be-wrong", die diesen Urteilen den Schein von Objektivität verleiht.

Das Aburteilen macht Spaß, und darauf beruht auch die Empfänglichkeit für das Krawatten-Muffel-Stereotyp. „Es ist eine harte und grausame Freude, die sich durch nichts beirren läßt. Das Urteil ist nur ein Urteil, wenn es mit etwas wie unheimlicher Sicherheit abgegeben wird." (49) Diese Sicherheit wird durch das Stereotyp gewährleistet. Es liegt als geronnenes kollektives Urteil bereit. Der Urteilende braucht nicht umständlich nach Worten zu suchen. Dieses Urteil setzt keine Sprach- und Ausdruckfähigkeit voraus. Es kann in einem einzigen Wort ausgesprochen werden: Krawatten-Muffel! Das Urteil „kennt keine Milde, wie es keine Vorsicht kennt. Es wird rasch gefunden; es ist seinem Wesen am meisten gemäß, wenn es ohne Überlegung zustande kommt. Die Leidenschaft, die es verrät, hängt an seiner Raschheit. Das bedingungslose und das rasche Urteil sind es, die sich als Lust auf den Zügen des Urteilenden malen." (50)

Neben der Befriedigung aggressiver Triebregungen ist es vor allem auch die Befriedigung der Selbstliebe, des Narzißmus, die mit der Übernahme solcher Urteile über die Abweichenden verbunden ist. (51)

Der in der Anzeige verwendete sozialpsychologische Trick, den Blick auf den Millionär zu lenken, ähnelt dem, den Eltern gelegentlich anwenden, um widerspenstige Kinder an Normen anzupassen. Sie geben dem Kind den Auftrag, auf das Verhalten anderer zu achten und nützen damit die Bereitschaft aus, gegen andere aggressiv zu sein und die Sehnsucht, in eine autoritäre Position zu kommen. Es ist die von Canetti bezeichnete Position des Richters, in der sich der aggressive Konventionalismus austoben kann.

Es geht in Wirklichkeit nicht darum, eine für den Massenumsatz von Krawatten irrelevanten Minderheit von Millionären zur Anpassung zu zwingen, indem man das Gros der Arbeitnehmer zur Kritik auffordert. Es geht um die Selbsterziehung der breiten Massen. Wie man dem Kind scheinbar die Würde des Erwachsenen gibt, wenn man es zum Richter über das Verhalten von anderen macht, so erhöht man den kleinen Mann

zum Schein, indem man ihn zum Richter über das Verhalten von Millionären macht. Das Privileg, gegen den unmittelbaren Zwang zur Anpassung an Konsum-Normen durch gesellschaftliche Stellung geschützt zu sein, fälscht die Serie in ein Mißgeschick um — „Reichtum schützt vor Muffel nicht" — als ob es nicht die Sehnsucht aller sei, von der Willkür modischer Diktate frei zu sein. Zugleich wird die schlichteste Eitelkeit, mehr zu haben als andere, es wird der Narzißmus der kleinen Leute befriedigt: „Andere Männer, die keine Millionäre sind, haben längst zu jedem Anzug zwei, drei passende Krawatten." Das Grundschema dieser Anzeige ist dem wichtigsten sozialpsychologischen und politischen Grundschema des Antisemitismus tief verwandt. Der Antisemitismus manipulierte den Haß der kleinen Leute gegen das Wahngebilde einer scheinbar reichen und glücklichen, vor allem einflußreichen Minorität: gegen „die" Juden. Die Juden hatten für das gelenkte Ressentiment den „Vorzug", daß sie auf den Schutz der gesellschaftlichen Macht, auf den Staat nicht rechnen konnten. Schon in der Weimarer Republik, nicht erst unter der NS-Herrschaft, konnte der Nationalsozialistenführer Streicher auf seine Plakate das „Juden haben keinen Zutritt!" ungehindert drucken lassen. (52) Die Weimarer Republik nahm das hin und zeigte den jüdischen Bürgern damit, daß sie ihnen in Wahrheit die bürgerlichen und staatsbürgerlichen Rechte nicht garantieren wollte. Die Juden waren das ideale Angriffsziel für die Wut der Menge, die die wirklichen Inhaber gesellschaftlicher Macht nicht anzugreifen wagte. Der Millionär, der ein Krawatten-Muffel ist, der Reiche, der zugleich Außenseiter, ein Fremder ist, ist ein ideales Ziel für das Ressentiment, das die Serie manipuliert.
Daß die Serie den Abweichenden zum Feind stempelt, indem sie ihn als einen Menschen darstellt, der kapituliert — das Bild zu der Schlagzeile „Wie man einen Krawatten-Muffel erwischt" zeigt ihn mit erhobenen Händen und einem ängstlichen Gesichtsausdruck — ist, gemessen an den üblichen Methoden von Reklame, ein drastisches Mittel. Man rechnet mit der Effektivität der „uralten Gebärdensprache der Macht". (53) Die Wahl dieses Mittels entspricht dem Zweck, einen eingeschliffenen, traditionellen Verhaltenshabitus zugunsten eines Profitinteresses zu zerstören.
Die Darstellung des Abweichenden als eines die Waffen streckenden Feindes, als eines sich ergebenden Gegners, macht ihm zum Objekt von Isolierung. Der Feind, der Ohnmächtige, der Besiegte sind Gestalten, mit denen sich, nach allgemeiner Anschauung, allenfalls Verräter, Dummköpfe oder Masochisten identifizieren. In diesem Zug ist die Negativität des Stereotyps auf die Spitze getrieben. Die geheime Botschaft des Bildes ist: Wenn Du ein Abweichender bist, ein Außenseiter, einer, der sich an die (Konsum-) Normen nicht anpaßt, dann gehörst Du nicht zu uns, sondern Du bist unser Feind, und dazu noch ein ohnmächtiger Feind. Wenn Du das alles nicht willst, dann füge Dich, paß Dich an, und Du wirst das Gefühl der Sicherheit haben; Du darfst Dich bei uns wohlfühlen.

Die Schlagzeile der „Abschiedsanzeige" für den Krawatten-Muffel lautete: „Verbannt ihn!" In dieser Schlagzeile zeigt sich die Tendenz der ganzen Serie: der Abweichende soll von der Bildfläche verschwinden. Bei den Juden, schlechthin zu den Abweichenden gestempelt, sprach man von „forcierter Abwanderung". Die Androhung der Verbannung gehört zu den stereotypierten Reaktionen auf abweichendes Verhalten. Der „Rat", in die „Ostzone" oder „zu seinen Freunden" zu gehen, wurde schon manchem Kritiker in der Bundesrepublik zuteil. „Schließt Euch zusammen, – gebt ihm keine Chance mehr?" Die Aufforderung, sich zusammenzuschließen, ist mittelbar eine Drohung gegenüber dem Außenseiter. Ihm soll dadurch Angst vor dem Ausschluß eingejagt werden. Die psychologische Disposition, an die hier appelliert wird, ist die Verfolgungsangst. Der Abweichende soll das Gefühl bekommen, daß man sich schon zur Treibjagd zusammenschließt. Diese Aufforderung kombiniert die Bewältigung von Angst mit der Erlaubnis von Aggressivität in idealer Weise. Der einzelne entgeht dem drohenden Terror, wenn er sich dem Kollektiv einreiht und hat zugleich Gelegenheit, vom sicheren Kollektiv aus gegen den Abweichenden loszugehen. Mit der Wendung „gebt ihm keine Chance mehr!" wird das Kollektiv der Angepaßten unmittelbar zur Vernichtung des Abweichenden aufgerufen. Er wird zum legitimen Opfer erklärt. Er soll gestellt, beseitigt werden. Die Anzeige spekuliert auf den Spaß an der Gewalt. Einer von dieser Sorte wird immer greifbar sein. Die Szene ist nur scheinbar witzig, ebenso wie die Abschiedsszenen, die nach dem SPIEGEL-Bericht, in der Fernsehreklame erscheinen: „Team muß sich nun von seinem negativen Star trennen und tut es mit Eklat. In Fernsehspots wird eine Muffelbüste vom Podest gestürzt, Tomaten klatschen gegen sein Konterfei, er flüchtet bei Nacht und Nebel". (54) Die Assoziation „bei Nacht und Nebel" ist nicht zufällig; das Klima ist tatsächlich das von Gewalt und Verfolgung.
Im Text bleibt zweideutig, ob ein anderer oder man selber das Opfer ist. Das „schließt Euch zusammen" richtet sich zunächst gegen den Anderen. Der Angesprochene soll sich zur in-group rechnen: die Aggression soll sich nach außen, gegen den anderen richten. Aber schon die nächste Zeile erweist, daß das Objekt der Aggression zugleich das eigene Selbst ist. „Wechselt regelmäßig die Krawatte. Kauft Euch regelmäßig neue. Zwei, drei passende zu jedem Anzug. Das ist das Ende des Krawatten-Muffels. Und nie mehr darf er wieder kommen!" Das Bild zu dieser Anzeige zeigt den Verbannten in der Situation des Schiffbrüchigen, der sich auf eine einsame Insel gerettet hat, ein Bild, wie es aus Witzzeichnungen vertraut ist. Es ist die Situation der vollkommenen Ohnmacht, Hilflosigkeit und Schwäche, virtuell die des Todes. Der Abweichende erfährt, was ihm blüht. Er kann nicht entkommen. So wird er eingeschüchtert.
Zur Linderung der Angst, die sie selbst mobilisiert und lebendig erhält, gibt die Serie die Parole „Sicherheit durch Anpassung" aus: Sie bedeutet dem einzelnen, daß er sich wohler fühlen wird, wenn er die willkürlich

gesetzten Normen des Verhaltens zu seinen eigenen gemacht hat: „Andererseits sind wir uns doch einig: Täglich Krawatte wechseln gibt tatsächlich Sicherheit. Zwei, drei passende zu jedem Anzug ist tatsächlich ein gutes Gefühl." Dem einzelnen wird versichert, daß er mit der Anpassung an die Norm Verhaltenssicherheit erwirbt und es wird ihm damit zugleich auch ökonomische Sicherheit suggeriert. Der Begriff der Sicherheit bezieht sich sowohl auf Psychologisches, auf Selbstbewußtsein, Selbstvertrauen, als auch ganz handfest auf die Sicherheit der Berufsstellung. Diese Mehrdeutigkeit des Begriffes wird von der Anzeige ausgenützt.

Die Serie propagiert das Ideal des braven Mitläufers, der resigniert hat vor dem Kollektiv, dessen Macht er nicht widerstehen kann. Die Anzeigen suggerieren dem Betrachter insgeheim: Na ja — jetzt habe ich zu jedem Anzug zwei, drei passenden Krawatten. Und achte jeden Morgen darauf, daß ich nicht die von gestern umbinde. Man fühlt sich dann einfach besser.

Die Struktur der Serie insgesamt ist symptomatisch für das Verhältnis von Individuum und Gesellschaft heute. Das Besondere, Individuelle, Abweichende erscheint in hoffnungsloser Defensive. Der einzelne steht unter dem Zwang, sich vor der Gesellschaft zu rechtfertigen, wenn sie ihn ob seiner Abweichungen anklagt. Der „Krawatten-Muffel" liebt Ausreden. So läßt man ihn in der Rolle des Angeschuldigten erscheinen. „ ‚Was wollt Ihr denn', rechtfertigt er sich, ‚ich trage doch Krawatten!" Er muß sich verteidigen. Er ist der Angeklagte. Abweichendes Konsumverhalten macht schuldig. Auch Zahn sprach von der versäumten Pflicht der Massen. In einer anderen Anzeige läßt man den einzelnen als Gebesserten erscheinen: „Du liebe Zeit — was war ich für ein Muffel!" ruft er aus. Die Institution der öffentlichen Selbstbeschuldigung vergangener Sünden ist bisher noch vorwiegend aus den totalitären Staaten bekannt. Aber Schuldgefühle, worauf immer sie beruhen, sind eine zu starke psychologische Quelle, als daß man sie unausgenützt lassen könnte. So inauguriert die Serie die kapitalistische Selbstkritik.

Die psychologischen Triebkräfte, an die die Serie appelliert, sind relativ undifferenziert: Angst vor dem Kollektiv und ihre Verkehrung ins Gegenteil: aggressiver Konventionalismus; diffuse Schuldgefühle, Sehnsucht nach Sicherheit. Vom einzelnen, der an solchen Regungen gepackt wird, kann kaum erwartet werden, daß er nach der Legitimation der Verhaltenserwartung fragt, die an ihn gerichtet wird. Er weiß, daß im Konkurrenzkampf um Positionen die Anpassung an soziale Verhaltensweisen ein Kriterium der Auslese darstellt. Er wird sich anpassen in der Hoffnung, jenen nicht unangenehm aufzufallen, von denen seine Karriere abhängt. Über die psychische Gewalt der Reklame aber entscheidet die Machtstruktur des ökonomischen Systems, die Grundlage der Reproduktion des Lebens.

Die gesellschaftliche Funktion von Reklame

Reklame kann, wie wir sahen, beileibe nicht alles. Sie greift vorhandene, bereits gesellschaftlich vermittelte Bedürfnisse auf und strukturiert sie für bestimmte Zwecke. Jene von ihr angesprochenen psychologischen Bedürfnisse sind der Ware, um deren Vermarktung es für die Industrie geht, äußerlich; sie könnten auch von einer anderen Ware gestillt werden, der geschickte Werbung jene Funktion der sozialen Kontrolle beigesellt. Welcher Ware von Seiten der Vermarkter, denen es ja lediglich um die Verwertung investierten Kapitals gehen kann, diese Funktion zugeschrieben wird, ist verhältnismäßig gleichgültig. Sobald in einer Gesellschaft eine Reihe von Grundbedürfnissen in gewissem Maße und vor allen für Ober- und Mittelschicht tendenziell abgesättigt ist, wird die Phantasie der Vermarkter entscheidend für die Verwertung des Kapitals: Da es keine „echten", angeborenen Bedürfnisse gibt, kann die Offenheit des menschlichen Triebpotentials gegenüber den Objekten und den Weisen der Befriedigung ausgenützt werden.

Natürlich werden von einer Ware im Durchschnitt auch reale, d.h. von der Lebensgeschichte des betreffenden Käufers her (subjektiv) zweckrationale Bedürfnisse gestillt. Auch der Außenstehenden absurd erscheinende Kauf kann solchen Zwecken dienen. Insofern wird mit dem Tauschwert der Ware auch ein Gebrauchswert geliefert, selbst wenn der dem Verkäufer gleichgültig ist. Doch die Information, die dem Käufer heute in der Hauptsache geliefert wird, bezieht sich normalerweise weniger auf den Preis, auch weniger auf für den Gebrauchswert wichtige Eigenschaften, ist also keine rationale Information, die die individuelle Entscheidung vernünftig abstützen könnte. Die Analyse der preisgekrönten Krawatten-Muffel-Serie hatte gezeigt, daß die Argumentation gerade nicht darauf abzielt, dem potentiellen Käufer seine eigene subjektiv zweckrationale Entscheidung für oder gegen Krawatten überhaupt oder für oder gegen diese spezifische Art von Krawatte sachlich zu erleichtern. Als rational wird überhaupt nur der Verkauf von Ware schlechthin angesehen – als rational im Sinne des Weiterfunktionierens der herrschenden Verwertungsweise des Kapitals. Das zu gewährleisten, bedarf es stärkerer Bindungen an die Ware, als subjektiv zweckrationales Handeln und dessen Unterstützung mit sachlichen Argumenten es bewirken könnte. Der nuancenreich vorgebrachte Appell an die Angst leistet das offenbar nach Meinung der Fachleute viel besser. „Um den unentschlossenen Käufer zu gewinnen, sagt ihm die Werbung, was er braucht, um in der Wohlstandsgesellschaft zu gelten." (55) Das Anspielen auf die Ungültigkeit des Subjekts, das Anknüpfen an die infantile Angst vor dem Liebesverlust, die Angst ausgestoßen zu werden, sind höchstwahrscheinlich weit wirksamere Mittel zum Inganghalten des Produktionsapparates als die mögliche Information des Kunden auf jenem Niveau der Rationalität, auf dem Hersteller und Verkäufer selber handeln.

Jene Ängste, auf die man spekuliert, haben einerseits die verschiedensten lebensgeschichtlichen Ursachen; sie sind anderseits, soweit sie aktualisierbar bleiben, allesamt vermittelt durch die gesellschaftliche Situation, die zu gesellschaftlicher Orientierungslosigkeit, Hilflosigkeit und demzufolge zu politischer Apathie führt. (56) Dieses Potential soll von Reklame kapitalisiert werden. Mit den Worten eines Zeitschriftenkonzerns, der für Inserenten in seinen Blättern wirbt, könnte man das als „Papierseelsorge" (57) oder auch „Lebenshilfe", (58) bezeichnen, selbst wenn an Ort und Stelle damit eher auf den redaktionellen Inhalt der Zeitschrift Bezug genommen wird. Aber selbst auf dieser Basis stimmt unser Argument: Die betreffende Anzeige macht Sorgen, Verzweiflung und Einsamkeit zur Ware, indem sie die zustande gekommene Bindung der Leser an die entsprechenden Blätter zum Lockmittel für Inserenten macht. (59) Als Lebenshilfe ist Reklame „Strategie im Reich der Wünsche". (60) Der induzierte Kaufakt wird zum „Glaubensbekenntnis an die Zukunft" stilisiert. Dichter fährt fort: „Jedesmal, wenn wir einen neuen Wagen kaufen... ist die Grundlage unserer Entscheidung eine Lebensphilosophie, *eine Weltanschauung.* Kaufen ist mehr als nur eine kommerzielle Funktion... Wenn wir uns ausschließlich auf die Deutung unmittelbaren und lebensnotwendigen Bedarfs beschränken, würde unser Wirschaftssystem buchstäblich über Nacht zusammenbrechen, denn in Konsumtion und Produktion ist es ein System psychologischen Überschusse." (61)
Die gesellschaftliche Funktion dieses psychologischen Überschusses ist entscheidend; auch seine Genese. Natürlich ist es menschliche Energie, Triebenergie aus dem psychosomatischen Grenzbereich, die Geschichte in Gang hält. Aber wir müssen zwischen solcher Energie unterscheiden, die unverstellt, in befreiender Weise im Bewußtsein und gesellschaftlich zur Geltung kommen kann und einer von anderer Qualität, solcher bereits in unbewußt gewordenen Interaktionsmustern, Klischees, stereotyp eingefangener Energie, die nicht zur Befriedigung gelangen kann, weil sie sich an die falschen Begriffe heftet. (62) Handelt es sich um neurotisierte psychische Energie, um solche, die bereits durch Verängstigung entstellt ist, dann wird sie sich an alle Angebote klammern, die beizutragen scheinen, jene soziale Isolierung zu überwinden, die allem Kranken anhaftet. Dichter hat das erfaßt: „Es ist kein Zufall, daß viele Massenmedien sich der kräftigen Schwarz-Weiß-Malerei bedienen. Das Verlangen nach Ordnung, selbst wenn sie auf Kosten der Wahrheit geht, ist ein fundamentaler menschlicher Lebenszug."(63) Diese Schwäche soll ausgenutzt werden. Die Qualität der Lebenshilfe der Motivforschung liegt in der Art, wie sie Ordnung anbietet: „,... sind fast alle Medien Lektionen der Lebensführung... Sie sind ein Versuch, das verwirrende Chaos des Alltagslebens zu durchbrechen und auf den Kern der Lebensführung zu stoßen." (64) Die Ordnung aber, die angeboten wird, ist die herrschende der auf Tauschwertproduktion abgestellten Ökonomie: „Es gilt, den Durchschnittsbürger so zu schulen, daß er im Wachstum seines Landes

und dessen Wirtschaftssystem das eigene Wachstum sieht und nicht ein fremdartiges, furchterweckendes Ereignis." (65) Diese Lebenshilfe der Reklame in den Medien erweist sich als eine vorwiegend psychologisch orientierte. Reklame organisiert das psychische Potential im Sinne der dieser Kapitalverwertung innewohnenden Zweckrationalität: „Personen projizieren sich auf Waren. Beim Kauf eines Autos erwerben sie in Wahrheit eine Erweiterung ihrer Persönlichkeit." (66) Das ist das Ideal der Reklame: Menschen, deren gesamte soziale Orientierung sich nur noch in Kategorien und im Rahmen einer Praxis bewegt, die ausschließlich von den Notwendigkeiten des reibungslos funktionierenden Warenumsatzes vorgeschrieben werden. Das Selbstbewußtsein aller Menschen, das einst aus der aktiven, vernünftigen Gestaltung der Welt hervorgehen sollte, soll der Tendenz nach abgelöst werden von einem konsumorientierten „Selbst"-Bewußtsein, von einer „Warenidentität" (67): „Was ich... kaufe, ist die Persönlichkeit, das Marktbild, die Größe der Ware und der Marke, also all das, was sie psychologisch und nicht technisch für mich leisten kann." (68)

Die psychologisch kalkulierte Bindung an die Ware, an die Produkte der eigenen gemeinsamen Arbeit der Menschen, bedeutet eine enge Verflechtung ökonomischer und dem Bewußtsein wenig zugänglicher psychischer Wirkungszusammenhänge, eine Verquickung, die es offenbar verhindert, daß auf diese Bindung und ihre politökonomischen Ursachen zureichend reflektiert wird. Nur auf der Basis dieses Mangels kann die ökonomische Rationalität sich für die der Individuen selber und infolgedessen als die gesellschaftliche ausgeben. Das ist aber nur möglich, wenn das individuelle Bewußtsein im gesamtgesellschaftlichen Maßstab keine Möglichkeiten findet, sich von gesellschaftlich vermittelten neurotischen Ängsten und dem Befürfnis, diese zu beschwichtigen, zu befreien und auf diese Weise, hinter seinem eigenen Rücken, an Gesellschaftliches gebunden wird. (69) Ware gibt dem Bewußtsein des Käufers den passiven Anschluß an Gesellschaft: Mit diesem Hut kann einer als Angehöriger der und der Einkommensklasse (inklusiv deren Lebensgewohnheiten überhaupt) identifiziert werden. Indem Ware aber dieses aus der Angst, nicht identifiziert werden zu können, geborene Bedürfnis stets nur bis zum nächsten Kaufakt, sprich: bis zur nächsten vom Verwertungszwang des Kapitals vorgeschriebenen Modeschritt, stillt, fängt sie Angst soziofunktional ein, statt, wie es dem kodifizierten Selbstverständnis unserer Gesellschaft entspräche, zur Emanzipation von Angst beizutragen. Angst wird entpolitisiert. Das soll nicht etwa bedeuten, daß aus der gesellschaftlich und psychisch vermittelten, doch politökonomisch verwerteten Angst etwa unmittelbar auch rationale Politik hervorgehen könnte. Der Nationalsozialismus hat gelehrt, wohin die Politisierung von Angst führt. Auch im Falle von zum vorurteilsvollen Denken erziehender Reklame wird die politische Energie vom Warenkäfig mit groß angelegten Strategien davon abgehalten, sich von dieser Art des käuflichen, des vom

Apparat produzierten „Selbst"-Bewußtseins zu befreien. Andere gesellschaftliche Strategien zur Überwindung von Angst und politischer Apathie sind denkbar; sie hätten auf Emanzipation von Angst und auf Emanzipation von gesellschaftlichen Verhältnissen zu zielen, die darauf angewiesen sind, Angst ökonomisch und politisch auszubeuten, weil diese eine festere Bindung hervorbringt, als wenn man etwa auf die Vernunft der Menschen zählte.

Nicht beiläufig, sondern ausdrücklich wurde der Nationalsozialismus erwähnt. Wenn Dichter auf ein Modell von Vergesellschaftung abhebt, das wesentlich auf psychologischer Nähe basiert, (70) wenn er weiter für die „richtige Lebensweise" hält, „in kraftvollen Zügen mit dem Strom zu schwimmen", (71) dann kann sein Modell von Vergesellschaftung am besten vermittels der Freudschen Massenpsychologie begriffen werden, und zwar besonders ihres Modells der kollektiven Repression. Freud geht davon aus, daß ein Objekt an die Stelle des aus dem infantilen Narzißmus einerseits und aus gesellschaftlichen Anforderungen andererseits stammenden Ich-Ideals, bzw. Über-Ichs gesetzt wird und die respektiven Subjekte deshalb in ihrem Ich sich miteinander identifizieren. (72) Wie die von der Reklame mit Idealattributen ausgestattete Ware, so war ja auch der Führer nicht imstande, die infantilen Erwartungen jener Gefolgschaft zu erfüllen, die in der Tat ja keine abweichenden Gedanken mehr akzeptieren durften, nachdem sie ihr *rigides, stereotypes Ideal* psychisch und politisch eingesetzt hatten. Die Fähigkeit, vernünftig zu denken, auf sich selber und die eigene gesellschaftliche Praxis zu reflektieren, war sistiert. Stereotype Reaktionen auf die Befehle des Ich-Ideals bzw. des Über-Ichs traten an die Stelle vernunftgesteuerten Handelns, in das die Subjekte der Tendenz nach als autonome, nicht aber als Abhängige eingehen.

Zieht man einen Artikel von Otto Bangert aus einer Beilage zum Völkischen Beobachter vom 5./6. August 1928 (73) heran, ergeben sich interessante formale Parallelen zwischen der Reklame und dem Nationalsozialismus. (74) Bangert schreibt unter der Überschrift „Vom Antisemitismus zum Nationalsozialismus. Wege und Methoden der nationalsozialistischen Propaganda", daß der Antisemitismus nur die Kritik eines bestehenden Zustandes gewesen sei. Der Nationalsozialismus hingegen hätte die − bloß negative − Kritik ins Positive gewendet, er sei mit der fanatisierenden Kraft einer neuen Idee ausgerüstet. Gehen wir davon aus, daß im Antisemitismus viele verschiedene, neurotische lebensgeschichtliche Probleme vermittels des Abwehrmechanismus der Projektion im höchst widersprüchlichen Bild des Juden eine Konkretion gewinnen − einem Bild und der danach geschaffenen Realität, an denen die eigenen psychischen Schwierigkeiten pseudobearbeitet werden sollen −, (75) so ist der Nationalsozialismus, interpretiert man Bangert, als die Politisierung dieses zunächst privaten Wahnes zu verstehen: Diffuses Unbehagen verschiedenster lebensgeschichtlicher Herkunft findet ein falsches

Symbol für seine Genese: den an allem Schuld tragenden Juden. Im Zuge der Politisierung wird diese falsche Konkretion des Unbehagens, einfach wegen der Tatbestände schaffenden Macht, allgemeinverbindlich und zum Maßstab der Politik, vermittels der man meint, die Gründe des Unbehagens aus der Welt schaffen zu können.
Nun ist zweifelsohne Reklame kein Antisemitismus und die Verwertung der Ängste des Käufers vor der Abweichung im Konsumismus keine Endlösung. Aber es gibt doch strukturelle Ähnlichkeiten, die zu denken geben. Die Strategie der Reklame wie die des Antisemitismus verwenden psychopathologisches Bewußtsein. Beide Strategien arbeiten mit dem Ummünzen der Angst vor eigener Abweichung in die Aggression gegen Abweichende. Das ist der Effekt der Politisierung oder unmittelbar ökonomischen Verwertung von Angst und Aggression: Es werden gesellschaftlich anerkannte Mittel zur Verfügung gestellt, die explizit oder implizit mit dem Versprechen ausgestattet sind, wenn man sich ihrer bediene, sei dem Übel abgeholfen. Aber es war dann im Nationalsozialismus letzten Endes nur die Gemeinsamkeit der Mittel, keineswegs der langfristige Erfolg einer aus paranoid-wahnhaften Vorstellungen hervorgehenden Politik: und es ist auch in der Weltanschauung des Konsumismus nur die Gemeinsamkeit der Mittel (die nebenbei noch mancherlei anderen Gebrauchswert haben mögen): sich etwa vermittels des Besitzes eines Automobiles zu versichern, von den anderen auch adäquat anerkannt zu werden. Solche Gemeinsamkeit der Mittel sagt ja noch nichts über deren Sinn. Hier soll nur auf ein Moment kritisch abgehoben werden. Die beide Male vorliegende Art des vorwiegend psychologisch und nicht vernünftig bestimmten Verhältnisses der Menschen zueinander involviert ein Muster des Austragens von Konflikten, das solche Formen von Vergesellschaftung als höchst explosiv ausweist. Stereotypes Denken, das in dieser Gesellschaft ohnehin objektiv gefördert wird, (76) erlaubt nur rigide Konfliktlösungen, gestattet kaum Kompromisse zwischen dem, was als außerhalb der Norm liegend und dem, was als normal angesehen wird. Gerade diese Rigidität, deren es zwischen beiläufiger, doch nur symbolischer Diffamierung und der praktischen Vernichtung viele Formen gibt, ist gefährlich für ein Zeitalter, in dem der Tendenz nach die meisten tradierten Normen aufgelöst werden und alle Menschen darauf angewiesen sind, immer größere Konflikttoleranz zu beweisen. Der Haß auf die Abweichung ist ja nur Symptom des Fehlens dieser Toleranz: Ergebnis des blindwütigen Neides der Angepaßten auf die Freiheit des Abweichenden, die man selbst nicht hat, sich nicht zu nehmen vermag.
Reklame arbeitet an der Festigung solcher stereotypen Bewußtseins. Sie sammelt, ähnlich wie der Antisemitismus, unbestimmtes Angstempfinden und münzt es soziofunktional, in die Weltanschauung des Konsumismus um. Aber der Konsumismus geht nicht den Ursachen der Angst, dem Grund der gesellschaftlichen Orientierungslosigkeit der Menschen nach, versucht nicht, dort kritisch einzusetzen. Der Konsumismus versucht

nicht, von dieser Angst grundsätzlich zu befreien – diese Angst ist ja gerade das Pfund, mit dem sich so vortrefflich wuchern läßt!

„Konsumterror", ein gerade wieder aus der Mode kommender Begriff, der sein Recht hat, wenn man auf planmäßige Perpetuierung ausbeutbarer Angst abhebt, ist vor allem ein politökonomisches Problem. So läßt sich die Angstbereitschaft nicht allein auf der psychologischen Ebene bekämpfen; Angst als eine gesellschaftlich geförderte Eigenschaft kann auch nur gesellschaftlich entmachtet werden. Trotz dieser Einsicht soll ein Vorschlag geäußert werden; wie man sich dazu stellt, wird gewiß auch ein Zeichen der Macht des Konsumismus sein. Im Artikel 3 des Grundgesetzes wird die Gleichheit aller Menschen vor dem Gesetz zugesichert. Nachdem man unter 2. dann sich des Sachverhaltes vergewissern mußte, daß Männer *und* Frauen Menschen, d.h. gleichberechtigt sind, wird bestimmt: „3. Niemand darf wegen seines Geschlechtes, seiner Abstammung, seiner Rasse, seiner Sprache, seiner Heimat und Herkunft, seines Glaubens, seiner religiösen und politischen Anschauungen benachteiligt oder bevorzugt werden." Würde dem hinzugefügt, daß niemand seiner Konsumgewohnheiten wegen diffamiert werden darf, hätten die Zuständigen Problembewußtsein und guten Willen bewiesen. Eine Werbung mit dem Krawatten-Muffel oder ähnliche wären dann nicht möglich. Viele Werbestrategien hätten keine Chance mehr, Angst in kurzschließender Weise so zu vergesellschaften, daß sie immer nur durch neue Käufe beschwichtigt wird, ihre Ursachen aber gerade dadurch für die Betroffenen außer Sichtweite geraten. Die Spekulation, bzw. das Rechnen mit der Angst widerspricht implizit und explizit so eklatant den unserem Grundgesetz voraus- und vorangehenden Überlegungen von Würde und Autonomie der Menschen, daß es ein Leichtes sein müßte, eine solche Verfassungsänderung durchzusetzen; zumal man über fehlende konstruktive Vorschläge auf praktikabler Ebene stets klagt, wenn Gesellschaftskritik vorgetragen wird.

Anmerkungen

Das Thema wurde ursprünglich mit Erich Cramer, Hannover, in Angriff genommen. Aus einer Reihe von Gründen verantworte ich die vorliegende Fassung allein. Es ist geplant, daß wir gemeinsam auf das Problem zurückkommen.

(1) Paul A. Baran und Paul M. Sweezy: Thesen zur Werbung (1963), in P.A. Baran: Zur politischen Ökonomie der geplanten Wirtschaft, Frankfurt/Main 1968, S. 124–135, hier S. 134.
(2) Eike Hennig:
(3) Joseph W. Newman: Motivforschung und Absatzlenkung, Frankfurt/Main 1960, S. 7 f.
(4) Hans Magnus Enzenberger: Bewußtseinsindustrie, in H.M. Enzenberger: Einzelheiten, Frankfurt/Main 1962, S. 1–15.
(5) Vgl. Klaus Horn: Zur Formierung der Innerlichkeit. Demokratie als psychologisches Problem, in Schäfer/Nedelmann Hgb.: Der CDU-Staat, Bd. 2, Analysen zur Verfassungswirklichkeit der Bundesrepublik, Frankfurt/Main 1969, S. 315–358, insbes. S. 342 ff.
(6) Ernest Zahn: Soziologie der Prosperität, Köln–Berlin 1960, S. 21.
(7) Zahn, lit.cit., S. 33.
(8) Zahn, lit,cit., S. 72 (kursiv von mir, K.H.).
(9) Vg. Anmerkung 3.
(10) Vgl. dazu z.B. Klaus Horn: Politische Psychologie. Erkenntnisinteresse, Themen, Materialien, in Kress/Senghaas, Hgb.: Politikwissenschaft. Eine Einführung in ihre Probleme, Frankfurt/Main 1969, S. 215–268.
(11) Zahn, lit.cit., S. 32 f. (von mir kursiv, K.H.).
(12) Joseph T. Klapper: The Effects of Mass Communication, Glencoe 1960, 1964 sowie das sich als Fortsetzung dieses Klassikers verstehende Buch von Franz Dröge, Rainer Weißenborn und Henning Haft: Wirkungen der Massenkommunikation, Münster 1969.
(13) Herbert E. Krugmann: The Impact of Television Advertising: Learning without Involvement, in Public Opinion Quartely 29, 1965/6, S. 349–356, hier S. 349. Auch neuere Literatur bringt im Prinzip die Wirkungsforschung nicht weiter.
(14) Eine kurze Übersicht über die Ergebnisse der Wirkungsforschung und ihre Probleme bringt Otto Walter Haseloff: Über Wirkungsbedingungen politischer und werblicher Kommunikation, in Kommunikation. Schriftenreihe der Rias-Universität, herausgegeben von O.W. Haseloff, Berlin 1969, S. 151–187.
(15) Die Theorie der kognitiven Dissonanz wurde 1957 von Leon Festinger formuliert. Seine und ähnliche Theorien gehen von der zentralen Vorstellung aus, daß ein System von Vorstellungen, Einstellungen oder Interaktionen aus der Homöostase geraten kann und in diesem Zustand eine Tendenz besteht, das Gleichgewicht wieder herzustellen. Es kann entweder die Realität oder auch die Vorstellung usf. geändert werden.
(16) Vgl. dazu Krugman, lit.cit.
(17) Paul A. Baran und Paul M. Sweezy: Thesen zur Werbung, lit.cit., S. 130.
(18) Vgl. dazu Jürgen Habermas: Erkenntnis und Interesse, Frankfurt/Main 1968; sowie derselbe: Der Universalitätsanspruch der Hermeneutik, in Hermeneutik und Dialektik, Aufsätze, 2 Bde., Bd. I: Methode und Wissenschaft – Lebenswelt und Geschichte, hrg. von Bubner/Cramer/Wiehl, Tübingen 1970, S. 73–103 und Alfred Lorenzer: Sprachzerstörung und Rekonstruktion. Vorarbeiten zu einer Metatheorie der Psychoanalyse, Frankfurt/Main 1970.
(19) So z.B. von Raymond Bauer: Limits of Persuasion. The Hidden Persuaders are Made of Straw, in Harvard Bussiness Review 36, 1958, S. 105–110.

(20) Edward C. Bursk: Opportunities für Persuasion. Rational Motives are the Best Persuaders, in Harvard Bussiness Review 36, 1958, S. 111–119.
(21) Haseloff, lit.cit. S. 165 f.
(22) Vgl. z.B. Günter Meyer: König Kunde. Von der Freiheit des Verbrauchers. Frankfurt/Main–Berlin 1966. Vgl. auch die ebenso ideologische Position von Friedrich-Wilhelm Dörge und Manfred Schmidt: Konsumfreiheit in der Marktwirtschaft, in Heinz-Dietrich Ortlieb und Friedrich-Wilhelm Dörge: Wirtschaftsordnung und Strukturpolitik, Modellanalysen Bd. II, Opladen 1968, S. 209 ff.
(23) Vgl. DER SPIEGEL Nr. 38/1966, S. 74.
(24) Vgl. FAZ vom 24.10.1969
(25) Vgl. Anzeige und Reaktionen darauf in DER SPIEGEL Nr. 13/1970.
(26) Vgl. zum Vorurteilsproblem allgemein: Peter Heintz, Soziale Vorurteile, Köln 1957; Gordon W. Allport: The Nature of Prejudice, gekürzte Ausgabe, Doubleday Anchor Books, New York 1957; Willy Strzelewicz Hrsg.: Das Voruteil als Bildungsbarriere, Göttingen 1965.
(27) Aus einem Brief an die KW-Agentur: „Ich muß mich aufs höchste Maß bei Ihnen beschweren. Ich galt bisher als der bestangezogenste Mann in der Firma nach meinem Chef. Nun muß ich mir von allen die boshaftesten Sticheleien gefallen lassen, sogar von untergeordneten Kollegen. Ich trage nun mal nicht viele verschiedene Krawatten. Ich fühle mich durch Sie in meiner Intimsphäre verletzt." (Vgl. DER SPIEGEL Nr. 38/1966, S. 74).
(28) Vgl. FAZ vom 24.10.1969.
(29) „Es bleiben noch verhältnismäßig wenige (jüdische, K.H.) Namen übrig, bei denen man ohne weiteres annehmen kann, daß sich dabei die gute Laune der österreichischen Militärkommissionen ausgetobt hat: Ladstockschwinger, Pulverbestandteil, Temperaturwechsel, Maschinendraht, Schulklopfer, Galgenstrick, Wanzenknicker und ähnliche". Theodor Fritsch, Handbuch der Judenfrage, 36. Auflage, Leipzig 1934, S. 34.
(30) Bundeszentrale für politische Bildung, Über Vorurteile, Bonn 1963, S. 33.
(31) „...So wie die Nacht aufsteht gegen den Tag, wie sich Licht und Schatten ewig feind sind – so ist der größte Feind des erdbeherrschenden Menschen der Mensch selbst. Der Untermensch – jene biologisch scheinbar völlig gleichgeartete Naturschöpfung mit Händen, Füßen und einer Art von Gehirn, mit Augen und Mund, ist doch ganz anders, eine furchtbare Kreatur, ist nur ein Wurf zum Menschen hin, mit menschenähnlichen Gesichtszügen – geistig, seelisch jedoch tiefer stehend als jedes Tier. Im Inneren dieses Menschen ein grausames Chaos wilder, hemmungsloser Leisenschaften: namenloser Zerstörungswille, primitivste Begierde, unverhüllteste Gemeinheit.
Untermensch – sonst nichts!
Denn es ist nicht alles gleich, was Menschenantlitz trägt. – Wehe dem, der das vergißt!
Was diese Erde an großen Werken, Gedanken und Künsten besitzt – der Mensch hat es erdacht, geschaffen und vollendet, er sann und erfand, für ihn gab es nur ein Ziel: sich hinaufzuarbeiten in ein höheres Dasein, das Unzulängliche zu gestalten, das Unzureichende durch Besseres zu ersetzen.
So wuchs die Kultur.
So wurde der Pflug, das Werkzeug, das Haus.
So wurde der Mensch gesellig, so wurde Familie, so wurde Volk, so wurde Staat. So wurde der Mensch gut und groß. So stieg er weiter über alle Lebewesen empor.
So wurde er Gottes Nächster!
Aber auch der Untermensch lebte. Er haßte das Werk des anderen. Er wütete dagegen, heimlich als Dieb, öffentlich als Lästerer – als Mörder. Er gesellte sich zu seinesgleichen.

Die Bestie rief die Bestie. –
Nie wahrte der Untermensch Frieden, nie gab er Ruhe. Denn er brauchte das Halbdunkle, das Chaos.
Er scheute das Licht des kulturellen Fortschritts.
Er brauchte zur Selbsterhaltung den Sumpf, die Hölle, nicht aber die Sonne. – Und diese Unterwelt der Untermenschen fand ihren Führer: – den ewigen Juden!..."
Aus einer Schrift des SS-Hauptamtes, zitiert nach Walther Hofer, Der Nationalismus, Dokumente 1933–45, Frankfurt/Main 1957, S. 280–281.

(32) Vgl. Gerhard Kleining: Angst als Ideologie, in: Heinz Wiesbrock, Hrsg.: Die politische und gesellschaftliche Rolle der Angst. Band 6 der Reihe Politische Psychologie. Frankfurt/Main 1967, S. 194–216.
Diese Darstellung stützt sich zwar auf die von Kleining mitgeteilten Befunde, folgt aber nicht seiner Interpretation, die die in den Interviews geäußerten Auffassungen über den vorherrschenden inneren Zustand der Menschen allzu schnell als bloße Illusion, als Nachplappern von Ideologie abtun will. Kleining schreibt auf S. 196: „Angst als psychologische oder physiologische Reaktion auf die Umwelt ist bei der Konfrontation mit der ‚Kultur' beim nicht neurotischen Menschen nicht festzustellen. Die Empfindung ist in einem Vorstellungsbild verarbeitet und verkapselt. Sie ist n u r a l s V o r s t e l l u n g (Heraushebung von mir, K.H.) existent." Für eine detaillierte Auseinandersetzung ist hier kein Raum. Es sei hier lediglich verwiesen auf die panikartigen Umstände, unter denen sich die Regierungsumbildung 1966, die Ablösung des Kabinetts Erhard vollzog. Solche Phänomene wäre ohne die Annahme weitverbreiteter kollektiver Ängste, die nicht von heute auf morgen entstehen, nicht zu erklären.

(33) zitiert nach Kleining, lit.cit., S. 197 f.

(34) „Wenn man die Protokolle liest, ist es sehr auffällig, welche dominierende Rolle die ‚Angst' bei allen Beschreibungen des heutigen Menschen spielt. Wir dürfen also annehmen, daß die wesentliche seelische Reaktion des heutigen Menschen auf das, was es von seiner Welt hält, seine ‚Angst' ist." Kleining, lit.cit., S. 204. Die Befragten waren gefragt worden, um dies noch einmal hervorzuheben, was ihrer Meinung nach den Menschen heute innerlich am meisten bewege. Man hatte sie nicht aufgefordert, von sich selbst zu sprechen, offenbar in der Annahme, sie würden von ihren eigenen Stimmungen und Gefühlen leichter sprechen, wenn man sie über andere Menschen sprechen ließe. Die projektive Methode ist dort angemessen, wo es unter einem Tabu steht, über die eigenen Affekte zu reden. Wer gibt schon gerne zu, daß er persönlich sich um seine wirtschaftliche Zukunft ängstigt.

(35) Kleining schreibt, Aussagen aus dem Interview zitierend: „Dann gibt es aber auch noch andere Gefahren: ‚die steigenden Preise', ‚Stellung verlieren', ‚krank werden und nicht mehr arbeiten können', ‚Wirtschaftskrise', ‚Arbeitslosigkeit', ‚die Lohn-Preis-Spirale', ‚die Geldentwertung'. Dies alles sind w i r t s c h a f t l i c h e Gefahren. Gerade dort, wo eines der Hauptkennzeichen der heutigen Zeit liegt, in ihrem ökonomischen System, lauert nach Meinung unserer Befragten die Gefahr." Kleining, lit.cit., S. 204.

(36) „Diese erlebte, aber diffus verursachte Angst, die Unsicherheit, seinen eigenen Platz zu definieren und gegen eine als feindlich und mit möglichen Katastrophen geladenen Welt anzugrenzen, kennzeichnet die (jedenfalls vorgestellte) Unangepaßtheit der heutigen Menschen, sein Nichtfertigwerden mit den Problemen der Zeit, das Leiden seiner Seele. Eine trennende Grenze zwischen ‚Außenwelt' und ‚Seele' gibt es offenbar nicht mehr, der Mensch fühlt sich schutzlos den Prinzipien, die die Welt regieren, ausgeliefert. ...Dies hängt mit den Eigenarten der ‚Welt' zusammen, so wie er sie sieht. Wie wir schon beschrieben haben, sind ihre Kennzeichen ihre Abstraktheit, ihre Eigengesetz-

lichkeit, ihre Allgegenwart, ihre Anonymität, ihre Mächtigkeit, ihre Sinnlosigkeit – kurz gesagt, ihre ‚Außer-Menschlichkeit'. Der Mensch empfindet diese grundsätzliche Andersartigkeit ihres Wesens offenbar, die so gar nicht mit seiner eigenen Lebensart übereinstimmt, als ‚unmenschlich'. Er könnte sich mit furchterregenden Objekten – einem wilden Tier, einem persönlichen Feind – auseinandersetzen, er könnte Hunger und Durst ertragen und für die Befriedigung seiner primitiven Lebensbedürfnisse sorgen – er ist m a c h t l o s gegen ein abstraktes, weltbeherrschendes, allgegenwärtiges, anschaulich unfaßbares Prinzip. Er verfügt über keine Technik, sich gegen den Geist der heutigen Welt zu wehren. Er fühlt sich durchdrungen von jener lebensfernen, u n m e n s c h l i c h e n M a c h t, unterworfen ihrem Gesetz auf Kosten seines eigenen Daseins, der Bedürfnisse seiner Seele. Die Unfähigkeit, sich dagegen zu wehren, erzeugt seine Sorge und Angst." Alle diese Gefühle der Befragten kommen, immer nach Kleining, auch umgekehrt,"... deutlich zum Ausdruck in dem, was als das Wünschenswerte in der heutigen Zeit, als das dringlich Notwendige, angesehen wird. Die allgemeinen Themen sind: Ruhe, Frieden, Sicherheit, Freiheit. Man möchte ‚frei sein', wird immer wieder gesagt, und ‚in Ruhe und Frieden leben'. ‚Sicherheit auf jedem Gebiet' – ‚gesicherte Zukunft' – ‚Sicherheit in der Familie' – ‚Geborgenheit, Sorglosigkeit, Sicherheit' – ‚Ruhe nach getaner Arbeit, Essen, Trinken, Schlafen' – ‚Die Gewißheit einer friedlichen Zukunft' – ‚Sich kaufen können, was einem Spaß macht und man gern haben möchte' – ‚Am liebsten Sicherheit und Frieden' – ‚Möglichkeit in wirtschaftlicher Hinsicht ein gesichertes Leben führen'. Kleining, lit.cit., S. 204 ff.
(37) Vgl. Gerhard Maletzke, Psychologie der Massenkommunikation, Hamburg 1963, S. 67–69.
(38) Vgl. z.B. Bertold Brecht: Furcht und Elend des 3. Reiches, insbes. die Szene „Der Spitzel".
(39) David Riesman u.a., Die einsame Masse, rde, Hamburg 1958, S. 90.
(40) Riesman, lit.cit., S. 95.
(41) Vgl. Bruno Bettelheim, Aufstand gegen die Masse, München 1960, S. 301.
„All dies ändert sich mit der Aktion gegen die Meckerer. Nun konnte sich kein Deutscher mehr in seinem Privatleben sicher fühlen. Bis dahin hatten die Aktionen bereits durch den Preis, den sie für Denunzierung privater Gespräche oder Handlungen ansetzten, die private Sphäre in Deutschland zerstört. Die Organisationen der Hitlerjugend hatten sich durchgesetzt. Die Kinder waren hinreichend erzogen worden, um Angst oder Respekt vor den Eltern zu verlieren, und sie waren nun fähig, ihre Eltern und Freunde ihrer Eltern zu bespitzeln. Sie waren auch fähig, der Polizei über die intimsten Unterhaltungen ihrer Eltern zu berichten oder damit zu drohen, daß sie berichten würden."
(42) Vgl. Anna Freud, Das Ich und die Abwehrmechanismen, München 1964, S. 85 ff.
(43) Vgl. Riesman, lit.cit.
(44) Adolf Hitler, Bilder aus dem Leben des Führers, Herausgegeb. vom Cigaretten-Bilderdienst, Hamburg-Bahrenfeld 1936, S. 38.
(45) Thorstein Veblen, Theorie der feinen Leute, Köln–Berlin 1958.
(46) Vg. Anmerkung 27.
(47) Elias Canetti, Masse und Macht, Hamburg 1960.
(48) lit.cit., S. 340.
(49) lit.cit., S. 341.
(50) Ebenda
(51) Canetti beschreibt den narzißtischen Mechanismus: „Man schiebt etwas von sich weg, in eine Gruppe des Geringeren, wobei vorausgesetzt ist, daß man selbst zu einer Gruppe des Besseren gehört. Man erhöht sich, in dem man das andere erniedrigt. Der Bestand von zweierlei, das entgegengesetzte Werte

vertritt, wird als natürlich und notwendig angenommen. Was immer das Gute ist, es ist da, damit es sich vom Schlechten abhebt. Man selber bestimmt, was zum einen und was zum anderen gehört. Es ist die Macht des R i c h t e r s, die man sich auf diese Weise zubilligt. Denn nur scheinbar steht der Richter z w i s c h e n den beiden Lagern, auf der Grenze, die das Gute vom Bösen trennt. Er rechnet sich dem Guten zu, auf jeden Fall; die Legitimierung zu seinem Amt beruht großenteils darauf, daß er unerschütterlich ins Reich des Guten gehört, als wäre er dort geboren. Er urteilt sozusagen immerzu. Sein Urteil ist bindend. Es sind ganz bestimmt Dinge, über die er zu richten hat; sein ausgebreitetes Wissen um Böse und Gut entstammt einer langen Erfahrung. Aber auch solche, die nicht Richter sind, die niemand dazu bestellt hat, die niemand bei gesunden Sinnen dazu bestellen würde, nehmen sich unaufhörlich Urteile heraus, auf allen Gebieten. Keine Sachkenntnis wird dazu vorausgesetzt: Die sich der Urteile enthalten, weil sie sich ihrer schämen, sind an den Fingern abzuzählen." Ebenda.

(52) Vgl. Julius Streicher, Kampf dem Weltfeind, Reden aus der Kampfzeit, Nürnberg 1938.
(53) Alexander Mitscherlich, Auf dem Weg zur vaterlosen Gesellschaft, München 1963.
(54) Lt. SPIEGEL 38/1966 sollte die Serie auslaufen, weil sie zuviel negative Reaktionen provoziert hatte. Sie wurde aber, abgesehen vom Wiederaufleben 1969, in etwas angewandelter Form weitergeführt. Die neuen Anzeigen werden hier nicht analysiert.
(55) Dörge/Schmidt, lit.cit., S. 212.
(56) Vgl. z.B. die zusammenfassende Darstellung bei Klaus Horn: Politische Psychologie. lit.cit.
(57) Vgl. DER SPIEGEL 27/1969, S. 135.
(58) Vgl. DER SPIEGEL 28/1969, S. 137.
(59) *„Telefon-Seelsorge? Kennen Sie auch die Papier-Seelsorge?* Es gibt sie. In aller Stille. In beachtlichem Umfang. Trotz wachsenden Wohlstandes haben viele Menschen Sorgen. Manche sind verzweifelt. Viele von ihnen bedrückt Einsamkeit, selbst mitten in der Familie. Man ist allein mit sich und den ungelösten Problemen. –
In ihrer Not schreiben die Menschen an eine bestimmte Adresse. An uns. Obgleich sie niemand von uns persönlich kennen, vertrauen sie uns. Die vielberedete ‚Leser-Blatt-Bindung' – hier ist sie.
Sagen Sie nun bitte nicht, ‚Nun ja, das sind die Im-Leben-zukurz-Gekommenen'. Es sind im Jahr über eine halbe Million.
Ob Montag, ob Freitag – an jedem Arbeitstag gehen bei uns weit über zweitausend solcher Problem-Briefe ein. Wir haben es uns zur Pflicht gemacht, jeden Brief sorgfältig zu beantworten – zu raten und zu helfen, so gut es nur geht. Es sind Mitmenschen, unsere Leser zudem und Bürger unseres Landes. Andererseits – wir sind ein kommerzielles Unternehmen. Unser verlegerisches, unser journalistisches Geschäft ist schwierig, das Risiko hoch. Wir stehen unter dem Gesetz von Aufwand und Ertrag. Jeder Unternehmer wird das verstehen. Hier wäre jetzt eine hübsche Phrase vom „Anliegen und der ethischen Aufgabe eines Verlegers" ungemein schmückend. Wir verzichten darauf. Das Pathos des XIX. Jahrhunderts ist uns ein Greuel.
Wir freuen uns, daß unsere Leser uns so viele Briefe schreiben, weil sie uns vertrauen. Und sie vertrauen uns, weil sie in unserer Arbeit spüren, daß wir sie ernst nehmen. So schließt sich der Kreis. (Wir sind ein bißchen stolz auf das, was wir erreicht haben – wie jeder Unternehmer,)" DER SPIEGEL 27/1969, S. 135.
(60) Ernest Dichter: Strategie im Reich der Wünsche, ungekürzte Ausgabe dtv, München 1964.

Eine ausführlichere Analyse der strategischen Anweisungen dieses Pioniers der Motivforschung findet sich in Klaus Horn: Zur Formierung der Innerlichkeit, lit.cit.
(61) Dichter, lit.cit., S. 180 f.
(62) Vgl. Alfred Lorenzer: Sprachzerstörung und Rekonstruktion. Vorarbeiten zu einer Metatheorie der Psychoanalyse, Frankfurt/Main 1970 sowie Klaus Horn: Fragen einer psychoanalytischen Sozialpsychologie, in Psyche XXII, 1968, S. 896–911.
(63) Dichter, lit.cit., S. 213.
(64) Dichter, lit.cit., S. 212.
(65) Dichter, lit.cit., S. 229.
(66) Dichter, vgl. S. 89 f.
(67) Vgl. Horn, Formierung, lit.cit.
(68) Dichter, lit.cit., S. 182.
(69) Durch diese enge Verquickung von Ökonomie und Psychischem wird die Frage angschnitten, wie heute das Problem der Ideologie zu verstehen sei. Herbert Schnädelbach hat kürzlich auf den Unterschied zwischen Ideologie und Massenpsychosen hingewiesen: Was ist Ideologie?, in DAS ARGUMENT Nr. 50, 1969, S. 71–92, hier S. 89.
(70) Dichter, lit.cit., S. 52.
(71) Dichter, lit.cit., S. 246.
(72) Sigmund Freud: Massenpsychologie und Ich-Analyse, in Sigmund Freud, Gesammelte Werke, XVIII Bde., London–Frankfurt/Main 1940 ff, Bd. XIII, S. 71–161. Eine kritische, gerade für unser Thema wichtige Interpretation gibt Alfred Lorenzer: Das psychoanalytische Konzept der Vergesellschaftung (Arbeitstitel), voraussichtlich Ffm. 1971.
(73) Zitiert nach: Facsimile. Querschnitt durch den Völkischen Beobachter, herausgegb. von Sonja Noller und Hildegard von Kotze, München–Bern–Wien 1967, S. 66 f.
(74) Diese Paralellen können hier nur so weit verfolgt werden, als es um die Vergesellschaftung psychopathologischer Verhaltensweisen geht; auf die Differenzen wird nicht eingegangen.
(75) Vgl. z.B. Th. W. Adorno u.a.: The Authoritarian Personality, New York 1950; E. Simmel, ed.: Anti-Semitism: A Social Disease, New York 1946.
Th. W. Adorno: Die Freudsche Theorie und die Struktur der faschistischen Propaganda, in Psyche 24, 1970, in Druck; M. Horkheimer und Th. W. Adorno: Elemente des Antisemitismus, in dieselben: Dialektik der Aufklärung, (Amsterdam 1947) Frankfurt/Main 1968, S. 199 ff.
(76) Das von Horkheimer und Adorno so genannte „Ticket-Denken" wird in unserer Gesellschaft aufgrund ihrer Reproduktionsbedingungen ohnehin, jenseits psychologischer Bestimmbarkeit geförder: „Der Prozeß der Mechanisierung und Bürokratisierung verlangt von denen, die ihm unterworfen sind, Anpassung in einem neuen Sinn: sie müssen, um den Anforderungen gerecht zu werden, die das Leben in all seinen Bereichen an sie stellt, bis zu einem gewissen Grad sich selber mechanisieren und standardisieren. Je lockerer die Abhängigkeit Ihres Schicksals von ihrem eigenen, selbständigen Urteils wird, je mehr sie darauf angewiesen sind, in übermächtige Organisationen und Institutionen sich einzufügen, um so besser fahren sie, sobald sie des eigenen Urteils und der eigenen Erfahrung sich begeben und selber die Welt schon so sehen, wie es im Sinn jener Organisationen liegt, die über ihr Fortkommen entscheiden. Der Anspruch individueller Urteilsbildung macht sich nur noch als eine Art Störungsfaktor geltend: nicht nur, daß sich die Menschen durch die Anwendung fertig bezogener Klischees und Wertungen das Leben bequemer gestalten uns sich den Leitern als zuverlässig empfehlen – sie finden sich auch schneller zurecht und bleiben von der unendlichen Mühe befreit, durch die

Kompliziertheit der modernen Gesellschaft hindurchsehen zu müssen. In den totalitären Staaten aller politischen Bekenntnisse hat diese Genormtheit des Bewußtseins sich bis ins Absurde gesteigert, aber auch die anderen müssen sehr mit ihr rechnen."
Soziologische Exkurse. Nach Vorträgen und Diskussionen. Frankfurter Beiträge zur Soziologie, Bd. 4. Im Auftrag des Instituts für Sozialforschung herausgegeb. von Th. W. Adorno und W. Dirks. Frankfurt/Main 1956, S. 159.

Horst Haenisch/Klaus Schröter

Zum politischen Potential der Lokalpresse

Ergebnisse einer Inhaltsanalyse von Lokalteilen

Bei der Diskussion über das politische Potential der Massenmedien sind die Lokalzeitungen und die lokale Berichterstattung der regionalen und überregionalen Tageszeitungen bisher fast völlig unbeachtet geblieben. In einigen Universitätsstädten versuchten studentische Proteste die Aufmerksamkeit der Öffentlichkeit auf die am Ort erscheinenden Lokalzeitungen zu lenken; diese Protestaktionen hatten jedoch keinen nachhaltigen Erfolg. In der Diskussion über die Pressekonzentration beschäftigte man sich mit diesen Zeitungen, aber sie wurden dabei meist nur unter dem einen Gesichtspunkt betrachtet, eine Vielfalt des Angebots zu erhalten und vor Konzentrationstendenzen zu schützen. Kaum wurde gefragt, wieweit dort, wo es eine Vielzahl von Zeitungen noch gibt, sich diese Zeitungen auch inhaltlich voneinander unterscheiden und ob deren Inhalte es rechtfertigen können, daß das Zeitungsangebot durch Subventionen vielleicht in der vorliegenden Form konserviert wird.

Nach den Pressegesetzen der Länder kommt der Presse eine öffentliche Aufgabe zu. Das Bundesverfassungsgericht hat diese Aufgabe folgendermaßen präzisiert: „Soll der Bürger politische Entscheidungen treffen, muß er umfassend informiert sein, aber auch die Meinungen kennen und gegeneinander abwägen können, die andere sich gebildet haben. Die Presse hält diese Diskussion in Gang, sie beschafft die Informationen, nimmt selber die Stellung und wirkt damit als orientierende Kraft der öffentlichen Auseinandersetzung". (1) Diese am liberalen Öffentlichkeitsmodell orientierten Thesen sind vermutlich – wie nahezu die gesamte Diskussion über die Aufgaben der Presse in der Demokratie – im Hinblick auf den überregionalen politischen Teil der Zeitungen formuliert worden. Sie müssen jedoch gleichermaßen auf den Lokalteil bezogen werden; denn auch auf der lokalen Ebene hat der Bürger kaum die Möglichkeit, sich direkt über alle für die Öffentlichkeit relevanten Sachverhalte und Meinungen sowie über deren Interessenhintergrund ausreichend zu informieren.

Es gibt kaum Ergebnisse aus empirischen Untersuchungen, die ein Urteil darüber erlauben, ob die Lokalpresse ihren Aufgaben im Prozeß einer demokratischen Willensbildung gerecht wird. Einiges Material liefert eine Untersuchung von Manfred Knoche über „Kommentar und Kritik im Lokalteil der Tagespresse in der Bundesrepublik Deutschland". (2) Knoche geht davon aus, daß die Zeitungen auch in ihrem Lokalteil

kommentieren sollten, um dadurch, besonders auf kommunalpolitischen Gebiet, zur politischen Meinungsbildung beizutragen, und er setzt sich deshalb das Ziel, an Hand einer repräsentativen Stichprobe aller an einem bestimmten Tag erschienenen Tageszeitungen zu ermitteln, was die Lokalteile an Kommentierung und Kritik leisten. (3)
Knoche nimmt an, „daß die Lokalteile nach dem Grundsatz von Tatsachenbericht und Kommentar redigiert werden", und beschränkt sich deshalb auf Artikel, die von der Zeitung als Kommentare gekennzeichnet sowie auf „Textstellen, die — etwa durch Sternchen oder Kursivdruck — vom Bericht als Kommentar abgehoben" sind. Bei diesem Vorgehen kommt Knoche zu dem Ergebnis, daß die Zeitungen im Lokalteil relativ selten kommentieren (in 44 Prozent aller 274 ausgewerteten Ausgaben findet er keinen Kommentar). Wir stießen bei den Zeitungen, die wir untersucht haben, auch sehr selten auf formelle Kommentare, fanden aber andererseits, daß Kommentierungen mit Tatsachenberichten vermischt auftreten und daß solche Kommentierungen gerade relativ häufig sind. Unsere Ergebnisse stammen aus einer Analyse der Lokalteile von vier Zeitungen und können nicht verallgemeinert werden, stellen aber die Richtigkeit der generellen Annahme in Frage, die Lokalteile seien nach dem Prinzip der Trennung von Bericht und Kommentar aufgebaut. Auf jeden Fall hätte eine solche Annahme überprüft werden müssen.
Um festzustellen, ob die Presse die ihr zugeschriebene „öffentliche Aufgabe" wahrnimmt, will Knoche untersuchen, in welchem Ausmaß und in welcher Art öffentliche Angelegenheiten kommentiert werden. Dazu untersucht er, wie oft der öffentliche Bereich Gegenstand von Kommentaren ist und findet, daß knapp 2/3 aller Kommentarthemen auf den öffentlichen Bereich entfallen, wobei etwas häufiger negative als positive Tendenzen in der Kommentierung auftreten. Im Gegensatz zu den zustimmenden Tendenzen bleibt bei Kritik in der Regel die Anonymität der Personen, Organisation oder Ämter gewahrt.
Dieser Analyse liegt eine unzureichende Fragestellung zugrunde. Wenn man untersuchen will, ob die Presse eine demokratische Funktion erfüllt, dann genügt es nicht festzustellen, ob in Kommentaren häufig der öffentliche Bereich vorkommt und ob in der Zeitung Kritik geübt wird. Kommentare und insbesondere kritische Kommentare werden abstrakt als Beiträge zur Meinungsbildung positiv beurteilt. Nach derart formalen Maßstäben würden — um deren Unzulänglichkeit an einem extremen Beispiel zu demonstrieren — faschistische Hetzblätter sehr positiv abschneiden. Eine solche Analyse läßt keine Aussagen über den ideologischen Gehalt und damit auch keine Aussagen über das politische Potential der Lokalberichterstattung zu.
Die vorliegende Analyse von Lokalteilen wurde von den Verfassern im Rahmen einer Gemeindestudie über Wertheim, einer Kleinstadt mit zwölftausend Einwohnern in Baden-Württemberg, durchgeführt. (4) Sie

beschränkte sich deshalb auf die vier Regionalzeitungen, die mit einem selbständigen Lokalteil für Wertheim erscheinen. Mit diesem Umstand war auf der anderen Seite die Möglichkeit verbunden, Informationen aus den Analysen der Sozialstruktur der untersuchten Gemeinde zu verwenden und die Inhalte der Lokalteile auf Aspekte dieser Sozialstruktur hin zu interpretieren.

Es handelt sich um folgende vier Zeitungen:

„Fränkische Nachrichten –
Wertheimer Tageblatt"   (Zeitung 1) mit 1262 Abonnenten in Wertheim (5)
„Main-Tauber-Post –
Heimatblatt für das Badisch-Württembergische
Frankenland"   (Zeitung 2) mit 480 Abonnenten
„Tauber-Rundschau –
Wertheimer Nachrichten"   (Zeitung 3) mit   77 Abonnenten
„Wertheimer Zeitung"   (Zeitung 4) mit 942 Abonnenten.

Keiner der vier Zeitungsverlage kooperiert redaktionell mit anderen Verlagen. Die in Wertheim vertriebenen Ausgaben sind Mantelzeitungen. Ihre Lokalteile werden von selbständigen Lokalredaktionen hergestellt. Damit sind die formellen Voraussetzungen der Meinungsbildung erfüllt: Es gibt in Wertheim sowohl Tageszeitungen unterschiedlicher politischer Tendenz als auch vier verschiedene von einander unabhängige Lokalredaktionen, die eine breite Meinungsbildung in lokalen Angelegenheiten garantieren müßten.

Wir gingen aus von qualitativen Analysen verschiedener Exentrizitäten der Texte, auf die man schon bei einer ersten groben Durchsicht der Zeitungen stößt. Es handelt sich um Eigenschaften der Texte, die zu unstimmig oder, verglichen mit überregionalen Zeitungen, zu ungewöhnlich sind, als daß sich nicht die Frage aufdrängte, wie man sich ihr Zustandekommen erklären könnte und wie man sie inhaltlich zu deuten hätte. Dabei gingen wir davon aus, daß die Relevanz von Inhalten nicht vorweg an der Häufigkeit ihres Auftretens gemessen werden kann; daß auch relativ selten auftretende Eigentümlichkeiten der Texte erklärt werden müssen, und daß man darüberhinaus versuchen muß, einen Text gerade von seinen extremen Aspekten her zu dechiffrieren. Kontrollierbar wird ein solches Vorgehen dadurch, daß der Gang der Entwicklung der entscheidenden Kriterien durchsichtig gemacht wird, was im folgenden versucht werden soll.

Aufgefallen waren uns zunächst Textstellen, in denen andeutungsweise soziale Muster beschrieben wurden, die an Sozialbeziehungen aus Zeiten des Absolutismus oder der Feudalgesellschaft erinnerten: so erschienen die Beziehungen der lokalen Politiker zu denen, die sie delegiert haben, bisweilen wie die eines fürstlichen Wohltäters zu dankbaren Untertanen. Unsere These war, daß hier ideologische Muster aus vorbürgerlicher Zeit überleben konnten. Eine solche Annahme darf als plausibel gelten, wenn man Gemeinden vor sich hat, die nie so etwas wie eine liberale Phase durchgemacht haben. Wo Reste absolutistischen Weltverständnisses überlebten, finden sie heute eine neue Basis in politischen und sozialen Strukturen des Wohlfahrtsstaates, zusätzlich aber noch in den besonderen Bedingungen kleiner Gemeinden. Beide Aspekte sollen hier kurz skizziert werden.

Die politische Stellung des Bürgers wird heute wesentlich bestimmt durch den Dauerkontakt mit einer Verwaltung, die sich immer mehr ausdehnt und in vormals private Bereiche eindringt. Diese Situation produziert ein unpolitisches Verhältnis zum Staat, eine allgemeine Forderungshaltung in bezug auf Dienste der Verwaltung. Die Leistungsempfänger wollen nicht Entscheidungen durchsetzen, sondern erwarten Sicherheit und Versorgung. Die Sozialleistungen können kaum wie das Arbeitsentgelt nach dem Modell des Äquivalententausches begriffen werden, und die Institution der Wahlgeschenke erinnert vollends an die Wohltaten, die ein Feudalherr seinen Schutzbefohlenen gewährte.

Besteht auf nationaler Ebene eine Tendenz wachsenden Einflusses der Verwaltung auf die Legislative, so ist in kleineren Gemeinden Politik nahezu identisch mit Verwaltung. (5) Der Bürgermeister hat als Chef der Verwaltung und als Vorsitzender des Gemeinderats eine ungleich stärkere Stellung als die Gemeinderatsmitglieder; er bestimmt die Tagesordnung, er leitet die Sitzungen des Gemeinderats, er bereitet mit Hilfe der Verwaltung die erforderlichen Beschlüsse vor und ist demzufolge besser informiert als die ehrenamtlichen Stadträte. Diese sind in besonderem Maße abhängig von der Information durch die Verwaltung, weil stets die Sach- und Rechtslage zur Diskussion stehen und keine Prinzipien zu beschließen sind, anhand derer Entscheidungen beurteilt werden könnten.

Wenn der einzelne Stadtrat auf die Verhandlungsführung und Beschlußvorbereitung wenig Einfluß hat, aber abgesehen von den Eilentscheidungen des Bürgermeisters bei dem Beschluß selbst wenigstens noch zugegen ist, so ist für den Bürger nicht einmal dies garantiert, weil durch eine weit auslegbare Klausel nahezu alles zum Gegenstand einer nichtöffentlichen Sitzung gemacht werden kann. Ohnehin werden wichtige Entscheidungen in Gesprächen des Bürgermeisters mit den einflußreicheren Mitgliedern des Gemeinderats und mit Interessenvertretern präjudiziert, und auch die Beziehungen der Verwaltung zu übergeordneten Instanzen bleiben verborgen oder undurchsichtig. Wenn die Gemeinde von höheren Verwaltungsorganen die Zustimmung zu einem bestimmten Projekt erhalten will, pflegt das Vermeiden einer öffentlichen Diskussion der Alternativen und ihr Ersatz durch die Demonstration von Einheit und Geschlossenheit diesem Ziel förderlich zu sein.

Dies alles führt dazu, daß mögliche Interessengegensätze für die Bürger nicht sichtbar werden. Zudem entsteht der Schein einer allgemeinen

Identität der Interessen von Stadt und Industrie, weil die Gemeinden durch die Steuergesetzgebung in entscheidendem Maße auf das Gewerbesteueraufkommen und damit auf das Florieren der örtlichen Industrie angewiesen sind. Hinzu kommen die unmittelbare Abhängigkeit der in dieser Industrie Beschäftigten, die in kleineren Gemeinden wenig alternative Beschäftigungsmöglichkeiten finden, sowie die unter dem Begriff des „Industriefeudalismus" zusammengefaßten Phänomene.

Neben der verschleiernden Funktion als falsches Bewußtsein von sozialen Sachverhalten haben Ideologien immer auch die Funktion, psychische Gratifikationen für sozial auferlegte Opfer zu gewähren und Erklärungen für soziale Erscheinungen bereitzustellen, d.h. ökonomische und politische Herrschaft zu legitimieren. Ideologien setzen ein Bedürfnis nach Gratifikation und einen Anspruch auf Erklärung und Legitimation voraus.

Einem solchen Anspruch auf Erklärung und Legitimation können heute absolutistische Klischees wegen mangelnder Plausiblität nicht mehr genügen. Sie geraten in Konflikt sowohl mit der Kenntnis der formaldemokratischen Institutionen als auch mit den demokratischen Klischees, die über Schule und Massenmedien verbreitet werden. Aber diese demokratischen Klischees können für eine Deutung der sozialen Verhältnisse ebenfalls nicht herangezogen werden, weil sie mit der unmittelbaren Erfahrung allzusehr kontrastieren: „Kontrolle durch Opposition", „Kritikfähige Öffentlichkeit", „Transparenz von Entscheidungen" usw. sind Begriffe und Formeln, die auf die Verhältnisse in Wertheim nicht angewendet werden können. Die Widersprüche, die entstehen, wenn demokratische Klischees auf die Wertheimer Verhältnisse angewandt werden, soll das folgende Beispiel demonstrieren:

„Die gesamte Bürgerschaft müsse dieses Projekt mittragen und billigen, da es nach Auffassung des Bürgermeisters keine andere Lösung gebe. Gemeinderat und Verwaltung seien stets bemüht, alte und wertvolle Bauten zu erhalten. Die moderne Entwicklung mache aber deutlich, daß nicht alles realisierbar sei. Trotzdem müsse man allen Bedürfnissen Rechnung tragen. Deshalb sei man für jeden Ratschlag aus der Bevölkerung dankbar." (Zeitung 1, Nr. 168)

Zu einer solchen Einbeziehung der Bürgerschaft in kommunale Entscheidungen kommt es nur ausnahmsweise, wenn bei schwerwiegenden und riskanten Entscheidungen das Prinzip der Einstimmigkeit, mit dem sich der Bürgermeister im Gemeinderat vorweg gegen später vielleicht mögliche Kritik absichert, auch auf die Bevölkerung ausgedehnt wird. Es geht dabei aber nicht um inhaltliche Beteiligung an der Entscheidung oder um die Kontrolle der kommunalen Institutionen, sondern um die Verhinderung von Kritik, indem erreicht wird, daß alle der Entscheidung der Gemeindeverwaltung akklamieren, ohne wirklich Einfluß auf die Entscheidung selbst nehmen zu können. Daß die gesamte Bürgerschaft eine Entscheidung mittragen und billigen soll, zu der es angeblich keine Alternative gibt, läßt den Verdacht aufkommen, daß solche Alternativen denkbar sind, vielleicht sogar formuliert wurden.

Der „*Ratschlag aus der Bevölkerung*", für den man angeblich in der Gemeindeverwaltung dankbar ist, steht im Widerspruch zu der Auffassung des Bürgermeisters, daß es keine andere Lösung als die von der Verwaltung erarbeitete gibt. Angesichts der Tatsache, daß diese Entscheidung nach Auffassung des Bürgermeisters nicht allen Bedürfnissen Rechnung tragen kann, ist es zynisch, die Beteiligung der Bevölkerung zu fordern, damit allen Bedürfnissen Rechnung getragen werde.

Weder ausgeführte absolutistische noch ausgeführte formaldemokratische Ideologien sind unter diesen Bedingungen als Rechtfertigung der Realität plausibel. Demokratische Ideologien könnten allenfalls auftreten als Maßstäbe, an der die Realität kritisch gemessen wird. Dazu bedürfte es jedoch einer Öffentlichkeit, die die Wertheimer Verhältnisse kritisch in Frage stellt und die dadurch Lokalredakteure, welche diesen Impuls aufnehmen, absichern könnte. Ideologien, die geeignet wären, als Erklärungsmodell zu fungieren, oder ideologische Topoi, die sich auf umfassendere Ideologien beziehen, treten im gesamten analysierten Text der Lokalteile nur zweimal auf. Beide Male handelt es sich um vordemokratische, wir sagen ‚absolutistische' Gesellschaftsbilder. Im überregionalen Teil der Zeitungen treten Gesellschaftsbilder bzw. deren Elemente häufiger auf, und es finden sich dort auch solche, die liberalistischer Ideologie entsprechen.

Mittels ideologischer Topoi werden im Fall der Lokalteile die Ansprüche auf Vermittlung von Erklärungszusammenhängen und auf die Gewährung von Gratifikationen nicht erfüllt. Sofern diese Ansprüche bestehen, müssen sie auf andere Weise befriedigt werden.

Unterhalb der Schwelle idologischer Topoi kann deren Funktionen ein Sprachgestus übernehmen, in dem Deutungen und Gratifikationen nicht explizit ausgeführt, sondern praktiziert werden. Ideologische Topoi können als seltene Wegweiser einen Text strukturieren. Sie bezeichnen relativ klar seine Fluchtpunkte. Wo diese relative Eindeutigkeit sich mit der Realität nicht verträgt, wird die Ieologie in unverbindlichere Formen abgedrängt. Sie wird vorausgesetzt, aber nicht benannt. Sie ist allgegenwärtig, ohne explizit zu sein. Diese Allgegenwart nötigt zur Anwendung quantitativer Verfahren der Inhaltsanalyse, mittels derer überprüft werden kann, welche ideologischen Restbestände in den Lokalteilen auftreten. Bei diesen Restbeständen handelt es sich um Sprachformen, Argumentationstypen, rudimentäre soziale und politische Rollen, die auch im überregionalen Teil der Zeitung vermutet werden. Allein die Unterschiede in der Häufigkeit des Auftretens zeigen die Besonderheiten der Lokalteile.

Der Unterschied zwischen ideologischen Topoi und praktizierter Ideologie läßt sich an folgenden Beispielen demonstrieren:

„Der Postbetrieb kann nur in ständiger gemeinsamer Arbeit weitergedeihen und jeder ist daher an seinem Platz unentbehrlich. Dabei ist doch gleichgültig, an welchem Platz jeder steht. Es kommt nur einzig und allein darauf an, daß er in

Treue, Pflichtbewußtsein und Einsatzbereitschaft seine Arbeit tut und so dazu beiträgt, daß die gesteckten Ziele erreicht werden, denn nur aus dieser Einstellung erwächst der Segen der Arbeit für jeden einzelnen und damit für das gesamte Werk." (Zeitung 3, Nr. 249)

„Zum Abschluß kamen noch einmal alle Künstler auf die Bühne. Bürgermeister Schuermann dankte ihnen dafür, daß sie zweieinhalb Stunden lang Freude bereiteten. Er begrüßte zu diesem Abend besonders Oberregierungsrat Ovie als Vertreter des Landrats, Bürgermeister Grosch (Tauberbischofsheim) mit Frau, sowie Bürgermeister von vielen anderen Orten. Scheuermann dankte allen, die zum Gelingen des Festes beigetragen haben, dem Stadtbauamt, der Kapelle Hartmann, dem Festwirt, den Schaustellern und allen Gewerbetreibenden." (Zeitung 4 Nr. 231)

Daß es sehr wohl entscheidend für das subjektive Lebensschicksal ist, an welchem Platz einer steht, muß mit einer Beteuerung übertüncht werden. „Dabei ist *Doch* gleichgültig, an welchem Platz jeder steht." *„Nur einzig und allein"* Treue, Pflichtbewußtsein und Einsatzbereitschaft zählen, nicht der Lohn, den man dafür erhält, wird einem versichert, der seit 40 Jahren Pakete austrägt. Wer daran zweifelt, muß beschwichtigt werden. Nicht Lohn und Aufstieg sind die zentralen Kategorien, an denen gemessen die Enttäuschungen eines 40jährigen Arbeitslebens allzuleicht offenbar würden, sondern Opferbereitschaft und Selbstlosigkeit. Mit dieser Konstruktion kann der Mißerfolg im Leben als stilles Heldentum rationalisiert werden. Darin liegt die Gratifikation, die dieser ideologische Erklärungszusammenhang allen, die keinen rechten Erfolg haben, gewährt. Das Gesamtwohl konstituiert sich nicht – gemäß der liberalistischen Ideologien – aus wohlverstandenen Einzelinteressen, sondern Treue und Pflichterfüllung gegenüber einer nicht näher definierten Instanz werden als Erzielung eines undefinierten Gesamtwohls gesetzt. Es gibt keine partikularen Interessen, keinen Profit und keinen Lohn, keinen Äquivalententausch. Hier handelt es sich um einen klaren ideologischen Topos, der explizit auf ein vorindustrielles Gesellschaftsbild rekurriert, aber allzu leicht als wirklichkeitsfern durchschaut werden kann.

Der gleiche Inhalt drückt sich auch im Dank an Festwirt, Schausteller und Gewerbetreibende aus, deren Beteiligung am Volksfest in einen altruistischen Akt umgedeutet wird, ohne daß der ideologische Inhalt explizit ist und sich sogleich der Überprüfung aussetzt.

Besonders aufschlußreich ist dieses Beispiel wegen des Zusammenhangs mit der Dankabstattung für die künstlerische Leistung. Die Dankabstattung wird nicht als Abnormität empfunden, weil künstlerische Leistungen nicht restlos mit ihrem Preis abgegolten sind. Aus diesem Grund ist es zwar üblich, sich für künstlerische Leistungen zu bedanken, jedoch ungewöhnlich, sich bei einem Automobilkonzern dafür zu bedanken, daß er Automobile herstellt, oder bei einem Würstchenverkäufer dafür, daß er Würstchen feilhält. Angebracht ist der Dank nur, wo das Marktgeschehen nicht als Äquivalententausch, sondern als Wohltat des Anbieters von Waren und Diensten interpretiert wird.

Die Leugnung von partikularen Interessen macht selbst von den Interessenvertretern nicht halt:

„Die Lage des Mittelstandes sei aber nicht immer beruhigend und die Stadtverwaltung wisse von den Sorgen des gewerblichen Mittelstandes. Daher sei der Dank für den Idealismus, den Helmut Antlinger und seine Vorstandsmitglieder für den DGV aufbringen, besonders aufrichtig." (Zeitung 1, Nr. 164)

Auch diesem Beispiel tritt eine ausgeführte ideologische Konstruktion aus dem gleichen Artikel zur Seite, die explizit eine Wahrnehmung partikularer Interessen durch den Interessenverband zu eskamotieren sucht:

„Leider sei der selbständige Mittelstand seitens des Staates mit ständigen Versprechungen hingehalten worden. ‚Man hat seine Resolutionen, seine Denkschriften in den Bereich gruppenegoistischer Verbandsinteressen verwiesen, und man qualifizierte seinen Existenzkampf als Folgeerscheinung der modernen Gesellschaft.' Aber: ‚Der selbständige Mittelstand war von jeher ein staatserhaltendes Fundament, das jede Regierung bitter notwendig hatte und auch in Zukunft haben wird. Sollten die verantwortlichen Staatsmänner in Deutschland diesen selbständigen Unternehmer nicht erhalten, kann am Ende nur noch der Zusammenbruch unserer freiheitlichen Ordnung stehen.'" (Zeitung 1) Nr. 164)

Hinter dem Dank an die Gewerbetreibenden und die mittelständischen Interessenvertreter steckt ein Gesellschaftsbild, dessen Konturen nur relativ selten in ausgeführten ideologischen Topoi sichtbar werden. In der Behandlung sozialer Sachverhalte wird durch den Sprachgestus der Zeitung diese Ideologie unterstellt und auf diese Sachverhalte angewandt, entweder indem die Zeitung die Sprachform Dritter wiedergibt oder indem sie sich — wie in folgendem Beispiel — dieser Sprachform selber bedient.

„Die berühmte und traditionellste Militärkapelle der Welt, die Original Hoch- und Deutschmeister aus Wien, gastierten am Samstagabend auf Einladung der Familie Leinberger mit einem mehrstündigen Konzert vor rund 1200 Besuchern in der Main-Tauber-Halle in Wertheim. Die ‚Deutschmeister' unter der Leitung von Dirigent Julius Hermann begeisterten in einem mitreißendem Programm mit dem beliebten und typisch wienerischen Repertoire aus Operetten-Melodien und Walzern, mit volkstümlicher Musik und den berühmtesten Märschen großer Klassiker. ..... Dann erklangen Melodien aus dem ‚Weißen Rössl', Volksmusik und dazwischen brachte Julius Hermann die berühmtesten Märsche wie Radetzky-Marsch, Kaiserjäger-Marsch, Kadettenmarsch und den weltberühmten Infanterie-Regimentsmarsch Hoch- und Deutschmeister Nr. 4." (Zeitung 1, Nr. 250)

In diesem Beispiel werden ebenfalls reale Interessen geschickt verdeckt. Die Kapelle wird „*eingeladen*", nicht etwa engagiert. Aber nicht nur das. Die gesellschaftliche Institution, die die Einladung ausspricht, ist „*die Familie*" Leinberger, nicht etwa der Bewirtungsbetrieb Leinberger, der von der Stadt einen Saal gemietet hat, Speisen und Getränke während des „mehrstündigen Konzerts" verkauft, vielleicht auch Eintritt für die Veranstaltung verlangt. So werden die Geschäfte eines ‚Gewerbetreibenden' als Mäzenatentum maskiert. Der Geschäftsmann erscheint, wie auch der Kommunalbeamte und der Politiker, als Wohltäter.

Wenn auch die lokalen Honoratioren im Zeitungstext wie weiland die Grafen von Wertheim behandelt werden, so glaubt doch kein Leser, daß sie dieser Rolle auch entsprechen. Dies wird auch gar nicht von ihnen

verlangt, denn dann müßte jene Rolle explizit gemacht werden. Sie wird nur durch den Sprachgestus impliziert und als Bodensatz einer absolutistischen Ideologie von den Lesern vermutlich kaum wahrgenommen. Derart in den Sprachgestus abgesunkene ideologische Inhalte sind weniger als ausgeführte Ideologien geeignet, Erklärungszusammenhänge zu entfalten. Dieses Ausfallen von Erklärungszusammenhängen muß nicht einschließen, daß kein Bedürfnis nach Erklärungen besteht; denn ein Bedürfnis nach Erklärung kann arbeitsteilig durch andere Kommunikationsmedien befriedigt werden, sofern es sich auf überlokale Gegenstände bezieht, und durch personale oder in den Vereinen institutionalisierte Kommunikation, sofern es sich auf lokale Gegenstände richtet. Dem entspricht, daß die Vereine von der Bevölkerung als wichtige Informationspools in lokalen Angelegenheiten angesehen werden. (7)
Die angeführten Beispiele zeigen, daß von den drei Funktionen, welche ideologischen Konstruktionen zugeschrieben werden, durch die unvermeidliche Reduktion der Ideologien nur die Funktion der Verschleierung sozialer und politischer Sachverhalte und die Funktion subjektiver Gratifikationsgewährung übrigbleiben. Die Verschleierung vermittelt sich nicht durch die Ableitung bestimmter Interpretationen, der zugleich auch erklärende Bedeutung zukäme, sondern durch bloße definitorische Akte gegenüber der Realität. Die Funktion der Gratifikationsgewährung wird erfüllt durch die Vermeidung von negativen Tatsachen und Urteilen, die Demonstration einer festgefügten Ordnung, die nachdrückliche Beteuerung, daß bestimmte lokale Sachverhalte und Ereignisse positiv zu bewerten seien, und schließlich durch die Auswahl dieser Sachverhalte und Ereignisse aus dem Spektrum sozialen Lebens.
„Die Nähschule, die mindestens 80 Jahre besteht, ist heute noch eine wichtige Einrichtung der Schwesternstation, zumal der Andrang nicht mehr so groß ist wie früher. Man kann nur Dank für diese Aufopferung empfinden." (Zeitung 1, Nr. 249)
Offensichtlich steht die Bedeutung der ehrwürdigen Nähschule nicht völlig außer Zweifel, da der Andrang nachgelassen hat. Damit ist auch in Frage gestellt, ob man *„Nur dank für diese Aufopferung"* empfinden kann. Durch Verwendung einer falschen Konjunktion wird dieser Zweifel verwischt und erschwert: Die Nähschule ist heute noch wichtig, *„zumal* (umso mehr als; insbesondere weil) der Andrang nicht mehr so groß ist wie früher." Also: Jetzt erst recht!
Üblicherweise werden negative Tatsachen und Urteile vermieden, so daß diese Besonderheit der Lokalteil nur im Vergleich mit dem überregionalen Teil der Zeitung deutlich hervortritt. An dem zitierten exzentrischen Beispiel kann aber das Verhältnis der Lokalteile zu negativer Färbung im Text demonstriert werden, und aus diesem Beispiel läßt sich die Hypothese über die Häufigkeit kritischer Urteile und negativ gefärbter Sachverhalte ableiten, die noch weiter spezifiziert werden muß: Die Häufigkeit negativer Färbung im Text wird mit der Häufigkeit überlokaler Berichte und Stellungnahmen variieren. Nur wenn dies zutrifft, zeichnen

die Meldungen über Erfolg, Lob und Dank die Gemeinde als eine heile Welt des Altruismus und der Aufopferung und grenzen sie gebührend von einer Umwelt des Egiosmus und der Fehlschläge ab.
Der Versuch der Zeitungen, die Wertheimer Ereignisse zu verklären, hat vielfach den Charakter von Beteuerungen.
„Dann begeisterte Herminke, das Elastikwunder. Die hübsche Blondine in ihrem glitzernden Flitterkostüm überzeugte mit ihrer Parterre-Akrobatik, bei der sie die Geschmeidigkeit einer Schlange hatte." (Zeitung 4, Nr. 231)
Herminke begeisterte und überzeugte schlechthin. Der Adressant ihrer Bemühungen ist ohne Bedeutung. Verben wie „begeistern", „gefallen", „überzeugen" usw. enthalten eine demokratische Komponente insofern, als sie legitimerweise nur verwendet werden können, um die Wirkung auf ein Publikum zu beschreiben. Hier werden sie als Attribute zur Charakterisierung eines Wohltäter eingesetzt, darin ähnlich den früheren Hof-Bulletins, in denen den Untertanen mitgeteilt wurde, wie angetan sie von den Vorkommnissen am Hof waren.
Die Gratifikation, die dieser Sprachgestus dem Publikum bereitet, liegt in seinem beschwörenden, affirmativen Charakter. Wie sich die Begeisterung des Publikums ausgedrückt hat, ob es berechtigt ist, von Begeisterung zu sprechen, ist völlig nebensächlich. Es geht nicht darum, ein Ereignis und seine Beurteilung nachzuvollziehen, sondern es soll nur beteuert werden: einfach überwältigend. Der Adressat der Darbietung wird vernachlässigt, weil seine Eindrücke, Empfindungen und Urteile wie auch die Beurteilung der Darbietung durch den Leser keine Rolle spielen. Diese werden dem Publikum verordnet, den Lesern vorgeschrieben, damit keine Schatten des Zweifels auf die Vorstellung fällt.
Mit diesem Beispiel wird nur ein besonderer Fall von nicht ausgewiesenem positiven Urteil angeführt. Beteuerungen treten auch in anderer Form auf, wobei die Mißachtung des Bürgers nicht unmittelbar ablesbar ist.
„Gaschütz hatte sie sehr geschmackvoll für Streicher, Flöten, Solo-Oboe und Pauken bearbeitet; die Oboe durfte mit Recht einen Sonderbeifall einheimsen. ..... Chor und Orchester durften mit ihrem verdienstvollen Dirigenten und Initiatoren der Schloßserenaden für diese hervorragende, dazu noch fast pausenlose Darbietung dankbaren Applaus ernten. Sie bedankten sich mit dem Choral von J. S. Bach: ‚Nun ruhen alle Wälder'." (Zeitung 1, Nr. 165)
Durch die wechselseitigen Dankesbezeugungen, die an das Höflichkeitszeremoniell fremder Kulturen erinnern, wird das Publikum zunächst als Adressant der Darbietung vorgestellt und durch die devote Ausdrucksweise, derzufolge die Oboe, Chor und Orchester Sonderbeifall und dankbaren Applaus einheimsen und ernten *durften,* sogar als urteilende Instanz eingeführt.
Dadurch unterscheidet sich dieses Zitat vom vorhergehenden. Aber auch hier bleiben die Ereignisse intransparent. Worin bestand die sehr geschmackvolle Bearbeitung? Warum war der Sonderbeifall berechtigt? Was macht die Darbietung zu einer hervorragenden? – Der einzige

Anhaltspunkt, der dem Leser gegeben wird, ist wenig geeignet, diese emphatischen Urteile zu legitimieren. Daß die Darbietung „fast pausenlos" abrollte, ist allenfalls ein Indiz für die Mühe, die sich Veranstalter und Ausführende gemacht haben, und es entsteht der Eindruck, daß vor allem diese Mühe honoriert werden soll; daß die Darbietung schon allein weil sie stattfand die Attribute „sehr geschmackvoll" und „hervorragend" verdient.

In der Intransparenz der Urteile liegt eine Mißachtung der Leser, und diese Mißachtung ist zugleich das Vehikel für die Gratifikationen, die den Lesern bereitet werden. Nur wenn Dissonanzen vermieden und Zweifel durch Beteuerung der Harmonie in illegitimen Urteilen beschwichtigt werden, kann die Illusion von den wohlgefügten Verhältnissen, die keiner Korrektur befürfen, gepflegt werden.

Diese Tendenz darf als Charakteristikum der Lokalteile nicht an feuilletonistischen Argumentationsformen, wie sie auch in sogenannten Weltblättern auftreten, überprüft werden, sondern es muß sich zeigen, ob die politischen Artikel der Lokalteile sich in der Häufigkeit unbegründeter Urteile signifikant von den politischen Artikeln der überregionalen Teile unterscheiden und so formuliert sind wie beispielsweise der letzte Satz eines Artikels über ein Treffen des CDU-Ortsverbandes:

„Hermann Arnold und Karl Lutz schnitten im Verlauf des Abends noch andere Fragen der Kommunalpolitik in Wertheim an und gaben in der lebhaften Diskussion erschöpfend Auskunft." (Zeitung 1, Nr. 165)

Zwischen den Versuchen, die Wirklichkeit zu verklären, blitzt sie hin und wieder unbeabsichtigt auf.

„Die Arbeiterwohlfahrt (AWO), Ortsverein Wertheim, führte am Sonntag zur Absolvierung des Jahresprogramms ihre Mitglieder in die Fränkische Schweiz. Ortsvereinsvorsitzender Stadtrat Karl Leiß und Omnibusunternehmer Ott hatten die Fahrt gut vorbereitet und zur vollen Zufriedenheit aller Teilnehmer zur Durchführung gebracht. Im dichten Frühnebel fuhren die Teilnehmer wohlgemut ins Graue. Sie wurden nicht enttäuscht! Während es in der Main-Tauber-Stadt in Strömen regnete, lachte den Männern und Frauen von der AWO strahlender Himmel. Nach zweistündiger Fahrt erreichte man schon um 9 Uhr das alte Bischofsstadt Bamberg, von manchem zum Besuch des Gottesdienstes im ehrwürdigen Kaiserdom angeregt. Das alte Rathaus, auf Pfählen in der Regnitz verankert, der Barockpalast ‚Concordia' wie das reizvolle ‚Klein-Venedig' fesselten die Main-Tauber-Städter ganz besonders. Nach weiteren zwei Stunden Fahrt über die kurvenreichen Straßen des Steigerwaldes kam man gerade zur rechten Zeit – zum Mittagessen – nach Pottenstein. Dort stieg man in die weltberühmte Teufelshöhle. Hier gab es viel zu sehen, so daß der Tag voll ausgenutzt war. In Würzburg machte man letzte Rast. Heiter und aufgeräumt erreichte man zur rechten Zeit wieder Wertheim. Ein schöner Tag war zu Ende gegangen. Karl Leiß und Herr Ott konnten den Dank aller ‚Frankenfahrer' für ihre selbstlose Mühewaltung entgegennehmen." (Zeitung 3, Nr. 179)

Sieht man genau hin, so zeigt sich, daß der Ausflug zur *„Durchführung gebracht"* wird, um die *„Absolvierung des Jahresprogramms"* zu gewährleisten. Infolgedessen müssen die Mitglieder vom Ortsvereinsvorsitzenden und einem Gewerbetreibenden in einem Akt *„selbstloser Mühewaltung"* „geführt" werden. Die quasi-absolutistische Rolle der Honoratioren als selbstlose Wohltäter verschränkt sich mit verwaltungsmäßiger Abwicklung. Jede selbständige Regung der Mitglieder würde die Absolvierung des Jahresprogramms gefährden. Die Einhaltung des Zeitplans ist wichtig. Die gewaltsamen Substantivierungen und die Betonung des reibungslosen Ablaufs sind Indikatoren für ein bloßes Verwaltungsverhältnis, dem die Gemütlichkeit nur mehr aufgepfropft werden kann.

Nicht allein weil sich in dieser Weise die Realität Gehör verschafft, sondern vor allem weil die Beteuerungen der Zeitungen nicht reale Probleme, Erfahrungen und Einsichten überspielen können, sollten die Gratifikationen, die der affirmative Gestus gewährt, nicht zu hoch veranschlagt werden. Daß die Lokalzeitungen sich weigern, das Tauschverhältnis und Konflikte anzuerkennen, daß sie stattdessen einen beschaulichen Schonraum suggerieren, macht sie attraktiv. Bis auf Betriebsfeiern, Jubiläen und ähnliche Formen der Selbstdarstellung des modernen Industriefeudalismus bleibt die Arbeitswelt von der Berichterstattung in den Lokalzeitungen der stark industrialisierten Gemeinde ausgeschlossen. Darin liegt aber zugleich die Schwäche der Zeitungen. Was sie erzählen, hat mit den Problemen der Arbeiter, Angestellten, Sozialrentner und Lehrlinge und unmittelbar auch mit den Problemen der Bauern und Handwerker nichts zu tun. Die Bauern der umliegenden Gemeinden und die Handwerker treten nur auf im Rahmen von Winzerfesten und im Zusammenhang mit globalen Stellungnahmen des Bauernverbandes zur EWG-Marktordnung oder des Gewerbeverbandes zur Bedeutung des gewerblichen Mittelstandes. Dies verleiht den Lokalteilen einen unwirklichen Charakter. Wenn die Alltagsprobleme drängender werden, kann der von den Lokalteilen suggerierte Schonraum keine Gratifikation mehr gewähren; man darf sogar vermuten, daß die Leser schon jetzt kaum Gratifikationen aus der Alltagsferne der Lokalzeitungen ziehen.

Dann muß jedoch die Frage nach den sozialen Mechanismen, durch die die Lokalteile bestimmt sind, neu gestellt werden. Das Bedürfnis der Leser nach Gratifikationen reicht zur Erklärung der Zeitungsinhalte nicht aus. Diese Erklärung bleibt zudem auch logisch unzulänglich, solange nicht gezeigt werden kann, welche Beziehung zwischen den Lesern und der Lokalredaktion besteht, über die sich das Bedürfnis der Leser durchsetzen könnte. Das Problem der sozialen Mechanismen, durch die der Inhalt und der Sprachgestus der Lokalteile bestimmt wird, löst sich, wenn man den Begriff der Leserschaft präzisiert. Eine anonyme Leserschaft als Publikum und Adressat der Zeitungen mag es in Großstädten geben. Ihre Beziehung zur Lokalredaktion mag sich über den Marktmechanismus vermitteln. Die Leser der Wertheimer Zeitungen sind keine anonyme Einheit. Sie sind Mitglieder jener Organisationen, Institutionen, Vereine, denen die Aufmerksamkeit der Zeitungen hauptsächlich gilt und die in Wertheim jenen Schonraum zu konstituieren suchen, der von den Zeitungen verstärkt reflektiert wird. Diese Organe und Institutionen sind der Gegenstand der lokalen Berichterstattung und sie nehmen Einfluß auf die Lokalteile. Bedingt durch die hierarchische Struktur dieser Institutionen, werden es deren Vorsitzende, Vorstände usw., also die Honoratioren der Gemeinde sein, die auf die Lokalredaktionen einwirken. Die Honoratioren sind der eigentliche Adressat der Lokalteile. Ihr öffentliches Auftreten bildet den Anlaß der Berichterstattung. Sie müssen alle namentlich aufgeführt und bedankt, keiner darf vergessen werden. Die Beziehung zwischen Kommunikator und Kommunikant ist nur nebenbei eine Beziehung zwischen Lokalredaktionen und Lesern. Sie ist in der Hauptsache eine Beziehung zwischen Lokalredaktionen und Honoratioren, besser: zwischen Honoratioren und Lokalredaktionen. Die Lokalteile fungieren weitgehend als ein Instrument der Selbstdarstellung der Honoratioren. Das ist der soziale Hintergrund für die vielfältigen quasi-absolutistischen Sprachfiguren, der soziale Hintergrund auch für die Ähnlichkeit der Lokalteile mit Hof-Bulletins.

Dimensionen und Kategorien der quantitativen Inhaltsanalyse

Zur Überprüfung der Hypothesen (8) wurden folgende 10 Dimensionen (9) gebildet, in denen die Merkmalsträger des Textes, die recording-units, erfaßt wurden.

1. Informationsart
1.1. Bericht
1.2. Stellungnahme
2. Autor der Stellungnahme (sofern Stellungnahme)
2.1. Stellungnahme der Zeitung
2.2. Fremde Stellungnahme
3. Begründung der Stellungnahme (sofern Stellungnahme)
3.1. Stellungnahme mit Urteilsbasis
   Formal begründete Stellungnahmen, ohne Rücksicht darauf, ob es sich um zureichende Begründungen handelt; sowie Stellungnahmen, die durch Informationen innerhalb der Grenzen des voraufgehenden und des nachfolgenden Absatzes als legitimiert angesehen werden können.
3.2. Stellungnahme ohne Urteilsbasis
4. Politische und soziale Funktionsträger
4.1. Bürger
4.2. Honoratioren
   Alle Inhaber von Vereins-, Partei- und Gemeindeämtern, leitende Angestellte und Inhaber größerer Betriebe, Pfarrer, Schulleiter, Richter, Staatsanwälte, Offiziere.
4.3. Andere öffentliche Personen
   Künstler, Lehrer, Ärzte, Journalisten, Besitzer, Leiter von kleineren Dienstleistungsbetrieben.
4.4. Institutionen
   Organisationen, Verwaltungen, Gremien, Vereine, andere Institutionen, sofern sie als geschlossene Einheit auftreten.
4.5. Sachverhalt, kein Funktionsträger
5. Politische Organe, denen die Honoratioren oder Apparate zugeordnet werden können (nur für politische Samples aufgestellt)

5.1. Exekutive, Legislative
5.2. Interessenverbände
5.3. Parteien
5.4. Sonstige politische Organe;
z.B. Militärdienststellen
6. Politische Rollen der Funktionsträger
6.1. Wohltäter
6.2. Anweisender, Appellierender, Fordernder
6.3. Mandatsträger
Hinweis auf Mitgliederbasis, Anhängerschaft bei politischen Funktionsträgern, auch formale Akzeptierung der Mandatsträgerschaft (Wahlen).
6.4. Initiator
Rollen, als deren Träger im Text nur Bürger vorkommen:
6.5. Empfänger von Wohltaten;
nur wenn der Wohltäter aus dem Zusammenhang des Artikels nicht zu identifizieren ist.
6.6. Adressant von Anweisungen, Appellen, Forderungen;
nur wenn der Anweisende, Appellierende, Fordernde nicht aus dem Zusammenhang des Artikels zu identifizieren ist.
6.7. Konsument, freiwilliger aktiver Teilnehmer;
Korrelat zur Rolle des Mandatsträgers. Bürger als Teilnehmer von Veranstaltungen, Wahlen. Wo hingegen die Bürger als Subjekte erscheinen, die soziale oder politische Vorgänge inhaltlich mitverantworten oder mitbestimmen, werden sie als Initiatoren codiert.
7. Textfärbung
bezogen auf Funktionsträger, ihre Rollen und die Organe, denen sie angehören, bzw. Sachverhalte.
7.1. neutral
7.2. positive Färbung: Erfolg, Lob, Dank
7.3. positive Färbung: Erfolg, Lob, Dank auf dem Hintergrund von Kritik, Tadel, Mißerfolg (Im dichten Frühnebel fuhren die Teilnehmer wohlgemut ins Graue.)
7.4. negative Färbung: Kritik, Tadel, Mißerfolg
7.5. negative Färbung: Kritik, Tadel, Mißerfolg auf dem Hintergrund von Erfolg, Lob, Dank (So sehr wir uns auch auf zu Hause freuten, wären wir doch gerne länger geblieben.)
8. Emphase
8.1. keine bloß schmückenden Intensiva
8.2. Superlativ;
Superlative und deren Äquivalente wie einmalig, unermüdlich, unverzüglich
8.3. Komparativ
8.4. schmückender Positiv
9. lokaler Bezug;
bezogen auf Funktionsträger, ihre Rollen und die Organe, denen sie angehören, bzw. Sachverhalte.
9.1. Wertheimer Funktionsträger oder Sachverhalte
9.2. außerwertheimer Funktionsträger oder Sachverhalt;
auch wenn nicht ersichtlich oder nicht bekannt, ob Wertheimer Funktionsträger oder Sachverhalte angesprochen sind
10. Anlaß der Berichterstattung
(nur für politische Samples)
10.1. aus Anlaß einer öffentlichen Veranstaltung oder Verlautbarung
10.2. Ankündigung einer öffentlichen Veranstaltung
10.3. aus Anlaß einer nichtöffentlichen Veranstaltung oder ohne Bezug auf Veranstaltung, Verlautbarung

Die sprachlichen Einheiten der Analyse

Als sprachliche Einheiten der Analyse, die nach ihrem Inhalt zu klassifizieren sind, werden meistens Worte, Satzteile, Sätze oder ganze Artikel gewählt. Welche Einheit man wählt, hängt davon ab, an welcher sprachlichen Einheit der jeweils interessierende Inhalt sich auffinden läßt. Wenn die Analyse wesentlich auf Argumentationsstrukturen und die im Sprachgestus festgehaltenen sozialen und politischen Rollen abzielt, dann kann man die recording units (die Erhebungseinheiten) nicht formal nach Gesichtspunkten der Grammatik oder gar nach Spaltenzentimetern festlegen, sondern die recording units werden bestimmt durch die Fragestellung beziehungsweise die Erfüllung der Kategorien, in denen die Fragestellung operationalisiert ist. Das bedeutet wechselnde Größen der recording units. Eine recording unit ist definiert als die kleinste Texteinheit, die in jeder Kategoriendimension eine Kategorie erfüllt. (10)

Die Stichproben

Zur Überprüfung der Hypothesen wurden drei unterschiedliche Samples (Stichproben) gebildet. Die Grundgesamtheit, aus der alle Stichproben gezogen wurden, waren die Texte der im Zeitraum zwischen dem 10.6. und dem 12.10. erschienenen rund 105 Ausgaben der vier Tageszeitungen.

Es handelt sich um folgende drei Samples:
1. ein Sample aus den gesamten Lokalteilen (3129 recording units).
2. ein Sample aus den politischen Artikeln der Lokalteile (2303 recording units). Dieses Sample wurde zusätzlich gebildet, da im ersten Sample wegen ihrer geringen Häufigkeit nur sehr wenige politische Artikel enthalten waren.
3. ein Sample aus den politischen Artikeln der überregionalen politischen Teile (715 recording units).

Die überregionalen politischen Artikel dienten als Vergleichsmaßstab zur Darstellung der Besonderheiten der Lokalteile, um den Reflex lokaler sozialer Strukturen in den Zeitungen zu registrieren. Der Beschränkung auf den Vergleich zwischen den politischen Artikeln des Lokalteils und des überregionalen Teils liegt die Überlegung zugrunde, daß es im überregionalen Teil kein Äquivalent für die anderen Sparten der lokalen Berichterstattung, insbesondere für die Vereinsberichterstattung gibt. Es liegt auf der Hand, daß unterschiedliche Argumentationsstruktur, Rollenzuweisung usw. nur bei kommensurablen Gegenständen den Schluß auf Unterschiede zwischen lokalem und überregionalem Teil zuläßt. Dies schließt den Vergleich zwischen den politischen Artikeln der Lokalteile und den gesamten Lokalteilen nicht aus. Deren Kommensurabilität besteht in ihrem gemeinsamen lokalen Ursprung und Bezug. Der Vergleich zeigt, ob und in welchem Maße Besonderheiten der politischen Artikel der Lokalteile auch für die gesamten Lokalteile gelten.

Die Charakteristika der Lokalteile

Individualität oder Uniformität der Lokalteile

Bisher wurden die Lokalteile der vier Lokalredaktionen undifferenziert als eine Einheit angesehen. Die Hypothesenbildung ging davon aus, daß alle Ausgaben die gleichen Regelmäßigkeiten aufweisen, da sie nach den gleichen, relativ strengen sozialen Regeln zustande kommen. Die Besonderheiten der Lokalteile sollen durch den Vergleich mit den überregionalen Teilen dargestellt werden. Damit wird jedoch vorausgesetzt, daß die Lokalteile untereinander weniger ausgeprägte Besonderheiten aufweisen als die überregionalen Teile. Diese Voraussetzung ist zunächst zu überprüfen.

Eine ausgeprägte Besonderheit einer Zeitung liegt dann vor, wenn sie in einer Dimension in zwei der drei möglichen Vergleiche mit den anderen Zeitungen Unterschiede aufweist, deren χ^2-Werte wenigstens auf dem 5 Prozent Niveau signifikant sind und deren Stärke – ausgedrückt durch den korrigierten Kontingenzkoeffizienten – $CC_{korr} \geqslant .200$ (11) beträgt. Der gesamte Lokalteil der Zeitung 1 weist in zwei Dimensionen, der der Zeitungen 2 und 3 in je einer Dimension ausgeprägte Besonderheiten auf. Der lokalpolitische Text der Zeitungen 1, 2 und 4 ist durch ausgeprägte Besonderheiten in je zwei Dimensionen gekennzeichnet, der der Zeitung 3 durch ausgeprägte Besonderheiten in einer Dimension. Von einer Individualität der Lokalteile der vier Tageszeitungen kann somit keine Rede sein. Das wird besonders deutlich, wenn den ausgeprägten Besonderheiten der einzelnen Lokalteile die der überregionalen politischen Teile der Zeitungen gegenübergestellt werden. An den gleichen Standards gemessen, werden die überregionalen politischen Teile der Zeitungen 1 und 2 durch je vier, die der Zeitungen 3 und 4 durch je acht ausgeprägte Besonderheiten herausgehoben. *Die Lokalteile der verschiedenen Zeitungen unterscheiden sich also untereinander sehr viel weniger als die überregionalen Teile.*

Dieser Mangel an Individualität der Lokalteile ist umso erstaunlicher, weil die Lokalteile als das Werk der einzelnen lokalen Redaktionen gelten, während die überregionalen politischen Teile durch Nachrichtendienste bedient werden. Gerade von den Lokalteilen könnte aus diesem Grund eine größere Individualität erwartet werden. (12) Mit der bloßen Feststellung einer relativ großen Uniformität der Lokalteile verschiedener Lokalredaktionen an einem Ort kann zwar die These von der Vielfältigkeit der lokalen Berichterstattung zurückgewiesen werden; die wichtigere Frage, worin denn inhaltlich diese Uniformität besteht und welches die Eigentümlichkeiten der Lokalteile sind, muß jedoch durch einen Vergleich zwischen Lokalteilen und überregionalen Teilen der Zeitungen beantwortet werden. Erst auf diesem Hintergrund läßt sich auch die Frage nach den Mechanismen, auf die diese Uniformität der Lokalteile zurückzuführen sind, präziser stellen.

Exkurs: Identische Texte in den Lokalteilen

Die Lokalteile gelten als das Werk der einzelnen Lokalredaktionen. Schon bei der ersten Durchsicht der Zeitungen waren uns Texte aufgefallen, die wörtlich übereinstimmend in zwei, drei oder allen Lokalteilen erscheinen. Das veranlaßte uns, diese Texte auszuzählen und festzustellen, wie hoch ihr Anteil am gesamten lokalen Text der jeweiligen Zeitung ist. Dieser Anteil der übereinstimmenden Texte am gesamten Text der einzelnen Zeitungen kann als Maß verwendet werden, das zugleich Aufschluß über den Umfang der redaktionellen Arbeit für den Lokalteil und über die Konsequenzen gibt, die der Umfang redaktioneller Arbeit für die Möglichkeit breit gefächerter Meinungsbildung hat.

Selbst wenn als wörtlich übereinstimmend nur jene recording units der Lokalteile und des politischen Textes der Lokalteile gelten, die aus Artikeln stammen, die am gleichen Tag erschienen sind, die wenigstens vier recording units umfassen und zu wenigstens 50 Prozent ihres Umfangs – gemessen an der Anzahl der recording units – mit einem Artikel in einer anderen Zeitung übereinstimmen, so zeigt sich ein teilweise äußerst hoher Anteil an wörtlich übereinstimmendem Text.

Die geringste Übereinstimmung mit anderen Zeitungen weist die Zeitung 2 auf, deren gesamter Lokalteil immerhin zu 11 Prozent und deren lokalpolitischer Teil zu 13 Prozent mit zumindest einer anderen Zeitung des gleichen Erscheinungstages wörtlich übereinstimmt.

Der Anteil wörtlich mit anderen Zeitungen übereinstimmenden Textes ist im gesamten Lokalteil der Zeitung 4 mit 15 Prozent nicht viel größer als bei Zeitung 2. Ihr lokalpolitischer Teil ist jedoch zu 43 Prozent identisch mit dem anderer Zeitungen.

Bei der Zeitung 1 beträgt der Anteil identischen Textes im gesamten Lokalteil 48 Prozent, im lokalpolitischen Teil 30 Prozent. Die Zeitung 3 erreicht in ihrem gesamten Lokalteil einen Anteil von 44 Prozent übereinstimmenden Textes. In ihrem lokalpolitischen Teil dürfte es Mühe bereiten, exklusive Teile zu finden. Er ist zu 68 Prozent mit wenigstens einem der anderen lokalpolitischen Texte identisch, davon zu 52 Prozent zumindest mit dem der Zeitung 4.

Die Charakteristika der Lokalteile

Durch welche Charakteristika zeichnen sich die uniformen Lokalteile aus? Zur Beantwortung dieser Frage muß zunächst geklärt werden, in welcher Weise sich die vergleichbaren politischen Texte der Lokalteile einheitlich von den jeweiligen politischen Texten der überregionalen Teile unterscheiden. Die politischen Texte der Lokalteile machen allerdings nur zwischen 7,5 Prozent und 11,5 Prozent der gesamten Lokalteile aus; sie bestimmen also nicht den Charakter der Lokalteile. Deshalb muß außerdem geprüft werden, ob sich die Charakteristika des politischen

Textes der Lokalteile auch im gesamten Lokalteil finden. Von einigen Charakteristika wird erwartet, daß sie in den gesamten Lokalteilen noch schärfer hervortreten, da der typische Honoratiorencharakter der Berichterstattung erst im Bereich der Vereine voll zur Geltung kommt.

Die Charakteristika der politischen Artikel der Lokalteile können durch einen Vergleich mit den politischen Artikeln der entsprechenden überregionalen Teile ermittelt werden. Dieses Verfahren ist besonders sinnvoll, wenn die Vergleichsgrößen – die jeweiligen überregionalen politischen Texte – untereinander stark variieren. In diesem Fall könnte sich nämlich erweisen, daß die Lokalteile untereinander zwar höchst einheitlich sind, sich jedoch von den jeweiligen überregionalen Teilen wegen deren großer Variationsbreite nicht in der gleichen Weise unterscheiden. Charakteristika der Lokalteile im Sinn einer derart eigentümlichen Ausprägung einzelner Merkmale, daß sie nicht auch im überregionalen Teil anzutreffen sind, wären dann nicht vorhanden. Darin besteht aber gerade eine zentrale Hypothese dieser Untersuchung: daß von den Lokalteilen in Inhalt und Sprachform Positionen eingenommen werden, die in ihrer Exzentrizität nicht auch von den überregionalen Texten geteilt werden. Der Vergleich zwischen den lokalpolitischen und den überregionalen politischen Teilen der Zeitungen gibt also Auskunft sowohl darüber, ob sich die Lokalteile trotz der relativ großen Individualität der überregionalen Texte der verschiedenen Zeitungen in einheitlicher Manier von den überregionalen Texten unterscheiden, als auch darüber, worin die Charakteristika der Lokalteile bestehen.

Charakteristika der politischen Texte der Lokalteile liegen dann vor, wenn wenigstens drei der vier möglichen Vergleiche des politischen Textes der Lokalteile mit den überregionalen Teilen der entsprechenden Zeitung gleichartige, wenigstens auf dem 5 % Niveau signifikante Unterschiede zeigen. Trotz der Unterschiede zwischen den überregionalen Teilen der einzelnen Zeitungen lassen sich in 7 der 10 Dimensionen solche Charakteristika der Lokalteile feststellen. Es sind dies:

1. *Die großzügigere Verwendung schmückender Intensiva:* Die politischen Artikel aller vier Lokalteile weisen relativ mehr schmückende Intensiva auf, als die politischen Artikel der entsprechenden überregionalen Teile. Der Unterschied ist nur für die Zeitung 3 nicht signifikant. In der Häufigkeit der Verwendung schmückender Intensiva tritt zwischen politischem Lokalteil und gesamtem Lokalteil keine Differenz auf.

2. *Die Häufigkeit unbegründeter Stellungnahmen:* Bei allen vier Zeitungen ist der Anteil der unbegründeten Stellungnahmen an der Gesamtheit der Stellungnahmen in den lokalpolitischen Artikeln größer als in den überregionalen politischen Artikeln. Die größere Häufigkeit unbegründeter Stellungnahmen im lokalpolitischen Text ist für alle 4 Zeitungen signifikant und ziemlich deutlich ausgeprägt: In den überregionalen Artikeln aller Zeitungen machen die begründeten Stellungnahmen min-

destens die Hälfte aller Stellungnahmen aus; in den lokalpolitischen Artikeln überwiegen ausnahmslos die unbegründeten Stellungnahmen.
Daran knüpft sich die Vermutung, daß der Nachdruck, der mittels schmückender Intensiva bewirkt wird, die Begründung von Urteilen vertritt. Sie ist endgültig aber erst dann bestätigt, wenn sich ein Zusammenhang zwischen unbegründeten Stellungnahmen und der Verwendung von Intensiva erweist.
Noch größer als im lokalpolitischen Text ist der Anteil der unbegründeten Stellungnahmen in den gesamten Lokalteilen, wo im günstigsten Fall ein Drittel aller Stellungnahmen begründet wird, der Rest sind bloße Behauptungen.

3. *Die Häufigkeit von Stellungnahmen:* Im lokalpolitischen Teil sind im Vergleich zum überregionalen politischen Teil Stellungnahmen relativ häufig. Nur Zeitung 3 macht eine Ausnahme: Infolge des extrem hohen Anteils der Stellungnahmen an der Berichterstattung im überregionalen politischen Teil der Zeitung 3 ist der Anteil der Stellungnahmen im lokalpolitischen Text sogar geringer als im überregionalen politischen Text.
Aus der Häufigkeit von Stellungnahmen im lokalpolitischen Text darf man allerdings nicht den Schluß ziehen, daß die Lokalredaktionen besonders mutig Position beziehen, denn mehr als drei Viertel der Stellungnahmen sind, wie auch im überregionalen politischen Teil, fremde Stellungnahmen und werden von den Zeitungen bloß referiert. Der gesamte Lokalteil enthält hochsignifikant weniger Stellungnahmen, denn die Redaktionen können hier nur auf ein geringes Angebot an fremden Stellungnahmen zurückgreifen, weil es außer den politischen keine miteinander konkurrierenden und einander beurteilenden Institutionen gibt. Wegen der Seltenheit fremder Stellungnahmen spielen die Stellungnahmen der Zeitungen unter den wenigen, die überhaupt vorkommen, eine zugleich hochsignifikant größere Rolle.

4. *Der niedrige Anteil neutraler Aussagen:* Die lokalpolitische Berichterstattung der Zeitungen 1, 2 und 3 unterscheidet sich signifikant von den jeweiligen überregionalen politischen Teilen durch einen geringeren Anteil an neutralen Aussagen, ohne daß dieses Charakteristikum besonders ausgeprägt wäre.

5. *Das Gewicht der Interessenverbände:*
In den politischen Artikeln aller Lokalteile spielen die Interessenverbände eine größere Rolle als in den überregionalen politischen Artikeln. Dieses Charakteristikum der lokalpolitischen Artikel ist für die Zeitung 1, 3 und 4 signifikant, für Zeitung 2 zwar angelegt, aber nicht signifikant.

6. *Die Bedeutung der Wohltäter und Mandatsträger:* In der politischen Berichterstattung aller Lokalteile sind die politischen Rollen des Wohltäters und des Mandatsträgers mit größerem Gewicht vertreten als in der

überregionalen politischen Berichterstattung. Der Rolle des Initiators kommt dafür regelmäßig eine geringere Bedeutung in der lokalpolitischen Berichterstattung zu. Dieser Zusammenhang ist für alle vier Zeitungen deutlich signifikant. Daß in den lokalpolitischen Artikeln neben der absolutistischen Rolle des Wohltäters auch die demokratische Rolle des Mandatsträgers stärker ausgeprägt ist als im überregionalen politischen Teil, war nicht erwartet worden. Wie dieses Charakteristikum zu beurteilen ist, wird sich erst klären lassen, wenn feststeht, welche politischen Organe und Funktionsträger in der Rolle des Mandatsträgers auftreten. Die Bedeutung der Rolle des Mandatsträgers ist im übrigen nur charakteristisch für die politischen Artikel der Lokalteile, nicht für die gesamten Lokalteile, wo die Mandatsträger eine geringere Rolle spielen, während die Bedeutung der Wohltäter im gesamten Lokalteil größer ist als im lokalpolitischen Teil der Zeitungen. Diese Differenz zwischen der lokalpolitischen und der gesamten lokalen Berichterstattung ist für alle Zeitungen hochsignifikant und sehr deutlich: Ein Drittel allen Rollenhandelns ist im Lokalteil das eines Wohltäters und weniger als 10 Prozent ist das eines Mandatsträgers, während in der lokalpolitischen Berichterstattung Wohltäter und Mandatsträger fast gleichgewichtig vertreten sind.

7. *Der Bulletin-Charakter der Lokalteile:* In der Neigung zu Beschwörungen und Behauptungen und in dem Mangel an Begründungen drückt sich der affirmative Charakter der Lokalteile aus. Stellungnahmen können großenteils nur hingenommen, nicht nachvollzogen werden. Dafür werden sie umso nachdrücklicher vorgetragen. Dieser affirmative Charakter der Lokalteile wird noch durch eine weitere Komponente verstärkt: den offiziösen Charakter der Berichterstattung.

In den politischen Artikeln der Lokalteile gibt es kaum Informationen über nicht öffentlich zugängliche Anläße und interne Angelegenheiten der lokalen politischen Organe. Zwischen 86 Prozent und 99 Prozent des lokalpolitischen Textes beziehen sich auf öffentliche Veranstaltungen, die Ankündigung öffentlicher Veranstaltungen und amtliche Verlautbarungen. Im Gegensatz dazu bezieht sich mit Ausnahme der Zeitung 4 weniger als die Hälfte des Textes der überregionalen politischen Teile auf derartige, ohnehin öffentlich zugängliche Informationen. Obwohl alle 4 Zeitungen sowohl in der überregionalen als auch in der lokalen politischen Berichterstattung ausgeprägte Besonderheiten aufweisen, unterscheiden sich in dieser Dimension alle Lokalteile hochsignifikant und sehr klar von der überregionalen politischen Berichterstattung.

Die politischen Artikel der Lokalteile übernehmen praktisch nur die Verbreitung von Nachrichten, an deren Veröffentlichung die informierenden Organe und Personen ein Interesse haben. Diese Nachrichten werden nicht, wie im überregionalen politischen Teil, ergänzt durch Recherchen und Hintergrundinformationen. Bei der Informationsbeschaffung und Informationsverarbeitung entwickeln die Lokalteile keine Selbständigkeit. Sie greifen nicht als autonome Instanz in den Meinungsbildungsprozeß ein. Sie sind bloße Sprachrohre und ähneln darin ihren historischen Vorläufern, den Hofbulletins. Wie diese dienen sie nicht der Information, sondern der Repräsentation.

Der absolutistische Charakter der Lokalteile

Der offiziöse Charakter der Berichterstattung, der Mangel an Begründungen, das Übergewicht an Behauptungen, die mit besonderem Nachdruck vorgebracht werden – diese Mischung aus vorsichtiger Selbstbeschränkung in der Sache und ungerechtfertigtem Überschwang im Ausdruck, verbunden mit der gönnerhaften Geste des Wohltäters, charakterisiert die Lokalteile als vordemokratischen, quasi-absolutistischen Ausdruck der lokalen Verhältnisse.

Es fanden sich jedoch in den Lokalteilen auch Charakteristika, die sich diesem Interpretationsversuch vorerst nicht fügen wollen oder die nicht erklärt werden können, und es wurden Vermutungen angestellt, die noch überprüft werden müssen: Die Häufigkeit von Stellungnahmen in der lokalpolitischen Berichterstattung verträgt sich nicht recht mit der Vorsicht, die sich im offiziösen Charakter der Lokalteile ausdrückt; die Bedeutung der demokratischen Rolle des Mandatsträgers in der lokalpolitischen Berichterstattung widerspricht der ebenfalls häufigen absolutistischen Rolle des Wohltäters; ein vergleichsweise geringer Anteil kritischer Stellungnahmen und negativer Berichte, wie er im Lokalteil aufgrund der sozialen Nähe zu den Kritisierten erwartet werden kann, konnte nicht festgestellt werden; das Gewicht der Interessenverbände in den lokalpolitischen Artikeln ist nur schwer zu deuten; die Beziehung zwischen dem sprachlichen Nachdruck und den fehlenden Begründungen von Stellungnahmen ist noch nicht vollends klar.

Nicht allein diese offenen Fragen sind zu beantworten. Vom Absolutismus der Lokalteile darf erst dann die Rede sein, wenn er in den Strukturen des Textes der Lokalteile nachgewiesen werden kann. Texte bestehen nicht bloß aus den unterschiedlichen Häufigkeiten bestimmter Merkmale, sondern darüber hinaus aus komplexen Beziehungen zwischen sprachlichen und inhaltlichen Merkmalen. Deshalb ist es wichtig, den Beziehungen zwischen diesen Merkmalen nachzuspüren, um auf diese Weise die wesentlichen Strukturen des Textes zu rekonstruieren.

Als Struktur der Lokalteile gilt die konsistente Integration solcher Zusammenhänge zwischen Merkmalen, die in wenigstens drei der vier Lokalteile, bzw. in wenigstens drei der vier politischen Teile des Lokalen in gleicher Weise vorkommen, und die wenigstens auf dem 5-Prozent-Niveau signifikant sind.

Lokale Informationen im Lokalteil: Heile und hierarchische Welt

Die Lokalteile haben nicht ausschließlich lokale Angelegenheiten zum Gegenstand. Zwischen 54 Prozent und 39 Prozent des politischen Textes der Lokalteile, zwischen 52 Prozent und 33 Prozent der gesamten Lokalteile sind in den einzelnen Zeitungen außerlokalen Sachverhalten bzw. Funktionsträgern, Organen und ihren Rollen gewidmet. Wenn die Lokalteile sich bemühen, von den lokalen Verhältnissen das Bild einer heilen konfliktfreien Insel inmitten anbrandender Probleme, Mißerfolge, Streitigkeiten und Ungerechtigkeiten zu malen, dann wird diese Konfrontation nicht allein zwischen Lokalteilen und überregionalen Teilen stattfinden, sondern sie wird verstärkt innerhalb der Lokalteile ausgetragen werden, wo die Lokalredaktionen die Abgrenzung des wohlgeordneten lokalen Bereichs von der umgebenden Unordnung selbst in der Hand haben.

Unter diesem Aspekt ist es nicht mehr so verwunderlich, daß die Lokalteile sich nicht durch einen deutlichen Mangel an negativen Berichten und kritischen Stellungnahmen von den überregionalen Teilen unterscheiden. Die negativen Berichte und kritischen Stellungnahmen im Lokalteil und in den politischen Artikeln des Lokalteils beziehen sich fast ausnahmslos auf überlokale Angelegenheiten. Im gesamten Lokalteil haben von allen positiv oder negativ gerichteten Aussagen über Wertheimer Angelegenheiten nur zwischen 4 Prozent und 12 Prozent kritischen Inhalt, während Angelegenheiten außerhalb Wertheims zu 26 Prozent bis 41 Prozent mit Kritik bedacht werden. Nicht anders ist es in den politischen Artikeln der Lokalteile: Nur zwischen 8 Prozent und 12 Prozent aller irgend „gefärbten" Berichte oder Stellungnahmen, die sich mit Wertheimer Verhältnissen befassen, tun dies kritisch, gegenüber immerhin 36 Prozent bis 40 Prozent der „gefärbten" Stellungnahmen oder Berichte, die sich auf Verhältnisse außerhalb Wertheims beziehen. Das eigene Nest bleibt rein.

Die Summe der lokalen Berichterstattung und Meinungsbildung lautet:
Es gibt in Wertheim nicht nur nichts auszusetzen und zu kritisieren, sondern hier beherrscht auch noch vordemokratisches Rollenhandeln die politischen und sozialen Angelegenheiten. Während die Rolle des Mandatsträgers sich in den politischen Artikeln der Lokalteile als relativ bedeutend erweist, zeigt sich, daß in den Texten, die sich unmittelbar auf Wertheim beziehen, die absolutistischen Rollen des Wohltäters und des Anweisenden die demokratische Rolle des Mandatsträgers klar überflügeln. Sie machen in den lokalpolitischen Texten, die sich auf Wertheimer Angelegenheiten beziehen, zwischen 33 Prozent und 39 Prozent allen Rollenhandelns aus; eine Ausnahme bildet Zeitung 2, die diesen Zusammenhang zwischen lokalem Bezug des Textes und dem Gewicht der absolutistischen Rollen nicht aufweist. Für die anderen Zeitungen ist dieser Zusammenhang signifikant und recht deutlich ausgeprägt. Noch

klarer und regelmäßig hochsignifikant ist die Dominanz der absolutistischen Rollen in den auf Wertheim bezogenen Texten der gesamten Lokalteile, wo sie zwischen 48 Prozent und 60 Prozent allen Rollenhandelns ausmachen.
Bemerkenswert ist, daß sich in den politischen Texten der Lokalteile, die sich auf Wertheimer Angelegenheiten beziehen, Wohltäter und Anweisende die Waage halten, während in den auf Wertheim bezogenen Texten der gesamten Lokalteile die Rolle des Wohltäters ein Übergewicht über die des Anweisenden hat: Die lokale Politik schlägt sich in den Zeitungen in einem rauheren Befehlston nieder als die übrigen lokalen Angelegenheiten.
Diese obrigkeitliche Orientierung der Lokalteile, wenn sie sich mit Wertheimer Angelegenheiten befassen, findet nicht nur im Gewicht absolutistischer Rollen ihren Ausdruck, sondern auch im Gewicht der in diesen Rollen agierenden Funktionsträger. In dieser Dimension unterscheidet sich der lokal bezogene Text der politischen Artikel der Lokalteile vom außerlokal bezogenen durch eine stärkere Betonung der Honoratioren und durch eine geringere Bedeutung der Bürger und der anonymen Institutionen, also z.B. des Gemeinderats, der Partei- und Interessenverbandsvorstände. Knapp die Hälfte der in den politischen Artikeln auftretenden Funktionsträger stellen die Honoratioren, gegenüber wenig mehr als einem Viertel unter den außerwertheimer Funktionsträgern. Der Niederschlag der lokalen Politik ist personalistisch auf die lokalen Honoratioren konzentriert, unter den außerlokalen politischen Funktionsträgern dominieren die Institutionen, was auf eine sachlichere Darstellung der Politik schließen läßt.
Auch in den gesamten Lokalteilen steht in dem Text, der sich mit Wertheimer Verhältnissen beschäftigt, die „Obrigkeit" stärker im Vordergrund als in der Berichterstattung über außerwertheimer Angelegenheiten. Jedoch ist ihr Auftreten nicht so personalistisch auf die Honoratioren konzentriert, die weniger als ein Viertel der auftretenden lokalen Funktionsträger ausmachen, sondern auf die Institutionen als agierende Einheiten, also etwa auf die Vereinsvorstände. Diese Betonung der Honoratioren und der Institutionen geht auf Kosten der Bürger und der öffentlichen Personen, etwa der Ärzte und Lehrer.

Der Bürger als Sündenbock und die Repräsentation der Obrigkeit

In der heilen Welt der Lokalberichterstattung spielt die Obrigkeit die dominierende Rolle. Machen die Lokalteile, indem sie zwischen innen und außen unterscheiden, zugleich auch feine Unterschiede zwischen oben und unten? Ist die negative Zeichnung der Außenwelt zugleich eine Kritik an demokratischen Verhaltensweisen, demokratischen Funktionsträgern und Organen, die ja in der auf Wertheim bezogenen Berichterstattung der Lokalteile nur eine untergeordnete Rolle spielen?

Unter den Funktionsträgern ziehen vor allem die Bürger und in abgeschwächter Form die Institutionen Kritik auf sich. Die Honoratioren sind ohne Fehl. In den politischen Artikeln der Lokalteile, wie auch in den gesamten Lokalteilen sind ein Drittel aller meinungsgefärbten Aussagen, die sich mit den Bürgern beschäftigen, negativ gefärbt, gegenüber maximal 8 Prozent der gefärbten Aussagen, die die Honoratioren zum Gegenstand haben. Dieser Zusammenhang zwischen Bürgern und negativer Färbung und Honoratioren und positiver Färbung ist in den politischen Artikeln der Lokalteile hochsignifikant und sehr klar ausgeprägt. Ebenso zweifelsfrei besteht dieser Zusammenhang in den gesamten Lokalteilen. Der gesamte Lokalteil der Zeitung 4 macht jedoch insofern eine Ausnahme, als hier auch die Institutionen keine Kritik auf sich ziehen.

Läßt sich die insgesamt maßvolle, aber dennoch vorhandene Kritik an den Institutionen als ein Versuch interpretieren, sich kritisch mit der Obrigkeit auseinanderzusetzen? Wenn die lokalen Angelegenheiten, besonders die lokalen politischen Angelegenheiten, auf die Honoratioren zentriert sind, dann gerät Kritik an den lokalen Verhältnissen leicht zu persönlicher Kritik an den Honoratioren. Es ist vorstellbar, daß solche Kritik mit kräftigen Sanktionen belegt oder von allen Beteiligten als ehrabschneiderisch angesehen und deshalb vermieden wird. Die Kritik müßte sich dann als eine Kritik an Institutionen verkleiden, um überhaupt vorgebracht werden zu können.

Diese Überlegungen treffen nicht zu. Hinter der Kritik an den Institutionen verbirgt sich die Kritik an den demokratischen Institutionen der Parteien. Exekutive und Legislative und besonders die Interessenverbände werden, wenn sie als Institutionen auftreten, kaum kritisiert. Dieser Zusammenhang ist jedoch nur für die Zeitungen 1 und 3 auf dem 1-Prozent-Niveau gesichert und in diesen beiden Fällen sehr deutlich.

Generell gilt, daß unter den politischen Organen allein die demokratischen Organe der Parteien mit Kritik bedacht werden. Zwischen einem Viertel und einem Drittel aller gefärbten Aussagen, die sich auf die Parteien beziehen, sind negative Berichte oder kritische Stellungnahmen. Im Vergleich dazu sind nur maximal 4 Prozent der gefärbten Aussagen, die die Interessenverbände zum Gegenstand haben, negativ gefärbt.

Das gleiche Schema, demzufolge allein demokratische Instanzen der Kritik unterworfen werden, wiederholt sich auch bezüglich der Rollen, in denen die Funktionsträger auftreten. Mit Ausnahme von Zeitung 2 zieht in den lokalpolitischen Artikeln mit 35 Prozent bis 45 Prozent aller gefärbten Aussagen die Rolle des Mandatsträgers am deutlichsten die Kritik auf sich. Wohltäter werden nur in 4 bis 6 Prozent der gefärbten Aussagen, die sich mit ihnen beschäftigen, kritisiert, Anweisende in 13 bis 15 Prozent. Dieser Zusammenhang zwischen positiver Färbung bei den absolutistischen Rollen des Wohltäters und des Anweisenden und negativer Färbung bei der demokratischen Rolle des Mandatsträgers ist in den lokalpolitischen Artikeln der Zeitungen 1, 3 und 4 hochsignifikant und klar ausgeprägt. Daß auch die Rolle des Initiators nicht ganz so gut wegkommt, liegt daran, daß in dieser Rolle immer die Bürger oder die Institutionen, d.h. die Parteien, nicht aber die Honoratioren kritisiert werden.

Auch im gesamten Lokalteil werden die absolutistischen Rollen des Wohltäters und des Anweisenden von Kritik verschont. Sie sind tabu. Aber hier zieht nicht allein die demokratische Rolle des Mandatsträgers Kritik auf sich, sondern auch die Rolle des Initiators. Die Tabuierung der absolutistischen Rollen auch im gesamten Lokalteil ist für alle 4 Zeitungen auf dem 1−Prozent-Niveau signifikant und deutlich ausgeprägt.

Die Kritik an der Rolle des Initiators ist auch hier eine Kritik an den Bürgern in dieser Rolle: Bürger, die in der Rolle des Initiators agieren, werden zu 41 bis 73 Prozent mit Kritik bedacht. Honoratioren, aber auch Institutionen, die in dieser Rolle auftreten, bleiben von Kritik verschont. Die Rolle des Bürgers als Initiator ist zugleich seine Rolle als Sündenbock. Auch dieser Zusammenhang ist in allen 4 Lokalteilen auf dem 1−Prozent-Niveau signifikant und äußerst scharf akzentuiert.

Daß im Unterschied zu den lokalpolitischen Artikeln in den gesamten Lokalteilen nicht auch die Institutionen in der Rolle des Initiators kritisiert werden, liegt daran, daß im gesamten Lokalteil die Parteien keine Bedeutung haben, während sie als Institutionen in der Rolle des Initiators in den politischen Artikeln der Lokalteile Kritik auf sich lenken.

Die Lokalteile üben besondere Enthaltsamkeit in der Kritik an den Honoratioren, unter den politischen Organen bleiben Exekutive und Legislative, besonders aber die Interessenverbände, von der Kritik verschont, und unter den sozialen und politischen Rollen sind es die Rollen des Wohltäters und Anweisenden, die nicht der Kritik unterzogen werden. Diese Elemente absolutistischer sozialer und politischer Verhältnisse werden von den Lokalteilen als Richtmaß gesetzt, anstatt in Frage gestellt zu werden. Kritisiert werden die Elemente demokratischer politischer und sozialer Verhältnisse, die Bürger, die Mandatsträger und die Parteien. In dieser Disproportionalität gehorcht das Schema der Kritik den lokalen Machtverhältnissen. Die Lokalteile machen sich zum Sprachrohr der Kritik von oben nach unten, anstatt Kritik von unten nach oben zu artikulieren. Nicht daß sie die demokratischen Instanzen kritisieren, macht den undemokratischen Charakter der Lokalteile aus, sondern daß sie bestehende undemokratische Verhältnisse durch den Rekurs auf vordemokratische Bezugssysteme sanktionieren und sich so zum Büttel der undemokratischen Verhältnisse machen.

In der Phalanx der unkritisierten, über alle Zweifel erhabenen Instanzen stehen in den politischen Artikeln der Lokalteile auch die Interessenverbände bzw. deren lokale Gliederungen. Ihre Bedeutung wird klar, wenn die Rollen untersucht werden, die ihnen im Lokalteil zugemessen werden.

Exekutive und Legislative treten in den vier Zeitungen unter allen Organen am häufigsten als Wohltäter und am seltensten als Mandatsträger auf. Die gewährende, schenkende Instanz bedarf keines Mandats, durch das ihr Handeln legitimiert werden müßte. Mit der gleichen Regelmäßigkeit erscheinen in allen vier Zeitungen die Interessenverbände von allen Organen am häufigsten in der Rolle des Anweisenden. Sie haben in den Lokalteilen den Charakter eines Ordnungsfaktors. Die Instanz des absolutistischen Herrschers hat sich gemäß ihren Funktionen in ein gewährendes Organ – Exekutive und Legislative – und in ein anordnendes Organ – die Interessenverbände – aufgeteilt. Bei dieser Rollenaufteilung ist es nicht erstaunlich, daß die Interessenverbände häufiger als Exekutive und Legislative und fast so häufig wie die Parteien ein Mandat für sich beanspruchen müssen, das sie in die Lage setzt, Anordnungen zu erteilen und Forderungen zu stellen. Diese Zusammenhänge zwischen den politischen Organen und den Rollen, in denen sie im Lokalteil der Zeitungen agieren, sind für alle Zeitungen auf dem 1-Prozent-Niveau signifikant.

Begründung und Behauptung: die Sprache der Repräsentation

Das sprachliche Mittel, mit dem die Lokalredaktionen das rudimentäre absolutistische Gesellschaftsbild, wie es sich vor allem im Rollenhandeln der politischen Organe und Funktionsträger und in der Kritik von oben nach unten zeigt, in Szene setzen, ist die nachdrückliche Behauptung. Dies gilt insbesondere für die positiv gefärbten Aussagen in den gesamten Lokalteilen, die im Gegensatz zu den negativen kaum je begründet, jedoch häufiger durch Intensiva untermauert werden. Dazu bedienen sich die Lokalteile zweier Verfahren. Sie stützen ihre positiven Aussagen entweder durch häufigere Verwendung von Intensiva oder durch die häufige Verwendung besonders starker, superlativisch gebrauchter Intensiva. Der Zusammenhang zwischen positiver Färbung und entweder der Häufigkeit der Intensiva oder der Häufigkeit stärkerer Intensiva ist zwar nur für zwei Lokalteile signifikant dennoch handelt es sich um zwei alternative Methoden der Verstärkung von Aussagen, sie statistisch gesichert sind. Denn den eigenen Stellungnahmen der Zeitungen wird gegenüber den fremden Stellungnahmen entweder durch die signifikant häufigere Verwendung von Intensiva (Zeitungen 2 und 4) oder durch den signifikant häufigeren Einsatz stärkerer Intensiva (Zeitung 1 und 3) besonderer Nachdruck verliehen. Die eigenen Aussagen der Zeitungen sind also pathetischer als die von den Zeitungen zitierten fremden Aussagen. Das zeigt deutlich die Funktion der Lokalteile, bestimmte Ereignisse mit stärkerem Nachdruck zu behandeln und ihnen eine hervorragendere Bedeutung zu geben, als ihnen außerhalb der Zeitungen zugemessen wird.

Wenn die Lokalteile in dieser Weise eine überhöhende Darstellung unternehmen, so muß diese Darstellung als übertreibende zugleich den Charakter von bloßen Setzungen haben, für die sich keine Urteilsbasis finden läßt. Der sprachliche Nachdruck tritt an die Stelle von Begründungen, wo ein bestimmter Inhalt nicht mehr durch begründete Urteile, sondern nur durch Behauptungen ausgedrückt werden kann. Diesen Inhalten – d.h. dem absolutistischen Reflex, den die Wirklichkeit in den Lokalteilen findet – soll der sprachliche Nachdruck an Weihe verleihen, was ihnen an Berechtigung und Begründbarkeit fehlt.

Deshalb werden die unbegründeten Stellungnahmen mit größerem Nachdruck versehen als die begründeten. Auch hier wird der größere sprachliche Nachdruck durch die beiden alternativen Verfahren erzeugt, durch eine häufigere Verwendung von Intensiva im Lokalteil der Zeitungen 2 und 3 und durch eine häufigere Verwendung stärkerer Intensiva im Lokalteil der Zeitung 1. Weil die absolutistische Deutung der Realität nicht aus der Realität abgeleitet werden kann, muß sich ihre Formulierung in das Medium der Behauptung flüchten.

Die These vom Bulletin-Charakter der Lokalteile findet in diesem Verhältnis von Begründung und Behauptung eine weitere Bestätigung. Die Darstellung der Realität ist für die Lokalteile weniger wichtig als die bloße Setzung der Realität. Diese Setzung ist allerdings nicht willkürlich. Sie wird bestimmt durch das Repräsentationsbedürfnis der lokalen Honoratioren, die nicht daran interessiert sind, den Anspruch, an dem sie sich selbst messen oder an dem sie gemessen werden, mit der Wirklichkeit konfrontiert zu sehen, sondern die diesen Anspruch grundsätzlich als eingelösten behandelt wissen wollen – und sei es auf Kosten der Realität.

Die Arbeitsbedingungen der Lokalredakteure als Vermittlung zwischen Sozialstruktur und Text

Wir waren davon ausgegangen, daß die Lokalteile der in Wertheim vertretenen Regionalzeitungen keine Zufallsprodukte sind, sondern daß sie vielmehr das Produkt jener Verhältnisse sind, die in den Lokalteilen ihren inhaltlichen und sprachlichen Niederschlag finden. Die Entstehungsbedingungen der Lokalteile müssen sich konsistent in die Ergebnisse der Inhaltsanalyse einfügen. Grob gesprochen: Die Verhältnisse, unter denen die analysierten Lokalteile entstehen, können keine liberalen sein. Schon die große Uniformität der Lokalteile hat zu dem Schluß geführt, daß strenge Regeln den Inhalt der Lokalteile bestimmen und Sanktionen über die Einhaltung dieser Regeln wachen. In intensiven Interviews mit den vier Wertheimer Lokalredakteuren sollte geklärt werden, worin diese Regeln bestehen und wie ihre Einhaltung gewährleistet wird.

In den Interviews wurde deutlich, daß alle lokalen Organisationen – darunter die Vereine vor allen anderen – und die in ihnen wirkenden Honoratioren ein außerordentlich starkes Bedürfnis haben, in der Zeitung repräsentiert zu werden. Ein Redakteur beschrieb dieses Repräsentationsbedürfnis so:

„Wenn ich über einen Verein berichte, dann tu ich das mehr dem Verein zuliebe als meiner Leserschaft zuliebe – also ich berichte nicht, daß meine Leserschaft informiert wird, sondern ich berichte, daß der Verein mal wieder genannt, in der Öffentlichkeit erscheint."
(Haben Sie mal eine Veranstaltung vergessen? Welche Reaktionen gab es da?) „Na ja, da meutern die gleich; da meutern nicht die Leser, da meutert der Verein: Warum habt ihr nicht über uns berichtet? Sind wir Euch nicht mehr gut genug oder sind wir so uninteressant, daß man das nicht in die Zeitung bringen muß? Ich glaube, das ist hier höchstes Bestreben jeglicher Institution und jeden Vereins, überhaupt in der Zeitung genannt zu werden, in Erscheinung zu treten; ich glaube, denen macht nichts größeren Spaß, als zu dokumentieren, was sie geleistet haben, was sie vollbracht haben – bloß damit das alles in der Zeitung steht. Und das wird dann alles fein säuberlich ausgeschnitten und an die Wand geklebt oder so."

Teil dieser öffentlichen Repräsentation ist auch schon die Präsenz und die öffentliche Begrüßung der Lokalredakteure zumindest bei den wichtigeren Veranstaltungen, womit ein Redakteur auch den relativ geringen Anteil von Eigenberichten über die Vereine erklärt:

„..... höchstens zu 5 % – aus dem einfachen Grund: Als Lokalredakteur oder als Zeitung ist man hier auch verpflichtet, dabei zu sein, weil sich das dann auch wieder auf die Auflage auswirkt. Man sagt: ‚Aha, der war da', und der wird dann öffentlich begrüßt – dann ist das ganz was anderes als wenn man sagt: ‚Der von der (Name der Zeitung), der war nicht da, der ist nicht interessiert an uns'."

Das starke Bedürfnis der Vereine und ihrer Honoratioren nach Publizität zeigt sich vor allem daran, daß sie heftig reagieren, wenn ein Bericht mal etwas später erscheint als üblich, wenn er etwas kürzer ausfällt als erwartet oder wenn nicht alle wichtigen Personen namentlich genannt werden.

„..... da darf man niemanden vergessen, der begrüßt worden ist, namentlich begrüßt worden ist, wer gewählt worden ist....."

Auch darf man niemanden vergessen, der sonst „irgendwie zum Gelingen einer Veranstaltung beigetragen hat" und für den diese gedruckte Wiederholung des Dankes, der ihm am Ort des Geschehens abgestattet wurde, ein Ersatz für die fehlende materielle Anerkennung sein mag. Auf die generell sehr zahlreichen Danksagungen angesprochen, auch die an Omnibusunternehmer, die ihren Bus für einen Ausflug vermieten, und an Großgrundbesitzer, die bei einem Wettpflügen kostenlos ihren Acker gepflügt bekommen, meint ein Redakteur:

„Ja also, es gibt zwei Zeitungen in Wertheim, die das grundsätzlich drinstehen lassen – sicher, was ich wieder drinstehen lasse, ist, daß dem Reiseleiter oder dem Schriftführer gedankt wird..., der hat dafür ja nichts bekommen. ..... Ja also, das Pflügen ist vielleicht ein bißchen extrem, aber normalerweise würde man sagen: Der hätte doch ein Dankeswort verdient! ..... Fremdensitzung: Man vergißt den Schöpfer des Bühnenbildes oder den, der überhaupt die Halle ein bißchen geschmückt hat. ..... Er hat's ja auch uneigennützig gemacht; in dem Moment würde man darauf hingewiesen: ‚Der hat doch unheimlich viel Arbeit gehabt — dagegen die ..... musikalische Begleitung ist ja doch bezahlt worden, und der habt ihr gedankt'."

Die Zeitungen fungieren nicht nur als Instrument der Selbstdarstellung der Honoratiorengesellschaft, sie werden von ihr auch als dieses Instrument angesehen und in Anspruch genommen. Das wird deutlich in der den Zeitungen angesonnenen Pflicht, über alle Vereinsaktivitäten in dem von den Vereinen erwarteten Umfang zu berichten, alle Honoratioren mit Namen zu erwähnen und alle Danksagungen zu wiederholen; das wird deutlich auch in den Normen für das, was die Zeitung nicht zu berichten hat, und in den Reaktionen auf Verstöße gegen diese Normen.

„..... die sagen — das ist hier Usus in jedem Verein — ‚also Presse jetzt mal nicht mitschreiben!' Das können Sie in jedem Verein erleben, daß der Vorsitzende sagt: ‚Das braucht die Presse jetzt mal nicht mitzuschreiben, das ist intern'. ..... und wenn das vorbei ist: ‚So, jetzt ist die Sache erledigt, jetzt könnt Ihr weitermachen.' Und, mein Gott, man tut's — um mit denen nicht irgendwie in Konflikt zu kommen, tut man denen den Gefallen und läßt es dann eben sein."

Die Norm, daß interne Vorgänge in Institutionen, die für die daran Beteiligten unangenehm sind, die Öffentlichkeit nichts angehen und in der Zeitung nichts zu suchen haben, kann selbst auf Berichte über solche Institutionen angewandt werden, die ihrem eigenen Sinn nach auf die Öffentlichkeit bezogen und für die Öffentlichkeit da sind:

„Da war so ein Streit, die haben sich da fast gekloppt in so einem kleinen Dorf, das hab ich auch als einziger gebracht — ich verbrenn mir gern mal die Finger — und da hat man mir auch wieder unterstellt, das sei eine gemeindeeigene Angelegenheit, das sei eine Angelegenheit zwischen dem Bürgermeister und dem Gemeinderat und das habe in der Öffentlichkeit nichts zu suchen. ..... Die können das nicht verstehen: Da werde nur schmutzige Wäsche in der Zeitung gewaschen, und das sei bestimmt nicht Aufgabe der Presse."

Diejenigen, die der Presse ihre Aufgaben zuweisen, sind allerdings in einem Dilemma: Wenn die Zeitung die ihr angesonnene Repräsentationsfunktion erfüllen soll, wenn den Dokumentationen der vollbrachten Großtaten ein besonderer Wert zukommen soll, dann darf nicht sichtbar werden, daß die Zeitung ein Instrument in der Hand derer ist, die in ihr sich repräsentiert finden wollen, sondern ihre Berichte müssen mindestens den Schein von Objektivität haben; bloß um ihren Schein handelt es sich deshalb, weil kein Interesse besteht an dem für objektive Urteile konstitutiven Moment der Transparenz ihres Begründungszusammenhangs, die es dem Leser ermöglichen würde, Urteile zurückzuweisen, wenn deren Begründung ihn nicht überzeugt. Das Interesse an jenem Schein ist vermutlich auch ein Grund dafür, daß die Vereine weniger eigene Berichte abdrucken lassen als die lokalen Parteiorganisationen, die wahrscheinlich die Berichterstattung über ihre Veranstaltungen stärker unter der rein instrumentalistischen Perspektive einer Wirkung auf die Wähler sehen; für die Vereine ist ein Loblied jedoch von größerem Wert, wenn es von einer Instanz gesungen wird, die als eine objektive erscheint — abgesehen von der Bedeutung, die allein die Präsenz der Redakteure beim zu berichtenden Ereignis selbst hat. Die in der Zeitung Repräsen-

tierten haben also ein Interesse an dem Schein einer objektiven Instanz und einer Objektivität des Gedruckten – auf der anderen Seite intervenieren sie, wenn solche Objektivationen ungünstig für sie ausfallen:
„Eine Dame, die aus der Großstadt kam und auch wieder in der Großstadt ist, die hat das mal bewertet und hat auch einige kritische Stimmen da hineinfließen lassen. Das gab ein Mordstrara: Man sprach von ‚Geschäftsschädigung', weil bei der nächsten Sitzung, nachdem die Kritik gelesen worden war, angeblich 100 Leute weniger gekommen waren; man sprach von ‚Verleumdung'. Das hat fünf, sechs Jahre gedauert; heute ist man noch mißtrauisch."
„Fremdensitzung: Da waren also zwei oder drei Nummern, die waren unter aller Sau. Ein kleines Wort der Kritik wurde angebracht von mir – am Montag hat das Telefon nicht mehr stillgestanden....., das ging dann bis zum Verlag wegen ‚unsachgemäßer Berichterstattung', und da kam praktisch und indirekt für mich von oben die Auflage, mich dort zu entschuldigen oder zu der zweiten Sitzung noch mal hinzugehen und die betreffenden Personen oder Gruppen, die ich kritisiert hatte, zu fotografieren und im Bild nochmal positiv darzustellen. Das hab' ich aber abgelehnt, denn das wäre eine Beeinflussung seitens des Verlags der Redaktionsfreiheit gewesen. ..... Jetzt kommt also am Montag der erste Anruf, der zweite, der dritte: ‚Ich bestelle Ihre Zeitung ab, wir haben schon 10 Mitglieder, die schon abbestellen. .....' Da hab' ich also mit Geduld und Spucke das auf dem gütlichen Wege noch hinbiegen können, daß wir also keine Leser verloren haben da." ..... (Wie haben Sie das fertiggebracht?) „Im persönlichen Gespräch. Im persönlichen Gespräch haben sie das ja auch zugegeben ....., daß es einfach nichts war. Aber sie sind eben der Meinung, daß eben in ihrer Zeitung so etwas nicht stehen darf." (Das ist doch merkwürdig: als hätte die Zeitung nicht die Funktion, zu informieren, sondern .....)
„An sich könnte man sagen: schön zu tun."
Hier wird noch einmal besonders deutlich, daß die Zeitung als Instrument einer positiven Selbstdarstellung angesehen wird: Selbst wenn man die Kritik eines Journalisten als berechtigt ansieht und das im Gespräch dem Journalisten auch konzediert, heißt das nicht, daß man diese Kritik ebenfalls akzeptiert, wenn derselbe Journalist sie in der Zeitung äußert; denn in der Zeitung hat Kritik nichts zu suchen, die Zeitung hat – um einer Äußerung eines anderen Redakteurs vorzugreifen – „ganz andere Aufgaben".
Über besonders wirksame Sanktionen verfügen Anzeigenkunden und Abonnentengruppen, die in der Lage sind, gegebenenfalls eine bestimmte Zeitung geschlossen abzubestellen. Bei den Vereinen, in denen viele Gewerbetreibende Mitglieder sind, die Anzeigenaufträge vergeben können, kommt beides zusammen. Mit Ankündigungen, die Zeitung geschlossen abzubestellen, muß nicht ernst gemacht werden, damit sie ihre Wirkung tun. Das gilt auch für Beschwerden, die überhaupt nicht mit der Androhung ökonomisch unmittelbar wirksamer Sanktionen verbunden sind.
„In irgendeiner Form kriegen wir das wieder nach einem Vierteljahr oder nach einem halben Jahr unter die Nase gerieben, und dann geht es ja vielleicht manchmal auch so weit, daß man die Information, die man vorher bekommen hat, grundsätzlich dann einfach nicht mehr bekommt. ..... Jetzt haben die vielleicht etwas besonderes vor ..... wollen vielleicht ein großes Klubhaus bauen ..... dann erfährt man das von denen bestimmt nicht sehr früh, während ein anderer, der positiv zahlenmäßig geschrieben hat, von der Sache vielleicht schon weiß, er hat den Tip einfach bekommen."

Wenn eine Zeitung auf diese Weise Neuigkeiten aus dem Vereinsleben etwas später bekommen habe, fügte dieser Redakteur hinzu, so seien ihm diese Informationen allerdings nie solange vorenthalten worden, daß er sie nicht mehr in seiner Zeitung hätte bringen können. Das hätte angesichts des Bedürfnisses der Vereine nach Repräsentation in der Zeitung auch sehr verwundert. Unsere Vermutung, daß die Drohung mit einer Informationsblockade ein zentrales Sanktionsmittel in der Hand von Vereinen und anderen Organisationen sei, wurde nicht bestätigt. Auch die Mitgliedschaft in Vereinen scheint nicht von großer Bedeutung zu sein. Ein Redakteur ist Mitglied in drei, einer in vier Vereinen oder Organisationen, einer in keinem einzigen Verein, ein Redakteur allerdings gab an, in etwa zehn Vereinen Mitglied zu sein. Wenn ein Redakteur allerdings in einem Verein, der in seiner Zeitung mal etwas kritisch behandelt wird, Mitglied ist, dann wird ihm das besonders übel genommen. Ergänzend zu seinem schon zitierten Bericht über die Reaktionen einer Fastnachtsgesellschaft auf die Kritik an einer Fremdensitzung bemerkte ein Redakteur:

„Die Gesellschaft, die hat es mir also jahrelang nachgetragen; ich war sogar Mitglied, was also ganz verbrecherisch war; die haben mich ausschließen wollen. ....."

Wichtiger aber als die unmittelbaren Beziehungen zu bestimmten Vereinen scheint die allgemeine Integration in die Kleinstadtgesellschaft zu sein. Man kann davon ausgehen, daß das Sozialprestige von Lokalredakteuren innerhalb der Berufsgruppe der Journalisten nicht sehr groß ist. Das wird sie dazu veranlassen, die Anerkennung der lokalen Honoratiorengesellschaft zu suchen – zumal dann, wenn sie kaum die Chance haben, noch irgendwann zu einer bedeutenderen Redaktion überzuwechseln. Die Kleinstadtgesellschaft, so wird von einem lange in Wertheim tätigen Redakteur berichtet, begegne jungen Redakteuren noch skeptisch, mit zunehmendem Alter und mit der Dauer der Tätigkeit in Wertheim wachse jedoch die Wertschätzung. Diese Wertschätzung können sie aber offensichtlich nur erwerben, indem sie sich konform zu den spezifischen Normen der kleinstädtischen Gesellschaft verhalten.

Ein junger Redakteur sagt über seine älteren Kollegen:

„Sie sind respektierte Persönlichkeiten, jeder kennt sie. ‚Das ist der Herr Redakteur und so' – und ich glaube, da fühlen sie sich ganz wohl dabei, die älteren. ..... (Gibt es auch manchmal ein gewisses Mißtrauen gegenüber den Journalisten?) Mir begegnet es vielleicht noch eher, weil ich noch verhältnismäßig jung bin, aber den betagteren Kollegen begegnet es wahrscheinlich nicht mehr. ..... die verkehren mit dem Herrn Bürgermeister, die verkehren mit dem Herrn Stadtrat, die gehören einfach dazu."

Die soziale Integration der Redakteure kann zur Folge haben, daß sie sich mit den ihnen aufgezwungenen Regeln journalistischen Wohlverhaltens selbst identifizieren und sich gegen Kollegen wenden, die gegen diese Regeln verstoßen. Einem Redakteur, der über eine Auseinandersetzung in einem Verein berichtet und dazu mit einem der an der Auseinandersetzung Beteiligten ein Interview gemacht hatte und damit das einzige

Beispiel für eine solche journalistische Initiative während der viermonatigen Beobachtung der Zeitungen lieferte, wurde von Kollegen mit denselben Argumenten kritisiert wie von Anhängern des betroffenen Vereins:
„Man hat mir vorgeworfen, mich in irgendwas eingemicht zu haben, was mich überhaupt nichts angeht. Man hat mir gesagt: ‚Das ist eine vereinsinterne Angelegenheit, an der die Bevölkerung nicht interessiert ist.' ..... Kollegen sagten, sie könnten das nicht verstehen; die vertraten genau denselben Standpunkt: ‚Also horch mal zu, das hättest Du doch nicht bringen können, wen interessiert das hier, wenn die sich in die Haare kriegen ..... Warum denn das, immer Ärger machen, das macht man hier nicht als Journalist, da hat man ganz andere Aufgaben: sachlich und nüchtern bleiben'."

Sachliche und „nüchterne" Berichterstattung als Aufgabe der Lokalpresse — so rationalisieren Journalisten ihr Verhalten unter sozialen Zwängen, die die Art ihrer Berichterstattung repressiv bestimmen; so rationalisieren sie eine Berichterstattung, deren Sachlichkeit primär darin besteht, keine Position zu beziehen, nichts „unnötig hochzuspielen", um nirgends anzuecken. Andere Rationalisierungen für die bei diesen Zeitungen übliche journalistische Praxis sind folgende Argumentationsmuster:

— Es gibt hier nichts zu kritisieren.

„Die Dinge, die man hier kritisieren kann, sind so gering oder sehr selten, wenn man sie nicht an den Haaren herbeizieht....." „Der Journalist bemüht sich ja wahrscheinlich, nicht nur Mängel aufzuweisen, sondern auch gleich Lösungen anzubieten — und dann ist das Politikum ja auch gleich wieder weg."

Es gibt so gut wie nichts zu kritisieren, und von dem, was es zu kritisieren gibt, bleibt offensichtlich auch nur das für die Zeitungen übrig, wofür der Journalist zugleich solche Lösungen anbieten kann, die sofort verwirklicht werden; dann aber hat der kritische Journalist wieder keinen Stoff mehr, und sein gerade begonnener Feldzug ist schon zu Ende.

— Für Wertheim ist das doch ganz ordentlich.

„Das ist eben so, daß auf dem lokalen Sektor die vorhandene Potenz wahrscheinlich gewertet wird und man diese lobende Kritik vielleicht so verstehen sollte, daß man sagt: ‚Mit den paar Leuten oder den vorhandenen Leuten, mit denen Ihr das macht, war das doch ganz ordentlich'. Das mag vielleicht sein, daß wir da nicht ganz so kritisch urteilen, als wenn da ein hochbezahlter Chor käme, der da schlecht sänge. ....., dann würde man schon sagen: Für das Geld hätten die schon eine bessere Leistung bringen können..... Aber Amateure — warum soll man die denn entmutigen ....."

Auch zu Darbietungen von Nicht-Amateuren fanden wir freilich in unserem Sample, von einer Ausnahme abgesehen, immer nur überaus positive Berichte, und dazu wurde uns nun wieder von einem anderen Journalisten gesagt, daß Künstler von auswärts natürlich für Wertheimer Verhältnisse etwas Besonderes darstellten. Vermutlich muß man hier auch wieder Rücksicht nehmen; in diesem Fall weniger auf die betroffenen Künstler, als auf die Wertheimer Institutionen und Honoratioren, die sich solche Mühe gegeben haben, diese Künstler nach Wertheim zu holen.

— Das nächste mal wird er's schon besser machen.

„Ja, es ist ja so, daß ich persönlich mindestens zweitausend Wertheimer kenne und zweihundert oder dreihundert gut, und es ist eben, man überlegt sich dann schon, man kennt seine menschlichen Schwächen, und wenn man noch solange im Beruf ist, sagt man: ‚Na ja, der hat halt mal einen Schnitzer gemacht, nächstes Mal macht er's besser; während man vielleicht in einer anderen Lage, in einer Großstadt, sagen würde: ‚Der Kerl, der interessiert mich nicht, dem hau ich mal eine drauf, damit er es nicht wieder so macht, nicht'."

Der die Berichterstattung steuernde Kontrollmechanismus „soziale Nähe" erscheint — und sicher ist dieser Redakteur darin ganz aufrichtig — als Rücksicht auf menschliche Schwächen; eine Rücksichtnahme, auf die er unter anderen Umständen, in der Anonymität der Großstadt, offensichtlich gern verzichten würde; dort würde er sich auch nicht darauf verlassen, daß das nächste Mal schon alles besser gemacht wird.
— Kritische Stellungnahme ist bloße Subjektivität

„..... in stärkerem Maße unsere subjektive Meinung zur Geltung zu bringen, das halte ich eben für gefährlich auf einer ein- oder zwei-Mann-Redaktion; ich sitze ja am starken Hebel, und wenn ich meine persönliche Meinung zu stark ausspiele, ist das nach meinem Dafürhalten nicht richtig....."

Es wäre ja zu vertreten — ergänzte dieser Redakteur — den eigenen Standpunkt in der Zeitung stärker zur Geltung zu bingen, wenn man sich darauf verlassen könnte, daß in einem solchen Fall mehr Leserbriefe geschrieben würden als es sonst üblich ist. Er wollte damit sagen, daß dann ein Korrektiv gegeben wäre für die Subjektivität des Journalisten; da man mit dieser Korrektur jedoch nicht rechnen könne, müsse man auf eine stärkere Bewertung dessen, worüber man berichtet, verzichten. Wenn aber die Zeitung es vermeidet, eine eigene begründete Position zu beziehen, kritische Maßstäbe zu verwenden und nach diesen Maßstäben zu entscheiden, was in die Zeitung kommt und in welcher Weise über bestimmte Ereignisse berichtet wird, dann bedeutet das nicht Objektivität, wie dieser Journalist meint; sondern dann führt diese journalistische Praxis im Gegenteil nur dazu, daß sich unkontrolliert und unreflektiert ein subjektiver Standpunkt durchsetzt, der sich nie um eine Legitimation bemüht, der öffentlich niemals diskutiert wird und der in der Zeitung nicht einmal als solcher kenntlich gemacht wird: der subjektive Standpunkt derer, die in der Lage sind, auf die Zeitung Druck auszuüben und ihr Interesse an einer umfangreichen positiven Selbstdarstellung gegebenenfalls mit Hilfe wirksamer Sanktionsdrohungen durchzusetzen.

Die in diesen Argumentationsmustern enthaltenen Rationalisierungen haben einen unterschiedlichen Status. Daß es in Wertheim so wenig zu kritisieren gebe, ist vermutlich nur eine Rationalisierung, die ad hoc beim Interview gebraucht wurde, um das seltene Vorkommen von Kritik in der Zeitung zu erklären. Die anderen Argumente enthalten zugleich Regeln, die die Journalisten bei ihrer Arbeit beachten müssen, wenn sie sich nicht fortwährend in Schwierigkeiten bringen wollen. Die sozialen Zwänge bestimmen wesentlich nicht unmittelbar, sondern vermittels solcher Regeln die journalistische Praxis, wobei gleichzeitig diese Regeln ihre

Wirksamkeit des Sanktionen verdanken, die bei einem Regelverstoß zu erwarten sind.

Neben den Regeln, die Kritik verbieten, gibt es eine andere Regel, die sich auf den Umfang von Berichten über Partei- oder Vereinsveranstaltungen bezieht und die deren Umfang sehr genau festlegt:

„Ich gestehe Ihnen, daß ich sogar soweit gehe, um mir alle Vorwürfe vorwegzunehmen, daß ich sogar Zeilen zähle, damit mir nicht eine Partei kommen kann: ‚Ihr habt über die Partei soundsoviel geschrieben, über mich, über unsere Partei nur soundsoviel'."

Dem Zeilenzählen liegt ein Prinzip der Gleichbehandlung zugrunde, aber eine Gleichbehandlung ist das nicht in dem Sinne, daß man bei der Berichterstattung über die Aktivitäten verschiedener Organisationen immer den gleichen Maßstab verwendete, sondern in dem Sinne, daß für Organisationen, die den gleichen Rang beanspruchen, in der Zeitung immer das gleiche herauskommen muß, unabhängig davon, wieviel sie jeweils geleistet haben. Die Konsequenz einer Berichterstattung ohne kritische Maßstäbe ist in diesen Fällen die Einebnung von Unterschieden. Diese Konsequenz wird sichtbar, wenn beispielsweise eine der lokalen Parteiorganisationen vor Wahlen sehr viel mehr Aktivität entfaltet als eine andere:

„Also da muß man sehr vorsichtig sein: Die eine Partei hat mehr Veranstaltungen, die andere weniger; und da hat man halt geschaut, daß, wenn die eine ihre gemacht hat, hat man die größer gebracht, und wenn die andere zwei gemacht hat, hat man die kleiner gebracht, so daß sich das irgendwie wieder ausgeglichen hat. Da muß man sehr vorsichtig sein."

Das Prinzip der gleichen Zeilensummen wird nur dann durchbrochen, wenn als konkurrierendes Prinzip die Prominenz der Redner zu beachten ist:

„Natürlich muß man auch hier unterscheiden können: Es ist ein gewaltiger Unterschied, ob hier in der Kleinstadt ein Minister spricht, ein Bundestagsabgeordneter oder irgendsoein kleiner Kreisvorsitzender einer Partei. ..... Dann kann ich ja dem Mann, der mir irgendwelche Vorhaltungen macht, sagen: ‚Ja, das ist ja ein großer Unterschied, wenn der Kiesinger hier war.....'."

Wenn hier freilich, wie man annehmen kann, von dem Inhalt dessen abgesehen wird, was die Prominenz bei ihrem Auftritt in Wertheim zu sagen hat, dann wird in solchen Fällen das normalerweise geltende Prinzip der Raumzumessung, demzufolge der Zeitungsraum dem Rang der veranstaltenden Institution zu entsprechen hat, nur durch ein anderes ebenso formales Prinzip ersetzt: durch ein Prinzip, das besagt, daß man sich bei der Zumessung von Zeitungsraum nach dem Rang der eingeladenen Persönlichkeit zu richten habe.

Schwierigkeiten mit der Raumzumessung gibt es, wenn die Veranstaltungen zweier Vereine von ihrem Inhalt her so verschieden sind, daß sich daraus auch beim besten Willen der Lokalredakteure nicht zwei gleich umfangreiche Artikel machen lassen, aber andererseits gegen das Prinzip der gleichen Zeilensummen kein konkurrierendes Prinzip ins Feld geführt werden kann.

„Da hätt' ich gern, das geb' ich zu, aus der Ausgewogenheit heraus beiden (Vereinen) gern den gleichen Raum zugemessen, aber das war schon vom Stoff her nicht drin."
„Jetzt kam natürlich dort wesentlich mehr zum Tragen..... Wir hörten also lange nichts, und Mitte Januar kommt der Anruf vom Vorsitzenden....: ‚Ja also, was hier gemacht wird, hier wird also nach zweierlei Maß gemessen..... Ja, das wird also Konsequenzen haben.' ..... Ich hab' noch mal Rücksprache gehalten, hab' auch die Konkurrenten herbeigezogen..... Und überall das gleiche Bild: (Name des Vereins) natürlich etwas knapper..... Gut, wir hatten noch etwas günstiger abgeschnitten, da sagt er: ‚Also Gott sei Dank haben wir da noch einen Ansatzpunkt zum Gespräch, während es bei den anderen ja katastrophal ist, und das wird seine Konsequenzen nach sich ziehen.'"

Der Vorwurf des Vereinsvorsitzenden, es sei nach zweierlei Maß gemessen worden, ist auf den ersten Blick unverständlich, weil für beide Veranstalter der verlangte gleiche Bericht ja nur hätte herauskommen können, wenn die angelegten Maßstäbe ebenso verschieden gewesen wären, wie die Veranstaltungen sich voneinander unterschieden. Einen Sinn erhält der Vorwurf allerdings dann, wenn man ihn nicht auf die Veranstaltungen, sondern auf die beiden Vereine bezieht; er meint dann, daß in diesem Fall zwei Vereine, die von ihrer Bedeutung her die gleiche Beachtung verdienen, in der Zeitung ungleich behandelt worden sind. Verstoßen wurde gegen das Prinzip, daß jede Institution ihrem Rang entsprechend in der Zeitung zu repräsentieren sei.

Die Lokalberichterstattung ist ein Instrument der lokalen Honoratiorengesellschaft. Diese erwartet von den Zeitungen, so dargestellt zu werden, wie sie selbst sich sieht. Das impliziert ein Verbot jeder Kritik, die sich auf sie selbst bezieht, eine großzügige Repräsentation der Leistungen, die sie sich zuschreibt, und die Gleichbehandlung der Institutionen, die den Anspruch erheben, von gleichem Rang zu sein.

Diese Erwartungen, die mit Hilfe von Sanktionen durchgesetzt werden, haben sich in Regeln der journalistischen Praxis niedergeschlagen. Sie bestimmen einheitlich die Berichterstattung, und das erklärt – da Abwechslung beim Lob offensichtlich nicht erwartet wird – die Uniformität der Berichterstattung. Deren konsequentester Ausdruck sind die wortgleichen Texte in verschiedenen Zeitungen. Je ähnlicher die Artikel sind, desto geringer ist auch das Risiko der Lokalberichterstattung, denn in diesem Fall können die Honoratioren die Lokalredaktionen nicht gegeneinander ausspielen und Berichte, die nicht positiv genug erscheinen, durch positivere ins Unrecht setzen. Andere Maßstäbe für die Lokalberichterstattung als solche, die diese Arbeitsbedingungen reflektieren, wurden von den Journalisten nicht formuliert. Auf die Frage, worin sie die Aufgaben der Lokalberichterstattung sähen, erhielten wir keine Antworten, welche die journalistische Arbeit auf einen demokratischen Willensbildungsprozeß und eine Demokratisierung der lokalen Verhältnisse bezogen hätten.

Schlußbemerkung

Wenn zuletzt dargestellt wurde, wie der Charakter der untersuchten Zeitungen unter dem Druck der sozialen Verhältnisse zustandekommt, so ist daraus nicht abzuleiten, die Zeitungen könnten unter diesen Verhältnissen gar nicht anders aussehen. Nur ist fast unvermeidlich, daß Journalisten sich an den Sanktionen der etablierten Machtgruppen orientieren, solange keine anderen sozialen Gruppen hervortreten, an die eine kritische Zeitung sich wenden und auf die sie sich stützen könnte, und solange auch die Journalisten keine klaren Vorstellungen haben über die Aufgaben der Zeitungen bei einer demokratischen Willensbildung und ihre mögliche aktive Rolle im Prozeß der Konstituierung eines kritischen Publikums.

Einem großen Angebot an Zeitungen braucht keine inhaltliche Vielfalt zu entsprechen, und Konkurrenz ist keine Garantie dafür, daß die Zeitungen Funktionen in einem demokratischen Willensbildungsprozeß erfüllen. Wenn alle Zeitungen sich an denselben Sanktionen orientieren, reflektieren alle uniform die vorhandenen Machtstrukturen und stabilisieren sie dadurch. Das kann kein Argument dafür sein, der Ausbreitung lokaler Pressemonopole untätig zuzusehen. Wo nur eine Zeitung eine Lokalberichterstattung anbietet, ist die Gefahr für Pressionsversuche gegenüber Journalisten geringer, da nicht Redaktionen gegeneinander ausgespielt werden können. Ergebnisse einer Analyse von M. Knoche und W. Schulz deuten darauf hin, daß diese Chance von Monopolzeitungen nicht genutzt wird. Knoche hat eine Stichprobe von Zeitungen aus Gebieten, in denen keine andere Zeitung mit einem Lokalteil für das betreffende Gebiet angeboten wird, mit einer Kontrollgruppe von Zeitungen verglichen, deren Lokalberichterstattung mit der mindestens noch einer Zeitung konkurriert. (13) Dieser Vergleich ergab, daß Monopolzeitungen in Kommentaren, die sich mit örtlichen Politikern, Amtspersonen, Gremien und Behörden befassen, seltener als Wettbewerbszeitungen Kritik äußern und in den Fällen, in denen sie es tun, seltener Namen nennen und im übrigen einen kleineren Lokalteil haben als Wettbewerbszeitungen.

Es gibt für eine Zeitung auch keinen systematischen Grund, eine Monopolstellung für eine kritische Berichterstattung zu nutzen. Ob das geschieht, hängt bei Monopolzeitungen allein von dem Zufall guten Willens oder privater Ambitionen der Redakteure oder Verleger ab. Anders verhält es sich dort, wo es die Möglichkeit eines Wettbewerbs zwischen mehreren Zeitungen gibt. Der Redakteur der kleinsten Wertheimer Zeitung, der als einziger berichtete, daß er gelegentlich bewußt gegen die strengen Regeln der Wertheimer journalistischen Praxis verstoße, erklärte das damit, daß er mehr riskieren könne als seine Kollegen, da er bei der geringen Abonnentenzahl seiner Zeitung ohnehin nichts zu verlieren habe. Dieses Argument ist zu erweitern: Wenn eine Zeitung ihre Marktposition verbessern will, so kann sie das dort, wo der

Markt der journalistischen Lobreden besetzt ist, nur durch eine davon abweichende Berichterstattung erreichen. Im Unterschied zum Monopol gibt es hier also ein systematisches Interesse an differenzierter und kritischer Berichterstattung, das, wenn es von den Redaktionen erkannt und konsequent verfolgt wird, zumal dann wirksam werden kann, wenn die lokalen Machtkartelle aufbrechen und eine oder mehrere Zeitungen sich zu Organen einer sich bildenden kritischen Öffentlichkeit entwickeln können.

Anmerkungen

(1) BVerfGE 20/162/174. In: Vorläufiger Bericht der Pressekommission (Deutscher Bundestag, 5. Wahlperiode, Drucksache V/2403), S. 11.
(2) In: Publizistik, 13, 1968, S. 348 ff.
(3) Bei dem Stichtag, dem 2. September 1967, handelte es sich um einen Samstag. Knoche nimmt an, daß eine Untersuchung, die alle Wochentage berücksichtigt, für den Wochendurchschnitt eine geringere Zahl von Kommentaren ergeben würde.
(4) Die Untersuchung über Wertheim wurde in der Forschungsstelle Prof. Ellwein des Seminars für Politische Bildung an der J.W. Goethe-Universität in Frankfurt durchgeführt. Über die Ergebnisse dieser Gemeindestudie wird in einer dreibändigen Veröffentlichung berichtet, die im Juventa-Verlag in München erscheint. Der erste Band erschien 1969 unter dem Titel: Thomas Ellwein/Gisela Zimpel, Wertheim I, Fragen an eine Stadt. In dem Band Wertheim III wird ein Bericht über die Zeitungsanalyse veröffentlicht, der, vor allem in tabellarischer Form, zusätzlich zu den hier publizierten noch weitere Ergebnisse enthält und im Unterschied zu der vorliegenden Darstellung stärker methodologische Gesichtspunkte berücksichtigt.
(5) Stand vom 30.4.1968. Vgl. Ellwein/Zimpel, a.a.O. S. 144.
(6) Zu den folgenden Ausführungen über die Sozialstruktur vgl. Ellwein/Zimpel, a.a.O. und den Band Wertheim III.
(7) Vgl. Wertheim II.
(8) Vgl. die Darstellung der Hypothesen in dem Bericht über die Zeitungsanalyse in Wertheim III.
(9) Zwei weitere Dimensionen, die sich auf Problem- und Sachbereiche beziehen, sind im Rahmen der hier entwickelten Fragestellung nicht relevant.
(10) Eine genauere Beschreibung und Begründung unseres Vorgehens bei der Bestimmung der recording units enthält unserer Bericht in Wertheim III.
(11) Der Kontingenzkoeffizient CC gibt die Stärke des überzufälligen Zusammenhangs zwischen qualitativen Merkmalen an. Seine maximale Größe ist bestimmt durch die Größe der Mehrfeldtafel. Der hier verwendete Kontingenzkoeffizient CC_{korr} ist nach der Tafelgröße korrigiert und macht Kontigenzkoeffizienten aus Mehrfeldertafeln unterschiedlicher Größe vergleichbar.
(12) So etwa G. Kieslich: Zum Aufbau des Zeitungswesens in der BRD nach 1945. In: Publizistik, 8, 1963, S. 274 ff.
(13) Knoche, M. und W. Schulz: Folgen des Lokalmonopols von Tageszeitungen. In: Pulizistik, 14, 1969, S. 298 ff. Diese Analyse, die im übrigen genauso vorgeht wie die oben kritisierte von Knoche, stellt nicht auf absolute Aussagen über den Lokalteil, sondern auf den Vergleich zweier Gruppen von Zeitungen im Hinblick auf die Häufigkeit und Art ihrer Kommentare ab. Ihre Ergebnisse können hier unter der Vorraussetzung verwandt werden, daß die Tendenzen, die sich beim Vergleich der Kommentare beider Zeitungsgruppen zeigen, nicht durch gegenläufige Tendenzen im übrigen Lokalteil aufgehoben oder umgekehrt werden.

Otwin Massing

Nachrichten für die geistige Provinz –
Zum Strukturdilemma konfessioneller (katholischer) Publizistik

Quantitative Daten

Daß die beiden großen Religionsgemeinschaften heute in der Bundesrepublik ein hohes Ansehen genießen, dürfte unbestritten sein. In zahlreichen öffentlichen Angelegenheiten sind ihnen Mitspracherechte eingeräumt, z.T. sogar institutionell abgesichert worden, wie z.B. in den Aufsichtsgremien der Rundfunk- und Fernsehanstalten. In diesen Bereichen kommt ihre privilegierte Stellung staatskirchenartigen Vorrechten gleich. Nicht nur, daß einzelne Verfassungen ihnen ausdrücklich konstitutionellen Schutz angedeihen lassen, da die Kirchen als eine "anerkannte Einrichtung für die Wahrung und Festigung der religiösen und sittlichen Grundlagen des menschlichen Lebens" (Art. 41 der Verf. von Rheinland-Pfalz) gelten können, der § 166,2 StGB schützt sie qua Institution gegen öffentliche, vorsätzliche Denunzitation; § 243 bezeichnet jeden Kirchendiebstahl als besonders schweren Diebstahl. Die Erteilung von Religionsunterricht wird ihnen trotz des säkularen Charakters der staatlichen Ausbildungswege und Ausbildungsziele als eine von Staats wegen förderungswürdige Tätigkeit rechtlich garantiert. Die zwangsweise erhobenen Kirchensteuern werden über die allgemeine Finanzverwaltung der staatlichen Finanzämter kassiert. Die Eigenschaft als Kirchenmitglied, die durch einen sakralen Akt, die Taufe, erworben wird, kann nur durch offiziell erklärten Austritt rückgängig gemacht werden. Priester und Pfarrer sind vom Wehrdienst und von zivilen Ersatzdienstleistungen befreit (1), usw. Vor allem aber haben die Kirchen, insbesondere über die ihnen affiliierten Verbände, ideell wie materiell an den Segnungen einer politisch stabilisierten Wohlstandsgesellschaft teilgehabt.

Gollwitzers Feststellung, die er Anfang der 60er Jahre traf, dürfte auch heute ihre Geltung nicht verloren haben. "Die Kirchen haben die Vorteile des Weges, den die Bundesdeutschen gewählt haben, kräftig mitgenossen. Ihr personeller und institutioneller Einfluß ist gesichert, sie nehmen teil am wachsenden Steueraufkommen, ihre Wünsche hinsichtlich der Jugenderziehung und der karitativen Arbeit werden erfüllt, öffentlichen Angriffen sind sie nicht ausgesetzt . . . ". (2)

Disproportionalitäten zwischen den beiden Kirchen aber gibt es auf dem Pressemarkt. Hier öffnete sich die Popularitätsschere und folglich auch die Ertragskurve eindeutig zugunsten der Protestanten. Den beiden großen Wochenzeitungen 'Christ und Welt' (155 000, II/68) und 'Sonntagsblatt' (132 000, II/68) hatte die katholische Kirche in der Bundesrepublik lange Zeit nichts Vergleichbares entgegenzusetzen. Gemessen am Beitrag des Katholizismus zur gesellschaftspolitischen Neuorientierung nach 1945, seinen Ausstrahlungen in die Parteien und auf die Verhältnisse des öffentlichen Lebens in der Bundesrepublik, ist dem deutschen Katholizismus — ganz im Gegensatz etwa zum Zentrumskatholizismus und den ihm zuzuordnenden Blättern — eine publizistische Selbstdarstellung nicht gelungen. (3) Die Hypothese, die Zeitschriftenpresse mit protestantischem Akzent habe es im Nachkriegsdeutschland offenbar besser verstanden, gleichsam ein "konfessionsneutrales Bild von sich aufzubauen", (4) beschreibt zwar das Phänomen richtig, erklärt es jedoch nicht.

Vielleicht hat der deutsche Katholizismus, vielleicht haben führende deutsche Katholiken, endlich vom Minderheiten- und Inferioritätskomplex befreit, bei der Wahrnehmung der Chance zu 'gleichberechtigter' Mitarbeit praktisch mehr als theoretisch in die unmittelbare politische Aufbauarbeit der Nachkriegszeit einbringen können. Vielleicht verführten die sich einstellenden politischen Erfolge dazu, den Nachkriegs-Bewußtseinsschock, vor dem Nationalsozialismus versagt zu haben, allmählich zu verdrängen und in theorielosen Pragmatismus auszuweichen. Und welche Rolle mag der Umstand gespielt haben und immer noch spielen, daß der deutsche Katholizismus weithin mit der Partei Adenauers identifiziert werden konnte? Hat diese Identifizierung — und sei sie noch so oberflächlich und einseitig gewesen — nicht die intellektuelle Ausstrahlung des deutschen Katholizismus auf lange Sicht geschwächt, wenn nicht gar unmöglich gemacht? Der Protestantismus als sein natürlicher ideeller Widerpart war schließlich parteipolitisch integriert und neutralisiert worden. Blieb nur der künstlich zurechtgemöbelte Feind im Osten, der propagandistisch geschwärzte Buhmann 'Kommunismus', der tüchtig genug verteufelt und perhorresziert wurde (übrigens im Einvernehmen mit allen anderen relevanten gesellschaftlichen Gruppen). Eine Inhaltsanalyse des katholischen Schrifttums unter diesem Aspekt ergäbe, wie man wohl vermuten darf, ein desolates Bild, das von christlicher Nächstenliebe wenig Zeugnis ablegte, noch weniger von Sachkenntnis und unvoreingenommener analytischer Distanz.

Es ist daher systemgerecht und nur eine Probe aufs Exempel, wie schmerzlich der Loslösungsprozeß aus der Verfilzung mit machtpolitischen Interessen vonstatten geht, wenn neuerdings alte Positionsdenker, die durch die neuen publizistischen Bestrebungen die parteipolitischen und ideologischen Fronten gefährdet sehen, an einem ideologischen Kastrationskomplex zu leiden anfangen: Sie befürchten auf allen

Ebenen den Verlust der parteipolitischen Geschlossenheit der Katholiken. (5)

Das Faktum aber bleibt bestehen, daß, obwohl die katholische Presse "eine der größten, auflagenstärksten, aber auch vielgestaltigsten Gruppen des Pressewesens in der Bundesrepublik" (6) ist, sie mehr als zwanzig Jahre lang über kein einziges repräsentatives, von der relevanten öffentlichen Meinung respektiertes, meinungsbildendes Organ verfügte. Sämtliche Versuche in dieser Richtung waren fehlgeschlagen.

Während die katholische Tagespresse 1969 nur etwa 1 % der Gesamtauflage aller deutschen Tageszeitungen bestritt, nämlich rund 1/4 Million (7), und nur noch von ein paar, größtenteils unbekannten Blättern repräsentiert wurde, verfügte die kath. Presse auf dem Höhepunkt ihrer quantitativen Verbreitung und Ausstrahlungskraft, zu Zentrums-Zeiten, über 603 Titel, die damals (1932) 1/8 der Gesamtauflage der Tagespresse im Deutschen Reich repräsentierten. Mit anfänglich 126 Zeitungen und Zeitschriften im Jahre 1871 verdoppelte die katholische Presse in den folgenden 10 Jahren des Kulturkampfes ihre Auflage auf rund 630 000 Exemplare (8) und weitete sich auch danach noch quantitativ kontinuierlich aus. 1890 umfaßte die konfessionelle Zeitschriftenpresse 298 Titel, 1903 bereits 325 katholische Zeitungen, 1912 waren es 445, dreizehn Jahre später 451, und 1933 erreichten die rund 420 Zeitschriften, Kirchenzeitungen und Wochenblätter katholischer Provenienz zusätzlich zu den katholischen Tageszeitungen eine geschätzte Gesamtauflage von etwa 9,5 Millionen.(9)

Demgegenüber konnte sich nach 1945 innerhalb des katholischen Segments wenigstens die weltanschaulich orientierte Wochenpresse wieder neu formieren. Dennoch ist sie, mit Ausnahme allein des 'Rheinischen Merkur' (Druckauflage 65 000), kaum aus dem katholischen Ghetto herausgekommen. 'Echo der Zeit', das inzwischen in 'Publik' aufging, brachte es nur auf eine Druckauflage von ca. 20 000, die Würzburger 'Allgemeine Sonntagszeitung' auf ca. 15 000 und 'Das Wort' (Hildesheim) ebenfalls nur auf rund 10 000. (10) Einzig das Magazin 'Weltbild' (alias 'Mann in der Zeit', alias 'Feuerreiter') hat es inzwischen auf etwa 800 000 Verkaufsauflage gebracht, und nur der vorwiegend im Kirchenvorraum vertriebenen 'neuen bildpost', dem katholisch gedopten Pendant zur 'Bild-Zeitung', ist eine für konfessionelle Verhältnisse beachtliche, ähnlich massenhafte Verbreitung von ca. 400 000 Exemplaren gelungen. (11)

Dennoch ist mit dieser Aufzählung die katholischerseits so oft gerühmte publizistische Vielfalt längst nicht erschöpft. Schließlich brachte es auch die gesamte evangelische Zeitschriftenpresse (einschließlich Gemeindebriefen und Pfarrblättern) nach einem (vorläufigen, verbesserten) Stand vom 15. Januar 1964 auf beachtliche 914 Titel (einschließlich der in Ost-Berlin, Mittel- und Ostdeutschland erscheinenden, größeren Periodika).(12)

Wenn man bedenkt, daß rund 1 % aller Katholiken in der Bundesrepublik haupt- oder nebenamtlich für Sold ihrer Kirche arbeiten, daß schätzungsweise ein Viertel bis ein Drittel als aktiv mitwirkend bezeichnet werden können, insofern sie sich in den über 100 Standesorganisationen, die nach den Merkmalen Geschlecht, Lebensalter, Beruf, Bildungsstand und Sozialpartnerrolle ständisch gegliedert sind,(13) organisatorisch zusammengeschlossen haben (wobei die Intensität ihres Engagements hier nicht in Betracht gezogen zu werden braucht), dann stellt sich bereits das Problem ihrer publizistischen Versorgung qua Intensivsegment.(14) Gelöst wird es auf eine eigentümlich 'plurale' Weise.

Die Standespresse allein bringt es auf eine Auflage von rund 7 Millionen. Sicher dürfte sein, daß die 70 Zeitschriften der 46 Priesterorden (mit 6000 Mitgliedern), 15 Brüderorden (mit 4 700 Mitgliedern) und 148 Schwesternorden (mit 93 000 Mitgliedern) mit einer Auflage von ca. 3 Millionen (15) in erster Linie das sogenannte Kernsegment des katholischen Bevölkerungsteils erreichen, aber auch die 22 Bistumsblätter mit einer Auflage von rund 2,4 Millionen dürften vorwiegend, wie sich im Verlaufe der Untersuchung noch herausstellen wird, den praxisintensiven Teil der Katholiken in der Bundesrepublik ansprechen. Die Durchschnittsauflage der Bistumszeitungen beträgt rund 110 000 (I/67), die Einzelauflage schwankt jedoch zwischen 246 000 ('Kirche und Leben', Münster) und 33 000 ('Bonifatiusbote', Fulda), vom Sonderfall des West-Berliner 'Petrusblattes' (21 000 Auflg.) einmal abgesehen.

Im Jahresdurchschnitt beträgt die verbreitete Auflage rund 2,4 Millionen (1967). Multipliziert man diese Auflagenziffern mit einer mittleren Leserzahl in den Bezieherhaushalten von 2,65 Personen, dann werden Bistumsblätter im weitesten Sinne von rund 6,4 Millionen gelesen. (16) Zu der quantitativ bedeutendsten Gruppe der Ordens- und Missions-, der Verbands- und Standeszeitschriften sowie der Bistumsblätter sind ferner hinzuzurechnen 15 katholische Familienzeitschriften, Wochenblätter und Illustrierten mit einer Gesamtauflage von ca. 2 Millionen Exemplaren und die z.T. hervorragenden wissenschaftlichen, kulturellen und theologischen Fachzeitschriften, wie die Herderkorrespondenz, Stimmen der Zeit, Hochland usw., die mit etwa 50 Titeln eine Auflage von schätzungsweise 400 000 Exemplaren zustande bringen. Sie alle sind in der seit 1949 bestehenden "Arbeitsgemeinschaft kirchliche Presse e.V." in einem repräsentativen Verband zusammengefaßt, der z.Z. 73 Verlage vertritt, die mit 140 Zeitschriften und Zeitungen zusammen mehr als 4/5 der rund 15 Millionen Gesamtauflage der katholischen Zeitschriftenpresse in Deutschland repräsentieren. (17) Demgegenüber haben es die großen überregionalen Zeitungen in der Bundesrepublik auf weitaus beträchtlichere Auflagenziffern bringen können, die "Welt" auf 202 446 Exemplare verkaufte Auflage (Samstagauflage 230 086), die "Frankfurter Allgemeine Zeitung" auf 251 277 (Samstagauflage 294 977) und die "Süddeutsche Zeitung" ebenfalls auf 226 475 (Samstagauflage 296 662)

verkaufte Exemplare. Regional verbreitete große Zeitungen wie das Hamburger "Abendblatt" bringen es auf 283 214 (Sa: 356 038), die in Essen erscheinende "Westdeutsche Allgemeine" sogar auf 537 916 verkaufte Auflage, die "Augsburger Allgemeine" auf 269 238 und die "Nürnberger Nachrichten" auf 241 772 (Sa: 277 302) verkaufte Exemplare (jeweils I/69). (18)
Im Verhältnis zu den großen Publikumszeitschriften, deren Beliebtheit inzwischen Millionenauflagen und Millionengewinne abwirft, hat die konfessionelle Presse nichts Vergleichbares aufzuweisen. Die allgemeine Umschichtung auf dem Zeitungsmarkt zugunsten der illustrierten Presse, die bereits 1960 mit 6 482 Titeln eine Auflage von rund 125 Millionen bestritt, und der Boulevardpresse, die zur gleichen Zeit 31,2 % des gesamten Presseaufkommens repräsentierte,(19) wurde von der konfessionellen Presse überhaupt verschlafen.
Lediglich einige Orden machten den Konzentrationsprozeß entschlossen mit. Vier Orden innerhalb der katholischen Kirche legten 1966 ihre Einzelpublikationen zu der Zeitschrift 'Kontinente' zusammen, 9 weitere Orden (ohne Zeitschriften) schlossen sich an und starteten mit einer Auflage von 70 000 Exemplaren. Die Arbeitsgemeinschaft umfaßte im April 1968 bereits 23 Orden und konnte die Auflage ihrer Zeitschrift auf immerhin eine viertel Million steigern. Einzig die in Aachen erscheinende Missionszeitschrift des 'Päpstlichen Werkes der Glaubensverbreitung' ("Mission aktuell") hat die Millionengrenze überschritten und erreicht inzwischen 1,4 Mill. Auflage. (20)

Reichweite und binnenkonfessionelle Indoktrinierung

Wenn der konfessionellen Zeitschriftenpresse in der Bundesrepublik überhaupt eine Bedeutung zukommt — zumindest was ihre Reichweite (27,1 % der Gesamtbevölkerung, das sind 10,82 Millionen im Alter zwischen 16-70 Jahren) anlangt —, dann verdankt sie sie vor allem der weitaus höheren Bereitschaft der Katholiken, als Bezieher einschlägiger Publikationen zu firmieren, d.h. sich für kirchenoffizielle oder auch nur offiziöse Informationen überhaupt zu interessieren. Innerhalb des katholischen Bevölkerungsteils sind es mindestens vier von zehn (43 %), während es innerhalb des evangelischen Teils nicht einmal jeder siebte (15,1 %) ist, der als Leser (LpN) einschlägiger Periodika in Frage kommt. (21) Dabei ist zusätzlich in Rechnung zu stellen, daß laut Bevölkerungsstatistik von 1961 die Katholiken 44 %, die Protestanten 52 % der Gesamtbevölkerung nominell repräsentieren.
Der Leserkreis allein der katholischen Zeitschriftenpresse, die in die "Quantitative Leseranalyse von 1962" einbezogen war, umfaßt 19,2 % der erwachsenen Bevölkerung (zwischen 16-70 Jahren). In absoluten Zahlen ausgedrückt sind das 7,66 Millionen Leser pro Nummer. Inner-

halb dieser Kategorie erreichen die Bistumsblätter mit 16,3 % Reichweite rund 6,5 Millionen Leser, und selbst die 10 katholischen überregionalen Blätter, die in die Analyse einbezogen wurden, wie die 'neue bildpost', der Limburger 'Rosenkranz' und der 'Altöttinger Liebfrauenbote', erreichen mit rund 7,1 % Verbreitung immer noch 2,83 Millionen Leser pro Nummer. (22) Jeder vierte erwachsene Bundesrepublikaner (16-70 Jahre) wird von der konfessionellen Zeitschriftenpresse insgesamt erreicht (27,1 %), jeder fünfte (19,2 %) von katholischen Blättern, gleich welcher Art, und noch jeder sechste von Bistumsblättern (16,3 %).

Die evangelische Zeitschriftenpresse insgesamt erreicht ungefähr jeden zwölften (8,1 %) der Gesamtbevölkerung, die Kirchengebietsblätter noch jeden fünfzehnten (6,7 %), (23) wobei wiederum in Rechnung zu stellen ist, daß die Anteilsquote der beiden Konfessionen 52 : 44 % beträgt.

Mindestens jeder dritte erwachsene Katholik (36,6 %) kommt als Leser eines Bistumsblattes in Frage, während sich im protestantischen Segment nur jeder achte (12,4 %) für ein evangelisches Kirchengebietsblatt als Leser interessiert. (24) Zusätzlich wird mindestens jeder sechste erwachsene Katholik (15,9 %) von den zehn (in die LA 62 einbezogenen) überregionalen katholischen Blättern erreicht.

Demgegenüber erreicht das einzige überregionale evangelische Blatt, soweit die LA 62 darüber Auskunft gibt (denn nicht mehr waren aufgenommen), das in Hamburg erscheinende 'Deutsche Allgemeine Sonntagsblatt' des Bischofs Lilje, nur drei von hundert evangelischen Christen. Selbst die noch am ehesten mit der Zielsetzung und dem publizistischen Charakter der katholischen Bistumspresse vergleichbaren 22 evangelischen Kirchengebietsblätter erreichen innerhalb des evangelischen Bevölkerungsteils ebenfalls nur jeden achten Protestanten (12,4 %). (25)

Der Unterschied in der Reichweite konfessioneller Blätter, ob katholisch oder evangelisch, ist demnach beträchtlich. Er macht deutlich, daß der katholische Bevölkerungsteil, zumal er von ebensoviel Bistumsblättern angesprochen wird wie der evangelische Teil von Kirchengebietsblättern, nämlich jeweils 22, in der Regel an kirchlich gebundenen Verlautbarungen und Darstellungsformen stärker interessiert ist als Protestanten. Der binnenkonfessionelle Zusammenhalt ist unter Katholiken, selbst in kommunikativen Randzonen, wo er ebenso äußerlich wie belanglos sein kann, denn über die Intensität und Richtung ihrer "Bindung" ist mit derartigen Relationen in qualitativer Hinsicht noch nichts ausgesagt, stärker ausgeprägt als unter Protestanten. Daß Katholiken in der Regel eine intensivere Institutionenbindung befolgen, (26) kann mit um so höherer Wahrscheinlichkeit gefolgert werden, als die Verbreitung der konfessionellen Zeitschriftenpresse ziemlich genau den Konfessionsgrenzen folgt. Überschneidungen interkonfessioneller Art, sei es von Bistumsblättern, sei es von evangelischen Kirchengebietsblättern im jeweils anderen konfessionellen Milieu, kommen in nennenswertem Ausmaß nicht vor. Der konfessionelle Pressemarkt ist demnach ein ausgesprochen konfessionstypischer Binnenmarkt. Inside-Informationen verbreitend, wird typisches Inside-Interesse erwartet. Die konfessionelle Presse dient der eigenen Nabelschau. Protestanten machen in dieser Hinsicht ebensowenig eine Ausnahme wie Katholiken. Das bedeutet, daß sich die Binnenkontakte innerhalb der Grenzen der bestehenden konfessionellen Machtblöcke abspielen und sie zugleich respektieren. (27) Diese These läßt sich durch die weitere Tatsache erhärten, daß gerade in den Bundesländern, in denen die meisten Katholiken siedeln, nämlich Nordrhein-Westfalen (15 % gegenüber 13 % Protestanten bei einem Anteil an der Gesamtbevölkerung von 28 %, Alter zwischen 16-70 Jahren) und Bayern (12 % gegenüber 4 % Protestanten bei einem Bevölkerungsanteil von 17 %), die katholische Zeitschriftenpresse überproportional ihre Leser findet (in Nordrhein-Westfalen 33 % LpN, in Bayern 29 % LpN). (28) Die Verdichtung des katholischen Binnenklimas, so ließe sich dieser Befund interpretieren, erzeugt gleichsam automatisch intensivere Lesekontakte binnenkonfessioneller Art. Ähnliches gilt übrigens für die protestantischen Verhältnisse. Je kompakter die konfessionelle Subkultur sich darstellt, desto sicherer und gewisser ist die Chance einer binnenkonfessionellen Indoktrinierung mittels einschlägiger, d.h. kirchlich gebundener Organe. Dementsprechend nimmt sich die Reichweiten-Rangfolge der Leserschaft von Bistumsblättern folgendermaßen aus: Bayern (22,3 %; Katholikenanteil: 71,3 %), Rheinland-Pfalz (18,8 %; Katholikenanteil: 56,2 %), Saarland (17,4 %; Katholikenanteil: 73,4 %), Nordrhein-Westfalen (16,1 %; Katholikenanteil: 52,1 %), Baden-Württemberg (15,8 %; Katholikenanteil: 46,8 %), wobei der Reichweiten-Prozentsatz angibt, wieviele Erwachsene (16-70jährig) in Prozent der Einwohnerzahl des betreffenden Landes als regelmäßige Leser der dort verbreiteten Bistumspresse in Frage kommen. (29) Nur Baden-Württemberg macht insofern eine Ausnahme, als dort, bei ungefährem konfessionellem Proporz (jeweils 6 % bei einem Anteil an der Gesamtbevölkerung von 14 %) das Interesse an der envangelischen Zeitschriftenpresse stark überwiegt (mit 25 % LpN gegenüber 15 % LpN katholischer Publikationen). In den Bundesländern Nordrhein-Westfalen, einschließlich Rheinland-Pfalz ist somit die konfessionelle Presse marktanteilsmäßig und verglichen mit der Quote ihrer Wohnbevölkerung an der Gesamtpopulation der Bundesrepublik überrepräsentiert, in allen anderen unterrepräsentiert, mit Ausnahme des Saarlandes, wo sich der Leseranteil der konfessionellen Presse mit der dort erreichten Bevölkerungsquote die Waage hält. (30)

Darüber hinaus sind aber auch die Unterschiede zwischen den binnenkonfessionell zutage tretenden Lesegewohnheiten von einigem Aussagewert. Während drei von vier Lesern der Bistumspresse den überregionalen katholischen Blättern kein Interesse zuwenden — sie selbst also hinsichtlich ihres binnenkonfessionellen Informationsbedürfnisses kontaktgeschwächt sind —, liest immerhin jeder zweite, der als regelmäßiger Leser von überregionalen katholischen Blättern angesprochen werden kann, auch noch ein Bistumsblatt; beide Kategorien von Lesern haben gleichwohl zu rund 80 % zusätzlich eine Tageszeitung abonniert. Daraus kann gefolgert werden, daß — relativ gesehen — die Leser überregionaler Blätter konfessioneller Prägung die interessiertere, kontaktintensivere, lesefreudigere Gruppe darstellen. Ein ähnlicher Trend zeichnet sich, obwohl nicht exakt vergleichbar, indikativ auch im evangelischen Sektor ab. (31) Je stärker fixiert demnach eine Lesergruppe auf ihr kirchenprovinzielles Organ ist, desto weniger orientiert sie sich zugleich nach außen, selbst wenn die Überschneidungen innerhalb der konfessionellen Presse im Vergleich zu ihrer Verbreitung in der Gesamtbevölkerung allemal besser ausfallen. Kontaktfreude läßt die tatsächlichen Kontaktaufnahmen zunehmen, wie umgekehrt diese wiederum die Kontaktfähigkeiten anregen. Gleichwohl sind Doppelleserschaften im konfessionellen Intensivsegment mit Illustrierten, Programmzeitschriften, Wochen- oder Frauenzeitschriften im Verhältnis zur Häufigkeit des Vorkommens intermediärer Überschneidungen in der Gesamtbevölkerung auffällig reduziert. Drei von vier Lesern der Bistumspresse bekunden kein Interesse an Illustrierten, können also als ausgesprochene Exklusivleser ihrer konfessionell geprägten Blätter gelten. Gegenüber einer Auswahl von 6 unterhaltenden Wochenzeitschriften besteht sogar eine Exklusivleserschaft von 90 %. (32)

Doch erst der Vergleich mit den Lesern der evangelischen Zeitschriftenpresse vermag die Analyse in der Interpretation weiterzubringen. Gemessen an ihnen haben die katholischen Leser weniger Überschneidungen mit anderen Medien aufzuweisen. Fast durchweg liegen evangelische Leser sogar über dem Bevölkerungsdurchschnitt; das gilt insbesondere hinsichtlich eines Abonnements von Tageszeitungen (85 : 79 : 71 % im Gesamt). Während bei den Protestanten überhaupt die Tatsache häufiger Lesekontakte auffällt, bei nur geringfügigem Übergewicht der gleichkonfessionellen Lektüre, fördert die Analyse der von katholischen Lesern frequentierten Medien deutliche Unterschiede zutage, die auf eine nachhaltigere Bindung katholischer Intensivleser an die Belange und Angebote ihrer religiösen Bezugsgruppe hinweisen, der sie nicht nur nominell angehören, sondern zu der sie sich ausdrücklich bekennen. Zu 80 % werden die Bistumsblätter beispielsweise von Abonnenten bezogen. Auch die ungestörten Dauerbeziehungen zwischen Leser und Blatt, von dreien beziehen es zwei bereits länger als 10 Jahre, deuten auf eine starke emotionale Bindung hin, die als 'Anhänglichkeit' nur verkürzt zu beschreiben wäre, obwohl die Werbeträger sich auf den terminus kapriziert haben. Sicher dürfte sein, daß die gelobte Leser-Blatt-Bindung kaum eine kritisch-distanzierte Einstellung gegenüber dem speziellen Angebot reflektiert.

Dem Neuerungsgeist nicht gerade zugetan, bildet sich noch am ehesten im Klima konfessionell verankerten Vertrauens, wozu die institutionellen

Verflechtungen conditio sine qua non sind, jene beharrende, auf konservativ gestimmte Dauer-Mentalitätslage aus, die den Werbeabteilungen der "Arbeitsgemeinschaft konfessionelle Presse e.V." über die Chancen eines 'geistlichen Marketing' in einem derart geschlossenen Werbeträgerblock unverhohlenen Jubel entlockt. Hervorgehoben wird vor allem der "enge Kontakt" zwischen dem lesenden Kirchenvolk und der einschlägigen Preßform. Die relativ enge Leserbindung spiegelt sich schließlich auch in einer relativen Auflagenstetigkeit. (33) Obwohl im einzelnen nicht auszumachen ist, ob jenes Drittel Katholiken, das Bistumsblätter liest, mit jenem knappen Drittel 'Orthodoxer' identisch ist, die, wie neuere religionssoziologische Untersuchungen ergeben haben, im Unterschied zu den nominellen Kirchenmitgliedern weitgehend vorbehaltlos die offiziellen Dogmen und Glaubensregeln akzeptieren, (34) dürfte doch sicher sein, daß die Leser katholischer Zeitschriftenpresse, mag ihre Bereitschaft zur Identifikation ,mit der eigenen Bezugsgruppe im Einzelfall noch so vage und diffus sein, zu jenem katholischen Intensivsegment gehören, auf das die spezifischen Bestimmungen, die für die Gruppe der sogen. 'Kirchentreuen' ermittelt wurden, (35) allgemein und erst recht im besonderen anwendbar sind.

Scheindifferenzierung und Scheinpluralität

Insofern das kommunikative Netz der kirchlichen Presseorgane dem organisatorisch-territorialen der Amtskirche als diözesan verfaßter entspricht, ist die gerühmte "starke Bindung" des Lesers an sein Bistumsblatt sicher auch bedingt durch die Schwierigkeit eines Vergleichs mit anderen Bistumsblättern, weil sich deren Verbreitung mit den Diözesangrenzen der katholischen Kirche in der Bundesrepublik deckt. So hängt die differentielle Vielfalt, jene von Weihbischof Kampe so oft beschworene 'Pluralität' der katholischen (übrigens auch der evangelischen) Publizistik vor jeder qualitativen Analyse von einem massenmedialen Verbreitungs- und Streuungsprinzip ab, das im profanen Bereich tendenziell überholt ist und allenfalls die untergeordnete Bedeutung unterstreichen dürfte, die dergleichen Blätter mit regional begrenzter Verbreitung im Bedürfnishaushalt potentieller Lesermassen spielen.
In dieser Perspektive ist die Gründung des repräsentativen und überdiözesan verbreiteten Bischofsblattes 'Publik' einerseits die Probe aufs Exempel, ob und inwieweit der Duodez-Pfründengeist einander blockierender Ordinariate, deren schwächstes Glied die Reißfestigkeit ihrer publizistischen Kette bestimmt, überwunden werden kann. Andererseits hat sie allgemein ihren Grund in den aggiornamento-motivierten Anstrengungen zu einer organisatorischen Straffung auf überdiözesaner Ebene sowie der relativen Verselbständigung der katholischen Nationalkirchen im Gefolge des II. Vaticanums. (36)

Da nun über sämtliche 22 katholischen Bistums- und ebensoviele evangelischen Kirchengebietsblätter umfassendes statistisches Material vorliegt, und zwar seit der „quantitativen Leseranalyse der konfessionellen Zeitschriftenpresse" von 1962, (37) die freilich seither nicht fortgeschrieben wurde, wird eine stringente Analyse auch der Funktion kirchlicher Publizistik und ihres inhärierenden Strukturdilemmas immer wieder darauf zurückgreifen müssen, zumal diese Blätter en bloc über das ganze Gebiet der Bundesrepublik einschließlich West-Berlin 'streuen'. Die darüber hinaus zusätzlich erfaßten überregionalen konfessionellen Blätter, die z.T., wie die 'neue bildpost' mit wöchentlich 390 564 Ex. (laut IVW), der in Limburg erscheinende 'Rosenkranz' mit monatlich 263 600 Ex. oder das wöchentlich erscheinende Essener Blatt 'Die christliche Familie' mit 252 750 Exemplaren, eine recht beachtliche Verkaufsauflage aufzuweisen haben, ergänzen die geographische Streuung der Kirchenblätter und knüpfen deren Informationsnetz noch dichter.

Damit dürften so ziemlich alle relevanten publizistischen Medien erfaßt sein, die das Gebiet der Bundesrepublik einschließlich West-Berlins mit einem Nachrichtennetz konfessioneller Prägung überziehen und dementsprechend — mit unterschiedlicher Massierung je nach konfessioneller Ballungsdichte — auf die nominell katholische und protestantische Gesamtbevölkerung indoktrinierend Einfluß zu nehmen suchen. Dennoch überwiegt innerhalb dieses Publikationsblocks, trotz Unterschieden in der Auflage und der drucktechnischen Ausstattung, d.h. trotz gleitender Übergänge eines modernen 'image', wie immer es im Einzelfall beschaffen sein mag, "das Gemeinsame: eben Kommunikationsmittel zwischen Kirchenvolk, Klerus und Bischof zu sein". (38) In aller Naivität wird zugestanden: "Von daher haben die Blätter in der Beurteilung durch die Leser ihre *Funktion* und von daher auch ihre *Einheitlichkeit*", (39) wobei die Ambivalenz der Aussage ihnen nicht einmal bewußt wird. In der Tat sind die konfessionell geprägten Medien nicht nur in dem engherzigen Sinn, den die eigene Marketing-Analyse suggeriert, "wirkungsvolle Werbeinstrumente besonderer Prägung", ihre wirkungsvollste Funktion besteht darin, jene "Einheitlichkeit" der inhaltlichen Aussage und ihrer wohldosierten Darstellung zustande zu bringen (trotz unterschiedlicher Präsentation und Verpackung), die noch aus den kargen quantitativen Daten als augenfälligstes Charakteristikum dieser Medien in die Augen sticht und somit als Indiz für deren generelle Kommunikationsstruktur zu gelten hat, selbst wenn es mittels einer umfassenden Inhaltsanalyse noch der besonderen Ergänzung bedarf. Via Bistumspresse gelangen vor allem die Amtskirche und ihre propagandistisch tätigen Repräsentanten sowie die von ihnen für publizistisch belangvoll erachteten Aktivitäten mehr oder minder zur Selbstdarstellung. Die Irrelevanz der in ihr größtenteils verbreiteten Nachrichten wird noch verstärkt durch die fehlende Effizienzkontrolle, die darüber Aufschluß geben könnte, ob auch Antworten gegeben werden auf Fragen, die vom

Kirchenvolk gestellt, weil in seinem geistlichen und weltlichen Bedürfnishorizont als elementar empfunden werden. Statt dessen wird redaktionell weitgehend von einer kirchenamtlichen Fiktion möglicher Leserwünsche und präsumptiver religiöser Bedürfnisse ausgegangen, deren reale Rückkoppelung an die Basis nicht gewährleistet ist.

Während in den deutschen Bistumsblättern durchschnittlich zur Hälfte (54 %) nichtkirchliche Informationen, Meldungen usw. den kirchlichen Nachrichten den Platz streitig machen, differieren die einzelnen Blätter gleichwohl zwischen einem Anteil von gut einem Drittel ("Kirche und Leben", Münster, 35 %; höchste Auflage mit 223 000 verbreitete Auflg., 1966; "Bonifatiusbote", Fulda, 36 %; 34 000 Auflg.) und mehr als zwei Dritteln 'weltliche' Nachrichten ("Kirchenzeitung für das Erzbistum Köln", 73 %; zweithöchste Auflage mit 209 000 und "Regensburger Bistumsblatt", 66 %, 112 000 Auflg.). (40)

Die Analyse einer Zufallsauswahl von 110 Nummern der 22 Bistumsblätter (Jg. 1966) ergab folgendes Bild der inhaltlichen Verteilung nach Gewichtung des angebotenen Stoffes:

Anteile an den möglichen Punkten/ je Seite = 8 Punkte

Inhaltsanalyse Bistumspresse	dialogaktive Inhaltsteile	dialogneutrale	didaktische
alle 22 Blätter ⊖ = 100 %	20 % der Punkte	61 %	19 %
die einzelnen Titel schwanken	von 50 % bis 6 %	von 78 % bis 47 %	von 32 % bis 1 %

Quelle: (41)

Erst wenn man jedoch berücksichtigt, daß die 54 % nichtkirchliche Nachrichten und Informationen dominiert werden von unterhaltenden Themen, Erziehungsproblemen und feuilletonistisch aufbereiteten Besprechungen aus dem Bereich kultureller Veranstaltungen, daß aus Politik und Wirtschaft im Durchschnitt knapp 9 % der Themen entstammen, daß soziale Fragen oder Themen aus dem Arbeits- und Berufsleben noch weniger oft behandelt werden, dann rückt das Selbstlob, die Bistumspresse werde "als Mittel der christlichen Urteilsbildung gelesen und gewertet", (42) in die richtige Perspektive.

Da knapp die Hälfte des redaktionell verfügbaren Raumes (45,9 %) der Behandlung rein kirchlicher und religiöser Stoffe reserviert ist, die noch am wenigsten dialogneutral sein dürften, und außerdem rund ein Fünftel des Inhaltsangebotes lehrhaften, 'amtskirchlichen' Zwecken und Indoktrinationsvorhaben zur Verfügung steht, die eingestandenermaßen "außerhalb des Dialogumfeldes" (43) liegen, dürfte das "Mittel der

christlichen Urteilsbildung", eben die Bistumspresse, vorwiegend der eigenen Selbstbespiegelung dienen. Inside-Urteil richtet sich wiederum auf Inside-Vorgänge. Die konfessionell orientierte Presse ist weitgehend auf die Vorgänge in ihrer eigenen Binnenkultur fixiert. Insofern ist sie in ihrer derzeitigen parochialen Orientierung Ausdruck jener allgemeinen sozialpsychologischen Tendenz, daß sich formierte Gruppen unter allen Umständen abzukapseln versuchen, um sich der drohenden Erosion ihrer weltanschaulichen und ideologischen Grundlagen infolge der Konkurrenz der modernen Kommunikationsmedien zu erwehren. (44)
Verschärft wird dieser Trend durch das typische Selbstverständnis der katholischen Amtskirche, das sich bis in die Selbstdarstellung der Bistumspresse ungebrochen verlängert. "Von der Presseaufgabe eines Bistumsblattes her können *naturgemäß nicht alle Beiträge dialogaktiv* sein. So ist z.B. die Bistumszeitung als Sprachrohr der ganzen Bistumsgemeinde, des Kirchenvolkes wie der 'Amtskirche', eben auch Organ des Bischofs und dient den Aufgaben seines Hirtenamtes. Amtliche Verlautbarungen, Äußerungen des kirchlichen Lehramtes, gewisse pastorale Aufgaben *liegen außerhalb des Dialogfeldes*, wie *naturgemäß* alles, was der direkten Verkündigung der Heilsbotschaft zugehört". (45)
Abgesehen davon, daß — nach solchen Formulierungen zu urteilen, die die Vorzensur als systemadäquate Komponente gleichsam vorweg legitimieren — nicht einmal in Ansätzen mit dem Gedanken der "Verkündigung als Information" (46) Ernst gemacht wird, vielmehr das autoritative Sprechen sich an eine bloß hörende Gemeinde richtet, wäre es gerade Aufgabe der Bistumspresse, insoweit sie, wie behauptet wird, Sprachrohr der "ganzen Bistumsgemeinde" ist, sämtliche, insbesondere zentralen Verlautbarungen, Entscheidungen und Äußerungen, die das kommunikative und geistliche Leben des einzelnen gleichermaßen berühren, ins 'Dialogfeld' einzubeziehen. Obwohl sie im Selbstverständnis der Redaktionen und der Herausgeber — vor allem seit der Verabschiedung der Kirchenkonstitution des II. Vaticanums — ausdrücklich als Dialogforum der Kirche mit der Welt und des innerkirchlichen 'Gesprächs' progagandistisch herausgestellt wird, ereignet sich der vielbemühte Dialog doch immer noch allzu einseitig; darüber hinaus wird er nur zu oft restriktiv geführt.
Die Ambivalenz der katholischen Kirche gegenüber Publizität und Öffentlichkeit hat sich weiter am Leben erhalten. Mit propagandistischen Tricks oder per ordre de Mufti ist sie schon gar nicht aus ihren sozialpsychologischen Strukturen zu eliminieren. Gemeinde darf eingeschaltet werden, wenn und solange sie die Kreise der Obrigkeit nicht stört. (47) Von weitreichenden Entscheidungen ist sie ausgeschlossen. Dialoge werden nur so lange toleriert, wie sie den Dialogführern ins zweckorientierte Kalkül hineinpassen, die Zwecksetzung selber aber ist tabu. Obwohl man mit Hilfe der Leseranalyse das negative 'image' zu überwinden trachtete, Kirchenzeitungen seien vornehmlich 'kirchenamtlich',

'lehrhaft' und 'weltfremd', ist nicht so sehr die Tatsache, daß lehramtliche Elemente in ihnen vorkommen, das eigentliche, anstoßerregende Ärgernis, als vielmehr der Umstand, daß ausgerechnet jene Teile des redaktionellen Angebotes "außerhalb des Dialogfeldes" angesiedelt werden, die nicht nur für die Kirche, sondern auch für den einzelnen von entscheidender Bedeutung sind. Daß darüber Diskussionen weder erwünscht noch opportun noch überhaupt möglich sein sollen, dürfte kaum geeignet sein, die Autoritätskrise des kirchlichen Lehramtes und seiner Vertreter zu dämpfen. Die fachmännisch-theologische Kompetenz, die seitens der Amtskirche und ihrer Vertreter gegenüber den Organen der kirchlich gelenkten Presse in Anspruch genommen wird, sei es, daß die Kolumnen, Beiträge und Hauptaufsätze von ihnen monopolisiert, sei es, daß mittels Vorzensur oder direkter Eingriffe laientheologische Erwägungen überhaupt zurückgedrängt werden, impliziert als theologischen Alleinvertretungsanspruch zugleich auch den Machtanspruch der Klerikerelite. Vor deren spezialisiertem Wissen müssen Problemlösungsversuche, die sich allein durch individuelle Überzeugung und autonomes Denken legitimiert wissen, prinzipiell erlahmen, wodurch die theologische Halbbildung des sogenannten Laienelementes nicht nur nicht verhindert, sondern geradezu provoziert wird. Statt daß die Laien bei der Entwicklung eigener geistlicher Fragestellungen und Ansichten ermuntert würden, wenn anders sie dem Anspruch auf Mündigkeit und Dialogfähigkeit in religiösen Belangen selbständig sollen genügen können, werden sie präventiv von Spezialisten davon abgehalten und vor dem "Risiko" einer eigenen geistlichen Urteilsbildung, wenn auch nicht verbal, dann doch praktisch "bewahrt". Konsequent mutiert dann die Kirche im Bewußtsein ihrer Anhänger wie der Draußenstehenden zu einer Spezialorganisation für Fragen der Religion mit der Folge, daß 'weltliches' Wissen und 'theologische' Einsichten unverbunden nebeneinander existieren und der Bruch zwischen Glauben und Wissenschaft als unüberbrückbar erscheinen muß. (48)
In der Perspektive, daß das unterschwellige, teils offen eingestandene Motiv der Dialogzensur direkt sich auswirkt, werden sämtliche inhaltlichen Bestandteile des redaktionellen Angebotes — entsprechend der Funktion und der vorwegdefinierten Angebotsprioritäten der Bistumspresse — "in den *so verstandenen* Inhalt integriert und unterliegen von daher gewissen Modifikationen ihrer Wirkung". (49)
Daß die Bestandteile des redaktionellen Angebotes im Kontext theologischer Verklammerung und kirchenoffizieller bzw. -offiziöser, in jedem Falle autoritativer Stellungnahme und Meinungsbekundung perzipiert werden, schlägt sich nicht zuletzt in der außerordentlich hohen Glaubwürdigkeit nieder, die die Bistumspresse gegenüber der Tageszeitung z.B. auszeichnet. Auf die Frage: "Angenommen, Sie lesen in Ihrem Bistumsblatt eine Information. Kurz vorher sahen Sie in Ihrer Tageszeitung und in einer Illustrierten eine andere Version. Wem würden Sie im ersten

Augenblick mehr trauen?" – waren 82 % bereit, vor allem dem Bistumsblatt zu trauen und nur zu 15 % ihrer Tageszeitung, obwohl ein Drittel aller Leser dieser Presseerzeugnisse der Meinung sind, "der Inhalt eines Bistumsblattes sei irgendwie offizielle Verlautbarung der Kirche, von dieser geprüft oder doch mindestens veranlaßt". (50) Gerade im Hinblick auf die explizite Vermutung, das Angebot der Bistumspresse sei zumindest gesteuert, wenn nicht gar von den offiziellen Stellen der Amtskirche manipuliert, bedarf die der Bistumspresse generell zugute kommende, überhöhte Glaubwürdigkeit einer den sozialpsychologischen Kontext aufschließenden, weiterreichenden Analyse und Interpretation. Im Bereich der katholischen Publizistik werden Wechsel auf die Kredit- und Glaubwürdigkeit von Nachrichten nur gezogen, wenn und weil die Debitoren ihrerseits glaubwürdig sind. Unbewußt zehrt die publizistische Relevanz der einschlägigen Presseerzeugnisse von der insinuierten Glaubwürdigkeit amtlicher Verlautbarungen und der hinter ihnen stehenden, lehramtlich institutionalisierten, formal legitimierten Autorität. (51) Den Leser der Bistumspresse motiviert in erster Linie das vorsichtig abwägende Sicherheitsbedürfnis als Verhaltensmaxime, das er durch die Macht des Apparates befriedigt und garantiert zugleich empfindet. Dem entspricht primär die Bereitschaft, 'zu hören' und zu gehorchen, nicht jedoch zu fragen und selbst zu entscheiden. Überhaupt werden viele dieser Blätter mehr aus Loyalitätsrücksichten und verklemmten Barmherzigkeitsgefühlen kirchentreuer Bezieher gehalten als auf Grund kalkulierter Erwartungen auf verwertbaren Lesegewinn, den eine apokryphe Erbauungsliteratur unter den Gesichtspunkten religiös verbrämter Bewährungspädagogik kaum dürfte bieten können.

Die intensive Leserbindung an die Bistumspresse läßt jedenfalls auf eine hohe Identifikationsbereitschaft schließen, die sich institutioneller Rückversicherungen ihres informellen Loyalitätsempfindens sozusagen als Ausdruck bedient. Sie vermag nicht nur den betreffenden Werbeabteilungen als Anreißer für ihr 'geistliches Marketing' zu dienen, sondern enthält zugleich eine Aussage über zentrale sozialpsychologische, durch institutionelle Vermittlungsmechanismen gefilterte Dimensionen internalisierter Einstellungen, Gewohnheiten und traditional eingefleischter Verhaltensweisen des katholischen Intensivsegments. Ob aber solche Verhaltenspotentiale und Mentalitätsstrukturen von den Kirchen bewußt oder unbewußt, systematisch oder systemimmanent notwendig produziert werden, kann freilich den profanen gesellschaftlichen Kräften ebensowenig gleichgültig sein wie den Christen das Sozialschicksal der übrigen gesellschaftlichen Gruppen.

Kommunikationstheoretische Vorüberlegungen

Es ist nicht nur ideologische Befangenheit im Pluralismuskonzept, wenn moderne sozialwissenschaftliche Theorien Konflikt und Konsens als die

wichtigsten Aspekte politischer Systeme zu analysieren sich anschicken, sondern auch Einsicht in die Bedingungen des friedlichen Zusammenlebens sozial heterogener Interessengruppen. "Menschen, die zusammenleben, stimmen niemals in allen Fragen überein; wenn sie jedoch weiter zusammenleben wollen, können sie nicht in allen Zielen uneinig sein". (52) Darüber aber müssen sie sich jeweils — gleichgültig in welcher Weise und mit welchen Mitteln sie das tun — zunächst einmal verständigen.
In der Terminologie der Kommunikationsforschung ausgedrückt heißt das: Mit Hilfe der jeweils technisch möglichen Mittel der Kommunikation, heute also in erster Linie mit Hilfe der Massenmedien, strukturieren die sozialen Gruppen die verschiedenen Umwelten, bestimmen sie den eigenen Standort im sozialen Gefüge und verhelfen dergestalt ihren Mitgliedern zur Umweltanpassung. (53) Heute verständigen sich Individuen und gesellschaftliche Gruppen via Massenmedien untereinander, freilich mit unterschiedlichen Erfolgschancen, die in erster Linie durch die unterschiedlich hohen Anteilsquoten an diesen Verständigungsmitteln bestimmt werden, über die die einzelnen Machtgruppen verfügen. Wer überhaupt im Gespräch der Gesellschaft und mit der Gesellschaft im Gespräch bleiben will, muß daher — wie alle anderen auch — um solche Anteile bemüht sein, damit die Chance, sich mitteilen zu können, nicht ungenutzt bleibe. Ob die 'Marktmacht' dazu ausreicht, ist freilich eine durchaus politische Frage.
Konkret: Wenn auf dem Zeitungsmarkt der Kiosk als Umschlags- und Tummelplatz der Meinungen, als Symbol auch des vermarkteten Geistes (und Ungeistes) gelten darf, dann erfordert das Postulat, die Kirche habe in der Gesellschaft und in der Öffentlichkeit präsent zu sein, daß sie sich auf den freien Meinungsmarkt begibt und sich dem Votum der Kioskentscheidung stellt. Die Wirksamkeit der Kirche in unserer Gesellschaft hängt (u. a. selbstverständlich), wie die eines jeden Kommunikators, demnach wesentlich davon ab, welche Zeichen und wie sie die Zeichen und Symbole zu verwenden versteht bzw. welche sie aus ihrem Kommuniquéarsenal — aus welchen Gründen immer — eliminiert hat.
Wenn es im Kommunikationsprozeß dem Menschen möglich wird, die "Erfahrungen anderer Nervensysteme" (54) zu nutzen und dergestalt zu lernen, was seinem eigenen Nervensystem entgangen ist oder was dieses bisher noch nicht zu organisieren vermochte, dann ist die Realpräsenz der Kirche u. a. daran zu messen, wieweit es ihr gelingt, sich ihren eigenen Anhängern und den Mitgliedern von Fremdgruppen verständlich zu machen; dann kann der vielbemühte Dialog nur als dieser wechselseitige Kommunikationsprozeß in Gang gesetzt werden, der den eigenen Geltungsanspruch in die Wirklichkeit umzusetzen ebenso entschlossen ist wie den der anderen zu tolerieren. "Im sozialen Feld ist in vielen Fällen eine erfolgreiche Kontaktnahme davon abhängig, ob die Beweggründe und Absichten dem Partner in angemessener Form dargestellt werden können". (55) Den Dialog aufnehmen, impliziert also nach

sozialpsychologischen Erkenntnissen geradezu die Notwendigkeit einer erfolgreichen Selbstdarstellung im medienspezifischen Kommunique zum Zweck der Selbst- und Fremdverständigung. (56)
Die Konzeption einer katholischen Wochenzeitung, deren Nullnummer zu Ostern 1968 vorgelegt wurde, kann daher nicht als "die Frustration eines Führungsanspruches" (57) disqualifiziert werden, sondern ist — umgekehrt — der legitime Ausdruck eines dem Ghetto entronnenen, durchaus selbstsicheren katholischen Bewußtseins, das nicht Führungs-, sondern Geltungsanspruch erhebt.
In dem Maße, wie andere gesellschaftliche Gruppen sich von ihrem historisch quasi angestammten Herrschafts- und Führungsanspruch im gesellschaftlichen, wirtschaftlichen und politischen Leben zunehmend distanzieren — ob bewußt oder bloß de facto —, in dem Maße wächst das Selbstbewußtsein des katholischen Bevölkerungsteils in der Bundesrepublik als eines gleichwertigen Faktors. Insofern handelt es sich hierbei um einen Stabilisierungsprozeß, der jede diskriminierende Majorisierung anderer Bevölkerungsgruppen auch in Zukunft auszuschließen scheint. Es ist die Entsprechung zu jener Form der Entideologisierung, in deren gegenwärtiger Phase die in ideologischen Auseinandersetzungen sich manifestierenden realen Interessenkonflikte wenigstens den Charakter von Zwangshandlungen verloren haben.
An eine solche Selbstdarstellung wäre die Hoffnung zu knüpfen, die über die Kirchen umgehenden sozialen Stereotypen, (58) die in Form von unreflektierten Erwartungsansprüchen und Wertungen das Verhalten der sie entwickelnden und übernehmenden Gruppen steuern, möglicherweise abzubauen oder doch zumindest zu modifizieren, wie umgekehrt auch nach innen die Kirche im Rückkoppelungsprozeß als Kommunikant zu möglichen Sinnes- und Verhaltensänderungen veranlaßt werden könnte.
Die Leistungen der katholischen Publizistik müßten daher in einem Maße respekterheischend sein, daß die Vernunft der in ihr zutage tretenden Einsichten, Meinungen und Analysen rundum gleichsam die Verwunderung eines 'Aha-Effektes' auszulösen vermöchte, die die erste Bedingung für den aktiven Abbau latenter Vorurteile ist.
Obwohl die Zeitungen im Mehrphasenprozeß der Massenkommunikation und Meinungsbildung mit anderen Medien in einem scharfen Konkurrenzverhältnis stehen, wodurch ihre Wirkung teils egalisiert, teils verstärkt werden kann, und obwohl ihre Informationen immer schon auf eine vorweg strukturierte Verstehenssituation auftreffen, in der für gewöhnlich die bereits vorhandenen Einstellungen, Geschmacksrichtungen und Prädispositionen sich bestätigen und verstärken lassen, kann die Massenkommunikation auch verändern — sofern das Publikum sich verändern lassen will, eine Änderung womöglich insgeheim erhofft. (59)
Eine solche Prädisposition aber für einen Wandel im Denken und Verhalten scheint heute mehr denn je gegeben zu sein, sowohl unter dem Druck postkonziliarer Erwartungen gegenüber der katholischen Kirche

und ihren Aktivitäten als auch seitens der Kirche gegenüber dem Profanbereich. Daß der katholische Meinungsmarkt in Bewegung geraten ist, wird als Signal verstanden, daß die erwarteten Auswirkungen des II. Vaticanums substantieller sind, als daß sie bloß eine Veränderung liturgischer Commentregeln nach sich ziehen.
Darüber hinaus könnte die Neugründung einer katholischen Wochenzeitung von Format die Vermutung widerlegen, daß die deutschen Katholiken "aus Religion unpolitisch, aus Ideologie befangen, ahnungslos, ohne Widerstand und ohne konstruktive Vorstellungen sind". (60) Die österreichische 'Furche' sprach daher trotz der Umstellungskrise, in die der deutsche Zeitungsmarkt geraten sei, von einem für den deutschen Katholizismus "längst überfälligen Vorhaben". (61)
Es genügt freilich nicht, daß die Kirche auf Grund taktischer Überlegungen den säkularen Verhaltenserwartungen entgegenkommt, vielmehr hat sie auch die in den Spielregeln einer demokratischen, mündigen Profangesellschaft sich artikulierenden inhaltlichen Zielvorstellungen zu akzeptieren und für sich selbst daraus die Folgerungen zu ziehen. Daß sich Kardinal König auf dem internationalen Theologenkongreß in Toronto zu der Erklärung bereitfand, daß die Kritik an der Kirche, "besonders wenn sie in Details geht, schmerzlich sein könne", daß dennoch die Kirche "auf lange Sicht nur Sympathien gewinnen (werde), wenn sie Kritik erlaubt, weil sie damit eine der Spielregeln des demokratischen Prozesses akzeptiert" (62), reicht, wie ich glaube, nicht weit genug. Denn Kritik verändert die Lernsituation, auch die Art und Weise der inhaltlichen Vermittlung und im Wege einer differenzierteren Selektion die Inhalte selber.
Die bürgerlichen Freiheiten, darunter Meinungs- und Pressefreiheit, sind einst gegen die staatlichen Eingriffe und Zensurmaßnahmen proklamiert worden. Sie machen nicht nur gegenüber der staatlichen Gewalt frei, sondern begründen auch gegenüber den Instanzen und Proklamationen der Kirche individuelle Autonomie. (63) Und welches Recht könnte die Kirche für sich in Anspruch nehmen, ihrerseits Rechte begrenzen zu wollen, die auf den Geltungsanspruch von Vernunft und Wahrheit sich berufen. Gerade sie hätte auf diesem unbedingten Anspruch zu insistieren — gegen staatliche und innerkirchliche Zensur, Meinungsmanipulation und Bevormundung —, im Namen eben dieser Freiheiten. Wenn die Presse- und Informationsfreiheit als Recht eines mündigen Staatsbürgerpublikums für die freiheitlich-demokratische Grundordnung nicht ein irgend beliebiges Grundrecht, sondern schlechthin "konstituierend" ist (64), dann hätte eine solche Interpretation (recht verstanden) notwendigerweise auch Auswirkungen zu zeitigen in die innerkirchlichen Kommunikationsstrukturen, auf die Konzeption der eigentlichen Bistumspresse und nicht zuletzt im Hinblick auf die gezielte Zweigleisigkeit der episkopalen Informationspolitik. (65)
Ohnehin zerschlägt die sich anbahnende Öffnung des deutschen Katholi-

zismus jede Basis einer konfessionell-kämpferischen, einer polemischen ebenso wie apologetischen Publizistik; der Prozeß der Ökumenisierung tut ein übriges dazu. Wurde schon einmal, im Index, die Unfähigkeit der Katholiken zur kritischen und dialogischen Auseinandersetzung mit der Welt gleichsam institutionalisiert mit allen Folgen einer intellektuellen Dauerlähmung, die nur mühsam wieder ausgeheilt werden können, dann muß die Kirche im gegenwärtigen Zeitpunkt der Versuchung widerstehen, über eine profilierte katholische Publizistik nicht nur Leserförderung, sondern auch Leserlenkung betreiben zu wollen. Umgekehrt wird die Unabhängigkeit einer qualifizierten katholischen Publizistik gegenüber ihren vielfältigen Loyalitätsbindungen und informellen Abhängigkeiten, die oft unterschwellig ihr Unwesen treiben, gerade daran sich zu erweisen haben, ob sie sich gegenüber den offenen oder versteckten Ansprüchen der Amtskirche sowie gegenüber den Anfechtungen innerkirchlicher Art widerstandsfähig wird zeigen können.

Unter diesem Aspekt dürfte die organisatorische Konstruktion der neuen Wochenzeitung, ein Treuhändergremium als eine Art Puffer zwischen die Ansprüche des Episkopates und die Pflichten der Redaktion zu schalten, eine geeignete Lösung sein, die informellen Loyalitäten wenigstens zu minimieren. (66) Ob die gewichtigen Einwände, die von der FAZ erhoben worden sind, zu Recht bestehen oder ob sie hinfällig werden können, wird freilich erst von der zukünftigen Redaktionsarbeit der Katholischen Wochenzeitung abhängen. "Am schwierigsten auszuräumen dürften aber die Befürchtungen sein, die sich auf den Ablauf der journalistischen Arbeit unter den gegebenen Bedingungen beziehen. Die neue Wochenzeitung soll zwar ein Diskussionsforum sein; sie soll aber natürlich auch eine politische Linie einhalten, wenn auch keine parteipolitische: zwei Zielrichtungen, die schwer unter einen Hut zu bringen sind – ganz abgesehen von der Frage, welche politische, wirtschafts-, sozial- und kulturpolitische Linie denn das sein sollte unter den vielen, die für die Katholiken heute möglich sind. Es soll nicht nur über alles gesprochen werden können – es soll auch eine Vielfalt der Meinungen und Urteile zu Worte kommen. Wie hoch oder wie niedrig wird da die Toleranzschwelle sein? Wird es möglich sein, in einem von den deutschen Bischöfen gestifteten Blatt positiv zur Pille und negativ zum Krieg in Vietnam zu sprechen? Wird es möglich sein, Haltungen und Handlungen der Amtskirche zu kritisieren? Wird dieses Blatt der Amtskirche gegenüber jene Kontrollfunktion ausüben können, die der Presse zukommt? Welche Chancen der Intervention bestehen für die Bischöfe letzten Endes doch"? (67) – und 'Christ und Welt' fragt ergänzend dazu: "Was ist denn der katholische Standpunkt in den tausendundeinen Fragen, die sich stellen"? (68)

Vermeidungsstrategien in hierarchisierten Sozialsystemen:
Organisationslogik als Strukturprinzip

An der Stelle sollte vielleicht eine begriffliche Unterscheidung vorgenommen werden, damit sich das eigentliche Strukturdilemma präziser beschreiben läßt. Ich meine die Unterscheidung nach *Markt-* und *Organisationslogik,* die, strukturell bedingter Unterschiede wegen, den ihren Prinzipien gemäß Handelnden auch unterschiedliche Verhaltensweisen abverlangen. Die katholische Kirche als ein hierarchisch strukturierter sozialer Herrschaftsverband, dessen Entscheidungen, im Wege des Verwaltungshandelns vorbereitet, in einer aufgeklärt autokratischen Weise nichtsdestoweniger autoritativ zustande kommen, wird beispielsweise – wie alle bürokratischen Organisationen – die demokratische Form der Entscheidungsfindung im Wege der Diskussion, deren Ergebnisse möglicherweise nach den Spielregeln des Mehrheitsprinzips angenommen werden müssen, zu perhorreszieren versuchen. Eine solche Organisation ist geprägt von paternalistischem Mißtrauen gegenüber ihren Anhängern, deren Subordinationsverhältnisse der ständigen ideologischen Rechtfertigung und Absicherung bedürfen, was – vom Prinzip der Marktrationalität her betrachtet – einer laufenden Vergeudung produktiver Energien gleichkommt. Sie wird weiter darauf achten, daß die Exklusivität der nach Funktionsausübung *und* Tradition gestaffelten Hierarchien nicht in Frage gestellt wird. Die Informationsstruktur eines solchen Verbandes ist pyramidenförmig angelegt, nicht netzartig, weshalb das Mittel der Zensur als ultima ratio nachgerade systemgerecht ist. Innovatorische Energien, die sich ständig vor den traditionalen Zurechnungsformen und Vermeidungsstrategien zu rechtfertigen haben, werden auf diese Weise systematisch entmutigt, was zur Folge hat, daß die beharrenden Kräfte das Selbstverständnis der kirchlichen Leitungsinstanzen kumulieren und optimieren, et v.v. (69)

Demgegenüber werden Verhaltensweisen honoriert, die Konflikten aus dem Wege zu gehen suchen oder sie von vornherein als zu vermeidende einkalkuliert haben. Prämiiert werden Vorstellungen, die nicht falsch sein können, weil sie für richtig gelten und der Bestätigung des eigenen Selbstverständnisses dienen. Überhaupt werden innerhalb hierarchisierter Kommunikationsstrukturen Informationen auf ihrem Weg von unten nach oben überwiegend in dem Maße selegiert, wie Meldungen erfolgen, die die Zweckmäßigkeit, d.h. Folgerichtigkeit der von der Führungsspitze veranlaßten und angewandten Verfahren bestätigen. (70)

Daher vermag die kirchliche Bürokratie, solange sie auf juridische Zurechnungsformen und juristische Formalregelungen abhebt, über dergleichen Verfahren kaum eine Rückkoppelung zustande zu bringen, die sie über die Effizienz bzw. Ineffizienz ihrer Arbeit und Verfahren ungeschminkt informierte.

Mit dem Hinweis auf ihren Stiftungscharakter und die ihr verbürgte

'Unüberwindbarkeit' glaubte die kirchliche Bürokratie es sich immer wieder 'leisten' zu können, sich über die vitalen Bedürfnisse des Kirchenvolkes hinwegsetzen und auf ein System der Effizienzkontrolle via Rückkoppelung an die Basis als ihrem 'Wesen' inadäquat verzichten zu können. Über die Bedingungen der Wirksamkeit der ihr aufgetragenen Geistsendung unterband sie die Diskussion. (71) Noch in der Überlebensfähigkeit ihrer Anachronismen entdeckte sie den Beweis für die 'Richtigkeit' sowohl ihrer Grundpositionen wie ihrer aktuellen, institutionalisierten Gestalt und deren Leistungsvermögen.

Und doch praktiziert sie, trotz des Verzichts auf die Kategorie des 'Bedürfnisses', d.h. der legitimen Situationsinterpretation durch die Vielen, die der geistlichen Versorgung bedürfen, seit je eine unbegriffene Erfolgskontrolle, freilich eine irrational sich begründende, die die Frage nach den sozialen Kosten, um deren Preis sie ihre mangelnde Flexibilität aufrechtzuerhalten in der Lage ist, systematisch verdrängt hat.

Gerade die bürokratisierten und zentralisierten Strukturen der Kirche reflektieren spezifische Bedürfnislagen, zu deren Bewältigung sie eigens geschaffen wurden. Über sie ergeht auch das geistliche Versorgungsangebot an die Vielen. Darüberhinaus produziert die kirchliche Bürokratie von sich aus mittels eines spezifischen geistlichen "Managements der gezielten Nachfrage" (72) neue interne Bedürfnisse, indem sie die ergangene und tradierte Verkündigung verarbeitet, weiterreicht und als Heilsgeschehen jeweils spezifisch zu aktualisieren trachtet. (73)

Die organisatorischen Strukturen der katholischen Kirche sind jedoch nicht nur Ausdruck und Symptom des kirchlichen, auf der Gemeindeideologie basierenden umfassenden geistlichen Versorgungs- und Kontrollsystems, das alle Getauften zu erfassen sucht, sondern zugleich historische Fixierungen, die es nahelegen, die geronnene Gestalt des Katholizismus mit der operationalisierten Zielvorstellung von Christentum schlechthin zu identifizieren. Infolge des ihrer Ekklesiologie realiter zugrunde liegenden Strukturmodells wird die Kirche nicht nur gegenwärtig inhaltlich festgelegt, weil ihre organisatorischen Strukturen ganz bestimmte Selektionen vornehmen, sondern auch ihre zukünftige Gestalt und deren Wandlungsintensität vorweg fixiert.

Da es zufolge des Selbstverständnisses der bürokratisierten Kirchenleitungen die primäre Intention der Hierarchie ist, sich mehr um die Bestandserhaltung des überkommenen Systems zu kümmern und auf Grund der ihre Intentionen beherrschenden Vermeidungsstrategien alles daranzusetzen, Expansion und Veränderungen zu nicht im voraus kalkulierbaren Bedingungen zu umgehen, (74) die von außen, durch publizistische Öffnung etwa, angeregt werden könnten, stellt sich der innerkirchliche Entfremdungszusammenhang als Verdinglichung der pneumatischen Botschaft dar.

Entgegen dem protestantischen Verständnis von Rolle und Bedeutung von "Schrift und Bekenntnis" hat die katholische Kirche die Funktionen der Lehre und Verkündigung prinzipiell der lehramtlichen Explikation promulgierter Glaubenssätze vorbehalten und die Leitungsfunktionen in die Kompetenzen des kirchenrechtlich fixierten Hirtenamtes übergeführt. Zwar ist die Kirche auf Grund ihrer Rückkoppelung an die Texte der Heiligen Schrift zureichend legitimiert, doch kommt im katholischen Selbstverständnis hinzu, daß die Interpretation, der die Texte bedürfen, ex officio nur dem Lehramt zusteht. Weil sie nicht zuläßt, daß sich ausschließlich im Vollzug der *allgemeinen* Verkündigung die Interpretation der Texte vollzieht, (75) derart, daß dadurch die Legitimationsbasis des Christentums selber permanent zur Diskussion gestellt würde, verschärft sie nur die ihr ohnehin eigentümliche Rigidität ihrer Auffassungen.

Zwischen die vita spiritualis des Individuums und die Texte, auf die sein Glaube sich bezieht, hat sie das Lehramt mit dem Recht zu authentischer Interpretation geschaltet, um mögliche Abweichungen unter Kontrolle zu halten und der Gefahr des Sektierertums vorzubeugen. Um so müheloser können theologische Innovationen im bürokratisierten und hierarchisierten Systemzirkel abgefangen und – wenn überhaupt – intern integriert werden, wenn sie nicht, ohne je eine Chance gehabt zu haben, an die Öffentlichkeit zu gelangen, rundweg mundtot gemacht wurden. Mit dem Interpretationsmonopol übernimmt das kirchliche Lehramt zugleich interne Disziplinierungs-, Ordnungs- und Formierungsfunktionen; als Teil des Kirchenregiments handhabt es auch die Zuchtrute. Als Wächter über den Traditionsbestand ist es ipso facto weniger auf experimentierfreudige Innovation und kreative Spiritualität erpicht als auf Kontinuität und Geschlossenheit. Am Ende wird (möglicherweise), wovon sich die Autorität des kirchlichen Lehramtes herleitet, die der Texte, gegenüber dessen Schutz-, Auslese- und Bewahrungsfunktionen sekundär. Schließlich werden die Texte, das Primäre, im Quidproquo institutioneller Verselbständigung legitimiert von der über ihre Legitimation verfügenden Instanz der lehramtlichen Autorität.

Als Widerspiegelung der realen innerkirchlichen Abhängigkeits- und Herrschaftsverhältnisse wird das Selbstverständnis der kirchlichen Hierarchie explizit im organizistischen Modell der Leib-Glieder-Beziehung. Wer sich jedoch in die gegenseitigen Dienstverpflichtungen der Glieder untereinander und im Hinblick auf den einen Leib wie selbstverständlich einordnet, überspielt und bagatellisiert die realen Abhängigkeits- und Herrschaftsverhältnisse der Glieder und 'Dienste' untereinander. "Das unterschiedliche Ausmaß von Abhängigkeit, das zwischen den einzelnen 'Diensten' der Kirche besteht, wird (sc. durch die Zugrundelegung des organizistischen Modells für das Selbstverständnis der Kirche) nicht artikuliert." (76) Weil die Spitzen der Hierarchie nicht nur über die Flexibilität und Anpassungsfähigkeit der Kirche qua Institution entscheiden, sondern auch über die prekäre Balance zwischen den Einzelinteressen der Kirchenmitglieder und den Globalinteressen ihrer

Leitungsinstanzen, hat eine kritische Analyse auch das Selbstverständnis der Klerikerchargen hinsichtlich ihrer decision-making-Kompetenz und deren Rechtfertigung zu artikulieren. Die immanenten Spannungen zwischen Klerikerkultur und Laienkultur inhärieren der Kirche selbst als theologoumenon. Ihre Diskrepanz verweist auf ein konstitutives Strukturdilemma. (77)

In dem Maße nun, wie sich die innerkirchlichen, organisatorischen Funktionen ausdifferenzieren und zunehmend Spezialaufgaben bewältigt werden müssen, zu deren sachgerechter Erledigung nur entsprechend ausgebildete Spezialisten voll imstande sind, (78) dürfte sich das bisher praktizierte Verfahren, Kontrollen mit Hilfe unpersönlich geltender, 'gleichmachender' Regeln aufrechtzuerhalten, von selbst ad absurdum führen. Theologen und Juristen das Monopol der Willensbildung und Entscheidungskompetenz für alle innerkirchlich relevanten Fragen einzuräumen, dürfte zunehmend mit erhöhten Reibungsverlusten und einer übermäßigen negativen 'Verschleifung' der Informations- und Kommunikationsprozesse (79) bezahlt werden, auf Grund deren es zu wirksamen, die Anpassung des kirchlichen Systems optimal garantierenden Reaktionen kaum noch zu kommen vermag.

Die innerkirchliche Machtkumulierung via Ämterhäufung, Zentralisierung und Monopolisierung der Entscheidungsfunktionen in den Händen weniger Theologen und Juristen, deren Auslese und Chancen auf vertikale Mobilität nicht primär von ihrer Qualifikation und fachlichen Kompetenz abhängen, sondern vornehmlich auf der Verinnerlichung von in ihrem Intensivsegment gültigen Normen und akzeptierten Spielregeln, wie Zuverlässigkeit, Redlichkeit, Frömmigkeit usw., beruhen, wird in der Phase zunehmender organisatorischer Differenzierung und Spezialisierung mehr und mehr mit Einbußen an wirklicher Kompetenz bezahlt. Ihre Sachaussagen beispielsweise zu Problemen des menschlichen Zusammenlebens, der polit-ökonomischen Verfassung, der öffentlichen und privaten Moral usw. (80) werden zunehmend als Anmaßungen inkompetenter Stellen erfahren. Statt jedoch das Laienelement als zeitgemäßen Interpreten der Weltprobleme sub specie aeternitatis stärker einzuschalten, ist nicht einmal die Mindestvoraussetzung, die Delegation von Verantwortung, zureichend erfüllt. (81)

In diesem Zusammenhang läßt sich der Begriff der Klerikalisierung neu bestimmen. Zu verstehen wäre jetzt darunter, daß die zentrale Funktion der kirchlichen Hierarchie bei der Umsetzung ihres allgemeinsten Zieles, d.h. ihres Sendungsauftrages, in operationalisierbare Teilziele und konkrete Handlungsanweisungen darin besteht, weitgehend unkontrolliert und als Monopolverwalter privilegiert, verbindlich zu verfügen, welche Wege eingeschlagen und welche Mittel situationsspezifisch und konkret angewandt werden sollen. Zu Recht wurde daher gesagt, daß das, "was innerkirchlich gern als 'Autoritätskrise' apostrophiert wird, wissenschaftlich gesehen nichts anderes (ist) als der sich anbahnende Prozeß einer

Re-Definition der Kompetenz des Klerus beim Zustandekommen von Entscheidungen". (82)
In der Tat scheint gelegentlich der Diskussionen zur Säkularisierungstheorie das organisationssoziologische Problem nicht genügend beachtet worden zu sein, daß "die Frage nach dem Welt-Engagement der Kirchen vielfach eine verhüllte Frage nach dem Weltgeschäft der Kleriker (ist)". (83) Damit aber ist die (nicht mehr nur theologische) Frage nach der Leistungsfähigkeit der kirchlichen Organisationsstruktur zur Debatte gestellt und diese mit. (84)
Vorab drängt sich unabweisbar die Frage auf, ob die traditionellen Kommunikationsformen, die innerhalb des kirchlichen Apparates ausgebildet und bisher benutzt wurden, überhaupt noch in der Lage sind, die Identifikation der Mitglieder mit Zielen und Maßnahmen der kirchlichen Amtsführung gegen Zweifel und Vorbehalte sicherzustellen, oder ob sie nicht vielmehr, gerade als anachronistische, dazu angetan sind, die bestehenden Vorbehalte zu verschärfen und in dem Entfremdungsprozeß, in dessen Verlauf sich die randständigen Christen zunehmend von der Kirche zu distanzieren scheinen, die Fronten vollends zu polarisieren. Traditionalismus und Bürokratismus hemmen nicht nur die Innovationsbereitschaft kirchlicher Organisationen. Weil sie in deren Binnennetzwerken die eintreffenden Informationen falsch kanalisieren oder zu zögernd verteilen, kann es zu keiner sinnvollen Synthetisierung ihrer gespeicherten Erfahrungen kommen, in deren Folge neue effektivere Maßnahmen gegenüber den Herausforderungen ihrer Umwelt ergriffen werden könnten. Soll also der fatale "Übermut der Ämter" (85) ohne anarchische Revolten überspielt, d.h. systemgerecht reduziert werden können, ohne daß es seinetwegen zu unkontrollierten Konflikten kommt, dann dürften in Zukunft keine Rückmeldungen in die kirchliche Ämterorganisation mehr unterbleiben.
Und in der Tat scheint sich allmählich die Erkenntnis zu verbreiten, daß die Kirche es nicht allein mit einer von privilegierten Positionsinhabern vorgenommenen Zuteilung einmal ereigneter Offenbarungswahrheiten zu tun hat, obwohl das offizielle Selbstverständnis immer noch stark dazu neigt, in ihr einen geistlichen Versorgungsbetrieb mit rigiden liturgischen Formen, Spielregeln, Sakramentenverwaltung usw. zu sehen, sondern daß ihr auch die Aufgabe gestellt ist, sich produktiv um eine neue Darstellung, kreative Interpretation und Transformation ihrer Heilsbotschaft über die technologisch fortgeschrittensten Kommunikationsmedien zu bemühen, damit ihr wenigstens die Anpassung an die Vorstellungswelt der modernen Menschen gelinge.
Um so wichtiger werden in der Folge einer derartigen Umorientierung im Verhältnis zur innerkirchlichen instrumentalen Elite die Funktionen expressiver Eliten, (86) weil, je differenzierter die Umwelten werden, denen die Kirche heute konfrontiert ist, die daraus resultierenden Wandlungsprobleme allererst einmal thematisiert und d.h. auch verbalisiert

werden müssen, bevor rationale Anpassungsstrategien überhaupt entwickelt werden können.

Marktlogik, Öffentlichkeit und ökonomische Rationalität

Während die katholische Kirche, insoweit sie als ein hierarchisch strukturierter Herrschaftsverband tätig wird, organisationslogische Strategien befolgt, orientiert sich Publizistik an den Prinzipien der Marktlogik. Ihr Prinzip ist Öffentlichkeit und Diskussion, von der und für die sie lebt. Eine Zeitung muß Stellung nehmen, wenn sie die eigene halten will, kann die Entscheidung, auch in kontroversen Fragen, nicht ad Calendas Graecas vertagen. Weil sie mit den Schwankungen des Informationsmarktes rechnen muß, den sie nicht anders beliefert, muß sie flexibel reagieren. Die Transparenz ihrer Informations- und Entscheidungsstruktur gewinnt sozusagen Profil in der individuellen Verantwortlichkeit des einzelnen Redakteurs, der im Dilemma von Publizitätsrun und Sorgfaltspflicht selbst autonom zu entscheiden hat. Eine offene katholische Publizistik, die dieser Marktlogik gemäß sich verhält, hätte demnach auch nach innen, in die Kirche hinein, die Durchsetzung dieses Prinzips zu betreiben. Es wäre die Chance einer Erziehungskampagne in aufklärerischer Absicht, auf die sich — nolens volens — auch die Masse Kirchenvolk einlassen müßte und nicht zuletzt die traditionelle katholische Erbauungsliteratur. (87)
Solange sich freilich in katholischen Kreisen das Bewußtsein von der Bedeutung des 'Kunden Leser' nicht durchsetzt, solange wird sich der fehlende Qualitätswettbewerb auf dem katholischen Pressemarkt zum Schaden des Lesers, der Kirchenpresse und langfristig auch zum Schaden der Kirche auswirken.
Eine kritische katholische Publizistik sollte daher in die Kalkulation ihrer Marktchancen weniger die zum Teil blinden Loyalitäten und verinnerlichten Autoritätsstrukturen katholischer Leserscharen einbeziehen als vielmehr sich selbst dem Zwang zu marktrationalem Verhalten aussetzen, was nicht unbedingt mit marktkonformem Verhalten identisch sein müßte. Die selbstverständliche Konsequenz daraus wäre, daß sie Verhalten und Mentalitäten, die sich organisationslogisch begründen, in Frage zu stellen hätte. Sie dürfte nicht so heuchlerisch argumentieren wie beispielsweise die "neue bildpost" unterm Datum vom 7.5.1967: "Wir denken nicht im Traum daran, unsere Kollegen in anderen katholischen Blättern brüskieren zu wollen. Wir sind Brüder der gleichen Mutter Kirche, und das sollte genügen". Gerade eine profilierte Zeitung hätte, im Namen eben der 'gleichen Mutter Kirche' — respektierte sie nur im geringsten dieses Abstammungsverhältnis —, gegebenenfalls die Kollegen in anderen katholischen Blättern zu brüskieren und diese mit. (88)
Wenn wir davon ausgehen, daß die kirchlich orientierte Presse bisher vor

allem deswegen versagt hat, weil sie sich allererst als Indoktrinationsinstrument (miß)verstand, so daß sie den gegenwärtig gültigen Bedingungen und Implikationen des "sensorischen und kognitiven Variationsdranges" (89) der Menschen nur in ungenügender Weise Rechnung zu tragen vermochte, dann dürfte auch in Zukunft die Wahrung des Bekenntnisstandes weder Aufgabe noch Ziel katholischer Publizistik sein. Solange Publizistik überhaupt gezwungen ist, zu aktualisieren, anerkennt sie für sich die Gültigkeit des Prinzips von 'trial and error' mit allen daraus ableitbaren Konsequenzen.
Da der tertiäre Dienstleistungssektor des nachrichtendienstlichen Informationsgeschäfts auf das funktionierende Zusammenspiel von Angebot und Nachfrage und auf den entsprechenden output angewiesen ist, hat sie programmgemäß nicht mehr zu bieten als gestückelte Bestandteile eines Informationsstandes auf Zeit und Widerruf. Insofern sie Wissen dokumentiert und begründet, das sich selbst beständig zur Disposition stellt, ist sie sowohl Ausdruck wie Indiz einer Mentalität, die den theologisch vorgeprägten Denkformen und kirchlich sanktionierten Verhaltensschemata diametral zuwider ist.
Wenn sie gezwungen ist, Rücksichten zu nehmen, dann sind diese von anderer Art als die kirchenoffiziös erwarteten. Hinzu kommt, daß sich erfolgreiche journalistische Arbeit an die (arbeitstechnischen) Normen von 'professionals' zu halten hat, während es sich bürokratische Instanzen 'leisten' können, weil sie einem vergleichbaren Erfolgsdruck kaum ausgesetzt sind, sich primär an organisationsintern entwickelten Bewertungsmaßstäben und Beurteilungskriterien zu orientieren.
Die prinzipiellen Vorbehalte des kirchlichen Managements gegenüber Publizistik und Öffentlichkeit resultieren also in erster Linie daher, daß ihre Informations- und Personalstrategien mit den marktlogischen Prinzipien und den an ihnen orientierten Verhaltensweisen des publizistischen Sektors kollidieren. In der Tat werden im Hinblick auf die Frage, die bereits Max Weber motivierte, als er einer Soziologie des Zeitungswesens das Wort redete, was durch die Presse "an Massenglauben, an Massenhoffnungen vernichtet und neu geschaffen (wird)", (90) auch die Befürchtungen der katholischen Hierarchie verständlich, durch den Druck der publizistischen Öffentlichkeit und ihrer artikulierten Bedürfnisse mit allen Implikationen für die inneren Strukturen der Kirche selber könnten deren Kulturgüter als die einer institutionalisierten Religion fundamental verändert oder doch ihre Gewichte verschoben werden. Wohl wissend, daß das ertrotzte Recht auf Information und Diskussion auch das Recht auf unterschiedliche Meinung und abweichendes Verhalten impliziert, die unvermittelt sogar in eine kritische Herausforderung übergehen können, hat sie sich niemals freiwillig und innovatorisch für eine Erweiterung derartiger Rechte ausgesprochen.
Daß es nach alledem noch möglich sein soll, ein Versagen katholischer Publizistik auf Grund einzeln isolierbarer Faktoren zu konstatieren, die

als Besonderheiten des Typus der Gesinnungspresse oder als Verzettelung der publizistischen Kräfte infolge diözesaner Partikularismen dingfest zu machen wären oder weil man sich darauf kapriziert habe, den katholischen Bevölkerungsteil wenigstens publizistisch 'integral' zu versorgen, darf füglich bezweifelt werden. Es genügt auch nicht, wie Weihbischof Kampe dies tat, mag seine Kritik nach innen noch so brisant sein, abstrakt zu verlangen, die katholische Publizistik dürfe in Zukunft "keinen integralen, sondern (müsse) einen subsidiären Charakter erhalten, das heißt, ... ergänzend und notfalls das bringen, was in der allgemeinen Publizistik nicht gebracht werden kann"; (91) vielmehr sind die Ursachen für ihr Versagen in den allgemeinen Rahmenbedingungen zu lokalisieren, (92) die die Voraussetzungen ihrer organisatorischen Tätigkeit abgeben, ihre Reichweite festlegen und ihren Horizont definieren und darüber hinaus die informellen Loyalitätsbindungen des katholischen Intensivsegments ebenso wie die manifesten oder latenten Kontroll- und Mitspracherechte der kirchlichen Obrigkeit begründen und legitimieren.

So wie die allgemeine Publizistik, wenn anders sie soll kritisch genannt werden dürfen, das ihr vorgegebene, technisch bedingte Prinzip journalistischer Arbeit, die dem Gesetz der Serie gehorchende Multiplikation gestückelter Informationen, (93) ständig mitzureflektieren hat, damit die isolierte Teilinformation die qualitative Erfassung der gesellschaftlichen Totalität nicht hintertreibe, so hätte auch eine kirchengebundene Publizistik, sooft sie sich ihrer Tätigkeit kritisch vergewissert, immer wieder die Reflexion darauf aufzunehmen, welche institutionellen Voraussetzungen der über sie vermittelten interessenspezifischen Gegenaufklärung möglicherweise zugrunde liegen und welche Folgen diese notwendigerweise zeitigen muß. (94)

Das Prinzip der Marktlogik, dessen uneingeschränkte Geltung für eine konfessionell gebundene Presse erst noch durchzusetzen wäre, läßt sich drastisch an zwei Symptomen erläutern, die ausgerechnet von konservativen Stimmen aus dem katholischen Lager aufgegriffen wurden.

Es ist sicher nicht als Zufall zu werten, daß die niederbayrische 'Kapfinger-Presse' eine Gehaltsliste der Hauptredakteure von 'Publik' veröffentlichte, womit bezweckt werden sollte, den Bischöfen Verschwendung von Kirchensteuergeldern nachzuweisen. 'Christ und Welt' scheint den Zusammenhang von Ausbeutung und Organisationsstruktur dabei geahnt zu haben, wenn es die "offenbar marktkonformen" Gehälter von 'Publik' lobt und im Nebensatz die Feststellung trifft, daß man in der Verwaltung beider Konfessionen für gewöhnlich dazu neige, "keine anständigen Gehälter zu zahlen", weil man a priori "Opfersinn und Glaubenseifer miteinkalkuliere". (95)

Hier zeigt sich die Dialektik des Marktprinzips: indem durch die Veröffentlichung der Gehaltslisten die in ihnen sich manifestierenden finanziellen Praktiken an den Pranger gestellt werden sollten, erlaubte sie in Wirklichkeit den Vergleich, wie anderwärts Leistungen bewertet werden.

Sichtbar wird daran nicht nur der Charakterwandel von der meinungsbildenden zur Magazin-Presse, sondern auch die Leitfunktion der in technischer Hinsicht am weitesten fortgeschrittenen Medien: *sie* bestimmen nicht nur die Standards der auf dem Dienstleistungssektor nachgefragten und zu erbringenden Leistungen, sondern fungieren gleichermaßen als deren Leitwährung und Umrechnungseinheit.

Ähnlich verhält es sich mit dem Argument, der Aderlaß katholischer Redakteure zugunsten der neuen katholischen Wochenzeitung sei "von der Präsenz der Kirche her gesehen ein vermutlich unersetzlicher Verlust", (96) weil die freigewordenen Redakteurssessel nicht wieder mit "gleichwertigen Katholiken" besetzt werden könnten. Abgesehen davon, daß dem Verfasser ein sprachlicher Schnitzer unterlaufen ist, der recht aufschlußreich ist, weil er zeigt, wie verhängnisvoll er im Proporzdenken befangen ist, denn er hätte selbstverständlich für eine Neubesetzung der freigewordenen Redakteursposten nicht mit "gleichwertigen Katholiken", sondern wohl mit 'gleichwertigen Redakteuren' plädieren müssen, zeigt gerade der Aderlaß, daß der Leistungsanreiz in einem risikoreichen Unternehmen auch katholischerseits durch Zuwanderung von Initiativgruppen honoriert wird. Auf diese Weise wird gleichsam institutionell für Fluktuation und Berufsmobilität in der katholischen Publizistik gesorgt, wodurch sich die Chance erhöhen dürfte, insgesamt zu einer besseren Begabungsauslese unter dem journalistischen Nachwuchs zu gelangen. (97) Sollte jedoch lediglich moniert werden, die Katholiken seien im bundesrepublikanischen Journalismus insgesamt unterrepräsentiert, dann wäre die einzig schlüssige Konsequenz, alles daranzusetzen, diesen personellen und möglicherweise auch qualitativen Rückstand aufzuholen, und zwar durch die Initiativgründung einer eigenen Akademie für publizistischen Nachwuchs, (98) so wie man auch über die Begabtenförderung durch das Cusanuswerk eine gewisse positionelle Unterrepräsentation hat ausgleichen wollen.

Freilich könnte die vorgeschlagene begriffliche Unterscheidung nach Organisations- und Marktlogik als abstraktes, gleichwohl affirmatives Plädoyer für die Leistungsfähigkeit einer über den Markt vermittelten freien Konkurrenzwirtschaft mißverstanden werden. Jedoch ist kaum zu übersehen, daß auf dem Meinungs-, Informations- und Medienmarkt gerade bei uneingeschränkter Geltung des Konkurrenzprinzips jeder Anbieter das seinem Kunden glaubt offerieren zu müssen, was auch der andere zu verkaufen hat, mit der Folge, daß das Angebot an Informationen nicht reichhaltiger, sondern "zugleich beschränkt und standardisiert" (99) wird, von den Folgewirkungen der teils oligopolistischen teils monopolistischen Struktur des Pressemarktes einmal abgesehen.

Unter dem Aspekt, wie die hochkomplizierten Zusammenhänge des öffentlichen und des privaten Lebens heute vermittelt werden, ist das Gerede von der pluralistischen Struktur des Medienmarktes blanker Hohn. Nicht nur, daß sich der Journalismus in einen 'hohen' und 'niederen', der nach dem Motto 'Crime and Sex' verfährt, polarisiert, er tendiert insgesamt – Niveauunterschiede inbegriffen – zum marktgängigen Konformismus. Gerade weil nach der Pluralismustheorie alle Meinungen als gleich und gleichermaßen gleichgültig registriert zu werden verdienen, bedarf es systematischer Anstrengungen, unter kritischkontemplativem Aspekt jene Daten, die in der publizistischen Aufbereitung leicht als die Vorspiegelung objektiver gesellschaftlicher Verhältnisse und Machtstrukturen erscheinen, zu analysieren und zu interpretieren. (100) Das könnte Aufgabe auch einer kritischen katholischen Publizistik sein, die freilich bei diesem kritischen Geschäft mit den Ambitionen eines jeden anderen qualifizierten Journalismus übereinkommen würde. Es wäre eine konkrete Ausprägung ökumenischen Denkens im Bereich der Massenkommunikation.

Darüberhinaus ist nicht einmal eine organisatorisch unabhängige, katholische Selbstversorger-Publizistik als Sonderfall der allgemeinen von den ökonomischen Bedingungen des Pressemarktes unabhängig. Daß sich ihr Erfolg oder Mißerfolg nicht der Kunstfertigkeit oder dem Versagen ihrer Journalisten bloß verdankt, sondern der allgemeinen Ertragssituation des auf privatwirtschaftlicher Verfügung beruhenden Wirtschaftssystems, wird nicht zuletzt daran deutlich, daß es heute eine überregionale Zeitung, wenn sie selbständig und existenzfähig bleiben will, auf eine Auflage von mindestens 50 000 Exemplaren bringen muß. Produktionskapazitäten, Kostenkalkulationen und Gewinnerwartung entscheiden sowohl über den Öffentlichkeitsauftrag wie über Reichweite und folglich über die Effizienz auch des kirchlichen 'Wächteramtes'.

Daß sich in der privatkapitalistisch organisierten Konkurrenzwirtschaft sämtliche publizistischen Unternehmungen zwecks Gewinnmaximierung und Markterweiterung an den ihnen vorgegebenen, ökonomischen Rentabilitätsbedingungen orientieren müssen, unterwirft noch das aufklärerische Geschäft der "Verkündigung als Information" (101) dem Gesetz der Serie und jede konfessionell-publizistische Tätigkeit im Bereich des "geistlichen Marketing" (102) den Bedingungen und Zwängen des Kapitalverwertungsprozesses. "Pressefreiheit ist (heute) die Freiheit von zweihundert reichen Leuten, ihre Meinung zu verbreiten... Aber wer nun anders denkt, hat der nicht auch das Recht, seine Meinung auszudrücken? Die Verfassung gibt ihm das Recht, die ökonomische Wirklichkeit zerstört es". (103)

Allenfalls vordergründig ist der massenmediale und kommunikationspraktische Fortschritt ein 'technisches' Problem, obwohl es immer wieder ausschließlich so dargestellt wird. In Wirklichkeit bietet das technische Problem nur die Schauseite der Kosten- und Rentabilitätsstruktur, (104) an der das ökonomische Rationalitätsprinzip festmacht, das im Dienst jener Profitmaximierung steht, die der geheime Motor des technologischen und ökonomischen Prozesses ist, zur Kapitalkonzentration zwingt, die Zentralisation der Verfügungsgewalt nahelegt und über die investive Erweiterung und Erschließung neuer Lesermärkte die publizistischen Machtpotentiale zur Monopolisierung drängt. Insofern wird auch die via publizistischer Medien erfolgende Verkündigung zum bloßen Appendix und zugleich zum Produkt des Gesamtphänomens Investitionsgüterindustrie.

Ungezügelt und ohne Motivation, sich in einer Konkurrenzwirtschaft freiwillig einzuschränken, gerät dabei die erwerbswirtschaftliche Betätigung publizistischer Unternehmungen auf privatwirtschaftlicher Grundlage mit dem Öffentlichkeitsauftrag der Presse in Konflikt. "Ein auf Gewinnerzielung gerichteter Wettbewerb ist notwendigerweise nicht imstande, denjenigen Leistungsstand der Massenmedien zu bewirken, den Gesellschaft und Staat vor allem unter dem Gesichtspunkt 'öffentliche Meinung' ebenso fordern wie voraussetzen". (105)

Die den Zeitungsunternehmen als privatkapitalistischen Betrieben der Informations- und Manipulationsindustrie im Verhältnis zum demokratischen Verfassungsauftrag der Presse gesetzten politökonomischen Grenzen fördern sehr schnell die Antinomien einer privatwirtschaftlich organisierten Wettbewerbsgesellschaft zutage. Die sie legitimierenden Rahmenbedingungen können nur um den Preis hoher Verluste am Markt kritisiert werden. Dergleichen Aporien drücken sich in allen Blättern aus, am zwiespältigsten vielleicht in solchen linksliberaler Couleur. Während sie es sich noch leisten, in ihren Leitartikeln und Kolumnen, d.h. in der Sphäre der Symptomdeutung, aufklärerisches Bewußtsein zu erzeugen, respektieren ihre wirtschaftspolitischen Spalten, mögen sie im Detail ihrer Berichterstattung noch so kritisch sein, die Tabus der geltenden Markt- und Wirtschaftsordnung, folglich die Fakten als Norm.

Daß soziale Kommunikationsprozesse in ihren materiellen Voraussetzungen, ihrer institutionellen Vermittlung und ideologischen Funktion erst im Kontext einer dynamischen Theorie der Gesellschaft zureichend analytisch erfaßt werden können, dürfte Grund genug sein, die konfessionelle Zeitschriftenpresse aus dem Zusammenhang der ökonomischen und technologischen Entwicklungstendenzen der spätkapitalistischen Industriegesellschaft nicht herauszubrechen oder isoliert zu betrachten.

Es entbehrt nun nicht einer gewissen Ironie, daß sich innerhalb des katholischen Meinungsspektrums konservative und fortschrittliche Stimmen in der Abwehrhaltung gegen publizistische Neugründungen repräsentativer Art, die dem Prinzip der freien Markt- und Produktkonkurrenz gerade auf dem in Wirklichkeit oligopolistisch strukturierten Meinungsmarkt temporär wenigstens zur Geltung verhelfen könnten, ungewollt zusammenzufinden und gleichermaßen undifferenziert die angebliche Vielfalt des katholischen Pressewesens, seine "Pluralität", die es zu bewahren und notfalls auszubauen gelte, glorifizieren.

Aus dem Ghetto der Selbstgenügsamkeit heraus plädieren gezielte Briefleseraktionen für die Bewahrung (und Erweiterung) des bisherigen Besitzstandes. Ein H.K. schreibt in der 'Deutschen Tagespost' unterm

1.3.1967: "Mit der neuen katholischen Wochenzeitung ... bin ich ganz und gar nicht einverstanden. Ich möchte bloß wissen, was denn da noch drin stehen soll, was wir nicht schon in der 'Deutschen Tagespost' lesen können. Zudem lese ich – und noch viele andere – 'Christ in der Gegenwart (Christlicher Sonntag), sodann unser katholisches Sonntagsblatt von der Diözese Rottenburg. Seit das 'Deutsche Volksblatt' nicht mehr erscheint, ist unser Sonntagsblatt erfreulicherweise gut ausgebaut worden, und ist eine richtige katholische Wochenzeitung für alle. Unsere guten Leute lesen zudem noch alle irgendeine Missionszeitschrift, den Feuerreiter, den Gong usw. Können Sie mir sagen, wo man Zeit und Geld hernehmen soll, um noch einmal eine Zeitung zu halten? – Wenn die Bischöfe das viele Geld, das sie in so ein Unternehmen hineinstecken müssen, dazu verwenden würden, ihre Diözesanblätter besser zu gestalten, käme sicher mehr dabei heraus. Auch könnte man das Diözesanblatt jenen Familien zustellen oder bringen, die nicht 'praktizieren' und nie eine katholische Zeitung lesen. Zudem: erfüllt die Deutsche Tagespost nicht schon lange alles, was die Bischöfe sich von ihrer neuen Zeitung versprechen? Ich persönlich werde diese Zeitung nicht bestellen. Ich werde auch nicht für sie werben. Im Gegenteil. Und so, wie ich, denken noch viele. Das können Sie ruhig an betreffender Stelle sagen".
Den Tenor all dieser Meinungen trifft 'Mann in der Zeit': "Bereits etliche katholische Blätter (unterziehen sich) haargenau dieser Aufgabe, einem aufgeschlossenen Publikum die ganze Breite und Vielfalt des katholischen Lebens und seiner Auffassungen (zu) spiegeln". (106)
Der Hinweis auf den bunten Makartstrauß der katholischen Publizistik, ohne einen Gedanken auf die unterschiedlichen Qualitäten und Argumente in ihm zu verwenden, verfehlt insofern das Ziel, als es sich nachweislich nicht um die Pluralität aller nur denkbaren, nicht einmal aller vorhandenen katholischen Meinungen handelt, sondern um sehr viel mehr Uniformität und Einsilbigkeit einer quantitativen Vielfalt, die gerade deshalb um charakteristische Niveauvarianten bereichert zu werden verdiente. (107) Wird ausgerechnet in der bisherigen Streuung und Auffächerung der bundesrepublikanischen katholischen Presse die Gewähr für eine effektive Präsenz der Kirche in der Welt gesehen, dann fördert doch die inhaltsanalytische Betrachtung ihrer Realpräsenz im publizistischen Bereich ein eindeutig negatives Ergebnis zutage: hier wuchern und blühen die katholischen Subkulturen.
"Die Kirchenpresse übertreibt ihre Aufgabe als administratives Bulletin Sie hält einen rosaroten Spiegel vor. Das Ergebnis ist der Typ der organisierten Selbstbewunderung: der Geist der Pfarrei, wie er sich selbst anpreist; die Stimme der Pfarrei, wie sie spricht; das Ohr der Pfarrei, wie es zuhört; und der Kopf der Pfarrei, wie er Zustimmung nickt". (108)
Extrapoliert man diese Aussage einmal auf den deutschen Katholizismus, speziell auf seine Bistumsblätter, dann ließe sich vermuten, sie stamme entweder aus dem Lager der sogenannten heimatlosen Linken oder einer

jener Kritiker des deutschen Milieukatholizismus um Amery oder die 'werkhefte' habe sich zu solcher Kritik verstiegen. Nichts von alledem. Sie war vielmehr vor einigen Jahren in der New Yorker katholischen Wochenschrift 'The Commonweal' zu lesen und stammte vom Mitherausgeber des 'Monitor', der Kirchenzeitung der Erzdiözese San Franzisco. (109)

Nach allem, was bisher über die Bistumspresse an Untersuchungen bekannt wurde, dürfte es sich bei ihr eindeutig um die Erscheinungsform der Weltkirche in ihrem parochialen Aspekt handeln, partikularistisch und provinzialistisch, mit antizivilisatorischen und antitechnischen Ressentiments vielfach durchsetzt. "Mangelnde Informiertheit gilt es durch Gesinnung wettzumachen". (110)

Hatte die Traktat- und Erbauungsliteratur zur Zeit ihrer Entstehung noch eine progressive gesellschaftliche Funktion inne, nämlich literarisch (im weitesten Sinne) unterentwickelte Schichten an den Bildungsbedürfnissen, -ambitionen und -'früchten' der gesellschaftlich Tonangebenden teilnehmen zu lassen (wenn auch zweifellos auf einem niedrigeren Niveau), (111) so nimmt sie heute, im Zeitalter kybernetisch informierter Zukunftsentwürfe, eine rückschrittliche Funktion wahr: sie verwechselt Verkündigung mit journalistischer Arbeit auf einem Informations- und Diskussionsniveau der Kritik, unterhalb dessen der Begriff des aufgeklärten und mündigen Staatsbürgers seine Dignität zu verlieren beginnt. So hintertreibt sie die Einsicht in den tiefgreifenden Strukturwandel der Gegenwart und verhindert möglicherweise auch die richtigen Anpassungen.

Bislang jedenfalls hatte es den Anschein, als ob konfessionelle Pressepolitik die ideologische Nachhut des vorindustriellen Zeitalters als Vorreiter der Zukunft ausgeben wollte. Kirchliche Publizistik galt als ein Mittel, innerkirchliche Vorgänge, wenn überhaupt, dann vorsichtig dosiert und gefiltert ans Umweltsegment abzugeben, um nicht sämtliche Indoktrinationsmöglichkeiten aus der Hand zu geben. Eine Rückkoppelung war weder möglich noch eingeplant. Indes kann die zur Schau getragene Euphorie bei der Selbstbeurteilung der konfessionellen Zeitschriftenpresse anläßlich des Versuchs, sie für die Werbewirtschaft attraktiver zu gestalten, (112) nur mühsam die objektiv reaktionäre Funktion ihrer publizistischen Erzeugnisse überspielen, solange sich in ihnen noch eine Phase intellektualpolitischer Repression dokumentiert, die gesellschaftlich überholt sein dürfte.

Aus den jüngsten Untersuchungen über den religiös interessierten Leser wissen wir außerdem, daß die verschiedenen innerkirchlichen Formen der Verkündigung in Konkurrenz zu den übrigen Massenmedien geraten sind. (113) Nicht einmal mehr für eine Elite von Laien sind die Veranstaltungen der Gemeinde, insbesondere die Predigt, Mittelpunkt des religiösen Lebens. Mehr und mehr und mit entschieden größerer Breitenwirkung wird Verkündigung heute von Presse, Funk und Fernsehen wahrgenommen. Pro Tag erreichen die Tageszeitungen 66,9 %, das Fernsehen 58 % und der Hörfunk 60 % der erwachsenen Bevölkerung der Bundesrepublik. Aus zahlreichen Untersuchungen geht auch hervor, daß es den Exklusiv-Leser, -Hörer und -Seher nur als Ausnahme gibt (nur 24 % nutzten ein einziges Medium). 23 % wurden von allen drei Medien erreicht und 46 % von je zwei Medien. (114) Die direkte Kumulation der Informationsträger ist also ebenso wichtig wie die indirekte über die sogen. 'opinion-leaders'. (115)

Nach Untersuchungen von DIVO und INFRATEST kann jeder 4. erwachsene Bundesbürger als einer jener "opinion leader" angesprochen werden, die in politischen Fragen um ihre Meinung und Stellungnahme gebeten werden. Gerade diese nutzen die angebotenen Medien intensiver als andere Bevölkerungsgruppen.

Nutzung des politischen Informationsangebotes:

Tageszeitung	alle Zeitungsleser	„opinion leaders"	übrige Zeitungsleser
Basis	1829 = 100 %	490 = 100 %	1339 = 100 %
regelmäßig/ häufig lesen:			
polit. Nachrichten aus In- u. Ausl.	60 %	86 %	50 %
polit. Leitart. und Kommentare/ zeitkrit. Beiträge	53 %	79 %	43 %

Quelle: (116)

Eine strategisch um so wichtigere Rolle dürfte demnach der für die neue katholische Wochenzeitung 'Publik' ermittelten Marktlücke zufallen, in die sie mit einer Publizistik modernen, weltoffenen und kritischen Zuschnittes vorstoßen könnte. Ihre Chance wäre es, die Verschwörung der Mediokrität, die freilich ihre sozialen, nicht ohne weiteres hinwegzuschiebenden Ursachen hat, zu neutralisieren, wenn nicht gar aufzuheben. (117) Das aber hieße prinzipiell, daß die Kirche — wenn überhaupt — ihre Bündnisse und Koalitionen mit den unruhigen und kritischen Geistern gleich welcher Observanz zu schließen hätte, ohne darum schon auf die Gabe und Weisheit der Unterscheidung zu verzichten. Dennoch läßt sich gerade an der sozialen und motivationalen Struktur der Leser von 'Publik' die Dialektik des konfessionellen Pressemarktes und seiner binnenkulturellen Bedeutung aufweisen. (118)

Obwohl 80 - 90 % der 'Publik'-Leser Zeitungen wie die 'Deutsche Tagespost', die 'neue bildpost' oder den 'Bayernkurier' des F.J. Strauß nicht lesen und zu 60 % nicht einmal 'Weltbild' (alias 'Mann in der Zeit', alias 'Feuerreiter'), bleibt doch für Dreiviertel der Abonnenten und für über die Hälfte der Einzelkäufer, die die kritischere Gruppe der 'Publik'-Leser repräsentieren, eine konfessionelle Kirchenzeitung wie selbstverständlich Anschlußlektüre. 'Publik'-Leser sind vor allem auch FAZ- und 'Zeit'-Leser: bürgerlich anspruchsvolle Informationssucher.

Motiviert offenbar durch einen hohen Nachholbedarf in kontroverstheologischer Diskussion, wird die Zufriedenheit von 'Publik'-Lesern mit ihrer Zeitung an erster Stelle damit begründet, daß sie genau dieses Bedürfnis befriedige. Entsprechend nehmen theologische und kirchlich-religiöse Themenkomplexe den ersten Wunschlistenplatz ein. Das wiederum weist nicht nur auf eine starke Kirchenbindung hin, sondern auch auf das bildungsidealistische Interesse dieser Leser, für die Politik oder Wirtschaft auf den hinteren Plätzen der Themenkataloge, die gewünscht oder honoriert werden, rangieren. Gleichwohl sind die Vorbehalte gegenüber der Amtskirche ausgesprochen stark ausgeprägt. Dreiviertel aller Abonnenten und 86 % der Einzelkäufer von 'Publik' halten die Kirche für ausgesprochen reformbedürftig. Ebenso intensiv spricht man sich für ökumenische Kommunikationsformen aus. Zugleich aber gehen von zehn 'Publik'-Abonnenten, die zu beinahe hundert Prozent katholisch sind, während von den Einzelkäufern immerhin fast jeder vierte protestantisch ist, acht regelmäßg zur Kirche, und selbst von den zu einem Viertel nichtkatholischen Einzelkäufern praktiziert noch gut jeder zweite (57 %) regelmäßig.

Mögen die Publik-Leser noch so kirchenkritisch sein, sie sind zugleich auch kirchentreu. Vor allem aber wählen sie 'christlich'. 70 % der Abonnenten und noch 54 % der Einzelkäufer würden "nächsten Sonntag" den sogen. christlichen Parteien ihre Stimme geben. (119) 12 % bzw. 4 % der Abonnenten würden SPD oder FDP wählen und unter den Einzelkäufern wären es 18 resp. 8 %. Andere Parteien scheinen kaum in Betracht zu kommen. Noch eindeutiger korreliert die Konfessionszugehörigkeit mit der Parteipräferenz. Katholische Abonnenten würden en bloc (99 %) die CDU wählen, und selbst Einzelkäufer, soweit sie katholisch sind, würden zu 76 % ihr die Stimme geben.

Ausgeprägte CDU-Präferenz, hoher regelmäßiger Kirchgang, verbunden mit kritischem Bewußtsein, das vor allem Unbehagen über die Reformbedürftigkeit der Kirche qua Institution reflektiert; eine Einkommensstruktur, wonach einer von fünfen über mehr als 2.000,– DM monatlich verdient und nur einer von fünfen weniger als 800,– DM; überwiegend großstädtische Herkunft; (120) mit einem hohen Anteil an Abiturienten und Hochschulabsolventen (47 % resp. 35 %) – nur jeder 16. 'Publik'-Leser ist Arbeiter – und einer überproportional hohen Beamtenquote (27 % Abonnenten; 31 % Einzelkäufer) – alle sozialen Indikatoren

weisen darauf hin, daß die 'Publik'-Leser typisch mittelständisch, besitz- und bildungsbürgerlich strukturiert sind.
Mögen sie sich in qualitativer Hinsicht noch so sehr von den Lesern der vergleichbaren katholischen Zeitschriftenpresse unterscheiden, sie bewegen sich doch nur am Rande eines Kontinuums, das ihnen die eigene Subkultur, von der sie sich keineswegs abgenabelt haben, vorweg strukturiert hat. Ohne Massenbasis und allenfalls in der Hoffnung auf eine revolutionäre Bewußtseinsveränderung derer, 'die oben sind', proben sie im binnenkulturellen Intensivsegment des institutionalisierten Katholizismus ihren Aufstand. Ob mit produktiven Folgen, ist allerdings eine offene Frage.

Über zivilisatorische Leitbilder der konfessionellen Subkultur

Daß sich der Leser der Bistumspresse dem eigenen Selbstverständnis zufolge als "einen soliden und stärker in sich beruhenden Menschentyp gesetzten Alters" (121) ansieht, gibt den Blick auf einige zivilisatorische Leitbilder frei, die im Bereich kirchlich orientierter Publizistik verbreitet Geltung haben und über sie aus zweiter Hand verinnerlicht werden.
Daß sub specie peccati konfessionell gebundene, selbst junge Menschen, im Verhältnis zur übrigen gleichaltrigen Bevölkerung vital stärker restringiert und sowohl in sozialer wie in zwischengeschlechtlicher Hinsicht zurückhaltender sind, weniger aktiv, ist ein Befund, der in zahlreichen Untersuchungen immer wieder bestätigt wurde. (122) Relativ zum vorherrschenden Normideal der Tüchtigkeit, der kommunikationsintensiven Außenlenkung, der Potenz und Frische, befolgt der konfessionell gebundene Bevölkerungsteil eher eine Art Konsumaskese auf höheren Befehl. Nicht nur sind im Intensivsegment die Scheidungsraten niedriger, auch die Freizeit- und Konsumgewohnheiten, die kulturellen Interessen und touristischen Präferenzen weichen regelmäßig von der Durchschnittsrate ab, insbesondere kontrastieren sie auffällig zu der, die die sogenannten Reduktionschristen aufzuweisen haben.
Wenn wir hypothetisch einmal davon ausgehen, daß "Besitzen eine besonders drastische Form der Internalisierung von gesellschaftlichen Werten sei...", und wenn wir weiter unterstellen, daß "der Besitzer einerseits den gesellschaftlichen Ansprüchen (genügt), die an ihn gestellt werden; (daß) (er) andererseits mit dem Besitz die Möglichkeit (erwirbt), seine sozialen Beziehungen in besonders aktiver Weise zu gestalten", (123) dann ist diese "drastische Form der Internalisierung" kollektiver Idole bei Lesern der konfessionellen Zeitschriftenpresse in signifikanter Weise 'versetzt' und verzögert. Gemessen an dem immer noch 'unterentwickelten' Stand der Gesamtbevölkerung, sind konfessionell gebundene Leser noch am ehesten als Konsum- und Kosmetikmuffel zu charakterisieren. In gewisser Hinsicht gilt dies für die Leser der konfessionellen

Zeitschriftenpresse überhaupt, ob katholisch oder evangelisch, wenn auch die 'Unterentwicklung' auf diesem Sektor spezifischer katholisch sein dürfte.

Generell haben Leser der evangelischen Zeitschriftenpresse an die Güter des gehobenen Lebensstandards höhere Ansprüche zu stellen als die betreffenden Katholiken. Fast durchweg liegen diese noch unter den vergleichbaren Durchschnittswerten der Gesamtbevölkerung, ob bei Kühlschränken, Fotoapparaten, Fernsehgeräten oder Plattenspielern. (124) Noch gravierender fällt die Bilanz zuungunsten der Leser katholischer Zeitschriftenpresse bei Kosmetika aus, wo sie im allgemeinen weit unter den Prozentsätzen liegen, die für den Durchschnitt der Gesamtbevölkerung Gültigkeit haben; das gilt sowohl für den Verbrauch von Rasier- und Gesichtswasser, von Nagellack, Tages- und Nachtcreme, von Lippenstift wie von desodorierenden Mitteln. (125)

Wenn jene Güter des gehobenen Lebensstandards als Indizes gelten dürfen für 'Modernität', 'Weltoffenheit' und 'zeitgemäße Lebensführung', dann schneiden katholische Leser nicht nur relativ schlecht ab, wenn nach dem Besitz derartiger Güter gefragt wird, sondern auch, wenn ihre Kosmetikgewohnheiten untersucht werden. Zwar ist die Benutzung von Nagellack und Lippenstift unter den weiblichen Lesern evangelischer Presseerzeugnisse im Vergleich zum Bundesdurchschnitt ebenfalls unterentwickelt, dennoch schlagen sie in dieser Hinsicht immer noch ihre katholischen Konkurrentinnen. (126) Es hat den Anschein, als ob konfessionelle Leserschichten in weit geringerem Maße bisher realisiert haben, daß bestimmte Dinge des gehobenen Bedarfs, mögen sie auch nicht unmittelbar als Gebrauchswerte von Bedeutung sein, dennoch das Leben angenehmer machen können und zugleich Indizes eines Lebensstandards sind, dessen Demonstration dokumentiert, daß sie selbst ohne Vorbehalte und puritanische Ressentiments daran teilhaben. Daß konfessionell gebundene Leser noch nicht ebenso unbefangen die Verbindlichkeit der Prosperitätsphilosophie akzeptiert haben wie andere Bevölkerungsgruppen, läßt erst recht ihr Fremdimage 'altmodisch' erscheinen, insofern der Warenfetischismus erst in der Wohlstandsgesellschaft seine Triumphe feiert. (127)

In der Tat tritt im konsumexpansiven Sektor eine gewisse Anpassungsverzögerung konfessionell gebundener Leserschichten, und hierbei besonders der Katholiken, zutage. Obwohl auch sie den Zwängen der wohlstandsgesellschaftlichen Weltanschauung von der Bedeutung des demonstrativen Besitzes tendenziell unterliegen, sind sie dennoch teilweise zumindest resistent gegen die totale Verplanung ihrer psychischen Energien einzig zu den Zwecken produktionsbezogenen Konsums. Freilich gelingt es ihnen auch weniger gut, weil sie sich nicht in den identitätsstiftenden demonstrativen Besitz gleichermaßen zu projizieren verstehen, sich über sekundäre Statussymbole mit dem gehörigen respekterheischenden Nachdruck in dynamischen Beziehungen ihren Mitmenschen gegenüber auszudrücken: In stereotyper Manier werden sie von ihnen regelmäßig unterbewertet. (128)

Im konfessionell geprägten Sektor funktioniert das behaviouristische Reiz-Reaktionsschema nicht gleichermaßen reibungslos wie in anderen gesellschaftlichen Subsystemen, weil kirchlicherseits offenbar immer noch genügend Identifikationsmuster und symbolische Orientierungshilfen angeboten werden, die den Zwängen einer funktionalen Anpassung zumindest teilweise und temporär entgegenwirken. (129) Die durch den Konsumterror der Wohlstandsgesellschaft erzwungene Warenidentität der Verbraucher-imago wird durch konfessionell bedingte Verzögerungsmomente partiell wenigstens hintertrieben.

Dennoch verdankt sich diese 'Verzögerung' ihrerseits nicht einem bewußt erzeugten, antizyklischen Konsumverhalten etwa oder einem den Menschen rational einsichtig gemachten, d.h. begriffenen demonstrativen Konsumverzicht, sondern allenfalls einem säkularisierten, antimodernistischen Ressentiment: Die adamitische Neugier nach Ausstattungsobjekten, die, wie immer ideologisch verbrämt, erhöhten Lustgewinn versprechen und Persönlichkeitserweiterung in Aussicht stellen, wird im Intensivsegment unter Tabu gestellt. Unkontrollierte Erfahrungen sollen nicht weiter gemacht werden dürfen, abgesehen davon, daß sich die siedlungsgeographischen Abweichungen der Leser der katholischen Zeitschriftenpresse zusätzlich verschärft auswirken dürften. (130)

Hier wie im Bereich der kirchlichen Sexualaufklärung macht sich die alte Leib- und Lustfeindschaft bemerkbar. "Daher sind deine Schönheitspflege und künstliche Schönheitsmittel, die den Leib vergötzen und nur die Ausdrucksformen ungezügelten Trieblebens und der Bereitschaft zu verbotener Sinnenfreude sind, Sünde und unerlaubt". (131) Hier wie dort gilt es, lieber die Phantasie zu zügeln und sie zu mentaler Hygiene und d.h. zum "Ausdruck des Geistes" zu verhalten als Experimentierlust zu wecken und die Innovationsbereitschaft zu stimulieren.

Daher ist es nur konsequent, wenn im innerkirchlichen Pressesektor als Entscheidungs- und Beurteilungskriterium publizistischer Verlautbarungen häufiger ihre "moralische Tragbarkeit" (132) als ihre journalistische Glaubwürdigkeit oder die Aktualität und Relevanz des mitgeteilten Ereignisses angesehen wird. Als vor einigen Jahren bekannt wurde, wie Holl aus Österreich berichtet, "daß der Direktor der Erzbischöflichen Finanzkammer Millionenbeträge unterschlagen hatte und die Massenpresse unter Schlagzeilen auf der ersten Seite über den Skandal berichtete, reagierte die Kirchenpresse nur spät mit dürren offiziellen Kommuniqués; recherchiert wurde überhaupt nicht. So gut wie völlig fehlt in der Kirchenpresse der sogenannte 'Hintergrund' ". (133)

Strukturell bedingte Konflikte werden in der Kirchenpresse nicht thematisiert, allenfalls Kontroversthemen eindimensional abgehandelt, wobei das Lippenbekenntnis zur innerkirchlichen 'Pluralität' nur die Tatsache verschleiert, daß de facto die Anerkennung des Konfliktmodells, weil sie implizierte, selbst systembedrohende Alternativen zur Diskussion zu stellen, gar nicht in Frage kommen kann. Mittels bewußt betriebener "Schaukelpolitik zwischen Informationsgewährung und Erbaulichkeit" (134) werden allenfalls Schein-Alternativen zur Debatte gestellt, oppositionelle Tendenzen jedoch, wenn überhaupt beim Namen genannt, dann in die Randzonen undiskutabler Normabweichungen abgedrängt, dort isoliert, geschmäht und diskreditiert. (135) "Es ist unschwer zu erkennen, daß diese Mischung aus Betulichkeit nach innen und Aggressivität nach außen, aus diözesan verbrämter kirchlicher Provinzialität und traditionellem Abwehrkomplex gegenüber der profanen Gesellschaft ein mehr oder minder getreues Spiegelbild jenes 'Milieukatholizismus' abgibt, den Carl Amery beschreibt". (136)

Gruppenzentrismus und Sozialpersönlichkeit

Dauerhafte Leserbindung und das hohe Maß an Seriosität, das man der Bistumspresse vertrauensselig abnimmt, (137) manifestieren seitens der Leser eine autoritätsfixierte Institutionengläubigkeit, die ihrerseits wiederum die quasi-institutionelle, sozialpsychologische Basis abzugeben vermag, auf der dann die propagandistisch tätigen Indoktrinationsinstanzen kirchlicher Öffentlichkeitsarbeit ihre Tätigkeit mühelos entfalten können.

Die informelle Treuebekundung der Abonnenten und Intensivleser vor allem, wie sie noch am ehesten von den praktizierenden Christen beider Konfessionen absolviert wird, aus denen sich das kirchentreue Segment rekrutiert, läßt sich als spezifisch gruppenzentristische Komponente interpretieren. Der Begriff "Gruppenzentrismus" (138) erklärt dabei vielleicht am besten die je individuelle Motivation, symbolisch vermittelte Primärerfahrungen, die aus der Zugehörigkeit zu einer bestimmten sozialen Gruppe resultieren, als generelle Orientierungshilfen von einer gewissen Dauerhaftigkeit und institutionell garantierter hoher Allgemeinverbindlichkeit nicht in Frage zu stellen, indem er sie in einen umfassenderen Sozialzusammenhang rückt. Damit geraten auch die relativ konstanten mentalen Strukturen, die für die gruppenspezifische Wirksamkeit kirchlicher Publizistik von ausschlaggebender Bedeutung sind, ins Blickfeld der Analyse.

Daß sich, wie wir gesehen haben, Katholiken vom kirchlichen Presse- und Informationsangebot häufiger und intensiver ansprechen lassen als etwa Protestanten von dem ihrigen, läßt sich aus jenem katholischen Werk- und Verpflichtungsethos herleiten, das jene in stärkerem Maße als diese veranlaßt, auf ein offiziöses Angebot überhaupt einzugehen. Die Basispersönlichkeit der katholisch geprägten Subkultur bedarf, um zu einer einigermaßen plausiblen Weltdeutung zu gelangen, nicht in gleichem Maße der solipsistischen, auf religiöse Selbstvergewisserung bedachten

Introspektion wie etwa die protestantische, weil ihr authentische, vom Lehramt für verbindlich erklärte Weltdeutungen incl. Verhaltensmaßregeln angeboten werden. Ihr Ichbewußtsein entwickelt sich in enger Anlehnung an ein institutionell verbürgtes Realitätsbewußtsein bzw. an institutionell gewährleistete Vorkehrungen gegen drohenden Realitätsverlust.

Das Syndrom der katholischen Basispersönlichkeit wird dominiert von der überragenden Bedeutung des geschlossenen Systems. In Fragen der Daseinsdeutung und Lebensbewältigung orientieren sich Katholiken primär an den mit psychischen und religiösen Sanktionen drohenden Zentralinstanzen, die für die Gesamtkirche verbindlich sprechen. Der organisierte Charakter einer Kult- und Werkreligion, wie sie der Katholizismus repräsentiert, deckt infolgedessen unstrukturierte individuelle Vitalbedürfnisse stärker ab als etwa der Protestantismus. Persönlichkeits-, religiöses Kult- und organisatorisches Kirchensystem integrieren sich gegenseitig.

Die verinnerlichte Über-Ich-Instanz bezieht sich beim Katholiken weitgehend auf heteronome Dekrete und kontrolliert sich selbst nicht unmittelbar an einem individuell als verpflichtend empfundenen und erfolgreich durchgeführten Leistungsanspruch, sondern sucht sich vor allem in Übereinstimmung zu bringen mit für verbindlich erklärten Normen, die weitgehend außerhalb seiner selbst erstellt werden.

Das persönliche Gewissenstraining von Katholiken wird in der Regel nicht in gleich individualistischer Weise eingeübt und absolviert wie beim Protestanten. Katholiken orientieren sich im allgemeinen stärker an institutionell beglaubigten und gesatzten Verhaltensregeln, sofern nur die Konflikte, denen sie einzeln oder kollektiv ausgesetzt sind, sich innerhalb gewisser Toleranzen halten. Diese freilich sind keine fixen Größen, sondern selber im Wandel begriffen. Daher sind Glaubensprozesse nicht nur "immer auch Sozialprozesse", (139) vielmehr tangieren sozial definierte Toleranzen und ihre Überstrapazierung auch die Glaubensinhalte, ihre individuelle wie kollektive Relevanz (s. Mischehenfrage, Geburtenplanung, Geburtenkontrolle, voreheliche Beziehungen incl. Sakramentenverständnis usw.), (140) ihre Verbindlichkeit und kollektiv durchsetzbare Legitimation.

Dieser Perspektive zufolge übernehmen gewisse Institutionen des katholischen Organisationssystems wichtige Entlastungsfunktionen, indem sie dem Individuum und seinen Strukturierungsbedürfnissen sozusagen die eigenen 'Leistungen' und Problemlösungen subsidiär anbieten und via Identifikation die 'stress'-Situation seiner Ich-Identitätsfindung erleichtern. Negativ entsteht in solchen Zusammenhängen freilich ein überdurchschnittlich hoher Prozentsatz von Marginalpersönlichkeiten, die sich unter Berufung auf die (heteronomen) Systembefehle gleichsam vor den Ansprüchen eigener Autonomie zu exkulpieren vermögen.

Um Autonomie und Eigenverantwortung zu entwickeln, sind Katholiken zuallererst auf die Auseinandersetzung und schließlich Distanzierung mit übermächtigen, institutionell verankerten Autoritäten verwiesen. Ihre Ambivalenz gegenüber Institutionen rührt möglicherweise daher, daß sie teils gelernt haben, ohne gravierenden Anti-Institutionenaffekt einen relativ unproblematischen Umgang mit ihnen zu pflegen, teils jedoch, die eigene Ohnmacht angesichts der organisierten Übermacht des status quo in Anpassungsmentalität und Konformismus zu transformieren. Möglicherweise sind sie infolgedessen, auch auf Grund ihrer durchweg soliden Arbeits- und Berufsethik, (141) gerade für die bürokratisierte, mittels Organisationen sich reproduzierende Leistungsgesellschaft, weil ohne schwerwiegenden Anti-Institutionenaffekt, besser gerüstet als die Protestanten, mögen diese auch in deren zentralen Entscheidungspositionen überrepräsentiert sein und zugleich die größeren Chancen haben, sich auf die (kommende) Freizeitgesellschaft reibungsloser einstellen zu können, wenn der Quietismus als deren adäquate Weltanschauung sich sollte ausbreiten können.

Infolge ihrer intensiveren Bindung an die Kirche als Institution sowie an die traditionellen Vorstellungen der überlieferten christlichen Moral sind Katholiken aber auch eher gegen die säkulare Versuchung gefeit, in der gesellschaftlichen Immanenzproblematik aufzugehen. Von daher resultiert ihre größere Distanz zur sozialen Utopie und ihre geringere Anfälligkeit gegenüber chiliastischen, politisch-utopischen Heils-'Bewegungen', die mittels Politik das Ersatz-Reich versprechen. Für Katholiken sind die Gesellschaft und Weltimmanenz der Güter höchste nicht. Erhöhte politische Stabilität und verminderte Bereitschaft zum politischen Wechsel, mag er auch längst überfällig sein, infolgedessen höhere Wahrscheinlichkeit, ihre sozialen Reaktionsweisen als typisch einstufen und ihre Einstellungsveränderungen berechenbar einkalkulieren zu können, sind die Folge.

Ihre größere seelische und geistige Strapazierfähigkeit, die sie in die Lage versetzt, sich in Stress-Situationen den psychischen Belastungen eher gewachsen zu zeigen, und das labile Gleichgewicht ihres Persönlichkeitssystems nicht gleich zusammenbrechen läßt, verweist nicht nur auf die überragende Bedeutung der elterlichen Autorität im katholischen Erziehungsmilieu, sondern darüber hinaus auch auf die entlastende Funktion eines verobjektivierten Reuemodells, das dem Katholiken in ungleich schwächerem Maße, als dies für Protestanten zutrifft, quälende Selbstzweifel oder destruktive Selbstvorwürfe zumutet und das Individuum eher vor seelischer Zerrüttung und Selbstauslöschung zu bewahren vermag. In der Tat ist die Selbstmordrate unter Protestanten durchweg höher als im katholischen Bevölkerungsteil. (142) Zugleich aber wird in ungleich stärkerem Maße, als dies im relativ 'offenen System' des Protestantismus der Fall ist, sowohl in der prä- wie in der postödipalen Entwicklungsphase von Individuen aus dem katholischen Intensivsegment die Entwicklung geistiger Aktivität und Experimentier-

lust, aus denen hoher Lustgewinn zu schöpfen ist, weil sie auf eigene Problemlösungsversuche und deren risikoreiche Selbstkontrollen erpicht sind, wenn nicht vereitelt, so doch zumindest geschwächt. Nicht zuletzt sind verinnerlichte Abhängigkeitsgefühle der Grund dafür, daß Katholiken in der Regel bescheidenes Auftreten höher bewerten und Protestanten glauben, ihnen vorwerfen zu müssen, sie seien scheinheilig, engstirnig und unterwürfig. (143)
Das System der katholischen Publizistik dient u.a. dazu, psychische Abhängigkeitsverhältnisse aufrechtzuerhalten, deren Genese die soziale Funktion stabilisierter Alltagsneurosen in den Interessenhorizont einer sozialwissenschaftlichen Analyse religiös motivierter Verhaltensweisen rückt.
Daß sich Katholiken "mehr für eine Wallfahrt nach Lourdes oder eine Privataudienz beim Papst interessieren", (144) während Protestanten lieber mit sehnsüchtigem Fernweh auf Reisen gingen (repräsentatives Umfragematerial), indiziert noch bis in die profanen Alltagspraktiken die intensivere Institutionen- und Autoritätsfixierung des Durchschnittskatholiken – und nicht einmal nur des katholischen Intensivsegments.
Eine Analyse kirchlich beeinflußter, wenn nicht gar kontrollierter Medien legitimiert sich daher der Sache nach aus der Einsicht, daß die Kirchen als Informationsträger und Meinungsfabriken wichtige Transformatoren spezifischer Kulturnormen sind. Sie sind entscheidende Faktoren auch der jeweiligen politischen Kultur. Insbesonders für die Gruppe der Kirchentreuen, nehmen kirchlich orientierte Massenmedien primär sozial integrative Funktionen wahr, und nicht nur zur Rückkoppelung des Intensivsegments. Soll sich die Analyse keiner partiellen Situationsverfehlung schuldig machen, dann sind die publizistischen Indoktrinations- und Beeinflussungsmechanismen, über die die Normen der „kirchengebundenen Religiosität" (145) verinnerlicht werden, als Momente des allgemeineren Sozialisationsprozesses zu begreifen, in dem die überwiegend schichtspezifischen Verhaltensweisen und Einstellungen ihre gleichwohl typisch konfessionelle Grundierung erfahren und als Faktoren des sozialkulturellen Wandels zugleich um die spezifisch historische Dimension religiöser Überzeugungen und ihrer institutionellen Legitimierung erweitert werden.
Ceteris paribus läßt sich daher die Frage Max Webers, womit er eine Soziologie des Zeitungswesens generell zu begründen trachtete, "welche Art von Lesen die Zeitung dem modernen Menschen an(gewöhnt)", (146) entsprechend auf die spezifische Lesekultur konfessioneller Leserschichten umlegen, indem einerseits auf die typischen Entsprechungen zwischen Angebot und Nachfrage, andererseits auf die Korrelation zwischen spezifischem Lesebedürfnis und der Prädisposition für bestimmte Inhalte abgehoben wird. Die Webersche Frage wäre also in etwa dahingehend umzuformulieren, "welche Art von Zeitung der moderne Mensch", will sagen: der konfessionell gebundene Leser, erwartet, ob das

in ihr enthaltene Angebot den mentalen und psychisch prädisponierten Erwartungsklischees des konfessionellen Leserpublikums, die ihrerseits als sekundäre wiederum abzuleiten sind, in etwa entspricht, worin die Übereinstimmungen bestehen und auf welchen Voraussetzungen sie beruhen.

Als Adressat kirchlich orientierter Publizistik wird die Kirchengesellschaft weitgehend als eine en bloc zu versorgende administrative Einheit angesehen, die zu Zwecken eines reibungslosen Funktionierens Impulsen ausgesetzt wird, um nach dem Muster des behaviouristischen Reiz-Reaktions-Schemas emotional gebändigt zu werden, die von Zentralinstanzen ihren Ausgang nehmen. Gleichlautend manipulierten Grundreizen ausgeliefert, geht die Erwartung auch auf gleichgerichtete Reaktionen. Nicht nur spekulieren die publizistischen Angebote der katholischen Zeitschriftenpresse auf bestimmte Bedürfnisse ihrer Adressaten, sie verstärken zugleich deren Potential, indem sie sich in der unkritisch-verdoppelnden Widerspiegelung an ihnen orientieren. Über die Analyse des Presseangebotes lassen sich daher im Umkehrschluß sozusagen die mentalen Strukturen des kirchengebundenen Publikums der Analyse zugänglich machen. Das Bewußtsein der Leser, das an die Entfremdungssituation des Identifikationszusammenhanges, in dem sie gehalten werden, fixiert wird, (147) muß am Ende den Bedürfnissen gehorchen, die den Herrschafts- und Führungsgruppen der Kirche als einer bürokratisch organisierten, weltanschaulichen Erbauungsanstalt entsprechen.

Das läßt sich an den manipulativen Regulierungstechniken, die eine kirchlich orientierte Publizistik anzuwenden hat, unschwer demonstrieren. Mittels Kommentar und gezielter Informationspolitik stellt sie beständig Identifikationsmuster bereit, die sie mit positiven Gratifikationen, wie intensivierte Teilhabe am 'Gruppenleben' des Großverbandes usw., ausstattet; mittels autistischer Selbstdarstellung verankert sie die Akteure der kirchenpolitischen Szenerie und ihre undurchschauten Interessen und Motivationen im gruppenspezifischen 'Milieu'. Auf diese Weise arbeitet sie an der Erzeugung eines formal bleibenden 'Wertbewußtseins' mit, das aus dem gesteigerten Interesse am Sozialschicksal der eigenen Bezugsgruppe resultiert und wesentlich in der Bereitschaft zu einer Art distanzierten Engagements besteht, das sich im Bekenntnis zum Programm einer 'ecclesia semper reformanda' ergeht und zugleich erschöpft. (148) Freilich vermag der weltflüchtige Irrationalismus einer bildungsidealistisch geprägten Innerlichkeitskultur dadurch nicht ipso facto schon welthaltiger zu werden. Beständig wird auf das latent 'schlechte Gewissen' der Wohlstandsbürger spekuliert, das in einem archetypisch stilisierten Erbsündenbewußtsein verankert ist, an das mit um so höherer Erfolgswahrscheinlichkeit permanent Gerechtigkeits- und Spendenappelle gerichtet werden können. (149) Die diffuse Angst vor der Sünde und den auf sie gesetzten Strafen wird in die unspezifische

Bereitschaft, 'sich ansprechen zu lassen', gleich, zu welchen Zwecken, umgesetzt. Ausgemünzt wird sie als latente oder manifeste Unterwerfungsbereitschaft des Durchschnittskatholiken unter die Anweisungen seiner Kirchenobrigkeit.
Daher stellt sich in aller Schärfe die Frage, inwieweit durch kirchlich gebundene Publizistik die ohnehin vorhandenen psychologischen Schranken des katholischen Bevölkerungsteils nicht noch unüberwindbarer werden und sich schließlich als restriktive Bewußtseinssperren auswirken. (150) Denn trotz der Medienkonkurrenz, der auch die Bistumspresse ausgesetzt ist und die es nahelegt, deren Wirkung insgesamt zu relativieren, werden bestimmte psychische Energien durch sie gebunden und in eine bestimmte Interessenrichtung gelenkt, d.h. selektiv eindeutig gerichtet. Das tatsächliche Lesevolumen des katholischen Intensivsegments strukturiert sie also auf bestimmte Weise. Über ihre Inhalte und die Methodik ihrer Darbietung erzeugt und vertieft das Interaktionsschema kirchlicher Publizistik ein Sozialklima konservativer Prädominanz, in dem die Werte 'Vertrauen' und 'Glauben' höheres Sozialprestige genießen als Kritik und Einsicht. Ohnehin werden die Organe der innerkirchlichen Willensbildung, nur zu oft auf Grund ihrer bloßen Existenz, als die gewichtigeren und mächtigeren respektiert, vor allem aber auch als die kompetentesten Instanzen in Fragen der theoretischen und praktischen Daseinsbewältigung. So ist der bischöfliche Amtsträger auf Grund seines Hirtenamtes verpflichtet, "seinen Bistumsmitgliedern Orientierungshilfen in Lebensfragen zu geben". (151) Dennoch dürften sich die Kompetenzen seines Lehramtes, das er in Personalunion innehat und das sich auf Fragen des Glaubens und der Sitte bezieht, von den fraglichen 'Lebenshilfen' kaum sinnvoll abspalten lassen, wie es in diesem Zusammenhang getan wird. Ein Interventionsrecht als "Orientierungshilfe in Lebensfragen" läuft in praxi auf entschiedene Mitsprache- und Bevormundungsrechte hinaus, verlängert die Phase der Unmündigkeit katholischer Laien und institutionalisiert geradezu das Autorität-Kind-Verhältnis, und dies um so mehr, als in entwaffnender Naivität dekretiert werden kann: "Die Maßstäbe dieser Orientierung werden nicht immer mit den Maßstäben der Umwelt harmonieren". (152)
Auf Grund der autoritären Lehramtsverkündigung im Verein mit den zu gebenden "Orientierungshilfen in Lebensfragen", die beide dem Dialogfeld prinzipiell entrückt sind — als handle es sich um reine Funktionsanweisungen und als seien konfessionelle Beziehungen und religiöse Interaktionen wie rein hierarchisierte, auf den Prinzipien von Befehl und Gehorsam gegründete, paramilitärische Sozialbeziehungen zu beurteilen —, erfahren die weithin autoritären bürgerlich-profanen Sozialisationsvorgänge ihre (katholische) Ergänzung — und nicht nur im Bereich kommunikativer Beziehungen. Dementsprechend bestehen die Aufgaben katholischer Pressereferenten in bischöflichen (erzbischöflichen) Ordinariaten z.T. nicht nur darin, Informationsdienste, sondern auch sogenannte Beur-

teilungsdienste als Orientierungshilfen herauszugeben, die sich aus der Vorstellung herleiten, die (Amts-)Kirche habe in Fragen des Glaubens und der Sitte das Wächteramt über ihre Anhänger inne. (153) Statt der individuellen 'cupiditas rerum novarum' wird die autoritäre, autoritativ ergangene "authentische" Weisung paternalistischer Provenienz als verbindliche Richtschnur angesehen. Die Folgen derartiger Erziehungs- und Kommunikationsprozesse, die im katholischen Segment seit eh und je nicht anders abliefen, sind partielle Realitätsverfehlung, erhöhte Abhängigkeits- und Minderwertigkeitsgefühle, was die individuell zu verantwortende Lebensführung angeht, verbunden mit moralischem Rigorismus und einer latent aggressiven Intoleranz, die sich vorwiegend gegen 'fremde' Lebensformen und deren Begründungen richtet. (154)

Weil die wichtigsten sozialen Lernprozesse, die Bereitschaft und Fähigkeit, kirchenbezogene Informationen wie selbstverständlich zu rezipieren und dementsprechend positiv zu 'verarbeiten', bereits in der frühen Kindheit eingeübt werden, und zwar unter dem Einfluß der katholischen Subkultur und ihrer Unterorganisationen als sekundären Sozialisationsinstanzen, sind kirchentreue Leser entsprechend präformiert. Daher dürfte sich das Geschäft einer sozial-kommunikativen Umprogrammierung, das eine progressige katholische Publizistik auf sich zu nehmen evtl. bereit wäre, umso schwieriger realisieren lassen, je früher und unkontrollierter von individuellen Vorbehalten und Selbstkontrollen die Präformation zustandekam. Die entscheidende Voraussetzung für die Wirkung konfessionell geprägter Kommunikationsinhalte und ihrer Darbietung ist in der Tat darin zu sehen, daß nicht nur sozial, sondern auch interkommunikativ relativ homogen präformierte Leser dem medialen Angebot mit hoher Aufnahme- und Lernbereitschafft gegenübertreten, ohne ihm prinzipielle Widerstände entgegenzusetzen. Über die Kanäle konfessionell gebundener Publizistik werden beständig Erfahrungsfragmente reproduziert, die zu den tagtäglichen Erfahrungen der industriell geprägten Lebenswelt in krassem Gegensatz stehen. Es ist wohl kaum ein Zufall, daß unter den Lesern der Bistumspresse beispielsweise die industriell tätigen Gruppen der Arbeiter und Angestellten insgesamt unterrepräsentiert sind. (Auf die Implikationen und Folgen, die daraus resultieren, wird noch näher einzugehen sein).

Auch die Theologie, die in ihr zur Sprache kommt und als offizielle oder offiziöse Verlautbarung abgehandelt wird, ist insofern weitgehend lebensfremd, als sie sich größtenteils an akademischen Fragestellungen orientiert, an denen niemand ausdrücklich sein Interesse bekundet hat. Gemessen an den Möglichkeiten bewußtseinserweiternder Aufklärung mittels differenzierteren Informationsangebotes wirkt sich konfessionelle Publizistik auf dem Niveau der Bistumspresse ausgesprochen undemokratisch aus, weil sie die Chance, daß sich die Individuen nicht nur als Objekte, sondern als die Subjekte gesellschaftlicher Prozesse erfahren, weitgehend vereitelt. Selbst die mögliche theologische und geistliche

'Bildung' wird in der Regel in einer Weise trivialisiert, daß sie zu einem Problem abstrakter Innerlichkeit zusammenschrumpft. Nur zu oft hat es den Anschein, als gingen die informatorischen Bemühungen der konfessionell gesteuerten Presse nicht über die Vorstellungen der königlich-preußischen Circularverordnung von 1799 zum Unterricht an Volksschulen hinaus, in der es heißt: "Wahre Aufklärung, soviel zu seinem und dem allgemeinen Besten erfordert wird, besitzt unstreitig derjenige, der in dem Kreise, worin ihn das Schicksal versetzt hat, seine Verhältnisse und seine Pflichten genau kennt und die Fähigkeit hat, ihnen zu genügen ...". (155) So hält sich über die innerhalb des "Milieukatholizismus" geltenden und verinnerlichten Werte eine sozio-konfessionell bedingte Form von Analphabetismus, der sich als Sprachbarriere und subkulturelle Bewußtseinssperre auswirkt. Ihre Voraussetzungen sind nicht aus einem isoliert zu begreifenden Versagen generell der katholischen Publizistik abzuleiten, sondern als die systemimmanenten Bedingungen für die Möglichkeiten institutionalisierter Religion überhaupt zu interpretieren.

Zur Kommunikationsstruktur der konfessionellen Zeitschriftenpresse: Konsonanzpublizistik

Die Kommunikationsstruktur der katholischen Zeitschriftenpresse, wie überhaupt des konfessionellen Vulgärschrifttums, zeichnet sich durch einen hohen Grad an Redundanz und beschränkter Codierung (156) gleichermaßen aus. Mag immer der Stil von Bistumsblättern auch profiliert sein, wie sie selbst zu betonen nicht müde werden, für Außenstehende sind sie langweilig und uninteressant. (157) Mangelnde Originalität in der Argumentation wird eingetauscht gegen die hohe Folgewahrscheinlichkeit, daß die Botschaft unverfälscht ankommt. Entsprechend gering ist die Neigung ausgeprägt, einen experimentierfreudigen, persönlichen Stil und/oder einen reichhaltigen, individuellen Code (158) zu entwickeln, Momente, die innerhalb der katholischen Subkultur für gewöhnlich als 'intelligenzlerisch' und 'elitär' denunziert zu werden pflegen. Im voraus programmiert, erzeugt der beschränkte Code meist Langeweile. In dieser Perspektive wird erst theoretisch plausibel, wieso der konfessionelle Buchhandel beispielsweise kaum positive Ich-Offerten anzubieten hat. (159)
Hinzu kommt die ausgeprägte Tendenz, bestimmte Probleme in eine Aura der assoziativen Ambiance zu hüllen, die Eindeutigkeit zu vermeiden vorgibt und doch politisches Wohlverhalten einseitig anempfiehlt. Organisationstheoretisch interpretiert, sind Redundanz und beschränkter Code gleichsam die sprachlogischen Entsprechungen zu hierarchisierten, auf Befehl und Gehorsam abgestellten bürokratisierten Superorganisationen. Wenn die Dynamik von Meinungsprozessen direkt proportional ist zur Schärfe der Dissonanzen, womit bestimmte Probleme aufbereitet, dargestellt und rezipiert zu werden pflegen, dann läßt sich – in Anlehnung an

die Theorie der kognitiven Dissonanz (160) — katholische Publizistik weitgehend als eine typische Konsonanzpublizistik beschreiben, die die Problemrelevanz und ihre Schärfe mittels widerspruchsglättender Darstellung und möglichst im harmonisierenden Predigtstil herunterzuspielen tendiert.

Mag immer die katholische Presse zur Kulturkampfzeit auf die Bedürfnisse ihrer Leser einmal optimal eingestellt gewesen sein, (161) im Zuge auch der inner-katholischen Restauration nach 1949 ließ sie sich zusehends auf den überlieferten, anachronistischen Frömmigkeitsstil des kirchenoffiziösen Jargons einschwören, der nicht zuletzt jenes Fremd-'image' bestimmt, daß ein kirchentreuer Katholik noch am ehesten mit Nazarenerfrömmelei assoziiert wird. (162)

Mangels kritischer, sachdienlicher Information, die die Kontroversdiskussion voraussetzt, multipliziert sich infolgedessen über die formalisierten Pflichtübungen katholischer Zeitschriftenpresse, deren Nachrichtenreichweite ohnehin begrenzt ist, jener 'cultural lag', wie er nur im Schonklima ihrer konfessionellen, angstneurotischen Binnenkultur (163) zustandekommen konnte. Daß die angebotenen traditionalen Inhalte und ihre sprachlich ritualisierte Präsentation Momente einer jahrhundertealten Predigtkultur samt ihrer eingeschliffenen Denk-, Sprach- und Verhaltensschemata sind (164), kann dabei nur ein schwacher Trost sein. Um so gravierender muß die Diskrepanz zwischen den vom modernen Christen als aktuell erlebten Problemen und dem reduzierten Angebot seitens der katholischen Zeitschriftenpresse empfunden werden, je mehr deren restaurative Überanpassung vor allem auch die Bereitschaft zu innovatorischen Fragestellungen lähmt.

Da Meinungsprozesse um so eher stagnieren, je weniger dissonant die offerierten Inhalte und die an sie geknüpften Wertungen empfunden werden, läßt sich am Schicksal ihrer publizistischen Instrumente ablesen, daß und in welchem Maße eine katholische Konsonanzpublizistik dazu tendiert, allmählich auch die Meinungsprozesse im eigenen Intensivsegment verlangsamt ablaufen zu lassen.

In der Tat werden seitens der Kirchenpresse über lange Zeiträume hinweg ziemlich konstante Interaktionsmuster — sowohl inhaltlich wie in der Aufmachung (165) — befolgt, wofür die relative Auflagenkonstanz und Abonnententreue nur ein schwaches, äußerliches Indiz abgeben. Da sie auf die gleichgerichtete Erfüllung relativ stabiler, ideologischer Konformitäts- und Verhaltenserwartungen zugeschnitten sind, multipliziert sich über sie sowohl das Desinteresse am aktualitätsreduzierten Angebot wie die Langeweile angesichts von dessen ödem Inhalt. Umso grotesker die Reflexe des Mißtrauens gegenüber dem publizistischen Öffentlichkeitsprinzip anläßlich etwa einer Neugründung wie 'Publik', je mehr die Bereitschaft zu vorbeugenden Zensurmaßnahmen in einem eklatanten Mißverhältnis steht zur Belanglosigkeit des bisherigen Angebots.

Die Potenzierung gleichbleibender Wert- und Vorstellungssyndrome via

Weltbild des katholischen Vulgärschrifttums, und nicht zuletzt auch der Bistumspresse und ähnlicher Periodika, muß zwangsläufig, wenn auch gestuft, zu kollektiven Ermüdungserscheinungen innerhalb des katholischen Intensivsegments führen. "Personen, die gezwungen sind, über einen langen Zeitraum ein gleichförmiges Interaktionsmuster aufrecht zu erhalten, neigen dazu, gegenseitig gelangweilt zu werden. Dieses Phänomen *sozialer Ermüdung* kann als eine Situation verstanden werden, in der es keine Anregung gibt, den Zusammenhalt zu erhalten, die Zuneigung zu vergrößern". (166) Weil sich alle im Klima produzierten Desinteresses abstumpfen lassen, wird auch das Aufkommen solidarischer Beziehungen hintertrieben. Gruppenspezifische Wir-Gefühle werden auf dem bestehenden Niveau eingefroren. Aus dem Desinteresse aber resultiert die gesellschafts- und kirchenpolitische Inaktivität der Betroffenen.

Demgegenüber hätte eine progressive katholische Publizistik möglicherweise die Chance, über die Verschärfung des Dissonanzproblems den Prozeß der innerkatholischen Meinungsbildung zu aktivieren und die eigene Berichterstattung über innerkirchliche Belanglosigkeiten zur kritischen Situationsanalyse zu schärfen. Abstrakt ausgedrückt, hätte sie durch publizistische Aufbereitung und Erzeugung von Dissonanzbewußtsein Mechanismen der sozialen Kontrolle ins Spiel zu bringen, so daß die Differenz zwischen Selbstverständnis und Wirklichkeit als Quelle von Unlustgefühlen systematisch nutzbar gemacht werden könnte. Langfristig scheint mir die Chance einer weltoffenen katholischen Publizistik darin zu bestehen, in einem Mehrphasenprozeß und unter Ausnutzung derartiger Dissonanzspannungen umstrukturierend, d.h. verändernd zu wirken, zumal das Reduktionsgeschäft im allgemeinen "von einer intensivierten Suche nach Informationen und Interpretationshilfen (begleitet ist), die zur Milderung der Dissonanz dienlich sein können". (167)

So hätte sie zum Beispiel den auch von Karl Rahner konstatierten und damit beinahe schon sanktionierten kirchlichen Autoritätswandel (168) thematisch aufzunehmen und ihn via publizistischer Vermittlung in ein Potential möglicher Veränderung umzusetzen. Die progressive Funktion einer derartigen Publizistik könnte — immer bezogen auf den aktuellen Diskussionsstand innerhalb der katholischen Kirche in der Bundesrepublik — nicht zuletzt darin bestehen, am Abbau fremdbestimmter Autoritätsverhältnisse mitzuwirken und die auf unterschiedlich hohem Angstniveau vorgenommenen Autoritätsfixierungen, die für das katholische hierarchische System bislang konstitutiv zu sein schienen, selbst auf die Gefahr temporärer Übergriffe hin, wie sie auf dem letzten Katholikentag in Ansätzen zutagetraten, angstreduzierend aufzulösen. (169)

Sind alternative Zielvorstellungen, die öffentlich zu diskutieren wären, als Bestandteile bestimmter Problemlösungsversuche anzusehen, mit deren Hilfe sich komplexe Organisationen wie die Kirchen beispielsweise veränderten Umweltbedingungen anzupassen versuchen, dann wird die Beantwortung der Frage, ob sich Kirche als ein offenes System im

Inneren etablieren oder pathologisch abkapseln wird, von ihrer Fähigkeit abhängig zu machen sein, wie sie die aus ihrer Umwelt eingehenden Informationen und Rückmeldungen produktiv zu verarbeiten, d.h. auf sie mit Folgewirkungen zu reagieren vermag. Da sich mit der Laufgeschwindigkeit von Informationen, Neuerungen und positiven Erweiterungen menschlicher Möglichkeiten, d.i. der theoretischen wie der praktischen Vernunft, auch die Amplitude sozialer und kultureller Wandlungsprozesse verkürzt hat, hätte eine progressive kirchliche Publizistik optimal dafür zu sorgen, daß weltliche und geistliche Erfahrungen schneller und reibungsloser als bisher kommuniziert werden, soll die Kirche als Organisation nicht hoffnungslos hinter den Entwicklungen zurückbleiben.

Als bewußt eingesetztes Diffusionsinstrument zur gezielten Verteilung und Umstrukturierung des gesamten Informationsrücklaufs könnte sie selbst innerhalb einer in bürokratisch- legalistischen Herrschaftsformen erstarrenden Anstalt zur Verwaltung von Heilsmitteln einen Prozeß zur Transformation psychischer Einstellungen und Gewohnheiten in Gang setzen, der nicht nur Ausdruck, sondern zugleich movens des sozial-kulturellen Wandels sein könnte. (170)

Innerkirchlich könnte ihre Funktion darin bestehen, einzig durch Tradition und dogmatische Fixierungen sanktionierte Formen mit umfassenderen sozialen und politischen Wahlalternativen wenigstens versuchsweise zu konfrontieren. Selbst wenn sie mit den übrigen Medien in irgend belangvollem Ausmaß nicht sollte konkurrieren können, bestünde doch ihre Chance darin, "Diskussionsforum lebendiger Gemeinde zu sein, also dem Leser ein Prisma von vorhandenen möglichen Meinungen zuzumuten", (171) statt "Einheit durch Geschlossenheit" (172) zu demonstrieren. Um so mehr ist Kirche heute auf Dialogaktivität, d.h. auf Kritik, Öffentlichkeit und rationale Stringenz der von ihr verwandten Argumente, auf die Redlichkeit ihrer zwanglos vorgetragenen Überzeugungen und auf die Glaubwürdigkeit und Autonomie ihrer Vertreter angewiesen, je mehr sich der verpflichtende Charakter der mit manifestem oder sublimem Zwang internalisierten Normen der kirchengebundenen Religiosität verflüchtigt und mit zunehmender Distanz seine Wirkung verliert. (173)

Traktatliteratur als interessenspezifische Form von Gegenaufklärung

Die Frage muß daher gestellt werden, ob mittels kirchlich gebundener Publizistik dem katholischen Intensivsegment die Grundlagen der Kulturtechniken vermittelt werden oder ob nicht statt dessen über moralisierende, restringierend sich auswirkende Instanzen zusätzlicher gesellschaftlicher Druck ausgeübt wird.

Zwar läßt sich der 'Erfolg' kirchlicher Indoktrinierungsarbeit via publizistischer Beeinflussung und Berührungskontakten nicht exakt messen. Selbstverständlich kann auch nicht die Rede davon sein, kirchliche Publizistik trete als Agent moralischer und weltanschaulicher Repression selber unmittelbar in Aktion. Gleichwohl spiegelt sich in ihr das Bewußtsein ihrer Produzenten wider. Nicht nur gibt sie Hinweise auf deren Institutionengläubigkeit und ihre Genese, sie schärft auch den Blick für die Vermeidungsstrategien autoritätserhaltender Informations- und Propagandatechniken.

Einerseits kann kirchliche Gegenpropaganda nur gedeihen, weil — ihr vorausgehend — repressive Verinnerlichungsprozesse bereits abgelaufen sind, die die affektive, intellektuelle und psychische Disposition erzeugt haben, auf deren Grundlage sie überhaupt mit Aussicht auf Erfolg betrieben werden kann, zum anderen aber richtet sie ihrerseits das schon vorhandene, verfügbare Potential für den nichtendenwollenden Prozeß heteronomer Fremdbestimmung entsprechend zu. So wie sich die kirchlicherseits verfolgte, ausgesprochen antiaufklärerische Sexualerziehung versteht "als Geleit in die Bindungen und Ordnungen (und) Sexualität in Dienst stellen (will)", (174) so wenig wird durch die konfessionelle Zeitschriftenpresse der Einzelne aus den informellen Bindungen an seine Kirche in die Selbstorganisation seiner Freiheit in Verantwortung und in autonome Selbstbestimmung entlassen. Honoriert wird demgegenüber, wie in der 'niederen' Traktatliteratur auch, passives Verhalten und masochistische Prädispositionen, auf deren massenstruktureller Basis die patriarchalische Religion ihre Anhänger am ehesten zu binden vermag.

Auf Grund befohlener Versagungen, vor allem sexueller Art, wie sie von der kirchlichen Traktatliteratur unablässig eingeschärft werden, und verinnerlichter 'Enthaltsamkeit' werden jene Dispositionen erzeugt und gefestigt, auf deren Grundlage die Neigung zu kritikloser Gefolgschaft und Autoritätsgläubigkeit am ehesten gedeiht.

Statt dem Einzelnen die Verfügung über die eigenen Möglichkeiten, beispielsweise in der Entwicklung zu einem eigenverantworteten geistlichen Leben zuzugestehen, wird Unterwerfung erwartet. Auf Grund der von ihr verfolgten Vermeidungsstrategien versteht sich katholische Publizistik vorwiegend als konfessionelle Dammbautechnik gegen die Gefährdungen der modernen 'Welt', ihrer profanen Sektoren und Eigengesetzlichkeiten. (175) Als eine besondere Variante der erbaulichen Traktatliteratur bietet auch die Bistumspresse in erster Linie 'Geleit' an, was analytisch bedeutet, daß sie in der Rolle der "zweiten Kanzel" (176) die

Adressaten ihrer Botschaft zielgerichtet auf bestimmte Werte zu verpflichten sucht, die der eigenen Subkultur entstammen und in diese wiederum integrieren. Parallel dazu gibt es im innerkirchlichen Bereich eine spezielle Geleit-Literatur, "die alle Erkenntnisse der Sexualwissenschaft planvoll verschweigt, bekämpft, entstellt: Die populäre Aufklärungsliteratur der Kirchen, wie sie als Kleinschrifttum an den kirchlichen Schriftständen und in christlichen Buchhandlungen vertrieben wird". (177) Von der ihrerseits betriebenen Verketzerung ,,der einseitigen, rein intellektuell ausgerichteten Kritik", die gebieterisch danach verlange, ihr "entgegenzutreten und sich nicht von ihr leiten zu lassen", (178) läßt sich zu der unterschwelligen, gegenpropagandistischen Hetze gegen die bewußt als 'modern' und 'progressiv' auftretende Wochenzeitung 'Publik' eindeutig eine Parallele ziehen. Ein Hintergrund- Informationsdienst, der zwar mit der Kirchenpresse nichts zu tun hat, dennoch für Stimmungsmache in ihren Reihen sorgt, mobilisiert die Ressentiments gegen die angeblich vergeudeten 30 Millionen Mark Kirchensteuer, die die Bischöfe zugunsten der neuen Wochenzeitung bisher einbrachten, u.a. mit dem Hinweis, der überhaupt den Tenor gerade katholischer Blätter angesichts des drohenden Konkurrenzblattes trifft: " 'Publik' erregte Aufsehen bis nach Rom hin, als jener Artikel eines Jesuiten über den Teufel erschien, von dem der gutgläubige Leser nichts anderes behalten hat als den Eindruck, daß der Satan bagatellisiert wurde. Zum nachfolgenden Sturm schwiegen die Bischöfe. Die Auffassung, daß der 'Fürst dieser Welt' wohl so eine Art Fabelwesen sei, eine nicht ernstzunehmende Figur, wurde nicht korrigiert. Damit deutet sich an, daß 'Publik' das Organ jener Theologie wird, die den Gläubigen von Woche zu Woche einen neuen Glaubensartikel zerfetzt vor die Füße wirft. 'Publik' wurde ohnehin schon zum Organ einer snobistischen Akademikerseelsorge, die am Volk vorbeigeht und der Utopie huldigt, als fielen die Entscheidungen über die wirkliche Substanz der Kirche bei der liberalen Intelligenz". (179)

In diesem Zusammenhang spekulieren die meisten katholischen Blätter, auch die Bistumspresse, auf ein latent vorhandenes Überschußpotential von psychischer Abwehrbereitschaft und reagieren sofort mit dem entschlossenen Willen, auf Projektionsmechanismen auszuweichen. Die Verwendung von Abwehr- und Drohgebärden gegen eine unerwartet moderne publizistische Konkurrenz zeitigt vor allem die unbewußt erhoffte Nebenwirkung, unerwünschte und lästige Einsichten ins eigene Versagen und dessen strukturelle Voraussetzungen zu verdrängen. Zu fragen wäre infolgedessen, inwieweit die Drohhaltung gegen ausgesuchte Aggressionsobjekte die Verdrängung eigener Schwächen überdeckt, inwiefern diese als Fehlanpassung an normative Erwartungen zu interpretieren ist, wie sie zustandegekommen und wodurch sie begünstigt worden sein mag.

Zu vermuten ist, daß der "Journalismus des Hämischen', (180) der negative Bilder von Personen und Zusammenhängen entwirft, wobei dergleichen Strukturierungen nicht nur als kognitive Elemente fungieren, sondern zugleich psychisch wertvolle, d.h. entlastende Projektionsbahnen anbieten, innerhalb des katholischen Intensivsegments deswegen hoch im Kurs steht, weil bei der Heranbildung der auf es zugeschnittenen Basispersönlichkeit relativ häufig psychische Unglücke passieren. Infolge der ihr zugemuteten Verdrängungen, auf Grund deren vorurteilsbehaftete Hemmungen zur psychischen Ausstattung der katholischen Sozialpersönlichkeit konstitutiv hinzugehören, erreicht diese in den seltensten Fällen ihre volle Autonomie. Daß dergleichen Persönlichkeitsstrukturen überdurchschnittlich häufig in sozialen Milieus überdies zu finden sind, in denen die Ichfindung nicht reibungslos gelingt, so daß die Triebobjekte in Konstellationen gerückt werden, die eine projektive Ableitung aggressiver Energien ermöglichen, verweist die Analyse auf das Problem, wieso die katholische Erziehungsdressur eine so ausgeprägt starke Tendenz zeigt (und welches Interesse sie haben kann), pathogene Abwehrbereitschaft, wie Weltfremdheit, Ängstlichkeit, Unsicherheit und Hemmungen, kurz: *Zwangscharaktere* zu produzieren. (181) Dabei ist nicht so sehr die konfessionelle Zugehörigkeit im besonderen als vielmehr die Intensität der Kirchenbindung entscheidend, die mit Strenge in moralischen Fragen allemal höher korreliert als die gängigen soziologischen Merkmale wie Geschlecht, Alter, Familienstand, Schichtzugehörigkeit usw.. (182) In der Tat läßt sich der Wirkungsgrad kirchlicher Indoktrinierungsarbeit nur über den Zusammenhang zwischen der Intensität der Kirchenbindung, der Rigidität moralischer Normvorstellungen und dem tatsächlichen Sozialverhalten indirekt erschließen. Als eindeutigstes Indiz kann dabei der Zusammenhang zwischen Sexualmoral bzw. Sexualverhalten einerseits und kirchlicher Bindung andererseits angesehen werden, zumal bereits nach einer frühen Umfrage festgestellt werden konnte, daß "von allen Einflüssen, die im Bereich der intimen zwischenmenschlichen Beziehungen in Deutschland ... wirksam werden, der der kirchlichen Bindung der wichtigste (ist)". (183)

Was dort und in anderen einschlägigen Publikationen eruiert wurde, gilt cum grano salis für das Sozialverhalten auf Grund kirchengebundener Religiosität generell und mit einigen Abstrichen auch für die Zusammenhänge publizistischer Art, die hier im besonderen interessieren. (184)

In einem Milieu, in dem die Normen kirchengebundener Religiosität dominieren, werden überkommene Werthaltungen und traditionelle Moralauffassungen entschiedener und konsequenter vertreten als anderswo; (185) letztinstanzlich legitimierte, gesetzliche Regulationen werden unvoreingenommener befürwortet; gegenüber den sich vollziehenden Veränderungen in der moralischen Bewertung des Zivilisationsprozesses und seiner spezifischen Ausprägungen beispielsweise werden stärkere Vorbehalte angemeldet. Bezeichnen sich Kirchgänger etwa als besonders ordentlich, fleißig, charakterfest, zuverlässig, ernsthaft, hilfsbereit und selbstlos, (186) dann prägt sich in diesem Selbstbild, das vom Fremdimage durchaus differiert, jene Übergewissenhaftigkeit hinsichtlich der ihnen abverlangten Anforderungen in Beruf, Haushalt und religiösem Leben oder jene aggressiv-moralisierende Abwehrreaktion gegen Andersartige aus, die mit der Schuldangst zusammenhängt, die aus den frühkindlichen Inzest- und Sexualverboten resultiert. Daß die Erwachsenen an ihre Kinder und ihre Umwelt die in der eigenen Kindheit erlittenen Repressionen weiterzugeben suchen, (187) ist Teil jenes Schuldzusammenhanges, als der sich der über Generationen erstreckende Prozeß der Icheinschränkung konstituiert. Die im katholischen 'Milieu' ablaufenden Erziehungsprozesse (primärer und sekundärer Art) haben, so ist zu folgern, mit Hilfe verinnerlichter, spezifischer Normensysteme den Boden überhaupt erst bereitet, auf dem dann die Saat der interessenspezifischen Gegenaufklärung sowohl der kirchlichen Traktatliteratur wie der aktualitätsreduzierten Bistumspresse aufgehen kann.

Daß sie überhaupt Erfolg, d.h. Gefolgschaft haben kann, weist darauf hin, daß diese Art der Zeitschriftenpresse, trotz nahezu übermächtiger Konkurrenz der übrigen Publikumszeitschriften, die es ratsam erscheinen läßt, die aktuelle Wirkung der Kirchenpresse nicht überzubewerten, gleichwohl von der introvertierten Versagungsangst ihrer Leser zehrt. Die Rückkoppelung an dergleichen Traktatliteratur mit ihrer moralisierenden Erbauungstendenz setzt, gleichsam seitenverkehrt und ohne theologischen Hintergrund, die elterlichen und kirchlich-lehramtlichen Autoritätsansprüche, nur mit anderen Mitteln, fort. Ihre genaue Entsprechung hat sie in der Kontrollfunktion der katholischen Beichtpraxis.

Die von der bürgerlichen Erziehung ausgehende Triebrepression, insbesondere die Tabuierung der frühkindlichen Sexualität in ihrer Bedeutung für die Persönlichkeitsentwicklung des Individuums, wird durch gegenaufklärerische massenmediale Beeinflussung noch verstärkt. Im Zusammenhang gesellschaftlich tolerierter Sozialisationsprozesse kommt ihr die bildungs- und intellektualpolitische Funktion zu, die autoritäre Herrschaft über die Gewissen der Menschen zu verlängern und auf Dauer zu stellen. Mit der Einübung diffuser Existenzangst und eines sekundären Sündenbewußtseins angesichts eines strafenden Gottes, das mittelbar auch die Abhängigkeit von seinen Heilsmittelverwaltern impliziert, wird allgemein ein Klima von Schuld und Unzulänglichkeit erzeugt, in dem sich religiöse Bindungen noch am ehesten verankern lassen. Hinzu kommt, daß auf Grund eines dualistischen Kirchenverständnisses – hie Amt, dort hörende laoí – von Seiten derer, die sich als Resonanzkörper bloß zu verstehen haben, die Tugenden aktiver Selbstbestimmung und frei verantworteter Selbstorganisation zugunsten masochistischer Unterordnungsbereitschaft verstümmelt werden. Aus Angst vor Strafe werden die eigenen Triebansprüche und Autonomievorstellungen systematisch verdrängt und 'verklemmt', ohne daß die katholische 'Aufklärungs'-Literatur das geringste unternähme, diesen Zustand zu ändern.

Im Aktivitätsverbot, das dem Spielverbot aus der Phase der Reinlichkeitsdressur entspricht (188) und im Rückverweis an die 'vorgegebenen' Ordnungen und Werte wird die individuelle Regression zu vorpubertären Formen der Triebbewältigung anempfohlen: in der gehorsamen Unterwerfung wiederholt sich spiegelbildlich die Unterordnung unter die elterlichen Autoritätsbefehle der frühkindlichen Sexualverbote. Das elterliche wie das kirchliche Verbot, ursprünglich durch Identifikation von den Erwachsenen angenommen, kontrolliert nun, verstärkt durch jene zusätzlichen Instrumente der Beeinflussung und Indoktrination, als Über-Ich mit ausgeprägter Bindung an kirchliche Normen nicht nur die individuellen Triebwünsche, sondern auch die Energien sozialen Engagements und gesellschaftsbezogener Aktivitäten. Die internalisierten moralischen Vorschriften, vor allem solche mit antisexuellen Komponenten, verstärken die moralischen Hemmungen, insbesondere wenn die aus der Sexualangst des Kindes stammende Autoritätsfixierung beständig weiter manipuliert wird. Sie verunsichern das Individuum, machen es ängstlich, weltscheu, autoritätsfürchtig und gehorsamswillig. Ist jede aktive Regung mit schwerer Angst besetzt, weil sie von frühester Kindheit an verleidet und vergällt wurde, dann lassen sich gegen autoritäre Gebote kaum mehr Widerstandskräfte mobilisieren. Reich hat die Funktion verinnerlichter moralischer Hemmungen infolgedessen auch politisch interpretieren können. "Sie lähmt ... die auflehnenden Kräfte im Menschen, setzt durch das sexuelle Denkverbot eine allgemeine Denkhemmung und Kritikunfähigkeit; kurz: ihr Ziel ist die Herstellung des an die privateigentümliche Ordnung angepaßten, trotz Not und Erniedrigung sie duldenden Staatsbürgers". (189)

Je mehr sich jedoch die Kirchen auf ein durch manipulative Verdummung und moralische Repressionen regrediertes autoritäres Bewußtsein als Massenbasis stützen — von ihnen selber hervorgerufen und honoriert —, desto sicherer zerstören sie sich selbst die ihnen an der Basis noch verbleibenden Möglichkeiten, gegen den Mißbrauch der moralischen Integrität der Menschen, wie er seitens der profanen Massenmedien bedenkenlos zu Gewinn- und Profitzwecken betrieben wird, agitatorisch wirksam vorzugehen und an das wohlverstandene Selbstinteresse der Menschen zu appellieren. Indem sie anachronistische Strategien befolgen, setzen sie auf die falschen Freunde.

Daß man die konfessionelle Presse mit einem "späten Mädchen" (190) glaubte vergleichen zu müssen — so Chefredakteur Paul Dahm —, verweist auf subtilere Zusammenhänge, als es das selbstkritisch-ironisch gemeinte Bonmot vordergründig anzudeuten scheint.

Die Leserstruktur der konfessionellen Zeitschriftenpresse

Konfessionell orientierte Periodika können als Mittel interpretiert werden, die nicht in dem Maße, wie das bereits möglich wäre und wie es von vergleichbaren Institutionen des gesellschaftlichen Kommunikationssystems bereits geleistet wird, soziale und psychische Mobilität intensivieren oder honorieren, (191) vielmehr die Verfestigung und Stabilisierung traditionaler Strukturen betreiben, die ohnehin für solche Schichten charakteristisch sind, die sich in psychischer und sozialer Hinsicht eher immobil verhalten. (192) In der Tat besteht zwischen dem jeweiligen Urbanisierungsgrad, dem Bildungsniveau, der politischen Partizipation und der Intensität bzw. Variabilität des Medienkonsums eine eindeutige Korrelation. (193) Ob jedoch die Folgewirkungen massenmedialer Beeinflussung, die u.a. darin bestehen, den Prozeß sozialer Mobilisierung zu induzieren und zu beschleunigen, eintreten können, hängt nicht zuletzt von der Lernkapazität und Lernbereitschaft des jeweiligen sozialen Systems und seiner spezifischen Subsysteme ab. (194) Wenn soziale Mobilisierung als ein komplexer Prozeß verstanden werden kann, in dessen Verlauf überholte soziale, ökonomische und psychische Bindungen aufgelöst, neue Verhaltensmuster angeeignet und adäquatere Bindungen eingegangen werden, (195) dann wird ein solcher Ablösungsprozeß durch Stabilisierungsfaktoren traditionaler Art relativ verzögert. In dieser Perspektive läßt sich das konfessionelle Medienangebot auf dem Pressemarkt interpretieren als *zeitdehnender Faktor der Simultaneität von traditionalen und modernen Entwicklungsstadien der Gesellschaft und des kollektiven Bewußtseins.*

Weil sich derartige Strukturmomente jedoch nicht von heute auf morgen befehlsgemäß ummodeln lassen, dürfte die Hoffnung auf eine alle Gruppen gleichzeitig und gleichmäßig erfassende soziale Mobilisierung illusorisch sein. Obwohl die motivationalen, strukturbedingten Diskontinuitäten es verdienten, abgebaut zu werden, scheint kaum eine Aussicht zu bestehen, daß sich die politisch-gesellschaftliche Kultur über kurz oder lang zu einer relativ homogenen entwickeln wird. Nicht nur bestehende konfessionelle Differenzierungen, sondern auch der sich eher noch verschärfende Stadt-Land-Gegensatz scheinen zu einer Polarisierung des sozialen Systems in einen 'traditionellen' und einen 'modernen' Bereich (196) zu tendieren.

Daher lassen sich erst durch einen Vergleich mit den entsprechenden Daten der allgemeinen Bevölkerungsstatistik die Aussagen über die Leserstruktur der katholischen Zeitschriftenpresse zureichend qualitativ interpretieren. Während in der Gemeindegrößenklasse eins (bis 1 000 Einwohner) die konfessionellen Proportionen nahezu ausgeglichen sind, dominieren die Katholiken (zwar) in der nächsthöheren Gemeindegrößenklasse (1000 bis 10 000 Einwohner), werden jedoch in den Klein-, Mittel- und Großstädten von den Protestanten anteilsmäßig zurückgedrängt. Vor allem aber nimmt mit zunehmender Gemeindegröße der Abstand zwischen den Anteilsquoten der beiden Konfessionen auf Kosten des katholischen Bevölkerungsteils zu. In den Großstädten mit über 200 000 Einwohnern liegen die Katholiken um mehr als 25 Punkte

hinter den Protestanten zurück (32,5 % gegenüber 5,1 %), woraus die Schlußfolgerung gezogen werden kann, daß die Katholiken an den in den letzten 100 Jahren vor sich gegangenen Umsiedlungsprozessen — mit eindeutigem Trend zur Urbanisierung — nur negativ partizipiert haben. (197)
Verschärft treten die konfessionellen Disproportionen zutage, wenn die Leser der konfessionellen Zeitschriftenpresse im Verhältnis zur Bundesbevölkerung klassifiziert werden.

demographische Verteilung	Gemeindegrößenklasse				
	-2000	-20 000	-100 000	-500 000	über 500 000
	%	%	%	%	%
Leser von Bistumsblättern	37	34	11	10	8
Leser ev. Kirchengebietsblätter	28	27	16	12	16
Wohnbevölkerung (16-70 Jahre)	24	29	15	14	19

Quelle: (118)

Zwar haben die Leser der evangelischen Kirchengebietsblätter tendenziell eine ähnliche Fallrate aufzuweisen wie die von Bistumsblättern, dennoch ist deren Anteilsdifferenz von 29 Punkten (37 % gegen 8 %) beträchtlich höher als die der protestantischen Leser, die lediglich 12 Punktdifferenzen aufzuweisen haben (28 % gegen 16 %).
Es scheint evident zu sein, daß die konfessionstypische Mentalität der Katholiken ihre siedlungsgeographische Verteilung mit beeinflußt. Dadurch aber wird wiederum ein für sie ungünstiges Gefälle in der Sozialstruktur und im Ausbildungsniveau hergestellt, das seinerseits zur Folge hat, daß das großstädtische Milieu einschließlich seiner Determinanten keine auch nur annähernd vergleichbare Attraktivität für Katholiken besitzt. Da je nach siedlungsgeographischer Verteilung der konfessionellen Gruppen auch die jeweiligen qualitativen Differenzen der sich bietenden Ausbildungsmöglichkeiten in Rechnung zu stellen sind, bewirken die daraus resultierenden Unterschiede im Ausbildungsstand und folglich in den sozialen Erfolgs- und Aufstiegschancen ihrerseits sozialstrukturelle Differenzierungen, die sich wiederum, in einem wechselseitigen Kumulationsprozeß, auf die interkulturellen und interpersonellen Lern- und Sozialisationsprozesse hemmend oder fördernd auswirken. Dergleichen

Zusammenhänge lassen sich besonders drastisch an der Konfessionsstruktur der Anfangssemester der neuen Ruhr-Universität verifizieren, die in einem Land liegt, dessen Bevölkerung zwar zu 52,3 % katholisch ist, deren Studenten jedoch nur zu 38 % katholisch, aber zu 58 % evangelisch sind. Die neu gegründete Ruhr-Universität war demnach von Anfang an für die Protestanten insgesamt attraktiver als für den katholischen Bevölkerungsteil. (199)

So wie in den Jahren nach 1925 der evangelische Bevölkerungsteil in den Großstädten kontinuierlich stärker gestiegen ist als derjenige der Katholiken, ohne daß sich ein Trendumschwung auch nur anzudeuten scheint, verhält es sich ähnlich mit dem Umschichtungsprozeß zugunsten hochqualifizierter 'Erfolgsberufe'.

Daß sich katholische Akademiker überwiegend auf die Fachrichtung Theologie und Erziehungswesen konzentrieren (28,2 % aller männlichen und 58,8 % aller weiblichen Hochschulabsolventen), (200) muß zwangsläufig zur Folge haben, daß sie in den übrigen Zweigen hochschulmäßiger Ausbildung überproportional zurückbleiben. Im Verhältnis zum Proporz der gesamten Erwerbsbevölkerung (49 : 44 : 7 %) stellt sich der konfessionelle Proporz für sämtliche akademischen Fachrichtungen — Theologie und Erziehungswesen einmal ausgeklammert — auf die Relation 55 : 36 : 9 %. (201) Das bedeutet, daß die Katholiken, gemessen an den Protestanten und Konfessionslosen, einen sehr hohen Ausbildungsrückstand zu verzeichnen haben, der durch ihren überproportionalen Anteil an theologischen und erziehungswissenschaftlichen Fachrichtungen nur verdeckt wird. Noch deutlicher wird dieser 'lag', sobald die Befunde detaillierter aufgeschlüsselt werden. In den ausgesprochen funktionalen, ökonomisch-industriellen 'Erfolgsberufen', wie Industriekaufmann, Wirtschaftsjurist, Wirtschaftsingenieur, selbständiger Kaufmann, usw., bleiben Katholiken weit hinter den übrigen Gruppen zurück.

Darin drückt sich ein Trend aus, der wie ein ehernes Gesetz das Sozialschicksal des katholischen Bevölkerungsteils zu determinieren scheint, und nichts deutet bis jetzt darauf hin, "daß die Schere, die zwischen der Zahl der katholischen Erwerbsbevölkerung einerseits und der Zahl der erwerbstätigen, akademisch vorgebildeten Katholiken andererseits besteht, sich nach der aus der Hochschulstatistik abzulesenden Tendenz in einem absehbaren Zeitraum schließen würde. Es ist gerade umgekehrt: die Tendenz ist weiter absinkend". (202)

Ergänzend zu dieser Feststellung läßt sich der Befund hinzufügen, daß katholische Hochschulabsolventen sehr viel stärker motiviert sind, Berufe zu bevorzugen, die mit der Sicherheit des Beamtenstatus verknüpft sind. Selbst in den von Katholiken relativ geringfügig frequentierten technischen Berufen ist ihre Unterbilanzierung geringer ausgeprägt als in den übrigen technischen Sparten, sobald ihnen dort die höhere Laufbahn offensteht, sei es im Bau- und Vermessungswesen oder als Bergbauingenieuren. Im übrigen sind die von katholischen Hochschulabsolventen

überproportional bevorzugten Berufe, wie Seelsorger, Lehrer an Volks-, Mittel-, Berufs- und Fachschulen, und selbst die, in denen sie proportional vertreten sind, d.h. an höheren Schulen, eo ipso mit dem Beamtenstatus verknüpft.
In der Tat wird diese Kategorie der sogen. "Aufstiegsberufe", wie die jüngste Untersuchung aus dem Bereich der Bildungsforschung nachweisen konnte, (203) vor allem von Angehörigen unterer, aufstiegswilliger sozialer Schichten, in denen die Katholiken ohnehin zahlreicher vertreten sind, bevorzugt frequentiert, weil sie sich im weiterhin hierarchisch vorgestellten Berufs- und Schichtenmodell über sie einen ersten sozialen Halt zu ergattern erhoffen. Doch selbst in die sogenannten "positionalen Berufe" rücken Katholiken, wenn überhaupt, in einer Weise ein, daß mit steigender sozialer Stellung ihre Anteilskurve degressiv verläuft, was heißt, daß sie — differenziert nach einfacher, mittlerer, gehobener und höherer Position — in den niedrigsten Positionen die höchsten und in den höchsten Positionen die niedrigsten Anteilsquoten aufzuweisen haben. (204)
Bezogen auf die allgemeine soziale Situation der Katholiken in der Bundesrepublik spiegelt daher die Leserstruktur der konfessionellen, speziell der katholischen Zeitschriftenpresse nur verschärft die durchweg zu konstatierende *katholische Sozialmisere* wider.
Nach ihrer Schulbildung beispielsweise setzt sich die Leserschaft der Bistumsblätter wie folgt zusammen:

demographische Gruppen	Volksschule ohne abgeschlossene Lehre %	Volksschule mit abgeschlossener Lehre %	Mittelschule, Höhere Schule ohne Abitur %	Abitur Universität %
Leser von Bistumsblättern	54	32	11	3
ev. Kirchengebietsblätter	42	38	16	4
Gesamtbevölkerung (16-70 J.)	43	38	13	5

Quelle: (205)

Daß mit der Ausbildungshöhe das Interesse an der konfessionellen Zeitschriftenlektüre absinkt, war zwar von vornherein zu erwarten, gleichwohl ist dieser Befund in theoretischer Absicht dahingehend zu interpretieren, daß, da sich die Legitimation derartiger Periodika aus der Versorgungslage der am schlechtesten ausgebildeten Schichten herleitet, die Bistumspresse die konfessionell getönte Variante der bundesweit ver-

breiteten Massenpresse abgibt, die beide Nutznießer eines sozial bedingten Analphabetismus genannt werden können. Wie die Massenpresse allgemein ist die kirchlich orientierte, katholische Zeitschriftenpresse *Nutznießer speziell des katholischen Bildungsdefizits. (206)*
Der überproportionale Anteil an nicht oder doch mangelhaft Ausgebildeten wird ergänzt nicht nur durch ein starkes Übergewicht älterer Jahrgänge (26 % sind zwischen 50 und 70 Jahre alt; in der Gesamtbevölkerung ist diese Altersgruppe nur zu 18 % vertreten) und von Hausfrauen bzw. Nichtberufstätigen unter den Lesern (38 % gegenüber 33 % in der Gesamtbevölkerung), sondern auch durch Unterrepräsentation von Berufstätigen (54 % gegenüber 61 %) aber vor allem dadurch, daß Angestellte (19 %) und Facharbeiter einschließlich nichtselbständige Handwerker (19 %) im Verhältnis zu ihrem Anteil an der Gesamtbevölkerung (24 % und 23 %) schwächer vertreten sind, bei gleichzeitiger Überrepräsentation ländlicher Berufe (13 % und Nichtberufstätiger (17 %) im Verhältnis zu deren Anteil an der Gesamtbevölkerung (8 % resp. 15 %), wobei sich die Quoten der Selbständigen (12 % gegen 11 %) und Beamten (4 % gegen 3 %) ungefähr ausgleichen. Der Tendenz des größtenteils unter- bis mittelschichtigen, nicht-großstädtischen katholischen Bevölkerungsteils, einem ausgeprägten Nachhol- und Anschlußbedürfnis Rechnung zu tragen und zunächst in relativ sichere Positionen einzurücken, die entsprechend weniger technisch-ökonomisch als geisteswissenschaftlich orientiert sind, korrespondiert andererseits unter Katholiken eine überproportionale Zunahme an Arbeitern und parallel dazu ein langsameres Ansteigen ihrer Angestelltenquote, die hinter der protestantischen auffällig zurückblieb, jedenfalls seit dem Beginn der Fünfziger Jahre.
Daran ist abzulesen, "daß die Katholiken an dem im Gang befindlichen sozialen Umschichtungsprozeß, den das technische Zeitalter im Begriff ist zu vollziehen, nicht in gleichem Ausmaß beteiligt gewesen sind, wie die Zahlen es für die Protestanten ausweisen". (207) Dem Entwicklungstrend vom sozialen Status des Arbeiters zum Angestellten hin sind die Katholiken in der Bundesrepublik nicht in gleichem Maße wie die Protestanten gefolgt. Die verstärkt zutage tretende Gewichtsverlagerung im Bereich der ausführenden Klasse zugunsten der kaufmännischen, administrativen und technisch vorbereitenden Funktionen ist von ihnen ungleich zögernder realisiert worden. Ihr daher resultierender Anpassungsrückstand läßt sich zahlenmäßig wie folgt ausdrücken: im katholischen Bevölkerungssegment betrug das Verhältnis Angestellter-Arbeiter im Jahre 1951 eins : 3,6 und lag 1961 immer noch bei 1 : 2,3; demgegenüber hatte sich das entsprechende Verhältnis bei den Protestanten im gleichen Zeitraum von 1 : 3,0 auf 1 : 1,8 reduziert. (208)
Auffällig ist vor allem, daß sich die Leser der katholischen Zeitschriftenpresse überwiegend in die nicht industriell tätige Untere Mittelschicht und Obere Unterschicht einstufen. Damit ordnen sie selbst die ihnen

adäquaten Mentalitäten und Verhaltensweisen vorwiegend 'nichtindustriellen Lebenformen' zu. Die Rangfolge der Reichweite in den sozialen Schichten (nach Selbsteinstufung der Leser; dahinter, in Klammern, die Rangplatznummer und der Reichweitensatz der ev. Kirchengebietsblätter; LpN), sieht wie folgt aus:

1) Obere Unterschicht (21,6 %) nicht industriell tätig (5. = 7.5 %)
2) Untere Mittelschicht ((18,6 %), nicht industriell tätig (2. = 9,3 %)
3) Untere Unterschicht (17,1 %) (6. = 6.6 %)
4) Obere Unterschicht (14,8 %), industriell tätig (7. = 5,3 %)
5) Mittlere Mittelschicht (14,4 %) (3. = 8,9 %)
6) Untere Mittelschicht (13,9 %), industriell tätig (4. = 8,3 %)
7) Oberschicht und obere Mittelschicht (13,4 %) (1. = 10,3 %)

Quelle: (209)

So problematisch wegen der ihr zugrundeliegenden subjektiven Einstufung eine derartige Rangordnung, die gleichwohl an Kriterien objektiver Schichtzugehörigkeit sich orientiert, sein mag, egalisiert wird das subjektive Moment der irrtümlichen Klassifizierung dadurch, daß eine interkonfessionelle Vergleichbarkeit herbeigeführt werden kann. Dabei zeigt sich nun, daß vor allem die evangelische regionale Kirchenpresse sozus. schichtadäquat 'streut'. Die Reichweitenverteilung ihrer Leser entspricht mehr oder minder sogar der im sozioökonomischen Schichtmodell implizierten Rangfolge.
Gemessen an ihnen differieren die katholischen Leser überaus stark. Bezogen auf das gleiche Schichtmodell erreicht die Bistumspresse allenfalls diskontinuierlich ihr Publikum. Insgesamt tendiert sie stärker zum unteren Drittel der schichtspezifisch verstandenen Rangskala, und innerhalb dieses Modells wiederum scheint sie vorwiegend auf nichtindustriell tätige soziale Sektoren zugeschnitten zu sein.
Gleichsam unterhalb einer soziologisch objektivierbaren und operationell definierten Rangskala bildet sich die katholische Subkultur ihre eigene Hierarchisierung aus, die sie mit einem spezifischen Anspruchsniveau und Eigen-Image ausstaffiert, so daß sozio-kulturelle Entsprechungen deutlich werden, die mit konfessionell unterschiedlichem Persönlichkeitstraining und daran anknüpfenden spezifischen Rollenerwartungen zusammenhängen. Da überdies das Verhältnis der katholischen Zeitschriftenpresse zur gesellschaftlichen Oberschicht zumindest prekär ist, läßt sich in einem einigermaßen soziologisch plausiblen Sinne von ihr als von 'niederer' Literatur sprechen, ohne damit gleich moralische oder ästhetische Wertungen zu präjudizieren. (210)
Obwohl keineswegs unterschichtenfeindlich, ist die Bistumspresse doch nicht gerade arbeiterfreundlich zu nennen. Präsumptiv wäre daher auch von einer inhaltsanalytischen, ergänzenden Untersuchung zu erwarten, daß sie, parallel zu den Befunden der bisherigen Analyse, das Ergebnis

zutagefördern würde, daß soziale Fragen in der Kirchenpresse allenfalls als mitleiderregende Fallstudien eine Rolle spielen, die zum Anlaß genommen werden, mildtätige Entlastungsaktionen zu provozieren. So wie weithin die Probleme der Arbeitswelt in ihr ausgespart sind, wird der gesamte industrielle Sektor vernachlässigt. Überdies erscheinen soziale Interessenkonflikte zugunsten eines harmonistisch ausbalancierten Sozialmodells zurückgedrängt und privatistisch verlagert. Demgegenüber entstammt das die massenhaft verbreitete Presse überhaupt kennzeichnende, übergewichtige Unterhaltungsangebot größtenteils dem tertiären Sektor, wie überhaupt in der Kirchenpresse Problemstellungen angeboten werden, die tendenziell solchen Lebensinteressen stärker entsprechen, die von unmittelbaren Produktionszwängen entlastet sind. Am ehesten dürften sie auf das gehobenere Anspruchsniveau mittelständischer Bedürfnisse zugeschnitten sein. Daraus ließe sich auch auf eine gewisse Nähe zur mittelständischen Ideologie in politischer Hinsicht schließen, wie überhaupt die institutionalisierte Kirche die bürgerlichen Mittelschichten mit ihrer typischen, auf Sicherheit und Überschaubarkeit der Lebensführung gleichermaßen bedachten Aufsteigermentalität stärker anzusprechen scheint, mit allen Konsequenzen freilich, die sich aus dieser Konstellation unschwer ableiten lassen. (211) Darüber hinaus ist für die Leserstruktur der konfessionellen Presse insgesamt charakteristisch ihr überdurchschnittlich hoher Anteil an weiblichen Lesern (60 %), die sich von diesem Pressetyp, wie die Werbeslogans zu unterstreichen nicht müde werden, besonders ansprechen lassen.

Wäre das Leseverhalten und das jeweilige Anspruchsniveau hinsichtlich des redaktionellen Angebots gleichermaßen von der Intensität und dem Grad der Indoktrinierung abhängig, dann dürfte es zwischen Männern und Frauen einerseits, jüngeren und älteren Jahrgängen andererseits kaum nennenswerte Unterschiede in der Art und Weise der Rezeption oder hinsichtlich des Rezipierten geben.

Aber wie schon beim Sexualverhalten die religiöse Bindung bei Frauen (und verständlicherweise Jugendlichen) eine stärkere Determinante darstellte als bei männlichen Erwachsenen (212) und damit das analytische Interesse auf den Zusammenhang zwischen religiös integrierter Repression und tatsächlichem Sozialverhalten lenkte, so liegt es nahe, auch die überproportionale 'Abweichung' von Frauen und älteren Jahrgängen beim Konsum des konfessionellen Presseangebotes im Kontext mit jenen repressiven Deformationen zu begreifen, die die patriarchalische Familienstruktur und die gesellschaftliche Rollendiskriminierung an Frauen (und Jugendlichen) anrichtet, indem sie sie zu Verzicht und 'billigen' Ersatzbefriedigungen gleichermaßen anhalten.

Im Geltungsbereich der Normen kirchengebundener Religiosität kumuliert die konfessionelle Determinante zusätzlich die allgemeine soziale Diskriminierung der Frauen, während die älteren Jahrgänge ohnehin die stark repressiven Erfahrungen früherer Generationen zu reflektieren scheinen. Hinzu kommen bei ihnen die besonderen Lebensumstände der Phase der Integrität, (213) in der sie momentan leben, so daß sie — phasenbedingt — auf Solidität größeren Wert legen als auf soziale Leistungs-, Erfolgs- und Bewährungsideologien. Das Ergebnis der empirischen Trend- und Verlaufsanalyse ist demnach eindeutig: Die Bedeutung der katholischen Presse, insonderheit der Bistumsblätter, steht zur Wohnortgröße, zum sozialen Status und zur Berufsqualifikation ihrer Leser in umgekehrt proportionalem Verhältnis.

Damit aber sind die *Grenzen* publizistischer Aktivitäten in kirchenoffiziellen und -offiziösen Blättern ziemlich genau markiert: sie laufen entlang bestimmter soziographischer Merkmale, die zwar langfristig den Interessenhorizont katholischer Intensivleser beschreiben und zugleich fixieren, dennoch keine Invarianzen darstellen. Insofern über sie das katholische Intensivsegment relativ befriedigend abgesättigt wird, dürfte freilich mit dem bisherigen Angebot und dem tradierten 'image' kein größerer Durchbruch in neue Leserschichten mehr möglich sein. Damit ist die konfessionelle Zeitschriftenpresse an die 'natürliche' Sättigungsgrenze ihrer Verbreitung gestoßen. Die von ihr erreichten Leser honorieren zwar das entsprechende Angebot, wofur die Auflagenkonstanz spricht, sie limitieren es aber auch zugleich.

Vergleicht man die Analyse der Leserstruktur mit der Inhaltsanalyse des Angebots, dann ist das Argument, der konfessionelle Leser "wünsche" eine derartige Presse und honoriere sie mit relativ konstanten Auflagenziffern, nicht einmal abwegig, sondern vom Mehrheits-"Willen" im pseudodemokratischen Verständnis noch getragen und von den Spielregeln des bürgerlichen Repräsentativsystems zusätzlich gedeckt. In der Tat leidet die kirchliche Publizistik auch an ihrem Publikum. Dennoch wäre von einer Soziologie, die sich bewußt als Emanzipationswissenschaft versteht, dergleichen 'Wille' nicht als letztes, nicht auflösbares Geheimnis etwa zu respektieren, sondern als gesellschaftlich produzierter primär funktional zu begreifen und nach Möglichkeit aus ideologisch verblendeten Interessenkonstellationen abzuleiten. Auf diese Weise erst ließen sich die Widersprüche, die zwischen den willentlichen Bedürfnissen der Individuen und den dekretierten Normen zwangsintegrativer Ordnungen bestehen, mit der Chance auf theoretischen wie praktischen Erkenntnisgewinn produktiv austragen.

So wäre etwa die überdurchschnittlich hohe Bereitschaft, sich den offiziellen Normerwartungen entsprechend angepaßt zu verhalten, nicht als 'Treue' des katholischen Intensivsegments naiv und unbesehen zu glorifizieren, sondern primär in ihrer gesellschaftlich notwendigen Funktion als Bedingung der Möglichkeit zur Bildung einer katholischen Sozialpersönlichkeit zu begreifen und darüberhinaus auch der gesellschaftliche Stellenwert massenhaft verbreiteter Persönlichkeitstorsi zu bestimmen.

Zu Recht ist daher die Frage, wenn auch einseitig, gestellt worden, ob und wie es denn möglich sei, daß "konfessionstypische Mentalitäten auch eine säkularisierte Menschheit prägen, die ... nur noch zu einem geringen Bruchteil am kirchlichen Leben teilnimmt, es sei denn, man geht davon aus, daß solche in Jahrhunderten geprägten Mentalitäten latent auch gegenwärtig noch nachwirken, obwohl die ursprünglich enge Bindung der Gläubigen an die Kirche sich mehr und mehr gelockert hat, so daß deren Einwirkungsmöglichkeit nur noch wenig Raum bleibt". (214)

Zu antworten wäre darauf, daß dergleichen Mentalitäten nicht nur latent in der Gegenwart 'nachwirken", gleichsam aus der Erinnerung von irgendwo her, sondern unablässig in allen Sozialisationsprozessen weitergereicht und verinnerlicht werden. Das besorgen die zu profanen Initiations- und Ausstattungsemblemen abgesunkenen rituellen Praktiken der Kirchen (215) ebenso wie die über eigene public-relations-Agenturen ausgestreuten 'messages' einer religiös verbrämten Versorgungsmoral, die unangefochtene Reputation der Kirchen in der Bundesrepublik ebenso wie die sublimen Indoktrinationsinstrumente kirchlicher Presse- und Erziehungsarbeit. Vor allem aber sorgt die Interessenidentität (216) von Kirchen und Staat in den wichtigsten familien-, ehe- und sexualpolitischen Vorstellungen dafür, daß die Ehe qua Institution als die zentrale Verinnerlichungsagentur der bürgerlichen Gesellschaft und ihrer integrativen Moralvorstellungen unangetastet gelassen wird. (217)

Öffentlich sanktionierte und innerkirchlich deduzierte Moralvorstellungen decken sich schließlich mit dem realen Bewußtsein (218) derjenigen, die die Mechanismen permanenter, gleichwohl subtiler gewordener Ausbeutung, entfremdeter Arbeit und autoritärer Herrschaft so sehr verinnerlicht haben, daß sich die Manipulateure ruhigen Gewissens gar auf den 'Willen der Mehrheit' berufen können und von ihm ihre Legitimation herleiten, auch in Zukunft die Verhältnisse, wie sie sind, zu perpetuieren.

Anmerkungen

(1) Vgl. zu diesem speziellen Problem Harald Bogs: Probleme des Geistlichenprivilegs im Wehrrecht, in: Der Staat, 9. Bd., 1970, H. 1, S. 43-66.
(2) Helmut Gollwitzer: Die sich selbst betrügen, in: Wolfgang Weyrauch (Hrsg.): Ich lebe in der Bundesrepublik. Fünfzehn Deutsche über Deutschland, München o.J. (= List-Bücher 163), S. 131.
(3) Würde man unterstellen, der bundesrepublikanische Katholizismus habe bloß die Taktik des Mimikry verfolgt, die öffentliche Meinung hierzulande wäre sicher geneigt, sich mit diesem Vorurteil vordergründig zu behelfen, zumal sie ohnehin stark mit einer Art kurialer Verschwörungstheorie liebäugelt. Vgl. dazu Otwin Massing: Die Kirchen und ihr 'image'. Materialien und Meinungen zu ihrer Situation in der Bundesrepublik, in: Die sogenannte Politisierung der Kirche (= Furche Taschenbuch Nr. 182), Hamburg 1968, S. 39-96.

(4) Stuttgarter Zeitung vom 15.9.1967.
(5) So u.a. der Leiter der Pressestelle der Erzdiözese München, Prälat Anton Maier, laut "Frankfurter Rundschau" vom 3.10.1967; gleiches gilt von Hans Wagner: Legenden und Einsichten. Zum Problem einer katholischen Wochenzeitung, in: Die Sendung (Kommentare), H. 4, (Juli/Aug.) 1967, S. 122-126.
(6) Die Angaben des KNA-Chefs, Kraemer, zitiert nach "Süddeutsche Zeitung" vom 17.8.1967.
(7) Christoph Theodor Wagner: Die katholische Kirche, in: Handbuch für die Öffentlichkeitsarbeit, PR, Ergänzungslieferung Nr. 14 vom 31. Okt. 1969 (Neuwied 1969), S. 19-36 (26).
(8) Roegele/Wagner: Die katholische Presse in Deutschland, in: Emil Dovifat (Hrsg.): Handbuch der Publizistik, Bd. 3, 2. Teil, Berlin 1969, S. 496-507 (498).
(9) Ibid., S. 500.
(10) Ibid., S. 501.
(11) Vgl. Roegele/Wagner, a.a.O., S. 501.
(12) Herausgegeben vom Gemeinschaftswerk der Evangelischen Presse e.V., Frankfurt/M. (o.J.). Im übrigen fristet in den Randzonen der konfessionellen, insbesondere der katholischen Presse, die immerhin auf eine Auflage von ca. 1 Million geschätzte, sogenannte christliche, der CDU nahestehende Tagespresse keineswegs ein Kümmerdasein. (Vgl. Chr. Th. Wagner, a.a.O., S. 26).
(13) Christoph Theodor Wagner, a.a.O., S. 23.
(14) Hauptkriterium zur Unterscheidung nach Intensiv- bzw. Reduktionssegment ist die Intensität der religiösen resp. kirchlichen Praxis, wobei in der Regel die sogen. Gottesdienstziffer aus differenzierten Kirchenbesucherzählungen als Meß- und Bezugsgröße zugrundegelegt wird. Entsprechend lassen sich unterschiedliche Typologien erstellen. Josef Fichter beispielsweise hat nach Kernpfarrei, Randkatholiken und 'schlummernden' Katholiken unterschieden. Greinacher unterscheidet nach Gemeindekatholiken (etwa 15 %), Traditionskatholiken (etwa 25 %), Marginalkatholiken (etwa 50 %), und bewußten Nondominikantes (etwa 10 %). Vgl. Norbert Greinacher: Die Kirche in der städtischen Gesellschaft. Soziologische und theologische Überlegungen zur Frage der Seelsorge in der Stadt, Mainz 1966, S. 218.
Vgl. auch Adolf Holl: Gott im Nachrichtennetz. Religiöse Information in der modernen Gesellschaft, Freiburg i. Br. 1969, S. 34 ff.
(15) Christoph Th. Wagner, a.a.O., S. 23.
(16) Vgl. Die Bistumsblätter als Werbeträger. Versuch einer Positionsbestimmung, 1967 (Untersuchungen des DIVO-Instituts für angewandte Psychologie), herausgegeben von der Arbeitsgemeinschaft Kirchliche Presse e.V. (Zitierweise: Werbeträger).
Die "Arbeitsgemeinschaft Kirchliche Presse", in der alle größeren katholischen Zeitschriften zusammengeschlossen sind, bietet 10 überregionale und 22 regional verbreitete katholische Zeitschriften als Werbeträger an. Die Auflage beträgt 1.495.454 resp. 2.216.484 Ex. Im "Gemeinschaftswerk der evangelischen Presse" sind 4 überregionale und 18 regional verbreitete Titel vertreten mit einer Auflage von 534.593 resp. 1.135.595. Die Gesamtauflage der Zeitschriftengruppe "Konfessionelle Presse" beträgt demnach 5.382.126 Auflagenexemplare. (Angaben nach der Werbebroschüre "Dialog mit einem großen Werbeträger. Die Zeitschriftengruppe 'Konfessionelle Presse' stellt sich der Werbung", (München o.J.) (1969), (Zitierweise: Dialog).
(17) Christoph Theodor Wagner, a.a.O., S. 31 f.: "Publik" hatte nach seiner Darstellung im Jahre 1968 eine verkaufte Auflg. von 85.000, ein Jahr später eine verkaufte Auflage von 62.000. Diese Angaben dürften eher zu niedrig ange-

setzt sein, (ibid., S. 27). Nach Angaben des Verlages ist die Auflage keineswegs rückläufig, sondern steigt stetig an.
Abweichend von den dort gemachten Angaben nennen Roegele/Wagner 420 Titel mit einer Gesamtauflage von ca. 18 Mill., in: E. Dovifat (Hrsg.), a.a.O., S. 501.
(18) Quelle: Titelkartei zur Verbreitungsanalyse 1969, herausgegeben von der Zeitungsgemeinschaft für Marktforschung und Absatzförderung in der Standortpresse GmbH, Bonn 1970 (Die Angaben zur verkauften Auflage beziehen sich auf das 1. Quartal 1969).
(19) Vgl. Adolf Holl, a.a.O., S. 63. Ebenso Hermann Meyn: Massenmedien in der Bundesrepublik Deutschland, Ergänzte Neuauflage, Berlin 1970, S. 131.
(20) Roegele/Wagner, a.a.O., S. 502.
(21) LpN = Leser pro Nummer. Diese quantitativen Angaben und ihre Interpretation stützen sich im wesentlichen, wenn nicht anders angegeben, auf die "Quantitative Leseranalyse konfessioneller Zeitschriften 1962", herausgegeben von der Fachgruppe 'Konfessionelle Zeitschriften' im Verband Deutscher Zeitschriftenverleger e.V., Düsseldorf (o.J.), in Verbindung mit der Arbeitsgemeinschaft Kirchliche Presse e.V., und dem Gemeinschaftswerk der Evangelischen Presse e.V., (Zitierweise: LA 62). Durchgeführt wurde diese Gemeinschaftsuntersuchung von der DIVO-GmbH, Frankfurt/M. Die Feldarbeit lief von September 1961 bis April 1962 in 5 Wellen zu je 1700 Befragten im Alter zwischen 16 und 70 Jahren. Die Erhebungen basieren auf einer doppelt geschichteten Zufallsstichprobe mit Adressenvorgaben für den Interviewer.
Vgl. vor allem Tab. 11. In unserem Zusammenhang sind primär die Angaben für das gesamte Bundesgebiet von Interesse. Eigene Umrechnungen werden gesondert vermerkt.
(22) Vgl. LA 62, Tab. 1 und Umrechnung; vgl. auch Tab. 6.
(23) Vgl. LA 62, Tab. 11.
(24) Ibid., Tab. 11.
(25) dto.
(26) Vgl. dazu Otwin Massing: Die Kirchen und ihr 'image', a.a.O., S. 39-96.
(27) Dieser Schluß läßt sich aus der Interpretation der Tab. 10 (LA 62) ziehen, die Angaben über die einschlägigen Überschneidungen enthält.
(28) LA 62, vgl. Tab. 6 und ebenso Tab. 11.
(29) Vgl. LA 62, Tab. 3. Die Prozentsätze des Katholikenanteils an der Wohnbevölkerung sind entnommen aus: Statistisches Bundesamt, Fachserie A: Bevölkerung und Kultur; hier: Volks- und Berufszählung vom 6.6.1961, H. 5, Bevölkerung nach der Religionszugehörigkeit, S. 23, zit. in: Traute Nellessen-Schumacher: Sozialstruktur und Ausbildung der deutschen Katholiken. Statistische Untersuchungen aufgrund der Ergebnisse der Volks- und Berufszählung 1961, Weinheim-Berlin-Basel 1969, Übersicht 4, S. 16; Zahlen z.T. aufgerundet.
(30) Vgl. LA 62, Tab. 6 und ebenso Tab. 11.
(31) Gleichwohl sind die Lesekontakte im Binnensegment der katholischen Subkultur stärker und intensiver ausgeprägt.
Kontaktintensiver ist auch, der Analyse der "Publik"-Leser zufolge (vgl. Anm. 118), der Kioskkäufer von "Publik" im Verhältnis zum Abonnenten und insofern dem Leser überregionaler Blätter strukturell vergleichbar.
(32) Vgl. LA 62, Tab. 10.
(33) Vgl. Werbeträger, a.a.O., S. 5.
(34) Darüber liegen u.a. Untersuchungen des Wiener Instituts für kirchliche Sozialforschung vor. Vgl. Holl, a.a.O., S. 65; vgl. auch Werner Harenberg (Hrsg.): Was glauben die Deutschen? Die Emnid-Umfrage. Ergebnisse und Kommentare, München-Mainz 1968.

(35) Dazu vor allem Reinhard Köster: Die Kirchentreuen. Erfahrungen und Ergebnisse einer soziologischen Untersuchung in einer großstädtischen evangelischen Kirchengemeinde, Stuttgart 1959; Inge Peter-Habermann: Kirchgänger-Image und Kirchgangsfrequenz, Meisenheim a.Gl. 1967.
(36) Seither existiert beispielsweise in der Bundesrepublik die Deutsche Bischofskonferenz, die nun nicht mehr nur Empfehlungen, sondern auch verbindliche Beschlüsse fassen kann. Vgl. dazu Christoph Theodor Wagner, a.a.O., S. 20 f.
(37) Vgl. hinsichtlich der genaueren Angaben die Anm. 21.
(38) Werbeträger, a.a.O., S. 6.
(39) Ibid. S. 6, (Hervorhebung von mir, O.M.). Kaum dürfte dem Verfasser die Ambivalenz seiner Zentralbegriffe aufgefallen sein.
(40) Vgl. dazu Werbeträger, a.a.O., S. 8, Tab. 4. Derartige Unterschiede können gleichwohl vernachlässigt werden, weil sie allenfalls die typologische Eindeutigkeit beeinträchtigen und so die generalisierende Strukturanalyse verunklaren.
(41) Bei der Durchsicht der Testhefte wurde für die Bewertung des angebotenen redaktionellen Stoffes eine Skalierung verwandt, mit deren Hilfe angegeben werden konnte, welchen Raum die jeweiligen Themen einnehmen. Pro Seite wurden 8 Punkte vergeben. In die Einstufung wurden zwar Bilder, nicht jedoch Anzeigen einbezogen. Quelle: Werbeträger, a.a.O., S. 12, Tab. 6.
(42) Werbeträger, a.a.O., S. 10. Ein gleichermaßen enger Interessenhorizont begrenzt die evangelischen Blätter. Einer Stichprobe aus 26 evangelischen Gemeinde- und Sonntagsblättern zufolge (1956) entstammen 108 Beiträge der Rubrik 'Erbauliches' (Andachten, Schriftauslegungen usw.), 495 Beiträge waren der Rubrik 'Kirchliche Informationen' zuzurechnen und nur 115 Beiträge (= etwa 1/7) entfielen auf die Sparte 'Gespräch nach außen und mit der Welt'. Vgl. Walter Schricker: Ist die Kirchenpresse noch zu retten? Eine Sendung des Norddeutschen Rundfunks, II. Programm, vom 12.10.1968.
(43) Werbeträger, a.a.O., S. 11.
(44) Freilich ist dieser Zustand nicht deterministisch als unabwendbares Schicksal etwa, sondern zunächst nur als typische Reaktionsform auf nicht bewältigte Herausforderungen seitens konkurrierender Gruppen und deren 'effektiveren', auch zeitgemäßeren Problemlösungsversuchen zu interpretieren.
Erst in diesem Zusammenhang sind neuere Versuche richtig einzuordnen, die Massenkommunikationsmedien, vor allem Funk und Fernsehen, als Mittel des geistlichen Marketing effektiver einzusetzen, was voraussetzt, daß man mit ihnen unbefangener umzugehen lernt. Vgl. Karl-Werner Bühler: Die Kirchen und die Massenmedien. Intentionen und Institutionen konfessioneller Kulturpolitik in Rundfunk, Fernsehen, Film und Presse nach 1945, Hamburg 1968; ferner Elmar Maria Lorey: Mechanismen religiöser Information. Kirche im Prozeß der Massenkommunikation, München-Mainz 1970. Symptomatisch für die sozialpädagogische Ambivalenz derartiger Versuche dürfte folgendes Zitat sein, das ziemlich genau den Bewußtseinszustand der Protagonisten widerspiegelt: "So tragen all diese 'Institutionen repressiver Moral' (gemeint sind u.a. die Zeitschriftenbeobachtungsdienste, O.M.) zugleich die Tendenz in sich, aufklärend zu wirken und damit den einzelnen Konsumenten, wenn auch unter pädagogischer Führung, in die Mündigkeit zu entlassen." (Karl-Werner Bühler: Evangelische Presseethik nach 1945. Über den Versuch, die protestantische Furcht vor der Moderne zu überwinden, in: Heinz-Dietrich Wendland (Hrsg.): Sozialethik im Umbruch der Gesellschaft. Arbeiten aus dem Mitarbeiter- und Freundeskreis des Instituts für Christliche Gesellschaftswissenschaften an der Universität Münster, Göttingen 1969, S. 213-232 (227).
(45) Werbeträger, a.a.O., S. 11 (Hervorhebung von mir, O.M.).
(46) So der Titel des Buches von Hans-Ekkehard Bahr: Verkündigung als Informa-

tion. Zur öffentlichen Kommunikation in der demokratischen Gesellschaft, Hamburg 1968.
(47) Die vom 1. Mai bis 30. Juni 1970 gestartete, erstmalige Totalerhebung (Umfrage) unter 21 Millionen deutschen Katholiken zur Synode 1972 hat gerade wegen der allzu engen, manipulierten Standardisierung ihrer Fragen herbe Kritik erfahren. Vgl. auch Anm. 170.
(48) Wer indes am Abbau der tiefgreifenden theologischen Unmündigkeit der Kirchenmitglieder auch nur interessiert ist, hätte infolgedessen dem Alleinvertretungsanspruch der den Organen der innerkirchlichen Publizistik gegenüber theologisch auftrumpfenden Amtskirche und ihrer Repräsentanten – der Theologen überhaupt – zunächst einmal Widerstand entgegenzusetzen. Grosso modo wäre dem Urteil Yorick Spiegels zuzustimmen: "Für jedes sich eigenständig entwickelnde geistliche Leben und für jede religiöse Aktivität muß es tödlich sein, wenn sie stets dem Urteil einer akademischen Theologie (vor allem in ihrer spezifisch amtskirchlichen Variante, O.M.) unterworfen werden" (Yorick Spiegel: Kirche als bürokratische Organisation, München 1969, S. 59).
(49) Werbeträger, a.a.O., S. 10.
(50) Werbeträger, a.a.O., S. 10 und Anmerkung.
(51) Karl Rahner: Freiheit und Manipulation in der Kirche. Spannungselemente zwischen Lehrautorität und Meinungsbildung, in: 'Publik', Nr. 12, vom 20.3.1970.
(52) Rob. A. Dahl: Politische Systeme. Ähnlichkeiten und Unterschiede, in: Ekkehard Krippendorf (Hrsg.): Political Science. Amerikanische Beiträge zur Politikwissenschaft, Tübingen 1966, S. 149-172 (153).
(53) Vgl. Hartley/Hartley: Die Grundlagen der Sozialpsychologie, Berlin 1955, S. 14.
(54) W. Johnson: People in Quandries, New York 1946, zit. bei Hartley/Hartley, a.a.O., S. 11.
(55) Ibid., S. 16.
(56) Dieser Erkenntnis scheint erst in jüngster Zeit etwas systematischer Rechnung getragen zu werden. Vgl. dazu die Literaturangaben in Anm. 44.
(57) Hans Wagner: Legenden und Einsichten, a.a.O., S. 123.
(58) Vgl. dazu Otwin Massing: Die Kirchen und ihr 'image', a.a.O., bes. S. 75 ff.
(59) Wilbur Schramm (Hrsg.): Grundfragen der Kommunikation, 2. Auflg., München 1968, S. 85 ff.
(60) Walter Dirks: Wo sind die guten Geister? Neuigkeiten aus dem Deutschen Katholizismus, in: Frankfurter Hefte, 22. Jg., H. 4, 1967, S. 238.
(61) 'Die Furche', Nr. 33, vom 19. Aug. 1967.
(62) Katholische Nachrichtenagentur (KNA), Aktueller Dienst, Nr. 199, vom 25. Aug. 1967.
(63) Nicht zuletzt wäre hierzu das vielbemühte und ideologisch allzu oft mißbrauchte Elternrecht zu zählen. Vgl. dazu H. Hermans: Der Streit um die Konfessionsschule. Die schulpolitische Auseinandersetzung in der Bundesrepublik, in: Stimmen der Zeit, 179. Bd., 92. Jg., 1967, H.3, S. 178-193, und ders.: Die Zukunft der katholischen Schule in Deutschland, in: Stimmen der Zeit, a.a.O., H.4, S. 241-250.
(64) BVerfGE 7, 198 ff.
(65) Vgl. dazu Friedhelm Baukloh: Für und wider das Bistumsblatt. Das Dilemma der katholischen Kirchenpresse, in: N. Greinacher/H. T. Risse (Hrsg.): Bilanz des deutschen Katholizismus, Mainz 1966, S. 219-247 (230).
(66) Zur Konstruktion des Treuhändergremiums vgl. 'Publik', Nr. 12, vom 21. März 1969; kritisch zu seiner partei-politischen Zusammensetzung Friedhelm Baukloh: "Publik". Idee, Verwirklichung und Konkurrenz, in: Frankfurter Hefte, 23. Jg., H.8, 1968. S. 521 ff.

(67) Frankfurter Allgemeine Zeitung vom 18.9.1967.
(68) Christ und Welt vom 30.6.1967. Ob jene besagte Toleranzschwelle hoch oder niedrig anzusetzen sein wird, ist sicher nicht ohne Belang, sollte jedoch allein der Eigenverantwortung der Redaktion überlassen bleiben. Ohnehin wird von deren Qualitätsarbeit Niveau, Reichweite, Resonanz und folglich auch der (langfristige) wirtschaftliche Erfolg des Unternehmens abhängen. Die Bischöfe aber werden das Projekt finanziell nicht aushungern können — jedenfalls vorerst nicht —, weil sie einen derartigen Prestigeverlust so schnell nicht wieder wettmachen könnten; vor allem aber, weil ein solches Verhalten als Rückfall in antimodernistisches Ressentiment interpretiert würde. Die Glaubwürdigkeit der Redaktion wird also gerade davon abhängen, wie sehr sie sich, ungehindert und ungeschmälert, in der Lage sehen wird, Kritik auch an der Amtskirche qua behördlicher Einrichtung zur Verwaltung der Heilsmittel zu üben. Eine solche Kritik als das selbstverständliche Recht des kirchlichen 'Laienelements' hinzunehmen, wird umgekehrt zum Prüfstein für die Toleranz und Offenheit der Amtskirche werden können.
(69) In dieser Kumulation dürfte ein kritisches Potential, das durch repetitive Tätigkeit weniger aktiviert wird als durch phantasievoll-produktive Betätigung, kaum förderliche Umstände finden. Die psychischen Reaktionen dürften von reduzierter Aktivitätsbereitschaft für interessante, d.h. wichtige und kontroverse Tätigkeitsfelder, über Interesselosigkeit bis hin zur Resignation reichen. Korrelativ dazu dürfte sich die Rigidität ihrer moralischen und sonstigen normativen Vorstellungen bis hin zu aggressiver Intoleranz steigern, soweit wenigstens auf dem psychischen Kontinuum typologische Differenzpunkte zu analytischen Zwecken auszumachen sind.
(70) Vgl. Theo Pirker: Von der Herrschaft über Menschen zur Verwaltung der Dinge, in: Archives Européennes de Sociologie, 5/1964, S. 65-82 (72). Erst in der letzten Zeit scheinen sich die Anzeichen dafür zu mehren, daß an der selbstbeschönigenden Darstellungsweise offizieller Stellen ebenso offizieller Zweifel zu nagen beginnt: die eklatante Zahl der Kirchenaustritte, der erschreckend hohe Rückgang der Praktikantenzahlen und der Beichtpraxis zwingen freilich zu diesem Umschlag in zweckpessimistisch gefärbte Konsequenzen.
(71) Daß die kirchliche Hierarchie den Einsatz analytischer Untersuchungsmethoden soziologischer Provenienz lange Zeit als illegitim glaubte ablehnen zu müssen, läßt sich von der Sache, der die Verteidigung angeblich galt, kaum rechtfertigen, wohl aber drückt es den Tatbestand, daß sie über eine marktbeherrschende Position verfügt, exemplarisch aus. Auf Grund ihrer Monopolstellung ist sie in der Lage, losgelöst von einer sie legitimierenden Basis, aber auch unabhängig gegenüber der Nachfrageseite und gestützt nur durch den Apparat und eine Mitgliederselektion ausschließlich im Wege der Selbstrekrutierung, am Ende nur noch sich selber zu reproduzieren. Im Grenzfall könnte diese Entwicklung tendenziell sogar dazu führen, "daß die Kirche als bürokratische Kernorganisation in ihrem Fortbestand von der aktiven Mitwirkung ihrer Mitgliedschaft weithin unabhängig ist" (Joachim Matthes: Kirche und Gesellschaft. Einführung in die Religionssoziologie II, Reinbek b. Hamburg 1969, S. 92.
(72) J. K. Galbraith: Die moderne Industriegesellschaft, München-Zürich 1968, Kap. XVIII, S. 223-237.
(73) Vgl. dazu Yorick Spiegel, a.a.O., S. 91.
(74) Dafür dürften wiederum die Vorbereitungen zur Synode '72 symptomatisch sein. Vgl. Anm. 47.
(75) Dieses restriktive Verhalten ist seinerseits Ausdruck einer unspezifischen Angst vor den Massen, die wiederum jene Wendung reflektiert, die mit der Abkehr von der charismatischen Gnadenspendung hin zur Vermittlung von

Anstaltsgnade einhergeht und als Entwicklung von der Virtuosenreligiosität zur Gemeindereligiosität im Wege der Veralltäglichung des Außergewöhnlichen beschrieben worden ist. Vgl. dazu Max Weber: Religionssoziologie (Typen religiöser Vergemeinschaftung), in: Grundriß der Sozialökonomik, III. Abteilung: Wirtschaft und Gesellschaft, 1. Halbband, Dritte Auflage. Unveränderter Nachdruck der zweiten, vermehrten Auflage, Tübingen 1947, S. 227-363 (257 ff. und 320 ff.).
(76) Yorick Spiegel, a.a.O., S. 19.
(77) "... Mit hoher Wahrscheinlichkeit kann vorausgesagt werden, daß die anstehenden Fragen nur dann einer Lösung nähergebracht werden können, wenn es in den westlichen Kirchen zu einer rechten Gewaltenteilung (sc. zwischen Klerikern und Laien) kommt" (Holl, a.a.O., S. 150). Holl konzentriert das Dilemma moderner Kirchenführung in zwei Problemen: dem der *Delimitation*, ob es gelinge, gegen das geschlossene, dogmatisch-traditionalistische System ein offenes, tolerantes, rationaleres durchzusetzen, und dem der *Rekrutierung*, das er auf die Formel "elitäre Kommunalkirche versus organisierte Großkirche" bringt (a.a.O., S. 151 f.).
(78) Tendenziell bietet sich zur zentralisierten Autoritätsstruktur eine Alternative an: je erweiterter die Professionalisierung und je mehr Spezialisten vorhanden sind, vor allem, wenn diese sich frei und relativ unreglementiert bewegen können, desto überflüssiger wird die Bürokratie. (Vgl. Richard H. Hall: Die dimensionale Natur bürokratischer Strukturen, in: Renate Mayntz (Hrsg.): Bürokratische Organisation, Köln 1968, S. 69-81 (77 f.); Peter M. Blau und a.: Wechselbeziehungen zwischen strukturellen Merkmalen der Bürokratie, ibid., S. 94-114 (111 f.).
Insofern vertragen sich fachliche Kompetenz der Journalistenstäbe und ein hoher Bürokratisierungs-, d.h. Formalisierungsgrad, wie er kirchliche Autoritäts- und Kontrollsysteme auszeichnet, schlecht miteinander, denn sie ziehen erhöhte Reibungsverluste nach sich.
(79) Infolge solcher "Schleifen" kommen Informationen nicht in gleich wirksamer Weise und nur unter Zeitverlust zur Geltung. Erhöht sich die Zahl derartiger "Schleifen" bei gleichzeitiger Zunahme ihrer strategischen Bedeutung für das betreffende System, in dem sie auftreten, tritt möglicherweise dessen Involution ein.
(80) In jeder Hinsicht dürfte der Anspruch auf Verchristlichung der Gesamtgesellschaft die theologischen Fachvertreter überfordern. Im unverbindlichen, leerformelhaften Erbauungsstil läßt sich indes weder gezielte Informationspolitik betreiben noch sind Strategien konkurrierender Gegeninformation mit Aussicht auf dauerhaften Erfolg zu befolgen. Dazu wäre folgender Ausspruch mindestens zu bedenken: "Wenn sich die Theologen für künstlerische, politische und andere hiesige Bezirke interessieren, haben sie die Pflicht und Schuldigkeit, entweder außerordentlichen Sachverstand zu entwickeln oder aber, wenn ihnen das offenbar nicht gelingen will, eine ganz neue Disziplin zu lernen – Schweigen." (Rudolf Krämer-Badoni: Die Last, katholisch zu sein, München 1967, S. 24).
Inwieweit unter dem Vorwand moralischer Argumentation handfeste politische Interessen verfochten werden, wobei sich der moralische Rigorismus eigens einen Popanz konstruiert, um gegen ihn desto unverblümter die eigenen Aggressionen richten zu können, läßt sich dem Analogieschluß entnehmen, den das offiziöse Vatikanblatt "L'Osservatore Romano" unterm Datum des 2. März 1970 zwischen der 'Sex-Explosion' und der Regierungsübernahme durch sozialdemokratische Parteien in Westeuropa allenthalben glaubt ziehen zu müssen. "Schließlich ist auch zu beobachten, wie das Fortschreiten der sexuellen Revolution mit dem Fortschritt der Sozialdemokratie zusammenfällt. In den skandinavischen Ländern ist die Sozialdemokratie am

längsten an der Regierung. In England fällt das Verschwinden jeder Spur von viktorianischer Mentalität mit dem Erfolg der Labour Party zusammen. Das Vordringen des Erotismus in Deutschland steht in direktem Verhältnis zum Fortschritt der Sozialdemokratie. Um das zu erklären, müssen wir an die beiden in der Sozialdemokratie nebeneinander lebenden Seelen denken: die moralisch-kantianische und die wissenschaftlich-positivistische. Der Niedergang der kantianischen Moral – vor allem in jener Form autonomer Moral, in welcher sie einem beträchtlichen Teil der sozialdemokratischen Intellektuellen teuer war – mußte zur Vorherrschaft des Scientismus führen. In der Tat hat der Scientismus in den erwähnten Ländern heute die größte Verbreitung. Damit soll nicht gesagt sein, daß zwischen Sozialdemokratie und sexueller Liberalisierung notwendigerweise eine Verbindung besteht. Vielmehr ist es so, daß die Sozialdemokratie noch nicht jene ideelle Erneuerung durchgemacht hat, die hier notwendig wäre und die durchzuführen sie in Wirklichkeit nicht mehr geneigt scheint." (nach der Übersetzung von 'Publik' vom 13.3.1970). Selbst wenn es sich dabei, wie später abschwächend klargestellt wurde, um eine philosophische und nicht um eine politische Abhandlung gehandelt haben sollte und der Verfasser kein Kleriker, sondern Professor der Philosophie ist, dürfte doch die Verbreitung des Artikels durch den 'Osservatore Romano' nicht zufällig erfolgt sein, zumal der Verfasser, Augusto del Noce, ein prominentes Mitglied der Katholischen Aktion Italiens ist.
Um eine ebenso massive Intervention handelte es sich bei der Einmischung des Vatikans mittels einer Kampagne des 'Osservatore Romano' in die von der Mitte-Links-Regierung geplante, liberalisierte Ehescheidungsgesetzgebung, die eine nahezu zweimonatige Regierungskrise in Italien provozierte. Sicher noch atavistischer verhielt sich das (kath.) Organ des "Rosenkranz-Sühnekreuzzuges um den Frieden der Welt" (mit Sitz in Wien), als es den Ausgang der Nationalratswahlen in Österreich vom 6. März 1966, der ÖVP die absolute Mehrheit beschert hatten, unterm Datum des 20. März wie folgt kommentierte: "Das Große, das Gott an Österreich am vorletzten Sonntag getan hat, war, daß Er Österreich und darüber hinaus das christliche Abendland vor den finsteren Mächten bewahrte. Damit ist ... keine Partei gemeint, sondern der Antichrist selbst ... Nie kommt ein Strafgericht Gottes ohne vorherige Warnung. Bedauerlicherweise haben viele von uns das innere Schauen und Hören, wie Gott zu uns Menschen spricht, im lärmenden Alltag verlernt. Wir hätten sonst aufhorchen müssen, als Ende Mai bereits mit der Hochwasserkatastrophe Gott uns zur Besinnung mahnte. Aber wir verstanden diese Sprache nicht. Dann kam im Herbst die zweite, noch größere Hochwasserkatastrophe und dunkle Wolken zogen sich bereits über Österreich zusammen am politischen Horizont. Und als auch diese zweite Warnung Gottes zu keiner Selbstbesinnung führte, zu keiner Abkehr von der eingerissenen religiösen Gleichgültigkeit ..., kam die dritte und ultimative Warnung Gottes, deren Mißachtung uns jenen überließe, die Gottes Geißeln sind. Gott sei gedankt, diese Warnung haben noch viele Österreicher verstanden und sie fingen an, zu beten und um Verzeihung zu bitten, für alle in Österreich. Und Gott erbarmte sich unser aller, auch jener, die nicht mitgebetet haben." (zitiert in: Holl, a.a.O., S. 52 f.).

(81) Vgl. dazu die Vorbereitungen zur Synode '72 (s. Anm. 47), aber auch die Reaktionen auf die Papst-Enzyklika "Humanae vitae". Vgl. ebenfalls Anm. 80.
(82) Holl, a.a.O., S. 138 f.
(83) Ibid., S. 149 f.
(84) In der Tat beschränkt sich die innerkirchlich dominante Klerikerkultur nicht nur auf die Kenntnis routinierter Kultpraktiken und Interpretationstechniken der Orthodoxie, sie entwickelt auch die Neigung, sich über ihr

hierarchisiertes Netz von Binnen- und Außenkontakten mittels seßhafter Spezialisten auf alle anderen, "fremde" Sektoren gleichsam zu überwälzen. Im Bemühen, die Kontrolle über sämtliche Subsysteme der hierarchisch strukturierten, gleichwohl undifferenziert gehaltenen Funktionsverteilung in den Händen zu behalten — "funktional" insofern, als Spezialisierung in der Regel die Herrschaftsautorität von übergeordneten Personen abbaut —, werden zwar die exekutiven Funktionen technischer Art dem eigens dazu ausgebildeten Personal überlassen, die eigentlichen Leitungs- und Kontrollfunktionen jedoch sind den Personen mit generell geregelten Qualifikationen vorbehalten, so daß ihnen neben den Mitsprache- und Kontrollrechten das möglicherweise entscheidende, weil monopolartige Vetorecht bei der Zieldefinition des kirchlichen Großverbandes zukommt. Selbst wenn sie sich von Laiengremien im Vorfeld des Willensbildungsprozesses und der Entscheidungsfindung zunächst (dennoch unverbindlich) beraten lassen, angefangen von rituellen über dogmatisch-doktrinäre bis zu juristischen und moralischen Fragen, die relevanten Entscheidungen treffen monopolistisch allein die Kleriker. Wer daher den kirchlichen Zentralinstanzen die entscheidende Funktion, die der Transformation, zuzubilligen geneigt ist, wird deren Rolle innerhalb der innerkirchlichen Entscheidungsstruktur nicht hoch genug ansetzen können, vor allem wegen der von ihnen zu entscheidenden relevanten Fragen, der dadurch zustandekommenden Fremdbestimmung und der durch sie den Menschen aufgebürdeten sozialen Folgelasten.

(85) Hamlet, III, 1.
(86) Amitai Etzioni: A Comparative Analysis of Complexe Organizations, Glencoe 1961, S. 106 f.
(87) Entgegen der negativen Resonanz, die die geplante Katholische Wochenzeitung im publizistisch interessierten Katholizismus seinerzeit hervorrief und die bis heute noch nicht ganz abgeklungen ist, mußte sich dieser von 'Christ und Welt' sagen lassen, daß ein neues katholisches Wochenblatt, unter der Voraussetzung, daß es "das Selbstbewußtsein der deutschen Katholiken intellektuell formuliert und die neue Liberalität wie die alte Glaubenstreue zu verkörpern weiß und sich gleich weit von der beliebten Tabu-Brecherei wie dem Erbauungsschrifttum entfernt hält" (Christ und Welt vom 30.6.1967), keineswegs ein chimärisches Unterfangen zu sein bräuchte. Inzwischen ist das Programm dieser Wochenzeitung auf die Formel von der 'Problemorientiertheit' festgelegt worden (vgl. Alois Schardt: Ja — Nein. Nach einem halben Jahr. Versuch einer Zwischenbilanz, in: Publik, Nr. 12, vom 21.3.1969).
(88) Selbst in dieser Entzweiung, die den vollends säkularen Zerfall der Kirche in soziale Schichten, ökonomische Klassen und organisatorisch bedingte Interessengegensätze widerspiegelt, ließe sich trotz allem noch die Einheit der "una sancta" manifestieren, vorausgesetzt, daß sich dazu auch die Theologie ihre Gedanken machte und sie zu explizieren in der Lage wäre.
(89) Gerhard Schmidtchen: Das Problem der Freiheit und die Soziologie, in: Manipulation — Freiheit negativ, Neuwied 1970, S. 59.
(90) Max Weber: Zu einer Soziologie des Zeitungswesens, Verhandlungen des Ersten Deutschen Soziologentages in Frankfurt 1910, Tübingen 1911, S. 42 ff., wiederabgedruckt in: Alphons Silbermann (Hrsg.): Reader Massenkommunikation, Bd. 1, Bielefeld 1969, S. 34-41 (40).
(91) Zit. in: Friedhelm Baukloh, a.a.O., S. 223.
(92) So wenig nach 1949 die deutsche Presse insgesamt je geneigt war, die Rahmenbedingungen, in deren Grenzen sie ihr Auskommen und ihre Entfaltung gefunden hatte, prinzipiell in Frage zu stellen, so wenig hat es die konfessionelle Presse gewagt, den ihr vorgegebenen Bezugsrahmen zur Disposition einer kritischen Analyse zu stellen.

Solange jedoch auch heute – immer noch – gesagt werden kann: "Das Dekret über die Massenkommunikationsmittel des II. Vativanums hat *zwar den Fachmann* enttäuscht, für die katholische Kirche *insgesamt* bedeutete es jedoch einen Fortschritt, die öffentlichen Medien für wertneutral zu erklären ..." (Christoph Theodor Wagner, a.a.O., S. 19; Hervorhebung von mir, O.M.) – solange wird der traditionelle und zugleich fatale Dualismus, nach Amt und Volk, Fachmann und Masse, Kommissaren und Yogis taktisch und strategisch zu differenzieren, die Kirche auch in Zukunft zu jener Schaukelpolitik zwingen, mit der es kaum möglich sein dürfte, über die Fronten der "zwei Kulturen" hinweg eine Versöhnung zustandezubringen.

(93) Vgl. dazu u.a. Michael Schneider/Eckhard Siepmann: DER SPIEGEL oder die Nachricht als Ware, Voltaire Flugschrift 18, Frankfurt/M. (o.J.) (1968), S. 8 f.

(94) Nicht zuletzt dürften die promulgierten Sätze des sogenannten sekundären Naturrechts für sie kein Letztes sein, vielmehr hätte sie die Chance zu nutzen, auf dessen interessenspezifische Auslegung im Kontext des herrschenden gesellschaftlichen Systems kapitalistischer Prägung ideologiekritisch zu rekurrieren, d.h. die 'funktionale' Verwendbarkeit der katholischen Soziallehre, insbesondere über ihr Verständnis der Eigentumsverfassung, für bestimmte sozio-ökonomische Interessenlagen offenzulegen. Auch die Rangiermanöver auf der Prioritätenskala der katholischen Soziallehre wären im Bezug zur jeweiligen historisch-gesellschaftlichen Konstellation 'funktional' zu verstehen und in ihren Folgewirkungen kritisch zu überdenken. Insbesondere wären die weit verbreitete Interessenidentifikation der katholischen (Leser-)Massen mit suggerierten, von ihnen verinnerlichten, d.h. geglaubten Bedürfnissen kritisch aufzulösen und gegen sie evtl. neue Verhaltensmuster durchzusetzen.
Zur "Verschiebung" der inhaltlichen Vorstellungen selbst in Enzykliken vgl. Rudolf Lill: "Gewissensfreiheit: Albernes Geschwätz." Unhaltbare Lehräußerungen von Päpsten sind in der Kirchengeschichte nichts Neues, in: F.A.Z., Nr. 160, vom 15. Juli 1969.

(95) Christ und Welt vom 30.6.1967.

(96) Hans Wagner: Legenden und Einsichten, a.a.O., S. 125.

(97) Gerade weil das Problem einer reibungslosen, alle Begabungen gleichermaßen erschließenden Führungsauslese für sämtliche Industriegesellschaften – und d.h. auch für ihre Teilbereiche – so zentral ist, ist kaum einsichtig zu machen, warum der Katholizismus sein Licht unter den Scheffel stellen sollte.

(98) Inzwischen wurde in München ein "Institut für publizistischen Nachwuchs" errichtet. Über die 1,3 % Studenten, die von Hochbegabtenstiftungen, zu denen auch das Cusanuswerk zählt, gefördert werden, vgl. die Untersuchung über die Stipendienprogramme von fünf Stiftungen, die Christian v. Ferber/Fritz Gebhardt/Willi Pöhler: Begabtenförderung oder Elitebildung? Ergebnisse einer soziologischen Erhebung über das Förderungsprogramm der Hochbegabtenförderungswerke, Göttingen 1970, vorgelegt haben. Erhebungszeitraum war das Wintersemester 1963/64.

(99) Lieselotte Hinz: Meinungsmarkt und Publikationsorgane, in: Schäfer/Nedelmann (hrsg.): Der CDU-Staat. Analysen zur Verfassungswirklichkeit der Bundesrepublik, 2., erweiterte Auflage, Frankfurt/M. 1969, (es 370/II), S. 259-288 (263).

(100) "In dem Augenblick, in dem der Pluralismus den in ihm versammelten Anschauungen keine Anstrengung und Anfechtung mehr kostet, ist er so uninteressant wie der Totalitarismus, ja dieser hat dann die Chance der Macht für sich." (Hartmut v. Hentig: Die große Beschwichtigung. Zum Aufstand der Studenten und Schüler, in: Merkur, XXII. Jg., H. 5, S. 392).

(101) Vgl. Anm. 46.
(102) Focko Lüpsen: Die kirchliche Presse stellt sich der Werbung. Wer werben will, muß Image-Pflege treiben, in: Mitteilungsblatt für die Mitglieder des Gemeinschaftswerks der Evangelischen Presse, Jg. 17, Nr. VII/VIII, vom 25. Juli 1969, S. 94.
(103) Paul Sethe, in: "Die Zeit" vom 9.7.1965.
(104) Horst Holzer/Joseph Schmid: Massenkommunikation in der Bundesrepublik, in: Friedrich Hitzer/Reinhard Opitz (Hrsg.): Alternativen der Opposition, Köln 1969, S. 261-275 (271).
(105) Herbert Krüger: Die öffentlichen Massenmedien als notwendige Ergänzung der privaten Massenmedien, in: Rundfunkanstalten und Tageszeitungen, Bd. III, Frankfurt/M. 1965, S. 207-310 (276).
(106) "Mann in der Zeit" vom 4.4.1967.
(107) Was vor einiger Zeit die in Zürich erscheinende 'Orientierung' in ihren Spalten abdruckte, sei auch dem 'Rheinischen Merkur' (vom 12.4.1968) ins Gedächtnis zurückgerufen: "Wenn es nämlich stimmt, daß unter den bestehenden Wochenblättern auch die 'Kirchenpresse' eine uniforme parteipolitische Tendenz aufweist, dann wäre es ja ohnehin ein dringendes nachkonziliares Postulat, sie im Sinne echter Katholizität davon zu *befreien* und ihr die Aufgabe zuzuweisen, ihren Lesern die *Breite der Möglichkeiten des Katholischen* vorzulegen: nicht also, um sie aus allem 'drauszuhalten', sondern um sie mit dem Ziel der 'selbständigen Urteilsbildung' umfassend zu orientieren" (L. Kaufmann: Kirchenpresse, in: Orientierung. Katholische Blätter für weltanschauliche Information, 31. Jg., Nr. 11 vom 15.6.1967, S. 143.).
Zum "Rheinischen Merkur" vgl. Alfred Pressel: Der "Rheinische Merkur" und "Die Zeit". Vergleichende Inhaltsanalyse zweier Wochenzeitungen von verschiedener weltanschaulicher Orientierung, Berlin 1968.
(108) Zitiert in: Friedhelm Baukloh, a.a.O., S. 219.
(109) KNA-Informationsdienst 13 (1963).
(110) Friedhelm Baukloh, a.a.O., S. 233.
(111) Vgl. dazu beispielsweise Marion Beaujean: Der Trivialroman in der zweiten Hälfte des 18. Jahrhunderts. Die Ursprünge des modernen Unterhaltungsromans, Bonn 1964; vgl. dazu meine Kritik, in: Kölner Zeitschrift für Soziologie und Sozialpsychologie, 18. Jg., 1966, H.2, S. 379 ff.
(112) Vgl. dazu "Werbeträger" und Anm. 12.
(113) Ludwig Muth: Gott braucht Leser. Zu einer Meinungsumfrage über das religiöse Buch, in: Stimmen der Zeit, 93. Jg., H.6, Juni 1968, S. 373-386.
(114) Zur kumulativen Reichweite der Tagespresse vgl. Institut für Demoskopie Allensbach: Werbeträger-Analyse 1967, 3. Teil: Kumulation und Überschneidung (Zitierweise: AWA 67), S. 40. Die Reichweite der national verbreiteten Tageszeitungen beträgt pro Tag 6,6 % (= 2,772 Mill. Personen), pro Woche 16,5 % (= 6,93 Mill. Personen).
Die Angaben zur totalen täglichen Reichweite von Hörfunk und Fernsehen sind entnommen aus: AWA 67, 1. Teil: Werbefunk, Werbefernsehen, Film, S. 7. Sie gelten für die erwachsene Bevölkerung der Bundesrepublik zwischen 16 und 70 Jahren.
Die Angaben zur Exklusivfrequenz der Medien sind angeführt in: Hermann Meyn, a.a.O., S. 118. Da sie sich auf die Verhältnisse um 1964/65 beziehen, dürften sie sich inzwischen geringfügig wenigstens verändert haben. Um 1964/65 erreichte das Fernsehen nämlich erst 47 % und der Hörfunk noch 68 % der erwachsenen Bevölkerung. Inzwischen aber leben bereits 73 % der erwachsenen Bundesrepublikaner im Alter zwischen 16 - 70 Jahren in Fernsehhaushalten (vgl. AWA 67, 1. Teil, S. 61).
(115) Zum theoretischen Konzept der sogenannten "opinion-leader" vgl. vor allem Lazarsfeld/Berelson/Gaudet: The People's Choice. How the Voter makes up

his Mind in a Presidential Campaign, New York 1944, (dt. nach der 5. Auflage: Wahlen und Wähler. Soziologie des Wahlverhaltens, Neuwied 1969): Paul Lazarsfeld: Am Puls der Gesellschaft. Zur Methodik der empirischen Soziologie, Wien 1968, S. 87 ff.; Katz/Lazarsfeld: Personal Influence. The Part Played by People in Flow of Mass Communication, Glencoe 1955; Klaus Kiefer: Die Diffusion von Neuerungen. Kultursoziologische und kommunikationswissenschaftliche Aspekte der agrarsoziologischen Diffusionsforschung, Tübingen 1967.
(116) Quelle: Rundfunkanstalten und Tageszeitungen. Eine Materialsammlung. Bd. 4, herausgegeben von der Arbeitsgemeinschaft der öffentlich-rechtlichen Rundfunkanstalten der Bundesrepublik Deutschland, Frankfurt 1966, S. 33 f.
(117) Für die Kirche dürfte es sich um eine jener seltenen, berechenbaren Gelegenheiten handeln, mittels massenmedialer Publizistik jene metaphysische Unruhe in die Gesellschaft und unter die Menschen zu bringen, um vielleicht mit Hilfe eines neu zu entwickelnden eschatologischen Bewußtseins die zeitlichen Strukturen eines ewig scheinenden Status quo zu transzendieren.
(118) Der folgenden qualitativen Analyse liegt eine DIVO-Untersuchung von Publik-Lesern zugrunde, die 200 nach dem Zufallsverfahren ausgewählte Einzelkäufer und ebensoviele Abonnenten dieser Wochenzeitung erfaßte und Anfang 1969 durchgeführt wurde (veröffentlicht am 18.4.1969).
(119) Die Standardfrage lautete: 'Wenn am nächsten Sonntag gewählt würde, welcher Partei würden Sie dann Ihre Stimme geben?' Vgl. Tab. 41 der DIVO-Leseranalyse von 'Publik'.
(120) Eindeutig dürfte sein, daß sich die Leser von 'Publik' vorwiegend aus großstädtischem Milieu rekrutieren. Während im Bevölkerungsdurchschnitt nur jeder vierte Katholik in Großstädten (über 100 000 Einwohnern) siedelt, hingegen fast jeder zweite in Gemeinden unter 10 000 Einwohnern, wohnt gut jeder zweite Leser von 'Publik' in Großstädten über 100 000 Einwohnern und noch jeder dritte in Klein- und Mittelstädten. (Die Zahlen sind freilich nicht voll miteinander vergleichbar, weil die Daten der 'Publik'-Analyse 1969 eruiert wurden, während die Angaben zur Wohnbevölkerung der letzten Volkszählung, der von 1961, entstammen).

Ortsgröße (Einwohner)	Abonnenten von 'Publik'	Einzelkäufer	kath. Wohnbevölkerung in % des kath. Bev. anteils	kath. Wohnbevölkerung in %	Wohnbevölkerung insgesamt
– 10.000	12 %	9 %	≈ 50 %	51,5 %	43,3 %
– 100.000	37 %	33 %	≈ 24 %	44,5 %	23,4 %
über 100.000	51 %	58 %	≈ 26 %	38,9 %	33,4 %
	100 %	100 %	100 %	44,1 %	100 %

(121) Werbeträger, S. 13.
(122) Überhaupt scheinen praktizierende Christen weit häufiger an gestörten

Sozialkontakten als andere Bevölkerungsgruppen zu leiden, zuweilen weisen sie sogar häufiger ausgesprochen soziale Mißerfolge auf. Vgl. Glock/Ringer/Babbie: To Comfort and to Challenge, Berkeley 1967. Der objektive Befund schlägt sich auch im Fremdbild nieder; andererseits dürfte das 'image' wiederum die wirklichen Kontakte beeinträchtigen. Vgl. Inge Peter-Habermann, a.a.O., S. 98 ff.

(123) Achim Schrader: Die soziale Bedeutung des Besitzes in der modernen Konsumgesellschaft. Folgerungen aus einer empirischen Untersuchung in Westdeutschland, Köln-Opladen 1966, S. 48.

(124) Hierbei machen sich selbstverständlich die Siedlungstendenzen von Katholiken bemerkbar. Vgl. Anm. 120.

(125) Vgl. LA 62, Tab. 9; ebenso AWA 67, Verbrauchsdaten und psychologische Differenzierung des Publikums der Medien, S. 276 ff. und passim.

(126) Gleichwohl muß hier einschränkend bemerkt werden, daß die Verbreitung kosmetischer Erzeugnisse und ihre Benutzung im Bundesdurchschnitt nicht sonderlich weit gediehen ist. Nirgendwo und bei keinem speziellen Angebot verhält sich auch nur die Hälfte der Bevölkerung 'kosmetikbewußt'. Immer noch läßt die Sozialisierung der Luxusgüter und die Demokratisierung der Lebensgewohnheiten höheren Zuschnitts langfristig auf sich warten – selbst wenn die Tendenz aufwärts gerichtet zu sein scheint. Vgl. dazu meinen Aufsatz "Individuum und Gesellschaft", in: Volker Hochgrebe (Hrsg.) Christliche Verantwortung. Eine ökumenische Bestandsaufnahme zeitgemäßer Ethik, Würzburg 1968, S. 109-126.

(127) Vgl. dazu Inge Peter-Habermann: Kirchgänger-Image und Kirchgangsfrequenz, a.a.O., S. 117 ff.

(128) Vgl. dazu meinen Aufsatz "Die Kirchen und ihr 'image'", a.a.O., S. 86 ff. und Werner Harenberg (Hrsg.), a.a.O., S. 32 ff.

(129) Die allzu pauschale These vom 'two-step-flow of communication' wird auch hier wiederum gruppenspezifisch bedingten Modifikationen ausgesetzt. Vgl. Elihu Katz: Die Verbreitung neuer Ideen und Praktiken, in: Wilbur Schramm (Hrsg.), a.a.O., S. 99-116 und passim.

(130) Vgl. LA 62, Tab. 7 und Anm. 120.

(131) J. Binder: Tanz, Kino, Lippenstift und Liebe, Linz o.J. (7. Auflage, 71.-80. Tsd.), zit. bei Hannes Schwenger: Antisexuelle Propaganda, Sexualpolitik in der Kirche, Reinbek b. Hamburg 1969, S. 38.

(132) Als theologisches und kommunikationswissenschaftliches Problem zugleich wäre beispielsweise zu erörtern, warum die Kirche als Verkünderin der Frohen Botschaft, der 'guten Nachricht', wie einschlägige Veröffentlichungen inzwischen stark modernistisch akzentuieren, dennoch sich selbst als Kommunikator so recht nicht in günstiges Licht zu setzen vermag. Obwohl sie seit eh und je mit den Problemen der Verkündigung von 'messages' konfrontiert war, um Resonanz auf 'ausgezeichnete' Inhalte zu erzeugen, hat sie immer noch nicht vorurteilslos gelernt, sich der technischen Übertragungsmittel funktional, d.h. mediengerecht zu bedienen; immer noch läuft sie Gefahr ihrer moralisierenden, dysfunktionalen Indienststellung.

(133) Holl, a.a.O., S. 70.

(134) Ibid., S. 71.

(135) In der Tat ist die undifferenzierte Darbietung nichtkontroverser Sachverhalte und globaler Inhalte, zumal wenn sie offiziell legitimiert wird, um so wirksamer, je mehr die Anhänger von der Angelegenheit überzeugt, sind, d.h. je intensiver sie präformiert wurden, und je undifferenzierter ihre psychische und kognitive Struktur sich ausnimmt. Dies wiederum hat soziale Ursachen zur Voraussetzung, die über das Bildungsniveau und folglich über die affektive und kognitive Differenziertheit der Betroffenen entscheiden. Das gruppenspezifische Wertsystem hat die Leser der katholischen Zeitschriften-

presse – so jedenfalls hat es den Anschein –, gegenüber 'fremden' und manipulativen Einflüssen relativ immunisiert. – Dennoch dürfte kaum ein Anlaß bestehen, darüber etwa zu frohlocken. Wie andererseits experimentell erhärtet werden konnte, dürfte nämlich auf lange Sicht eine Immunisierung gegen 'profane' Gegenpropaganda um so effektiver und nachhaltiger sein, je mehr die Auseinandersetzung mit deren 'messages' in den einschlägigen kirchlichen Periodika antizipiert, d.h. kritisch selegiert und bewertet wurde.

(136) So Friedhelm Baukloh über die Apologie des Chefredakteurs der Kirchenzeitung für das Erzbistum Köln (Nr. 17, 1965), Peter Paul Paquet, in: a.a.O., S. 221.

(137) Eine Frage beispielsweise lautete: "Angenommen, Sie lesen in Ihrem Bistumsblatt eine Information. Kurz vorher sahen Sie in Ihrer Tageszeitung und in einer Illustrierten eine andere Version. Wem würden Sie im ersten Augenblick mehr trauen?" – Antworten: Kirchenzeitung 82 %, Tageszeitung 13 %.

Dennoch muß dies mit einiger Vorsicht aufgenommen werden. Immerhin ist jeder dritte Leser auch der Ansicht, "der Inhalt eines Bistumsblattes sei irgendwie offizielle Verlautbarung der Kirche, von dieser geprüft oder doch mindestens veranlaßt", d.h. er vermutet, die Leser würden von Amts wegen manipuliert oder zumindest nachrichtenpolitisch gesteuert. Da beide Aussagen in derselben Dimension angesiedelt sind, wird eine isolierte, unkritische Verwendung einer der beiden durchaus fragwürdig. Vgl. Werbeträger, a.a.O., S. 10.

(138) Der Begriff des "Gruppenzentrismus" wird hier in Analogie zum Begriff des "Ethnozentrismus" gebraucht, den Sumner bereits 1906 in die sozialwissenschaftliche Diskussion eingeführt hat (vgl. Adorno/Bettelheim/Frenkel-Brunswik u.a.: Der autoritäre Charakter. Studien über Autorität und Vorurteil, Bd. 1, Amsterdam 1968, S. 89 ff.). Darunter ist die Tendenz des Individuums zu verstehen, sich gruppenzentriert zu verhalten, weil es sich von seiner Bezugsgruppe alle möglichen Entlastungen und die Bereitstellung notwendiger Identifikationsmuster versprechen darf. Zugleich drückt er aus, warum ein Interesse des Einzelnen und worin es besteht, am Sozialschicksal seiner Bezugsgruppe Anteil zu nehmen. Ebenso deutet er die Konsequenzen an, womit ein derartiger 'Zentrismus' das Individuum affiziert, als da sind: Bevorzugung der eigenen Gruppe trotz provinzieller Beschränktheit und starre Bindung an sie mit Vorteilen wie Sicherheit und Identifikationsmöglichkeiten, aber auch Nachteilen wie Starrheit, Inelastizität der kognitiven und affektiven Attitüden, desgleichen latenter Fremdenhaß und kulturelle Beschränktheit infolge gruppenspezifisch bedingter Inelastizität der sozialen Kontaktnahme usw.

(139) Hans-Dieter Bastian: Theologie als Marktforschung, in: Werner Harenberg (Hrsg.), a.a.O., S. 152-171 (166).

(140) Vgl. Otwin Massing: Die Kirchen und ihr 'image' . . . , a.a.O., S. 70 ff. und Werner Harenberg (Hrsg.), a.a.O., S. 24 ff.

Nicht meßbar ist selbstverständlich die absolute (oder auch nur relative) Intensität des individuellen Glaubens, wohl aber die Korrelation des Grades der Bereitschaft, kirchlicherseits promulgierte Glaubensformeln zu akzeptieren bzw. mit Vorbehalten aufzunehmen.

Noch der höhere Grad an Bereitschaft seitens konfessionell gebundener Menschen, sich Organisationen anzuschließen, die kirchlicher Kontrolle zumindest indirekt unterliegen, ist ein Indiz für ausgeprägte "Orthodoxie" als Verhaltensmaxime und Einstellungsmotivation, die den Katholizismus als gesellschaftspolitisch relevanten Faktor auszeichnet und ihn sozialpsychologisch für politischen Konservativismus generell anfälliger machen dürfte.

(141) Nach neueren Untersuchungen zu urteilen, scheint die Berufsethik von Katholiken tatsächlich ausgeprägter zu sein als die von Protestanten. "Im Kontrast zu Erwartungen, die man nach der Lektüre von Max Weber hegen könnte, ist die Berufsmoral der deutschen Protestanten im Durchschnitt schwächer als die der Katholiken. Als Kriterien wurden hier genommen, ob ein Leben ohne Arbeit schön wäre, ob man voll und ganz mit der jetzigen Arbeit zufrieden ist, und ob man sein Leben als Aufgabe betrachtet." (Gerhard Schmidtchen: Gibt es eine protestantische Persönlichkeit? Zürich 1969, S. 15).
Die solide katholische Arbeitsethik ließe sich auch aus zahlreichen Äußerungen und manifesten Normvorstellungen der Bistumspresse belegen. In der Tat scheinen einige Indizien darauf hinzuweisen, daß die Katholiken die materialistischen Werte der produktivitätsorientierten Industriegesellschaft reibungsloser assimiliert haben als Protestanten. So schätzen sie einen guten Beruf mit hohem Einkommen höher und positiver ein als eine Arbeit, die zwar niedriger bezahlt wird, dafür aber mehr persönliche und individuelle Genugtuung, Befriedigung und Entfaltung ihrer eigentlichen Neigungen verspricht (Ibid., S. 17 ff.). Gleichwohl dürfte die katholische Berufsethik der protestantischen u.a. darin unterlegen sein, daß sie prinzipiell jeder Arbeit das Prädikat, ontologisch werthaft zu sein, zuschreibt und folglich kaum Motivationen abzugeben vermag, aus einmal besetzten Statuspositionen gegebenenfalls auszuscheren. Infolgedessen taugt sie am ehesten dazu, Verhältnisse des Status quo zu stabilisieren und mittels der über sie möglichen Wertekumulation vor allem "starke Motive beruflicher Strebsamkeit und Kontinuität" (ibid., S. 16), nicht jedoch des gesellschaftlichen Wandels und der sozialen Mobilität zu aktivieren.
(142) Vgl. Emile Durkheim: Le suicide. Etude de Sociologie, 3. Auflage Paris 1960; vgl. auch Gerhard Schmidtchen: Religionssoziologische Analyse gesellschaftlicher Leistungsantriebe. Überführung der Weberschen Thesen zur protestantischen Ethik in eine allgemeine Theorie, Bern 1970.
(143) Vgl. Otwin Massing: Die Kirchen und ihr 'image', a.a.O., und Werner Harenberg (Hrsg.), a.a.O., S. 17, Tab. 16.
(144) Gerhard Schmidtchen: Gibt es eine protestantische Persönlichkeit? a.a.O., S. 13.
(145) Egon Golomb: Wie kirchlich ist der Glaube? in: Werner Harenberg (Hrsg.), a.a.O., S. 175.
(146) Max Weber: Zu einer Soziologie des Zeitungswesens, in: Alphons Silbermann (Hrsg.), a.a.O., S. 40.
(147) Vgl. dazu den Bericht über die Darlegungen von Direktor Dr. Winfried Hall, Augsburg, auf der 17. Jahresversammlung der Arbeitsgemeinschaft Kirchlicher Presse in Köln von L. Kaufmann, in: Orientierung. Katholische Blätter für weltanschauliche Information, 31. Jg., Nr. 11 vom 15.6.1967. Hall hate, wie dort zitiert wird, aus einigen Leseranalysen folgende Schlußfolgerungen gezogen, die den besagten Identifikationszusammenhang verdeutlichen können: "Zumindest zeigten die Untersuchungen eines ganz deutlich, daß die kirchliche Presse zweifellos die *Sympathie* des weitaus überwiegenden Teils ihrer Leser besitzt. Sie liegt also redaktionell nicht 'schief', sondern entspricht wohl weitgehend den Wünschen und Vorstellungen, welche ein Großteil der Leserschaft mit dem Bezug eines solchen Blattes verbinden." (zit., ibid., S. 142).
(148) Vgl. dazu Gerd Hirschauer: Die FH und die kritischen Katholiken, in: werkhefte. zeitschrift für probleme der gesellschaft und des katholizismus, 23. Jg., 12/69, Dez. 1969, S. 337 ff.
(149) Tatsächlich dürfte die hohe Spendenbereitschaft der Katholiken nicht nur

auf der prinzipiellen Bereitschaft zur Identifikation mit den von der Hierarchie proklamierten Zielen (vgl. Anm. 140) beruhen, sondern auch in tieferen Bewußtseinsschichten liegende Gründe haben.
(150) Vgl. Strzelewicz/Raapke/Schulenberg: Bildung und gesellschaftliches Bewußtsein, Stuttgart 1966; vor allem Heinrich Roth (Hrsg.): Begabung und Lernen. Ergebnisse und Folgerungen neuer Forschungen, (= Gutachten und Studien der Bildungskommission des Deutschen Bildungsrates, Nr. 4), Stuttgart 1969.
(151) Christoph Theodor Wagner, a.a.O., S. 26.
(152) Ibid., S. 24 f.
(153) Ibid., S. 22. Zwar wird eingeräumt, daß die Zeitschriftenbeobachtungsdienste kirchlicher Provenienz zu den "Institutionen repressiver Moral" zu rechnen seien, zugleich aber die Hoffnung ausgedrückt, worin sich freilich die doppelte Moral einer konfessionell verbrämten Obrigkeitsmentalität reflektiert, daß sie "zugleich die Tendenzen in sich (tragen), aufklärend zu wirken und damit den einzelnen Konsumenten, wenn auch unter pädagogischer Führung, in die Mündigkeit zu entlassen." (K.-W. Bühler: Evangelische Presseethik nach 1945, a.a.O., S. 227).
(154) Milton Rokeach hat statistisch signifikant nachweisen können, daß Dogmatismus um so wahrscheinlicher auftritt, je mehr die eigene Kultur einschließlich ihrer legitimierten Werte als bedroht erlebt wird, und seien derartige Vermutungen noch so vage. (Milton Rokeach: The Open and Closed Mind, New York 1960, S. 376 ff.).
Freilich ist 'Dogmatismus' keine Variable, die vorwiegend von religiösen oder gar konfessionsspezifischen Einstellungen abhängig wäre, vielmehr indiziert er autoritären Charakter allgemein. (Vgl. Th. W. Adorno/Else Frenkel-Brunswik u.a.: The Authoritarian Personality, New York 1950). Determiniert durch den jeweiligen sozialen Status (ob Minoritäten oder Führungsschicht), ist 'Dogmatismus' mit Neigung zu Aggressivität und Stereotypenbildung Ausdruck einer allgemeinen Unfähigkeit, neue, nichtsanktionierte Erfahrungen zu machen, aber auch des Wahns, allen anderen überlegen zu sein und prinzipiell keiner Weiterentwicklung mehr zu bedürfen. – In diesem Zusammenhang höchst aufschlußreich sind infolgedessen die gegen die Nullnummer von 'Publik' vorgebrachten 'statements' der sich bedroht fühlenden publizistischen Organe.
(155) Zit. in August Rucker: Bildungsplanung. Versagen auch in der Zukunft? Diessen 1965, S. 57.
Vgl. auch den Tenor des folgenden Leserbriefes im Limburger Bistumsblatt 'Der Sonntag', 24. Jg., Nr. 15, vom 12.4.1970: "Gefahr! Kritik in der Kirche kann nur etwas nutzen, wenn das Gute dabei bewahrt wird. All zu eifrige Reformer sollten sich einmal überlegen, ob ihre selbst gezimmerten Pläne, die mit menschlicher Unvollkommenheit belastet sind, von der Wahrheit des Wortes Gottes geprägt sind. Was zur Erlangung der ewigen Seligkeit notwendig ist, hat Christus uns unmißverständlich geoffenbart. Um diesem Ziele nahe zu kommen, bedarf es eines Kraftstoffes, den wir nicht immer zur Verfügung haben, wir müssen ihn uns erbitten und erbeten. Die richtigen Erkenntnisse wird nur der haben, der zunächst versucht bedingungslos glauben zu können, vielweniger der, welcher nach Ersatz sucht, den es nicht gibt. Niemand hat das Recht mehr zu fordern, als Christus uns gesagt und vorgelebt hat. Es hat zu allen Zeiten Heilige gegeben, die geglaubt und vertraut haben, ohne zu sehen. Daß es in der Kirche zu Mißständen gekommen ist, ist nicht der Wille Gottes, sondern die Schuld der Menschen. Auch eine Reform wird dieses nicht verhindern, wenn sie nicht das Wichtigste vor Unwichtigem darzustellen vermag. Auch heute kommen Menschen, die großes Leid und Kreuz zu tragen haben, mit ihrem alten Glaubensgut und nur damit

zurecht, da sie den Sinn des Lebens im Hinblick auf das Kreuz verstehen. Solche Menschen können mehr dazu beitragen, die Welt zu erneuern, als manche Diskussionen, da letztere auf die wertvollsten Tugenden des Christen nicht eingehen. Man kann oft den Eindruck gewinnen, der Sinn des Kreuzes ist nicht mehr gefragt, dennoch ist es in die Welt hineingelegt, vielleicht unter dem Zeichen der Irrtümer, welche die Welt von heute belasten. Gerade in der christlichen Zeit sollte uns die Mutter des Herrn ein Beispiel sein."

(156) Mit Redundanz ist die Eigenschaft einer Nachrichtenquelle bezeichnet, durch Wiederholungen und 'überflüssige' Zusätze die Fehler in der Übertragung möglichst zu vermindern. Vgl. Colin Cherry: Kommunikationsforschung – eine neue Wissenschaft, Frankfurt/M. 1963; vgl. A.G. Smith: Communication and Culture, New York 1966; Felix v. Cube: Kybernetische Grundlagen des Lernens und Lehrens, 2. neubearbeitete Auflg., Stuttgart 1968, S. 69 ff.).
Je mehr formelhafte Redewendungen und überflüssige Zusätze als Topoi in der übermittelten Botschaft vorkommen, desto 'sicherer' verständlicher ist sie. Redundante Nachrichten (Botschaften) zeichnen sich demnach durch gewisse Regelmäßigkeiten aus und suchen nach Möglichkeit unnötige Überraschungseffekte zu vermeiden. Weil in ihnen die Voraussagbarkeit relativ hoch ist, fehlt ihnen in der Regel das überraschende, effekterzeugende, die Aufmerksamkeit auf sich lenkende 'Reiz'-Moment.

(157) Überdurchschnittlich hohe Redundanz findet sich vornehmlich dort, wo es genaue und strenge Vorschriften gibt: im Amtsverkehr von Behörden, bei Gericht und beim Militär und nicht zuletzt in den religiösen Ritualien.

(158) Sobald Sprache als Medium sozialer Lernprozesse vorgestellt wird und nicht als von ihnen abhängige Variable, wird es möglich, die Struktur sprachlich vermittelter Kommunikation näher zu bestimmen. B. Bernstein hat zwei Formen der sprachlichen Kommunikation unterschieden, die schichtspezifisch auftreten, und sie anhand von linguistischen Merkmalen als 'Codes' bezeichnet. Den sogen. 'restricted code' ordnet er der Unterschicht zu, den 'elaborated code' der Mittelschicht. Beide enthalten unterschiedliche Planungsstrategien hinsichtlich Verbalisierung und gestatten unterschiedlich hohe Abweichung bei der Benutzung von Alternativen sprachlicher resp. interpersoneller Interaktion. (Vgl. B. Bernstein: Elaborated and Restricted Codes: Their Social Origin and Some Consequences, in: Am. Anthropol., 1964, S. 55 ff.).

(159) Dazu Ludwig Muth in den 'Stimmen der Zeit': "Er (sc. der christliche Buchhandel) vermittelt dem Kunden offensichtlich weit weniger das Gefühl weltoffener Information und geistiger Aktualität, umfassender Lagerhaltung und attraktiver Schaufenstergestaltung. Es sind weniger die Devotionalien ... als vielmehr die vor allem durch hundert Rücksichtnahmen auf die Amtskirche bestimmte Atmosphäre, die eine evangelische oder katholische Buchhandlung in den Augen der Leser weniger anziehend macht. Ihr Erscheinungsbild deckt sich nicht ganz mit dem Lebensgefühl des freiheitlich denkenden, des sich mündig fühlenden Christen." (Ludwig Muth, a.a.O., S. 384).
Vgl. auch das Schaubild in Anm. 162.

(160) Vgl. Leon Festinger: A Theory of Cognitive Dissonance, Evanston, Ill., 1957; ders.: Die Lehre von der 'kognitiven Dissonanz', in: Wilbur Schramm (Hrsg.), a.a.O., S. 27 ff.; Jack W. Brehm/Arthur R. Cohen: Explorations in Cognitive Dissonance, New York 1962;

(161) Vgl. Roegele/Wagner, a.a.O., S. 499.

(162) Vgl. dazu Institut für Demoskopie: Religiöses Buch und christlicher Buchhandel. Eine Gemeinschaftsuntersuchung der Vereinigung Evangelischer Buchhändler und der Vereinigung des katholischen Buchhandels, Allensbach o.J. (1968); vgl. Schaubild auf S. 358.

vgl. auch Gerhard Schmidtchen: Lesekultur in Deutschland, in: Börsenblatt des Deutschen Buchhandels 70, 24. Jg., vom 30.8.1968.
(163) Vgl. Horst-Eberhard Richter: Patient Familie. Entstehung, Struktur und Therapie von Konflikten in Ehe und Familie, Reinbek b. Hamburg 1970, S. 73 ff., wo vor allem unter den Typen familiärer Charakterneurosen die angstneurotische, die paranoide und die hysterische Primärgruppe analysiert wird.
(164) Vgl. Adolf Holl, a.a.O., S. 44 ff.
(165) Bereits 1929 schrieb August Hinderer, der Begründer des Evangelischen Presseverbandes für Deutschland, über die Aufmachung der evangelischen Presse: "Man bemängelt eine gewisse Zurückgebliebenheit in der Ausstattung, altmodisches Gewand, fehlende Beweglichkeit in der Anpassung an veränderte Geschmacksbedürfnisse, auch in den nebensächlich erscheinenden Dingen wie Papierwahl, Druck, Illustration." (zitiert in: Walter Schricker: Ist die Kirchenpresse noch zu retten? Norddeutscher Rundfunk, II. Programm, vom 12.10.1968).
(166) Y. Littunen: Income-Security Values at Different Levels of Frustration; in: Transaction of the Westermarck Society 4, Kopenhagen 1959, S. 234 ff., zit. nach L.A. Coser: Funktionen abweichenden Verhaltens und normativer Flexibilität, in: Sack/König (Hrsg.): Kriminalsoziologie, Frankfurt/M. 1968, S. 21-37 (33).
(167) Gerhard Schmidtchen: Manipulation durch die Massenmedien, in: Manipulation – Freiheit negativ, Neuwied 1970, S. 27-48 (36).
(168) Vgl. Karl Rahner, a.a.O., (Anm. 51).
(169) "Mit Reduktion von Angst aber schwinden Kontrollen heteronomer Art, während die Persönlichkeitssysteme, auf den alten Führungsstil der Institutionen eingespielt, noch keine neuen autonomen Kontrollen ausbilden konnten. In dieser Situation wächst die Wahrscheinlichkeit von Übergriffen. Wenn Autoritätsverhältnisse geändert werden, ohne daß sich die Persönlichkeitssysteme wandeln, muß man mindestens in einer Übergangsphase mit dem Ausbruch offener Gewalt rechnen." (G. Schmidtchen, a.a.O., S. 30). Belege dafür gibt es nicht nur über die Maßen aus der Studentenbewegung der letzten Jahre, sondern auch vom Essener Katholikentag 1968 und den dortigen Aktionen des 'Kritischen Katholizismus'.
(170) Dazu müßte sich die konfessionelle (katholische) Publizistik primär als eine Methode der Informationsvermittlung und kritischen Lagesondierung verstehen. Gleichzeitig bedürfte sie dringend der Ergänzung durch die neuen sozialwissenschaftlichen Methoden der Informationsrückleitung, damit die bürokratischen Entscheidungsinstanzen des kirchlichen Systems nicht gänzlich uninformiert über die Basisprobleme ihre Maßnahmen treffen, wie das bis heute weitgehend geschieht. Soll die katholische Kirche nicht auf pathologisches Lernen angewiesen bleiben wollen, d.h. dauernd die Wirklichkeit partiell verfehlen, bedarf sie des Informationsrücklaufs mittels intensiver Umfrageforschung und sozialwissenschaftlicher Enquêten. Permanent wäre analytisch aufzuarbeiten, was ansonsten dilettantisch betrieben, gleichwohl verbindlich und mit gravierenden sozialen Folgewirkungen, durchgesetzt wird. (Ein erster, keineswegs ermutigender Anfang ist mit der Umfrage zur Synode '72, vom 1.5. - 30.6.1970, gemacht worden). Gleichwohl wären die technischen Methoden der empirischen Sozialforschung nicht blindlings auf innerkirchliche Fragestellungen zu extrapolieren, um Meinungen, Einstellungen und Motive mittels technischer Methoden bloß technisch verfügbar zu machen, vielmehr deren dynamisches, auf Veränderung angelegtes Potential zu eruieren. Konkret hieße das, daß explorative, Alternativen anvisierende Fragestellungen experimentell zu entwickeln und durchzuspielen wären, auf die hin die technischen Methoden zuzurichten sind, an denen die weitertreibende Folgeanalyse dann anzusetzen hätte.

Das Image der christlichen Buchhandlung

Verglichen mit dem Eindruck, den allgemeine Buchhandlungen machen

Urteile der Protestanten und Katholiken, die christliche Buchhandlungen kennen (55 Prozent) bzw. in allgemeine Buchhandlungen kommen (74 Prozent)

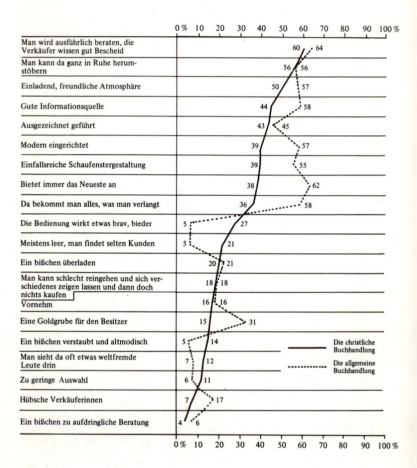

Quelle: Vgl. Anm. 162, Schaubild 4, S. 48.

(171) Friedhelm Baukloh, a.a.O., S. 232.
(172) Willi Kreiterling: Geschlossenheit als politisches Dogma? Der Katholizismus in der organisierten pluralistischen Gesellschaft, in: N. Greinacher/H.T. Risse (Hrsg.), a.a.O., S. 311-327.
Der eindeutig fixierten organisatorischen Form entspricht keineswegs eine ebenso eindeutige Entscheidung für spezifische Zielvorstellungen. Publizistik hätte nun die Chance, voneinander divergierende Vorstellungen über die Ziele und die Art und Weise, wie diese durchzusetzen sind, öffentlich zur Geltung kommen zu lassen, wozu eine rigide, nichtflexible Organisation kaum imstande sein dürfte.
(173) Daß sich die Kirche mit den ihr eigentümlichen Sanktionsdrohungen an die Sanktionen (und Prämien) der 'weltlichen' Moral lediglich anhängt, weil die eigenen offenbar keine Verhaltensänderungen mehr zur Folge haben, zeigt beispielsweise die Untersuchung von Ch. Rohde-Dachser: Die Sexualerziehung Jugendlicher in katholischen Kleinschriften – Ein Beitrag zur Problematik der Moraltradierung in der komplexen Gesellschaft, München, Diss. 1967.
Eine Auswertung von Sanktionsdrohungen in 48 Jugendheften kommt zu dem Ergebnis, daß unpräzisierte Strafdrohungen am häufigsten vorkommen; soziale Nachteile, und nicht religiöse Vorbehalte, gelten dabei als die entscheidenden Hinderungsgründe für sexuelle Enthaltsamkeit. Von den 231 gezählten Strafandrohungen sind nur 17 religiöser Art.

Art der Sanktionen	Jungenhefte absol.	%	Mädchenhefte absol.	%
informelle Sanktionen	3	5,5	27	15,3
automatische Sanktionen mit starker sozialer Determinante	6	10,9	37	21,0
soziale Nachteile insgesamt	9	16,4	64	36,3
andere Sanktionen	49	83,6	112	63,7
alle Sanktionen	55	100,0	176	100,0

zitiert in: H. Schwenger, a.a.O., S. 102.

(174) H. Schwenger, a.a.O., S. 57.
(175) Vgl. die Interventionen des Vatikans gegen die geplante Liberalisierung der Ehescheidungsgesetzgebung in Italien, desgleichen die Vorbehalte, die der "Osservatore Romano" gegenüber der 'Sexwelle' anmeldete und die darin involvierte 'Politik'. Vgl. Anm. 80.
(176) So lautet der Titel des offiziellen Mitteilungsblattes der katholischen Schriftenmission für Deutschland, die mit ausdrücklicher Genehmigung der Fuldaer Bischofskonferenz arbeitet.
(177) H. Schwenger, a.a.O., S. 7 f.; Frage: "In den meisten Kirchen ist ja hinten am Eingang so ein Schriftenstand, wo religiöse Schriften und kleine Bücher aus-

gelegt sind. Finden Sie diese Schriften im großen und ganzen gut, oder gefallen sie Ihnen nicht? "

	Protestanten	Katholiken
Gut	21 %	31 %
Teils, teils	22 %	30 %
Gefallen nicht	9 %	9 %
Kein Urteil	21 %	18 %
Kenne keine	27 %	12 %
	100 %	100 %
Es lesen manchmal religiöse Kleinschriften	48 %	60 %
Im Durchschnitt lesen pro Jahr	3,62 Kleinschriften	4,20 Kleinschriften

Quelle: Institut für Demoskopie: Religiöses Buch und christlicher Buchhandel, a.a.O., Tab. A 60, (Bundesrepublik mit West-Berlin; Protestanten und Katholiken, die Bücher lesen und sich mit religiösen Fragen beschäftigen).

(178) So nach dem "Verzeichnis wertvoller Kleinschriften 1967/68", Leutesdorf 1967, S. 3, zit. bei H. Schwenger, a.a.O., S. 9.
(179) Claus P. Clausen, in: Der schwarze Brief, Sonderblatt Nr. 46, vom 14.11.1969.
(180) Gerhard Schmidtchen: Manipulation – Freiheit negativ, a.a.O., S. 32.
(181) Angesichts der zunehmenden Privatisierung der Religion (vgl. P.L. Berger: Religious Institutions, in: Neil Smelser (ed.): Sociology, New York 1967, S. 329-379) und der daraus institutionell zu ziehenden Konsequenzen (von der Volkskirche zur Gemeindekirche etwa) werden die outrierten Versuche, religiöse Inhalte als die Mitglieder der jeweiligen Subkultur prinzipiell verpflichtende zu deklarieren, obwohl ihre Kontroversdiskussion ansteht, zunehmend zu rhetorischen Pflichtübungen, die zur inhaltlichen Bedeutungslosigkeit der in ihnen implizierten Positionen möglicherweise in einem direkt proportionalen Verhältnis stehen. Dieser Zustand kann freilich als Indiz und zugleich als Moment der gesellschaftlichen Funktionalität von Zwangscharakteren interpretiert werden.
(182) Vgl. Ludwig von Friedeburg: Die Umfrage in der Intimsphäre, Stuttgart 1953; Giese/Schmidt: Studenten-Sexualität. Verhalten und Einstellung, Reinbek b. Hamburg 1968.
(183) Ludwig von Friedeburg, a.a.O., S. 48.
(184) Daß derartige Querverweise möglich sind, rechtfertigt das Unterfangen, die kirchlich gebundene Presse im Zusammenhang mit der 'niederen' Traktatliteratur zu analysieren. Beide Formen publizistischer Aktivität sind Symptome jener massenmedialen Tendenz, sich über menschliche Freiheit die Verfügungsgewalt zu verschaffen, sei es zu Zwecken direkter Repression, sei es zu indirekter manipulativer Gängelung mittels repressiver sexueller und weltanschaulicher Toleranz, wie sie von den Massenmedien in der spätkapitalistischen Gesellschaft durchweg propagiert wird, wofern nur die private

Aneignung durch sie befördert wird. Insofern läßt sich konfessionelle Traktatliteratur sinnvoll erst auf dem Hintergrund und im Zusammenhang mit der Funktion der massenhaft verbreiteten Regenbogenpresse allgemein noch in ihrer Obsoletheit funktional begreifen.
(185) Vgl. beispielsweise Werner Harenberg, a.a.O., Teil B. Einstellung zu allgemeinen Fragen der Ethik und der Moral, S. 17 ff.
(186) Vgl. Werbeträger, S. 13, Tab. 7 a; Inge Peter-Habermann, a.a.O., S. 72 ff.; Werner Harenberg (Hrsg.), a.a.O., Tab. 16, S. 37.
(187) In der Tat scheinen die innerfamiliären Ausgangsbedingungen für die Entwicklung delinquenter Charaktere, insbesondere in ihren schweren und dauerhaften Formen der Jugendkriminalität, in der Unterschicht besonders 'günstig' zu sein. Sie machen sich nicht nur beim Eintritt der Jugendlichen in die Erwachsenenwelt als Mangel an objektiven ökonomischen Chancen bemerkbar, sondern auch im Wege frühester und vorgängiger psychischer Einschränkungen, die die Sozialisationsfähigkeit der Unterschicht-Familie stark belasten und deren Druck vor allem die "Reifung und Entfaltung der Eltern einschränkt, aufhält oder zerstört". "Zeichen dieser drohenden Umkehrung des erlittenen Bösen in selbst vollzogenes Böses (=Kriminalität) zeigen sich früh". (Tilman Moser: Jugendkriminalität und Gesellschaftsstruktur. Zum Verhältnis von soziologischen, psychologischen und psychoanalytischen Theorien des Verbrechens, Frankfurt/M. 1970, S. 346).
(188) Vgl. H. Schwenger, a.a.O., S. 63 und 73 ff.
(189) Wilhelm Reich: Massenpsychologie des Faschismus. Zur Sexualökonomie der politischen Reaktion und zur proletarischen Sexualpolitik, Kopenhagen 1933, S. 50.
(190) Vgl. Focko Lüpsen, a.a.O., S. 93.
(191) Vgl. D. Lerner: The Passing of Traditional Society, New York 1958.
(192) Vgl. Lucian W. Pye (ed.): Communications and Political Development (= Studies in Political Development 1), Princeton 1963.
(193) Vgl. Gabriel A. Almond and James S. Coleman (eds.): The Politics of the Developing Areas, Princeton 1960; L.W. Pye/S. Verba (eds.): Political Culture and Political Development (= Studies in Political Development 5), Princeton 1965.
(194) Das verweist nicht zuletzt auf das analytische Problem, die 'Lernkapazität' des Katholizismus und der ihm affiliierten spezifischen Institutionen einmal näher zu untersuchen, beispielsweise die Mobilitätsraten des katholischen Bevölkerungsteils im Verhältnis zum protestantischen, die jeweils ins Spiel kommenden Selektivitätsmechanismen, die Schnelligkeit und Geschicklichkeit, Informationen umzusetzen, die Reaktionsfähigkeit bei Entscheidungsprozessen, usw.
(195) Vgl. Karl W. Deutsch: Social Mobilization and Political Development, in: Am. Pol. Sc. Rev., Vol LV, Sept. 1961, S. 493-514.
(196) Vgl. Almond/Coleman (eds.), a.a.O., S. 556.
(197) Vgl. Traute Nellessen-Schumacher, a.a.O. S. 17 ff.
(198) Quelle: LA 62, Tab. 7
(199) Vgl. E. Werner/E. Zieris/W. Lipp: Student und Studium in Bochum. Zur Soziologie der Gründungssemester an der Ruhr-Universität, Stuttgart 1970, S. 16 f.
(200) Vgl. Traute Nellessen-Schumacher, a.a.O., Übersicht 23, S. 98.
(201) Ibid., S. 96 f.
(202) Ibid., S. 121; vgl. auch Übersicht 27, S. 119.
(203) Vgl. E. Werner/E. Zieris/W. Lipp, a.a.O., S. 130 ff.
(204) Vgl. Traute Nellessen-Schumacher, a.a.O., S. 144 f.
(205) Quelle: LA 62, nach Tab. 7.
(206) Diese Einschränkung ist sicher geeignet, übertriebenen Optimismus zu

dämpfen, die katholische Presse könnte sich aus eigenen Kräften zu einer aufklärerischen entwickeln. Zu sehr dürfte sie mit dem intellektuellen Bodensatz verwachsen sein, als daß sie sich freiwillig dazu verstehen könnte, an dessen Beseitigung mitzuarbeiten. Nichts geringeres nämlich würde ihr abverlangt, als die Interessenidentität aufzukündigen, wie sie sich zwischen der Leserstruktur und dem einschlägigen Angebot 'niederen' Schrifttums im katholischen Intensivsegment dokumentiert.

(207) Traute Nellessen-Schumacher, a.a.O., S. 27.
(208) Ibid., vgl. Übersicht 7, S. 26.
(209) Quelle: LA 62, Tab. 5, LpN.
(210) Demgegenüber stuft sich die vergleichbare evangelische Leserschaft sozial durchweg höher ein. Neigen die protestantischen Leser eher zum Embonpoint, so die katholischen zum Mittelstandsbauch. Allemal bringen jene ein höheres Selbstwertbewußtsein zum Ausdruck, das sie veranlaßt, sich sozusagen schichtadäquat, d.h. soziologischen Kriterien entsprechend, und entlang den sozial geltenden Rangskalen einzustufen. (Vgl. LA 62, Tab. 5, LpN). Damit im Zusammenhang ist die Unterrepräsentierung von industriell tätigen Schichten, insbesondere von Facharbeitern und selbständigen Handwerkern, zu sehen.
(211) Vgl. Otwin Massing: Die Kirchen und ihr 'image', a.a.O., S. 88 ff.; Reinhard Köster: Die Kirchentreuen, a.a.O., S. 107.
(212) Giese/Schmidt, a.a.O., S. 283 f.
(213) Vgl. Erik Erikson: Identität und Lebenszyklus, Frankfurt/M. 1966, S. 118 ff.
(214) Traute Nellessen-Schumacher, a.a.O., S. 145 f.
(215) Vgl. Otwin Massing, a.a.O., S. 89 ff.
(216) In der Tat verfolgen die Kirchen im Verhältnis zu den staatlichen Instanzen und Organen des politischen Willensbildungsprozesses auf Grund ihrer Präokkupation mit Fragen vorwiegend "institutioneller Selbstrepräsentation" (H.-E. Bahr: Verkündigung als Information, a.a.O., S. 96) vordergründig das Prinzip der Koexistenz durch Nichteinmischung. Ihre inhaltliche Abkapselung von den drängenden Fragen der polit-ökonomischen Wirklichkeit und die dadurch verstärkte politische Apathie des Bürgerpublikums werden geradezu institutionalisiert. Gleichwohl strukturieren sie die Erlebniswelten ihrer Anhänger durch zahlreiche, relativ unreflektiert ablaufende Grundierungsversuche, die alle den expliziten politischen Wahlakten vorausgehen, indem sie den Informationen und 'messages', die mittels kirchenoffiziellen Meinungsträgern verbreitet werden, eine deutlich positive kognitive Strukturierung mit auf den Weg geben. Zu sozialen Verhaltensweisen gehört ja nicht nur eine (einseitig manipulierbare) physiologische, sondern auch eine kognitive, interpretative Dimension wesentlich hin. Vgl. Stanley Schachter: The Interaction of Cognitive and Physiological Determinants of Emotional State, in: P.D. Leiderman/D. Shapiro (eds.): Psychobiological Approaches to Social Behavior, Stanford, Calif., 1964, S. 138-173.
(217) Vgl. H. Schwenger, a.a.O.; Dietrich Haensch: Repressive Familienpolitik. Sexualunterdrückung als Mittel der Politik, Reinbek b. Hamburg 1969.
(218) Zur Untermauerung der These von der klassenspezifischen Verankerung der herrschenden Ehe- und Familienideologie im Zusammenhang mit kirchlich vermittelten Initiationsriten als spezifischen Legitimationsmustern läßt sich die vielfach bestätigte Beobachtung heranziehen, daß die Ablehnung der kirchlichen Trauung von Studierenden und gehobenen Angestellten zu etwa 15 %, von einfachen Angestellten zu 22 %, von Facharbeitern zu 30 % und von an- und ungelernten Arbeitern nur zu 45 % vertreten wird. (Vgl. Elisabeth Pfeil u.a.: Die 23-jährigen. Eine Generationsuntersuchung am Geburtenjahrgang 1941, Tübingen 1968, S. 68).

Sachregister

Abonnenten 324
Adenauer-Fernsehen 19
Aggressionsabfuhr 184
Aggressivität 225.
Ambivalenz 291
Amtskirche 289, 291, 292, 297
Amtsverschwiegenheit 138
Analphabetismus 324
Analphabetismus, sozial bedingter 336
Angebot 304
Angestellten-Publizistik 173
Angst 215, 232
Angst, Provokation und Betäubung von 74
Anpassung 194, 219
Anschlußlektüre 312
Antisemitismus 233
Anzeigenabhängigkeit 55
Anzeigeneinnahmen 37, 156
Apathie 362
Apathie, politische 230
Argumentation, juristische 125
Aufgaben, öffentliche 72
Aufklärung 322
Auflagenkonstanz 288, 324, 339
Aufsichtsgremien 190
Ausbildungsniveau 333
Ausgewogenheit 131
Außengeleitete 223
Außenleitung 11, 19
Autonomie 126, 137, 296, 317, 326
Autorität 293, 318, 325
Autoritätsfixierung 319, 331
Autoritätsgläubigkeit 327
Autoritätskrise 291, 301
Autoritätswandel 325

Basispersönlichkeit 316, 329
Berufsmobilität 306
beschränkter Code 323
Beschwerdebriefe 141

Bewußtseinsindustrie 124
BILD-Leser 94
Bildungsabstinenz 73
Bildungsauftrag 141
Bildungsniveau 332
Bildungspolitik 163
Bildungsrevolution 159
Bildungsdefizit, katholischer 336
BILD-Zeitung 79, 85, 92, 94, 96, 100
Binnenkultur 291, 324
Bistumsblätter 283, 290
BLICKPUNKT 84
Boykottdrohungen 135
Buchhandel, konfessioneller 323
Bürgertum 10
bürokratische Organisation 298
Bürokratismus 302
Bulletin-Charakter 261, 268
Bundesregierung 116, 194, 195
Bundestag 116, 154

CDU 154
Code 323
cultural lag 324
CSU 162

Demokratieforschung 9
Demoskopie 9, 12
Deutsches Fernsehen 111
Deutschland-Fernseh-GmbH 134
Dialog 291, 292, 294
Dialogaktivität 326
Dialogzensur 292
Dienstleistungssektor 306
Diktatur der Parteien 133, 137
Dissonanzbewußtsein 325
Dissonanzen 323
Dogmatismus 355
Doppelleserschaften 287
Doppelwert der Massenkommunikationsmittel 27

Drohhaltung 328
Drucktechnik 155

Effizienzkontrolle 298, 299
Eigen-Image 337
Einflußchancen 132
Ekklesiologie 299
Empfangsmöglichkeiten 160
Entfremdung 72, 320
Entideologisierung 295
Entpolitisierung 20, 195
Erbauungsliteratur 303, 310
Erziehungsdiktatur 18
escapist material 80
Exclusivleser 287, 311

Fernsehen 109, 153–158
Fernsehen, privates 54
Fernseh-Film-Union 144
Fernsehgebühren 57
Fernseh-Hausmacht 136
Fernsehrat 135, 138, 142, 144
Fernsehtechnik 146
FRÄNKISCHE NACHRICHTEN 244
Freiheit der Meinungsäußerung 153
Freizeitgewohnheiten 313
Fremdbestimmung 72
Fremdimage 314, 324, 330
FRÜHSCHOPPEN 86
Führung, politische 20, 21, 153, 155, 161, 162
Funk 156
Furcht 213

Gebrauchswert 15
Gegenaufklärung 305, 330
Gegenpropaganda 327
„Geleit" 327
Gemeindestudie 24
Gesetz der Serie 305
Gesinnungspresse 305
Gewerbefreiheit 16, 18, 20, 21
Gewinnorientierung der Medien 36
Giga-Hertz-Bereich 156, 158
Glaubwürdigkeit 292, 293
„gouvernementale" Komponente 115
Gratifikation 250, 251f.
Große Koalition 115
Großwerbung 157

Grundgesetz 234
Gruppenzentrismus 316

Herrschaft des Kapitals 70
HEUTE (ZDF) 81, 83, 109
human interest 77
Hierarchie 298, 300, 304
„Hintergrund" 315, 328
Hirtenamt 321
Hofberichte 24
homo consumans 208
Honoratioren 24, 25

Ichfindung 329
Ich-Identität 317
Identifikation 178
Ideologie 246, 247, 250
Ideologie, mittelständische 338
ideologische Stände 124
image 339
Index 297
Individualisierung des Kommunikationsbereiches 160
Indoktrination 304, 310, 316, 319, 331
Indoktrinierung 286, 327, 329, 338
Industriegesellschaft, spätkapitalistische 308
Information als Konsumgut 90
Information, kapitalistische Produktion von 68
Informationsdienst 321
Informationsflut 157
Informationsfreiheit 155, 296
Informationsindustrie 15, 308
Informationspolitik 296, 320
Informationsrücklauf 326, 357
Information über Politik 76
Informierte 159
INFRATEST 81, 82, 84, 86
innere Pressefreiheit 144
Inhaltsanalyse 242ff., 339
Inhaltsanalyse, quantitative 254f.
Innerlichkeit 323
Innerlichkeitskultur 320
Insertionsgeschäft 70
Institutionalisierung 170
Institutionsaffekt 318
Integrationsinstrument der Republik 126

Intensivsegment 283, 288, 301, 305, 313, 315, 324, 327, 339, 341
Interessenkonflikte 338
Internalisierung 313
Interpretationsmonopol 300
Intimisierung öffentlicher Angelegenheiten 74

JOURNALISTEN/POLITIKER 86
journalistischer Nachwuchs 306
Juden 226
Jugend 35

Kabelfernsehen 21
Kapitalkonzentration 307
Kapitalverwertung, profitmaximierende 93
Kapitalverwertungsprozeß 307
Kassette 21
Kassettenfernsehen 20, 142, 156
Kassettenprogramm 160
Kirchenbindung 312, 329
Kirchen und Staat 340
Kirchgänger 329
Klassencharakter des Fernsehens 85
Klassenlage des Publikums 72
Klerikalisierung 301
Klerikerelite 292
Klerikerkultur 301, 347
Klischees, demokratische 246
Kommerzialisierung 142
Kommunikation 294, 322
Kommunikationsdiskussion 161
Kommunikationspolitik 154
Kommunikationsprozeß 165, 308
Konflikt 293, 317
Konfliktfunktion 110
Konfliktmodell 315
Konjunkturanfälligkeit 37 ff.
Konformismus 306, 318
Konformität 220
Konkretismus 188
Konkurrenz 306
Konsensbildungsfunktion 110
Konsonanzpublizistik 324
Konsumgewohnheiten 313
Konsumismus 233
Konsumorientierung 17
Konsumquote, marktkonforme 11, 12

Konsumverhalten 315
Konsumverhalten, Berechenbarkeit des 30
Konsumwelt 73
Kontrolle, soziale 325
Kontrollfunktion 297
Konzentrationsprozeß 162, 284
Kostendeckungsprinzip 55
Kostendeckungsprinzip und Werbeabhängigkeit 54 ff.
Krawatten-Muffel 28
Kritik 113
KRITIK 14
Kritik am Parlamentarismus 74
Kündigungen 139
Kultur, politische 319, 332

„lag" 334
Laienkultur 301
Laser 156, 160
Lebenshilfe 21, 22, 23, 175, 321
Lebensstandard 314
Legitimationsfunktion 110
Lehramt 300, 317, 321
Leistungsgesellschaft 318
Lernprozeß 322
Lesegewohnheiten 286
Lesekultur 319
Leseranalyse 291
Leserbindung 316
Leser-Blatt-Bindung 287
Leserstruktur 332, 335, 339
Lesezirkel 21
Lokalteil 81

Machtausübung, ökonomische 159
Machtstruktur, ökonomische 20, 163
Magazin-Presse 306
Magazinsendung 130, 140
MAIN-TAUBER-POST 244
Manipulation 76, 137, 143, 220
Manipulation, schichtenspezifische 92
Manipulationsindustrie 308
Markenartikelwerbung 49 ff.
Marketing 71
Markt 306
Marktlogik 298, 303, 305, 306
Massenkommunikation 109
Massenmedien 36

Massenpresse 80, 176
Massenpsychologie 232
Massensuggestion 129
Medienkonkurrenz 321
Medienkonsum 332
Medienpädagogik 35
Meinung 304
Meinungsfreiheit 296
Milieu 320, 329, 330
Milieukatholizismus 316, 323
Minorität 213
Mitarbeiter, freie 141
Mitbestimmung 144
Mitbestimmungsrechte 145
Mobilität, psychische 332
Mobilität, soziale 332
MONITOR 84
Monopolisierung 308
Monopolstellung 18
Moral 318, 340
Motivforschung 71, 201
Motivstrukturen 11

Nachfrage 304
Nachrichtenselektion 113
Nachrichtensendungen 81
Nachrichtenübermittlung 156
Nationalsozialismus 231
Neutralität 145
Neutralitätspflicht 130
Normen 317
Nutzung der politischen Information 81

Oberverwaltungsgericht Berlin 138
Objektivität 132, 186
Öffentliche Meinung 282, 308
Öffentlichkeit 10, 20, 80, 291, 303, 304, 324, 326
Öffentlichkeitsarbeit 316
Öffentlichkeitsauftrag 307, 308
öffentlich-rechtliche Anstalten 185
öffentlich-rechtliche Konstruktion von Rundfunk u. Fernsehen 17
öffentlich-rechtliche Organisation der Medien 18
opinion leader 166, 311
Opposition 116
Organisationslogik 298, 306
Organisationsstruktur 305

PANORAMA 82, 84, 86
Papier-Seelsorge 21, 22
Papierverarbeitung 156
Parteienproporz 140
Parteipräferenz 312
Partizipation 332
Persönlichkeitssystem 318
Personalisierung gesellschaftlicher Tatbestände 74, 77, 84
Personalismus 176
Personalpolitik 137
Pluralismus 293, 307
pluralistisches Modell 133
Pluralität 288, 309
Politisierung 17, 109
Politisierung des Rundfunks 126
Pressefreiheit 16, 18, 20, 21, 153, 155, 296, 307
Pressegesetze der Länder 242
Pressekonzentration 69, 154, 155
Pressemarkt, ökonomische Bedingungen des 307
Pressemonopole 15
Pressepolitik 310
Privatisierung 18
Problematisierungsfunktion 101
Programmbeirat 133, 142
Projektion 178
Prominenz, politische 78
Propaganda 224
Proporz 134, 136, 140
Prosperität 314
PUBLIK-Leser 312
Publikum 155, 339
Publikum, massenmediales 72
Publikumsreaktionen 41
Publikumszeitschriften 284, 330
Publizistik 155
Publizistik, katholische 24
Publizitätsbarrieren 143

Rahmenprogramm 58
Rationalität, ökonomische 307
Realpräsenz 294, 309
recording unit 256
Redakteurausschüsse 144
Redakteursordnung 144
Redaktionsstatuten 101, 162
Reduktionssegment 341
Redundanz 323
Reformprogramm 139, 144

Reichweite 284, 286, 307, 337
Reklame 201
Rundfunk-Fernseh-Film-Union
 im DGB (RFFU) 139
Rundfunkgesetze 194
REPORT 84, 86
Repression 310, 327, 330, 331
Rentabilität 307
Rezession 1966/67 39
Richtlinien 131, 141, 142, 143
Rückkoppelung 295, 298, 299
Rundfunk 153, 157, 158
Rundfunkrat 132, 133, 136, 138, 142
Rundfunk- und Fernsehanstalten 70

Säkularisierung 302
Sanktionen 317
Satellitenfernsehen 156, 158
Satellitensender 161
Schallplattenfernsehen 142
Schichtmodell 337
Schicksalsideologie 79
Schweigepflicht 138
Selbstbildnis 330
Selektion 296, 299
Sendemöglichkeiten 160
Sendezeit 84
Sexualaufklärung 315
Sexualmoral 329
„soziale Nähe" 274
Sozialforschung, empirische 13, 23
Sozialisation 321, 330, 339
Sozialisierungsfaktoren 13
Sozialisationsprozeß 167, 319, 333
Sozialisationswirkung der Medien 36
Sozialpersönlichkeit 339
Sozialstruktur 333
Sozialtherapie 197
Sozialverhalten 329, 338
Spätkapitalismus 28
SPIEGEL, Der 96–100
SPIEGEL-Affäre 19
SPIEGEL-Leser 99
SPIEGEL-Leserschaft 97
Springer-Konzern 92
Staatsbürger 310, 331
Standespresse 383
Stereotyp 213
Stil 323
Streuung 289
Streuungsprinzip 288

Studentenunruhen 154
Subkultur 313, 322, 323, 328, 337
Subkulturen, katholische 309
Subordination 25

TAGESSCHAU (ARD) 81, 83, 109
TAUBER-RUNDSCHAU 244
Topoi, ideologische 247, 249
Traditionalismus 302
Traktatliteratur 327, 330

Überparteilichkeit 18, 19, 126, 129,
 130, 131, 145
Überschneidungen 285, 287
Uniformierte 159
Unterhaltung 338
Unterhaltungsorientiertheit 88
Unterhaltungsprogramme 88
Unternehmensstrategie 31 f.
Urbanisierungsgrad 332
Utopie, soziale 318

Verbreitungsprinzip 288
Verhaltenserwartungen 324
Verkaufsjournalismus 92
Verleger 157
Vermeidungsstrategien 299, 327
Vermischung von Privatem und
 Öffentlichem 77
Versagungen 327
Verschleierung 143
Verschleifung 301
Verstaatlichung 126, 130
Verwaltungsrat 133, 135, 136, 138
Vorspiegelung einer Traumwelt 74
Vorurteil 202
Vulgärschrifttum 325

Wandel, sozialstruktureller 319
Wandlungsprozesse, kulturelle 32
Wandlungsprozesse, soziale 326
Warenidentität 231
Werbeaufwendungen 15
Werbeausgaben 33
Werbegesellschaften 70
Werbeimpulse 34
Werbeinstrumente 289
Werbeträger 288
Werbeträgerkombinationen 51
Werbung 28 ff.
WERTHEIMER ZEITUNG 244
Wertheim-Studie 243 ff.

Wettbewerb 308
Wettbewerbsverzerrung 45, 48, 51
Wirkungen der Medien 12, 13, 17
Wirkungsforschung 155, 205
Wochenendpresse 180
Wochenpresse 282
Wohlstandsgesellschaft 280, 314, 315

Zeitbudget-Studien 14

Zeitschriftenpresse, konfessionelle 284
Zeitungen 157, 158
Zeitungen, überregionale 283
Zensur 291, 292, 298
zivilisatorische Leitbilder 313
ZUR PERSON 84
ZUR SACHE 84
Zweites Deutsches Fernsehen (ZDF) 111

Personenregister

Adenauer, K. 125, 130, 134, 153
Adorno, Th. W. 168, 185, 240, 353, 355
Ahlers, C. 177
Allport, G. W. 236
Almond, G. A. 361
Amery, C. 309, 316

Babbie 352
Bader, W. 139
Baran, P. A. 33, 206, 235
Bahr, H. E. 343, 362
Bastian, H.-D. 353
Baukloh, F. 344, 348, 350, 353, 359
Bausch, H. 128
Beaujean, M. 350
Berelson, B. R. 350
Berger, P. L. 360
Bernstein, B. 356
Bertelsmann 156, 157
Bettelheim, B. 238, 353
Bettermann, K.-A. 130
Binder, J. 352
Bismarck, O. v. 125
Blau, P. M. 346
Blumenfeld, E. 154
Böddeker, G. 37, 38, 39
Bogs, H. 340
Brandt, W. 117
Brecht, B. 238
Bredow, H. 126, 127, 128
Brehm, J. W. 356
Brüning, H. 127
Bücher, K. 36
Bühler, K.-W. 343, 355
Bundesverfassungsgericht 23, 134, 138

Canetti, E. 225
Cherry, C. 356
Clausen, C. P. 360
Cohen, A. R. 356

Coleman, J. S. 361
Coser, L. A. 357
Cube, F. v. 356

Dahl, R. A. 344
Dahm, P. 341
Deutsch, K. W. 361
Dichter, E. 230, 232
Dirks, W. 344
Dovifat, E. 341, 342
DRADAG 126
Durkheim, E. 354

Eichler, W. 130
Ellwein, Th. 19, 26, 279
Enzenberger, H. M. 235
Erikson, E. 362
Eschenburg, Th. 134
Etzioni, A. 348

Fest, J. 139
Ferber, Ch. 349
Festinger, L. 356
Fichter, J. 341
Frenkel-Brunswik, E. 353, 355
Freud, S. 232
Freud, A. 238
Friedeburg, L. v. 360

Galbraith, J. K. 18, 26, 32, 345
Gaudet 350
Gebhardt, F. 349
Giese, H. 360, 362
Glock 352
Golomb, E. 354
Gollwitzer, H. 280, 340
Greinacher, N. 341, 344, 359
Grosser, D. 26
Groth, O. 194
Guggenheimer, W. M. 139

Habermas, J. 24, 26, 27, 164, 235

Haenisch, H. 23
Haensch, D. 362
Haentzschel, K. 126, 127
Hall, R. H. 346
Hall, W. 354
Harenberg, W. 342, 352, 353, 354, 361
Hartley/Hartley 344
Hartfiel, G. 14, 26
Haseloff, O. W. 207, 235
Heimann, E. 126
Heintz, P. 236
Hennig, E. 14, 15, 200, 201
Hentig, H. v. 349
Hermans, H. 344
Herzog, R. 145
Hindenburg, P. v. 127, 128
Hinderer, A. 357
Hinz, L. 349
Hirsch, J. 26
Hirschauer, G. 354
Hitler, A. 128, 129, 224
Hitzer, F. 350
Hochgrebe, V. 352
Holl, A. 315, 341, 342, 346, 347, 352, 357
Holzamer, K. 41, 135, 196
Holzer, H. 16, 17, 18, 350
Horkheimer, M. 240
Horn, K. 17, 22, 235
Hugenberg, A. 129

Jaenicke, H.-D. 22
Johnson, W. 344

Kampe (Weihbischof) 288, 305
Kapfinger 305
Katz, E. 166, 351, 352
Kaufmann, L. 350, 354
Kiefer, K. 351
Kiesinger, K. G. 117
Klapper, J. T. 166
Kleining, G. 237
Knoche, M. 242, 243, 277
Köhler, O. 131
König (Kardinal) 296
König, R. 357
Köster, R. 343, 362
Krämer–Badoni, R. 346
Kraemer 341
Kreiterling, W. 359

Krippendorf, E. 344
Krüger, H.-P. 139
Krüger, H. 350

Lazarsfeld, P. 166, 350, 351
Lerg, W. B. 127
Leidermann, P. D. 362
Lerner, D. 361
Lill, R. 349
Lipp, W. 361
Littunen, Y. 357
Lorenzer, A. 235, 240
Lorey, E. M. 343
Lüpsen, F. 350, 361
Lukács, G. 173

Maier, A. 141
Maletzke, G. 238
Marx, K. 124
Massing, O. 24, 25, 340, 342, 344, 353, 354, 362
Matthes, J. 345
Mayntz, R. 346
Meyn, H. 342, 350
Mitscherlich, A. 239
Moser, T. 361
Münster, C. 140
Muth, L. 350, 356

Naumann, Fr. 174
Nedelmann, C. 349
Nellessen-Schumacher, T. 342, 361, 362
del Noce, A. 347

Opitz, R. 350

Packard, V. 32
Paczensky, G. v. 136, 139
Paquet, P. P. 353
Peter-Habermann, I. 343, 352, 361
Pfeil, E. 362
Pirker, T. 345
Pöhler, W. 349
Pressel, A. 350
Proske, R. 139
Pross, Helge 17, 26
Pye, L. W. 361

Raapke, H.-D. 355
Rahner, K. 325, 344, 357

Reich, W.   331, 361
Richter, H.-E.   357
Ridder, H.   130
Riesman, D.   207, 223
Ringer   352
Risse, H. T.   344, 359
Roegele   341, 342, 356
Roellecke, G.   195
Rohde-Dachser, Ch.   359
Rokeach, M.   355
Roth, H.   355
Rucker, A.   355

Sack, F.   357
Schachter, St.   362
Schäfer, G.   349
Schäffer, F.   130, 134
Schardt, A.   348
Schatz, H.   17
Scheuch, E. K.   18, 26
Schiller, K.   117
Schleicher   129
Schmid, J.   350
Schmidt   360, 362
Schmidtchen, G.   348, 354, 357, 360
Schmitt, C.   129
Schnädelbach, H.   240
Schneider, M.   349
Scholz, E.   128
Schrader, A.   352
Schramm, W.   344, 356
Schricker, W.   343, 357
Schröder, G.   117
Schröter, K.   23
Schulenberg   355

Schulz, W.   279
Schwenger, H.   352, 359, 360, 361, 362
Seifert, J.   17, 18
Sethe, P.   350
Shapiro, D.   362
Siepmann, E.   349
Silbermann, A.   18, 36, 196, 348
Smelser, N.   360
Smith, A. G.   356
Sumner, W. G.   353
Sonnenfeld, H.   138
Spiegel, Y.   344, 345, 346
Springer, A.   18, 20, 26, 46, 124, 154, 155, 156
Strauß, F. J.   117, 312
Strzelewicz, W.   236
Sweezy, P. M.   33, 206, 235
Szczesny, G.   139, 192

Veblen, Th.   224
Verba, S.   361

Wagner, Ch. Th.   341, 343, 349, 355
Wagner, H.   341, 344, 349
Wagner   341, 342, 356
Weber, H.   137
Weber, M.   304, 319, 346, 348, 354
Wehner, H.   117
Wendland, H.-D.   343
Werner, E.   361

Zahn, E.   36, 235
Zieris, E.   361
Zimpel, G.   26, 279
Zoll, R,   14, 26, 200

Verzeichnis der Autoren

Prof. Dr. Thomas Ellwein, geb. 1927; Institutsdirektor, München

Dipl.-Soz. Horst Haenisch, geb. 1940; Promotionsstipendiat der „Stiftung Mitbestimmung"

Eike Hennig, M.A., geb. 1943; Wissenschaftlicher Mitarbeiter am Institut für Politische Wissenschaft der Universität Frankfurt/Main

Prof. Dr. Horst Holzer, geb. 1935; Universität München

Dipl.-Soz. Klaus Horn, geb. 1934; Wiss. Mitarbeiter am Sigmund-Freud-Institut, Frankfurt/Main

Dipl.-Soz. Heinz D. Jaenicke, geb. 1938; Rundfunkredakteur, Frankfurt/Main

Prof. Dr. Otwin Massing, geb. 1934; Wissenschaftlicher Direktor und Abteilungsleiter, München

Dr. Heribert Schatz, geb. 1936; Wissenschaftlicher Berater im Bundeskanzleramt und der Projektgruppe Regierungs- und Verwaltungsreform, Bonn

Dipl.-Soz. Klaus Schröter, geb. 1937; Wissenschaftlicher Mitarbeiter am Seminar für Soziologie der Universität Frankfurt/Main

Prof. Dr. Jürgen Seifert, geb. 1928; Technische Universität Hannover

Dipl.-Soz. Dr. Ralf Zoll, geb. 1939; Stellvertretender Institutsdirektor, München